DEMOKRATIE UND WIRTSCHAFT

Herausgegeben von
JOSEPH MARKO und ARMIN STOLZ

1987

BÖHLAU VERLAG WIEN · KÖLN · GRAZ

Gedruckt mit Unterstützung durch das
Bundesministerium für Wissenschaft und Forschung
und das Land Steiermark

CIP-Kurztitelaufnahme der Deutschen Bibliothek

Demokratie und Wirtschaft / hrsg. von Joseph Marko u. Armin Stolz. - Wien; Köln; Graz;
Böhlau, 1987.

(Studien zu Politik und Verwaltung; Bd. 17)
ISBN 3-205-08905-7

NE: GT

Satz: Irmgard Hauser, 2020 Mariathal 15

Druck: Interpress – Druckerei Dabas
Ungarn

Inhalt

Vorwort

Bereits seit 1961 finden Tagungen von Assistenten des öffentlich-rechtlichen Bereiches aus der BRD, der Schweiz und Österreich statt. Auf diesen haben und hatten die Assistenten Gelegenheit, ihre Forschungsergebnisse vor einem internationalen Kreis in rechtsvergleichender Sicht zu diskutieren. Als Vorbild dieser Zusammenkünfte dienten die Tagungen der Vereinigung Deutscher Staatsrechtslehrer, und so wie diese werden die Assistententagungen in wechselnder Reihenfolge an den Universitäten der drei Länder abgehalten.

Der vorliegende Band vereinigt nunmehr die auf der 24. Tagung der wissenschaftlichen Mitarbeiter der Fachrichtung „Öffentliches Recht" vom 21. — 24. Februar 1984 in Graz gehaltenen Referate. Entsprechend der bereits erwähnten fachlichen Ausrichtung der Assistententagungen wurde dabei besonderer Wert auf Rechtsvergleichung und interdisziplinäre Forschung gelegt.

Schon der Titel des Bandes gibt thematisch die beiden Schwerpunkte wieder, in denen sich die Probleme der achtziger Jahre in Ost und West konzentrieren. Die ökonomischen und politischen Problemlagen, von marxistischer Seite aus bereits zur „Legitimitätskrise des Spätkapitalismus" (v)erklärt, aus (neo-)konservativer Sicht zur „Unregierbarkeit" der westlichen Demokratien stilisiert, werden in den einzelnen Beiträgen methodenpluralistisch durch Verbindung der Ergebnisse rechtsdogmatischer Untersuchung und sozialwissenschaftlicher Analyse behandelt.

Die Herausforderung der repräsentativ-demokratisch verfaßten Systeme durch die neuen sozialen Bewegungen der Bürgerinitiativen und grün/alternativen Anti-Parteien-Parteien mit ihrem basis-demokratischen Anspruch ist Ausgangspunkt der rechtsvergleichenden Analyse der direktdemokratischen Instrumente in den drei Ländern Schweiz, Österreich und der Bundesrepublik Deutschland. Dabei werden in einzelnen Länderstudien die rechtsdogmatischen Strukturen und Besonderheiten der jeweiligen politischen Kulturen, aufbauend auf eine gemeinsame rechts- und sozialwissenschaftliche Theorietradition, herausgearbeitet, sowie in einem funktionalen Vergleich ihrer Voraussetzungen und Wirkungen im politischen Prozeß der parlamentarischen Regierungssysteme der drei Länder sozialwissenschaftlich gesicherte Voraussetzungen für zukünftige Rechtspolitik geschaffen.

Das zweite Schwerpunktthema untersucht die Zusammenhänge zwischen Ökonomie und Politik, die durch die technologische

Entwicklung und Umweltkrise in den Industriestaaten einerseits und den Nord-Süd-Verteilungskonflikt andererseits bestimmt werden. Eine ökonomische Analyse des Rechts der Umweltfinanzierung, die Notwendigkeit einer Sozialorientierung der Technik durch Gesetz als möglicher Ausweg aus den Problemen, die sich durch steigende Arbeitslosigkeit und Umweltkrise ergeben, sowie die Entwicklungstendenzen im Völker- und EG-Recht vor dem Hintergrund der Forderungen nach einer Neuen Weltwirtschaftsordnung, ergänzt durch eine geistes- und ideengeschichtliche Analyse der kapitalistischen Grundlagen der westlichen Demokratien, spannen den Bogen bis zu den völker-, verfassungs- und verwaltungsrechtlichen Auswirkungen der Ereignisse rund um den Bau des Wasserkraftwerkes Hainburg an der Donau.

Die schriftlichen Fassungen der Referate wurden von den Autoren — soweit dies in einem ländervergleichenden Projekt möglich ist — auf den neuesten Stand gebracht.

Zu danken haben die Herausgeber des Bandes allen Autoren für ihren Langmut und die stets aufs neue bewiesene Kooperationsbereitschaft. Dies gilt in besonderem Maße für die Basler Kollegen, die als „Retter in der Not" eingesprungen sind, um den Anspruch des Drei-Ländervergleichs überhaupt aufrecht erhalten zu können. Weiters gilt unser Dank den Herausgebern der Reihe und dem Verlag, die es großzügig ermöglicht haben, daß dieses Projekt auch das Licht der Welt erblickt hat. Für mannigfache Hilfe und Korrekturarbeiten danken wir besonders Dr. Edith MARKO-STÖCKL, Dr. Renate MERL sowie Eva DÖRFLER.

Graz, am 14. 8. 1986   *Joseph Marko/Armin Stolz*

I. LEGITIMITÄTSPROBLEME DES MODERNEN STAATES: DEMOKRATIE UND REFORM

Direkte Demokratie im Vergleich: Schweiz — Österreich — Bundesrepublik Deutschland

von

JOSEPH MARKO, GRAZ

I. Problemstellung und Methode

Die Entwicklung zur „post-industriellen" Gesellschaft[1] und ihre Symbiose mit dem Parteien-, Verbände- und Verwaltungsstaat zur *Supermarkt-Demokratie*[2] führte zu Beginn der sechziger Jahre in eine „Protestphase",[3] in deren Mittelpunkt die Forderungen nach Transparenz, Kontrolle und Partizipation standen. Durch Parlaments-, Wahlrechts- und Parteienreform sollte in einer ersten Reaktion darauf durch Reform „von oben" *systemimmanent* die Leistungsfähigkeit der repräsentativen Demokratie verbessert werden.[4]

---

1 Vgl. BELL, Daniel, Die nachindustrielle Gesellschaft, Reinbek 1979; TOURAINE, Alain, Die postindustrielle Gesellschaft, Frankfurt/M. 1972; ETZIONI, Amitai, The Active Society, New York-London 1968 spricht bereits von „post-modern societies".

2 Das Bild des von der Werbung manipulierten Kunden auf dem politischen Markt verwendet HABERMAS, Jürgen in seiner theoretischen Einleitung: Über den Begriff der politischen Beteiligung, in: DERS./FRIEDEBURG, Ludwig von/OEHLER, Christoph/WELTZ, Friedrich, Student und Politik, 3. A., Neuwied/Rhein-Berlin 1969, 46 ff.

3 Zur Unterscheidung der Protestphase von der Wiederaufbauphase nach 1945 vgl. MANTL, Wolfgang, Repräsentation und Identiät, Wien-New York 1975, 199 ff.

4 Vgl. für Österreich exemplarisch BUSEK, Erhard/PETERLIK, Meinrad, Die unvollendete Republik, Wien 1968; DIEM, Peter/NEISSER, Heinrich, Zeit zur Reform. Parteireform, Parlamentsreform, Demokratiereform, Wien-München 1969; BRODA, Christian/GRATZ, Leopold, Für ein besseres Parlament — für eine funktionierende Demokratie, Wien 1969; einen kurzen Überblick gibt NEISSER, Heinrich, Parlamentsreform in Österreich, in: ZParl 1981, 261-272; für die Bundesrepublik Deutschland siehe THAYSEN, Uwe, Parlamentsreform in Theorie und Praxis. Zur institutionellen Lernfähigkeit des parlamentarischen Regierungssystems, Opladen

Daneben kam es aber auch zu einer eher *„systemalternativ"* orientierten Kritik: Einerseits wurde im Gefolge der Theoriediskussion der Neuen Linken die direkte Demokratie modellhaft mit dem Rätesystem gleichgesetzt,[5] ohne daß dies allerdings auf die Realpolitik der (regierenden) sozialdemokratischen Parteien mit ihrem Postulat der Demokratisierung aller Lebensbereiche[6] praktisch einen Einfluß gehabt hätte. Andererseits ging und geht von den „neuen sozialen Bewegungen" der Bürgerinitiativen und grünen/alternativen „Anti-Parteien-Parteien"[7]

1972; DERS., Parlamentarisches Regierungssystem in der Bundesrepublik Deutsch-land, 2. A., Opladen 1976; zusammenfassend bis 1981 SCHOLZ, Peter, Parlamentsre-form seit 1969, in: ZParl 1981, 273-286; zu den neuesten Ansätzen vgl. HAMM-BRÜCHER, Hildegard, Sie könnten Motor sein, in: Die Zeit, 14. Juni 1985, 56 und DIES., Die Krise des Parlamentarismus und Chancen zu ihrer Überwindung, in: aus politik und zeitgeschichte B 6/1985, 3-10, sowie die anderen in diesem Heft abgedruckten Beiträge; für die Schweiz vgl. RIKLIN, Alois, Die Funktionen des schweizerischen Parlaments im internationalen Vergleich, in: ZParl 1977, 368-385; EICHENBERGER, Kurt, Die staatsleitenden Behörden des Bundes (Bundesversammlung und Bundesrat), in: ZSR 1978, 477-500; AKERET, Erwin, Parlamentsreform in der Schweiz, in: ZParl 1981, 252-260 sowie RIKLIN, Alois/OCHSNER, Alois, Parlament, in KLÖTI, Ulrich (Hg.), Handbuch Politisches System der Schweiz, Bd. 2, Bern-Stuttgart 1984, 77-115.

5   Vgl. exemplarisch BERMBACH, Udo (Hg.), Theorie und Praxis der direkten Demokratie. Texte und Materialien zur Räte-Diskussion, Opladen 1973; LANGGUTH, Gerd, Protestbewegung. Entwicklung — Niedergang — Renaissance. Die Neue Linke seit 1968, Köln 1983.

6   1969 in der BRD mit der Losung Willy BRANDTs „Mehr Demokratie wagen". In Österreich lautete die Formel Bruno KREISKYS „Demokratisierung aller Lebensbe-reiche", der ein lineares Geschichtsmodell von der politischen Demokratie über den Wohlfahrtsstaat zur sozialen Demokratie, in der diese Forderung durch die sozialistische Regierungspolitik verwirklicht sein soll, zugrunde liegt. Daß sich daran bis heute nichts geändert hat, zeigen die Materialien der SPÖ zu ihrer Diskussion der Perspektiven '90, Wien 1985, 14.

7   Vgl. dazu MAYER-TASCH, Peter Cornelius, Die Bürgerinitiativbewegung, 4. A., Frankfurt/M. 1981; BRAND, Karl-Werner, Neue soziale Bewegungen, Opladen 1982; RASCHKE, Joachim (Hg.), Bürger und Parteien, Opladen 1982; MARKO, Joseph, Bürgerinitiativen und grüne/alternative Parteien in der repräsentativen Demokratie, in: DERS./SALAMUN, Kurt (Hgg.), Bedingungen eines konstruktiven Friedensbegrif-fes, Graz 1983, 77-108; SCHOLZ, Rupert, Krise der parteienstaatlichen Demokratie? „Grüne" und „Alternative" im Parlament, Berlin-New York 1983; BÜRKLIN Wilhem P., Grüne Politik, Opladen 1984; DUBIEL, Helmut, Neue soziale Bewegungen im Spiegel neokonservativer Kritik, in: Journal für Sozialforschung 1984, 143-161; GOTTO, Klaus/VEEN, Hans-Joachim (Hgg.), Die Grünen — Partei wider willen, Mainz 1984; GUGGENBERGER, Bernd/OFFE, Claus (Hgg.), An den Grenzen der Mehrheitsdemokratie, Opladen 1984; WEINBERGER, Marie-Luise, Aufbruch zu neuen Ufern? Grün-Alternative zwischen Anspruch und Wirklichkeit, Bonn 1984; ALBER, Jens, Modernisierung, neue Spannungslinien und die politischen Chancen der Grünen, in: PVS 1985, 211-226; BRAND, Karl-Werner (Hg.), Neue soziale Bewegungen in Westeuropa und den USA. Ein internationaler Vergleich, Frankfurt/M. 1985; LEHNERT, Detlev, Alternative Politik? Die neuen sozialen Bewegungen zwischen Protestpotential, Wertkonservatismus und Ökosozialismus, in: PVS 1985, 21-34; RENN, Ortwinn, Die alternative Bewegung: eine historisch-soziologische Analyse des

mit ihrem pragmatisch orientierten basisdemokratischen Anspruch[8] in der „Umorientierungsphase" ab Beginn der siebziger Jahre[9] ein Reformdruck „von unten" aus, der das „demokratische Urproblem"[10] der Partizipation des Bürgers am staatlichen Willensbildungs- und Entscheidungsprozeß einer breiten Öffentlichkeit bewußt machte. Vor dem Hintergrund der „silent revolution"[11] im Wertebereich,

---

Protests gegen die Industriegesellschaft, in: ZfP 1985, 153-194; RASCHKE, Joachim, Soziale Konflikte und Parteiensystem in der Bundesrepublik, in: aus politik und zeitgeschichte B 45/85, 22-39; RÜDIG, Wolfgang, Die grüne Welle. Zur Entwicklung ökologischer Parteien in Europa, in: aus politik und zeitgeschichte B 45/85, 3-18; SCHERER, Klaus-Jürgen/VILMAR, Fritz, Ökosozialismus? Berlin 1985; WEINBERGER, Marie-Luise, Ende des grünen Zeitalters?, in: aus politik und zeitgeschichte B 45/85, 19-29.

8 D. h. daß ein geschlossenes, theoretisches Konzept der „Basisdemokratie" (noch) nicht existiert, wie die Flügelbildung in Fundamentalos und Realos zeigt und daß daher die Gegenüberstellung von „repräsentativer Demokratie" und „Basisdemokratie" zwar analytisch fruchtbar sein kann, aber noch keine endgültige Aussage über die Wirklichkeit zuläßt. Die ideologisch-politische Alternativenbildung verläuft vielmehr zwischen Vertretern, die Basisdemokratie pragmatisch als Ergänzung des parlamentarisch-repräsentativen Systems in einem regimen commixtum sehen und denjenigen, die von gegensätzlichen „Modellalternativen" überzeugt sind. Als Vertreter der *Ergänzung* vgl. KOPP, Ferdinand O., Unbehagen mit der Demokratie und Stabilität des rechtsstaatlich-demokratischen Systems, in: FS-KLECATSKY, Wien 1980, 476; STEFFANI, Winfried, Zur Vereinbarkeit von Basisdemokratie und parlamentarischer Demokratie, in: aus politik und zeitgeschichte B 2/83, 19-31; HUBER, Bertold, Formen direktdemokratischer Staatswillensbildung — eine Herausforderung an das parlamentarische System der Bundesrepublik Deutschland?, in: ZRP 1984, 251; WASSERMANN, Rudolf, Von der parlamentarischen zur Demonstrations- und Widerstandsdemokratie?, in: ZfP 1984, 9 f; ARNIM, Herbert v., Politische Parteien, in: DÖV 1985, 603 f;
Als Vertreter der *Alternative* vgl.: ISENSEE, Josef, Widerstand gegen den technischen Fortschritt, in: DÖV 1983, 570 f; OBERREUTHER, Heinrich, Abgesang auf einen Verfassungstyp? Aktuelle Herausforderungen und Mißverständnisse der parlamentarischen Demokratie, in: aus politik und zeitgeschichte B 2/83, 19-31; HOFMANN, Rupert, Demokratie zwischen Repräsentation und Anarchie, in: ZfP 1984, 123-134; FROTSCHER, Werner, Die parteienstaatliche Demokratie — Krisenzeichen und Zukunftsperspektiven, in: DVBl 1985, 922 spricht vom „Abenteuer eines plebiszitären Parteienstaates"; aus marxistischer Perspektive AGNOLI, Johannes, Auf dem Weg zur unmittelbaren Demokratie, in: RANDELZHOFER, Albrecht/SÜSS, Werner (Hgg.), Konsens und Konflikt. 30 Jahre Grundgesetz, Berlin-New York 1985, 306.

9 Vgl. MANTL, Wolfgang, Umorientierung, in: Partei und Gesellschaft, politicum 11 (Josef Krainer Haus Schriften), 4-6 sowie MARKO, Joseph, Sterben die Parteien wie Dinosaurier aus?, ebda., 8-10; MANTL, Wolfgang, Der Stand der Demokratiediskussion, in: FS-ASVELD, Graz-Wien-Köln 1981, 263-277.

10 MANTL, Wolfgang, Zur Einführung: Verfassungspolitik, in: BRÜNNER, Christian/ MANTL, Wolfgang/PAUGER, Dietmar/RACK, Reinhard, Verfassungspolitik, Wien-Köln-Graz 1985, 12.

11 INGLEHART, Ronald, The Silent Revolution. Changing Values and Political Styles Among Western Publics, Princeton (N. J.) 1977; konträr dazu in ihren ideologischen Prämissen und daher auch in ihren Schlußfolgerungen NOELLE-NEUMANN, Elisabeth, Werden wir alle Proletarier? Wertwandel in unserer Gesellschaft, Zürich 1978. Vgl. dazu auch den Sammelband KLAGES, Helmut/KMIECIAK, Peter (Hgg.), Wertwandel

dem Entstehen neuer Mittelschichten[12] und der ökonomischen Krise im Gefolge des Erdölschocks und des Nord-Süd-Konflikts geriet die Sozialtechnologie des planenden Verwaltungsstaates in eine sich öffnende demokratische Schere zwischen wohlfahrtsstaatlichen Ansprüchen einerseits und Unterstützungsleistungen für den damit verbundenen Steuerstaat andererseits.[13] Das Auseinanderfallen von Theorie und Praxis der Demokratie wurde als „Repräsentationslücke"[14] analytisch erfaßt. Die damit verbundenen Phänomene der „Apathie" gegenüber der „alten" Politik und gleichzeitigen „Aktivität" in „neuen" — zum Teil — illegalen Formen für neue Inhalte[15] wurden mit den damit verbundenen

---

und gesellschaftlicher Wandel, Frankfurt/M.-New York 1979; INGLEHART, Ronald, Traditionelle politische Trennlinien und die Entwicklung der neuen Politik in westlichen Gesellschaften, in: PVS 1983, 139-165 sowie eine kritische Zusammenfassung durch MÜLLER-ROMMEL, Ferdinand, Die Postmaterialismusdiskussion in der empirischen Sozialforschung: Politisch-wissenschaftlich überlebt oder immer noch zukunftsweisend?, in: PVS 1983, 218-228; GILLER, Joachim, Soziale Bewegung und Wertwandel in Österreich, Wien 1984; BRETSCHNEIDER, Rudolf, Wer beeinflußt den Wertwandel?, 32-37; GEHMACHER, Ernst, Wertwandel — der heutige Wissensstand, 50 ff und ULRAM, Peter A., Wertwandel in Österreich, 38-42, alle in: Politische Bildung 4/1985; MEULEMANN, Heiner, Säkularisierung und Politik. Wertwandel und Wertstruktur in der Bundesrepublik Deutschland, in: PVS 1985, 29-51; IWAND, Wolf Michael, Paradigma Politische Kultur, Opladen 1985. Umfassend werden Wertwandel und politische Protestpotentiale im opus magnus von PRISCHING, Manfred, Krisen. Eine soziologische Untersuchung, Wien-Köln-Graz 1986, 546-638 abgehandelt.

12   Dr. Fessl und GFK-Institut, Neue Mittelschichten in Österreich, Forschungsbericht, Nationalbank Jubiläumsfonds-Projekt Nr. 1978—1427, Wien 1979; ULRAM, Peter A., Um die Mehrheit der Mehrheit. Die neuen, angestellten Mittelschichten 1975—1984, in: PLASSER, Fritz/ULRAM, Peter A./WELAN, Manfried (Hgg.), Demokratierituale, Graz-Köln-Wien 1985, 203—237.

13   Dieses Auseinanderklaffen von supports und demands zeigt sich einerseits im „Additiven Wertwandel", d. h. daß die materiellen nicht von den postindustriellen Werten abgelöst, sondern ergänzt und dem Staat gegenüber geltend gemacht werden; vgl. ULRAM, Peter A., Grundlagen eines neuen sozialen Konsenses, in: Wirtschaft und Gesellschaft 1984, 533—544. Andererseits kommt es zum Fehlen materieller Unterstützung, wie die Phänomene von Steuerprotestparteien in Dänemark (GLISTRUP) oder Bayern (FREDERSEN) gezeigt haben.

14   Vgl. THAYSEN, Uwe, Bürgerinitiativen, Parlamente und Parteien in der Bundesrepublik Deutschland, in: ZParl 1978, 92. Allerdings zeigt die Übernahme der „neuen" Werte, insb. der Ökologie, in die Parteiprogramme der traditionellen Parteien, daß die „Repräsentationslücke" sich nicht nur auf die programmatische Ebene bezieht, sondern auch auf die Vertretung von Personen und Gruppen, deren Interessen von den innerparteilich Herrschenden nicht aufgegriffen und vertreten werden, sodaß man also auch von einer „Integrationslücke" sprechen könnte.

15   Vgl. dazu BARNES, Samuel H./KAASE, Max (eds.), Political Action. Mass Participation in Five Western Democracies, Beverly Hills-London 1979, 199 ff, die zwischen konventionellen und unkonventionellen Verhaltensweisen unterscheiden. Darauf aufbauend entwirft BÜRKLIN, Wilhelm P., Die Grünen und die „Neue Politik". Abschied vom Dreiparteiensystem?, in: PVS 1981, 359—382 eine Wert- und Normendimension als Achsenkreuz des Parteiensystems, wobei die Wertachse die „alte" Politikdimension konservativ-traditionalistische vs. sozialreformerisch-

Partizipationsanforderungen ideologisch bedingt einerseits als „Legitimationsprobleme" andererseits als Problem der (Un)Regierbarkeit perzipiert.[16]

Weil die *Effizienz* des Regierungssystems zwar eine notwendige, aber nicht mehr hinreichende Bedingung der *Legitimation* politischer Systeme ist, wie dies die Frage der Standortplanung von Großprojekten idealtypisch gezeigt hat,[17] kam es in den Reformdiskussionen der letzten fünfzehn Jahre sowohl in konkurrenzdemokratischen[18] wie auch

---

egalitäre Zielorientierung symbolisiert und die Normachse die „neue" Politikdimension als Präferenz konventioneller vs. unkonventioneller Beteiligungsformen angibt. Vgl. auch MÜLLER-ROMMEL, Ferdinand, Zum Verhältnis von neuen sozialen Bewegungen und neuen Konfliktdimensionen in den politischen Systemen Westeuropas: eine empirische Analyse, in: Journal für Sozialforschung 1984, 441—454; wie eng die Grenze zwischen Legalität und Legitimität ist, zeigt die „Volksbefragungskampagne" der Friedensbewegung 1983. Vgl. dazu REUBAND, Karl-Heinz, Die „Volksbefragungskampagne" der Friedensbewegung: Neue Aktionsformen des Protests und ihr Mobilisierungspotential, in: Z Parl 1985, 204—218; mit Daten für Österreich vgl. ROSENMAYR, Leopold (Hg.), Politische Beteiligung und Wertwandel in Österreich, München-Wien 1980, 23; für die Schweiz vgl. ZWICKY, Heinrich, Politische Aktivität, Illegitimität und Stabilisierung, Diessenhofen 1982 und LEVY, René/ZWICKY, Heinrich, Politische Partizipation und neuere Aktionsformen, in: KLÖTI (Hg.), Handbuch, 279—309 (Fn 4).

16 Exemplarisch vgl. HABERMAS, Jürgen, Legitimationsprobleme des Spätkapitalismus, Frankfurt/M. 1978 und HENNIS, Wilhelm/KIELMANNSEGG, Peter Graf v./MATZ, Ulrich (Hgg.), Regierbarkeit, 2 Bde., Stuttgart 1977 sowie OFFE, Claus, „Unregierbarkeit". Zur Renaissance konservativer Krisentheorien, in: HABERMAS, Jürgen (Hg.), Stichworte zur geistigen Situation der Zeit, Bd. 1, Frankfurt/M. 1979, 294—318 sowie PRISCHING, Krisen, 450 ff (Fn 11).

17 Hier sei nur auf die Widerstände gegen den Bau der Startbahn West des Flughafens Frankfurt hingewiesen; vgl. HUXHORN, Werner, Probleme mit Großprojekten in der BRD — gezeigt am Beispiel Flughafen Frankfurt/Main, unveröff. Manuskript eines Referats, das dieser auf Einladung der Österr. Akademie für Führungskräfte beim Symposion zum Thema: „Sind öffentliche Großprojekte heute überhaupt noch durchführbar?" vom 12. bis 14. 3. 1986 in Graz hielt. Vgl. auch WALLMANN, Walter, Demokratischer Rechtsstaat — oder Bürgerkrieg?, in: FAZ vom 27. 12. 1981; STEINBERG, Rudolf, Standortplanung umweltbelastender Großvorhaben durch Volksbegehren und Volksentscheid? Anmerkungen zum Volksbegehren „Keine Startbahn West", in: ZRP 1982, 113—118; OPP, Karl-Dieter u. a. (Hgg.), Soziale Probleme und Protestverhalten, Opladen 1984; für Österreich wären hier exemplarisch zu nennen die Volksabstimmung über die Inbetriebnahme des fertig errichteten Kernkraftwerks Zwentendorf (s. Fn 182) oder die Besetzung der Stopfenreuther Au bei Hainburg an der Donau im Dezember 1984, um dort die Errichtung eines Wasserkraftwerkes zu verhindern (s. den Beitrag von Armin STOLZ in diesem Band).

18 Bei einer Wahlbeteiligung von 64,5% wurden am 5. Juni 1975 für den Verbleib Großbritanniens in der EWG 67,2%, dagegen 32,8% der Stimmen abgegeben. Zit. n. AdG 1975, 19501 ff. Vgl. dazu BUTLER, David/KITZINGER, Uwe, The 1975 Referendum, London 1976 sowie MEYN, Karl-Ulrich, Die „Constitutional Conventions" in der britischen Verfassungsordnung. Zugleich ein Beitrag zum Dreiparteiensystem und Europa-Referendum, in: JB d. öff. Rechts 1976, 133—192, insb. 176 ff; BYRNE, Paul/BURKETT, Tony, Großbritannien: Politische Entwicklung 1974—1979 und die Unterhauswahl 1979, in: ZParl 1979, 362. Zum Referendum über

konkordanzdemokratischen Systemen[19] zu einem „säkularen Trend",[20] Instrumente der direkten Demokratie zu nutzen, zu verbessern oder überhaupt erst zu schaffen, wobei gerade die „Referendumsdemokratie" der Schweiz immer als „Modell" für mögliche Reformen im Brennpunkt des Interesses stand und steht und mit dem angelsächsischen Parlamentarismus und seinem Modell des „alternative government" konkurrierte.[21]

Die Fragen, inwieweit die *Instrumente* der *direkten Demokratie* Lösungsansätze für die Probleme der Legitimation und Regierbarkeit bieten und ob Institutionen und mit ihnen gemachte Erfahrungen im Rahmen (verfassungs)rechtlicher Reformen in andere politische Kulturen übertragbar sind, bilden den Ausgangspunkt dieser rechtsvergleichenden Analyse, die *methodenpluralistisch* die Instrumente der direkten Demokratie in den drei Ländern Schweiz, Österreich und Bundesrepublik Deutschland untersucht, um durch den wechselseitigen Bezug der Ergebnisse der einerseits rechtsdogmatischen und andererseits politikwissenschaftlichen Analyse sozialwissenschaftlich gesicherte Aussagen als Voraussetzung für Rechtspolitik zu schaffen.

---

die Devolution für Schottland vom 1. März 1979 vgl. DRUCKER, Henry M., Devolution für Schottland: Das Referendum war kein Schlußpunkt, in: ZParl 1981, 473—484.

19 Vgl. LEHMBRUCH, Gerhard, Konkordanzdemokratie im internationalen System, in: PVS-SH 1, Köln-Opladen 1969, 139—163; DERS., Das politische System Österreichs in vergleichender Perspektive, in: öZöR 1971, 35—56; MCRAE, Kenneth (ed.), Consocational Democracy. Political Accomodation in Segmented Societies, Toronto 1974; mit historischer Entwicklung: MOMMSEN-REINDL, Margareta, Die österreichische Proporzdemokratie und der Fall Habsburg, Wien 1976, 27 ff; KNOLL, Reinhold/MAYER, Anton, Österreichische Konsensdemokratie in Theorie und Praxis, Wien 1976 und jüngst zusammenfassend mit umfassender Literatur für die Schweiz und Österreich: PENNITZ, Martin, Das Modell der Konkordanzdemokratie, in: ÖJP '85, 621—639.

20 MANTL, Verfassungspolitik, 12 (Fn 10).

21 Für die BRD vgl. NAWIASKY, Hans, Von der unmittelbaren Demokratie; die Bereitschaft der Schweiz — die Zurückhaltung in Deutschland (1953), wieder abgedruckt in: MATZ, Ulrich (Hg.), Grundprobleme der Demokratie, Darmstadt 1973, 147—155 sowie FRAENKEL, Ernst, Deutschland und die westlichen Demokratien, 5. A., Stuttgart 1973, 53 ff; für Österreich siehe die Studie von NASSMACHER, Karl-Heinz, Das österreichische Regierungssystem. Große Koalition oder alternierende Regierung?, Köln-Opladen 1968, in dem dieser das „Schweizer Modell" und das „englische Modell" als verfassungspolitische Entwicklungsmöglichkeiten untersucht. Ein Bekenntnis zum englischen Modell legt PELINKA, Anton, Parlament, in: DERS.,/WELAN, Manfried, Demokratie und Verfassung in Österreich, Wien 1971, 77 ff und 134 f ab; dieser idealtypische Gegensatz von Konkurrenz- und Konkordanzdemokratie liegt auch den neuesten Diskussionen um eine „Dritte Republik" zugrunde. (Vgl. dazu Fn 202). Zum Modellcharakter der Schweiz in diesem Zusammenhang vgl. KOJA, Friedrich/STOURZH, Gerald (Hgg.), Schweiz — Österreich. Ähnlichkeiten und Kontraste, Graz-Wien-Köln 1986 sowie das Heft 29 des politicum (Josef Krainer Haus Schriften der ÖVP Steiermark), Das Schweizer Modell, Graz 1986.

Dies setzt allerdings ein Verständnis von Rechtswissenschaft voraus, das die Rechtsordnung als Teil der Struktur des politischen Systems begreift,[22] sodaß Normen als Produkt des politischen Entscheidungsprozesses immer wieder neu auf ihre Problemlösungsadäquanz für Staat und Gesellschaft zu überprüfen sind. Die „Brücke" dieser politikwissenschaftlichen Fragestellung zur rechtswissenschaftlichen Methodologie ergibt sich durch das im Kanon der rechtswissenschaftlichen Auslegungsregeln verankerte teleologische Prinzip.[23]

Der *funktionale Ansatz*,[24] der sowohl dieser Auslegungsregel zugrunde liegt als auch der Analyse politischer Systeme dient, soll daher für die Rechtsvergleichung fruchtbar gemacht werden. Dieser Ansatz bietet sich dabei für eine Rechtsvergleichung an, die über die deskriptive Beschreibung einander ähnlicher positivrechtlicher Regelungen in zumindest zwei oder mehreren Rechtsordnungen hinausgeht.

So läßt die begrifflich-dogmatische Methode,[25] deren Maßstab die konkret vorgefundene Dogmatik einer Rechtsordnung ist, nur bei Homogenität der Rechtsordnungen und gleicher rechtlicher Funktionen der zu vergleichenden Regelungen vergleichende Aussagen zu. Demgegenüber erfaßt die rechtlich-funktionale Methode zwar auch unterschiedliche Regelungen aus verschiedenen Rechtsordnungen, wenn sie die gleiche rechtliche Funktion haben,[26] doch der Erklärungswert der struktur-

---

22 Die *zweifache* Erkenntnisleistung der Jurisprudenz als *Sozial-Technologie*, einerseits „Deutungsvorschläge für im geltenden Recht anerkannte Normen" und andererseits „Vorschläge für die Modifikation und die Ausgestaltung des Systems dieser Normen — etwa durch Gesetzgebung — und zwar im Hinblick auf die davon zu erwartenden Wirkungen" zu liefern, beschreibt ALBERT, Hans, Die Einheit der Sozialwissenschaften, in: TOPITSCH, Ernst (Hg.), Logik der Sozialwissenschaften, 10. A., Königstein/Ts. 1980, 65 f. Vgl. auch WEGE, Joachim, Positives Recht und sozialer Wandel im demokratischen und sozialen Rechtsstaat, Berlin 1977, 127 ff; LOHMANN, Ulrich, Systematik, Methode und Intention der Rechtswissenschaft, in: Rechtstheorie, Beiheft 8, Berlin 1985, 151—159. Siehe dazu auch den „programmatischen" Ansatz der wissenschaftlichen Redakteure des Kommentars zum Grundgesetz der Bundesrepublik Deutschland, Reihe Alternativkommentare, hg. v. WASSERMANN, Rudolf, Bd. 1, Neuwied 1984, V.; sowie KRAWIETZ, Werner, Recht und moderne Systemtheorie, in: Rechtstheorie, Beiheft 10, Berlin 1986, 281—309.

23 Vgl. dazu BYDLINSKI, Franz, Juristische Methodenlehre und Rechtsbegriff, Wien-New York 1982, 268 ff und 453 ff.

24 Zum Methodenpluralismus und dem Prinzip der Funktionalität vgl. BRUNNER, Georg, Vergleichende Regierungslehre, Bd. 1, Paderborn u. a. 1979, 19 ff. Zum „functional approach" des amerikanischen Rechtsrealismus und zur „policy-oriented Jurisprudence" siehe KRAWIETZ, Werner, Juristische Entscheidung und wissenschaftliche Erkenntnis, Wien-New York 1978, 115 ff; HUFEN, Friedhelm, Verfassungstheorie und Systemtheorie. Ansätze amerikanischer Politikwissenschaft und ihr Ertrag für eine funktionale Verfassungstheorie, in: AöR 1975, 193—238.

25 Vgl. MÜLLER-RÖMER, Dietrich, Ziele und Methoden der Rechtsvergleichung zwischen beiden Teilen Deutschlands, in: Recht in Ost und West 1969, 5.

26 MÜLLER-RÖMER, Ziele, 6 (Fn 25).

funktionalen Methode in Soziologie und Politikwissenschaft[27] geht
darüber hinaus, indem sie auch völlig unähnliche Handlungen und
Verhaltensorientierungen, zu denen auch die Rechtsdogmatiken zählen,
als funktional äquivalent auszuweisen in der Lage ist.

Indem nach den *Bestandserfordernissen* sozialer Systeme ganz
allgemein gefragt wird,[28] lassen sich mit Hilfe der unabhängigen
Variablen Funktion sowie der abhängigen Variablen Struktur alle noch
so unterschiedlichen Handlungsweisen vergleichen, inwieweit sie die
jeweils in Betracht kommenden Problemlösungen leisten, sodaß nicht nur
Regelungen mit gleicher rechtlicher Funktion in Betracht kommen,
sondern auch nach Rechtsnormen gefragt wird, die die betreffende
Leistung *funktional äquivalent* erfüllen können.[29]

Versteht man weiters das politische System als ein System der
Konfliktregelung durch verbindliche Entscheidungen, so wird der
politische Prozeß dadurch in verschiedene *Phasen* unterteilt. Einerseits
gibt es einen Bereich, in dem politisch-gesellschaftliche Konflikte
artikuliert und durch Aggregation zu politisch entscheidbaren
Alternativen transformiert werden, die als Inputs in das Entscheidungs-
system eingebracht werden. Die verbindlichen Entscheidungen — durch
ihre Transformation in verbindliche Rechtsnormen — sowie deren
Vollziehung sind dann der Output des Systems, wobei Rückkoppelungs-
mechanismen diesen vereinfachten systemtheoretischen Kreislauf
schließen.[30] Diese Unterteilung macht deutlich, daß auch in diesem
Modell die von der traditionellen Staatsrechtslehre entwickelte Dogmatik

---

27   ROTTER, Frank, Dogmatische und soziologische Rechtsvergleichung, in: Osteuropa-
      Recht 1970, 85 ff; vgl. auch OJWANG, J. B., The Application of the Comparative
      Method in the Domain of Public Law: Some Reflections, in: Revue de droit
      international de sciences diplomatiques et politiques 1982, 199—225.

28   Die nach dem Parsonschen AGIL-Schema Integration, Strukturerhaltung,
      Zielverwirklichung und Anpassung sind, wobei mit dem Konzept der Entwicklung
      eine universell gültige Erklärung für die Unterschiede zwischen politischen Systemen
      behauptet wird. Vgl. dazu PARSONS, Talcott, Das System moderner Gesellschaften,
      München 1972, 12 ff; ALMOND, Gabriel/POWELL, Bingham G., Comparative Politics.
      A Developmental Approach, Boston 1966; PARSONS, Talcott, Das Problem des
      Strukturwandels: eine theoretische Skizze, in: ZAPF, Wolfgang (Hg.), Theorien des
      sozialen Wandels, 3. A., Köln-Berlin 1971, 35—54; BÜHL, Walter L., Einleitung:
      Funktionalismus und Strukturalismus, in: DERS. (Hg.), Funktion und Struktur,
      München 1975, 17 ff und 63 f.

29   Vgl. LUHMANN, Niklas, Funktionale Methode und Systemtheorie, in: BÜHL (Hg.),
      Funktion, 104 ff (Fn 28) sowie ROTTER, Frank, Verfassung und sozialer Wandel,
      Hamburg 1974, 42 ff.

30   Vgl. DEUTSCH, Karl W., The Nerves of Government. Methods of Political
      Communication and Control, New York 1963; DERS., Staat, Regierung, Politik. Eine
      Einführung in die Wissenschaft der vergleichenden Politik, Freiburg/Br. 1976, 200 ff;
      HARTMANN, Jürgen, Vergleichende politische Systemforschung und komparative
      Methode, in: DERS. (Hg.), Vergleichende politische Systemforschung, Köln-Wien
      1980, 19—59.

der Gewaltenteilungslehre sowie die liberale Programmatik der Trennung von Staat und Gesellschaft nicht aufgegeben ist.

Die Vielfalt der in den Bundes- und Landes- bzw. Kantonsverfassungen sowie Gemeindeordnungen der drei zu untersuchenden Staaten normierten direktdemokratischen Instrumente bringt auch eine „babylonische" Vielfalt von Bezeichnungen mit sich. In den folgenden Kapiteln wird daher nach den *verfassungsrechtlichen Strukturelementen* gesucht, auf deren Grundlage die einzelnen Instrumente dogmatisch systematisiert vergleichbar gemacht werden können, um so anschließend diese Instrumente als Teil der Struktur des politischen Systems umd damit als abhängige Variable auf ihre Input- und Output-Funktionen hin zu untersuchen. Darauf aufbauend können dann Aussagen getroffen werden, inwieweit die Instrumente der direkten Demokratie zur Lösung der Regierbarkeits- und Legitimationsprobleme[16] beitragen (können).

II. Der rechtsdogmatische Befund: die Instrumente der direkten Demokratie

Entscheidendes Kriterium, auf dessen Grundlage Kompetenzzuweisungen und Funktionen der einzelnen Instrumente dogmatisch systematisiert werden können, ist die Zuordnung von „Volk" und „Staatsgewalt". Während alle drei untersuchten Staaten in der *abstrakt-ideellen* Komponente der Volkssouveränität als Kriterium der Inhaberschaft der Staatsgewalt die Fiktion der Einheit von Volk und Staatsgewalt postulieren, um so die Herrschaft des Staates demokratisch zu legitimieren,[31] ermöglicht die *konkret-organisatorische* Komponente für die Ausübung der Staatsgewalten die beiden idealtypischen Alternativen der Repräsentation und Identität. Insofern das Volk auf die Wahl des Parlaments beschränkt bleibt und alle übrigen Handlungen zur Ausübung der Staatsgewalten, insbesondere die politisch verbindliche Entscheidung durch Normsetzung und die Vollziehung des im Gesetz zum Ausdruck kommenden „allgemeinen Volkswillens" durch die parlamentarische Repräsentation mediatisiert werden,[32] ist die Demokratie mittelbar. Umgekehrt sind daher alle Handlungen, die die Mitwirkung des Volkes an der staatlichen Willensbildung und seine Entscheidung in Sach- und Personalfragen außerhalb der Parlamentswahlen zum Inhalt haben, unmittelbar, also direktdemokratisch.

---

31 Grundlegend in diesem Zusammenhang HERNEKAMP, Karl, Formen und Verfahren direkter Demokratie, Frankfurt/M. 1979, 16 ff. Vgl. schon KELSEN, Hans, Vom Wesen und Wert der Demokratie, Neudruck der 2. A. 1929, Aalen 1963, 30 f: „Die Fiktion der Repräsentation soll den Parlamentarismus vom Standpunkt der Volkssouveränität legitimieren."

32 Vgl. KRIELE, Martin, Einführung in die Staatslehre, 2. A., Opladen 1981, 241 ff; STERN, Klaus, Das Staatsrecht der Bundesrepublik Deutschland, Bd. 1, 2. A., München 1984, 592 und 619.

Das zugrundeliegende allgemeine Kriterium für die typisierende und vergleichende Beschreibung der Instrumente der direkten Demokratie ist daher erstens der *politische Prozeß*, dessen Funktion, die Normsetzung in *zwei Phasen* zerfällt: den der Willensbildung und den der Entscheidung. Zweitens lassen sich die faktisch instrumentale Komponente als Kriterium für die Äußerungsformen des vom Volk zu bildenden Staatswillens und der Grad der Integration zwischen den beiden Strukturprinzipien Repräsentation und Identität wiederum auf eine verfassungsrechtlich fundierte *idealtypische Alternative* zurückführen: so kann die Mitwirkung des Volkes an der staatlichen Willensbildung und seine Entscheidungskompetenz entweder *unbedingt* oder *bedingt* normiert sein.

Drittes Kriterium ist die *Unterscheidung* von *obligatorischer* oder *fakultativer* Willensbildung bzw. Entscheidung des Volkes: obligatorisch ist sie einerseits, wenn sie auf Grund eines materiellrechtlichen Kriteriums vorgesehen ist (unbedingt), andererseits wenn ein legislatives oder exekutives Organ die Willensbildung oder Entscheidung des Volkes durch seinen Beschluß herbeiführen kann (bedingt). Fakultativ ist die Willensbildung bzw. Entscheidung des Volkes dann, wenn es selbst diesen Prozeß herbeiführen kann (unbedingt) oder die von einem Organ zur Disposition gestellte Willensbildung oder Entscheidung durch eine Initiative seinerseits herbeiführt (bedingt).

Dadurch ergibt sich folgender *analytischer Raster*, der diese Kriterien anhand von Beispielen demonstriert:

		obligatorisch	fakultativ
Entscheidungs-bereich	unbedingt	Art 44 Abs 3 B-VG (Gesamtänderung)	Art 89 Abs 2 BV Art 39 Stmk L-VG
	bedingt	Art 44 Abs 3 B-VG (Teiländerung)	Art 89 Abs 4 BV Art 115 Rh-Pf LV
Willensbildungs-bereich	unbedingt	§ 60 Tir GO Art 18 Bay GO	Art 41 Abs 2 B-VG § 49 Abs 4 Stmk L-VG § 60 AGO
	bedingt	§ 57 AGO Art 67 Bgld L-VG	——

1. Entscheidungsbereich

a) Unbedingte Kompetenzzuweisung: die „Referendumsdemokratie"

aa) Eine unbedingte Kompetenzzuweisung liegt vor, wenn das Volk den politischen Entscheidungsprozeß beherrscht. Dies ist einmal der Fall, wenn das Volk *obligatorisch* in den von der Rechtsordnung vorgesehenen Fällen zu entscheiden hat.

So ist in der Schweiz jeder Akt der verfassungsgebenden Gewalt auf *eidgenössischer Ebene* dem obligatorischen Referendum unterstellt,[33] während in Österreich auf *Bundesebene* nur die Gesamtänderung der Verfassung obligatorisch einer Volksabstimmung zu unterziehen ist[34] und das Bonner Grundgesetz (GG) nur den „Sonderfall" das Art 29 (und

---

33 Siehe den Beitrag von LÖTSCHER, Bruno/SOMM, Karin/UEBERWASSER, Heinrich in diesem Band, wenngleich schon an dieser Stelle darauf hinzuweisen ist, daß aufgrund der Differenzierung in bedingte/unbedingte Kompetenzzuweisung die weitere Unterscheidung in obligatorisch und fakultativ vom Gebrauch der Termini durch die h. L. in der Dogmatik in einzelnen Fällen abweicht, worauf jedoch in jedem Fall hingewiesen wird.

34 Die Frage, wann eine „Gesamtänderung" der Bundesverfassung vorliegt, wird in Österreich anhand materieller Kriterien bestimmt. So liegt eine „Gesamtänderung" nach dem Erkenntnis des VfGH in VfSlg 2455/1952 vor, wenn durch die Verfassungsänderung einer der leitenden Grundsätze des Bundesverfassungsrechts abgeändert oder beseitigt wird. Der VfGH hat selbst das demokratische, rechtsstaatliche und bundesstaatliche Prinzip genannt. Die h. L. rechnet auch das republikanische Prinzip dazu. Das gewaltenteilende und das liberale Prinzip werden teils als selbständige Grundsätze, teils als Elemente des rechtsstaatlichen Prinzips angesehen. Zu den damit zusammenhängenden Problemen vgl. allg. ADAMOVICH, Ludwig/FUNK, Bernd-Christian, Österreichisches Verfassungsrecht, 3. A., Wien-New York 1985, 98 ff; KNEIFEL, Heinrich, Zum Thema: Gesamtänderung der Bundesverfassung, in: ÖJZ 1982, 516 sowie HIERMANSEDER, Michael, Zum Thema Gesamtänderung der Bundesverfassung, in: ÖJZ 1983, 179 f.
In der Schweiz gibt es für die Abgrenzung zwischen Total- und Partialrevision ein formelles und materielles Kriterium. Formell liegt eine Totalrevision vor, wenn sämtliche Artikel der Verfassung in Beratung gezogen werden. Materiell handelt es sich um eine Totalrevision, wenn grundlegende Prinzipien der Verfassung, wie das bundesstaatliche, geändert würden. Die Zulässigkeit der materiellen Totalrevision ist umstritten. Vgl. HANGARTNER, Yvo, Grundzüge des schweizerischen Staatsrechts, Bd. 1, Zürich 1980, 220 ff; EICHENBERGER, Kurt, Der Entwurf 1977 für eine neue schweizerische Bundesverfassung, in: ZaöRV 1980, 473 ff; MÜLLER, Georg, Totalrevision der schweizerischen Bundesverfassung, in: Der Staat 1981, 83—96; HÄBERLE, Peter, Der „private" Verfassungsentwurf Kölz/Müller (1984), in: ZSR 1985, 353—365.
Zum „materialen Kern" des GG, der — im Unterschied zu Österreich und der Schweiz, die eine solche „Ewigkeitsgarantie" nicht kennen — jeder Verfassungsänderung entzogen ist vgl. HESSE, Konrad, Grundzüge des Verfassungsrechts der Bundesrepublik Deutschland, 13. A., Heidelberg 1982, 261 ff. Im speziellen siehe auch HUBER, Hans, Die Gesamtänderung der Verfassung. Ansätze für einen Vergleich zwischen Österreich, der Schweiz und der Bundesrepublik Deutschland, in: FS-SCHEUNER, Berlin 1973, 183—209.

früher 118)[35] kennt. Während von den österreichischen *Bundesländern* nur Salzburg für die Gesamtänderung der Verfassung obligatorisch eine Volksabstimmung vorsieht[36] und in Vorarlberg verfassungsändernde Gesetzesbeschlüsse, durch die die Stellung des Landes beeinträchtigt oder Wahl-bzw. Volksrechte beseitigt werden, in jedem Fall der Volksabstimmung unterliegen,[37] ist in den Schweizer *Kantonen* dieses Instrument wesentlich weiter ausgebaut. So unterliegen dem obligatorischen Volksentscheid nicht nur Verfassungsänderungen,[38] sondern auch der Erlaß, die Abänderung oder Aufhebung von Gesetzen,[39] Finanzbeschlüsse, die eine bestimmte Summe für einmalige oder neue, jährlich wiederkehrende Ausgaben übersteigen,[40] Konkordate und Staatsverträge[41] und in den Kantonen Schaffhausen und Zürich, was gerade im

---

35 PESTALOZZA, Christian, Der Popularvorbehalt. Direkte Demokratie in Deutschland, Berlin-New York 1981, 11. Zur Frage der Zulässigkeit der Ergänzung des GG um direktdemokratische Instrumente auf interprätativem Weg vgl. Fn 148 und 149.

36 Art 24 Abs 2, Sbg L-VG idF LGBl 60/1985. Zur Entwicklung der direkten Demokratie in den Ländern vgl.: PERNTHALER, Peter (Hg.), Direkte Demokratie in den Ländern und Gemeinden, Wien 1980; LENGHEIMER, Karl, Direkte Demokratie in den Ländern; HEINRICH, Hans-Georg, Direkte Demokratie in den Bundesländern, beide in: RACK, Reinhard (Hg.), Landesverfassungsreform, Wien-Köln-Graz 1982, 144 ff und 155 ff; KOJA, Friedrich, Direkte Demokratie in den Ländern, Salzburg Dokumentationen 72, Salzburg 1983; DERS., Direkte Demokratie in den Bundesländern, in: JBl 1984, 30—32; MERLI, Franz, Die Steiermark — ein direktdemokratisches Paradies?, in: ÖGZ 12/1985, 2—9; MANTL, Wolfgang, Entwicklungslinien des österreichischen Landesverfassungsrechts, in: ÖJZ (in Druck).

37 Art 35 Abs 2 Vlbg LV, LGBl 30/1984.

38 § 62 lit a KV Aargau v. 25. 6. 1980, SR 131.227; § 29 lit a KV Basel-Landschaft v. 17. 5. 1984, SR 131.222.2; Art 6 Z. 1 KV Bern v. 4. 6. 1893, Stand 14. 6. 1981, SR 131.212; Art 28 Z. 1 KV Freiburg v. 7. 5. 1857, SR 131.219; Art 67 KV Glarus, Verfassungsentwurf der Kommission für die Vorbereitung der Totalrevision, April 1977; Art 135 KV Jura v. 20. 3. 1977; Art 41 KV Solothurn, Verfassungsentwurf 1984 des Verfassungsrates; § 92 Thurgau, Verfassungsentwurf des Regierungsrates vom 23. 3. 1981; Art 46 lit a KV Uri, Verfassungsentwurf vom 18. 5. 1981; Art 30 Abs 1 Z. 1 KV Zürich v. 18. 4. 1869, SR 131.211.

39 § 62 lit b KV Aargau, § 29 lit b KV Basel-Landschaft, Art 6 Z. 2 KV Bern, Art 67 lit b KVE Glarus, Art 42 Z. 1 KV Schaffhausen v. 24. 3. 1876, SR 131.223, § 22 KVE Thurgau, Art 46 lit b KVE Uri, Art 30 Abs 1 Z 1 KV Zürich.

40 So muß gem. Art 28bis Z. 3 KV Freiburg jedes Gesetz oder Dekret, das eine außerordentliche Ausgabe von mehr als 3 Mill. Franken zur Folge hat, der Volksabstimmung unterbreitet werden. Gesetze und Dekrete, die a. o. Ausgaben über 500.000 Franken zur Folge haben, unterliegen der unbedingt fakultativen Volksabstimmung, d. h. auf Verlangen von 6.000 Aktivbürgern ist eine Volksabstimmung durchzuführen. Gem. Art 41 Abs 1 lit d KVE Solothurn unterliegen Beschlüsse des Kantonsrates über einmalige Ausgaben von mehr als 2 Mill. Fr. oder jährlich wiederkehrende Ausgaben von mehr als 200.000 Fr. der obligatorischen Volksabstimmung, wird die Hälfte dieser Summen überschritten, der fakultativen Volksabstimmung. Wichtig ist, daß in Zusammenhang mit diesem Instrument auch über Großprojekte abgestimmt werden muß.

41 § 29 lit c KV Basel-Landschaft, Art 41 Abs 1 lit c KVE Solothurn, gekoppelt mit bestimmten Ausgaben, § 22 Abs 1 KVE Thurgau.

Hinblick auf die Durchführung von Großprojekten im Zusammenhang mit neuen sozialen Bewegungen interessant erscheint, auch die Stellungnahmen des Kantons zur Errichtung von Atomanlagen, in Schaffhausen auch für Nationalstraßen.[42] Ähnlich wie in Österreich ist in der Bundesrepublik Deutschland nur in Bayern[43] und Hessen[44] ein obligatorischer Volksentscheid über Verfassungsänderungen vorgesehen.[45]

Weder die österreichischen noch die deutschen *Gemeindeordnungen* — mit Ausnahme des schleswig-holsteinschen Sonderfalles für Kleinstgemeinden — kennen diesen Typus, obwohl der neugeschaffene Art 117 Abs 7 B-VG den österreichischen Landesgesetzgebern als Gemeindeorganisationsgesetzgebern nun dazu die Möglichkeit einräumt.[46] Anders als durch die in Art 28 Abs 1 Satz 3 GG ausgedrückte Erlaubnis, daß „in Gemeinden an die Stelle einer gewählten Körperschaft die Gemeindeversammlung treten (kann)",[47] wovon nach der kommunalen Gebietsreform der Jahre 1970—1978 — wie gesagt— nur noch Schleswig-Holstein Gebrauch macht,[48] kann in Österreich der Gemeinderat als Vertretungskörperschaft durch Art 117 Abs 7 nicht ganz beseitigt werden, da dem die institutionelle Garantie des Art 117 Abs 1 lit a entgegensteht.[49] Im Gegensatz dazu geht das *schweizerische*

---

42 Art 42 Abs 1 Z. 4 und 5 KV Schaffhausen, Art 30 Abs 1 Z. 4 KV Zürich.

43 Art 75 Abs 2 Bay LV; alle deutschen Landesverfassungen sind zit. n. GOLDMANN-SACHBUCH, Alle deutschen Verfassungen, Teil B, München 1985, 259—495.

44 Art 123 Abs 2 He LV.

45 Anders als in Österreich ist jedoch in Art 150 He LV eine „Ewigkeitsklausel" vorgesehen. Vgl. Fn 72.

46 Danach kann der Landesgesetzgeber in Angelegenheiten des eigenen Wirkungsbereichs der Gemeinde die unmittelbare Teilnahme und Mitwirkung der zum Gemeinderat Wahlberechtigten vorsehen. B-VG Nov BGBl 490/1984.

47 Diese Gemeindeversammlung als Entscheidungsorgan darf nicht mit den ebenfalls bestehenden Bürgerversammlungen verwechselt werden, die nur der Information und direkten Kommunikation zwischen Gemeindeexekutive und Bürgern dienen. Vgl. unten II. 2.

48 § 73 Schl-HGO; vgl. SCHMIDT-EICHSTAEDT, Gerd/BORCHMANN, Michael, Einführung, 3, in: DIES., Die Gemeindeordnungen und Kreisordnungen in der Bundesrepublik Deutschland, Loseblattausgabe, 11. Lieferung, Sept. 1985, nach denen im folgenden alle deutschen Gemeindeordnungen zitiert sind. Auch Art 72 Ba-Wü LV sieht vor, daß in kleinen Gemeinden an die Stelle einer gewählten Vertretung die Gemeindeversammlung treten kann.

49 Da die Formulierung des Art 117 Abs 1 lit a B-VG durch die Nov. nicht geändert wurde, muß die Bestimmung, daß als Organe der Gemeinde „jedenfalls" der Gemeinderat vorzusehen ist, zumindest als institutionelle Garantie gedeutet werden. D. h., daß einzelne Entscheidungen wohl durch eine Gemeindeversammlung getroffen werden könnten, es aber verfassungswidrig wäre, alle Angelegenheiten des eigenen Wirkungsbereiches einer Gemeindeversammlung zu übertragen. S. ADAMOVICH/FUNK, Verfassungsrecht, 117 f (Fn 34) sowie Stefan HAMMER in diesem Band. Zur Rechtslage vor der B-VG Nov. s. FUNK, Bernd-Christian/RACK, Reinhard/PAUGER, Dietmar, Gemeindeautonomie und Bürgermitbestimmung, Graz 1981; RACK,

Gemeindeverfassungsrecht[50] prinzipiell von zwei Gemeindeorganen aus: der Gesamtheit der Stimmberechtigten als Gemeindeversammlung, der die Stellung als „oberstes" Gemeindeorgan zuerkannt wird, und dem Gemeinderat als kommunaler Exekutive. Vollzieht sich der Kommunikationsprozeß nur zwischen diesen beiden Organen, spricht man in der Regel von „ordentlicher Gemeindeorganisation". Tritt zwischen die Gesamtheit der Stimmberechtigten und die Gemeindeexekutive eine gewählte Vertretungskörperschaft, wird dies als „außerordentliche Gemeindeorganisation" bezeichnet.[51] Die unbedingte obligatorische Entscheidung des Volkes ist einerseits vorgesehen für den Bereich der Rechtssetzung: so über den Erlaß und die Abänderung der Gemeindeordnungen, anderer Gemeindeverordnungen und Gemeindereglemente, wobei insbesondere kommunale Beitrags- und Gebührenordnungen, Besoldungsordnungen für das Gemeindepersonal, lokale Bauordnungen oder Polizeiverordnungen hervorgehoben werden,[52] sowie die kommunale Steuergesetzgebung und den Jahreshaushalt der Gemeinde. Aber auch für den Bereich der Verwaltung existieren diese Formen der direkten Demokratie. Im Vordergrund steht dabei die kommunale Finanzverwaltung, insbesondere die Fiskalpolitik der Gemeinde, wie die Aufnahme von Darlehen oder die Beteiligung an Unternehmen.[53] Im Bereich der außerordentlichen Gemeindeorganisation werden die Gewichte nur zum fakultativen Referendum und der Initiative hin verschoben.[54]

Neben den erwähnten Sachentscheidungskompetenzen gehören zu diesem Typus auch die *Direktwahlen* von *Exekutivorganen.*

In Österreich ist diesbezüglich nur die Volkswahl des Bundespräsidenten verfassungsgesetzlich verankert,[55] während in der Bundesrepublik

---

Reinhard, Partizipation in der Gemeinde, in: ÖGZ 1982, 114 ff; OBERNDORFER, Peter, Einrichtungen der direkten Demokratie in den Gemeinden, in: FRÖHLER, Ludwig/OBERNDORFER, Peter (Hgg.), Das österreichische Gemeinderecht, Loseblattausgabe, 2. Lieferung, Linz 1983, 3. 8.; PAUGER, Dietmar, Das Stadt- und Gemeinderecht in Österreich und Möglichkeiten der Bürgermitbestimmung und Bürgerbeteiligung, in: ÖGZ 1983, 522 ff; RACK, Reinhard, Gemeindedemokratie und Landesverfassung, in: ÖGZ 1984, 70 ff; DERS., Weiterentwicklung direktdemokratischer Mitwirkungsmöglichkeiten in Österreich. Erfahrungen und rechtspolitische Vorschläge, in: Die Verwaltung 1984, 208 ff.

50 Vgl. HERNEKAMP, Formen, 58 ff (Fn 31) sowie HANGARTNER, YVO, Die kommunale Selbstverwaltung in der Schweiz, in: DVBl 1985, 868 ff.

51 Grundsätzlich ist „ordentliche" Gemeindeorganisation in den Gemeinden der deutsch-schweizerischen Kantone zu finden, die „außerordentliche" in der Westschweiz. Daneben gibt es auch noch Zwischenmodelle, in denen eine besondere Bürgerschaftskommission die Anträge des Gemeinderates an die Bürgerversammlung vorberät. S. z. B. Art 81 ff des st. gallischen Gemeindegesetzes vom 23. 8. 1979, zit. nach HANGARTNER, Selbstverwaltung, 869 (Fn 50).

52 Z. B. § 58 KVE Thurgau; vgl. HERNEKAMP, Formen, 72 ff (Fn 31).

53 HERNEKAMP, Formen, 74 ff (Fn 31).

54 S. zu diesen Instrumenten im folgenden; vgl. auch HERNEKAMP, Formen, 77 ff (Fn 31).

Deutschland die Volkswahlen von Landräten und Bürgermeistern in Bayern, bzw. nur der Bürgermeister in Baden-Württemberg in den jeweiligen Gemeindeordnungen verankert sind.[56] Die Volkswahl des Bundespräsidenten wurde von der Enquete-Kommission Verfassungsreform des Deutschen Bundestages abgelehnt, da eine dadurch verstärkte Legitimation des Präsidentenamtes dazu führen würde, daß die repräsentativen und integrativen Funktionen eines Staatsoberhauptes um politische Führungskompetenzen erweitert würden, was von der Entscheidung des Parlamentarischen Rates abweiche, der die politische Staatsleitung allein dem Bundeskanzler zugeordnet habe.[57]

Wesentlich weitergehend sind demgegenüber in der Schweiz die Möglichkeiten des Volkes, auf die Bestellung von Organen Einfluß zu nehmen. Zwar nicht auf eidgenössischer Ebene,[58] doch auf kantonaler Ebene werden in einer Reihe von Kantonen die Regierungsräte[59] sowie Gemeinderäte und Gemeindepräsidenten[60] direkt gewählt, aber auch Bezirksorgane[61] und Richter.[62]

bb) Der zweite Fall einer unbedingten Kompetenzzuweisung liegt vor, wenn durch ein Begehren aus dem Volk die Entscheidung des Volkes erzwungen werden kann. Diese *fakultative* Entscheidung kann einerseits durch eine *Initiative* herbeigeführt werden, wobei das Volk die Möglichkeit hat, das Begehren inhaltlich mitzugestalten, andererseits kann gegen den Beschluß eines Repräsentativorgans das *Referendum* ergriffen werden, sodaß diese Variante als Vetoinstrument des Volkes dient.

---

55 Seit der B-VG Nov. 1929 in Art 60 Abs 1 B-VG. Im Jahre 1964 hatte der Stmk Landtag einen Entwurf über die Direktwahl der Bürgermeister schon in Beratung genommen, die aber zu keinem Ergebnis führten. Vgl. Blg 92, Sten. Berichte Stmk LT, V. GP, zit. n. PAUGER, Stadt- und Gemeinderecht, 525 (Fn 49). Zur Wahl der Bezirkshauptmänner im Rahmen des großen und kleinen Selbstverwaltungsprogramms vgl. MIEHSLER, Herbert, Demokratisierung der Bezirksverwaltung, in: FS-KELSEN, Wien 1971, 141 ff.

56 § 45 Ba-Wü GO; Art 34 Abs 2 Bay GO und Art 31 Abs 1 Bay LKO.

57 Schlußbericht der Enquete-Kommission Verfassungsreform des Dt. Bundestages, Teil I, Stuttgart 1976, 20.

58 So wurde die Volkswahl des Staatsoberhauptes in keinem Entwurf zur Totalrevision der BV in Erwägung gezogen. Die Volkswahl des Bundesrates wurde zweimal — 1900 und 1942 — in der Verfassungsabstimmung abgelehnt. Zit. n. EICHENBERGER, Behörden, 477 (Fn 4).

59 § 61 Abs 1 lit c KV Aargau, § 24 lit b KV Basel-Landschaft, Art 88 KVE Glarus, Art 74 Abs 1 lit b KV Jura, Art 33 Abs 2 KVE Solothurn, § 20 Abs 1 Z. 2 KVE Thurgau, Art 45 Z. 2 KV Uri, Art 37 KV Zürich.

60 § 25 KV Basel-Landschaft, Art 74 Abs 3 lit b KV Jura, Art 33 Abs 4 lit a und b KVE Solothurn.

61 § 61 Abs 1 lit g KV Aargau, Art 33 Abs 3 KVE Solothurn, Art 44 KV Zürich.

62 § 61 Abs 1 lit e und f KV Aargau, § 24 lit c und d KV Basel-Landschaft, Art 74 Abs 2 KV Jura, § 80 Abs 1 Z. 4 und 6 KVE Solothurn, Art 45 Z. 3 KVE Uri.

Während in Österreich[63] und der Bundesrepublik Deutschland dieses Instrument weder in der einen noch der anderen Variante auf Bundesebene existiert, unterliegen in der *Schweiz* auf eidgenössischer Ebene Gegenstände der einfachen Gesetzgebung und weitere Akte des Parlaments sowie bestimmte Staatsverträge auf Verlangen von 50.000 Stimmbürgern dem fakultativen Referendum.[64] Die Initiative zum Erlaß eines Gesetzes oder allgemeinverbindlichen Bundesbeschlusses — bisher nicht in der Bundesverfassung enthalten — ist im Entwurf der Expertenkommission für die Vorbereitung einer Totalrevision der Bundesverfassung vorgesehen.[65] In *Österreich* kennen die Bundesländer Burgenland[66] und Niederösterreich[67] die Möglichkeit, daß 15.000 bzw. 5% der Stimmberechtigten eine Volksabstimmung über Gesetzesbe-schlüsse des Landtages verlangen können. In der Steiermark sind dafür 85.000 Stimmen erforderlich, während in Vorarlberg ein Volksbegehren, das von 20% der Stimmberechtigten unterstützt wird, einer Volksab-stimmung unterworfen werden muß. Ebenso können binnen 8 Wochen 10.000 Stimmberechtigte eine Volksabstimmung über einen Gesetzes-schluß des Landtages verlangen. In beiden Fällen ist der Landtag an das Ergebnis gebunden.[68] Das Instrument des Volksbegehrens mit

---

63 Bereits 1982 brachte die oppositionelle ÖVP im Nationalrat einen Initiativantrag ein, um das Institut eines Volksbegehrens mit nachfolgender Volksabstimmung, wenn das erstere von mehr als 500.000 Stimmberechtigten unterstützt würde, verfassungsrecht-lich zu verankern. Abgedr. in: BRÜNNER/MANTL/PAUGER/RACK, Verfassungspolitik, 131 f (Fn 10). Der 1. Entwurf der Christlichsozialen Partei zum B-VG 1920 hatte in Art 37 demgegenüber in Form der Referendumsinitiative nur ein Quorum von 200.000 vorgesehen, der Privatentwurf Mayr im Art 31 und der Linzer Entwurf in Art 32 schon 300.000, während der Tiroler Verfassungsentwurf in Art XXV nur 50.000, wie in der Schweiz, verlangte. In den Verhandlungen setzte sich allerdings die Linie der Sozialdemokratischen Partei durch. Zit. n. ERMACORA, Felix, Quellen zum österreichischen Verfassungsrecht (1920), Wien 1967, 38, 52, 73, 115 und 345 ff. 1929, nach neunjähriger Opposition, forderte aber auch die Sozialdemokratische Partei eine Volksabstimmung über jedes Gesetz auf Begehren von 300.000 Stimmberechtigten als „Recht einer großen Minderheit", zit. n. MATZKA, Manfred (Hg.), Sozialdemokratie und Verfassung, Wien 1985, 112.

64 Art 89 und Art 89bis BV; vgl. LÖTSCHER/SOMM/UEBERWASSER in diesem Band.

65 Art 64 bis 66 Entwurf der Expertenkommission für die Vorbereitung einer Totalrevision der Bundesverfassung, Bern 1977.

66 Art 33 Abs 1 Bgld L-VG, LGBl 42/1981.

67 Art 27 Abs 1 NÖ LV 1979 0001-4; die in Art 27 Sbg L-VG idF LGBl 13/1984 noch vorgesehene Möglichkeit, daß 20.000 Stimmberechtigte eine Volksabstimmung über jedes Landesgesetz verlangen können, wurde durch die Nov. LGBl 60/1985 gestrichen.

68 Art 33 Abs 5 sowie Art 35 Abs 1 lit a Vlbg LV, LGBl 30/1984; das in § 39 Stmk L-VG sowie § 40 Stmk Volksrechtegesetz, LGBl 86 und 87/1986, die beide mit 1. 1. 1987 in Kraft getreten sind, vorgesehene Verfahren eines Volksbegehrens mit nachfolgender Volksabstimmung kann nicht diesem Typ zugerechnet werden, da der Landtag *nicht* inhaltlich an den Beschluß gebunden ist, sondern das Ergebnis nur geschäfts-ordnungsmäßig behandeln muß. S. unten II.2. und Fn 114 und 115.

nachfolgendem Volksentscheid kennen weiters die *Länderverfassungen* von Baden-Württemberg, Bayern, Bremen, Hessen, Nordrhein-Westfalen, Rheinland-Pfalz und Saarland,[69] wobei die Quoren, die für die Unterstützung des zum Volksentscheid führenden Volksbegehrens notwendig sind, zwischen 10 und 20% betragen.[70] Damit das Ergebnis des Volksentscheides verbindliche Rechtswirkung erlangt, sehen einige Verfassungen entweder besondere Teilnahme- oder Beschlußfassungsquoren vor.[71] Andererseits werden bestimmte Sachmaterien vom Volksentscheid ausgenommen. Neben der Besonderheit, daß in Rheinland-Pfalz und Hessen bestimmte Teile der Verfassung durch eine „Ewigkeitsklausel" vor einer Verfassungsänderung, auch durch Volksentscheid, geschützt werden,[72] sind grundsätzlich wie in Österreich insbesondere finanzielle Angelegenheiten, also Budgets, Abgaben, Besoldungen oder Dienstbezüge vom Volksentscheid ausgeschlossen.[73] Demgegenüber ist auf *kantonaler Ebene* in der Schweiz die Mitwirkung des Volkes in Finanzangelegenheiten auch als fakultatives Referendum Teil des „Rückgrats" der Referendumsdemokratie, wobei die Trennungslinie zwischen obligatorischem und fakultativem Referendum diesbezüg-

---

69 Art 60 Ba-Wü LV, Art 74 Bay LV, Art 70 lit c Bre LV, Art 124 He LV, Art 68 Abs 2 N-W LV, Art 109 Rh-Pf LV und Art 99 und 100 Saarl. LV. Zur historischen Entwicklung vgl. Troitzsch, Klaus G., Volksbegehren und Volksentscheid, Meisenheim am Glan 1979, 21 ff; im Gegensatz zu der hier vertretenen Auffassung, daß es sich bei diesen Instrumenten um unbedingte fakultative Entscheidungskompetenzen des Volkes handelt, behauptet Weber, Albrecht, Direkte Demokratie im Landesverfassungsrecht, in: DÖV 1985, 181, daß das geltende Landesverfassungsrecht kein Volksgesetzgebungsverfahren, das eine Volksinitiative am Parlament vorbei zum Volksentscheid führen könnte, kennt, da die Möglichkeit der Übernahme des volksbegehrten Entwurfs in das parlamentarische Verfahren typisch für das dt. Landesverfassungsrecht, im Gegensatz etwa zum schweizerischen Kantonsrecht, sei. M. E. verkennt jedoch Weber vollkommen, daß nicht ein formales Kriterium, wie der Rang im Stufenbau der Rechtsordnung, den er seiner Gliederung zugrunde legt oder der Ablauf des Verfahrens typenbildend ist, sondern das materielle Kriterium, ob der Landtag inhaltlich an den Willen des Volkes gebunden ist. Das bleibt er jedoch auch, wenn er die Möglichkeit hat, ein Volksbegehren durch Beschluß zum Gesetz zu transformieren. In diesem Sinn unterscheiden sich das schweiz. Kantonsrecht und das dt. Landesverfassungsrecht also nicht!

70 20% sehen vor: Bremen, Hessen, Nordrhein-Westfalen, Rheinland-Pfalz und Saarland; 16,6%: Baden-Württemberg; 10%: Bayern.

71 Art 60 Abs 5 Ba-Wü LV sieht vor, daß mindestens ein Drittel der Stimmberechtigten zustimmen muß. Bei verfassungsändernden Gesetzen muß die Mehrheit der Stimmberechtigten zustimmen (Art 64 Abs 3). Art 72 Bre LV normiert, daß sich die Mehrheit der Stimmberechtigten beteiligen muß.

72 Art 150 He LV; Art 129 Rh-Pf LV; Art 100 Abs 4 Saarl. LV sieht vor, daß über Volksbegehren, die auf Änderung der Verfassung gerichtet sind, kein Volksentscheid stattfindet.

73 Art 33 Abs 2 Z.3 Bgld L-VG, Art 27 Abs 2 Z 3 NÖ LV; Art 60 Abs 6 Ba-Wü LV, Art 73 Bay LV, Art 70, letzter Satz Bre LV, Art 124 Abs 1 He LV, Art 68 Abs 1 N-W LV, Art 109 Rh-Pf LV und Art 99 Abs 1 Saarl. LV.

lich nur von der Höhe der Beträge abhängt.[74] Die Quoren, die für das Ergreifen des Referendums vorgesehen sind, betragen zwischen 1000—15.000 Bürgern bzw. 5% der Stimmberechtigten.[75] Daneben kann in einigen Kantonen auch noch von einer bestimmten Zahl von Gemeinden die Referendumsinitiative ergriffen werden.[76] Neben dem Finanzreferendum unterliegen auch Gesetze in der Regel dem fakultativen Referendum, wobei die Trennungslinie zwischen obligatorischem und fakultativem Referendum wiederum sehr oft zwischen Verfassungs- und einfachgesetzlicher Ebene verläuft.[77] Außer Gesetzen, internationalen und -kantonalen Verträgen und Planungsbeschlüssen unterliegen auch Akte der Verwaltung, so z. B. vom Regierungsrat erlassene Verordnungen, dem fakultativen Referendum.[78]

Auf *Gemeindeebene* gibt es in Österreich lediglich in der Steiermark, Tirol und Vorarlberg[79] dieses Instrument, in der Bundesrepublik Deutschland kennt nur die Baden-Württembergische Gemeindeordnung[80] ein Bürgerbegehren mit nachfolgendem Bürgerentscheid, wobei mindestens 30% aller Stimmberechtigten im Entscheid für die Annahme des Begehrens sein müssen, damit dieses Rechtsverbindlichkeit erlangt. Daneben normiert die Ba-Wü GO auch ausdrücklich, daß das Ergebnis eines Volksentscheids nur mehr durch neuerlichen Volksentscheid abgeändert werden kann.[81] In der Schweiz dagegen existiert dieses Instrument auf Gemeindeebene in allen Varianten. So ist insbesondere

---

74 Vgl. Fn 40.

75 § 63 KV Aargau: 3.000; § 30 KV Basel-Landschaft: 1.500; Art 6a KV Bern: 15.000; Art 28bis KV Freiburg: 6.000; Art 53 KV Genf: 7.000; Art 78 KV Jura: 2.000; Art 42bis KV Schaffhausen: 1.000; Art 42 KVE Solothurn: 2.000; Art 53 KV Nidwalden: 5%.

76 Z. B. § 48 KV Basel-Landschaft: 5 Einwohnergemeinden; Art 42 KVE Solothurn: 5 Einwohnergemeinden. Im Unterschied zu Österreich aber nicht durch die Gemeinderepräsentativkörperschaft, sondern auf Beschluß der Gemeindeversammlung!

77 Z. B.: Art 6 Z 1 und Art 6 Z 3 iVm Art 9 KV Bern; Art 28bis und Art 78 ff KV Freiburg; Art 42 und 42bis KV Schaffhausen.

78 Z. B.: Art 53 KV Nidwalden.

79 § 20 Vlbg GO idF LGBl 35/1985 (20%), §§ 44 f Innsbrucker Stadtrecht (5000 Wahlberechtigte) und die §§ 73 ff des Entwurfs zur Novellierung des Statuts der Stadt Graz vom 4. 3. 1985, GZ. Präs. K-115/1984-20. Der Entwurf zur Novellierung des Statuts von Graz wurde durch das Stmk Volksrechtegesetz überholt. So sieht § 49 Abs 2 und 3 Stmk L-VG auf Verlangen von 25% der zum jeweiligen Gemeinderat Wahlberechtigten die Durchführung einer Volksabstimmung vor, deren Ergebnis der Entscheidung des zuständigen Gemeindeorgans gleichzuhalten ist. Alle österreichischen Gemeindeordnungen sind — soweit nicht anders angegeben — zit. n. FRÖHLER/OBERNDORFER (Hgg.), Gemeinderecht (Fn 49).

80 § 21 Abs 3 Ba-Wü GO; vgl. auch KROMER, Michael, Bürgerbeteiligung in der Gemeinde — ein systematischer Überblick, in: DVBl 1985, 143—149 sowie STREINZ, Rudolf, Bürgerbegehren und Bürgerentscheid. Zur Einführung von Plesbisziten in die Kommunalverfassung, in: Die Verwaltung 1983, 293—317.

81 § 21 Abs 7 Ba-Wü GO.

das fakultative Referendum auch gegen vom Gemeinderat, dem exekutiven Organ, erlassene Verordnungen und Reglemente vorgesehen.[82]

Neben diesen dargestellten Sachentscheidungsbefugnissen zählt zu diesem Typus auch die Möglichkeit, die *Abwahl von Organen* mittels Volksentscheid zu verlangen. Während dieses Instrument in Österreich unbekannt ist, sehen die Verfassungen von Baden-Württemberg, Bayern, Berlin und Rheinland-Pfalz vor,[83] daß eine bestimmte Anzahl von Wahlberechtigten — 20% bzw. eine Million Bayern — einen Volksentscheid über die Abwahl der jeweiligen Landtage verlangen können. In der Schweiz können neben kantonalen Parlamenten[84] auch Regierungsräte — also Landesregierungen — bzw. Behörden durch Volksentscheid abberufen werden.[85]

b) Bedingte Kompetenzzuweisung: Formen „plebiszitärer Demokratie"

Um eine bedingte Kompetenzzuweisung handelt es sich, wenn die Entscheidung des Volkes entweder durch den Beschluß oder durch ein Begehren aus einem legislativen oder exekutiven Organ herbeigeführt werden kann und das Volk dann über die Sachmaterie abzustimmen hat (*obligatorisch*) oder die Volksentscheidung durch solche Organe zur Disposition gestellt und durch ein Begehren aus dem Volk herbeigeführt werden kann (*fakultativ*). Die damit verbundenen Möglichkeiten politischer Eliten, durch Appellation an das Volk ihre Entscheidungen bestätigen zu lassen, gaben und geben diesen Varianten eine *wertnegative* Bedeutung, die in der pejorativ gemeinten Bezeichnung „plebiszitär" zum Ausdruck kommt.[86]

---

82 HERNEKAMP, Formen, 77 ff und 83 ff (Fn 31).

83 Art 43 Ba-Wü LV, Art 18 Abs 3 Bay LV, Art 39 Berlin LV und Art 109 Rh-Pf LV. Zur Praxis vgl. WEBER, Direkte Demokratie,183 f (Fn 69). Gem Art 60 Abs 6 B-VG kann jedoch in Österreich der Bundespräsident auf Verlangen der Bundesversammlung durch Volksabstimmung abgesetzt werden. Diese Art des recall zählt jedoch zum Typus bedingt obligatorisch. Vgl. auch Fn 93.

84 Z. B. Art 22 KV Bern, Art 44 KV Schaffhausen, Art 34 Abs 1 KVE Solothurn, § 25 KVE Thurgau.

85 Z. B. Art 41 KVE Solothurn, § 25 KVE Thurgau. Im Gegensatz zur eidgenössischen Ebene, wo es keinerlei Abberufungsmöglichkeiten, also auch kein Mißtrauensvotum gibt. Angesichts der relativ kurzen Amtsdauer der Behörden, der Beschränkung ihrer Wiederwahl und der Instrumente der direkten Demokratie hat das Abberufungsrecht keine praktische Bedeutung mehr. Vgl. HANGARTNER, Grundzüge, 46 (Fn 34) und HERNEKAMP, Formen, 144 f (Fn 31).

86 Auf die akklamatorische und appellatorische Funktion verweist HERNEKAMP, Formen, 32 ff (Fn 31); zur historischen Wurzel der Verwendung von Volksabstimmungen in autokratischen Herrschaftssystemen als „bonapartisches Plebiszit", s. SCHEDIWY, Robert, Empirische Politik, Wien-München-Zürich 1980, 134 ff. Als „Mischform" bezeichnet er das „gaullistische" Plebiszit, in dem der Volksentscheid über Sachfragen mit der Stellung der Vertrauensfrage seitens eines führenden Politikers verbunden wird.

aa) Zu einer *bedingt obligatorischen* Volksabstimmung kommt es in *Österreich* auf Bundesebene nach Art 42 B-VG über Gesetzesbeschlüsse des Nationalrats, wenn es dieser beschließt oder die Mehrheit seiner Mitglieder verlangt. Für Volksabstimmungen über Teiländerungen der Bundesverfassung reicht bereits das Begehren eines Drittels der Mitglieder des Nationalrats,[87] sodaß im Gegensatz zu oben damit auch die jeweilige parlamentarische Opposition — und das heißt unter den noch bestehenden Verhältnissen eines „hinkenden" Dreiparteiensystems eine der beiden Großparteien ÖVP bzw SPÖ[88] — das Volk als „Schiedsrichter" anrufen kann. Während weder in der Schweiz noch in der Bundesrepublik Deutschland in den jeweiligen Entwürfen für eine Totalrevision der Bundesverfassungen dieses Instrument vorgeschlagen wird, kennen *Länderverfassungen* in allen drei Staaten diese Variante. So können die Landtage von Burgenland, Kärnten, Salzburg, Steiermark, Tirol, Vorarlberg und Wien Volksabstimmungen beschließen,[89] während in Niederösterreich, Vorarlberg und in der steirischen Landesverfassung auch vorgesehen ist, daß eine bestimmte Anzahl von Gemeinden dies verlangen kann,[90] sodaß wiederum die jeweiligen politischen Minderheiten im Landtag auf dieses Instrument zurückgreifen können um ihre Oppositionspolitik fortzusetzen. Abgesehen vom Sonderfall Bremen, wo jeder Abgeordnete bei Verfassungsänderungen, denen er nicht zustimmt, durch sein Veto den Volksentscheid herbeiführt,[91] kann in Baden-Württemberg eine qualifizierte Minderheit von einem Drittel der Abgeordneten zusammen mit der Landesregierung einen Volksentscheid herbeiführen,[92] während in Nordrhein-Westfalen die Landesregierung allein einen Volksentscheid durchführen kann, wenn der Landtag einem von ihr eingebrachten Gesetzesentwurf nicht zustimmt. Damit sind jedoch weiterreichende Sanktionswirkungen verbunden. So kann zwar die Landesregierung den Landtag auflösen, wenn das Gesetz durch den Volksentscheid angenommen wird, muß aber im gegenteiligen Falle selbst zurücktreten.[93] Bei Verfassungsänderungen können sowohl der

---

87   Art 44 Abs 3 B-VG; dies wird in der Terminologie der österr. h. L. als „fakultative" Volksabstimmung bezeichnet.

88   Zum Begriff des „hinkenden" Dreiparteiensystems (zwei Großparteien und eine Kleinpartei im Nationalrat) vgl. MANTL, Wolfgang, Der österreichische Parteienstaat, Retzhof/Leibnitz 1969, 26.

89   Art 33 Abs 1 Bgld L-VG, Art 32 Abs 1 Krnt L-VG, LGBl 190/1974, Art 27 Abs 1 NÖ LV, Art 23 Abs 1 und Art 24 Abs 2 Sbg L-VG, § 41 Abs 1 lit b Stmk L-VG, § 25 Tir Landesordnung 1953 idF LGBl 48/1980, Art 35 Abs 1 lit a Vlbg LV und § 131 c Abs 1 Wr StV, LGBl 28/1968 idF 30/1979.

90   Art 27 Abs 1 NÖ LV: 15% der Gemeinden; Art 35 Abs 1 lit b Vlbg LV: 10% der Gemeinden; § 41 Abs 1 lit c Stmk L-VG: 80 Gemeinden.

91   Art 70 lit a Bre LV

92   Art 60 Abs 2 Ba-Wü LV.

93   Art 68 Abs 3 N-W LV; strukturell ähnlich ist die politische Verantwortlichkeit des Bundespräsidenten in Österreich gem. Art 60 Abs 6 B-VG geregelt. Die Ablehnung

Landtag als auch die Landesregierung einen Volksentscheid herbeiführen, wenn die erforderliche Mehrheit von zwei Drittel der Abgeordneten nicht zustande kommt.[94]

Neben der Generalklausel, daß das Parlament alle seine Beschlüsse der Volksabstimmung unterbreiten kann, sehen Schweizer *Kantonsverfassungen* auch noch vor, daß Gesetze, Verträge und Finanzbeschlüsse dem Referendum unterzogen werden, wenn dies die Mehrheit oder eine qualifizierte Minderheit beschließt.[95] Zusätzlich können von Kantonsparlamenten auch Volksabstimmungen über Grundsätze eines Erlasses, oder neben der Abstimmung über das Ganze auch solche über einzelne Punkte angeordnet werden.[96]

Auch auf *Gemeindeebene* ist dieses Instrument in allen drei Staaten verankert. Analog der Baden-Württembergischen Gemeindeordnung, die einen Volksentscheid vorsieht, wenn dies von zwei Dritteln des Gemeinderates beschlossen wird,[97] regelt dies auch die Vorarlberger Gemeindeordnung,[98] während in Kärnten ein Volksentscheid auf Antrag eines Drittels der Gemeinderatsmitglieder mit Mehrheitsbeschluß durchgeführt wird.[99] § 49 Abs 3 des Stmk L-VG ordnet eine Volksabstimmung über einen Gemeinderatsbeschluß an, wenn es von diesem verlangt wird. Die Regelung des Innsbrucker Stadtrechts sieht vor, daß Volksbefragungen, die auf Beschluß von zwei Drittel der Gemeinderatsmitglieder durchgeführt werden und deren Ergebnis wie bei allen anderen in Österreich normierten Volksbefragungen grundsätzlich nur dem Repräsentativkörper zur geschäftsordnungsgemäßen Behandlung vorzulegen ist,[100] zu einer der Willensbildung des Volkes entsprechenden Beschlußfassung des Gemeinderates zu führen haben, wenn die Frage, die der Volksbefragung zugrunde lag, von mehr als der Hälfte der Stimmberechtigten gültig bejaht wurde.[101] § 112 e der Wiener Stadtverfassung setzt für Volksabstimmungen, die vom Gemeinderat

der Absetzung durch Volksabstimmung gilt als neue Wahl und hat die Auflösung des Nationalrates zur Folge.

94 Art 69 Abs 2 N-W LV.

95 Art 6 c und 6 d KV Bern; Art 28 [bis] Abs 2 KV Freiburg: auf Verlangen eines Viertels der Großräte; Art 79 KV Jura: „Das Parlament kann alle seine Entscheidungen der Volksabstimmung unterbreiten." Art 42 Abs 1 Z 6 KV Schaffhausen; Art 41 lit i KVE Solothurn; § 24 KVE Thurgau; Art 30 Abs 1 Z 3 KV Zürich.

96 Vgl. § 31 KV Basel-Landschaft; Art 42 Abs 2 KV Schaffhausen; Art 41 Abs 2 KVE Solothurn; Art 30 Abs 2 KV Zürich.

97 § 21 Ba-Wü GO.

98 § 20 Vlbg GO, § 53 a Statut Sbg, der eine analoge Bestimmung aufwies, wurde durch LGBl 9/1985 novelliert: die nun in § 53 a so benannte Bürgerabstimmung hat nur mehr unverbindlichen Charakter. S. dazu unten Fn 134.

99 § 51 AGO, § 42 des Klagenfurter und Villacher Stadtrechts.

100 Vgl. Fn 111.

101 § 47 Abs 4 Innsbrucker Stadtrecht; diese Regelung ist seit der B-VG Nov 490/1984 jedenfalls verfassungsrechtlich unbedenklich (Fn 46).

beschlossen wurden, ein Beteiligungsquorum von 50% fest. Zu diesem Typus gehört auch die in den Kantonsverfassungen von Glarus und Obwalden vorgesehene Bestimmung, daß auf Beschluß des Gemeinderates eine außerordentliche Gemeindeversammlung einzuberufen ist.[102]

bb)Ein *bedingt fakultatives* Referendum liegt beim sog. Schweizer „Behördenreferendum" gem. Art 89 Abs 4 BV vor, wo durch einen Beschluß von National- und Ständerat weitere völkerrechtliche Verträge einem Referendumsbegehren von 50.000 Stimmbürgern ausgesetzt werden können. Neben dem Sonderfall der „stillschweigenden Beschlußfassung" nach Art 120 der Verfassung von Glarus, dem gemäß ein Beschluß der Gemeinde als gefaßt gilt, wenn der einstimmig gefaßte Antrag des Gemeinderates — also des Exekutivorgans — öffentlich bekanntgegeben wird und darnach nicht binnen 14 Tagen von mindestens 20 Stimmberechtigten verlangt wird, daß der Antrag der nächsten Gemeindeversammlung zur Abstimmung vorgelegt werde, sieht die Verfassung des Kantons Jura vor, daß das Parlament entscheidet, ob einer gültigen Volksinitiative Verfassungs- oder Gesetzesrang zukommt, sodaß also dadurch bestimmt wird, ob das Referendum obligatorisch oder nur fakultativ zustande kommt.[103] Während in Österreich dieses Instrument nirgends normiert ist, kennt in der Bundesrepublik Deutschland nur die Verfassung von Rheinland-Pfalz die Bestimmung, daß ein Drittel der Landtagsmitglieder die Möglichkeit hat, einen Gesetzesbeschluß auszusetzen, woraufhin 5% der Stimmberechtigten einen Volksentscheid begehren können.[104]

2. Die Willensbildung der staatlichen Organe und die Mitwirkung des Volkes

Ebenfalls zu den Mitteln der direkten Demokratie werden Instrumente gezählt, die den Bereich der Willensbildung der Organe betreffen. Auch hier kommen die analytischen Kriterien unbedingte/bedingte Kompetenzzuweisung sowie obligatorische/fakultative Willensäußerung des Volkes zum Tragen. In jedem Fall bleibt jedoch die Entscheidungskompetenz bei den Organen.

a) Unbedingte Formen der Mitwirkung

aa) Der erste Idealtyp ist die Form der *unbedingt obligatorischen* Mitwirkung des Volkes an der Willensbildung.

---

102   Art 118 Abs 2 KVE Glarus und Art 92 Abs 3 KV Obwalden.
103   Art 76 Abs 1 KV Jura.
104   Art 115 Rh-Pf LV.

Seine konkrete Ausgestaltung findet dieser Typus in allen drei Ländern auf Länder- und Gemeindeebene in vier Arten. Als Vorstufe zur Ermöglichung der Meinungsbildung des Volkes sind *Informationspflichten* der Organe in der oberösterreichischen Gemeindeordnung und den Statdtstatuten, in der Rheinlandpfälzischen Gemeinde- und Landkreisordnung sowie in den Verfassungen von Basel-Landschaft und Glarus[105] zwingend vorgeschrieben. Ebenfalls dem Zweck der Information sowie der Kommunikation zwischen Volk und Organen dienen sog. Bürger-, Einwohner-, bzw. Gemeinde*versammlungen*, wie sie in der Steiermark, Tirol, Bayern und Bremen zumindest einmal jährlich zwingend vorgeschrieben sind.[106] Die allgemeine *Bürgerbegutachtung* von Gesetzesentwürfen als Vorlagen der Landesregierung ist in der Steiermark und Vorarlberg vorgeschrieben,[107] wenngleich dieses auch in anderen Ländern praktiziert wird und dieses Instrument zur Verordnungsbegutachtung „materienspezifisch" auch auf einfachgesetzlicher Ebene verankert ist.[108] Sein Äquivalent findet dieses Instrument in Basel-Landschaft und Solothurn in Anhörungs- und Vernehmlassungsverfahren, wobei diesbezüglich die normative Mediatisierung dieses Instruments zugunsten politischer Parteien und sonstiger interessierter Interessenorganisationen hervorzuheben ist, wodurch die programmatische Umschreibung der Aufgaben der Parteien, nämlich an der Meinungsbildung mitzuwirken, konkretisiert wird.[109] Als Sonderfall ist schließlich noch in der Kärntner Landesverfassung und in der oberösterreichischen Gemeindeordnung für *Gebietsänderungen* von Gemeinden zwingend eine *Volksbefragung* vorgesehen.[110] Dasselbe regelt auch die Baden-Württembergische Landesverfassung und Gemeindeordnung.[111]

---

105 § 38 a OÖ GO und § 63 c Statut Linz, Steyr und Wels; § 15 Rh-Pf GO und § 11 Rh-Pf LKO; § 54 KV Basel-Landschaft, Art 57 KVE Glarus.

106 § 49 Abs 5 Stmk LV-G; § 60 Tir GO; Art 18 Bay GO; § 19 Bre OrtsG.

107 § 36 Stmk L-VG; Art 34 Vlbg LV.

108 In Kärnten werden Bürgerbegutachtungen auf Grund des Erlasses des Amtes der Kärntner Landesregierung vom 8. Juli 1982, Zl-Ver-119/2/72 durchgeführt; zur „materienspezifischen" Verordnungsbegutachtung vgl. exemplarisch § 29 stmk RaumordnungsG, LGBl 127/1974 idF 39/1986; für die Bundesebene sieht etwa § 4 Abs 5 BundesstraßenG, BGBl 286/1971 idF 63/1983 eine allgemeine Bürgerbegutachtung vor Erlaß einer Verordnung über den Straßenverlauf vor. Vgl. auch HUEBER, Herfried, Gesetzesbegutachtung, in: RACK (Hg.), Landesverfassungsreform, 149—154 (Fn 36); MANTL, Wolfgang, Partizipation in der Verwaltung, in: FS-ANTONIOLLI, Wien 1979, 507 f; zum Begriff der „materienspezifischen" Partizipation s. PAUGER, Dietmar, Bürgermitbestimmung und kommunale Partizipation, in: FUNK/RACK/ PAUGER, Gemeindeautonomie, 138 f (Fn 49). Zur Verordnungsbegutachtung im Stmk L-VG s. unten II. 2. b.

109 § 33 und § 115 KV Basel-Landschaft; Art 45 KVE Solothurn.

110 Art 3 Abs 3 Krnt L-VG; § 12 Abs 5 OÖ GO.

111 § 8 Ba-Wü GO und Art 74 Ba-Wü LV; zu Art 5 a und Art 11 Bay GO sowie Art 8 Abs 5 Bay LKO s. Fn 135.

bb) Der zweite Idealtyp ist die Form der *unbedingt fakultativen* Mitwirkung des Volkes an der Willensbildung.

Volksbegehren als Initiativinstrumente sind in den Landesverfassungen von Baden-Württemberg, Bayern, Bremen, Hessen, Nordrhein-Westfalen und dem Saarland[112] vorgesehen, doch führen sie automatisch zum Volksentscheid, wenn die Landtage dem Begehren nicht zustimmen. Dadurch kann „das Volk" materiell seinen Willen gegenüber dem Repräsentativkörper durchsetzen, sodaß es sich in diesen Fällen um „Volksgesetzgebungsverfahren" handelt, die zum Typus des unbedingt fakultativen Referendum gehören, wie es auch in den Schweizer Kantonen verankert ist.[113] Demgegenüber führen die in der Steiermärkischen und Salzburger Landesverfassung sowie im Innsbrucker Stadtrecht *gekoppelten* Instrumente von *Initiative* und nachfolgender *Abstimmung* nur dazu, daß sich das jeweilige Organ, also Landtag bzw. Gemeinderat, mit dem Begehren auseinanderzusetzen hat, ohne einen inhaltlich entsprechenden Beschluß fassen zu müssen.[114] Im Falle der steiermärkischen Landesverfassung unterscheidet sich daher das „reine" Volksbegehren ohne nachfolgende Abstimmung auf Landesebene nur durch das wesentlich niedrigere Quorum.[115] Die Rechtswirkung ist dieselbe, wenngleich der Druck der öffentlichen Meinung im Falle eines Volksbegehrens mit nachfolgender Volksabstimmung größer sein dürfte. Mit Ausnahme Salzburgs sind in allen österreichischen Bundesländern „bloße" Volksbegehren im Bereich der *Gesetzgebung* verankert,[116] in

---

112 Vgl. Fn 69.

113 Vgl. Fn 69.

114 § 39 Stmk L-VG; Art 21 Sbg L-VG; §§ 44 iVm 45 und 48 StR Innsbruck; wohl ist dies bei der Innsbrucker Bürgerinitiative der Fall, wenn bei der Abstimmung mehr als die Hälfte der Stimmberechtigten dem Begehren zugestimmt hat (§ 48 Abs 4 StRI), so daß dieses Instrument — abhängig vom Ergebnis — zum Typus II.1.b, dem unbedingt fakultativen Referendum, „mutiert". Dasselbe ist im Fall des Volksbegehrens mit nachfolgender Volksabstimmung gem Art 33 Abs 5 Vlbg LV vorgesehen. Haben 20% der Stimmberechtigten das Volksbegehren unterstützt, ist dieses einer Volksabstimmung zu unterziehen, deren Ergebnis rechtsverbindlich ist. Im Falle Salzburgs wurde sowohl auf Landes- wie Stadtebene erst durch die Novellierung der LV (LGBl 60/1985) bzw. des StR (LGBl 9/1985) die bis dahin verfassungsrechtlich verankerten, inhaltlich verbindlichen „Abstimmungen" zu inhaltlich nicht verbindlichen „Befragungen" entschärft, wenngleich die Terminologie gleich geblieben ist (vgl. auch Fn 127 und 134). Wegen der von der h. L. bestrittenen Bindungswirkung der Volksabstimmung gem. Art 43 B-VG auf Bundesebene würde auch dieses Instrument als Volksbefragung wirken, die jedoch institutionell im österr. Bundesverfassungsrecht nicht vorgesehen ist. Vgl. dazu ADAMOVICH/FUNK, Verfassungsrecht, 212 (Fn 34). A. A. NOWAK, Manfred, Rechtswirkungen einer Volksabstimmung — konkretisiert am Beispiel Zwentendorf, in: ÖJZ 1980, 36 ff. Rechtspolitisch für die Bindungswirkung schon KELSEN, Wesen und Wert, 39 (Fn 31).

115 § 38 Stmk L-VG: 17.000; § 39 Stmk L-VG: 85.000.

116 Art 30 Bgld L-VG, Art 30 Abs 2 Krnt L-VG, Art 26 NÖ LV, Art 5 OÖ L-VG, § 38 Stmk L-VG, § 23 Tir LO, Art 33 Vlbg LV, § 131 b Wiener Stadtverfassung. Die Quoren für das Zustandekommen und daher die Pflicht zur geschäftsordnungsge-

Burgenland, Niederösterreich, Steiermark und Vorarlberg auch im Bereich der *Verwaltung*,[117] wobei allerdings die Quoren, die für eine Behandlungspflicht vorgesehen sind,[118] mit Ausnahme Vorarlbergs deutlich die für den Bereich der Gesetzgebung übersteigen. Eine Besonderheit der steirischen Landesverfassung stellt die *Kontrollinitiative* dar, wodurch 2% der Stimmberechtigten die Möglichkeit haben, eine Kontrolle durch den Landesrechnungshof zu initiieren.[119] Auf Gemeindeebene finden sich Volksbegehren in Kärnten, Niederösterreich, Oberösterreich, Steiermark und Vorarlberg.[120] Nicht auf Landesebene, wie oben ausgeführt, wohl aber auf Gemeindeebene kennen Baden-Württemberg, Berlin, Hessen, Niedersachsen, Nordrhein-Westfalen, Rheinland-Pfalz und das Saarland so genannte *Bürgerbegehren, Bürgeranträge* oder *-initiativen*, die an den Gemeinderat oder an die zuständigen Gemeindeorgane gerichtet sind und von diesen behandelt werden müssen, wenn sie von der erforderlichen Anzahl von Stimmberechtigten unterstützt werden, wobei die Quoren zwischen 4 und 30% liegen.[121]

In Österreich ist auf Bundesebene das Volksbegehren in Art 41 Abs 2 B-VG verankert, analoge Bestimmungen kennt weder das GG[122] noch die BV. Während die *Enquetekommission Verfassungsreform* die Verankerung von Mitwirkungsrechten des Volkes im Bereich der Willensbildung ebenfalls ablehnte,[123] sah die *Expertenkommission* für die

---

mäßen Behandlung durch den Landtag liegen zwischen 5.000 und 17.000 Stimmberechtigten bzw. 2% und 5%.

117 Art 68 Bgld L-VG, Art 46 NÖ LV, § 43 Stmk L-VG, Art 55 Vlbg LV.

118 Bgld: 25%; NÖ: Mehrheit der zum Landtag wahlberechtigten Landesbürger, die in der örtlich und sachlich betroffenen Gemeinde ihren Wohnsitz haben; Stmk: 85.000 (= 10%); Vlbg: 5.000.

119 Art 26 Abs 3 LRH-VG, Stmk LGBl 59/1982; neben Landesrechnungshöfen — in der Steiermark und Salzburg — gibt es in Österreich auf Landesebene noch weisungsunabhängige Kontrollbeamte sowie Landeskontrollausschüsse. Vgl. BRÜN-NER, Christian/ORTNER, Gerold (Hgg.), Die Finanzkontrolle in den österreichischen Bundesländern, Graz 1984, 66—91.

120 § 55 AGO und § 45 a StR Klagenfurt sowie Villach; § 16 NÖ GO und § 3 StR Krems, St Pölten, Waidhofen und Wiener Neustadt; § 63 b St Linz, Steyr und Wels; § 49 Abs 1 Stmk L-VG; § 19 a Vlbg GO idF LGBl 35/1985; zwar sieht Art 68 Abs 3 der Bgld L-VG als Verfassungsauftrag eine Bürgerinitiative für den Bereich der Gemeinden vor, doch wurde diese bisher weder in der GO noch in den Statuten verankert.

121 § 20 b Ba-Wü GO, § 40 Berl BezVwG, § 8 b He GO, § 22 a NdS GO, § 6 c N-W GO, § 17 Rh-Pf GO, § 20 a Saarl GO; vgl. auch KROMER, Bürgerbeteiligung, 144 ff (Fn 80) sowie EBSEN, Ingwer, Bürgerbeteiligung durch die Gemeindevertretung und repräsentative Demokratie, in: DVBl 1984, 1109 ff.

122 Mit Ausnahme von Art 29 Abs 4 iVm Abs 5 GG. Zum Volksbegehren allgemein vgl. schon SCHAMBECK, Herbert, Das Volksbegehren, Tübingen 1971.

123 Enquete-Kommission, Verfassungsreform, 19 (Fn 57): „Die Einführung von Volksbegehren, Volksentscheid und Volksbefragung über Art 29 GG hinaus wird nicht empfohlen, da angesichts der nicht aufhebbaren Spannung zwischen repräsentativ-demokratischen und plebiszitär-demokratischen Organisationsformen und Legitimationsverfahren die Erweiterung plebiszitärer Möglichkeiten sich als kein

Totalrevision der BV die Möglichkeit einer Volksinitiative in Varianten vor.[124] Eine *Bürger-* bzw. *Gemeindeversammlung* können in Kärnten und der Steiermark 5% der zum Gemeinderat Wahlberechtigten durch ihr *Verlangen* „erzwingen",[125] in Baden-Württemberg 10% und in Bayern 5%.[126]

Nur in Österreich ist auch die Form eines *Begehrens auf* die Durchführung einer *Volksbefragung* verankert, und zwar auf Gemeindeebene in Oberösterreich, Salzburg, Steiermark, Tirol, Vorarlberg und Wien,[127] auf Landesebene in Burgenland, Kärnten, Steiermark und Vorarlberg.[128]

Das *Petitionsrecht* ist in allen drei Ländern nicht nur auf Bundesebene,[129] sondern auch auf Landesebene,[130] in Österreich zum Teil auch auf Gemeindeebene normiert.[131] Neben dieser älteren Rechtsschicht sind als „neuere" Form auch *Auskunfts-* und *Beschwerderechte* verankert.[132]

---

geeigneter Weg darstellt, das demokratisch-repräsentative System auf der Bundesebene zu festigen und in seiner Legitimationskraft zu verstärken." Sich darauf berufend auch der Petitionsausschuß zit.n. wib 12/84, 67; vgl. auch OBERREUTER, Heinrich, Mehr Sachverstand und Verantwortung in den Parlamenten; SCHNEIDER, Hans-Peter, Eine Reform ist notwendig, beide in: Das Parlament 24—25/1985, 1 ff sowie OBERREUTER, Konflikt und Konsens, in: RANDELZHOFER/SÜSS (Hgg.), Konsens und Konflikt, 241 (Fn 8).

124 Art 64—66 in Varianten, Expertenkommission für die Vorbereitung einer Totalrevision der Bundesverfassung, Bern 1977, 16 f. Auch der Solothurner VE kennt als Initiativmöglichkeit eine Volksmotion (Art 40), die vom Kantonsrat bzw. dem entsprechenden Gemeindeorgan behandelt werden muß wie eine Motion seiner Mitglieder.

125 § 60 AGO und § 45 StR Klagenfurt und Villach; § 49 Abs 5 Stmk L-VG.

126 § 20 a Abs 2 Ba-Wü GO, Art 18 Bay GO.

127 § 38 Abs 1 OÖ GO: 25%; § 53 d und h StR Salzburg als Bürgerbegehren mit nachfolgender Bürgerbefragung: 4.000 (vgl. Fn 114); § 49 Abs 4 Stmk L-VG: 10%: § 55 Tir GO: 1/6; § 21 Vlbg GO: 20% und § 112 a Wiener Stadtverfassung: 5%

128 Art 27 Bgld L-VG: 10.000; Art 37 Abs 2 Krnt L-VG: 15.000; § 44 Stmk L-VG: 17.000 und Art 56 Vlbg LV: 5.000. Zur teilweisen „Überschneidung" der Instrumente Volksbegehren mit nachfolgender Volksabstimmung sowie Begehren auf Durchführung einer Volksbefragung kommt es in der Steiermark auf Landesebene, da beide Instrumente auch für den Bereich der Gesetzgebung vorgesehen sind. Der „entscheidende" Unterschied liegt bei den Quoren: braucht ein Volksbegehren 85.000 Unterschriften um eine Volksabstimmung herbeizuführen, reichen für die Durchführung einer Volksbefragung 17.000.

129 Art 11 StGG 1867; Art 17 GG; Art 57 BV.

130 § 46 Stmk L-VG; Art 10 Vlbg LV; Art 115 Bay LV; Art 16 He LV; Art 41 c N-W LV; Art 11 und 90 Rh-Pf LV; Art 79 Saarl LV; § 19 KV Aargau; § 9 KV Basel-Landschaft; Art 56 KVE Glarus; Art 80 KV Jura; Art 11 KV Nidwalden; Art 21 KV Obwalden; Art 32 KVE Solothurn; § 12 KVE Thurgau und Art 10 lit h KVE Uri.

131 § 49 StR Innsbruck; § 22 a Vlbg GO.

132 Auf Gemeindeebene: § 16 NÖ GO und § 3 StR Krems, St. Pölten, Waidhofen und Wiener Neustadt; § 50 Stmk L-VG; auf Landesebene: Art 69 Bgld L-VG, Art 47 NÖ LV, § 47 Stmk L-VG. Mit Art 57 Vlbg LV wurde ein eigener Landesvolksanwalt

b) Bedingte Formen der Mitwirkung

Der dritte Idealtyp ist die Form der *bedingt obligatorischen* Mitwirkung des Volkes an der Meinungs- und Willensbildung. Entgegen der in Typus aa) zwingend vorgeschriebenen *Einwohner-, Bürger-* bzw. *Gemeindeversammlung* kann in diesem Fall eine solche durch den Gemeinderat oder Bürgermeister angeordnet bzw. durchgeführt werden. Dieses Instrument kennen sowohl deutsche wie österreichische Gemeindeordnungen.[133] Nur in Österreich sind sowohl auf Länder- wie Gemeindeebene *Volksbefragungen* vorgesehen, die entweder vom Gemeinderat[134] oder von der Landesregierung angeordnet werden können.[135] In der Steiermark und in Vorarlberg können auch der Landtag und eine bestimmte Zahl von Gemeinden eine Volksbefragung verlangen.[136] Wiederum in Abgrenzung zu den in aa) beschriebenen Fällen der allgemeinen *Bürgerbegutachtung sollen* Gesetzesvorschläge der Landesregierung im Burgenland[137] einer Bürgerbegutachtung unterzogen werden, während in der Steiermark Vorlagen von Mitgliedern und

---

eingerichtet. Während eine Auskunftspflicht auf Bundesebene durch § 3 Z 5 BundesministerienG, BGBl 389/1973 vorgesehen ist, sollte durch einen neu hinzuzufügenden Abs 4 des Art 20 B-VG eine allgemeine Auskunftspflicht für Bund, Länder und Gemeinden bundesverfassungsrechtlich verankert werden (RV 838 Blg Sten Prot NR, 16.GP), wozu es aber wegen der vorzeitigen Auflösung des Nationalrates im September 1986 nicht mehr kam. Ähnlich wie die in § 22 NdS GO und § 6 c N-W GO normierten Hilfeleistungspflichten der Gemeinde in Verwaltungsangelegenheiten sehen dies auch die Kantonsverfassungen von Aargau (§ 97 Abs 2), Basel-Landschaft (§ 8 Abs 2) und Jura (Art 61 Abs 1) mit Unentgeltlichkeit vor. Die Kantone Jura (Art 9 Abs 3) und Nidwalden (Art 47) normieren sogar allgemeine Akteneinsichtsrechte. Die Verfassung des Kantons Jura (Art 61 Abs 2) sieht weiters vor, daß eine unabhängige Schlichtungsstelle für Verwaltungsangelegenheiten eingerichtet werden kann, die in Österreich als sogenannte Bürgerbüros (z. B. in Steiermark und Salzburg sowohl auf Landes- wie Stadtebene) bestehen. Vgl. zum Grazer Büro für Bürgerinitiativen Marko, Joseph, Kommunale Reformpolitik in Graz — Entstehungsbedingungen alternativer Gruppen, in: ÖJP '83, 289 und 292.

133 § 20 a Abs 1 Ba-Wü GO, § 33 Abs 4 Ba-Wü GO sieht auch eine öffentliche Fragestunde vor, in der der Gemeinderat betroffenen Personen und Gruppen die Möglichkeit bieten kann, Fragen zu stellen oder Anregungen und Vorschläge zu unterbreiten; Art 18 Bay GO, § 8 a He GO, § 6 b N-W GO, § 16 Rh-Pf GO, § 20 Saarl. GO. § 60 AGO und § 45 StR Klagenfurt und Villach; § 38 a Abs 3 OÖ GO; § 61 Sbg GO. Gemeindeversammlungen können auch auf Ortsteile begrenzt abgehalten werden.

134 § 57 AGO; § 63 NÖ GO und § 50 StR Krems, St. Pölten, Waidhofen und Wiener Neustadt; § 38 Abs 1 OÖ GO und § 63 a St Linz, Steyr und Wels; § 53 a und c StR Slbg als „Bürgerabstimmung" sowie § 53 d als „Bürgerbefragung", die sich überschneiden, sofern es sich um Beschlüsse des Gemeinderates handelt; § 49 Abs 4 Stmk L-VG; § 55 Tir GO sowie § 43 StR Innsbruck jeweils mit Zweidrittel Mehrheiten; § 21 Vlbg GO; § 112 Wr. Stadtverfassung.

135 Art 67 Bgld L-VG; Art 31 Abs 1 und Art 37 Abs 4 Krnt L-VG; § 44 Stmk L-VG; Art 56 Vlbg LV; für Eingliederungen in einen Landkreis und Änderungen des Gemeindegebietes vgl. Art 5a und Art 11 Bay GO sowie Art 8 Abs 5 Bay LKO.

136 § 44 Stmk L-VG und Art 56 Vlbg LV.

137 Art 68 Abs 4 Bgld L-VG.

Ausschüssen des Landtages unter erhöhten Beschlußfassungserfordernissen und Verordnungen der Landesregierung von grundsätzlicher Bedeutung von dieser einem allgemeinen Begutachtungsverfahren unterzogen werden *können*.[138]

Formen der *bedingt fakultativen* Mitwirkung an der Willensbildung finden sich in *keiner* der drei Rechtsordnungen.

Im Gegensatz zur Bundesrepublik Deutschland, wo nur im Berliner BezirksverwaltungsG neben Wahlen und Personalangelegenheiten sogar ärztliche Tätigkeiten gem. § 42 vom Bürgerbegehren ausgenommen sind, unterliegen in Österreich sowohl Volksbegehren wie Volksbefragungen in der Regel besonderen *Ausnahmen*, wobei v. a. Wahlen, Personalangelegenheiten, finanzielle Angelegenheiten (Abgaben, Entgelte, Tarife) sowie individuell-konkrete Verwaltungsakte ausgeschlossen werden.[139]

Zusammenfassend läßt sich also festhalten, daß die idealtypische Alternativenbildung die differenzierte Beschreibung der einzelnen Instrumente und vergleichende Systematisierung im Rahmen des politischen Willensbildungs- und Entscheidungsprozesses ermöglicht, in den konkreten Verfassungen der drei Staaten jedoch im Zusammenhang betrachtet diese Instrumente eine Integration der beiden Prinzipien Repräsentation und Identität ergeben, wobei, mit Ausnahme auf räumlich beschränkte Formen wie Landsgemeinden oder Gemeindeversammlungen, das *quantitative* Schwergewicht des politischen Entscheidungsprozesses auf dem *repräsentativen* Prinzip liegt.[140]

Die *Alternativenbildung* zwischen referendumsdemokratischen und plebiszitären Instrumenten darf wiederum nicht dazu verführen, diese beiden Ausformungen „modellhaft" als Gegensätze anzusehen. Wiederum zeigt der konkrete verfassungsrechtliche Befund, daß in allen drei Staaten diese Instrumente auf einzelnen Ebenen existieren und sich *gegenseitig ergänzen*, was insbesondere im Typus des bedingt fakultativen Referendums zum Ausdruck kommt. Freilich dürfen dabei *qualitative* Unterschiede zwischen den drei Staaten nicht übersehen werden. In der Schweiz liegt der Vorrang bei den referendumsdemokratischen Institutionen, die in ihren Grundzügen von den politisch-konstitutionellen Auseinandersetzungen des ausgehenden 19. Jahrhunderts geprägt

---

138 § 36 Abs 3 und § 37 Stmk L-VG.

139 Vgl. § 55 Abs 1 und § 57 Abs 1 AGO; § 16 Abs 2 und § 63 Abs 1 NÖ GO; § 38 OÖ GO; § 53 a Abs 1 StR Sbg (nimmt auch Verordnungen aus) und § 53 d Abs 1 StR Sbg; § 49 Abs 7 Stmk L-VG; § 55 Abs 4 Tir GO, § 43 Abs 4 StRI; § 19 a Abs 2 und § 21 Abs 2 Vlbg GO; § 112 a Abs 2 Wr StV; Art 31 Abs 3 und Art 32 Abs 3 Krnt L-VG; § 45 Stmk L-VG; Art 55 Abs 2 und Art 56 Abs 3 Vlbg LV.

140 Wenngleich weltweit zwischen 1793 und 1978 auf nationaler Ebene 500 Sachabstimmungen durchgeführt wurden, wovon allein auf die Schweiz 300 entfallen, werden auch in der Schweiz von den in den eidgenössischen Räten verabschiedeten Erlassen weniger als 10% mit dem fakultativen Referendum in Frage gestellt. S. HERTIG, Hans Peter, Volksabstimmungen, in: KLÖTI (Hg.), Handbuch, 250 f und 257 (Fn 4).

sind, während in Deutschland und Österreich die Entwicklung vom monarchischen Absolutismus über die konstitutionelle Monarchie zur parlamentarischen Regierungsform historisch andersartige Voraussetzungen bot. So wurden in der Bundesrepublik Deutschland nach 1945 in den noch vor dem Bonner Grundgesetz verabschiedeten Landesverfassungen Instrumente der „Volksgesetzgebung" in der Weimarer Tradition übernommen.[141] Interessant ist auch das Bestehen von Möglichkeiten des Recalls von Gesetzgebungsorganen, was in Österreich, dessen Verfassungskontinuität auf das B-VG von 1920 zurückgeführt wird, heute in den Verfassungsreformdiskussionen noch nicht einmal erwogen wird.

Insgesamt kann also wohl festgehalten werden, daß zwischen der Schweiz, die den eindeutigen Schwerpunkt bei den direktdemokratischen Instrumenten gesetzt hat und der Bundesrepublik Deutschland, die nur auf Länderebene gewisse direktdemokratische Traditionen weitergeführt hat und in einigen Gemeindeordnungen auch Instrumente der Willensbildung kennt, *Österreich* durch die breitere Ausdifferenzierung v. a. plebiszitärer Instrumente sowohl im Entscheidungs- wie Willensbildungsbereich eine *mittlere Lage* einnimmt.

Auffällig sind die Unterschiede zwischen der Schweiz einerseits und Österreich und der Bundesrepublik Deutschland andererseits auch hinsichtlich der *Sachmaterien*, die von der direkten Demokratie *ausgenommen* werden. Ist in der Schweiz das Finanz- bzw. Ausgabenreferendum, durch das nicht zuletzt auch die politische Planung des Staates vom Volk kontrolliert oder korrigiert werden kann, das „Rückgrat" der Referendumsdemokratie, werden in der BRD und Österreich diese Bereiche grundsätzlich ausgenommen — in Österreich sogar für den Bereich der Willensbildung der Organe (!) — und das Volk nicht nur von Politikern, sondern in erster Linie von den Juristen, wie die teilnehmende Beobachtung und Mitwirkung in Reformkommissionen lehrt, diesbezüglich für politisch unmündig erklärt. Inwieweit allerdings im Hinblick auf die damit verbundenen Unregierbarkeitsargumente das parlamentarisch repräsentative System „bessere Sicherungen" gegen das Volk enthält, sei angesichts des Phänomens von Steuerprotestparteien dahingestellt.

Nach dieser systematisierten Darstellung der Instrumente der direkten Demokratie in den drei Staaten geht es im folgenden Abschnitt nun darum, diese Instrumente als Teil der Strukturen der politischen Systeme und damit als abhängige Variablen auf ihre Funktionen im Bereich der „Interessen-" und „Regierungsstruktur" hin zu untersuchen.[142]

---

141 Vgl. TROITZSCH, Volksbegehren, 21 ff (Fn 69); HERNEKAMP, Formen, 269 ff (Fn 31) und WEBER, Direkte Demokratie, 179 (Fn 69).

142 Im Anschluß an LEHMBRUCH, Gerhard, Proporzdemokratie. Politisches System und politische Kultur in der Schweiz und Österreich, Tübingen 1967, wird hier die input Seite des politischen Systems als Interessen- und die output Seite als Regierungsstruktur bezeichnet.

III. Struktur und Funktion der Direkten Demokratie in Österreich, der Schweiz und der BRD

1. Theoretische Grundsatzfragen

Wenngleich in allen drei Staaten die Lehre von der *Volkssouveränität* als *Legitimationsgrundlage* des politischen Systems anerkannt ist,[143] ergeben sich entsprechend den Idealtypen Repräsentation und Identität durch die Interpretation in der Verfassungsrechtsdogmatik und Staatslehre nicht unbeträchtliche *Differenzierungen*, die durch die Sozialisation der Juristen und ihren Einfluß auf den politischen Willensbildungs- und Entscheidungsprozeß via Politikberatung und eigene Tätigkeit in der Rolle des Politikers sowie am politischen Prozeß beteiligten Beamten die politische Kultur bestimmen.[144]

Obwohl auch für die Schweiz die Vorstellung einer Selbstregierung des Volkes und einer Identitätsdemokratie, zumindest was die eidgenössische Ebene betrifft,[145] sowie die damit verbundene Mythologisierung des Volkes als Willenssubjekt als endgültig zu verabschieden angesehen wird[146] und auch die Schweiz als — wenn auch „plebiszitär imprägnierte"[147] — repräsentative Demokratie zu gelten hat, so wurde und wird doch im Zusammenhang mit der Bindungswirkung der Instrumente der direkten Demokratie und der rechtspolitischen Frage der Zulässigkeit des Einbaus bzw. der Weiterentwicklung[148] dieser

---

143   Art 1 B-VG, Art 20 Abs 2 GG; § 1 KV Aargau, § 2 KV Basel-Landschaft, Art 1 Abs 2 KV Genf, Art 1 Abs 2 KV Bern, Art 1 Abs 2 KV Freiburg u. a.

144   So wurden etwa die Kantonsverfassungen von Basel-Landschaft von Prof. Rhinow, die Landesverfassung Burgenlands von Prof. Wimmer und Prof. Widder und der Expertenentwurf der stmk. Landesverfassung von den Professoren Brünner/Mantl/Pauger/Rack bestimmend „beeinflußt".

145   Das trifft aber wohl noch auf die Landsgemeindekantone und die kommunale Selbstverwaltung als dezentrale Selbstregierung zu. A. A. EICHENBERGER, Kurt, Regierungssystem und direkte Demokratie in der Schweiz, in: KOJA/STOURZH (Hgg.), Österreich — Schweiz, 164 f (Fn 21).

146   Zur Fiktion des Selbstregierungstheorems vgl. RHINOW, René A., Grundprobleme der schweizerischen Demokratie, in: ZSR 1984, 171 ff sowie AUER, Andreas, Problemes fondamenteaux de la démocratie Suisse, in: ZSR 1984, 79 ff.

147   Vgl. RHINOW, Grundprobleme, 199 ff (Fn 146).

148   NOWAK, Rechtswirkungen, 36 ff (Fn 114). Zur BRD vgl. jüngst mit umfassender Literatur EBSEN, Ingwer, Abstimmungen des Bundesvolkes als Verfassungsproblem, in: AöR 1985, 2—29 und STOLLEIS, Michael, Parteienstaatlichkeit, in: VVDStRL 44, Berlin-New York 1986, 36 ff, der für die „Koppelung von repräsentativer und plebiszitärer Wahrnehmung der Staatsgewalt durch das Volk" v. a. auf kommunaler Ebene plädiert, nicht dagegen bei „Grundsatzfragen". In der Diskussion vgl. FROTSCHER, Werner, a. a. O., 155; DERS., Parteienstaatliche Demokratie, 917—927 (Fn 8). S. auch FIJALKOWSKI, Jürgen, Neuer Konsens durch plebiszitäre Öffnung?, in: RANDELZHOFER/SÜSS (Hgg.), Konsens und Konflikt, 264 ff (Fn 8).

Instrumente nicht wie in Österreich und der Bundesrepublik Deutschland die „*Monopol-Theorie*"[149]vertreten, dergemäß „das Volk" von der staatlichen Willensbildung und Entscheidung auszuschließen ist. Dies äußert sich u. a. in der ideologisch bedingten Konstruktion der *Trennung* von *politischer* und *staatlicher* Willensbildung,[150] hinter der das „spezifisch deutsche Phänomen"[151] der Trennung von Staat und Gesellschaft steht, sodaß „das Volk" und die es konstituierenden Träger der politischen Willensbildung - Bürger, Parteien, Verbände und Bürger- initiativen - in den Bereich des Gesellschaftlichen verwiesen und dadurch auf die Fuktion der für die staatliche Meinungsbildung normativ irrelevanten öffentlichen Meinungsbildung reduziert werden oder aber in den von der staatlichen Rechtsordnung vorgegebenen Formen daran teilnehmen, sodaß eine Überschreitung der „Kompetenzen" durch sog. „unkonventionelle" Verhaltensweisen[152] quasi automatisch zur Illegalität führt. *Legalität* und *Legitimität* klaffen daher in einem solchen geschlosse- nen System sofort auseinander, wenn die Rechtsordnung nicht von vorn- herein institutionalisierte Konfliktregelungsmuster bereithält oder aber deren Legitimationswirkung nicht mehr ausreicht.
Wenngleich auch in idealistischen Demokratietheorien die Volks- souveränität Fiktion geblieben ist,[153] so würde ihre mit der

---

149 D. h. daß den Repräsentationskörpern die alleinige Kompetenz zugesprochen wird, Entscheidungen zu treffen; dies wird ideologisch als „eigentliche Form der Demokratie" überhöht. So BÖCKENFÖRDE, Ernst-Wolfgang, Mittelbare/repräsenta- tive Demokratie als eigentliche Form der Demokratie, in: FS-EICHENBERGER, Basel- Frankfurt/M. 1982, 301—328 (s. Fn 156). Für die BRD exemplarisch KRIELE, Martin, Das demokratische Prinzip im Grundgesetz, in: VVDStRL 29, Berlin-New York 1971, 60 f: „Das Grundgesetz unterscheidet in Art 20 II zwischen *Trägerschaft* und *Ausübung* der Staatsgewalt und spricht dem Volk die Trägerschaft zu. Doch wird *alle* Staatsgewalt durch besondere Organe ausgeübt." Durch die weitere Gleichung: „Entscheidungskompetenz bedeutet Entscheidungsverantwortung", lehnt er auch unverbindliche Volksbefragungen ab, da sich das Organ durch die „praktische Nötigung", dem Ergebnis der Volksbefragung zu folgen, der Entscheidungsverant- wortung entziehe. Vgl. auch STERN, Staatsrecht, 607 ff (Fn 32); EBSEN, Abstimmun- gen, 3 ff (Fn 148). Für Österreich vgl. ADAMOVICH/FUNK, Verfassungsrecht, 222 (Fn 34), wo diese aus der Zulässigkeit der Verankerung von Formen unmittelbarer Demokratie auf Gemeindeebene durch Art 117 Abs 7 B-VG e contrario auf eine Bestätigung des Gesetzgebungsmonopols der Landtage schließen. S. auch Stefan HAMMER in diesem Band.

150 Vgl. dazu STOLLEIS, Parteienstaatlichkeit, 14 f (Fn 148), der davon ausgeht, daß das geltende Verfassungsrecht die Trennung zwischen der politischen Willensbildung des Art 21 Abs 1 S. 1 GG und der Ausübung der Staatsgewalt durch das Volk gem. Art 20 Abs 2 S. 2 GG voraussetzt. Die Dichotomie würde durch den Parteienstaat faktisch aufgelöst, wobei „die Parteien im System der Bildung des Staatswillens faktisch ein Monopol auf der Basis strenger formaler Gleichheit haben". (S. 41) S. auch BVerfGE 8, 113 f.

151 AUER, Problemes, 620 f (Fn 146); BÖCKENFÖRDE, Ernst-Wolfgang, Die Bedeutung der Unterscheidung von Staat und Gesellschaft im demokratischen Sozialstaat der Gegenwart, in: DERS., (Hg.), Staat und Gesellschaft, Darmstadt 1976, 395 ff.

152 Vgl. Fn 15 sowie STOCK, Wolfgang (Hg.), Ziviler Ungehorsam in Österreich, Wien- Köln-Graz 1986.

Monopoltheorie verbundene Aufgabe als *regulative Idee* — der Verpflichtung der Rückkoppelung des Staatswillens mit dem Volkswillen — jedenfalls dazu führen, daß sich die „besonderen Organe"[154] verselbständigen und so dem normativen Gehalt des demokratischen Prinzips in Art 1 B-VG bzw. Art 20 GG widersprechen.

Ein weiterer damit zusammenhängender ideologischer Faktor, der die rechtspolitische Diskussion bis heute bestimmt, ist die Unterstellung, daß das Prinzip der Identität von der Notwendigkeit eines einheitlichen Volkswillens geprägt sei, sodaß dieses Modell — wie die Weimarer „Erfahrungen" gezeigt hätten[155] — von der plebiszitären Demokratie zur totalitären Diktatur entarten müsse, da Teil- oder Minderheitenmeinungen nur als Störfaktor des einheitlichen Volkswillens auftreten würden. Dieses *essentialistische Vorurteil* der „deutschen" Staatslehre, das „wesenhaft" von einem a priori vorgegebenen Gemeinwohl ausgeht, den hypothetischen als einheitlichen Volkswillen voraussetzend, bestimmte auch das politikwissenschaftliche Denken noch insoweit, als Repräsentation mit Pluralismus und Identität mit Anti-Pluralismus gleichgesetzt

---

153 Vgl. STERN, Staatsrecht, 604 (Fn 32); AUER, Problemes, 79 f (Fn 146); KELSEN, Wesen, 30 f (Fn 31).

154 Art 20 Abs 2 GG; vgl. das Volksbefragungsurteil für Hamburg und Bremen (BVerfGE 8, 104, 120 f); dagegen erforderte gerade der Gedanke von der Volkssouveränität als regulativer Idee, daß durch Rückkoppelungsprozesse eine ständige Angleichung der Staatswillensbildung an die Volkswillensbildung erfolgt, dem dann eine „Entscheidungsverantwortung", die aus einem „hypothetischen" Volkswillen hermeneutisch deduziert wird, nicht entgegengestellt werden dürfte. Gerade das ist aber der Fall, wenn WIMMER, Norbert, Verfassung zwischen Grundwerten und politischem Konsens, in: MATZKA (Hg.), Sozialdemokratie, 165 (Fn 63) den „plebiszitären Appell an den Wähler" als „substantiellen Eingriff in die Souveränität des Parlaments" und als „einseitige Aufkündigung des Konsensvertrages der politischen Parteien, zu dessen substantiellen Elementen jedenfalls die Prärogative (!) des Parlaments gehört", ablehnt. Auch WELAN, Manfried, Regierungssystem und direkte Demokratie in Österreich, in: KOJA/STOURZH (Hgg.), Schweiz — Österreich, 187 (Fn 21) bezeichnet Art 1 B-VG als politisches Symbol und Herausforderung, „ständig den Stand der Demokratie zu reflektieren und die Weiterentwicklung zu initiieren." Vgl. auch RHINOW, Grundprobleme, 187 (Fn 146).

155 Gegen das Argument von FROTSCHER, Diskussionsbeitrag, in: VVDStRL 44, 155 (Fn 148), daß gegen den Ausbau der plebiszitären Elemente die „Erfahrungen der Weimarer Zeit" sprechen würden, da damals Volksbegehren und Volksentscheid gerade von antiparlamentarischen und außerparteilichen Kräften benutzt worden seien, läßt sich einwenden, daß dann wohl auch Wahlen durch den Mißbrauch der Nationalsozialisten für alle Zeit in Deutschland diskreditiert wären. So HERNEKAMP, Formen, 5 f und 332 (Fn 31) sowie TROITZSCH, Volksbegehren, 130 f (Fn 69), die nachweisen, daß die Empirie gerade das Gegenteil von den „Erfahrungen" aussagt. Zum „Gespenst von Weimar" s. schon: WEBER, Werner, Mittelbare und unmittelbare Demokratie, in: MATZ (Hg.), Grundprobleme, 248 ff (Fn 21); SCHIFFERS, Reinhard, Elemente direkter Demokratie im Weimarer Regierungssystem, Düsseldorf 1971 und zu einem Fallbeispiel jüngst PAUL, Gerhard, Die Saarabstimmung 1935, in: ZParl 1985, 5—28.

wurde.[156] Dem steht jedoch die historische Erfahrung der Schweiz gegenüber, wo gerade in einer kulturell nicht homogenen Gesellschaft die Instrumente der direkten Demokratie institutionalisiert wurden und außerdem als Oppositionsinstrumente dienten, was jedoch nicht zur gesellschaftssprengenden Polarisierung, sondern zur nationsbildenden Konkordanz beitrug.[157]

Die *Trennung* von *Staat* und *Gesellschaft* und die darauf aufbauende Trennung von politischer und staatlicher Willensbildung beherrscht auch die „Regierungsstruktur". Am wohl konsequentesten ist ein Modell demokratischer Staatsorganisation dabei von Hans *Kelsen* und Adolf *Merkl* aufgrund ideologischer und rechtstheoretischer Prämissen herausgearbeitet worden.[158] Weil sich im Gesetz der zentral zustande gekommene und daher das „Ganze" repräsentierende Volkswille manifestiere — wobei durch die Organisation der Staatswillensbildung in Organe aufgrund allgemeiner und gleicher Wahlen die Kommunikation von unten nach oben gewährleistet sei — und dieser daher demokratisch zustande komme, sei es geradezu notwendig, die Vollziehung der Gesetze autokratisch-hierarchisch zu organisieren, um eine möglichst geringe Abweichung vom „Volkswillen" zuzulassen. Eine „Demokratisierung der Verwaltung" durch Ausübung von Entscheidungskompetenzen wird daher bis heute nur aufgrund ausdrücklicher verfassungsrechtlicher Ermächtigung für systemkonform erachtet.[159]

---

156 Vgl. FRAENKEL, Ernst, Die repräsentative und die plebiszitäre Komponente im demokratischen Verfassungsstaat, in: DERS., Deutschland, 114 u. 149 (Fn 21); TROITZSCH, Volksbegehren, 16 ff (Fn 69). Dieses „essentialistische" Vorurteil ist offen im Titel ausgesprochen bei BÖCKENFÖRDE, Mittelbare/repräsentative Demokratie (Fn 149); dagegen wendet sich differenzierend RHINOW, Grundprobleme, 144 (Fn 146), indem er auch die umgekehrte Behauptung, nur die identitäre Demokratie habe als Demokratie zu gelten, zurückweist.

157 Vgl. dazu RHINOW, Grundprobleme, 246 ff (Fn 146); NEIDHART, Leonhard, Regierbarkeitsfragen der direkten Demokratie, in: Schweizerisches Jahrbuch f. Politikwissenschaft 1983, Bern 1983, 36 und RIKLIN, Alois, Die schweizerische Staatsidee, in: ZRS 1982, 234 f, der die historische Entwicklung dieses Institutionalisierungsprozesses der Konkordanz nachzeichnet. Daß die „Zauberformel" als Symbol der Konkordanz jedoch keineswegs zur institutionalisierten Selbstverständlichkeit geworden ist, zeigen die Diskussion um einen „Austritt" der sozialdemokratischen Partei anläßlich der Bundesratswahl vom 7. Dez. 1983. Vgl. BRASSEL, Ruedi u. a. (Hgg.), Zauberformel: Fauler Zauber? SP-Bundesratsbeteiligung und Opposition in der Schweiz, Basel 1984 sowie KOLLER, Arnold, Ende oder Wiederbelebung der Konkordanz, in: NZZ, 18./19. August 1984, 37.

158 KELSEN, Hans, Demokratisierung der Verwaltung, in: Zschr. f. Verwaltung 1921, 5—15; MERKL, Adolf, Demokratie und Verwaltung, Wien-Leipzig 1923; vgl. dazu ÖHLINGER, Theo/MATZKA, Manfred, Demokratie und Verwaltung als verfassungsrechtliches Problem, in: ÖZP 1975, 445—462 sowie ÖHLINGER, Theo, Repräsentative, direkte und parlamentarische (richtig wohl: partizipative; JM) Demokratie, in: Rechtstheorie, Beiheft 4, Berlin 1982, 215 ff.

159 Vgl. MANTL, Partizipation, 500 f (Fn 108).

2. Interessenstruktur: Parteien, Verbände und direkte Demokratie

Entgegen den ideologischen Prämissen wurde die überragende Bedeutung der Parteien für Staat und Gesellschaft in Österreich schon zu Beginn des 20. Jahrhunderts von Hans *Kelsen* festgehalten,[160] was schließlich dazu führte, daß die Parteiendemokratie als Surrogat für die direkte Demokratie in einem „modernen" Flächenstaat angesehen wurde.[161] Durchaus analog dazu entwickelte sich die Bedeutung der Verbände als Organisationen der Interessenrepräsentation gegenüber den Weltanschauungsparteien, sodaß heute in *allen drei Ländern* das Muster des *Parteien- und Verbändestaates* — mit graduellen Differenzierungen der gegenseitigen Verflechtung und Abhängigkeit — die Struktur des politischen Systems (mit)beherrscht, wobei Verrechtlichungen[162] weniger Ausdruck einer Kontrolle politischer Macht als gerade deren Indikator sind. Damit wurde die innerparteiliche bzw. -verbandliche Demokratie zum Angelpunkt der idealistischen Demokratietheorie, da Prozesse der Oligarchisierung einerseits und die Praxis des Wahlsystems mit der Kandidatenaufstellung durch die Parteispitzen andererseits sowohl die politische als auch die staatliche Willensbildung monopolisierten, während die realistischen Demokratietheorien von vornherein von der Konkurrenz der Eliten um die Stimmen der Wähler bei periodischen Wahlen ausgingen. Gerade diese Konkurrenz der Eliten wurde aber auch durch die Entwicklung zur Kokordanz — vor allem im Bereich der Regierung — sowie des Einflusses des Proporzes auf die parlamentarische Repräsentationsfunktion[163] in Frage gestellt, sodaß der politische Willensbildungsprozeß nicht mehr nur den „Volkswillen" durch Artikulation und Aggregation „mediatisierte", sondern durch die Vorrangstellung der durch die Parteien beherrschten Exekutive in Synthese mit der Parlamentsmehrheit auch in seiner Richtung verkehrt wurde.[164]

160 KELSEN, Wesen, 20 (Fn 31): „Die Demokratie ist notwendig und unvermeidlich ein Parteienstaat." S. im Anschluß daran auch BVerfGE 1, 224: „Heute ist jede Demokratie zwangsläufig ein Parteienstaat".

161 LEIBHOLZ, Gerhard, Strukturprobleme der modernen Demokratie, Neuausg. d. 3. A., Frankfurt/M. 1974, 78 ff. Im Ergebnis auch FRAENKEL, Repräsentative und plebiszitäre Komponenten, 131 (Fn 21): „Das Kennzeichen einer parlamentarischen Demokratie liegt eben darin, daß ihre Parteien als Parlamentsfraktionen Träger einer repräsentativen, und als Massenorganisationen Träger eines plebiszitären Regierungssystems sind."

162 Art 21 GG; Österr. Parteiengesetz 1975, BGBl 404/1975. Vgl. dazu auch KOJA, Friedrich, Parteienproporz und Gleichheitssatz, in: Stb 1962, 16. Folge, 1—3.

163 Dies zeigt sich sehr deutlich in der Sozialstruktur des Parlaments. Vgl. PELINKA, Anton, Volksvertretung als funktionale Elite — Der österreichische Nationalrat auf dem Weg zum Arbeitsparlament, in: ÖJP '78, 42 und 45.

164 Zum Vorrang der Exekutive auch für die Schweiz vgl. EICHENBERGER, Regierungssystem, 159 (Fn 145); DERS., Behörden, 477—500 (Fn 4) sowie AUER, Diskussion, 619 (Fn 146).

Quantitative Unterschiede ergeben sich dadurch, daß die Schweizer Tradition der „Milizdemokratie" noch nicht in dem Maße zur Herausbildung einer politischen Klasse geführt hat und der durch die vergleichsweise starke vertikale Gewaltenteilung auch dezentralisierte Vielparteienpluralismus keiner Partei eine Mehrheit erlaubt, sodaß das Problem der Mehrheitsbildung durch die Konkordanz als dauerhafte große Koalition gelöst werden muß, ohne daß jedoch Koalitionsabsprachen oder Klubzwang notwendig sind und einmal gewählte Regierungsmitglieder sich von Fraktions- und Parteieinwirkungen relativ stark zu lösen vermögen.[165] *Qualitative Unterschiede* ergeben sich allerdings dadurch, daß die Instrumente der direkten Demokratie in der Schweiz immer die Möglichkeit boten, Parlament und Regierung als Entscheidungsinstitutionen zu „überspielen", während die nach h. L. rein repräsentative Ausgestaltung des GG einerseits, das Volksbegehren als Kollektivpetition an das Parlament sowie die nur von der Parlamentsmehrheit ausgehende — d. h. realpolitisch von der Regierung anwendbare — Volksabstimmung nach dem B-VG andererseits das Entscheidungsmonopol von Regierung und Parlament als „Staatsleitung" unangetastet lassen.[166]

Diese *Probleme der politischen Kommunikation* sind von den Bürgerinitiativen und grün/alternativen Parteien aufgegriffen worden bzw. Ursache ihres Entstehens. Die Unfähigkeit der traditionellen Weltanschauungsparteien, die neuen Werte im Zusammenhang mit dem postindustriellen Wertwandel und dem Entstehen neuer Mittelschichten vor dem Hintergrund einer Umwelt- und Wirtschaftskrise in den politischen Willensbildungsprozeß einzubringen und zu „repräsentieren", führte dazu, daß sie ihre spezifische Artikulations- und Aggregationsfunktion nicht leisteten, sodaß auch die Integrationsfunktion in bezug auf die diese Werte verfolgenden Gruppen versagte und zur Bildung dieser „neuen" alten Organisationsformen beitrug. Dadurch treten diese Gruppen in Konkurrenz zu den Parteien und Verbänden, was durchaus der Pluralismustheorie als Legitimationstheorie der repräsentativen Demokratie entspricht.[167] Während in der Bundesrepublik Deutschland die von diesen neuen Gruppen erprobten Mittel wie imperatives Mandat und Rotationsprinzip als verfassungswidrig angesehen werden[168] und von

---

165 Vgl. Eichenberger, Regierungssystem, 160 ff (Fn 145); Neidhart, Leonhard, Direkte Demokratie und Konkordanz in der Schweiz, in: politicum 29, 29 ff (Fn 21).

166 Vgl. Fn 149.

167 Marko, Bürgerinitiativen, 78 f (Fn 7); zur Kritik der Pluralismustheorie vgl. Lehner, Franz, Ideologie und Wirklichkeit. Anmerkungen zur Pluralismusdiskussion in der Bundesrepublik, in: Der Staat 1985, 91—100.

168 Vgl. Stolleis, Parteienstaatlichkeit, 29 (Fn 148); insb. die in Fn 105 und 106 zit. Lit. Eines der zentralen Elemente des Prinzips der Basisdemokratie, das Rotationsprinzip, wurde jedoch bei der Bundesversammlung der Grünen zu Pfingsten 1986 aufgegeben. Zit. n. Bieber, Horst, Dauerkonflikt als System, in: Die ZEIT, 23. 5. 1986, 5; aber auch

daher bereits die „Systemüberwindung" in einem ideologisch fixierten Gegensatz von Repräsentation und Identität an die Wand gemalt wurde,[169] werden in Österreich Theorie und Praxis der neuen sozialen Bewegungen pragmatisch als Ergänzung des parlamentarischen Systems gesehen.[170] Doch auch das „plebiszitär offene" System der Schweiz blieb nicht von diesen Phänomenen und Problemen verschont, was durch die sog. Zürcher Jugendunruhen[171] weltweit offensichtlich wurde, wenngleich der „partielle Protest" als „helvetisch temperiert", „verspätet" und „im allgemeinen ohne brachiale Radikalität" empfunden wird.[172]. Während in der Schweiz dies zumindest zum Teil der Ventilfunktion der Volksrechte zugeschrieben wird,[173] stellt sich für Österreich und die

---

in Österreich hatte der Zwang einer gemeinsamen Kandidatur von VGÖ und ALÖ für Nationalratswahlen, ohne sich auf eine gemeinsame Wahlplattform einigen zu können, zur Idee einer „Bürgeriniative Parlament" geführt, die von der altliberal-aristokratischen Vorstellung der „besten" Köpfe im Parlament ausging, was mit „Basisdemokratie" jedoch kaum noch vereinbar war. Vgl. MARKO, Politik, III (Fn 21); HEILIGENBRUNNER, Gerhard, (Obmann des Konrad-Lorenz-Volksbegehrens und Mitglied der Bürgerinitiative Parlament), Initiative Bürger ins Parlament — jetzt, in: Die Furche, 29. 11. 1985, 15; BIP-Show in Graz: Basis erhob sich gegen die „Zentralisten", in: Kleine Zeitung Graz, 7. 1. 1986, 2. Nach den im November 1986 durchgeführten Wahlen zogen sie schließlich ins Parlament ein.

169 Vgl. Fn 8.

170 So rotierten 1985 in Graz 2 der 4 Mandatare der Alternativen Liste ohne öffentliche Diskussion aus dem Gemeinderat; zur „Spielbein-Standbein"-Theorie vgl. auch MERLI, Franz/HANDSTANGER, Meinrad, Die Alternative Liste Graz als Erweiterung des kommunalpolitischen Systems, in: ÖJP '83, 309; Vgl. auch CHRISTIAN, Reinhold, Die Grünen — Momentaufnahme einer Bewegung in Österreich, in: ÖJP '82, 55—77; PELINKA, Peter, Herausforderung und/oder Konkurrenz. Parteien und neue soziale Bewegungen in Österreich, in: ÖJP '82, 43—54; DONAT, Helmut/MOLL, Karl (Hgg.), Die Friedensbewegung. Organisierter Pazifismus in Deutschland, Österreich und der Schweiz, Düsseldorf 1983; Grün-Alternative Bewegungen in Österreich, als Generalthema in: Politische Bildung 2/83; MAISLINGER, Andreas, „Neue" Österreichische Friedensbewegung(en), in: ÖJP '83, 635—651; die Beiträge von MARKO und MERLI/HANDSTANGER über die ALG (s. o. und Fn 139) in ÖJP '83; PELINKA, Anton, Zur Dekonzentration kommunaler Parteiensysteme, in: ÖJP '83, 141—156; PLATZER, Renate, Bürgerinitiativen in Salzburg, München 1983; SCHNEIDER, Heinrich, Zur Entwicklung der Friedensbewegung in Österreich, in: ÖJP '83, 571—611; ZIESEL, Eckehart, Die grüne Bewegung am Beispiel der Salzburger Bürgerliste, in: ÖJP '83, 167—186; PLASSER, Fritz, Die unsichtbare Fraktion: Struktur und Profil der Grün-Alternativen in Österreich, in: ÖJP '84, 133—149; GAUDART, Dorothea, Frauenbewegung und Frauenbewußtsein in Österreich, in: ÖJP '85, 155—175; vgl. auch Fn. 7.

171 S. Eidgenössische Kommission für Jugendfragen: Thesen zu den Jugendunruhen 1980, Bern 1980 und HÄNNY, Reto, Zürich, Anfang September, Frankfurt/M. 1981; BÄHR, Christoph/BUSCH, Eckart, Politischer Protest und parlamentarische Bewältigung. Zu den Beratungen und Ergebnissen der Enquete-Kommission „Jugendprotest im demokratischen Staat", Baden-Baden 1984; KRIESI, Hanspeter, Die Zürcher Bewegung, Frankfurt/M.-New York 1984.

172 RHINOW, Parteienstaatlichkeit, in: VVDStRL 44, Berlin-New York 1986, 103 f.

173 EICHENBERGER, Regierungssystem, 173 (Fn 145); NEIDHART, Regierbarkeitsfragen, 29 f und 39 f (Fn 157); RHINOW, Parteienstaatlichkeit, 104 (Fn 172).

Bundesrepublik Deutschland die Frage, wie die als Reaktion auf die Herausforderung der neuen sozialen Bewegungen zu verstehenden Reformvorschläge betreffend den *Ausbau der direkten Demokratie* zu beurteilen sind.

Auf der *Modellebene* wird durch die Institutionalisierung der Instrumente der direkten Demokratie neben den Parteien und Verbänden ein weiterer Kommunikationskanal zwischen Bürgern und Organen geschaffen, sodaß bisher nicht berücksichtigte Interessen die Möglichkeit der Artikulation haben und aggregiert in Konkurrenz zu den organisierten Interessen treten können. Gerade unter den geschilderten Bedingungen der „Repräsentationslücken" des Parteien- und Verbändstaates könnte so die direkte Demokratie die „*Offenheit*" des politischen Systems gewährleisten. Dies führt im Systemzusammenhang auch zu einer Stärkung der Information von unten nach oben und ermöglicht dadurch die Antizipation von Legitimationsdefiziten, was wiederum die Integrationsfähigkeit des Systems erhöht.

Gerade der in Österreich normierte Petitionscharakter des Volksbegehrens und das „plebiszitär-imprägnierte"[174] Instrument der Volksabstimmung können diese Systemleistung jedoch nicht erfüllen, wenn — wie die bisherige österreichische Praxis zeigt[175] — diese

---

174 In anderem Sinn als RHINOW, Grundprobleme, 199 (Fn 147). D. h. daß die Volksabstimmung nach Art 43 B-VG durch die parteipolitische Symbiose von Parlamentsmehrheit und Regierung „plebiszitär" transformiert ist, wie dies ja am Beispiel des KKW Zwentendorf auch praktisch vom damaligen Bundeskanzler Kreisky vorexerziert wurde. S. auch Fn 182 und 86.

175 Eine Liste der bisher auf Bundesebene in Österreich durchgeführten Volksbegehren enthält SCHÄFFER, Heinz, Parteienstaatlichkeit, in: VVDStRL 44, 74. Im März 1986 fand noch ein Anti-Draken-Volksbegehren statt, das allerdings — getragen von der Steirischen ÖVP — nur in der Steiermark zur Eintragung aufgelegt war und 243.823 Stimmen (= 4,58% der österr. Wahlberechtigten) erreichte. Erfolgreich, d. h. zu entsprechenden Gesetzen führend, waren nur die ersten drei, während alle Volksbegehren, die seit Beginn der sozialistischen Alleinregierung eingebracht wurden, erfolglos blieben, u. a. auch das 1982 durchgeführte Volksbegehren gegen das Konferenzzentrum, das von 25,74% der österreichischen Wahlberechtigten unterstützt wurde. Vgl. SCHEIDL, Hans-Werner, Der Souverän wird „net amol ignoriert". Volksbegehren und was sie wert sind, in: Die Presse, 30. 4. 1984, 3. Zur „gaullistischen" Transformation der bisher einzigen Volksabstimmung in Österreich gegen die Inbetriebnahme des KKW Zwentendorf 1978 durch den damaligen Bundeskanzler Dr. Kreisky s. Fn. 182. Statistische Angaben zu Volksbegehren, Volksbefragungen und Volksabstimmungen auf Landesebene enthält HEINRICH, Hans-Georg, Direkte Demokratie in den Bundesländern, in: RACK (Hg.), Landesverfassungsreform, 189 f (Fn 36) sowie WELAN, Regierungssystem, 193 und 197 (Fn 154). Ein Volksbegehren gegen den zweisprachigen Schulunterricht, ausgehend vom Kärntner Heimatdienst, erreichte 1984 in Kärnten eine Beteiligung von 8,9%. Zur Analyse einer Volksabstimmung in Vorarlberg vgl. auch noch MORSCHER, Siegbert, Pro Vorarlberg, in: ÖJP '80, 31—54 sowie BARNAY, Markus, Pro Vorarlberg: Eine regionalistische Alternative, Bregenz 1983 und zum Volksbegehren gegen das Konferenzzentrum: PLASSER, Fritz/ULRAM, Peter A., Politischer Protest und politische Strategie, in: ÖJP '82, 23—41; FÜRST, Anton, Volksbefragungen in Wien, Wien 1982.

Instrumente nicht zur Kontrolle und Opposition rechtlich genügend ausgestattet sind, d. h. vom Entscheidungsmonopol der Symbiose von Regierung und Parlamentsmehrheit abhängig bleiben. Dies führt unter Umständen dazu, daß ein „vorsichtiger" Ausbau der direkten Demokratie, der das Entscheidungsmonopol unangetastet läßt und sich daher einer wirksamen, d. h. sanktionierten Oppositionsfunktion begibt, die Unzufriedenheit mit den politischen Strukturen weiter verstärkt.[176] Aber auch die auf den ersten Blick überraschende Feststellung, daß die „konventionelle" Wahl- und Stimmbeteiligung in der Schweiz kontinuierlich abnimmt, neue Aktionsformen jedoch zunehmen,[177] zeigt, daß die Instrumente der direkten Demokratie *kein funktionales Äquivalent* für Parteien und Verbände sind! Gerade die politische Praxis der Referenden mit ihrem „Drohpotential", dessen wirksamste, weil indirekte Funktion in der Antizipation von Protest sich in der Konventionalregel, erstens müsse das Referendum vermieden und erst zweitens gewonnen werden, zeigt, hat zur Verbreiterung und Verfestigung der Konkordanzmechanismen geführt, sodaß die *Transparenz* des Entscheidungsprozesses, v. a. im Bereich des Einflusses der Verbände, durch die direkte Demokratie gerade nicht erhöht wurde.[178]

---

176 D. h. wenn die materiellen Grenzen — durch Ausnahme von Sachmaterien — und formelle Beschränkungen — v. a. durch hohe Quoren — so angelegt sind, daß sich gerade nicht spontane, informelle Gruppen mit hoher Betroffenheit dieser Instrumente bedienen können, sondern wiederum nur finanzstarke, durchorganisierte Gruppen wie Parteien und Verbände. Dies zeigt wiederum eine teilnehmende Beobachtung der bisherigen Volksbegehren in Österreich: je höher der Beteiligungsgrad, d. h. je erfolgreicher, ein Begehren war, desto eher stand eine politische Partei dahinter. S. auch HERNEKAMP, Formen, 330 f (Fn 31). Dieser „Frustrationsprozeß" läßt sich u. U. darin erkennen, daß zwar 86% der Österreicher/innen glauben, daß die Bedeutung des Umweltschutzes in Zukunft zunehmen wird. Aber nur mehr 35% sind in bezug auf die Bürgermitsprache derselben Ansicht, in: Dr. Fessl & Co, Grüne Parteien 1983, zit. n. PLASSER, Fritz/ULRAM, Peter A., Themenwechsel — Machtwechsel? Konturen einer neuen Mehrheit in Österreich, in: FS-MOCK, Wien-Köln-Graz 1984, Tabelle 26. Vgl. auch FIJALKOWSKI, Neuer Konsens, 238 (Fn 148).

177 Vgl. LEVY/ZWICKY, Partizipation, 892 ff (Fn 15).

178 So die generelle Hypothese von TROITZSCH, Volksbegehren, 124 (Fn 69): „Volksbegehren und Volksentscheid erhöhen die Transparenz des politischen Systems". Vgl. dagegen NEIDHART, Regierbarkeitsfragen, 28 (Fn 157) der von der Minimisierung von Referendumsrisken durch Ausdifferenzierung spezifischer, korporativer Repräsentationsformen spricht; EICHENBERGER, Regierungssystem, 174 (Fn 145); TSCHÄNI, Hans, Wer regiert die Schweiz? Der Einfluß von Lobby und Verbänden, 3. A., Zürich 1983, 121 ff; s. auch PELINKA, Anton, Die österreichische Sozialpartnerschaft im internationalen Vergleich, in: ÖZP 1982, 355 ff; LEHMBRUCH, Gerhard, Sozialpartnerschaft in der vergleichenden Politikforschung, in: Journal f. Sozialforschung 1985, 291. Zum theoretisch unvereinbaren Wunsch des österreichischen Volkes nach gleichzeitiger Entscheidungskompetenz für den „starken Mann" Sozialpartnerschaft sowie durch Volksabstimmungen siehe die SWS-Meinungsprofile, in: Journal f. Sozialforschung 1981, 199 f. Ebenso stimmten 1982 86% der Österreicher der Frage zu, daß über Probleme des technischen Fortschritts in erster Linie zuständige Experten entscheiden sollen, während 68% gleichzeitig auch die

Dieses Ergebnis wird auch durch die individuellen Probleme und *Selektionsbarrieren* der direkten Demokratie bestätigt. Wie die Erfahrungen in der Schweiz, aber auch den USA zeigen, können die wachsenden Kosten der Instrumente der direkten Demokratie, insb. was den Prozeß der Mobilisierung betrifft, nur von finanzstarken Gruppen, also wieder den Parteien und Verbänden, getragen werden.[179] Auch aus der Sozialstruktur der Beteiligung ergibt sich, daß ideologisch geschlossene, mitglieder- und finanzstarke Gruppen im Vorteil sind. Untere Sozialschichten, weniger sozial Integrierte und Frauen sind unterrepräsentiert, sodaß die Vertretung ihrer Interessen gerade durch die repräsentativen Organe wahrgenommen werden muß.[180] In zeitlicher Hinsicht wird einerseits die Entlastungsfunktion der Parteien und Verbände durch die Notwendigkeit der politischen Aktivierung konterkariert, andererseits durch die Zunahme der Zahl der Initiativen die Entscheidungs- und Lösungskapazität des politischen Systems wie des einzelnen Bürgers unterlaufen, insofern dadurch auch wieder Zeitgewinnungsstrategien der Bürokratie, Parteien und Verbände ermöglicht werden.

Eine weitere Barriere stellt das in der Literatur immer wieder vorgetragene „Überforderungsargument" des Bürgers angesichts der zunehmenden Komplexität der Politik dar, sodaß dieser einerseits wieder auf soziale Bezugsgruppen bei seiner Entscheidungsfindung zurückgreife, andererseits der Gefahr der Manipulation durch die Werbung der Parteien, Verbände, Bürokratie, Medien und sonstiger Gruppen unterliege.[181] Die Untersuchung des „Wahlkampfes" der bisher ersten und einzigen Volksabstimmung auf Bundesebene in Österreich um die Inbetriebnahme des Kernkraftwerkes Zwentendorf hat gezeigt, daß ein

---

Abhaltung von mehr Volksabstimmung befürworteten, wenn es um die Fragen der Errichtung von technischen Großprojekten geht. Zit. n.: SWS-Meinungsprofile, in: Journal f. Sozialforschung 1983, 258 f.

179 HERTIG, Volksabstimmungen, 255 ff (Fn 140); RHINOW, Parteienstaatlichkeit, 88 f (Fn 172). Zu den Erfahrungen der USA vgl. HERTIG, Hans Peter, Direkte Demokratie in den USA. Fakten — Tendenzen — Probleme, Zürich 1981 und SILAGI, Michael, Direkte Demokratie in den US-Staaten, in: JB d. Öff. Rechts, Bd. 31, Tübingen 1982, 271—288; SCHEDIWY, Empirische Politik, 121 ff (Fn 86).

180 NEIDHART, Regierbarkeitsfragen, 34 (Fn 157); AUER, Problemes, 86 f (Fn 146); SCHEDIWY, Empirische Politik, 120 (Fn 86).

181 Zur „Überlegenheit der Repräsentanten", der tragenden Ideologie des besitzindividualistischen Liberalismus, s. schon BURKES Repräsentationstheorie, zit. n.FRAENKEL Repräsentative und plebiszitäre Komponenten, 118 f (Fn 21) sowie James MADISON im 10. Brief der Federalist Papers, zit. n. SCHEDIWY, Empirische Politik, 142 (Fn 86). Vgl. HERTIG, Volksabstimmungen, 270 (Fn 140), der seine Untersuchung mit der pessimistischen Aussage schließt, in vielen Fällen sei für den Abstimmungssieg weniger die Qualität der Argumente entscheidend als die Höhe des Werbebudgets. So auch NEIDHART, Regierbarkeitsfragen, 23 f und 30 f (Fn 157); RHINOW, Grundprobleme, 227 ff (Fn 146).

Mehr an Information zu einem Weniger an Wissen geführt hat,[182] sodaß der „rationale Diskurs" auf der Grundlage von Argument und Gegenargument Fiktion geblieben ist. Erst die personalplebiszitäre Transformation und Verknüpfung mit der Vertrauensfrage durch den amtierenden Bundeskanzler hat zur „klaren" Grenzziehung zwischen Ja/Nein geführt, wobei die „Reife" des österreichischen Volkes sich darin gezeigt hat, gerade der plebiszitären Umformung der direkten Demokratie eine Absage erteilt zu haben.[183]

Die modelltheoretische Annahme, daß die Instrumente der direkten Demokratie die Offenheit des politischen Systems gewährleisten, wird durch die Praxis der *mangelnden sektoralen Transparenz*, insbesondere was den Einfluß der Verbände durch die Referendumsdrohung betrifft, und durch die selektive Interessenrepräsentation auch der Instrumente der direkten Demokratie zumindest in Frage gestellt.[178] Aus den Erfahrungen der politischen Praxis ergibt sich, daß auch die *Instrumente der direkten Demokratie von* der *Struktur des Parteiensystems überformt* werden, wobei diese Gefahr bei den Zweieinhalb-Parteiensystemen Österreichs und der BRD[184] größer zu sein scheint als im Vielparteiensystem der Schweiz.[185] Damit ergibt sich jedenfalls, daß die Institutionen der Parteien/Verbände einerseits und der direkten Demokratie andererseits für den Input-Bereich des politischen Systems nicht funktional äquivalent sind. Das trifft aber nicht nur für die Artikulationsfunktion, sondern auch für die *Aggregationsfunktion* zu. Kompromißlose Gruppenforderungen von Initianten einerseits, um die notwendige Medienresonanz zu erreichen, sowie die Pluralisierung der Interessenstruktur durch die wachsende Zahl der Initiativen erschweren

---

182 Vgl. BRETSCHNEIDER, Rudolf, Wahlen und Wähler in Österreich 1978/79, in: ÖJP '79, 3. Bei einer Abstimmungsbeteiligung von 64,1% sprachen sich am 5. November 1978 49,5% für und 50,5% gegen die Inbetriebnahme aus. S. auch PELINKA, Anton, The Nuclear Power Referendum in Austria, in: Electoral Studies 1983, 253—261.

183 Vgl. BRETSCHNEIDER, Wahlen, 5 f (Fn 182).

184 Zum Zweieinhalbparteiensystem in Österreich vgl. MANTL, Parteienstaat (Fn 88). Mit der FDP als Kleinpartei und deren Funktion als Mehrheitsbeschafferin entweder für die SPD oder CDU/CSU ist auch das deutsche Parteiensystem strukturell gleich. Zur Frage einer neuen „Qualität" der Parteiensysteme durch die Grünen/Alternativen Parteien vgl. BÜRKLIN, Die Grünen, 359 ff (Fn 15); KROCKOW, Christian Graf von (Hg.), Brauchen wir ein neues Parteiensystem?, Frankfurt/M. 1983; RASCHKE, Soziale Konflikte, 33 ff (Fn 7); PLASSER, Fritz/ULRAM, Peter A., Entsteht ein neues Parteiensystem?, in: Österreichische Monatsblätter 2/1985, 19—22; DAALDER, Hans (ed.), Party Systems in Belgium, The Netherlands, Austria and Switzerland, London 1985. KOFLER, Anton, Parteiengesellschaft im Umbruch. Partizipationsprobleme von Großparteien, Graz-Wien-Köln 1985, 110 ff.

185 GRUNER, Erich, Parteien, in: KLÖTI (Hg.), Handbuch, 135—162 (Fn 4); DERS., Die Parteien in der Schweiz, 2. A., Bern 1977; EICHENBERGER, Regierungssystem, 160 ff (Fn 145); SCHMID, Gerhard, Parlament und Parteien im politischen System der Schweiz, in: JB d. Öff. Rechts 1982, 169—192 (Fn 179).

die Aggregation und Alternativenbildung.[186] Damit zeigt sich jedoch auch, daß die Institutionen der Parteien/Verbände und direkten Demokratie keine sich ausschließenden Alternativen sind, sondern sich zur Erbringung der funktional erforderlichen Leistungen im besten Fall ergänzen.[187]

3. Die Regierungsstruktur

a) Regelsetzung

Was den Bereich der Regelsetzung betrifft, so können die Instrumente der direkten Demokratie in Konkurrenz zum parlamentarischen Regierungssystem stehen oder dieses ergänzen. Zu fragen ist, welche Auswirkungen sich dadurch für die *Regierbarkeit* ergeben.

In bezug auf die *Wahlfunktion* kommt es zur *Entkoppelung* von *Personal- und Sachfragen.* Sowohl die Schweizer Erfahrungen wie auch die österreichischen am Beispiel Zwentendorf weisen darauf hin, daß die Stabilität des Regierungssystems erhöht wird, da durch die „Ventilfunktion" in einer Sachfrage politischer Unmut abgelassen werden kann, ohne daß damit die Gefahr des Sturzes der ansonsten präferierten Regierung verbunden ist.[188] Allerdings könnte dies den in Österreich und der BRD festzustellenden Trend, daß die Wahlen in der Mediokratie zu Kanzlerplebisziten werden, noch weiter verstärken.[189]

In bezug auf die *Legitimationsfunktion* und damit auf die Stabilität des politischen Systems zeigt sich, daß die Instrumente der direkten Demokratie dem *Mehrheitsprinzip* gegenüber keineswegs „neutral"sind.

Gerade die bei Abstimmungen und Befragungen sich voll auswirkende Polarisierung in Mehrheit und Minderheit kann dazu führen, daß — gerade bei knappen Ergebnissen — die Legitimität der politischen Entscheidung(sfindung), zumeist unter Hinweis auf die Beteiligungsquote, in Frage gestellt wird.

---

186 NEIDHART, Regierbarkeitsfragen, 35 (Fn 157).
187 Vgl. AUER, Problemes, 107 f (Fn 146) der „dialektisch" in der Gegensätzlichkeit die Voraussetzung der gegenseitigen Ergänzung sieht.
188 So konnte die SPÖ bei den nach der Zwentendorf-Volksabstimmung folgenden Nationalratswahlen vom 6. Mai 1979 mit 51,03% der gültigen Stimmen den höchsten Wert in ihrer Geschichte und zugleich die stärkste Mehrheit, die in Österreich nach 1945 bei einer Nationalratswahl erzielt wurde, erreichen.
189 Vgl. PLASSER, Fritz/ULRAM, Peter A., Unbehagen im Parteienstaat, Graz-Wien-Köln 1982, 76 und 91 ff; NOELLE-NEUMANN, Elisabeth, Wahlentscheidungen in der Fernsehdemokratie, Freiburg 1980; PLASSER/ULRAM/WELAN (Hgg.), Demokratierituale (Fn 12); das Attribut „Fernsehkanzler", das Bruno Kreisky zugesprochen wurde, zeigt die Bedeutung dieses Mediums für den politischen Prozeß über Wahlen hinaus schlaglichtartig.

Aber auch die bei Wahlen und Abstimmungen abnehmende
Beteiligung führt in der Schweiz noch nicht zur Infragestellung der
Legitimität politischer Entscheidungen, da unterstellt wird, daß die
„schweigende Mehrheit", die von ihren staatsbürgerlichen Rechten nicht
Gebrauch gemacht hat, zustimmt.[190] Umgekehrt würde in Österreich
jedoch bei Beteiligungen unter 50% die Repräsentativität des Ergebnisses
und damit die demokratische Legitimation angezweifelt,[191] sodaß also
gerade das beim Referendum zur Anwendung kommende Mehrheitsprinzip[192] in unterschiedlichen politischen Kulturen zu unterschiedlichen
Legitimitätsanforderungen und nicht automatisch zur Lösung von
Legitimationsproblemen führt.

Die Anwendung der Instrumente der direkten Demokratie und die
dadurch erfolgende „höhere" demokratische Weihe könnten sogar noch
zu „Verschärfungen" des politischen Konflikts führen, wenn eine der
Voraussetzungen des Mehrheitsprinzips, nämlich die Möglichkeit der
Reversibilität von Entscheidungen, nicht gegeben ist, da dadurch
bestehende Mehrheits- und Minderheitspositionen zementiert würden. In
diesem Fall würden daher bestehende Legitimationsprobleme der
repräsentativen Demokratie noch gesteigert.

Umgekehrt könnte jedoch bei Bestehen dieser Voraussetzung durch
die Entkoppelung von Personal- und Sachplebisziten auch die Auflösung
von starren Lagerstrukturen in der Gesellschaft beschleunigt werden.
Ergebnis wäre, daß sich jeder Bürger öfter in einer Mehrheits- oder
Minderheitsposition wiederfände, sodaß die Akzeptanz des *Wechsels* von
Mehrheit und *Minderheit*, wiederum als Voraussetzung des Mehrheitsprinzips, gesteigert würde und damit sowohl die Innovationsfähigkeit als
auch Stabilität des politischen Systems verbessert wäre.

Ein anderer Vorwurf, der gegen die Instrumente der direkten
Demokratie immer wieder erhoben wird, ist, daß sie den politischen

---

190 NEIDHART, Regierbarkeitsfragen, 20 (Fn 157) spricht von „stillschweigender
     Stellvertretung".
191 Wie die Wahlen zum Zentralausschuß der Österreichischen Hochschülerschaft seit
     1945, wo ab Beginn der 70er Jahre die ominöse 50%-Marke der Wahlbeteiligung nicht
     mehr überschritten wurde, zeigen. Vgl. FISCHER-KOWALSKI, Marina, Universität und
     Gesellschaft, in: FISCHER, Heinz (Hg.), Das politische System Österreichs, 3. A.,
     Wien-München-Zürich 1982, 609. So endete auch die erste Wiener Volksbefragung
     laut ÖJP '80, 568 mit einer „enttäuschenden Beteiligung" von 28,88%, während die
     erste Volksbefragung in Niederösterreich über eine eigene Landeshauptstadt eine
     Beteiligung von 61% brachte, so daß nach Meinung eines journalistischen
     Kommentators „das Ergebnis in der Tat als repräsentativ anzusehen (ist)"; STOCKER,
     Ulrich, Niederösterreich, in: Kleine Zeitung Graz, 3. 3. 1986, 2.
192 Vgl. HEUN, Werner, Das Mehrheitsprinzip in der Demokratie, Berlin 1983;
     GUGGENBERGER/OFFE (Hgg.), Grenzen der Mehrheitsdemokratie (Fn 7); SAHNER,
     Heinz, Wer fordert die parlamentarische Mehrheitsdemokratie heraus?, in: ZParl
     1984, 571 ff; MANDT, Hella, Kritik der Formaldemokratie und Entförmlichung der
     politischen Auseinandersetzung; GUSY, Christoph, Konsensprinzip oder Demokratie,
     beide in: ZfP 1985, 115—132 und 133—152; DREIER, Horst, Das Majoritätsprinzip im
     demokratischen Verfassungsstaat, in: ZParl 1986, 94—118.

Willensbildungs- und Entscheidungsprozeß erschwerten und *Innovationen* verhinderten und sich daher negativ auf die Leistungskapazität des politischen Systems auswirkten.

Der *Konservatismus*, der insb. gegenüber dem Referendum ins Treffen geführt wird, sei Ausdruck der „Konservativität" der Aktivbürgerschaft.[193]

Dieser Einwand gehört zu den traditionellen *Einwänden sozialdemokratischer Parteien* gegenüber den Instrumenten der direkten Demokratie. Historisches Ziel der Sozialdemokratischen Partei (Österreichs) war die Integration der Arbeiterschaft in den Staat, was ihr bei der Erringung des allgemeinen und gleichen Wahlrechts 1907 auch gelang, sowie die Weiterentwicklung der „formalen", nur auf die Staatsorganisation bezogenen, zur sozialen Demokratie, was nach 1945 unter ihrer Beteiligung an der Regierungsverantwortung im System der Großen Koalition mit der Österreichischen Volkspartei zur Etablierung des wohlfahrtsstaatlichen Modells führte.[194] Gerade durch den Kampf um das allgemeine Wahlrecht wurde jedoch bereits eine grundsätzlich systemkonforme Entscheidung getroffen, sodaß die Sozialdemokratie auf den Parlamentarismus fixiert war.[195] Ihr Ziel in der Ersten Republik, mit der Erringung der Stimmenmehrheit im Parlament auch ihre Vorstellungen von der sozialen Demokratie durch das parlamentarische System durchsetzen zu können, wäre durch die Oppositions- und Kontrollfunktion der direkten Demokratie erschwert gewesen.

Diese historische Kontroverse innerhalb der sozialdemokratischen Tradition hat aber idealtypischen Charakter, da die Frage nach der Innovationsfunktion der direkten Demokratie durchaus doppeldeutig ist: Bestand für die Sozialdemokratie die Alternative zwischen dem Parlamentarismus als Reformstrategie einerseits und der „Volksgesetzgebung" als revolutionärer Perspektive andererseits, so erwies sich nach 1945 gerade das in Österreich etablierte Proporzmodell als besonders

---

193 Vgl. Neidhart, Regierbarkeitsfragen, 14 (Fn 157); Rhinow, Grundprobleme, 233 ff (Fn 146); Schediwy, Empirische Politik, 111 (Fn 86).

194 Vgl. Prisching, Manfred, Formale und soziale Demokratie, in: Rechtstheorie, Beiheft 4, Berlin 1982, 459—481. Vgl. auch Fraenkel, Repräsentative und plebiszitäre Komponente, 144 ff (Fn 21). Zur Krise des Wohlfahrtsstaats umfassend Prisching, Krisen, 153 ff (Fn 11).

195 Diese Grundentscheidung für den Parlamentarismus hatte bereits Karl Kautsky in seiner Kontroverse mit Moritz von Rittinghausen verteidigt: „Wir glauben nachgewiesen zu haben, daß in einem modernen Großstaat der Schwerpunkt der politischen Thätigkeit naturnothwenig in seinem Parlament liegt (...). Die direkte Gesetzgebung durch das Volk kann nur in jenem Sinn noch in Frage kommen: (...) nicht als Mittel, das Repräsentativsystem zu beseitigen, sondern nur als Mittel, es demokratischer zu gestalten, der Kontrolle der Bevölkerung mehr zu unterwerfen.", in: Kautsky, Karl, Der Parlamentarismus, die Volksgesetzgebung und die Sozialdemokratie, Stuttgart 1893, 120. Vgl. dazu Mantl, Wolfgang, Eine frühe Weichenstellung zwischen Parlamentarismus und direkter Demokratie: die Auseinandersetzung Karl Kautskys mit Moritz Rittinghausen im Jahre 1893, in: FS-Bracher (erscheint 1987).

Status-quo orientiert. So setzten die politischen Eliten in der „Wiederaufbauphase"[196] das Politikmodell der sozialen Marktwirtschaft und die Verbesserung desselben mit dem Gesamtinteresse gleich, sodaß der hypothetische Volkswille des repräsentativen Systems auf eine Maximierung der politischen Zweck/Mittel-Relation reduziert wurde, in der Fragen nach dem Zweck, d. h. also alternative Zielvorstellungen, ausgeschlossen waren.

Abgesehen von einem „Mittelschichtenbias" jedweder politischer Partizipation[197] zeigen jedoch gerade die Schweizer Erfahrungen, daß die innovationshemmende Wirkung in verschiedenen Bereichen differenziert ist. Wenngleich durch das rechtliche Verbot eines doppelten Ja bereits eine starke Status-quo Tendenz vorgegeben war,[198] trifft das Urteil wohl am ehesten auf die Ordnungs- und Wirtschaftspolitik zu, weniger jedoch auf die Sozialpolitik, wo gerade vermittels Initiative systemadäquate Verbesserungen erreicht wurden, während in Österreich sich gerade der sozialpartnerschaftliche Proporz am innovationshemmendsten auswirkt.[199]

Als „Faustregel" läßt sich damit die Behauptung aufrecht erhalten, daß die *Initiative* — sehr wohl auch unter dem Aspekt antizipierender Kontrolle gerade in Konkordanzdemokratien — eine *„progressive"*, das *Referendum* dagegen eine *„konservative"* Funktion hat, was auch in Österreich nach der Zwentendorf-Volksabstimmung den politisch-ökonomischen Eliten schmerzlich „bewußt" wurde.

Langfristige *Planung* könnte zwar durch die Instrumente der direkten Demokratie, insb. durch ihre Oppositionsfunktion, erschwert werden, andererseits wird aber in den parlamentarischen Systemen wegen

---

196   Vgl. MANTL, Repräsentation, 199 ff (Fn 3); DERS., Stand der Demokratiediskussion, 263—277 (Fn 9).

197   Dies zeigt sich z. B. am politischen Interesse und der Beschäftigung mit Politik nach Schulbildung und sozialer Herkunft, zit. bei PLASSER/ULRAM, Unbehagen, 149 (Fn 189). Dieser Mittel- und Oberschichtenbias ist aber auch in der Sozialstruktur von Bürgerinitiativen und Alternativen Listen zu finden. So waren z. B. 100% der Gemeinderäte der Alternativen Liste Graz, die bei den Wahlen 1983 in den Gemeinderat einzogen, Akademiker. Vgl. MARKO, Kommunale Reformpolitik, 286 (Fn 132) sowie zur Sozialstruktur der ALG MERLI/HANDSTANGER, Alternative Liste Graz, 298 ff (Fn 170).

198   Wird einer Initiative ein Gegenvorschlag der Bundesversammlung gegenübergestellt, so kann der Stimmbürger wohl beide Vorlagen ablehnen, nicht aber bejahen (Art 76 Abs 2 und 3 des Bundesgesetzes über die politischen Rechte v. 17. 12. 1976), mit dem Ergebnis, daß weder Initiative noch Gegenvorschlag die absolute Mehrheit erreichen, sodaß *nichts* geändert wird. Vgl. dazu jüngst WILI, Hans-Urs, Nein oder nicht nein, das ist hier die Frage! Zu Genauigkeitsgrad und Verfassungsmäßigkeit des geltenden Abstimmungsverfahrens bei Volksinitiativen mit Gegenentwurf, in: ZSR 1985, 529—572. In einzelnen Kantonen ist das doppelte Ja erlaubt: vgl. Art 39 KVE Solothurn.

199   NEIDHART, Regierbarkeitsfragen, 41 (Fn 157); RHINOW, Grundprobleme, 233 ff (Fn 146); PELINKA, Anton, Repräsentative und plebiszitäre Elemente im österreichischen Regierungssystem, in: ÖZP 1973, 40 f.

der Periodizität der Wahlen die Unmöglichkeit langfristiger Planung beklagt.[200] Gerade die Entkoppelung von Wahlen und Sachfragen könnte daher zur Verbesserung der politischen Planung beitragen, die auf die antizipative Wirkung der Referendumsdrohung aufbauend, auf einen breiten Konsens gestützt auch eine höhere Legitimität erzeugen und daher zur Stabilität des Regierungssystems beitragen würde.

Wenngleich das Gesetzgebungsmonopol der Parlamente eingeschränkt würde, ist das Argument, daß der dadurch erfolgende Eingriff in die Parlamentssouveränität, die zum „Grundkonsens" der politischen Parteien in Österreich gehöre, die Regierbarkeit erschwere,[201] nur eine ideologische Verschleierung der Machtverhältnisse.

b) Regelanwendung

Gerade die rechtspolitische Diskussion in Österreich macht deutlich,[202] daß die Instrumente der direkten Demokratie im Bereich der Gesetzgebung *kein Ersatz für subjektive Rechte* im Bereich der Verwaltung sind, sodaß unter dem Stichwort *Partizipation* in der Verwaltung eine „Demokratisierung" dieses Bereichs durch Verankerung

---

200 So forderten Anfang 1986 Vertreter der SPÖ-FPÖ Koalition, die Legislaturperiode des Nationalrats auf 5 Jahre zu verlängern; vgl. dazu WIDDER, Helmut, Macht auf Zeit — verträgt die Demokratie lange Wahlperioden?, in: ÖJP '85, 647—656.

201 So WIMMER, Verfassung, in: MATZKA (Hg.), Sozialdemokratie, 165 (Fn 154).

202 MANTL, Wolfgang, Zeitzeichen zu Österreichs politischer Kultur. Die Demokratie in Neuorientierung und der unentbehrliche Sukkurs dazu, in: Die Presse, 24./25. 12. 1983, 5; GERLICH, Peter, Rückzug und Verzicht. Die Traditionsparteien müssen sich ändern, wenn sie überleben wollen, in: Die Furche, 20. 6. 1984, 5; ULRAM, Peter A., Neuer sozialer Konsens (Fn 13); FISCHER, Heinz, Zweite oder Dritte Republik?, in: Zukunft 6/1985, 8—12; KHOL, Andreas, „Dritte Republik"?, in: Conturen Nr. 19A/April 1985, 25—38; LESER, Norbert, Parteienkrise oder Demokratiekrise?, in: Conturen Nr. 19A/April 1985, 83—92; MANTL, Wolfgang, Republik-Jubiläum ohne Geburtstagsfreude. Neue Ideen für eine neue Zeit: Der Ruf nach Verfassungsreform für Österreich, in: Die Presse, 13./14. 4. 1985, 5; DERS., Gesamtbericht zum Expertenentwurf eines Stmk. Landesverfassungsgesetzes, in: BRÜNNER/MANTL/PAUGER/RACK, Verfassungspolitik, 11 ff (Fn 10); MARKO, Politik, III (Fn 21); DERS., Zukunft der Politik. Assoziationen zu Demokratie und Reform, in: Academia 3/1985, 16—20; SCHILCHER, Bernd, Auf dem Weg zur Dritten Republik, in: Die Furche, 13. 2. 1985, 5; Kann uns das Schweizer Modell aus der Krise führen?, in: Wr. Journal, April 1985, 9—12; LESER, Norbert, Tendenzen und Chancen der österreichischen Demokratie, in: politicum 29, 37 ff (Fn 21); MANTL, Wolfgang, ... nach dem Muster der Schweiz?, in: politicum 29, 23 ff (Fn 21); DERS., Gegenbilder der österreichischen Wirklichkeit, in: FS-SCHWENDENWEIN (in Druck); MARKO, Joseph, Demokratie und Verfassung. Zeit zur Reform?, in: AUER, Martin/LINKE, Wolfgang (Hgg.), Positionen 1986, Graz 1987, 92 ff; MOSER, Bernhard, Die Verfassungsreformdiskussion in Österreich (Forschungsbericht 27/85 der Polit. Akademie der ÖVP), Wien 1986; PENNITZ, Konkordanzdemokratie, 621 ff (Fn 19); DERS., Der Besuch der alten Schweizer Dame, in: politicum 29, 43 ff (Fn 21); PISA, Karl, Ist die Zweite Republik „vollendet"?, in: ÖJP '85, 27—37. STOURZH, Gerald, Wandlungen des Österreich-Bewußtseins im 20. Jahrhundert und das Modell der Schweiz, in: politicum 29, 12—18 (Fn 21), und WELAN, Manfried, Das österreichische Staatsoberhaupt, Wien 1986, 83 ff.

von Anhörungs- und Beratungsrechten, wie eine generelle Verordnungsbegutachtung durch Bürger, Bürgerbeteiligungsverfahren bzw. Verwal-
tungsreferenden bei Großbauvorhaben etc. vorgeschlagen werden.[203]
Allerdings wird gerade in der parteienstaatlichen Kultur Österreichs diese
Diskussion wieder „alternativ" geführt, insofern die SPÖ in ihren
Programmdiskussionen,[204] aber auch von ihr eingebrachten Regierungs-
vorlagen[205] dies als „progressive" *partizipative* Demokratie gegenüber der
„reaktionären" *plebiszitären* Demokratie, die von der ÖVP gewünscht
werde, umdeutet. Das im wesentlichen damit verbundene Argument, das
schon Otto *Bauer* anläßlich der Diskussion im Verfassungsunterausschuß
der konstituierenden Nationalversammlung 1920 vorbrachte,[206] lautet,
daß die Instrumente der direkten Demokratie nur auf einfache Ja/Nein
Alternativen reduziert seien, während die Partizipation in der Verwaltung
eine differenzierte sachliche Mitbestimmung der Bürger erlaube. Diese
Ansicht verkennt m. E. die *Notwendigkeit* jedes politischen, auch des
parlamentarischen oder verwaltungsbehördlichen Entscheidungsprozesses, letztlich latente Interessen zu manifesten und entscheidungsfähi-
gen Alternativen zu reduzieren, zwischen denen dann entschieden werden
muß. Wie außerdem die konkrete *institutionelle Ausgestaltung* einzelner
referendumsdemokratischer Instrumente gezeigt hat, kann in deren
Rahmen durchaus über Grundsatz- und Detailfragen oder über mehrere
Varianten als Alternativen abgestimmt werden, sodaß also die Palette der
Entscheidungsmöglichkeiten durchaus nicht einseitig reduziert sein
muß.[207]

---

203 Mantl, Partizipation, 458 ff (Fn 116); Lengheimer, Direkte Demokratie, in: Rack
(Hg.), Landesverfassungsreform, 147 ff (Fn 36); Steinberg, Rudolf, Elemente
volksunmittelbarer Demokratie im Verwaltungsstaat, in: Die Verwaltung 1983, 465 ff;
Mantl, Gesamtbericht (Fn 202); Brunner, Christian, Über die Teilnahme der Bürger
an Verwaltungsentscheidungen, Basel-Frankfurt/M. 1984; Öhlinger, Theo, Reform
des Verwaltungsstrafrechts, 9. ÖJT/I/2, Wien 1985, 24 ff; Marko, Joseph,
Plebiszitäre oder partizipative Demokratie?, in: Der Jurist im steirischen Landesdienst
1/1986, 38—55. Vgl. auch den Beitrag von Armin Stolz in diesem Band.
204 Vgl. die Materialien zur Perspektiven '90 Diskussion, 85 ff (Fn 6) sowie die
Altmannsdorfer Gespräche, in: Die Zukunft 10/1985, 25 ff.
205 841 Blg Sten Prot NR, 16. GP, 5.
206 Zit. n. Ermacora (Hg.), Quellen, 347 (Fn 63).
207 So sieht etwa § 31 KV Basel-Landschaft vor:
„1. Beim Erlass von Verfassungs- und Gesetzesbestimmungen sowie bei Planungsbeschlüssen können Volksabstimmungen über Grundsatzfragen durchgeführt
werden. Dabei ist die Vorlage von Varianten zulässig.
2. Die Behörden sind bei der Ausarbeitung der Vorlagen an die Ergebnisse von
Grundsatzabstimmungen gebunden.
3. Bei der Vorlage von Erlassen oder Beschlüssen kann neben der Abstimmung über
das Ganze auch eine solche über einzelne Bestimmungen durchgeführt werden."
Vgl. auch Art 41 Abs 2 KVE Solothurn, Art 30 Abs 2 KV Zürich sowie den nach § 10
des nö Gesetzes zur „Volksbefragung Landeshauptstadt", LGBl 0065-0 v. 7. 1. 1986 zu
verwendenden amtlichen Stimmzettel.

Der zweite Haupteinwand, der unter dem Aspekt dieser Alternative vorgebracht wird, ist der, daß durch die direktdemokratischen Instrumente — insbesondere bei der Errichtung von Großprojekten — die behördlichen Entscheidungen, die von demokratisch legitimierten Organen gefällt worden seien, noch einmal einer *politischen „Superrevision"* unterzogen und durch die eventuelle Anfechtung von rechtskräftigen Entscheidungen mit Instrumenten der direkten Demokratie so eine Rechtsunsicherheit herbeigeführt würde.[208] Wenngleich nicht verkannt werden soll, daß in der BRD und Österreich in diesem Zusammenhang die Gefahr von *Maßnahmegesetzen*[209] besteht, die die bestehende Rechtssystematik zu durchlöchern in der Lage ist und dadurch zu Rechtsunsicherheit wegen der mangelnden Vorhersehbarkeit gesetzlicher Maßnahmen im Einzelfall führen kann, so zeigt sich gerade im Zusammenhang mit der Durchführung von Großprojekten die Problematik der *mangelnden materiellen Gewaltentrennung* im Bereich der Verordnungen. Hier könnte durchaus das Schweizer Vorbild, den Erlaß von Aus- oder Durchführungsbestimmungen bei den Repräsentativkörpern anzusiedeln und damit auch einen Zugang zu den Instrumenten der direkten Demokratie zu schaffen, manchen überlegenswerten Hinweis in bezug auf die mangelnde Legitimität solcher Großprojekte liefern.[210]

Die ebenfalls von der Sozialdemokratie schon seit 1920 geforderte „Demokratisierung der Bezirksverwaltung"[211] ist dagegen zur Zeit nur noch ein Durchlaufposten in Parteiprogrammen. Wenngleich die Wahl von Beamten und Richtern in der Schweiz eine wichtige Integrationsfunktion als Minderheitenschutz in der sprachlich-kulturell und konfessionell segmentierten Schweizer Gesellschaft gehabt hat und die Tradition der Milizdemokratie die politische und juristische Kultur bis heute bestimmt, wird doch auch Kritik laut, die den Vorrang der Qualität bei der Wahl in Bedrängnis geraten sieht[212] und die Suche nach einem verbesserten Ausleseverfahren deshalb als rechtspolitisches Desiderat postuliert.

---

208 Vgl. Fn 17.

209 Vgl. dazu etwa den IA II-2375 Blg Sten Prot NR, 16. GP der Abg. Dr. Heindl und Genossen zu einem Bundesverfassungsgesetz, auf dessen Grundlage durch die Abhaltung einer „Volksabstimmung besonderer Art" (S. 4) die Inbetriebnahme des KKW Zwentendorf doch noch ermöglicht werden sollte. MATHES, Erik, Zwentendorf und die Gewaltentrennung, in: Stb 1983, 5 und GERLICH, Helmut, Formenmißbrauch — Einzelfallgesetz — Gewaltenteilung, in: DÖV 1985, 945—953.

210 Wenngleich auch in der Schweiz die traditionelle Gewaltenteilung durch Annäherung der Funktionen als relativiert angesehen wird. Vgl. HANGARTNER, Grundzüge, 97 (Fn 34) sowie LÖTSCHER/SOMM/UEBERWASSER in diesem Band.

211 Vgl. zusammenfassend MIEHSLER, Demokratisierung, 141—197 (Fn 55); DEMMELBAUER, Josef/PESENDORFER, Wolfgang, Demokratisierung der Bezirksverwaltung, 2. A., Linz 1980.

212 RIKLIN, Staatsidee, 223 (Fn 157); RHINOW, Parteienstaatlichkeit, 106 (Fn 172).

4. Zusammenfassung

Zusammenfassend muß festgehalten werden, daß die Instrumente der direkten Demokratie *funktional diffus* sind. Sie dienen der Interessenartikulation, politischen Initiative und Partizipation, aber auch der Druckausübung, Opposition und Kontrolle, der Legitimation und Konfliktregelung. Gerade wenn die Ergebnisse der Instrumente der direkten Demokratie regelmäßig die Polaritäten des Parteiensystems widerspiegeln,[213] wird deutlich, welche Bedeutung den politischen Parteien auch neben oder mit diesen Instrumenten zukommt. Die einleitend gestellte Frage, inwieweit die Instrumente der direkten Demokratie Lösungsansätze für die Probleme der Legitimation und Regierbarkeit bieten und ob Institutionen und mit ihnen gemachte Erfahrungen übertragbar sind, läßt sich mit Sicherheit eben nur dahingehend beantworten, daß die jeweilige *politische Kultur* und das *Parteiensystem* jedenfalls die Wirkungen dieser Elemente mitbestimmen, sodaß modelltheoretische Annahmen keineswegs immer zu den gewünschten Ergebnissen führen müssen. Da ja die Aktivierungs- und Politisierungsmechanismen der direkten Demokratie — insbesondere in einer vertikal versäulten Gesellschaft mit einem dualen Lagersystem[214] — auch zur Polarisierung des politischen Systems führen könnten, ist die Legitimations- und Integrationswirkung dieser Instrumente keineswegs selbstverständlich. Daß dies in der segmentierten Gesellschaft der Schweiz funktioniert, beruht offensichtlich auf dem historisch gewachsenen „Grundkonsens", die Symbiose von Referendums- und Konkordanzdemokratie als Konfliktregelungsmuster zu akzeptieren.[215]

Die Ergänzung oder Erweiterung einzelner Verfassungen um Instrumente der direkten Demokratie führt daher *nicht automatisch* zu einem „Mehr" an Demokratie, sondern hängt davon ab, ob und wie von diesen Rechten Gebrauch gemacht wird bzw. werden kann. Ist jedoch der mündige, souveräne Staatsbürger Leitbild der Demokratie, so können diese Instrumente mit dazu beitragen, individuelle und kollektive *Lernprozesse* in Gang zu setzen, um den Untertanen zu einem aufrechten Gang zu verhelfen.

---

213 So die Hypothese von Troitzsch, Volksbegehren, 118 (Fn 69), die durch die österreichische Erfahrung aus begleitender Beobachtung vollauf bestätigt wird. S. auch Fn 174 und 175.

214 Zum Begriff des „Lagers" vgl. Wandruszka, Adam, Österreichs politische Struktur, in: Benedikt, Heinrich (Hg.), Geschichte der Republik Österreich, Wien 1954, 289 ff; Steininger, Rudolf, Polarisierung und Integration. Eine vergleichende Untersuchung der strukturellen Versäulung der Gesellschaft in den Niederlanden und Österreich, Meisenheim 1975.; Fritzl, Hermann/Uitz, Martin: Kritische Anmerkungen zur sogenannten Lagertheorie, in: ÖZP 1975, 325—332.

215 Vgl. Riklin, Staatsidee, 234 f (Fn 157).

Zur Bedeutung der Volksrechte
für das politische System der Schweiz[*]

von

BRUNO LÖTSCHER/KARIN SOMM/HEINRICH UEBERWASSER
BASEL

I. Einleitung

Das ausgebaute System direkter Mitwirkungsrechte der Schweizer Bürger an der Willensbildung von Bund, Kantonen und Gemeinden[1] läßt die Eidgenossenschaft immer wieder ins Zentrum staatsrechtlicher Betrachtungen rücken. Daß am Kleid der Mutter Helvetia, die in Kürze ihren 700. Geburtstag feiern wird,[2] auch Löcher und Flicken sichtbar

---

[*] Wir danken unseren verehrten Lehrern, Professor Kurt EICHENBERGER und Professor René A. RHINOW, für ihre wohlwollende, aufmunternde Unterstützung. Ebenso gilt unser Dank unseren Assistentenkollegen lic. iur. David JENNY, lic. iur. Beat RUDIN und Dr. iur. Thomas SUTTER. Auf ihre wertvollen Anregungen und auf ihre spontane Hilfsbereitschaft konnten wir jederzeit bauen. Für die sorgfältige Abschrift des Manuskripts danken wir Frau lic. iur. Suzanne DEBROT und Frau Merete SCHATZ.

[1] Dieser dreistufige Staatsaufbau ist Anknüpfungspunkt für die Zuweisung verschiedener Kompetenzen, Rechte und Pflichten. Die vorliegende Arbeit wird sich im weiteren nur mit der Ebene des Bundes und der Kantone befassen. Zur Stellung der Gemeinden im schweizerischen Staatssystem sei auf folgende Literatur verwiesen: EICHENBERGER, Kurt, Stellung und Bedeutung der Gemeinden im modernen Staat, in: Der Staat der Gegenwart, Basel 1980, 37 ff; JAGMETTI, Riccardo, Die Stellung der Gemeinden, in: ZSR 1972, 225 ff; HANGARTNER, Yvo, Die kommunale Selbstverwaltung in der Schweiz, in: DVBl 1985, 865 ff; ders., Neue Entwicklungen der Gemeindeautonomie, in: ZBl 1983, 521 ff; GLAUS, Pius, Konzeption der Gemeindeautonomie mit besonderer Darstellung der Autonomie der sanktgallischen Gemeinde, Zürich 1984; PFISTERER, Thomas, Die verfassungsrechtliche Stellung der aargauischen Gemeinden bei der Erfüllung der öffentlichen Aufgaben, St. Gallen 1983.

[2] Dies geschieht am 1. August 1991.

sind, mag den Blicken vom Ausland her dabei vielleicht entgangen sein, oder aber es werden vor lauter Löchern die Besonderheiten dieses historisch langsam gewachsenen, spezifisch schweizerischen Staatssystems übersehen.[3] Diese Arbeit will in einer kurzen Einleitung einige Eigenheiten dieses Systems vergegenwärtigen, um dann im Hauptteil die Volksrechte auf Bundesebene zu beleuchten und kritisch zu würdigen. An Hand einiger ausgewählter Fragen soll schließlich auf aktuelle Problemstellungen in der Demokratie schweizerischer Prägung aufmerksam gemacht werden.

II. Grundlagen und Grundprinzipien des schweizerischen Staatssystems

Der schweizerische Staat zeichnet sich durch seine föderalistische Ordnung[4] aus. Dies bedeutet, daß neben dem Bund auch die Kantone grundlegende, ihnen ausschließlich zustehende Staatsaufgaben zu erfüllen haben. Die Kantone verfügen dafür über eine vollständige Behördenorganisation, die sich in Exekutive, Legislative und Judikative aufgliedert. Die grundlegende Regelung der Aufgabenverteilung trifft Art. 3 BV: Eine Kompetenzvermutung zugunsten der Kantone verlangt ein System der Einzelermächtigungen zugunsten des Bundes in der Verfassung.[5] Soweit der Bund eine Aufgabe nicht an sich zieht, hat der Kanton die Möglichkeit, diesen Sachbereich abschließend zu regeln.[6]

Trotz dieser scheinbar klaren, verfassungsrechtlich festgelegten Kompetenzordnung ist im Laufe der Zeit eine Aufgabenverflechtung und Verzahnung der Finanzierung dieser Aufgaben zwischen Bund und

---

3 Aus diesen geschichtlichen und sozialen Gegebenheiten versteht sich, daß das schweizerische System dabei höchst begrenzt nur die Rolle eines Vorbildes für andere Staaten einnehmen kann, vgl. dazu STERN, Klaus, Das Staatsrecht der Bundesrepublik Deutschland, Bd. 2, München 1980, 12 ff.

4 Zum Föderalismus vgl. NEIDHART, Leonhard, Föderalismus in der Schweiz, Zürich-Köln 1975; HUBER, Hans, Die Gleichheit der Gliedstaaten im Bundesstaat, in: öZöR 1968, 247 ff; HANGARTNER, Yvo, Bundesstaat im Wandel, in: ZSR 1978, 379 ff; KNAPP, Blaise, Le fédéralisme, in: ZSR 1984, 275 ff; FRENKEL, Max, Der Föderalismus in der Schweiz — Entwicklungen und Tendenzen, Solothurn 1985; SALADIN, Peter, Bund und Kantone, Autonomie und Zusammenwirken im schweizerischen Bundesstaat, in: ZSR 1984, 431 ff.

5 Nach Art 3 Bundesverfassung vom 29. Mai 1874 (BV; SR 101) üben die Kantone „alle Rechte" aus, welche verfassungsrechtlich nicht dem Bund übertragen sind.

6 Zur weiteren Differenzierung und übersichtlichen Vertiefung betreffend die Kompetenzausscheidung zwischen Bund und Kantonen siehe HÄFELIN, Ulrich/ HALLER, Walter, Schweizerisches Bundesstaatsrecht, Zürich 1984, §§ 9—11 mit weiteren Literaturhinweisen; WERTENSCHLAG, Rudolf, Les rapports entre l'Etat central et les Etats fédérés dans le domaine de la législation, des finances et de l'administration publique en Suisse, in: Premières journées juridiques yougoslavo-suisses, Lausanne-Fribourg 16-19 novembre 1983, Zürich 1984, 155 ff.

Kantonen entstanden. Bund und Kantone sind daher seit einigen Jahren bemüht, dieser Entwicklung, die auf eine zunehmende Pflichtenverlagerung auf den Bund hinausläuft, entgegenzuwirken und die Aufgaben neu zu verteilen.[7]

Obwohl sich das staatliche Leben in einer quasi dualistischen Staatsordnung auf zwei Ebenen[8] abspielt, besitzen die Gliedstaaten keine Staatsqualität. Die Souveränität steht, trotz mißverständlichen Sprachgebrauchs der Verfassung und trotz der weitgehenden Autonomie der Kantone, dem Bund allein zu.[9] Die Kantone als solche aber sind an der Willensbildung des Bundes mit umfangreichen, in der Bundesverfassung meist festgelegten Mitwirkungsrechten beteiligt.[10]

Die Normen, die in den 26 Gliedstaaten[11] auf Grund der durch die Bundesverfassung aufgestellten Kompetenzordnung ergangen sind, können und sollen in jedem Kanton durchaus verschiedene Inhalte aufweisen. Dies gerade ist der Sinn des in der Schweiz historisch gewachsenen und so zu verstehenden Föderalismus, welcher der kulturellen, sprachlichen und konfessionellen Vielfalt der Schweiz in den Kantonen in weitem Maße Rechnung trägt. Die Kantone haben gleichzeitig die Möglichkeit, in ihren Kompetenzbereichen interkantonale Vereinbarungen, sog. Konkordate[12] abzuschließen, um eine

---

7   Erste Schritte in diese Richtung sind bereits 1979 im Bericht der „Studienkommission für die Neuverteilung der Aufgaben zwischen Bund und Kantonen" gemacht worden. Als Beispiel aus jüngster Zeit sei die Abstimmung vom 10. März 1985 über den Bundesbeschluß betreffend die Ausbildungsbeiträge vom 5. Oktober 1985 erwähnt. Die Ausrichtung von Stipendien sollte als Aufgabe wieder den Kantonen übertragen werden, die gemäß Bundesverfassung auch die Schulhoheit innehaben. Volk und Stände haben diesen Bundesbeschluß jedoch abgelehnt.

8   Die eingangs erwähnte dritte Ebene der Gemeinden soll in diesem Zusammenhang unbeachtet bleiben.

9   Der Wortlaut von Art 3 BV ist so zu verstehen, daß die Kantone als in den Bund „eingefügte Gebilde mit einer föderalistischen Eigenstaatlichkeit oder einer autonomiegeprägten Gliedstaatlichkeit" anzusehen sind (vgl. EICHENBERGER, Kurt. Kommentar zur Kantonsverfassung des Kantons Aargau, im Druck, Einleitung II 2.).

10 Diese Mitwirkungsrechte, von denen bisher einzelne freilich wenig oder nicht genutzt wurden (lit. a-f), sind:
    a) das obligatorische Verfassungsreferendum nach Art 123 Abs 1 und 2 BV
    b) die Standesinitiative nach Art 93 Abs 2 BV
    c) das obligatorische Staatsvertragsreferendum nach Art 89 Abs 5 BV
    d) das fakultative Gesetzesreferendum nach Art 89 Abs 2 und 89bis Abs 2 BV
    e) das fakultative Staatsvertragsreferendum nach Art 89 Abs 3 und 4 BV
    f) die Einberufungsmöglichkeit der Bundesversammlung nach Art 86 Abs 2 BV
    g) Anhörungsrechte zur Bundesgesetzgebung, vgl. Art 32 und 27ter BV.

11 Die Schweiz vereinigt 23 Kantone, auch Stände genannt. Drei davon (Unterwalden, Basel und Appenzell) sind in Halbkantone aufgeteilt. Diese Halbkantone haben mit Ausnahme nur eines statt zweier Ständeräte und einer halben anstelle einer ganzen Standesstimme bei Abstimmungen auf Bundesebene die gleichen Rechte und Pflichten wie die Vollkantone.

12 Konkordate sind interkantonale Vereinbarungen, die zwei oder mehrere Kantone über einen in ihren Kompetenzbereich fallenden Gegenstand abschließen. Es handelt

Vereinheitlichung des Rechts in diesen Gebieten zwischen den einem Konkordat beigetretenen Kantonen zustande zu bringen.[13]

Daneben finden sich noch vielfältige weitere Formen einer freiwilligen interkantonalen Zusammenarbeit.[14] Eine Pflicht zur Kooperation der Kantone besteht primär in polizeilichen Bereichen,[15] bei der Rechtshilfepflicht[16] und auf Grund von Einzelbestimmungen in Bundesgesetzen.[17]

Dieser so beschriebene horizontal und vertikal kooperativ-föderalistischen und dualistischen Staatsstruktur wird auch das Zweikammersystem des Parlaments auf Bundesebene gerecht. Die eine Kammer, der Nationalrat, ist Repräsentantin des Volkes, die andere Kammer, der Ständerat, repräsentiert die Kantone bei der Willensbildung des Bundes.[18] Beide Kammern sind absolut gleichberechtigt.[19] Da alle Abgeordneten formal nur nebenamtlich im Parlament tätig sind, wird in der Schweiz vom Milizparlament gesprochen.[20] Die Bundesversammlung

---

sich dabei um öffentlich-rechtliche Verträge, die ihre Rechtsgrundlage in Art 7 BV finden; vgl. KEHRLI, Hanspeter, Interkantonales Konkordatsrecht, Diss. Zürich-Bern 1968; BIERI, Stephan, Interregionaler Ausgleich in einem föderalistischen System, in: DISP 1976, 25 ff; SIEGRIST, Ulrich K., Die schweizerische Verfassungsordnung als Grundlage und Schranke des interkantonalen kooperativen Föderalismus, 2 Bde., Diss. Zürich 1977/78; JENNY, Kurt, Interkantonales Nachbarschaftsrecht, in: Handbuch des Staats- und Verwaltungsrechts des Kantons Basel-Stadt, Basel-Frankfurt/M. 1984, 285 ff.

13   Als Beispiel sei hier erwähnt das Konkordat über die Schulhoheit vom 29. Oktober 1970, das Bestrebungen zur Vereinheitlichung gewisser Gebiete im Rahmen des Schulwesens Rechnung trägt.

14   Vgl. dazu HANGARTNER, Yvo, Grundzüge des schweizerischen Staatsrechts, Bd. 1, Zürich 1980, 76 f; HÄFELIN/HALLER, Bundesstaatsrecht, N. 462 ff (Fn 6).

15   Art 15, 16 und 17 BV.

16   Art 61 BV; Art 66 und 89 des Bundesgesetzes über Schuldbetreibung und Konkurs vom 11. April 1889; Art 352 Abs 1 des schweizerischen Strafgesetzbuches vom 21. Dezember 1937 (StGB; SR 311.0).

17   Zum Beispiel Art 11 Abs 2 des Bundesgesetzes vom 8. Oktober 1971 über den Schutz der Gewässer gegen Verunreinigung (SR 814.20).

18   Die Bundesversammlung besteht aus den 200 Abgeordneten des Nationalrates und den 46 Abgeordneten des Ständerates. Die Ständeräte stimmen ohne Instruktion (Art 91 BV). Daher entfällt in der Schweiz eine unmittelbare Einwirkung der Kantone auf das Parlament des Bundes.
Die Nationalräte werden nach dem Proporzverfahren in freien, gleichen, geheimen und unmittelbaren Wahlen aus dem Schweizervolk erkoren. Jeder Kanton und Halbkanton bildet dabei einen Wahlkreis (Art 73 und 74 BV; Art 16 Bundesgesetz über die politischen Rechte vom 17. Dez. 1976 [PRG], SR 161.1). Für die Ständerat wählen die Stimmberechtigten jenes Kantons zwei Abgeordnete, diejenigen eines Halbkantons einen Abgeordneten. Die Wahl findet nach einem vom Kanton bestimmten Verfahren (Majorz- oder Proporzsystem) statt.

19   Die Gegenstände, welche in den Geschäftskreis der beiden Räte fallen, sind in Art 85 BV aufgelistet.

20   Zum Milizparlament vgl. RIKLIN, Alois, Milizdemokratie, in: Staatsorganisation und Staatsfunktion im Wandel, FS-EICHENBERGER, Basel-Frankfurt/M. 1982, 41 ff, insb.

hat als unmittelbare Repräsentantin des Volkes und der Kantone die „oberste Gewalt im Bunde" inne.[21] Die beiden Kammern tagen in der Regel getrennt.[22] Gemeinsam, als Vereinigte Bundesversammlung, wird die siebenköpfige Regierung[23] gewählt, die als Kollegialbehörde[24] mit großer Selbständigkeit — der Bundesrat kann während seiner vierjährigen Amtsdauer vom Parlament nicht abberufen werden[25] — als oberste leitende und vollziehende Behörde der Eidgenossenschaft tätig ist.[26] Die nach der sog. „Zauberformel"[27] zusammengesetzte Regierung spiegelt das Bild des Vielparteienstaates[28] wider. Trotz einer relativ großen Unabhängigkeit der Exekutive sind bei der Legislative so viel Zuständigkeiten und Einflußnahmemöglichkeiten auf den Bundesrat gesammelt, daß sie in einem „koordinativ-kooperativen Beziehungssystem"[29] zusammenarbeiten können.

Das gesamte politische System im Vielparteienstaat Schweiz wird seit ungefähr 20 Jahren als Konkordanzdemokratie bezeichnet.[30] In

---

49 ff, 53 ff; MEIER, Roland, Nähern wir uns auf kaltem Weg dem Berufsparlament, in: Der Staatsbürger 1985, H. 6, 21 ff.

21 Art 71 BV.

22 Art 92 BV.

23 Regelungen betreffend die Wahl des Bundesrates finden sich im „Reglement der Vereinigten Bundesversammlung" vom 8. Dezember 1976 (SR 171.12) Art 3 f.

24 Zur Kollegialbehörde vgl. EICHENBERGER, Kurt, Organisatorische Probleme des Kollegialsystems, in: Der Staat der Gegenwart, Basel 1980, 434 ff; SALADIN, Peter, Probleme des Kollegialitätsprinzips, in: ZSR 1985, 271 ff; VOLLENWEIDER, Hans-Jürg, Die Organisation des Bundesrates nach Art. 103 der Schweizerischen Bundesverfassung. Das „Kollegialsystem des Bundesrates", Zürich 1954; ZWICKY, Hans, Kollegialregierung — Idealbild und Wirklichkeit, in: Schweizerische Monatshefte 1985, 213 ff.

25 Es gibt weder eine Vertrauensfrage oder ein Mißtrauensvotum, noch sind Gesamt- oder Einzelrücktritte auf Grund einer politischen Niederlage oder einer Reaktion des Parlaments rechtlich durchsetzbar und auch nicht üblich. Siehe auch EICHENBERGER, Kurt, Regierungssystem und direkte Demokratie in der Schweiz, in: KOJA, Friedrich/STOURZH, Gerald (Hgg.), Schweiz — Österreich, Wien-Köln-Graz 1986, 155-175.

26 Zu den Aufgaben des Bundesrates siehe Art 95 ff BV und das Bundesgesetz über die Organisation und Geschäftsführung des Bundesrates und der Bundesverwaltung (VwOG) vom 19. September 1978 (SR 172.010).

27 Dabei machen die wichtigsten politischen Parteien einen Regierungsanspruch geltend, der sich proportional zu ihrer prozentualen Vertretung in der Bundesversammlung verhält. Diese proportionale Zusammensetzung beruht jedoch bis heute auf freiwilliger Basis. Der Bundesrat setzt sich nach der 1959 eingeführten Zauberformel wie folgt zusammen: 2 Mitglieder der sozialdemokratischen Partei, 2 Mitglieder der christlich-demokratischen Volkspartei, 2 Mitglieder der freisinnig-demokratischen Partei und 1 Mitglied der Schweizerischen Volkspartei.

28 Vgl. die Hinweise in Fn 30.

29 EICHENBERGER, Regierungssystem, II.2. (Fn 25).

30 Siehe dazu GERMANN, Raimund E., Politische Innovation und Verfassungsreform, Bern 1975; GRUNER, Erich, Die Parteien in der Schweiz, 2. A., Bern 1978; STEINER,

diesem so benannten Konfliktregelungsmuster werden Meinungsverschiedenheiten durch gütliches Einvernehmen aufzulösen versucht. Gesucht wird ein tragfähiger politischer Kompromiß, der durch ein Zusammenwirken aller wichtigen gesellschaftlichen und politischen Mächte in einem oft langwierigen Entscheidfindungsprozeß ausgehandelt wird.[31] Der in der Schweiz tief verwurzelte Parteienpluralismus, der einer Vielfalt von „sozialen und geistigen Pluralitäten" entspringt und entspricht, verhindert auch das Entstehen einer „Zweiparteien-Konkurrenz-Demokratie".[32]

Die Vorbereitungen zur Einleitung der Totalrevision der Bundesverfassung haben Gelegenheit geboten, die dargelegten überkommenen politischen Wertvorstellungen und rechtlichen Entscheidungen grundsätzlich und kritisch zu überdenken.[33] In diesem Staatssystem mit all seinen Konstanten und Variablen spielen die direkten Mitwirkungsrechte des Schweizer Volkes eine wesentliche Rolle. Im Mittelpunkt der folgenden Betrachtungen stehen die Mitwirkungsrechte des Volkes auf Bundesebene.

III. Einzelne Teilnahmeformen des Volkes auf Bundesebene

Auf Bundesebene kann das Volk mittels Volksinitiative und Referendum an Entscheidungen mitwirken. Nur bei der Volksinitiative können die Stimmbürger auch inhaltlich verbindlich mitgestalten. Das Referendum dagegen ist bloßes Vetoinstrument. Die Initiative ist auf Bundesebene auf die Verfassung beschränkt.[34]

Jürg, Proporzdemokratie und Opposition: Die schweizerische Referendumsdemokratie, in: OBERREUTER, Heinrich (Hg.), Parlamentarische Opposition, Hamburg 1979, 128 ff; REICH, Richard, Image und Stellenwert der schweizerischen Parteien in der heutigen Politik, in: Schweizerisches Jahrbuch für politische Wissenschaft 1969, 7 ff.

31 Vgl. dazu RHINOW, René A., Grundprobleme der schweizerischen Demokratie, in: ZSR 1984, 238.

32 EICHENBERGER, Regierungssystem, II.3a (Fn 25).

33 Zur Zeit drängt sich wohl eher die Prognose auf, daß — falls die Totalrevision überhaupt an die Hand genommen wird — tiefbleibende Neuerungen ausbleiben werden. Indizien haben dafür die in jüngerer Zeit durchgeführten Totalrevisionen von Kantonsverfassungen geliefert.

34 Art 118 BV. Angesprochen ist hier die formelle Unterscheidung. Dabei ist zu beachten, daß eine formelle Partialrevision zu einer sog. „materiellen Totalrevision" werden kann, wenn sie grundlegende inhaltliche Neuerungen in das bestehende Verfassungswerk einbringt (Bericht des Bundesrates über die Totalrevision der Bundesverfassung, in: BBl 1985, III. S. 160). Von einer eigentlichen materiellen Totalrevision kann jedoch erst gesprochen werden, wenn alle grundlegenden Regelungen zur Diskussion stehen, womit sich die gleichen Probleme der Mehrheitsfindung wie bei der formellen Totalrevision stellen.

1. Initiierende Teilnahmeformen

a) Totalrevision der Bundesverfassung

100.000 Stimmberechtigte[35] können eine Initiative auf Totalrevision der BV ergreifen.[36] Im Unterschied zur Initiative auf Teilrevision der Verfassung kann das Volk die Totalrevision nur als sog. „allgemeine Anregung" initiieren,[37] aber nicht als formulierten Entwurf. In einer Volksabstimmung[38] wird entschieden, ob eine Totalrevision überhaupt an die Hand genommen werden soll. Bei Zustimmung wird das Parlament neu gewählt. Es soll keine Bundesversammlung, die einer Totalrevision ablehnend gegenübersteht — ohne Neuwahl der die Totalrevision bejahenden Volksmehrheit —, mit der Ausarbeitung des Volk und Kantonen vorzulegenden Verfassungsneuentwurfs betraut werden.[39] Aber auch dann besteht keine „Garantie" dafür, daß das neugewählte Parlament die „Hoffnungen" der Wähler erfüllen wird.[40]

Wenn die Demokratie die „bewußte Staatsform" ist[41] und man der Verfassung den primären Rang im Rechtsstaat vorbehält, muß sich das Staatsbewußtsein im Verfassungstext manifestieren. Eine Totalrevision der Verfassung bedeutet also die grundsätzliche Abwägung zwischen dem Gewordenen[42] und dem Vorgeschlagenen. Im pluralistischen Staat braucht eine solche Neubesinnung und Neugestaltung die Teilnahme aller gewichtigen politischen Kräfte. Neuerungswille (und erst recht Gesamterneuerungswille) tritt dann am stärksten auf, wenn die Zustände im Staat unhaltbar erscheinen.[43] Ein Initiativkomitee wäre kaum fähig, in dieser Lage eine Teilnahme der politischen Kräfte im Staat vor Einreichung des (formulierten) Entwurfs zustandezubringen. Wenn überhaupt, kann nur die Einbeziehung in das Ausarbeitungsverfahren von Regierung und Parlament konstruktive Mitwirkungsmöglichkeiten

---

35   Bei 4.141.413 Stimmberechtigten am 9. 6. 1985 (Quelle: Statistisches Jahrbuch der Schweiz, Basel 1985, 560).

36   Art 120 BV.

37   WINZELER, Christoph, Die politischen Rechte des Aktivbürgers nach schweizerischem Bundesrecht, Basel 1983, 134 charakterisiert sie als „rechtspolitisches Postulat".

38   Art 120 BV.

39   Das neugewählte Parlament hat neben den Aufgaben eines Verfassungsrates alle sonstigen Parlamentsaufgaben zu erfüllen.

40   AUBERT, Jean-François, Traité de droit constitutionnel suisse, 2 Bde., Neuchâtel 1967, Bd. 1, No. 367; es mußte noch nie entschieden werden, ob bei Nichtzustandekommen eines Entwurfes im Parlament zumindest ein zweiter Anlauf zu nehmen wäre.

41   IMBODEN, Max, Staat und Recht, Basel 1971, 289.

42   IMBODEN, Staat und Recht, 310 ff (Fn 41).

43   Bericht der Expertenkommission für eine Totalrevision der Bundesverfassung, Bern 1971, 13.

schaffen. Aktive Gruppen konzentrieren sich auf einzelne Änderungen und greifen zum Instrument der Partialrevision.[44]

b) Partialrevision der Bundesverfassung

Die Partialrevision kann sowohl mit einer formulierten als auch unformulierten Volksinitiative verlangt werden. 100.000 Stimmberechtigte[45] können die Abstimmung über eine von ihnen initiierte Neuaufnahme, Aufhebung oder Abänderung eines bestimmten Artikels der Bundesverfassung verlangen.[46] Entweder wird ein ausgearbeiteter formulierter Entwurf von den Initianten selbst präsentiert oder es wird nur eine „allgemeine Anregung" (unformulierter Entwurf) eingereicht.[47] Die Volksinitiative in Form des ausgearbeiteten Entwurfs stellt die in der Praxis bevorzugte Variante dar. Weil der Vorschlag genauso, wie er von den Initianten formuliert wurde, dem Volk zu unterbreiten ist, kann hier eine „Verfälschung" durch parlamentarische Konkretisierung a priori ausgeschlossen werden. Bei der Initiative in Form der allgemeinen Anregung muß sich die Bundesversammlung mit der Konkretisierung befassen. Wenn das Parlament seiner allenfalls ablehnenden Haltung gegenüber dem Volksbegehren formell Ausdruck gibt, hat das Volk darüber zu entscheiden, ob die Bundesversammlung eine Ausarbeitung vorzunehmen hat.[48]

Nur Initiativkomitees können Volksbegehren lancieren. Ein Initiativkomitee besteht aus mindestens sieben Urhebern.[49] Diese müssen aus dem Unterschriftenbogen ersichtlich sein. Der Bundesrat, das

---

44 Vgl. dazu Fn 33.

45 Vor 1977 nur 50.000; vgl. dazu die Botschaft des Bundesrates, in: BBl 1975, 129 ff.

46 Art 75 PRG (SR 161.1). Könnten in einer einzigen Initiative mehrere Themen behandelt werden, so würde die innere Freiheit zur Stimmabgabe behindert und die Willenskundgebung des Volkes potentiell verfälscht; vgl. AUBERT, Traité, No. 383 (Fn 40). GRISEL, Etienne, L'initiative populaire „contre la vie chère et l'inflation" et le principe de l'unité de la matière en droit fédéral, in: FS-HUBER, Bern 1981, 171 ff mit weiteren Hinweisen.

47 Art 75 PRG (SR 161.1); AMSTAD, Eduard, Referendum und Initiative, in: HANGARTNER, Yvo (Hg.), Das Bundesgesetz über die politischen Rechte, St. Gallen 1978, 109 ff.

48 WINZELER, Politische Rechte, 133 (Fn 37); AUBERT, Traité, No. 382 und 388 (Fn 40); Initiativen können leicht ungültig sein: wenn z. B. die Aufhebung einer bestimmten Verfassungsbestimmung verlangt wird, so handelt es sich um einen formulierten Entwurf. Diesem kann nur ein formulierter Entwurf beigefügt werden, nicht jedoch eine allgemein angeregte Neuregelung, denn damit wäre das Gebot der Einheit der Form verletzt und die Initiative ungültig.

49 Art 68 lit e PRG (SR 161.1). Eine politische Typisierung der Initiativkomitees nimmt WERDER, Hans, Die Bedeutung der Volksinitiative in der Nachkriegszeit, Bern 1978, 23 ff vor, indem er Gruppen mit politischem Entscheidungsanteil, Oppositions- und Außenseitergruppen unterscheidet.

Parlament und das Volk „wollen wissen, wer hinter einer Initiative steht".[50] Vor Beginn jeder Unterschriftensammlung ist der Bundeskanzlei die Unterschriftenliste zur formellen Prüfung vorzulegen.[51] Materielle Bedeutung gewinnt die Vorprüfung durch die von der Bundeskanzlei vorzunehmende Textübersetzung in die drei gleichrangigen Amtssprachen bzw. durch die Überprüfung der von den Initianten angefertigten Übersetzung. Für den Abstimmungskampf bedeutsam ist der Titel von Initiativen. Die Bundeskanzlei prüft hier, ob der Titel werbend, irreführend oder verwechslungsanfällig ist.[52]

Beim Sammeln von Unterschriften[53] sind Initiativgruppen, die über eine bereits bestehende Organisation verfügen, „technisch" bevorteilt. So haben Parteien und Verbände meist Publikationsorgane oder Adressdatenbanken, mittels derer an Mitglieder und Sympathisanten gelangt und das Volksbegehren differenziert erläutert werden kann. Ad-hoc-Komitees sind dagegen in Themenbereiche verbannt, die einfach und griffig dem Passanten auf der Straße nahegebracht werden können (z. B. „Überfremdung", „Ausverkauf der Heimat"). Zunehmender Problemkomplexität werden heute einfache Lösungen immer weniger gerecht. Ergänzend müssen hier die unabhängigen Massenmedien[54] Forumsfunktion wahrnehmen und differenzierte (auch wertende) Betrachtungen anstellen.

c) Konkretisierung und Einflußnahme durch das Parlament

Im Falle, wo die Bundesversammlung eine allgemeine Anregung zu einer konkreten Textänderung verdichten muß, können Spannungen auftreten: einerseits hat sie den Willen des Begehrens eines Teils des Volkes, der in der Volksinitiative kundgetan ist, zu berücksichtigen, anderseits repräsentiert sie das Gesamtvolk, ist selber Schmelztiegel und Adressat aktueller und engagiert vorgetragener politischer Interessenvertretung. Die Ausformung von Partialrevisionen durch die Bundesversammlung kann die Akzeptanz gegenüber der Vorlage beim Volk und den für den Abstimmungskampf bedeutsamen Parteien und Verbänden stärken. In der parlamentarischen Arbeit kann sich aber auch eine breite

---

50   AMSTAD, Referendum, 96 (Fn 47).

51   Art 69 PRG (SR 161.1).

52   Probleme stellen sich dadurch, daß Änderungen der Verfassung immer ein „Ja" verlangen. Wenn ein Initiativbegehren auf Abschaffung einer Verfassungsbestimmung zielt oder mit einer neuen derartigen Bestimmung inskünftig z. B den Bau von Atomkraftwerken verhindern will, so muß dem Stimmbürger deutlich werden, daß er — obwohl Gegner einer Sache — mit „Ja" stimmen muß. Eine Initiative gegen Kernkraftwerke wurde so z. B „Atomschutzinitiative" genannt.

53   Art 71 PRG (SR 161.1): Sammelfrist von 18 Monaten.

54   Vgl. EICHENBERGER, Kurt, Lagebeurteilungen, in: Schweizerische Monatshefte 1985, 1048 ff.

Gegnerschaft formieren, die das Parlament als Plattform erster Voten eines Abstimmungskampfes nutzt.

Wenn die Bundesversammlung einem ausgearbeiteten Entwurf nicht zustimmt, so kann sie diesem einen Gegenentwurf gegenüberstellen. Wenn das Initiativkomitee von seinem Recht zum Rückzug der Volksinitiative keinen Gebrauch macht,[55] wird die Volksinitiative zusammen mit dem Gegenvorschlag Volk und Kantonen zur Abstimmung vorgelegt. Die Bundesversammlung kann aber auch auf die Ausarbeitung eines Gegenvorschlags verzichten und dem Stimmbürger nur Annahme oder Ablehnung des eingereichten Entwurfs empfehlen.[56]

Regierung und Parlament sind aufgerufen, das Volksbegehren zu bewerten, es im Lichte des Verfassungs- und Staatsganzen nicht nur auf seine Zulässigkeit, sondern auch auf seine Zweckmäßigkeit und Wünschbarkeit zu beurteilen. Auch dieser Verfahrensabschnitt[57] gibt Zeugnis vom in der Schweiz bestehenden Dualismus von repräsentativen und direktdemokratischen Staatsgestaltungselementen. In Zeiten lebendiger Konkordanz werden dabei im politischen Raum Gegensätze zu akzeptierbaren Kompromissen harmonisiert.

In neuer Zeit wird das Verbot, in der Volksabstimmung sowohl Initiative als auch Gegenvorschlag zu bejahen, als störend empfunden. Es wird geltend gemacht, es verfälsche, ja verletze den Volkswillen.[58] Die Verneinung beider Fragen ist nämlich möglich, die Bejahung beider Fragen nicht. Dadurch werden die Gegner des Bestehenden in zwei Gruppen gespalten. Oft bleibt einem Initiativkomitee, das wenigstens die Chance einer minimalen Änderung des Status quo aufrechterhalten will, nichts anderes übrig, als die Initiative zurückzuziehen.

Die Bundesversammlung kann der Initiative auch einen sogenannten „indirekten Gegenvorschlag" gegenüberstellen. Sie kann die Inkraftsetzung einer (den Initianten inhaltlich entgegenkommenden) Norm auf Gesetzes- oder Verordnungsstufe von der Ablehnung einer Volksinitiative abhängig machen.[59] Dies bietet verschiedene Vorteile: Es kann eine tragfähige, der Konkordanz zugängliche Lösung eines aus dem Volk stammenden Anliegens gesucht werden. Die Verwirklichung ist beschleunigt, da bereits eine gesetzliche Regelung vorliegt. Das Volk steht vor einer konkreten und verbindlichen Alternative.

---

55 Art 68 PRG (SR 161.1).

56 Art 121 Abs 6 BV.

57 Art 23 ff Geschäftsverkehrsgesetz vom 23. März 1962 (GVG; SR 171.11).

58 Die Botschaft des Bundesrates über eine Neuregelung des Abstimmungsverfahrens für Volksinitiativen mit Gegenentwurf (BBl 1984 II, 333 ff mit weiteren Hinweisen) verneint die Verfälschung, bejaht aber die Einführung des doppelten „Ja".

59 Art 25 des Bundesgesetzes über das Kriegsmaterial (SR 514.51) sieht vor, falls das Volksbegehren betreffend vermehrte Rüstungskontrolle und ein Waffenausfuhrverbot zurückgezogen oder verworfen werde, habe der Bundesrat dieses Gesetz in Kraft zu setzen.

Volksinitiativen haben oft auch dann gestaltende Kraft, wenn sie in der Volksabstimmung scheitern. Die Thematik bleibt aufgenommenes und polarisiert geltend gemachtes Postulat im politischen Raum. Auswirkungen können sich bei späteren oder verwandten Verfassungsänderungen zeigen, bei der Änderung niederrangigerer Normen sowie bei der Praxis der rechtsprechenden und vollziehenden Behörden.[60]

d) Andere unmittelbar aus dem Volk stammende Initiierungen und Anregungen

Der demokratische Staat muß die Willensbildung und -erklärung im Volk einerseits schützen, stärken und fördern,[61] anderseits vielfältige Instrumente bereithalten, damit in unterschiedlichen Phasen der staatlichen Tätigkeit Anregungen und Forderungen an den Staat gerichtet werden können. Wenn es Entscheide betrifft, für die das Volk zuständig ist, kann man vom „Appell aus dem Volk an das Volk" sprechen.[62] Solche Instrumente sind Petition und Vernehmlassungsverfahren.

Bei der Petitionsfreiheit[63] steht fest, daß dem Petenten kein Nachteil erwachsen darf. Diskutiert wird gegenwärtig, ob die Petitionsfreiheit auch einen Anspruch auf Behandlung des Anliegens durch die Behörden, an die es gerichtet ist, enthält.[64] Das Bundesgericht stellt weniger weitgehend fest, daß es bloß ein „droit d'être entendu par les autorités" umfaßt.[65] Wenn, wie im Falle der Bundesversammlung, die Pflicht zur Prüfung und Beantwortung normiert ist,[66] ist ein Ansatz zur Volkspartizipation zu bejahen. Allerdings fehlt die Verbindlichkeit der

---

60 Vgl. dazu Bratschi, Peter Joachim, Die Bedeutung der Verfassungsinitiative in der Zielsetzung der Schweiz, Bern 1969; Meier, Karl, Die Kooperation von Legislative und Exekutive bei der Rechtssetzung im Bund, Basel 1979, 29; Hefti-Spoerry, Elisabeth, Gegenentwurf und Rückzug bei Volksinitiativen im Bund, Goldach 1959.

61 Dies kommt im „institutionellen" Grundrechtsdenken, insbesondere bei den Freiheiten des politischen Lebens zum Ausdruck (Presse-, Vereins-, Versammlungs-, Meinungsäußerungsfreiheit usw.). Grundrechte sind danach (auch) durch positives Handeln des Staates zu verwirklichen. In der Schweiz wird so z. B. die „Erhaltung einer vielfältigen Presse" durch günstige Posttaxen gefördert und so vom Gesetzgeber in Art 10 Postverkehrsgesetz (PVG; SR 783.0) entsprechend normiert und vom Bundesrat in Art 58 ff V (1) zum PVG (SR 783.01) konkretisiert; vgl. dazu Müller, Jörg-Paul, Elemente einer schweizerischen Grundrechtstheorie, Bern 1982, 13 ff; Saladin, Peter, Grundrechte im Wandel, 3. A., Bern 1982, 292 ff; Hangartner, Yvo, Grundzüge des schweizerischen Staatsrechts, Bd. 2, Zürich 1982, 27 ff, 107 ff.

62 Eichenberger, Regierungssystem, III. 3b (Fn 25).

63 Art 57 BV.

64 Müller, Jörg-Paul/Müller, Stephan, Grundrechte Besonderer Teil, Bern 1985, 178 f bejahen eine Pflicht zur materiellen Prüfung und Beantwortung.

65 BGE 104 Ia 437 f.

66 Geschäftsreglement Nationalrat (SR 171.13) Art 40 und Geschäftsreglement Ständerat (SR 171.14) Art 38.

Äußerung aus dem Volk: solange nicht das Volk, sondern Parlament, Regierung oder einzelne Behörden entscheiden, bleibt die Petition eine bloße Bittstellung.[67]

Auch im Vernehmlassungsverfahren — einer Phase im Vorverfahren der Gesetzgebung[68] — werden durch die Stellungnahmen der Interessenorganisationen keine formellen Entscheidpartizipationen hergestellt. Dies ist auch nicht anders, wenn sich die Kantone in diesem Verfahren äußern.[69]

2. Das Referendum

Mit dem Referendum kann das Schweizervolk über Sachfragen von juristischer und politischer Relevanz, die in den Rechtssätzen der Verfassungs- und Gesetzesstufe enthalten sind, abstimmen und so am Entscheidprozeß teilhaben.[70] Das Verfassungsreferendum ist im Bund obligatorisch. Das Gesetzesreferendum muß von den Stimmbürgern „verlangt" (ergriffen) werden, ist also auf Bundesebene nur fakultativ.

a) Das obligatorische Verfassungsreferendum

Jeder Akt der verfassungsgebenden Gewalt ist dem obligatorischen Referendum unterstellt. Nach der Annahme im Parlament[71] werden diese dem obligatorischen Referendum unterstellten Erlasse[72] auf Anordnung des Bundesrates im Bundesblatt[73] veröffentlicht. Der Bundesrat ordnet

---

67 Wenn dabei im Sinne Eichenbergers, Regierungssystem, III. 2c (Fn 25) „Türen geöffnet werden", wird dieser Zwiespalt bildlich faßbar.

68 Vgl. dazu die Richtlinien des Bundesrates über das Vorverfahren der Gesetzgebung vom 6. 5. 1979 (BBl 1970 I S. 993 ff); Buser, Walter, Das Vorverfahren der Gesetzgebung, in: ZBl 1984, 145 ff; Huber, Hans, Rechtstheorie/Verfassungsrecht/Völkerrecht, Bern 1971, 361 ff, 387 ff. Im Bereich der Filmgesetzgebung (Art 27ter BV) und bestimmter sonstiger Wirtschaftsregelungen (Art 32 Abs 3 BV) sind die Wirtschaftsverbände schon von Verfassungs wegen anzuhören.

69 Auch von der Standesinitiative der Kantone geht ein Minimum an Verbindlichkeit aus: Die Kantone, je nach innerkantonaler Regelung aufgrund einer Volksinitiative und Volksabstimmung, können wie ein einzelner Bundesparlamentarier Entscheidungsvorschläge einbringen, aber anders als dieser nicht mitentscheiden: Art 93 BV; vgl. Baumgartner, Serge, Die Standesinitiative, Basel 1980; Rhinow, René A., Volksrechte, in: Handbuch des Staats- und Verwaltungsrechts des Kantons Basel-Stadt, 143 (Fn 12); Gutachten Eichenberger, Kurt, in: Bericht des Regierungsrats Basel-Stadt Nr. 7190 vom 30. 9. 1975.

70 Vgl. auch Aubert, Jean-François, Le référendum populaire, in: ZSR 1972, 481, Ziff. 1.

71 Zum Gesetzgebungsverfahren siehe Bundesgesetz über den Geschäftsverkehr der Bundesversammlung sowie über die Form, die Bekanntmachung und das Inkrafttreten ihrer Erlasse vom 23. März 1962 (GVG, SR 171.11) Art 9 ff.

72 Art 58 PRG (SR 161.1).

73 Das Bundesblatt kann als das Amtsblatt des Bundes bezeichnet werden.

zugleich den Zeitpunkt der Abstimmung an. Bevor ein solcher Erlaß nicht in der Abstimmung von Volk *und* Ständen angenommen worden ist, kann er nicht in Rechtskraft erwachsen oder aber ein ausnahmsweise bereits rechtskräftiger Erlaß tritt bei negativem Ausgang wieder außer Kraft.[74]

aa) Das obligatorische Referendum über eine durch die Bundesversammlung initiierte und ausgearbeitete Partialrevision (Art. 121 Abs. 1 BV)

Die Partialrevision der Bundesverfassung kann neben der vom Volk ausgehenden formulierten oder unformulierten Initiative auch auf dem Wege der Bundesgesetzgebung eingeleitet werden. Im letzten Fall wird auf Anregung eines einzelnen Parlamentariers oder des Bundesrates der Beschluß gefaßt, den Inhalt der Verfassung teilweise zu ändern. Dieser Beschluß muß, um durchgeführt werden zu können, von beiden Kammern des Parlaments verabschiedet werden. Der im darauf folgenden Verfahren ausgearbeitete Entwurf ist Volk und Ständen zur Abstimmung zu unterbreiten. Bei Annahme wird die vom Parlament vorgeschlagene Partialrevision zu einem neuen Bestandteil der Verfassung.[75]

bb) Das nachträgliche Referendum für verfassungsändernde dringliche Bundesbeschlüsse (Art. 89bis Abs. 3 BV)

Diese verfassungsändernden dringlichen Bundesbeschlüsse[76] stellen einen Fall von Dringlichkeitsrecht dar. Wo ein rasch wirksames staatliches Handeln erforderlich ist, kann das ordentliche Rechtssetzungsverfahren auf Verfassungs- und Gesetzesebene unter den durch Art. 89bis Abs. 3 BV gegebenen Voraussetzungen abgekürzt werden und die Bundesversammlung kann so innert nützlicher Frist, ohne durch die zeitliche Verzögerung des obligatorischen Referendums aufgehalten zu werden, auf aktuelle und unvorhergesehene Sachlagen, die ein schnelles

---

74   Die zwei Fälle des nachträglichen Referendums sind in Art 89bis Abs 2 und 3 BV erwähnt und werden nachfolgend näher betrachtet.

75   Die seit Bestehen der Bundesverfassung vom 29. Mai 1874 angenommenen und verworfenen Verfassungsänderungen sind in der amtlichen Separatausgabe der Bundesverfassung in einem Anhang abgedruckt.

76   Die Erlasse der Bundesversammlung können in die Form von Bundesgesetzen, allgemeinverbindlichen Bundesbeschlüssen und einfachen Bundesbeschlüssen gekleidet werden, vgl. dazu Art 4 ff GVG (SR 171.11). Die Form des allgemeinverbindlichen Bundesbeschlusses gemäß Art 6 GVG wird gewählt, wenn die Geltungsdauer dieser rechtsetzenden Norm auf eine bestimmte Zeit befristet sein soll. Nach der im Bundesbeschluß vorgesehenen Zeit treten sie automatisch außer Kraft und es muß, sollte dies notwendig sein, ein neuer Bundesbeschluß mit demselben Inhalt erlassen werden. Ein dringlicher allgemeinverbindlicher Bundesbeschluß tritt sofort in Kraft und ist bei mehr als einjähriger Dauer im Erlaß selbst auf eine bestimmte Geltungsdauer zu befristen. Zum Dringlichkeitsverfahren siehe Art 35 GVG; vgl. dazu auch Buss, Peter, Das Dringlichkeitsrecht im Bund, Diss. Basel 1982.

Handeln erfordern, reagieren. Die Referendumsdemokratie[77] benötigt diese zeitlich flexiblere Rechtssetzungsform, da sie als „Staatsform der Geduld und des breit abgestützten Konsenses" auf unvorhergesehene Ereignisse anders schwerlich reagieren könnte. Daß der verfassungs-ändernde dringliche Bundesbeschluß auch Gefahren und Mißbrauchs-möglichkeiten in sich bergen kann, liegt auf der Hand. Das Parlament trägt die große Verantwortung, Macht nicht vor Recht zu setzen.[78] Ein solcher Erlaß muß innert Jahresfrist durch ein nachträgliches Referendum[79] mit Volks- und Ständemehr angenommen werden, andernfalls tritt es nach Ablauf dieses Jahres außer Kraft und darf nicht erneuert werden. Dringliche Bundesbeschlüsse mit der Geltungsdauer von weniger als einem Jahr müssen der Volksabstimmung nicht unterstellt werden. Diese verfassungsändernden dringlichen Bundesbe-schlüsse werden auch als „befristete Verfassungszusätze" bezeichnet, da sie trotz ihres Verfassungsrangs nicht in den Verfassungstext integriert werden.[80]

cc) Das obligatorische Staatsvertragsreferendum (Art. 89 Abs. 5 BV)

Staatsverträge,[81] welche den Beitritt zu Organisationen für kollektive Sicherheit[82] oder zu supranationalen Gemeinschaften betreffen, müssen

---

77   Zum Begriff der Referendumsdemokratie siehe unten Fn 89.

78   Buss, Dringlichkeitsrecht, 9 f (Fn 76); Aubert, Traité, Supplément, No. 1122 ff (Fn 40) mit weiteren Hinweisen; Giacometti, Zaccaria, Der neue Notrechtsartikel der Bundesverfassung, in: SJZ 1950, 84 ff; Müller, Jörg-Paul, Gebrauch und Mißbrauch des Dringlichkeitsrechts, in: Staat und Politik, No. 18, Bern 1977.

79   Diese Form des „resolutiven Referendums" gibt dem Bürger die Möglichkeit, sich nachträglich zu einer von der Bundesversammlung getroffenen Maßnahme zu äußern. Zu beachten ist dabei, daß ein abgelehnter verfassungsändernder dringlicher Bundesbeschluß trotzdem ein Jahr in Kraft bleiben kann.

80   Als Beispiele seien erwähnt:
— Bundesbeschluß über Maßnahmen zur Stabilisierung des Baumarktes vom 25. Juni 1971 (AS 1971 S. 961).
— Bundesbeschluß über Maßnahmen auf dem Gebiete des Kreditwesens vom 20. Dezember 1972 (AS 1972 S. 3068).
Weitere Beispiele finden sich bei Aubert, Traité, Supplément, No. 225 (Fn 78).

81   Zum Staatsvertragsreferendum siehe Huber, Hans, Plebiszitäre Demokratie und Staatsverträge zum schweizerischen Staatsvertragsreferendum, in: FS-Fraenkel, Berlin-New York 1963, 368 ff; Wildhaber, Luzius, Das neue Staatsvertragsreferen-dum, in: FS-Bindschedler, Bern 1980, 201 ff; Botschaft des Bundesrates über die Neuordnung des Staatsvertragsreferendums vom 23. Oktober 1974, BBl 1974 II S. 1133 ff.

82   Ursprünglich ist die UNO als Organisation für kollektive Sicherheit konzipiert worden. So hat der Bundesrat anläßlich der Neuordnung des Staatsvertragsreferen-dums im Jahre 1977 in seiner Botschaft einen eventuellen UNO-Beitritt auch als allfälligen Anwendungsfall für das obligatorische Staatsvertragsreferendum genannt. Obwohl die UNO heute kaum mehr als Organisation für die kollektive Sicherheit bezeichnet werden kann, sondern viel eher ein „universales Präventions-, Vermittlungs- und Diskussionsforum der Konsensfindung" ist (Wildhaber, Luzius,

Volk und Ständen zur Abstimmung unterbreitet werden.[83] Diese Verträge unterscheiden sich von den oben besprochenen Normtypen dadurch, daß sie nach einhelliger Lehrmeinung vom Bundesrat in alleiniger Kompetenz gekündigt werden können,[84] obwohl sie in einem, dem obligatorischen Referendum unterstellten Verfahren von Volk und Ständen angenommen worden sind. Solche „Erlasse", deren Weiterbestand auch vom Willen anderer Völkerrechtssubjekte abhängt — der ausländische Partner kann einen solchen Vertrag seinerseits auflösen — und deren Inhalt zudem nicht im in der Verfassung festgelegten Gesetzgebungsverfahren, sondern durch internationale Verhandlungen zustande kommt, können streng genommen kein Verfassungsrecht sein. Daß sie trotzdem dem obligatorischen Referendum unterstellt sind, geschieht „allein aus Gründen der stofflichen Systematik und aus dem Blickwinkel der Normerzeugung (also nicht der Inhaltgebung oder Weitergeltung)".[85]

dd) Das Verfassungsreferendum betreffend die Weiterführung eines Verfahrens auf Partial- oder Totalrevision (Art. 120, 121 Abs. 5 und 6 BV)

Dem Schweizer Volk wird mit diesem Verfassungsreferendum die Gelegenheit gegeben, zur Frage Stellung zu nehmen, ob die Bundesversammlung eine Total- oder Partialrevision an die Hand nehmen soll. Der Bürger nimmt auf die Tätigkeit der Bundesversammlung Einfluß und kann das Verfahren einer Partial- oder Totalrevision vorantreiben. Dies ist nicht der typische Fall des Referendums, bei dem der Stimmbürger im Rahmen einer Schlußabstimmung zu einem Erlaß der Bundesversammlung ja oder nein sagen kann.[86]

b) Das fakultative Gesetzesreferendum

Mit dem fakultativen Gesetzesreferendum können Gegenstände der einfachen Gesetzgebung und weitere Akte des Parlaments[87] auf Verlangen der Stimmbürger der Abstimmung unterworfen werden. Daß ein Erlaß vor seinem Inkrafttreten vor das Volk gebracht wird, wenn eine bestimmte Anzahl von Stimmberechtigten dies verlangt, ist der

---

Betrachtungen über Krieg, Frieden und Neutralität im Wandel der Zeit, in: Wirtschaft und Recht 1974, 80), wurde am 16. März 1986 (mit negativem Ausgang) über einen UNO-Beitritt der Schweiz abgestimmt. Als Organisationen für kollektive Sicherheit im eigentlichen Sinn sind eher die NATO oder der Warschauer Pakt zu verstehen.

83   Als Beispiel sei die Europäische Gemeinschaft genannt.

84   FLEINER, Fritz/GIACOMETTI, Zaccaria, Schweizerisches Bundesstaatsrecht, Zürich 1940, unveränderter Nachdruck 1978, 828 f.

85   WINZELER, Politische Rechte, 100 (Fn 37).

86   Das Verfahren ist bereits im Zusammenhang mit der Initiative auf Partial- und Totalrevision der Bundesverfassung näher erläutert worden (vgl. III.1.).

87   Vgl. dazu die Ausführungen zum obligatorischen und fakultativen Staatsvertrags- und Behördenreferendum (III.2.).

Hauptanwendungsfall des fakultativen Referendums in der Schweiz.[88]
Das fakultative Referendum, eine typisch schweizerische Erscheinung
also, hat der Eidgenossenschaft die Bezeichnung „Referendumsdemokratie" eingebracht.[89] Die Bundesversammlung und der Bundesrat, der die
Rechtssetzung steuert, müssen immer damit rechnen, daß eine
substantielle Minderheit die allgegenwärtige Referendumsdrohung
aktualisiert und sind darum bemüht, auch im Rahmen des
Rechtssetzungsprozesses einen tragfähigen Kompromiß zu finden. So ist
vor allem das fakultative Referendum ein Kernstück der Konkordanzdemokratie schweizerischer Prägung.[90]

Damit ein Referendum zustande kommt, müssen innert einer
Frist von 90 Tagen seit der Veröffentlichung des Erlasses im Bundesblatt
50.000 stimmberechtigte Schweizerbürger ein Referendumsbegehren
unterzeichnen.[91] Nach Ablauf der Frist stellt der Bundeskanzler fest, ob
das Referendum die vorgeschriebene Zahl von gültigen Unterschriften
aufweist und somit zustande gekommen ist.[92] Das Referendum kann im
Gegensatz zur Initiative nicht zurückgezogen werden.

aa) Das Gesetzesreferendum für Bundesgesetze und allgemeinverbindliche Bundesbeschlüsse (Art. 89 Abs. 2 BV)

Bundesgesetze[93] und allgemeinverbindliche Bundesbeschlüsse un-
terstehen dem fakultativen Referendum. Wird das Referendum ergriffen
und kommt innert der Frist von 90 Tagen die erforderliche
Unterschriftenzahl zustande, hat der Bundesrat den Abstimmungstermin
anzuordnen. Wenn die Mehrheit der Stimmbürger bei dieser
Abstimmung den Erlaß ablehnt, tritt er nicht in Kraft. Kommt die
erforderliche Unterschriftenzahl nicht zustande, wird innert der

---

88 WINZELER, Politische Rechte, 93, Anm. 54 (Fn 37).

89 FLEINER/GIACOMETTI, Bundesstaatsrecht, 428, 764 (Fn 84); zur Referendumsdemo-
    kratie vgl. auch EICHENBERGER, Kurt, Von der Staatsleitung in der Referendumsde-
    mokratie, in: FS-FURGLER, Zürich 1984, 13 ff mit weiteren Hinweisen.

90 Über die Auswirkungen der Volksrechte auf das Konkordanzsystem vgl. unten IV.1.

91 Zu den Problemen, die sich für Gruppen und Organisationen beim Sammeln der
    Unterschriften stellen können, sei auf das bei der Initiative Gesagte verwiesen.
    Zusätzlich ist aber der Zeitdruck zu erwähnen, unter dem die Personen stehen, die das
    Referendum ergreifen. Diese müssen nach Veröffentlichung des Erlasses im
    Bundesblatt die erforderlichen 50.000 Unterschriften innert 90 Tagen zusammen-
    tragen. Die Initianten können sich den bestmöglichen Zeitpunkt für den Start ihrer
    meist gut vorbereiteten Unterschriftensammlungsaktion aussuchen und müssen innert
    18 Monaten nur doppelt so viele Unterschriften zusammentragen.

92 Zum Verfahren siehe Art 59 ff PRG (SR 161.1).

93 Im Gesetzgebungsverfahren der Bundesversammlung erlassene, rechtsetzende,
    generell-abstrakte Normen, welche natürlichen oder juristischen Personen Pflichten
    auferlegen oder Rechte einräumen oder die Organisation, die Zuständigkeit oder die
    Aufgaben der Behörden oder das Verfahren regeln (Art 5 GVG. SR 171.11).

neunzigtägigen Frist das Referendum nicht ergriffen oder wird in der Abstimmung das zur Ablehnung erforderliche Volksmehr nicht erreicht, erwächst der Erlaß der Bundesversammlung in Rechtskraft.[94]

bb) Das nachträgliche Referendum für verfassungskonforme dringliche Bundesbeschlüsse (Art. 89bis Abs. 2 BV)

Mit diesem nachträglichen Referendum können die Aktivbürger in der Schweiz verlangen, daß befristete, rechtssetzende, bereits in Rechtskraft erwachsene Bundesbeschlüsse innerhalb eines Jahres seit ihrer Inkraftsetzung der Volksabstimmung unterworfen werden.

Wird gegen einen solchen Erlaß kein Referendum ergriffen oder wird er, kommt das Referendum zustande, in der Abstimmung gutgeheißen, bleibt dieser verfassungskonforme[95] dringliche[96] Bundesbeschluß so lange wie im Erlaß selbst vorgesehen in Kraft.[97] Bei Ablehnung aber tritt er nach einem Jahr ohne Verlängerungsmöglichkeit außer Kraft.[98]

cc) Das fakultative Staatsvertragsreferendum (Art. 89 Abs. 3 BV)

Mit dem fakultativen Staatsvertragsreferendum können 50.000 Stimmbürger gegen Staatsverträge, die unbefristet und unkündbar sind, den Beitritt zu einer internationalen Organisation vorsehen oder eine multilaterale Rechtsvereinheitlichung einführen, das Referendum ergreifen. Beim fakultativen Staatsvertragsreferendum genügt das Volksmehr, um einen solchen Vertrag nicht in Rechtskraft erwachsen zu lassen.[99]

dd) Das fakultative Staatsvertragsreferendum aufgrund eines Beschlusses der Bundesversammlung (Art. 89 Abs. 4 BV)

Durch einen Beschluß von National- und Ständerat können weitere völkerrechtliche Verträge nach freiem Ermessen der Bundesversammlung

---

94 Der Zeitpunkt des Inkrafttretens wird in der Regel in den einzelnen Erlässen fixiert. Sie sind frühestens auf den fünften Tag nach der amtlichen Veröffentlichung in Kraft zu setzen (Art 69 Abs 2 GVG, SR 171.11); vgl. dazu auch die „Richtlinien der Gesetzgebungstechnik", hg. im September 1976 von der Schweizerischen Bundeskanzlei und der Eidgenössischen Justizabteilung.

95 Im Gegensatz zum verfassungsändernden dringlichen Bundesbeschluß hat der verfassungskonforme dringliche Bundesbeschluß keinen die Verfassung teilweise außer Kraft setzenden Inhalt, sondern ergänzt die Verfassung.

96 Zum Dringlichkeitsrecht siehe Fn 76 und 78.

97 Zur Rechtssetzungsform des Bundesbeschlusses siehe Fn 76.

98 Zum Dringlichkeitsrecht siehe III, 2.a.bb; Beispiele zu den verfassungskonformen dringlichen Bundesbeschlüssen: Bundesbeschluß über Maßnahmen gegen Mißbräuche im Mietwesen vom 30. Juni 1972 (AS 1972 S. 1502), geändert und verlängert durch einen weiteren dringlichen Bundesbeschluß vom 9. Juni 1977 (AS 1977 S. 1269), nochmals verlängert (bis zum 31. Dezember 1987) durch einen nichtdringlichen Bundesbeschluß vom 19. März 1982 (AS 1982 S. 1234).

99 Zu Sonderproblemen des Staatsvertragsreferendums siehe WINZELER, Politische Rechte, 109 ff (Fn 37).

dem fakultativen Referendum unterstellt werden. Dieses sogenannte Behördenreferendum ist auf Bundesebene die einzig abweichende Ausnahme vom Prinzip, daß die Verfassung zu bestimmen hat, inwieweit Akte des Parlaments dem Volk zur obligatorischen oder fakultativen Abstimmung zu unterbreiten sind. Mit diesem Referendum soll dem Stimmbürger die Möglichkeit gegeben werden, über weitere politisch bedeutsame Staatsverträge befinden zu können. Der Aktivbürger erhält also eine Mitsprachemöglichkeit, die ihm normalerweise nicht zusteht. Diese Form des Referendums wird darum als sogenanntes doppelt-fakultatives oder fakultativ-fakultatives Referendum bezeichnet, denn die mit dem Referendumsbegehren des Volks gleichgestellte Möglichkeit des Parlaments löst die Volksabstimmung nicht unmittelbar aus, sondern gibt dem Stimmbürger nur die Möglichkeit, das Referendum ergreifen zu können. Daß bei dieser Sachlage Unsicherheitsfaktoren im Bereich der schweizerischen Außenpolitik entstehen können,[100] ist leicht abzusehen. Dies mag aber durch den Gedanken, daß dem Volk im Rahmen des Behördenreferendums die Möglichkeit gegeben wird, über Staatsverträge zu befinden, die seiner Mitbestimmung andernfalls entzogen wären, aufgewogen werden.

3. Wahlen

Wahlen gehen zwar in der Form direktdemokratischer Volkspartizipation vor sich, ihr Zweck ist aber die Bestellung von Trägern arbeitsteiliger Funktionen im Staatswesen. Soweit diesen statt dem Volk Entscheidungskompetenzen zukommen, begrenzen sie direktdemokratische Staatselemente. Aber auch dort, wo dem Volk Entscheide verbleiben, wirken diese Gewählten im Bereiche von Präparation, Wertung und Ausführung mit, so daß von einem System identitärer Demokratie nicht gesprochen werden kann.

Wahl durch das Volk schafft Abhängigkeit des Gewählten vom Volk. Wahlen signalisieren aber auch das Bestehen repräsentativer Funktionen des Gewählten und damit eine gewisse Eigenständigkeit.[101] Indem in der Schweiz National- und Ständeräte vom Volk gewählt werden[102] und die Gewählten ohne Instruktion stimmen,[103] besteht auch in der Schweiz grundsätzlich ein repräsentatives Staatssystem. Dieses

---

100 WINZELER, Politische Rechte, 113 (Fn 37).

101 LEIBHOLZ, Gerhard, Das Wesen der Repräsentation und der Gestaltwandel der Demokratie im 20. Jahrhundert, 3. A., Berlin 1966, 74 ff spricht von Entschließungsfreiheit.

102 Vgl. dazu AUBERT, Traité, No. 1243 ff (Fn 40); DERS., Traité, Supplément No. 1243 ff (Fn 78) mit weiteren Hinweisen.

103 Art 91 BV, vgl. BURCKHARDT, Walther, Kommentar der schweizerischen Bundesverfassung, 3. A., Bern 1931, 715 ff.

muß jedoch immer im dualistischen Konnex mit den Volksrechten gesehen werden. Der Verfassungsgeber gibt Werte und Ziele vor, Initianten regen an, postulieren, beeinflussen Lagebeurteilungen und Willensbildungsprozesse. In Referenden und Wahlen kommen nachträgliche Wertungen, Kontrollen, Beaufsichtigungen und Sanktionen durch das Volk zustande.[104]

IV. Einige aktuelle Probleme der institutionalisierten Beteiligungsrechte des Volkes

1. Volksrechte und Konkordanz

Es scheint heute unbestritten, daß die Volksrechte in nicht geringem Maße zur Herausbildung der Verhandlungs- und Konkordanzdemokratie schweizerischer Prägung beigetragen haben.[105] Vor allem das Referendum zwingt die Repräsentanten, Vorlagen so lange abzufeilen, bis sie breit abgestützt sind. Damit wird der Gefahr eines politischen Scherbenhaufens entgegengewirkt: ein allfälliges Nein des Volkes macht nämlich alle Vorarbeiten mit einem Schlag praktisch wertlos. Das Volk kann bloß Ja oder Nein sagen, hauptsächliches Ziel der Behörden ist es, eine bejahende Volksmehrheit zu erreichen. Deshalb werden die referendumsträchtigen Gruppen im Vorverfahren der Gesetzgebung an der Willensbildung beteiligt, wird von Anfang an ein tragfähiger Kompromiß angestrebt. Dies unabhängig davon, ob die Vorlage dem obligatorischen oder „nur" dem fakultativen Referendum (mit entsprechenden Drohgebärden[106] politrelevanter Gruppen begleitet) unterliegt. Hier wurzelt letztlich auch die in der Schweiz auf allen Ebenen zu beobachtende Berücksichtigung eines — oft freiwilligen — Proporzes in den meisten staatlichen oder parastaatlichen Organen.[107]

In letzter Zeit ist das Konkordanzmodell allerdings vermehrt in Anfechtung geraten, wobei vor allem die Innovationsschwäche[108] des

---

104 RHINOW, Grundprobleme, 199 ff (Fn 31) bezeichnet dies als „plebiszitär imprägnierte Repräsentationsdemokratie".

105 Wegleitend NEIDHART, Leonhard, Plebiszit und pluralitäre Demokratie, Bern 1970, der aber mit seiner Theorie der „repräsentativen Umbildung" der Volksrechte wohl zu weit geht.

106 Sog. „Referendumsdrohung".

107 Vgl. die illustrative Darstellung der freiwilligen Beachtung des Proporzes im Vorverfahren bei WERDER, Volksinitiative (Fn 49).

108 Vgl. die Analyse bei MAYER, Alfred/RIKLIN, Alois, Von der Konkordanz zur Koalition, in: ZSR 1974, 517 ff; GERMANN, Raimund, Politische Innovation und Verfassungsreform, Bern 1974, 152 ff.

Systems bemängelt wird.[109] Das sorgfältige Abtasten nach allen Seiten, das Ausloten der verschiedenen Meinungen der wichtigsten und stärksten Interessengruppen läßt nur kleine Schritte, aber keine echte Bewegung zu, läßt das System zuweilen unbeweglich erscheinen. Tatsächlich wird in diesem Umfeld die Entscheidfindung erschwert, zieht sich das Verfahren nicht selten über Gebühr in die Länge und haben Entscheidträger zuweilen Angst, Entscheide zu fällen, die nicht von allen relevanten Gruppen irgendwie mitgetragen werden.[110] Eine der Hauptgefahren dieser Art der Konsensfindung besteht aber vor allem darin, daß sich im Vorverfahren nur die gewichtigen, mächtigen Interessengruppen und -verbände ausreichend Gehör zu verschaffen vermögen und daß u. U. wichtigen Anliegen kleinerer Gruppen zu wenig Beachtung geschenkt wird.

Anderseits liegt auch gerade in den Volksrechten wieder ein „Konkordanzkorrektiv".[111] Vor allem die Initiative erlaubt es kleineren Minderheiten, mit ihren bis dahin vernachlässigten Anliegen die politische Bühne zu betreten und sich vor einer breiteren Öffentlichkeit zu profilieren.[112] Und auch eine noch so ausgefeilte Referendumsvorlage wird zuweilen vom Volk abgelehnt, wenn der ausgearbeitete Kompromiß mißraten ist. Allerdings wirkt vor allem dieses Bargaining wenig transparent und der Einfluß von Verbänden oder anderen intermediären Gruppen auf die Gesetzgebung erscheint oftmals als übermächtig, zumal es natürlich nicht Aufgabe der einzelnen Verbände ist, das Gesamtinteresse zu vertreten. Diese bringen im Gegenteil ihre eigenen Interessen in die Diskussion ein und selbst die Addition aller Verbandsinteressen[113] muß nicht mit dem Gemeinwohl identisch sein. Dem Konsensprinzip wird von Anhängern der Sanktionstheorie der Volksrechte eine gewisse Demokratiefeindlichkeit zugesprochen, da die

---

109 Als weitere Mängel werden angesehen: relativ hohe Entscheidungskosten (vgl. LEHNER, Franz, Grenzen des Regierens, Königstein 1979, 186 f), Langwierigkeit des Entscheidprozesses, zunehmende Entscheidungsschwäche der politischen Führungsgremien aufgrund der tendenziellen Suche nach breiter Rückendeckung, vgl. dazu RHINOW, Grundprobleme, 241 (Fn 31).

110 Als Beispiel aus jüngerer Vergangenheit (1984): die Herabsetzung der Tempolimits auf Autobahnen und Hauptstraßen durch den Bundesrat nach Maßgabe der (in einem „freiwilligen" und den Entscheid hinauszögernden Vernehmlassungsverfahren ermittelten) Rückendeckung.

111 RHINOW, Grundprobleme, 245 (Fn 31).

112 Vgl. aber wiederum die Initiative als „Vehikel" für politische (Initiativen mit populärer Thematik im Vorfeld von Wahlen!) und — neuerdings — wirtschaftliche Propaganda (sog. DENNER-Initiativen: 1971, 1974, 1984 lanciert bzw. eingereicht). Zum Problem des parlamentarischen Gegenvorschlages bei formulierten Volksinitiativen in Verbindung mit dem Verbot des doppelten „Ja", vgl. oben III.1.c.

113 Zum Einfluß der Verbände auf die Gesetzgebung vgl. HÖPFLINGER, François, Verbände, in: KLÖTI, Ulrich (Hg.), Handbuch politisches System der Schweiz, Bd. 2, Bern 1984, 163 ff; HOTZ, Beat, Politik zwischen Staat und Wirklichkeit, Zürich-Diessenhofen 1979; HUBER, Rechtstheorie, 361 ff (Fn 68).

Entpolitisierung, das Vorwegnehmen der „echten" Entscheidung im Vorverfahren, das Volk zuweilen in den Hintergrund treten läßt. Je nach der Funktion, die man den Volksrechten zuzuschreiben geneigt ist, wird man dieses Aushandeln konfliktbereinigter Vorlagen allerdings verschieden beurteilen.

Wer den Volksrechten primär *Sanktionsfunktion*[114] zuschreibt, wird diese Entwicklung bedauern und von einem Einflußverlust des Volkes sprechen, da diesem das Letztentscheidungsrecht faktisch meist weggenommen wird. Denn nach dem breit angelegten Vorverfahren werden sich in der Regel keine relevanten Gruppen mehr bereit finden, eine Gesetzesvorlage in einer Referendumsabstimmung effektiv zu bekämpfen, geschweige denn, ein fakultatives Referendum überhaupt erst zu ergreifen.

Wer jedoch die *Oppositions- oder Kontrollfunktion*[115] der Volksrechte im Vordergrund sieht, wird sich kaum am vorgängigen Aushandeln tragfähiger Kompromisse stören. Für ihn erfüllt sich die Funktion der Volksrechte eben bereits (auch) im Vorverfahren, diese strahlen antizipierend ihre Wirkung auf die Repräsentanten aus, auch so kann dem Willen des Volkes genüge getan werden. Die Einflußnahme ist sogar noch effektiver, da sie über das simplifizierende Ja/Nein-Schema hinausgeht und gewissen Gruppen ermöglicht, inhaltliche Modifikationen im Vorfeld des eigentlichen Entscheids anzubringen. So oder so, die Volksrechte, vorab die beiden Hauptformen des Referendums,[116] prägen durch ihre antizipierende Wirkung das Konkordanzsystem, und die Vorauswirkung der Volksrechte geht soweit, daß allein das Wissen um deren Existenz ihre effektive Ausübung an der Urne in vielen Fällen unnötig werden läßt.

Es wäre allerdings eine unzulässige Verkürzung, das Konkordanzprinzip nur auf die institutionalisierten Volksrechte zurückführen zu wollen. Mindestens ebenso stark lassen sich soziologische, ökonomische, kulturelle oder historische Faktoren als Mitursachen für die Herausbildung dieses Konfliktregelungsmusters ausmachen, die, allesamt miteinander verwoben und vernetzt, die momentane Situation mitprägen, ohne daß einer dieser Faktoren als systembestimmend zu bezeichnen

---

114 D. h. das Volk sanktioniert Parlamentsentscheide ausdrücklich (beim obligatorischen Referendum) bzw. ausdrücklich oder stillschweigend (beim fakultativen Referendum), vgl. RHINOW, Grundprobleme, 201 ff, 207 f (Fn 31) je mit Hinweisen.

115 D. h. das Volk kontrolliert okkasionell die Parlamentsentscheide bzw. übt von Fall zu Fall, angestoßen durch die „aktive Öffentlichkeit", nach spezifischen Repräsentationsvorgängen innerhalb des Volkes und gegenständlich beschränkt, Opposition aus, vgl. RHINOW, Grundprobleme, 203 f, 208 ff (Fn 31) mit weiteren Hinweisen.

116 Aber auch die Initiative mit der Aushandlung des Textentwurfes (bei der Volksinitiative in Form der allgemeinen Anregung) oder des parlamentarischen Gegenvorschlages (bei der formulierten Volksinitiative).

wäre.[117] Das Konkordanzprinzip, das langwieriges Ringen vieler Partner um eine möglichst allseits akzeptable Lösung zur Methode erhebt, scheint trotz gewisser Schwächen, die teilweise systemimmanent sind und daher nicht ohne Systemwechsel beseitigbar scheinen, voraussichtlich die schweizerische politische Landschaft noch lange zu prägen. Zu tief ist es im Bewußtsein des Volkes verwurzelt, zu stark schlagen auch dessen positive Seiten[118] zu Buche, ganz abgesehen davon, daß bipolare Konkurrenzmodelle offensichtlich nicht besser mit den bedrängenden, komplexen Problemlagen moderner pluralistischer Gesellschaften zu Rande kommen.[119]

2. Volksrechte und ihre herkömmliche Anknüpfung an Erlaßformen[120]

a) Die Funktionsschwäche der Volksrechte

Eines der Grundprobleme schweizerischer Politikgestaltung liegt naturgemäß in der Frage, welche Akte den beiden Volksrechten Initiative und Referendum offenstehen. Wie sind die Entscheidungskompetenzen zwischen Volk und Repräsentanten aufzuteilen? Unbestritten ist, daß alle grundlegenden, wichtigen Akte des Staates den Volksrechten zugänglich sein müßten.[121] Nur gelingt dies im modernen Leistungs- und Sozialstaat[122] nicht mehr im selben Umfang wie im „Nachtwächter-Staat" vergangener Zeiten.

---

117 Vgl. den von RHINOW, Grundprobleme, (Fn 31 und 104) geprägten Begriff der „plebiszitär imprägnierten Repräsentationsdemokratie".

118 Z. B. relativ geringe Durchsetzungskosten infolge erhöhter Akzeptanz (im Vergleich zu den hohen Entscheidfindungskosten), Integrations- und Pazifizierungseffekte.

119 Vgl. etwa SCHEUNER, Ulrich, Der Mehrheitsentscheid im Rahmen der demokratischen Grundordnung, in: FS-KÄGI, Zürich 1979, 323; LEHNER, Grenzen, 186 ff (Fn 109).

120 In der schweizerischen Literatur wird dieses Thema unter dem Stichwort „Objektproblem" behandelt, vgl. RHINOW, Grundprobleme, 218 ff (Fn 31).

121 Diese grundsätzliche Aussage ist konkretisierungsbedürftig. Es müssen operable Kriterien ermittelt werden, anhand derer die Wichtigkeit eines staatlichen Aktes bestimmt werden kann; vgl. dazu MÜLLER, Georg, Inhalt und Formen der Rechtssetzung als Problem der demokratischen Kompetenzordnung, Basel-Stuttgart 1979, 110 ff. Das Postulat, die Volksrechte sollen alle wichtigen, wesentlichen staatlichen Entscheidungen erfassen, hat auch eine Kehrseite: Unwesentliche Entscheidungen sollen den Volksrechten verschlossen bleiben. Die Verwirklichung dieses an sich einleuchtenden Gedankens stößt — dies haben kantonale Versuche, das obligatorische Gesetzesreferendum in ein fakultatives umzuwandeln, bewiesen — auf eine schier unüberwindbare Schwierigkeit: Die „Irreversibilität der Volksrechte" (EICHENBERGER, Kurt). Das „Volk" beharrt auch auf Rechten, die ihren ursprünglichen Sinn weitgehend verloren haben.

122 Wegleitend für die schweizerische Sicht des Leistungsstaates: EICHENBERGER, Kurt, Leistungsstaat und Demokratie (1969), in: Der Staat der Gegenwart 200 ff (Fn 1).

Durch die verfassungsmäßig vorgesehene Verknüpfung der Volksrechte mit dem Rechtserzeugungsprozeß engen wir deren Anwendungsmöglichkeiten potentiell ein: Initiativen und Referenden auf Bundesebene haben in der Regel generelle und abstrakte Normen, also Rechtssätze zum Inhalt;[123] sie beanspruchen Verbindlichkeit;[124] sie stehen niemals für sich alleine da. Referenden knüpfen stets an meist rechtssatzförmige Akte des Parlamentes an. Entscheidungen der Verwaltung, auch sog. Großverwaltungsakte (wie Kernkraftwerksbewilligungen u. ä.), sind nicht von einer Volkszustimmung abhängig.[125] Zudem wird der mögliche Inhalt einer Initiative nicht zuletzt auch durch die bundesstaatliche Kompetenzverteilung beeinflußt: mit einem Volksentscheid kann ein nachgeordneter Verband sich nicht über das kompetenzgerecht erlassene Recht des oberen Verbandes hinwegsetzen.

Diese bloß summarische Aufzählung muß hier als Grundlage einer Analyse der bedrängenden Probleme genügen, die sich heute bezüglich des Anwendungsbereichs der Volksrechte immer stärker stellen. Es gelingt uns mit den überkommenen Unterscheidungen von Einzelakt und Rechtssatz[126] offensichtlich nicht mehr, alle politikrelevanten Entscheidungen den Volksrechten offenzuhalten. In zunehmendem Maße sind große Teile der Bevölkerung von Einzelakten direkt betroffen, ohne daß sie sich konkret mit Hilfe der institutionalisierten Volksrechte dazu äußern können. Politikrelevanz und Rechtsförmlichkeit lassen sich mitunter nicht mehr immer zur Deckung bringen.

---

123 In den Kantonen erfahren die Volksrechte eine wesentliche Ausweitung, so werden durch das sog. Finanzreferendum auch finanzrelevante Einzelakte der Volksabstimmung unterstellt; zum Finanzreferendum vgl. HUNGERBÜHLER, Adrian, Das Finanzreferendum nach der aargauischen Kantonsverfassung vom 25. Juni 1980, in: ZBl 1985, 329 ff; SALADIN, Peter, Kantonale Subventionen als Gegenstand des Finanzreferendums, in: FS-500 Jahre Solothurn im Bund, Solothurn 1981, 149 ff; HALLER, Walter, Das Finanzreferendum, in: ZSR 1971, 479 ff. Zentrales Thema des (kantonalen) Abstimmungskampfes ist meist nicht der finanzielle Aspekt, sondern das Projekt, für das Geldmittel eingesetzt werden sollen. So wird das Finanzreferendum praktisch zum Objektreferendum, zu einem partiellen Verwaltungsreferendum (vgl. dazu KÖLZ, Alfred, Ausbau des Verwaltungsreferendums, in: SJZ 1981, 53 ff); JENNY, David, Die finanzverfassungsrechtlichen Kompetenzen von Regierung, Parlament und Volk in der Schweiz, in: MAKSWIT, Jürgen, SCHOCK, Friedrich K. (Hgg.), Aktuelle Fragen der Finanzordnung im internationalen und nationalen Recht, Berlin 1986, 93 ff.

124 Neuerdings erfreut sich das Institut der Konsultativabstimmung in einzelnen Kantonen zunehmender Beliebtheit. Die Freiheit der Behörden, sich über das Resultat hinwegzusetzen, ist aber in einem von verbindlichen Volksentscheiden geprägten System praktisch weitgehend aufgehoben. Ohne gesetzliche Grundlage dürfte die Anordnung einer Konsultativabstimmung unzulässig sein; vgl. dazu grundlegend STRÄULI, Regine, Die konsultative Volksabstimmung in der Schweiz, Zürich 1982 und BGE 104 Ia 232 ff.

125 Wenn man davon absieht, daß der Gesetzgeber auf hoher Abstraktionsebene die entsprechende Kompetenz in einer früheren Phase an die Exekutive übertragen hat; vgl. Fn 127.

126 JAAG, Tobias, Die Abgrenzung zwischen Rechtssatz und Einzelakt, Zürich 1985.

Zusätzlich nimmt die Regelungsdichte der Gesetze ab. In Rahmengesetzgebungen überträgt der Gesetzgeber, also Parlament und Volk, mittels weitgehender General- oder Delegationsklauseln auf hoher Abstraktionshöhe oft großzügig Kompetenzen, ohne sich immer genügend Rechenschaft darüber abzugeben, daß diese wenig konkreten, beinahe inhaltslosen Rechtssätze später Grundlage für einschneidende Einzelakte sein können.[127]

Eine weitere Verkümmerung der Volksrechte manifestiert sich in der offensichtlichen Machtverschiebung vom Parlament zur Exekutive;[128] eine Verringerung der Macht des Parlaments bewirkt bei der Verknüpfung der Volksrechte mit einzelnen Parlamentsakten automatisch auch eine Verkürzung der Einflußmöglichkeiten des Volkes. Entgegen der u. E. grundsätzlich wünschenswerten intensiven Beteiligung der direkt Betroffenen[129] in verschiedenen Phasen des Verfahrens läßt sich zur Zeit eher eine Kompetenzverlagerung in Richtung Exekutiv-Spitze diagnostizieren.

Aus solchen Mängeln schließen zu wollen, die Volksrechte seien zwar schöne Zierde, im Endeffekt aber stumpfe Waffen des Volkes, wäre voreilig und würde der enormen Bedeutung der Volksrechte im heutigen politischen System der Schweiz nicht gerecht. Es gilt aber, die Volksrechte den aktuellen Gegebenheiten besser anzupassen und sich von überkommenen Denkweisen an manchen Orten zu trennen.

b) Mögliche Reformansätze

Es scheint unerläßlich, liebgewonnene Unterscheidungen wie Rechtssatz und Einzelakt sowie die strikte Trennung von Rechtssetzung und Rechtsanwendung aufzugeben. Zumindest muß das Gesetz derart neu definiert werden, daß es wieder möglich wird, alle effektiv wichtigen Entscheidungen in Form des Gesetzes zu erlassen, damit dem Volk die

---

127 Abgesehen davon ist in der langen Dauer zwischen rechtssatzmäßigen, abstrakten Grundsatzentscheiden und der konkreten Realisierung auch ein Wandel der Werthaltungen in der Öffentlichkeit möglich (und in letzter Zeit vermehrt feststellbar: vgl. die 85%-ige Zustimmung zum „Nationalstraßen-Artikel", Art 36 bis BV, in der Volksabstimmung vom 6. 7. 1958 und den aktuellen Widerstand gegen die konkreten Realisierungsprojekte; oder die 77%-ige Zustimmung zum „Atomenergie-Artikel", Art 24 quinquies BV, in der Volksabstimmung vom 24. 11. 1957 und die Auseinandersetzungen um neue Kernkraftwerke seit Beginn der 70er Jahre); zum Legalitätsprinzip vgl. COTTIER, Thomas, Die Verfassung und das Erfordernis der gesetzlichen Grundlage, Diessenhofen 1983.

128 Vgl. EICHENBERGER, Kurt, Ohnmacht des Parlaments, Allmacht der Verwaltung? (1977), in: Staat der Gegenwart, 485 ff (Fn 1).

129 Die Betroffenenproblematik ist — angefangen beim Begriff der Betroffenheit — äußerst facettenreich. Eine weitere Vertiefung muß hier unterbleiben. Vgl. dazu aber SALADIN, Peter, Demokratische Sonderrechte von „Betroffenen"?, in: Mélanges André Grisel, Neuchâtel 1983, 271 ff; sowie RHINOW, Grundprobleme, 175 ff (Fn 31).

Partizipationsmöglichkeit in zentralen Fragen nicht verwehrt wird. Daneben darf eben dieses Gesetz nicht zur inhaltsleeren Worthülle verkommen. Das Erfordernis der ausreichenden gesetzlichen Grundlage muß einhergehen mit dem Grundsatz genügender Bestimmtheit der Normen sowie mit der klaren Begrenzung und Umschreibung von Delegationsbefugnissen. Nicht zuletzt muß auch versucht werden, neue Beteiligungsformen zu finden, die den Bürger in einem frühen Stadium des Verfahrens miteinbeziehen, damit dieser schon in der Planungsphase die Richtung mitbestimmen kann.

In diesem Sinn hat René A. *Rhinow* denn auch in überzeugender Weise dargelegt, daß effektive, fruchtbare Verbesserungen im demokratischen Kompetenzgefüge letztlich nur im Rahmen einer grundsätzlichen, umfassenden „juristischen Regelungstheorie" erreicht werden können und daß alle anderen Reformansätze am eigentlichen Kern vorbeizielen und zwangsläufig Flickwerk bleiben müssen.[130]

3. Volksrechte und neue soziale Bewegungen

a) Neue soziale Bewegungen in der Schweiz

Selbstverständlich bleibt der Kleinstaat Schweiz, trotz aller sorgsam gehegten Besonderheiten, nicht verschont von allgemeinen soziokulturellen Wertwandlungen, welche die westliche Welt jeweils wellenartig zu überfluten scheinen und vorübergehend tiefe, oft aber vergängliche Spuren hinterlassen. Solche Eruptionen sind auch in der Schweiz spürsam, meist erreichen sie sie aber nur als Ausläufer und zwar in der Regel mit leichter Verspätung[131] und nicht mit der Wucht, wie sie üblicherweise die Bundesrepublik Deutschland zu treffen pflegen.[132]

Ein Beispiel dafür sind die neuen sozialen Bewegungen.[133] Es mag den außenstehenden Beobachter vielleicht erstaunen, daß auch in der

---

130 Rhinow, René A., Rechtsetzung und Methodik, Basel-Stuttgart 1979, 195 ff, 244 ff; Ders., Grundprobleme, 222 (Fn 31); Eichenberger, Kurt, Gesetzgebung im Rechtsstaat, in: VVDStRL 1982, 25 ff.

131 Ausnahmsweise liegt das Epizentrum auch in der Schweiz. Als Beispiel seien die sog. Jugendunruhen in den Jahren 1980/81 angeführt, vgl. dazu Kriesi, Hanspeter, Die Zürcher Bewegung, Frankfurt/M.-New York 1984.

132 Daher sind deutsche Deutungen auch für die Schweiz wichtig, sie dürfen aber nicht unbesehen übertragen werden.

133 Vgl. etwa für die Schweizer Literatur: Gruner, Erich/Hertig, Hans Peter, Der Stimmbürger und die „neue Politik", Bern 1983; Kriesi, Hanspeter, Bewegung in der Schweizer Politik. Fallstudien zu politischen Mobilisierungsprozessen in der Schweiz, Frankfurt/M.-New York 1985; Kriesi, Hanspeter/Levy, René/Ganguillet, Gilbert/Zwicky, Heinz, Politische Aktivierung in der Schweiz 1945-1978, Diessenhofen 1981; Levy, René/Duvanel, Laurent, Politik von unten. Bürgerprotest

Schweiz, trotz weitreichender, institutionell ausgebauter Partizipationsmöglichkeiten, seit etwa einem Vierteljahrhundert solche neue
Bewegungen vermehrt ihre Anhänger finden.[134] Einhergehend mit der oft
beschriebenen und grundsätzlich bedauerten Abnahme der Beteiligung
des Volkes an Wahlen und Abstimmungen[135] läßt sich aber beinahe
korrelierend eine Zunahme der Zahl von Bürgeraktionen allerart
feststellen.[136]

Die Gründe dafür sind vielfältig und hier nur andeutungsweise
aufzuzählen. Der Wandel oder Zerfall tradierter Werte, der Konflikt
zwischen einer grundsätzlichen ökologischen Umbesinnung und den
Annehmlichkeiten der Wohlstandsgesellschaft, die große Resonanz
apokalyptischer Endzeitvisionen, der verstärkte Verteilungskampf, die
Unnachgiebigkeit und Polarisierung von Interessengruppen, die generelle
Anfechtung des Mehrheitsprinzips bis hin zur Totalverweigerung
manifestieren partielle Grundtendenzen sozio-kultureller Neubesinnung
eines Teils der Bevölkerung und damit zugleich eine Entwicklung, deren
endgültige Richtung noch nicht absehbar ist.

Es wäre aber verfehlt, Gründe für das Aufkommen neuer sozialer
Bewegungen in der Schweiz nur im Kontext weltweiter Bewußtseinsver-
schiebungen suchen zu wollen. Eine ganze Reihe systemimmanenter
Faktoren dürfte wesentlichen Anteil an der wachsenden Beliebtheit
unkonventioneller Ausdrucksformen haben. Solche Faktoren sind
beispielsweise die oben aufgezeigten Funktionsschwächen der Volksrechte und gewisse Nebenwirkungen des Konkordanzsystems.[137]

---

in der Nachkriegsschweiz, Basel 1984; PESTALOZZI, Hans A., Nach uns die Zukunft.
Von der positiven Subversion, 11. A., Bern 1982; RHINOW, René A., Widerstandsrecht
im Rechtsstaat?, Bern 1984.

134 Vgl. statt vieler KRIESI/LEVY/GANGUILLET/ZWICKY, Politische Aktivierung (Fn 133).

135 Vgl. zum Problem der Stimmabstinenz etwa RIKLIN, Alois/KLEY, Roland,
Stimmabstinenz und direkte Demokratie, Bern-Stuttgart 1981 und RHINOW,
Grundprobleme, 255 ff, (Fn 31), der die interessante These der doppelten materiellen
Repräsentation durch Stimmenthaltung aufstellt.

136 Schwerpunkte dieser unkonventionellen Politikartikulation bilden in der Schweiz
etwa Fragen der Energiegewinnung, Themen der Bauern- und Landwirtschaftspolitik,
das Fremdarbeiterproblem sowie Waffenplatzprojekte. Am häufigsten engagieren
sich diese Gruppen für die Erhaltung des Ortsbildes sowie für die Beachtung von
Anliegen des Landschaftsschutzes. In aller Regel handelt es sich um singular-
thematisch-zentrierte Negativkoalitionen, die quer durch parteipolitische Richtungen
hindurch Menschen verschiedener Herkunft eher okkasionell und ad hoc vereinen.
Eine herkömmliche Einordnung nach gängigem Rechts-Links-Muster verbietet sich
folglich; nicht selten ist das gemeinsam avisierte Ziel das einzig verbindende Element
dieser Gruppen. Vgl. auch die „Hitliste" bei KRIESI/LEVY/GANGUILLET/ZWICKY,
Politische Aktivierung, 311 (Fn 133).

137 Vgl. oben IV.1 und IV.2.a.

b) „Illegalitätsbedarf" der halbdirekten Demokratie?

Was geschieht, wenn solche Gruppierungen den Rahmen der Legalität verlassen? Illegale politische Aktionen müssen wohl in einem System schockieren,[138] das sich im Glanze seiner direktdemokratischen Einrichtungen zu sonnen gewöhnt ist. Wenn beispielsweise bei einer Demonstration Glasfenster zerschellen, sind die Reaktionen entsprechend heftig, und (vor)schnell wird zuweilen das eigentliche Anliegen der Demonstranten vergessen.

Allein, in einem institutionellen Umfeld, das die Informations-, Meinungs- und Versammlungsfreiheit zu den zentralen Grundrechten zählt, das den Minderheitenschutz in allen Variationen tagtäglich praktiziert und das mit seinen institutionalisierten Mitwirkungsrechten dem Bürger immerzu „suggeriert", überall politisch mitentscheiden zu können,[139] sollte es nicht derart erstaunen, wenn aktive Bürger auch auf „dosiert" illegale Art ihre Anliegen vorbringen. Sei es, weil sie auf institutionellem Weg nichts vorkehren können, sei es, daß sie sich versprechen, so eher ihr Ziel erreichen zu können.[140] Zudem werden alternative Aktionsformen (legale und illegale) oft nicht exklusiv, sondern zusätzlich neben den institutionellen Beteiligungsformen[141] gewählt. Diese Kumulation der Aktionsfelder[142] verspricht am meisten Widerhall sowohl in der Bevölkerung als auch in der politischen Elite. Durch medienwirksame Appellfunktion ungewohnter Artikulationsmethoden bringen sich ad hoc-Gruppen ins Gespräch, verbreiten ihre Gedanken

---

138 Vgl. etwa zu den teilweise harten Reaktionen der Justiz im Gefolge der Zürcher Jugendunruhen: SCHNEIDER, Peter, Unrecht für Ruhe und Ordnung, Zürich 1982.

139 Vgl. zur „Fiktion des Selbstregierungstheorems" RHINOW, Grundprobleme, 167 ff, 171 ff (Fn 31).

140 Wenn die politische Elite bedrängende Probleme einer Minderheit nicht rechtzeitig oder intensiv genug aufgreift, wenn gewisse Themen aufgrund der an Rechtsformen gekoppelten Zulässigkeit der Volksrechte der plebiszitären Sachentscheidung entzogen sind, wenn Rechtssätze inhaltsleer und wenig determinierend ausgestaltet sein können, wenn direkt Betroffene und Entscheidungsträger in ihrer Meinung auseinanderklaffen oder wenn wegen der langsamen Gangart institutioneller Beteiligungsformen einigen die Geduld ausgeht oder sich eine sofortige Problemlösung aufdrängt, liegt es in einem Land mit alter Landsgemeindetradition und praktizierter kommunaler Selbstverwaltung nahe, andere Ausdrucksformen zu suchen, um sich Gehör zu verschaffen.

141 Neben der tendenziellen Abnahme der Stimmbeteiligung und der korrelierenden Zunahme alternativer Aktionen ist eine vermehrte Benützung auch der institutionellen Beteiligungsformen festzustellen. Zur sog. „Initiativenflut" vgl. etwa HUBER, Hans, Über den Initiativenbetrieb und über Ausführungsgesetze zu Volksinitiativen, in: FS-EICHENBERGER, 341 ff (Fn 20); WERDER, Volksinitiative (Fn 49).

142 Vgl. zum Dualismus der Aktionsformen etwa GRUNER/HERTIG, Stimmbürger, 283 (Fn 133).

und versuchen dann mit Hilfe der institutionellen Kanäle schließlich ihr Ziel zu erreichen.[143]

In diesem Sinne vermögen Bürgeraktionen die tradierten Volksrechte in überraschendem Maß zu ergänzen. Es wäre deshalb verfehlt, solchen mit „dosierter" Illegalität[144] operierenden Bewegungen im plebiszitär durchwirkten schweizerischen Staatsmodell innovierende Funktion absprechen zu wollen.[145] Bis zu einem gewissen Grad müsste es sogar gelingen, auch bislang unkonventionelle Mitwirkungsarten in die bestehenden Institutionen einzubetten. Die skizzierten Funktionsschwächen der Volksrechte sind zu offenkundig. Der Druck der Bürgeraktionen zeigt Schwachstellen auf und bietet deshalb Entwicklungschancen, die teilweise nicht mehr genügenden klassischen Volksrechte gründlich zu reformieren.[146]

Um nicht mißgedeutet zu werden: Auch ein noch so bedrängendes Anliegen vermag eine illegale politische Aktion nicht zu legalisieren! Der Rechtsbruch bleibt bestehen und muß geahndet werden. Nur darf man nicht übersehen, daß solche Aktionsformen auch Impulse auf politische Eliten auszulösen vermögen und u. U. demokratische Prozesse in Gang setzen, womit illegale Akte auch eine gewisse „systemfunktionale Legitimation" aufweisen können.[147]

c) Potentielle Gefahren durch neue Bewegungen für die halbdirekte Demokratie

Mit dem vermehrten Aufkommen neuer sozialer Bewegungen sind auch Gefahren für die halbdirekte Demokratie verbunden:

Vor allem die mit der Verfolgung von Partikularinteressen verbundene Tendenz zur Sichtverengung und Überbewertung der eigenen Problemschau läßt die für eine gedeihliche Entwicklung eines pluralitären Staatswesens dringend nötige Sicht auf das Gesamtwohl zuweilen stark in den Hintergrund treten. Das Gesamtwohl hat sich zwar auch zu messen am Wohl des einzelnen, gewisse übergeordnete Aufgaben muß der Staat aber trotzdem im Interesse aller erbringen, zuweilen auch gegen den Widerstand einzelner Gruppen — ein Konflikt, der letztlich unlösbar scheint, der aber beispielsweise durch weitgehende Mitwirkungsrechte

---

143 In unserer massenmediendurchwirkten Zeit sind solche Aktionsformen äußerst publicityträchtig. Publikumswirksame Aktionen garantieren einen breiten Widerhall in den Massenmedien, eine Appell- und Propagandawirkung, der sich aber auch die „klassischen" Parteien durchaus bewußt sind.

144 Eine Nötigung mittels eines Menschenteppichs ist anders zu bewerten als ein Sprengstoffattentat.

145 Vgl. dazu grundlegend RHINOW, Widerstandsrecht (Fn 133).

146 Vgl. oben IV.2.

147 RHINOW, Widerstandsrecht, 31·ff, 36 (Fn 133).

der Beteiligten in einem frühen Stadium des Entscheidfindungsprozesses wesentlich entschärft werden kann.[148]

Eng verbunden damit ist auch die grundsätzliche Problematik der abnehmenden Akzeptanz von Mehrheitsentscheiden. Das Mehrheitsprinzip,[149] das keinen Anspruch auf inhaltliche Richtigkeit des Entscheids erheben darf, sondern nichts weiter als eine Entscheidungsregel mit klar vorgegebenen Verfahren darstellt,[150] bleibt für das Funktionieren der halbdirekten Demokratie unabdingbar. Die Zustimmung der Mehrheit gibt in unserem Demokratieverständnis den grundlegenden Entscheiden ihre legitimierende Wirkung. Die Demokratie brauch letztlich die freiwillige Unterwerfung der Minderheit unter den Mehrheitsbeschluß. Die Mehrheit muß aber auch einsehen und akzeptieren, daß nicht alle Fragen mehrheitsfähig[152] sind, die Demokratie muß sich auf die Regelung von „Vorletztem" beschränken, und sie muß um einen ausgedehnten Minderheitsschutz besorgt sein. Wechselnde Mehrheiten müssen sich generell neu besinnen können, weshalb irreversible Entscheide tunlichst vermieden werden müssen.[153] Garantiert sein muß die offene, harte Auseinandersetzung vor dem Entscheid, nachher muß der Staat aber auch — abgestützt auf die legitimierende Kraft des Mehrheitsentscheids — die Durchsetzung gewährleisten.

V. Ein kurzes Schlußwort

Schweizerinnen und Schweizer befinden sich allerorts in wechselnden Minderheitspositionen. Einerseits ist das Gesamtvolk aus lauter Minderheiten zusammengesetzt, anderseits erleben sich die meisten Stimmbürgerinnen und Stimmbürger bei den vielen Volksabstimmungen abwechselnd in Mehrheits- oder Minderheitspositionen. Nicht eine

---

148 Vgl. die positiven Ansätze im Verwaltungsverfahren, wo dem Bürger vor Erlaß einer ihn belastenden Verfügung Beteiligungsrechte eingeräumt werden, Art 30 VwVG (SR 172.021); vgl. auch BRUNNER, Christian, Über die Teilnahme der Bürger an Verwaltungsentscheidungen, Basel 1984.

149 Vgl. für die Schweiz etwa GUT, Ulrich Ernst, Grundfragen und schweizerische Entwicklungstendenzen der Demokratie, Zürich 1983, 157 ff; BRIDEL, Marcel, Réflexions sur le principe majoritaire dans les démocraties, in: FS-KÄGI (Fn 119); RHINOW, Grundprobleme, 248 ff (Fn 31).

150 Vgl. etwa GUSY, Christoph, Das Mehrheitsprinzip im demokratischen Staat, in: AöR 1981, 337 ff.

151 Vgl. etwa HÄBERLE, Peter, Das Mehrheitsprinzip als Strukturelement der freiheitlich-demokratischen Grundordnung, in: JZ 1977, 242.

152 Vgl. etwa SCHEUNER, Mehrheitsentscheid, 312 ff (Fn 119).

153 Vgl. etwa GUGGENBERGER, Bernd, An den Grenzen der Mehrheitsdemokratie?, in: Zeitschrift für Evangelische Ethik 1983, 272 ff.

festgefügte Mehrheit, sondern wechselnde Koalitionen verschiedener Minderheiten prägen die Schweiz. Das mag auch dazu beigetragen haben, daß im konkordanzdurchwirkten System der Eidgenossenschaft sich Minderheitsanliegen in der Regel Gehör verschaffen können.

Direkte Demokratie im österreichischen Verfassungsrecht: Repräsentative Demokratie und Föderalismus als Strukturbedingungen der Demokratiereform

von

STEFAN HAMMER, WIEN

I. Vorbemerkungen zum Thema

Im folgenden soll von der Institutionalisierung der direkten Demokratie im österreichischen Verfassungsrecht die Rede sein. Dies kann heute nicht mehr geschehen aus einer in Österreich lange Zeit selbstverständlich gewesenen „Gewohnheit ..., vom ‚österreichischen' Verfassungsrecht zu sprechen und das Bundesverfassungsrecht zu meinen".[1] Das würde nämlich gänzlich vorbeigehen an der schon vor Jahren konstatierten „neuen Dynamik" des Landesverfassungsrechts,[2] die sich seit gut einem Jahrzehnt in einer immer breiteren, nunmehr schon österreichweiten Welle der Landesverfassungsreform[3] niedergeschlagen hat. Und diese Reformbewegung hat unter anderem[4] besonders auch im Ausbau direktdemokratischer Institutionen nun schon so weitgehende Innovationen gezeigt, daß dieses Thema heute nicht nur auch, sondern sogar in erster Linie auf das Verfassungsrecht der Bundesländer bezogen werden muß.

---

1   NOVAK, Richard, Bundes-Verfassungsgesetz und Landesverfassungsrecht, in: SCHAM-
    BECK, Herbert (Hg.), Das österreichische Bundes-Verfassungsgesetz und seine
    Entwicklung, Berlin 1980, 111.

2   NOVAK, Richard, Die relative Verfassungsautonomie der Länder, in: RACK, Reinhard
    (Hg.), Landesverfassungsreform, Graz 1982, 45.

3   Vgl. dazu insbesondere RACK, Landesverfassungsreform (Fn 2).

4   Weitere wichtige Bereiche der Fortentwicklung des Landesverfassungsrechts sind
    heute insbesondere der Themenkreis Wahlen, Landtag, politische Kontrolle sowie
    Institutionen der Finanzkontrolle. Siehe dazu die einzelnen Beiträge in RACK (Hg.),
    Landesverfassungsreform (Fn 2) sowie BRÜNNER, Christian/ORTNER, Gerold (Hgg.),
    Die Finanzkontolle in den österreichischen Bundesländern, Graz 1984.

Erst die neuere österreichische Staatsrechtslehre ist sich der
sogenannten „Verfassungsautonomie" der Länder bewußt geworden.[5]
Danach hat der Landesverfassungsgesetzgeber die Freiheit, alles zu
normieren, was die Bundesverfassung nicht „berührt", wie es der Art 99
B-VG (schon seit jeher) ausdrückt. Gegenüber dem vorausgehenden
Verständnis vom Landesverfassungsrecht als bloßer Ausführungsgesetz-
gebung zur Bundesverfassung[6] hat dieses neue Verständnis auch die
verfassungsgerichtliche Judikatur erfaßt und ist, unterstützt durch die
„Forderungsprogramme" der Länder,[7] nicht ohne Rückwirkung auf die
Praxis des Bundesverfassungsgesetzgebers selbst geblieben.[8] Dieses lange
Zeit schlummernde föderalistische Potential der österreichischen
Verfassungsordnung hat nun von den Ländern her neue Impulse
erfahren, die in Gestalt tiefgreifender Demokratiereform schon an die
Grenze dessen zu stoßen scheinen, was die Bundesverfassung an
organisatorischen Grundstrukturen repräsentativer Demokratie vor-
zeichnet. Denn vor allem im organisatorischen Bereich erscheint die
Phantasie des Landes(verfassungs)gesetzgebers durch das enge „Korsett
der Bundesverfassung" zunächst noch einigermaßen „gefesselt".[9] Dies
gilt, über den Rahmen des formellen Landesverfassungsrechts hinaus,
besonders auch für die „Gemeindeverfassung", eine Kompetenz des
Landesgesetzgebers, die trotz weitgehender inhaltlicher Determinierung
durch das B-VG aber von derselben Welle dezentraler Demokratiereform
erfaßt worden ist. Auch dazu hat aber der Bundesverfassungsgesetzgeber
selbst mit den Grund gelegt, als er im Jahre 1962 die Rechtsstellung der
Gemeinden als Selbstverwaltungskörper, also als dezentrale demokratische Entscheidungseinheiten, gegenüber den vorhergehenden Provisorien
systematisch ausgebaut und relativ detailliert kodifiziert hat.[10] Die seither

---

5 Vgl. zuerst KOJA, Friedrich, Das Verfassungsrecht der österreichischen Bundesländer,
   Wien 1967, 23.

6 Dazu bereits KOJA, Verfassungsrecht, 17 ff (Fn 5) sowie NOVAK, Verfassungsautonomie, 41 mwN (Fn 2).

7 PERNTHALER, Peter, Das Forderungsprogramm der österreichischen Bundesländer,
   Wien 1980.

8 Vgl. die Dokumentation dieser Entwicklung bei NOVAK, Verfassungsautonomie, 42 f
   (Fn 2); vgl. auch NOVAK, Richard, Das Verhältnis der Bundesverfassung zu den
   Landesverfassungen im Hinblick auf die Grundrechte, in: Der Föderalismus und die
   Zukunft der Grundrechte, Graz 1982, 65 ff.

9 NOVAK, Verfassungsautonomie, 49 (Fn 2).

10 Vgl. die Neufassung der Art 115 bis 120 B-VG durch die B-VG-Novelle BGBl.
   1962/205, wiewohl dort noch keine Rede von der direkten Demokratie ist, und die
   Gemeindeverwaltung mit der Einrichtung des Gemeinderates als „Gemeindeparla-
   ment" ganz nach dem Muster des parlamentarischen Regierungssystems organisiert
   ist. Dennoch gingen allein von der verfassungsrechtlichen Konsolidierung der
   Gemeindeselbstverwaltung vermutlich weitergehende Impulse zur basisdemokratischen Selbstregierung aus, da hier „das Repräsentativsystem von vornherein in einem
   latenten Spannungsverhältnis zur Idee der Selbstverwaltung steht".Vgl. PERNTHALER,
   Peter, Direkte Demokratie und Föderalismus, in: DERS., Direkte Demokratie in den
   Ländern und Gemeinden, Wien 1980, 11.

hier stattgefundene Demokratiereform ist jedenfalls kürzlich in einer Novelle zum B-VG explizit anerkannt worden.[11]

Das nach 1962 erstarkende Bewußtsein von kommunaler Autonomie trifft sich dann mit der schon erwähnten Aufwertung der Selbständigkeit der Länder und beide gehen nun in neuerer Zeit eine Verbindung ein mit Bestrebungen einer basisorientierten Demokratiereform, die in ihren Anliegen dezentraler, überschaubarer Entscheidungsstrukturen selbst schon föderalistischen Charakter haben.[12] Begünstigt wird diese Entwicklung noch durch die steigende Bedeutung der Umweltplanung, weil hier einerseits demokratische Legitimitätsprobleme verstärkt auftreten und dies andererseits ein Bereich ist, der bundesverfassungsrechtlich vor allem in Länder- und Gemeindekompetenzen fällt.[13] Bundesverfassungsrechtlich schon grundgelegte Weichenstellungen haben also unter veränderten politischen und sozialen Bedingungen zu einer Dynamisierung der Demokratie geführt, die weithin noch dem spürbaren Argwohn einer tendenziell „versteinerungstheoretisch" orientierten österreichischen Staatsrechtslehre begegnet. Doch dürfte die Bundesverfassung hier offenbar Geister gerufen oder zumindest eingelassen haben, die sie, oder besser: das dominierende Verständnis von ihr, sicher nicht mehr los werden wird.

II. Repräsentative Demokratie in der Bundesverfassung – strukturelle Reformschranke oder regulatives Prinzip?

Dieser Einstieg zur Abgrenzung des Themas hat schon mitten in seine Probleme selbst hineingeführt; sie lassen sich folgendermaßen aufrollen: Den Ausgangspunkt bildet einmal die Frage: Was ist das Demokratiekonzept der österreichischen Bundesverfassung? Zunächst heißt dies: Welches sind die organisatorischen Grundstrukturen, die für die staatliche Willensbildung auch auf Landes- und Gemeindeebene vom B-VG vorgezeichnet sind? Wie weit dadurch nun der Landesverfassungs- und Landesgesetzgeber innerhalb seiner Kompetenzen gebunden ist, läßt sich aber dann nicht isoliert aus dem erwähnten Art 99 B-VG ablesen, wonach die Landesverfassung die Bundesverfassung nicht „berühren"

---

11 Art 117 Abs 7 B-VG idF BGBl. 1984/409. Vgl. dazu unten IV und V.

12 Vgl. zu diesem Zusammenhang besonders klar PERNTHALER, Direkte Demokratie, 9 (Fn 10).

13 Sie sind den Ländern und Gemeinden, was die Hoheitsverwaltung betrifft, hauptsächlich innerhalb der Generalklauseln der Art 15 Abs 1 und 118 Abs 2 zugewachsen. Zu diesem Befund auf Landesebene vgl. etwa PERNTHALER, Peter, Reform der Landesverfassungen im Hinblick auf die Grundrechte, in: Föderalismus, 81 f. (Fn 8) und auf Gemeindeebene OBERNDORFER, Peter, Bürgerbeteiligung in der Gemeinde, in: PERNTHALER, Direkte Demokratie, 54 f. (Fn 10), und OBERNDORFER, Peter, Bürgerbeteiligung an der Gemeindeverwaltung, in: DERS. (Hg.), Bürger und Verwaltung, Linz 1981, 48 f.

darf. Zu dieser zunächst „formalen" Verhältnisbestimmung zwischen
Bundes- und Landesverfassung muß vielmehr noch eine Bestimmung der
Abstraktionsebene und damit der inhaltlichen Reichweite hinzutreten, in
der diese bundesverfassungsgesetzlichen Strukturprinzipien verbindlich
sein sollen.[14] Inwiefern sie also „berührt" werden können, läßt sich erst
absehen, wenn man weiß, welche Qualität sie haben, ob sie etwa als
abschließende Regelungen oder als prinzipielle Richtlinien gelten. Dies
kann aber nur von einer verfassungstheoretischen Grundlage aus geklärt
werden, die damit zugleich darlegt, was eben unter Demokratie als einem
Grundprinzip der Bundesverfassung zu verstehen ist.

Die Grundentscheidung der Bundesverfassung für eine repräsentative Demokratie äußert sich organisatorisch zunächst in der dominierenden Stellung der sogenannten „allgemeinen Vertretungskörper", also der
Parlamente auf Bundes- und Länderebene sowie der Gemeinderäte. Der
ihnen untergeordnete Verwaltungsapparat ist ihnen gegenüber verantwortlich und zeichnet sich durch eine hierarchisch-bürokratische
Organisation, vor allem durch die weisungsmäßige Über-/Unterordnung
aus. Verbunden mit der starken Betonung und dem sehr strikten
Verständnis des Legalitätsprinzips, das an einer exakten konditionalen
Programmierung der Verwaltung durch das Gesetz orientiert ist, fügen
sich jene organisatorischen Elemente im dominierenden Verfassungsverständnis zu einem Demokratiekonzept zusammen, das dem Parlamenta-
rismusmodell *Kelsens* stark verpflichtet ist:[15] Der allgemeine Wille
kommt idealtypisch im parlamentarisch erzeugten allgemeinen Gesetz
zum Ausdruck, auf dessen Vollzug die übrigen Staatsfunktionen als
„Vollziehung" strikt beschränkt sein sollen. Im Bereich der Verwaltung
soll dies gerade durch deren bürokratische Organisation gewährleistet
sein.[16]

---

14 Diese grundsätzlich gedoppelte Struktur des Problems der Landesverfassungsauto-
    nomie gegenüber der Bundesverfassung hat Novak, Verfassungsautonomie, 40 f (Fn
    2) präzise herausgearbeitet. In seinem zweiten Aspekt betrifft das Problem aber nicht
    nur die quantitative Dichte der bundesverfassungsgesetzlichen Organisationsvor-
    schriften für den Landes- und Gemeindebereich, sondern auch deren qualitative
    Tragweite, die — so erstaunlich dies für „bloße" Organisationsvorschriften zunächst
    klingen mag — ein Problem ihrer Interpretation ist. Siehe dazu im folgenden und
    insbesondere unten V. — Im übrigen sei hier darauf hingewiesen, daß dem
    Landes*verfassungs*gesetzgeber und dem *einfachen* Landesgesetzgeber bundesverfas-
    sungsrechtlich grundsätzlich (d. h. bis auf ausdrückliche Ausnahmen) derselbe
    Rahmen an Regelungsautonomie offensteht: Dazu bereits Koja, Verfassungsrecht, 24
    (Fn 5). Die im folgenden in ihrer normativen Tragweite auszuleuchtenden
    demokratischen Strukturprinzipien des B-VG bestehen also in gleicher Weise
    gegenüber den Landesverfassungen und dem einfachen Landesrecht.
15 Kelsen, Hans, Vom Wesen und Wert der Demokratie, 2. A., Tübingen 1929.
16 Kelsen, Hans, Demokratisierung der Verwaltung, in: Zeitschrift für Verwaltung
    1921, 5; insbesondere auch Merkl, Adolf J., Demokratie und Verwaltung, Wien 1923.
    Vgl. zu dieser Konzeption: Öhlinger, Theo/Matzka, Manfred, Demokratie und
    Verwaltung als verfassungsrechtliches Problem, in: ÖZP 1975, 445.

Vor diesem Hintergrund erscheint zunächst jegliche Partizipation der Bürger an Verwaltungsentscheidungen unzulässig, da sie einen partikularistischen Angriff auf die strikte Bindung der Vollziehung an den allgemeinen Willen bedeuten würde. Klassisch-plebiszitäre Instrumente der direkten Demokratie, die direkt an der parlamentarischen Ebene ansetzen und somit jenen vorausgesetzten entscheidungstheoretischen Dualismus zwischen allgemeinem Gesetz und partikulärem Gesetzesvollzug nicht institutionell unterwandern, erscheinen dagegen als Ausnahme zur prinzipiell parlamentarisch-repräsentativen Willensbildung durchaus möglich.[17] Dem scheint es nun zu entsprechen, daß das B-VG zwei derartige Instrumente vorsieht, allerdings nur für die Bundesebene: das Volksbegehren,[18] als Initiativrecht im Gesetzgebungsverfahren, und die Volksabstimmung[19] über Gesetzesbeschlüsse des Nationalrates. Zwingend ist eine solche Volksabstimmung nur im Fall einer Gesamtänderung der Bundesverfassung vorgeschrieben,[20] die formell in der Geschichte des B-VG seit 1920 noch niemals stattgefunden hat.

Trotz seiner Bedeutungslosigkeit auf den ersten Blick ist nun gerade das Thema Gesamtänderung und obligatorisches Referendum für die Möglichkeiten der Demokratieentwicklung in Österreich von besonderem verfassungstheoretischen Interesse: Die Demokratie nimmt in der Verfassungsdogmatik unbestritten den Rang eines sogenannten Grundprinzips der Verfassung ein, sei es für sich neben anderen verfassungsrechtlichen Grundprinzipien, sei es in direkter Kombination mit dem republikanischen bzw. vor allem dem rechtsstaatlichen Prinzip. Gemeinsam im wesentlichen mit dem föderalistischen Bauprinzip[21] konstituiert die rechtsstaatliche Demokratie die sogenannte verfassungsrechtliche Grundordnung.[22] Den verfassungsdogmatischen Angelpunkt für diese Figur bildet nun jener Begriff der „Gesamtänderung der Bundesverfassung", für die Art 44 Abs 3 B-VG wie erwähnt ein obligatorisches Referendum vorsieht:[23] Die unter anderem aus dem Grundprinzip der Demokratie sich zusammensetzende verfassungsrechtliche Grundordnung soll also jenen strukturellen Kern bezeichnen, dessen Umgestaltung als eine Gesamtänderung der Bundesverfassung anzusehen und demgemäß einer Volksabstimmung zu unterziehen wäre.

---

17 Vgl. bereits KELSEN, Wesen, 38 ff (Fn 15).

18 Art 41 B-VG.

19 Art 43, 44 Abs 3 B-VG.

20 Art 44 Abs 3 B-VG.

21 Dazu grundsätzlich VfSlg 2455/1952.

22 WALTER, Robert/MAYER, Heinz, Grundriß des österreichischen Bundesverfassungsrechts, 5. A., Wien 1985, 53.

23 Besonders deutlich ADAMOVICH, Ludwig/FUNK, Bernd-Christian, Österreichisches Verfassungsrecht, 3. A., Wien-New York 1985, 98. Ebenso WALTER/MAYER, Grundriß, 53 (Fn 22).

Von der Verfassungsdogmatik also ausschließlich auf Art 44 Abs 3 bezogen, hat das demokratische Grundprinzip eine bloß konservierende Funktion: Es soll die Grenze zulässiger Verfassungsänderung ohne Volksabstimmung abstecken. Umso besser, müßte man zunächst meinen, wenn sich auch in Österreich das Bekenntnis zur Demokratie wenigstens erhöhter Bestandsgarantien erfreut — in der BRD hat es immerhin sogar Teil an der „Ewigkeitsklausel" des Art 79 (3) GG. Doch das Spezifische wird erst deutlich, wenn man erkennt, wie weit man in Österreich davon entfernt ist, Verfassungsprinzipien wie das der Demokratie in ihrer politischen Dynamik aufzugreifen, geschweige denn so etwas wie einen Verfassungsauftrag darin zu sehen: Die programmatische Proklamation der Demokratie in Art 1 B-VG[24] wird in ihrer normativen, postulativen Relevanz hinwegdiskutiert mit dem Hinweis, nicht der Art 1 B-VG, sondern die konkrete organisatorische Ausformung der staatlichen Willensbildung mache Österreich zu einer Demokratie[25] und sei eben insofern durch Art 44 Abs 3 B-VG in ihrem Bestand gegen Veränderungen besonders geschützt. Auf diese Weise erweist sich eines der wenigen Institute gerade der direkten Demokratie paradoxerweise unter Umständen als Schranke für ihren weiteren Ausbau.

In dieser spezifischen dogmatischen Funktion des demokratischen Prinzips drückt sich augenfällig ein institutionell „versteinerndes" Demokratieverständnis aus. So richtig der institutionelle Bezug hier prinzipiell auch ist, geht diese Auffassung doch von unausgewiesenen Voraussetzungen aus, die sich in zwei zusammenhängenden Stufen darstellen lassen: Zum einen reduziert sie den Demokratiebegriff ganz eindimensional auf die empirische Ebene *geschichtlich fixierter Organisationsmodelle* und läßt dabei außer acht, daß Begriffe wie „Demokratie" in einer offenen Verfassung mindestens ebensosehr eine ständige Aufgabe bezeichnen wie einen bereits erreichten Standard, einen institutionellen Besitzstand sozusagen; denn eine politische Ordnung mit dem Anspruch ihrer Legitimität aus der freien Zustimmung der Bürger weist eben darin je über sich selbst hinaus. Weiters: Welche organisatorischen Strukturen in der Verfassung denn nun nach jener Auffassung Ausdruck des demokratischen Prinzips sein sollen, läßt sich mangels ihrer entsprechenden Etikettierung im positiven Recht von diesem Standpunkt historischer Bestandsaufnahme aus kaum zeigen: Um eine gewisse Konsistenz des organisatorischen Demokratiemodells zu

---

24   „Österreich ist eine demokratische Republik. Ihr Recht geht vom Volk aus."

25   So bereits KELSEN, Hans, Österreichisches Staatsrecht, Tübingen 1923, 164. Vgl. zuletzt ADAMOVICH/FUNK, Verfassungsrecht, 116 (Fn 23). Vgl. dazu den über die konkreten institutionellen Strukturen des Grundgesetzes *hinausweisenden Prinzipiencharakter,* den man in der BRD der Demokratie teilweise in der Diskussion angedeihen läßt: z. B. MAIHOFER, Werner, Prinzipien freiheitlicher Demokratie, in: BENDA, Ernst/MAIHOFER, Werner/VOGEL, Hans-Jochen (Hgg.), Handbuch des Verfassungsrechts, Berlin 1983, 177.

retten, muß eine derartige Auffassung unter Umständen eine durchaus *einseitige Auswahl* bestimmter Aspekte der Verfassung vornehmen. Es läßt sich aber gegenüber dem oben skizzierten dominierenden Demokratieverständnis zeigen, daß die Verfassung von keinem durchgängigen, bruchlosen organisatorischen Demokratiekonzept getragen ist, sondern daß sie vielmehr durchaus gegenläufige Möglichkeiten in sich begreift.[26] Und dies indiziert eben gerade die Notwendigkeit, den Demokratiebegriff auf einem höheren Abstraktionsniveau zu bestimmen, das zugleich dem Prinzipiencharakter der Demokratie eher entspricht.

Gegenüber dem skizzierten dualistischen Konzept der Vollziehung allgemeiner, vom „allgemeinen Vertretungskörper" erzeugten Normen durch eine weisungsgebundene Beamtenhierarchie zeigen sich im B-VG, zum Teil schon von Anfang an, latent relativierende Sturkturen: so die als Programm künftiger Verfassungsgesetzgebung verkündete „Demokratisierung der Bezirksverwaltung", die auch in neuerer Zeit diskutiert worden ist;[27] das Konzept der Selbstverwaltung überhaupt, das in Form der Gemeindeselbstverwaltung eine lange Tradition hat und durch die erwähnte Gemeindeverfassungsnovelle 1962 wieder eine Aufwertung erfahren hat, und das auch in der verfassungsgerichtlichen Judikatur von einer vereinzelt „vorausgesetzten" Ausnahmeerscheinung in bestimmten Bereichen zu einem allgemeinen, „im Organisationsplan der Bundesverfassung gelegenen" Strukturprinzip avanciert ist;[28] damit in Zusammenhang die Abkehr von der Universalität des Weisungsprinzips und die Anerkennung landesverfassungsrechtlicher Organisation weisungsfreier Verwaltung;[29] aber auch die Verlagerung der Anforderungen aus dem Legalitätsprinzip in einigen Bereichen von strikter inhaltlicher Gesetzesbindung auf prozedural vermittelte sachliche Begründbarkeit,[30] was auch eine Verstärkung des partizipativen Status des einzelnen Betroffenen inkludiert;[31] und schließlich, als vorläufiger Höhepunkt dieser Entwicklung, die bundesverfassungsgesetzliche Anerkennung der Partizipation der Gemeindebürger an der Gemeindeverwaltung.[32] All diese Beispiele partizipativer Möglichkeiten, die von der Bundesverfas-

---

26 Dazu und zum folgenden, auch unter dem Blickwinkel historisch-subjektiver Interpretation des B-VG, bereits ÖHLINGER/MATZKA, Demokratie, 453 (Fn 16).

27 Art 120 B-VG. Dazu MIEHSLER, Herbert, Demokratisierung der Bezirksverwaltung in Österreich, in: FS-KELSEN, Wien 1971, 141; DEMMELBAUER, Josef/PESENDORFER, Wolfgang, Demokratisierung der Bezirksverwaltung, 2. A., Linz 1980.

28 VfSlg 8215/1977 mit Nachweis der früheren Judikatur.

29 Und zwar auch außerhalb der im B-VG vorgezeichneten Typen weisungsfreier Verwaltung: VfSlg 8833/1980.

30 VfSlg 8280/1978.

31 Dies ergibt sich vermittelt über die rechtlich unter vielerlei Gesichtspunkten gebotene Feststellung und Abwägung der betroffenen Interessen im Planungsverfahren. Vgl. PERNTHALER, Peter, Raumordnung und Verfassung II, Wien 1978, 214 ff, 276, 354 und passim.

32 Siehe Fn 11.

sung toleriert oder gar unterstützt erscheinen, erlauben es nicht, Demokratie auf die Delegation von Politik an wenige typisierte, periodisch gewählte Entscheidungsträger zu reduzieren. Umgekehrt ist daraus vielmehr eine Offenheit der Verfassung erkennbar, die an das Demokratieprinzip rückgebunden ist: Es geht um die institutionellen Bedingungen dafür, den Anspruch demokratischer Legitimität in allen Phasen und auf allen Ebenen staatlichen Handelns einlösen zu können.

Bei der Konkretisierung dieses demokratischen Anspruchs geht es nun gar nicht um eine kurzschlüssige Absage an die repräsentative Demokratie aus identitätsdemokratischen Vorstellungen heraus, sondern um eine reflektierte Neubestimmung des Repräsentationsbegriffes selbst.[33] Dabei kann auf die Tradition des politischen Denkens rekurriert werden, denn auch die österreichische Bundesverfassung steht in der europäischen Tradition der verfassungsstaatlichen Demokratie. Diese geht nun davon aus, daß sich unter keinen historischen Umständen das Regulativ vernünftiger Allgemeinheit (volonté générale) unmittelbar als Volkswille (volonté de tous) artikuliert, der bloß empirisch, sozusagen demoskopisch abzufragen und zu vollziehen wäre.[34] Die volonté générale vermittelt sich vielmehr immer erst aus der historischen Vorselektion durch die jeweiligen sozialen Interessen und institutionellen Bedingungen. Sie wird also notwendig „repräsentiert", und zwar am besten in solchen Institutionen, die ihre eigene selektive (komplexitätsreduzierende) Funktion gewissermaßen selbst offenlegen, indem sie die Allgemeinheit, d. h. jeden einzelnen als ein allgemeines Wesen, also in seiner Vernünftigkeit als Person ansprechen und je neu zur kritischen Stellungnahme im Zeichen vernünftiger Verallgemeinerbarkeit auffordern.

Denn das Prinzip „Allgemeinwille" bedeutet unter der Voraussetzung freiheitlicher Legitimität neuzeitlicher Staatlichkeit nichts anderes als die Anforderung der Vereinbarkeit des empirischen Staatswillens mit den jeweiligen Bedingungen gleicher Freiheit aller. In seiner formalen, inhaltsoffenen Gestalt kann dieses Kriterium nicht unmittelbar in

---

33 Dazu grundlegend Böckenförde, Ernst-Wolfgang, Mittelbare/Repräsentative Demokratie als eigentliche Form der Demokratie, in: FS-Eichenberger, Basel-Frankfurt/M. 1982, 301. Vgl. zum Folgenden sehr klar auch Hesse, Konrad, Grundzüge des Verfassungsrechts, 13. A., Heidelberg 1982, 53. Zum Ganzen siehe auch noch unten V.

34 Dies gilt auch für Rousseau, der diese Unterscheidung selbst grundgelegt hat (Rousseau, Du contrat social, III.3.), und zwar für die (neuzeitlichen) Bedingungen der „Entzweiung", wo eben nicht „alle dasselbe wollen", Allgemeinwille und Gesamtwille auseinandergetreten sind und der Allgemeinwille „verstummt" (Contrat social, IV.1.). Ihn wieder zum Sprechen zu bringen, erfordert daher gegenüber einer schlichten identitär-unmittelbaren Demokratie andere institutionelle Vorkehrungen (siehe auch Contrat social, II.6., am Schluß). Zu vereinfachend daher die bei Böckenförde, Demokratie, 304 (Fn 33) skizzierte Interpretation im Sinne eines identitär-unmittelbaren Demokratiekonzepts.

abgeschlossenen Inhalten fixiert und positiviert werden. Soll es über eine bloß ethische Anforderung an das positive Recht hinaus [35] dennoch auch institutionelle Relevanz haben, soll also der Allgemeinwille institutionell „repräsentiert" sein, so muß er kraft seines inhärenten Bezuges auf die Bedingungen allgemeiner Freiheit der Bürger zwar an die geschichtlich-soziale Interessenstruktur des empirischen „Volkes" rückgekoppelt sein, muß jedoch als kritisches Prinzip eine Distanz zu dieser „volonté de tous" wahren. Dieser Begriff der Repräsentation des Allgemeinwillens transzendiert also eine bloß formal-organisatorische Monopolisierung der politischen Macht bei einigen bestimmten demokratisch kreierten Organen (allgemeinen Vertretungskörpern), denn diese Struktur liefert allein nicht mehr als einen Mechanismus der zufälligen Selektion dominierender empirisch-gesellschaftlicher Interessen. Jene kritische Distanz des Regulativs „Allgemeinwille" zu diesen empirischen Inhalten ist im demokratischen Verfassungsstaat erst insofern institutionalisiert, als Bedingungen einer kritischen Öffentlichkeit [36] bestehen, in denen sich die Bürger dazu aufgefordert sehen, aus einer kritischen Reflexion auch der eigenen interessenbedingten Befangenheit heraus die jeweils politisch verbindliche Resultante der sozialen Interessenkonkurrenz auf ihre Legitimierbarkeit aus den Bedingungen allgemeiner Freiheit zu beurteilen. Die allgemeine Wahl der Parlamente bildet so gesehen nur *ein* — wenn auch sehr wichtiges — Moment innerhalb der institutionellen Bedingungen jener kritischen Öffentlichkeit. Die Offenheit zur Kritik vermittelt sich wesentlich auch im Offenhalten von Alternativen zur jeweils herrschenden Politik, so wie dies in Österreich etwa das konkurrenzdemokratische Modell der Bundesverfassung von Anfang an durch die Betonung und später durch den weiteren Ausbau parlamentarischer Oppositionsrechte zu garantieren versucht hat. Ob aber solche konkreten parlamentarischen Strukturen ausreichen, um den Bürger zu allen Ebenen staatlicher Politik in ein kritisch-diskursives Verhältnis überhaupt treten zu lassen, dies hängt von historisch-politischen Bedingungen ab, die sich wandeln können.

In dieser funktionalen Sicht erscheint also die repräsentative Demokratie nicht auf fixe organisatorische, etwa rein parlamentarische Strukturen festgelegt; vielmehr wird hier Repräsentation selbst als ein *Regulativ* verstanden, als Aufforderung, die institutionellen Bedingungen

---

35 Diese Funktion hat der Repräsentationsbegriff noch bei KANT, wo er vor allem auch als Forderung nach „republikanischer Regierungsart" auftritt, d. h. nach einer Ausrichtung auf die Idee eines die Freiheit aller unter einem allgemeinen Gesetz vereinigenden ursprünglichen Gesellschaftsvertrages: KANT, Immanuel, Metaphysische Anfangsgründe der Rechtslehre, A 212 f, B 241 f; KANT, Immanuel, Zum ewigen Frieden, Erster Definitivartikel.

36 Darin sieht auch PERNTHALER, Raumordnung und Verfassung II, 38 f (Fn 31) einen wesentlichen funktionalen Aspekt des demokratischen Prinzips der österreichischen Bundesverfassung, wobei dieses Grundprinzip selbst nicht auf ein bestimmtes Organisationsmodell festgelegt sei.

dafür herzustellen, daß sich alle und damit jeder einzelne in der staatlichen Behandlung politischer Probleme als freies Glied des Gemeinwillens, als Mitgesetzgeber angesprochen fühlen kann. Dieser funktionale Repräsentationsbegriff öffnet sich also dem Wandel der sozio-politischen Legitimitätsbedingungen und kann als solcher gegenüber den bisher dominierenden Strukturen anderen, vielleicht nur latent vorhandenen Möglichkeiten der Verfassungsordnung Geltung verschaffen und auf diese Weise durchaus den heute spürbaren Verfassungswandel[37] legitimieren. Gerade im Lichte des demokratischen Grundprinzips müssen also geltende Organisationsstrukturen nicht nach einem theoretisch fixierten Organisationsmodell ausgelegt werden, sondern so, daß sie der institutionellen Ergänzung zum Abbau politischer Entfremdung und zur Erneuerung repräsentativer Legitimität zugänglich sind. Welche konkreten Perspektiven damit heute eröffnet sind, läßt sich aber erst nach einer Analyse der gegenwärtigen Legitimitätskrise in Bezug auf das politische System Österreichs aufzeigen.

III. Legitimitätsdefizite parlamentarischer Repräsentation im Parteien- und Planungsstaat

Der geschilderte Demokratiebegriff entsprach in seiner statischen Beschränkung auf die instrumentell-organisatorische Ebene freilich zunächst durchaus den reduzierten Legitimationsfunktionen des politischen Systems zu Beginn der Ersten Republik, er war zunächst also durchaus politisch funktional: Angesichts des unversöhnlichen Antagonismus zwischen den politischen Lagern konnte die Verfassung nicht beanspruchen, Grundprinzipien der politischen Freiheit des Bürgers als ein gemeinsames — wenn auch konkret verschieden konzipiertes — Ziel aller Politik zu vermitteln.[38] Man sah in der Verfassung vielmehr von vornherein bloß den *Kompromiß* auf einen formalen organisatorischen Rahmen für die politische Willensbildung und im Verfassungsrecht als Rechtssatzform in der Folge vor allem ein Instrument zur Fixierung von (tages)politischen Detailkompromissen.[39] Dem entsprach nun das

---

37 Dieser Begriff wird hier nicht auf die Verfassungsinterpretation beschränkt, sondern schließt die in Wechselwirkung damit stehenden Verfassungsänderungen ein. Vgl. aber Häberle, Peter, Verfassungsinterpretation und Verfassungsgebung, in: Ders., Verfassung als öffentlicher Prozeß, Berlin 1978, 184.

38 Dies zeigt sich bereits deutlich in der Verfassungsdebatte 1920, die über den Inhalt von Grundrechten keinen Kompromiß erzielen konnte, was zur Übernahme des Grundrechtekatalogs der Monarchie von 1867 in die republikanische Verfassung führte.

39 Dies begründet die überaus starke formale Zersplitterung des Bundesverfassungsrechts, die auch als „äußere Ruinenhaftigkeit" (abgesehen von der „inneren") heftig kritisiert wird: Klecatsky, Hans R., Bundes-Verfassungsgesetz und Bundesverfassungsrecht, in: Schambeck (Hg.), Bundes-Verfassungsgesetz, 94 ff mwN (Fn 1).

apolitische Selbstverständnis des Staatsrechts und seine Beschränkung
darauf, im positivistischen Gewande vor allem jene politische
Friedensfunktion der Verfassung zur Geltung zu bringen. Bis heute
schlägt sich dies in einer Mischung aus Formalismus und historisierender
Versteinerungstendenz[40] nieder, was deutlich die Funktion der Erhaltung
einmal gefundener politischer Kompromisse widerspiegelt sowie die
Scheu davor, die funktional-teleologische Tragweite ihrer Inhalte
auszuleuchten.

Diese Grundtendenz setzt sich in der Weiterentwicklung des
politischen Bewußtseins in Österreich durchaus fort: Die Versäulung der
österreichischen Gesellschaft in den politischen Lagern der Konkurrenz-
demokratie der Ersten Republik ist nach 1945 gewissermaßen nahtlos in
die Konkordanzdemokratie der koalierenden Großparteien und der
Sozialpartnerschaft übergegangen, ohne daß dem eine nennenswerte
Vertiefung integrativen Demokratiebewußtseins zugrundegelegen hätte.
Der dem nunmehr errungenen innenpolitischen Frieden zugrundeliegende „Basiskonsens" war weniger Ausdruck einer expliziten Auseinandersetzung um gemeinsame politische Grundprinzipien, sondern lag
vielmehr in der impliziten gemeinsamen Grunderwartung der ständigen
Steigerung der allgemeinen Lebensbedingungen durch ökonomisches
Wachstum und Weiterentwicklung technologischer Umweltbeherr-
schung. Vor diesen Erwartungen der Wiederaufbauphase ist ehemals
unversöhnliche Kampfbereitschaft strategischer Kompromißbereitschaft
gewichen und das Gemeinsame beider Haltungen liegt in der Abstinenz
von einer diskursiven Auseinandersetzung um die Legitimitätsgrundlagen politischer Herrschaft.[41] Unter diesen Voraussetzungen verwundert
es nun nicht, wenn das demokratische Legitimitätspotential der
Bundesverfassung, wie es oben im funktionalen Verständnis des
Repräsentationsbegriffs angerissen wurde, verdeckt geblieben und für
veränderte politische und soziale Bedingungen nur sehr schwer zu
aktualisieren ist.

Indessen gibt es hier neue Herausforderungen: Die ökonomische und
technologische Expansion ist heute in Aporien geraten, die sich deshalb
auch als politische Legitimitätskrisen darstellen, weil sie vom politischen
System selbst gerade in der neueren Phase des Leistungs- und
Planungsstaates immer augenfälliger mitverantwortet werden. Insbe-

---

40 Die sog. „Versteinerungstheorie" wurde vom VfGH als objektiv-entstehungszeitliche
   Interpretationsmethode zur Ermittlung des Inhalts der einzelnen Tatbestände der
   bundesstaatlichen Kompetenzverteilung entwickelt, färbt aber auch auf andere
   Bereiche der Verfassungsinterpretation ab. Vgl. SCHÄFFER, Heinz, Verfassungsinterpretation in Österreich, Wien 1971, 64 f.

41 Zur Gesamtproblematik vgl. WELAN, Manfried, Die Geschichte der österreichischen
   Bundesverfassung als Spiegelbild der österreichischen Demokratie, in: PELINKA,
   Anton/WELAN, Manfried, Demokratie und Verfassung in Österreich, Wien 1971, 21;
   er spricht gerade im Zusammenhang mit dem Problem der Demokratiereform treffend
   von einem „Stil des Verschweigens der Grundsatzfragen" (S. 54).

sondere in umweltrelevanten Bereichen wird die Ausweitung staatlicher Verwaltung auf alle Lebensbereiche zunehmend als „hautnahe" Bedrohung der Integrität der unmittelbaren Lebenswelt und der eigenen Existenzbedingungen durch das politische System erlebt. Dies manifestiert sich seit dem letzten Jahrzehnt in der rapiden Zunahme von öffentlich artikuliertem Bürgerprotest, der eben fast ausschließlich jenen Bereich der staatlichen Aktivität betrifft, der für die unmittelbare Um- und Lebenswelt der Bürger besonders folgenreich ist.[42] Daß dies — wenn auch gegenüber der BRD verzögert — auch für Österreich trotz der hier tiefer verwurzelten politischen Abstinenz in der Bevölkerung gilt, zeigt, daß auch hier parlamentarische Mehrheiten vielfach ihre Legitimationskraft für jene planerische Staatsaktivität verloren haben. Denn eine Grundbedingung dafür, nämlich die gemeinsame Erwartung kontinuierlicher Verbesserung des Lebensstandards für alle, ist brüchig geworden. Sie wird spätestens dann konkret widerlegt, wenn die Auswirkungen öffentlicher Planung als unmittelbare Bedrohung des individuellen Lebensraumes erlebt werden, wie dies für fast alle bekannteren Fälle von Bürgerinitiativen in Österreich belegt werden kann.[43] Wo das staatlich legitimierte Wachstum unmittelbar an die Grenzen individueller Existenz stößt, erhöhen sich die Anforderungen an seine Legitimität sprunghaft: „In existenziellen Fragen läßt man sich nicht überstimmen".[44]

Diese Bezugnahme auf die problematisch gewordene Legitimationskraft der (parlamentarischen) Mehrheitsdemokratie deutet schon an, daß damit nicht sosehr absolute, „anthropologische" Grenzen der staatlichen Ingerenz geltend gemacht werden. Jenseits dieser konkret-vordergründigen Ebene des Problems geht es vielmehr um die *Verfahrensweise,* in der die Grenzen dieser Ingerenz immer weiter ausgedehnt werden. M. a. W.: Hinter den aktuellen Bürgerprotesten etwa gegen konkrete Planungsprojekte und der unmittelbaren Frage nach der konkreten Grenze

---

42   Dies belegen empirische Untersuchungen insb. aus der BRD, die zusammengefaßt sind bei PLATZER, Renate, Bürgerinitiativen in Salzburg, München 1981, 25 ff. Danach sind die Gründungsanlässe von Bürgerinitiativen schwerpunktmäßig in den Bereichen Stadtplanung, Wohnungswesen, Umweltschutz, Verkehrsplanung angesiedelt.

43   Dies belegen schon die Namen vieler Bürgerinitiativen, so etwa die Namen von zwei Salzburger Bürgerinitiativen, „Schützt Salzburgs Landschaft" und „Initiative für mehr Lebensqualität in Lehen", die Gegenstand einer detaillierten empirischen Analyse waren: PLATZER, Bürgerinitiativen (Fn 42). Vgl. auch die beiden jeweils gegen die Trassenführung einer Autobahn gerichteten Protestinitiativen in Graz („Pyhrnautobahn") und in Wien („Flötzersteig"). Dazu und zu weiteren Beispielen vgl. etwa SAMMER, Gerd/SNIZEK, Sepp, Planung — Bürgerinitiative — Bürgerbeteiligung, in: Der öffentliche Sektor 1978, Heft 4, 54 ff, mwN sowie MARKO, Joseph, Kommunale Reformpolitik in Graz, in: ÖJP '83, Wien-München 1984, 287 ff. Das letzte spektakuläre Beispiel war der Bürgerprotest gegen die Errichtung des Donaukraftwerks Hainburg (1984). Vgl. dazu auch den Beitrag von Armin STOLZ in diesem Band.

44   GUGGENBERGER, Bernd/OFFE, Claus, Politik aus der Basis — Herausforderung der parlamentarischen Mehrheitsdemokratie, in: DIES., An den Grenzen der Mehrheitsdemokratie, Opladen 1984, 16.

öffentlicher Umweltgestaltung steht in den allermeisten Fällen die allgemeinere Kritik am Mangel an institutionellen Möglichkeiten, im Entscheidungsverfahren die Verantwortbarkeit solcher Aktivitäten gegenüber dem betroffenen Bürger überhaupt als Kriterium (gegen Imperative der Systemfunktionalität) einbringen zu können. Diese Stoßrichtung läßt sich an konkreten Beispielen von Bürgerinitiativen im Planungsbereich aufzeigen: Neben den materiellen, konkret projektbezogenen Forderungen kritisieren sie nämlich regelmäßig partizipatorische Defizienzen des Planungsverfahrens und fordern, auch und gerade für die Zukunft, also über das konkrete Projekt hinaus, eine stärker bürgerorientierte und partizipationsfreundliche Planung.[45] Diese in fast jeder Bürgerinitiative mehr oder weniger deutlich enthaltenen Anliegen sind es nun, die für die Legitimitätsgrundlagen einer repräsentativen Demokratie sensibel machen und sie an jenen Stellen verstärkt ins Bewußtsein rücken, wo sie ihre Selbstverständlichkeit verloren haben. Für die Entscheidungsstruktur des politischen Systems läßt sich dies nun in verschiedenen Ebenen aufschlüsseln:

1. Inhaltliche Tragweite öffentlicher Umweltgestaltung

Geht man zunächst von ihrem Inhalt aus, so haben viele umweltgestaltende Maßnahmen eine Qualität, die vielfach den Rahmen des in herkömmlichen Entscheidungsverfahren des demokratischen Rechtsstaates Legitimierbaren sprengt: Sie sind selbst oder in ihren Folgewirkungen irreversibel und unterscheiden sich darin von Entscheidungen in älteren Staatsaufgabenbereichen, die — bis in die Bereiche des Sozial- und Leistungsstaates hinein — auf eine bestimmte Gestaltung der sozialen und wirtschaftlichen Verhaltensordnung zielen und als solche prinzipiell reversibel sind: Auch unterlegene Gesellschaftsgruppen akzeptieren etwa Verteilungsergebnisse einer von der Parlamentsmehrheit getragenen Wirtschaftspolitik, solange zumindest abstrakte Chancen ihrer Revision weiterbestehen, und sei es auch erst nach einer Umbildung von Mehrheiten. Solche Chancen sind bei drohender Erschöpfung von Ressourcen (Grenzen des Wachstums) schon geringer und verschwinden auf konkreterer Ebene völlig etwa mit der

---

45   Zwei konkrete Beispiele bei PLATZER, Bürgerinitiativen, 162 (Fn 42) („Einbeziehung der betroffenen Bürger bei der Stadtplanung... Bei jedem zukünftigen Planungsvorhaben sollten... von den Ämtern Alternativen erarbeitet werden und auf breitester Basis in der Öffentlichkeit zur Diskussion gestellt werden."), und 195 („[bindendes] Mitspracherecht der Bevölkerung bei allen politischen Entscheidungen und Maßnahmen, die den Stadtteil Lehen betreffen"). Vgl. auch MARKO, Reformpolitik, 288 (Fn 43). Die Kritik am Entscheidungsverfahren bildete auch einen Schwerpunkt in der Opposition gegen das Donaukraftwerk Hainburg (siehe etwa: hainburg — ein basisbuch, Wien 1985, 103, 127 und passim). Vgl. dazu auch den Beitrag von Armin STOLZ in diesem Band.

Durchführung umweltschädigender Großprojekte. Gegen solcherart
„vollendete Tatsachen", die die moderne Lebensumwelt zunehmend
prägen, können weder neue parlamentarische Mehrheitsverhältnisse
noch kassierte Verwaltungsentscheidungen und neu aufgerollte Verfahren etwas ausrichten. Deshalb war gerade die Unwiderruflichkeit von
Umweltschäden wiederholt ein Hauptmotiv von Bürgerprotesten, die
konsequenterweise höhere Partizipationsanforderungen an solche Maßnahmen stellen. Dadurch bringen sie ein wesentliches, aber heute gefähr-
detes legitimitätsstiftendes Strukturelement demokratischer Rechtsstaat-
lichkeit zu Bewußtsein: Es gibt im Interesse der fortgesetzten Ermöglichung allgemeiner politischer Selbstbestimmung im Prinzip kein „letztes
Wort" eines Souveräns, vielmehr sollen institutionelle Bedingungen eine
erneute Infragestellung getroffener Entscheidungen und einen fortgesetzten Prozeß ermöglichen, in welchem neue Interessen eingebracht und
diskursiv rationalisiert werden können. Je mehr nun diese institutionellen
Revisionsmöglichkeiten durch die Struktur der konkreten Entschei-
dungsthemen unterlaufen werden, desto mehr wird die Einbeziehung
aktuell und potentiell betroffener Interessen in den Entscheidungsprozeß
und die möglichst erschöpfende Auswertung und Abwägung aller Neben-
und Folgewirkungen gefordert.[46]

2. Verfahrensweise der planenden Verwaltung

a)Entscheidungsstruktur der Planung:

Dies würde nun — auf einer zweiten Ebene — wiederum eine
spezifische formelle Eigenschaft des Entscheidungssystems in verstärktem Maß voraussetzen, nämlich *Transparenz.* Soweit sich diese
Transparenz und Kalkulierbarkeit, wie in den „klassischen" Bereichen
der Verwaltung, im Wege der Gesetzesbindung über die Öffentlichkeit
der Gesetzgebung vermitteln soll, hat sie aber umgekehrt gerade in der
modernen Planungsverwaltung eher abgenommen. Ein Hauptgrund
dafür liegt in der Entscheidungsstruktur, in der „Logik" der planenden
Verwaltung selbst: Sie entzieht sich vielfach einer strikten und
schematischen inhaltlichen Bindung durch das Gesetz, wie dies aus dem
Legalitätsprinzip traditionell für jede Verwaltungstätigkeit gefordert
wird. Einen wesentlichen Erklärungswert hat hier die bekannte
entscheidungstheoretische Erkenntnis, wonach die rechtliche Bindung
der planenden Verwaltung eher durch finale Programmierung möglich ist
als durch traditionell typische konditionale Programmierung. Der damit
erweiterte inhaltliche Spielraum der Verwaltung tritt so in ein

---

46 Vgl. GUGGENBERGER, Bernd, An den Grenzen der Mehrheitsdemokratie, in:
GUGGENBERGER/OFFE, Grenzen, 189 f (Fn 44). Insbesondere die Verantwortung
gegenüber zukünftigen Generationen wird in diesem Zusammenhang thematisiert.

Spannungsverhältnis zum traditionellen Modell der demokratischen Legitimation der Staatsverwaltung, die sich über die enge inhaltliche Bindung an das parlamentarische Gesetz vermittelt und damit wesentlich eine konditionale Verwaltungsprogrammierung impliziert.[47] Gegenüber diesem traditionellen Schema der Gesetzesvollziehung bedarf eine Rechtfertigung von Planungsentscheidungen aus dem Gesetz nun jedenfalls aufwendigerer argumentativer Vermittlungsschritte insbesondere gegenüber den Betroffenen, wofür das administrative Planungsverfahren allerdings noch weitgehend der institutionellen Möglichkeiten entbehrt.[48] Dies begründet eine wesentliche Komponente für die von Bürgerinitiativen beklagte mangelnde Transparenz der Planungsverwaltung und provoziert insbes. den Ruf nach Information und Partizipation schon in möglichst frühen Planungsstadien.

b) Planung durch Privatwirtschaftsverwaltung:

Auf derselben Ebene des Problems fällt ein weiterer Umstand vor allem in Österreich ins Gewicht: die Besorgung vieler öffentlicher Aufgaben auch im Planungsbereich im Rahmen der sog. Privatwirtschaftsverwaltung. Dabei bedient sich der planende Verwaltungsstaat nicht der besonderen Rechts- und Verfahrensformen typisierter hoheitlicher Regelungen, sondern er agiert „wie ein Privater" in den Rechtsformen nicht spezifisch begründungspflichtiger privatwirtschaftlicher Entscheidungen, oft nicht einmal selbst als öffentliche Gebietskörperschaft, sondern vermittelt durch „ausgegliederte Rechtsträger" (Planungsgesellschaften u. dgl.). Die dahinterstehende Verflechtung von wirtschaftlicher und politischer Macht und die entsprechende Privilegierung bestimmter technisch-ökonomischer Gestaltungsinteressen[49] wird hier noch wesentlich begünstigt durch die Immunisierung der Entscheidungsträger gegenüber den „klassischen" Legitimitätsanforderungen rechtsstaatlicher *und* demokratischer Art. Über die bekannten

---

47   Dies ist deutlich aufgezeigt bei ÖHLINGER, Theo, Repräsentative, direkte und parlamentarische Demokratie, in: Rechtstheorie, Beiheft 4 (1982), 218 f. Vgl. bereits ÖHLINGER/MATZKA, Demokratie, 450 f (Fn 16).

48   Eine Ausnahme bilden hier etwa die von den Raumordnungsgesetzen der Länder vorgesehenen Verfahren der Bürgerbegutachtung von Flächenwidmungsplänen u. dgl. Vgl. auch neuestens den Entwurf des Bundeskanzleramts zur Einführung einer Beteiligung von Planungsbetroffenen an mit Bescheid zu erledigenden Verwaltungsverfahren durch entsprechende Novellierung des Allgemeinen Verwaltungsverfahrensgesetzes (BKA GZ 602.960/21-V/1/85) sowie die bereits vorliegenden RV 838-841 Blg Sten Prot NR, 16. GP.

49   PERNTHALER, Peter, Der Wandel des Eigentums im technischen Zeitalter, in: ERMACORA, Felix/KLECATSKY, Hans R./MARCIC, René (Hgg.), 100 Jahre Verfassungsgerichtsbarkeit, 50 Jahre Verfassungsgerichtshof in Österreich, Wien 1968, 196 ff.

und bereits lange beklagten Rechtsschutzdefizite[50] etwa im Bereich sozialstaatlicher Leistungen hinaus verschärft nämlich die Privatwirtschaftsverwaltung auch die Legitimitätsprobleme im Planungsbereich auf spezifische Weise: Im Rahmen *verwaltungsbehördlicher Verfahren* treten die Planungsträger der (betroffenen) Bevölkerung nur als (antragstellende) Parteien gegenüber, ihre Vorhaben selbst sind in ihrem Inhalt den Bürgern gegenüber gar nicht direkt rechtfertigungsbedürftig, sondern allenfalls die hoheitliche behördliche Reaktion darauf (die Bewilligung des Planungsprojekts), und selbst dies auch nur eingeschränkt auf die enge Typik möglicher Verletzung subjektiver Rechte und im dementsprechend engen Kreis jener Betroffenen, die im Verfahren Parteistellung haben.[51] Zum anderen entbehren selbst unmittelbar staatliche Verwaltungsträger innerhalb der Privatwirtschaftsverwaltung weitgehend einer gesetzlichen Grundlage (die sie nach verfassungsgerichtlicher Meinung hier auch nicht brauchen[52]), so daß auch eine Legitimation im Wege des parlamentarischen Gesetzes von vornherein blockiert ist. Der Ruf nach einer stärkeren gesetzlichen Determinierung der Privatwirtschaftsverwaltung stößt aber gerade in den hier interessierenden Planungsbereichen wieder an die oben erwähnten, aus der Entscheidungsstruktur der Planung selbst fließenden Grenzen ihrer externen Programmierbarkeit. Die für die planende Verwaltung vielmehr charakteristische Komponente der Selbstprogrammierung hat also in Gestalt der Privatwirtschaftsverwaltung eine staatsrechtlich noch unangefochtenere Rechtsform gefunden. So entzieht sich die Planungsverwaltung gerade in ihrem expandierenden „privatwirtschaftlichen" Anteil verstärkt der legitimatorischen Rückbindung an die Öffentlichkeit und entfremdet sich immer mehr von dem umgekehrt von ihr immer unmittelbarer betroffenen Bürger.

3. Parteien- und Verbändestaat

Diese Entfremdungssituation verhärtet sich noch unter einer weiteren Bedingung, die — gewissermaßen auf einer dritten Ebene des Problems — übergreifend über die konkreten Verfahrensweisen der planenden Verwaltung das politische System in Österreich überhaupt prägt: die Dominanz und der Zentralismus der politischen Großparteien. In ihrer hohen Mitgliederstärke und Organisationsdichte noch ein Ergebnis der Entwicklung der politischen Lager in der Zwischenkriegszeit, sind sie zusammen mit den großen Interessenverbänden

---

50 Siehe vor allem immer wieder KLECATSKY, Hans R., erstmals: Allgemeines österreichisches Verwaltungsrecht, in: JBl 1954, 473, 503, zuletzt: Menschenrechte, innerstaatlicher Rechtsschutz und Volksanwaltschaft, in: JBl 1985, 584.
51 Vgl. allerdings nunmehr auch Fn 48 (2. Satz).
52 Etwa VfSlg 7716, 7717/1975.

(Sozialpartnern) die Träger der oben skizzierten politischen Kultur der „Wiederaufbauphase" geworden.[53] Sie verstehen auch auf regionaler Ebene, wie einmal gesagt wurde,[54] nur Bundespolitik zu betreiben und absorbieren so weitgehend auch die (ohnehin schwachen) föderalen und dezentralen Entscheidungsebenen. Dies hängt mit der im Vergleich zu anderen föderalen Staaten von Anfang an sehr schwachen Position der Länder zusammen, so daß sich auch ehemals in ihrer Programmatik betont föderalistische Parteien in der Folge auf das Forum der Bundespolitik konzentriert haben. In Verflechtung mit den großen Interessenverbänden *monopolisieren* sie die Politikplanung. Diese vollzieht sich unter den spezifischen Bedingungen des parlamentarischen Regierungssystems überdies weitgehend auf bürokratischer Ebene, während der Rahmen parlamentarischer Öffentlichkeit vielfach nur zur propagandistisch-plakativen „Legitimitätsbeschaffung" dient. Die konkrete Planungspolitik erscheint in ihren vielfältig differenzierten Auswirkungen gar nicht mehr im einzelnen auf ihre Legitimität hin befragbar, die regions- und funktionsspezifisch ganz verschiedenartig in ihren Lebensbedingungen betroffenen Bürger können sich auf keiner Ebene wirksam artikulieren, ihre Interessen sind mangels ihrer organisierbaren Zusammenfassung und Eingliederung in das politische System der „Allerweltsparteien" nicht repräsentiert. Diese *„Repräsentationslücken"* [55] versuchen langsam erstarkende „grün-alternative" Parteigruppierungen vor allem auf lokaler und regionaler Ebene auszufüllen. Sie erscheinen zum Teil als institutionelles Sediment der Bürgerinitiativbewegung, profilieren sich umgekehrt vielfach als deren Träger und Förderer und propagieren vor allem in Umweltgestaltungsbereichen verschiedene Formen dezentraler Partizipation.[56] Sie setzen sich dementsprechend auch langsam auf kommunaler und vereinzelt auch auf Landesebene[57] durch und errangen bei der Nationalratswahl 1986 auch 8 Mandate im Bundesparlament, welches aber entsprechend ihrer Programmatik nicht ihr zentrales Anliegen bildet. Denn sie verstehen sich eben als Alternative zu den etablierten Parteien und beanspruchen, diese

---

53 Zum „Parteien- und Verbändestaat" als Entstehungsbedingung von (im weitesten Sinn) basisdemokratisch orientierter Kritik vgl. nur Marko, Reformpolitik, 277 f (Fn 43) oder Pelinka, Anton, Zustand und Alternativen des politischen Systems, in: ÖZP 1980, 25 ff.

54 Ermacora, Felix, Österreichische Verfassungslehre, Wien 1970, 255.

55 Thaysen, Uwe, Bürgerinitiativen, Parlamente und Parteien in der Bundesrepublik — Eine Zwischenbilanz (1977), in: ZParl 1978, 92.

56 Vgl. dazu etwa das Beispiel Graz: Merli, Franz/Handstanger, Meinrad, Die Alternative Liste Graz als Erweiterung des kommunalpolitischen Systems, in: ÖJP '83, Wien-München 1984, 295.

57 Bei den Vorarlberger Landtagswahlen 1984 entfielen 13% der Stimmen auf die „Grün-Alternativen". Vgl. zur Entwicklung insgesamt Plasser, Fritz, Die unsichtbare Fraktion: Struktur und Profil der Grün-Alternativen in Österreich, in: ÖJP '84, Wien-München 1985, 133.

insbesondere auf dezentral-partizipatorischer Ebene in jener Funktion zu ersetzen, die sie aufgrund ihres (bundesorientierten) Zentralismus nicht mehr erfüllen können, nämlich: politische Komplexität in möglichst repräsentative Alternativen aufzuschlüsseln und diese in kommunikativer Auseinandersetzung mit den Bürgern vor ihnen verantwortbar zu machen.[58]

Zusammenfassend ergibt sich für das letzte Jahrzehnt auch in Österreich das Bild einer Legitimitätskrise des Planungs- und Parteienstaates, die sich besonders an der Bedrohung der unmittelbaren Lebensbedingungen entzündet und in einer erstarkenden Bürgerbewegung artikuliert hat. Dabei sind vor allem die Verfahrensweise der Planungsbürokratie und das sie tragende politische System überhaupt in Mißkredit geraten, weil sie Legitimitätsdefizite aufweisen, die eben an der öffentlichen Umweltgestaltung besonders sinnfällig erfahrbar werden: Der Bürger sieht sich seiner Teilhabe an der (tiefgreifenden) Umgestaltung seiner unmittelbaren Lebensbedingungen beraubt. Die Forderung nach Erhaltung intakten Lebensraumes steht so für die Einforderung der Anerkennung der eigenen Autonomie in den diesen Lebensraum gestaltenden politischen Prozessen. Der „grüne" Bereich erweist sich somit als ein Thema, mit dem zugleich an *grundlegende Bedingungen demokratischer Repräsentation* (in einem inhaltlichen Sinn als Vermittlung von Autonomie mit politischer Herrschaft verstanden) erinnert und ihre institutionelle Berücksichtigung unter je gegenwärtigen Bedingungen besonders dringlich vor Augen geführt wird.

Hier gilt es nun, die bereits skizzierten, lange Zeit verdeckt gebliebenen Legitimationspotentiale der Verfassung zu aktualisieren. Versteht man nämlich das repräsentativdemokratische Prinzip der Bundesverfassung nicht institutionell versteinert, sondern funktionsorientiert offen, so wird deutlich, daß in den aus der dargestellten Situation resultierenden Partizipationsbedürfnissen kein Plädoyer für eine ersatzlose Streichung der repräsentativdemokratischen Strukturprinzipien der Verfassung zu sehen ist, sondern umgekehrt ein Aufruf zur *Erneuerung* ihrer institutionellen *Funktionsbedingungen*.[59] Da es dabei vor

---

58 Vgl. zur (wünschbaren) Funktion politischer Parteien besonders klar Grimm, Dieter, Die politischen Parteien, in: Benda/Maihofer/Vogel (Hgg.), Handbuch, 323 ff. (Fn 25). Für Österreich siehe Pelinka, Anton, Struktur und Funktion der politischen Parteien, in: Fischer, Heinz (Hg.), Das politische System Österreichs, 3. A., Wien 1982, 31—53.

59 Zu vorschnell und pauschal verweist daher Böckenförde, Demokratie, 305 (Fn 33) „die basisdemokratische Bewegung unserer Tage" in die Ecke des (tatsächlich abstrakt-utopischen) identitär-unmittelbaren Demokratiekonzepts. Gerade wenn Repräsentation als institutionelles Prinzip ermöglichen soll, die unaufhebbare Differenz zwischen empirischem Volkswillen und diesen transzendierendem allgemeinem Vernungswillen auszuhalten und neu auszutragen, so muß gerade die institutionelle Ausformung der Demokratie dies als gegenseitige Aufforderung zwischen Bürgern und ihren Repräsentanten artikulierbar machen. Freilich ist Repräsentationsethos im politischen Handeln nicht von „außen" *herstellbar*, aber

allem um den Abbau der Entfremdung der Bürger von der im Parteiensystem befriedeten Planungsverwaltung geht, erscheint der Ausbau dezentraler Partizipationsmöglichkeiten heute tatsächlich als entscheidende Komponente jener institutionellen Funktionsbedingungen einer (im skizzierten Sinn) repräsentativen Demokratie. Diese verfassungstheoretisch begründete Reflexion soll nun den Ausgangspunkt bilden für die Beurteilung der insbesondere auf regionaler und lokaler Ebene bereits vorhandenen direktdemokratischen Instrumente und ihrer Entwicklungsmöglichkeiten.

IV. Instrumente direkter Demokratie auf Landes- und Gemeindeebene und ihre verfassungsrechtliche Problematik

Der angedeutete enge Zusammenhang zwischen den Themen Umwelt und Partizipation bildet heute schon weithin einen programmatischen Aufhänger in der Fortbildung des Landes(verfassungs)- und Gemeinderechts. Bereits in entsprechenden Programmsätzen am Beginn einiger in letzter Zeit neu kodifizierter Landesverfassungen klingt vielfach ein neuer integrativer Anspruch an, der sich als Ausdruck einer neuen Verfassungskultur bewußt von der bisherigen, vom Bund dominierten absetzt. Danach sollen Probleme der politischen Gestaltung des Lebensraumes des Bürgers stärker auf ihn hin orientiert werden, zu „seiner Sache" werden. Vor allem im Rahmen der den Ländern und Gemeinden neu zugewachsenen Raumplanungs- und Umweltgestaltungsaufgaben soll die freie Selbstentfaltungsmöglichkeit des Bürgers gesichert werden und er durch verstärkte Beteiligungsmöglichkeiten in den Zusammenhängen regionaler und lokaler Umweltgestaltung als autonomes und mitverantwortliches Subjekt anerkannt sein.[60] Darin kann aber von der hier vertretenen Position aus nicht nur ein (äußerlicher) Gegensatz zum Bundesverfassungsrecht gesehen werden, sondern auch gewissermaßen die Neuentdeckung eines inneren Zusammenhanges von

---

unter günstigen institutionellen Kommunikationsbedingungen als Aufforderung *vermittelbar*. Und genau um die Erneuerung und Herstellung eben jener institutionellen Bedingungen der Rückkoppelung geht es dem partizipatorischen Anliegen (siehe dazu auch unten V.).

60 Vgl. beispielsweise den Art 7 der Vorarlberger Landesverfassung 1984: Abs 1: „Das Land hat die Aufgabe, die freie Entfaltung der Persönlichkeit des einzelnen ... zu sichern. Selbstverwaltung und Selbsthilfe der Landesbürger sind zu fördern." Abs 3 beinhaltet die generelle Absicht zum Natur- und Landschaftsschutz. Oder Art 1 Abs 2 des burgenländischen Landes-Verfassungsgesetzes 1981: „Burgenland gründet auf der Freiheit und Würde des Menschen; es schützt die Entfaltung seiner Bürger in einer gerechten Gesellschaft." Vgl. auch Art 4 der niederösterreichischen Landesverfassung 1979: „Das Land Niederösterreich hat ... dafür zu sorgen, daß die Lebensbedingungen der niederösterreichischen Bevölkerung ... gewährleistet sind."

Föderalismus und Demokratie im B-VG, den das Landesverfassungsrecht heute zu aktualisieren beansprucht: Die bundesverfassungsrechtlich
gewährten Freiräume der Länder- und Gemeindeautonomie sind so
gesehen Möglichkeit und Aufgabe, die institutionellen Bedingungen
dafür zu schaffen, daß sich der Bürger dort, wo Politik tatsächlich
geschieht, als „citoyen" repräsentiert sehen kann, als Glied eines „Volkes"
also, von dem „das Recht ausgeht", wie sich der Art 1 der
Bundesverfassung ausdrückt.

Wie soll nun diese demokratische Integration durch Beteiligung nach
den neueren Entwicklungen im Landes- und Gemeinderecht konkret
aussehen? Nicht zufällig sind es gerade die Raumordnungsgesetze der
Länder, die in Form der Bürgerbegutachtung von Flächenwidmungsplänen auf lokaler Ebene einen wesentlichen Grundstein für die
Partizipation an der planenden Verwaltung schon vor längerer Zeit gelegt
haben.[61] Doch sollen die Formen „materienspezifischer Partizipation"[62]
im folgenden ausgeklammert bleiben und nur die grundsätzlich generell
anwendbaren Instrumente der direkten Demokratie behandelt werden,
die insofern gewissermaßen zur generellen organisatorischen Verfassung
der entsprechenden Gebietskörperschaften zählen.[63] Bleibt man dabei
zunächst an der „untersten", der kommunalen Ebene, wo ja der
aufgezeigte legitimatorische Nachholbedarf der planenden Verwaltung
aufgrund ihrer besonderen „Hautnähe" besonders groß ist, so ist im
Gefolge der Gemeindeverfassungsnovelle 1962 sukzessive ein deutlicher
Vormarsch der direkten Demokratie festzustellen, obwohl sie damals in
den bundesverfassungsrechtlichen Grundsätzen der Gemeindeorganisation trotz diesbezüglicher Bemühungen noch nicht verankert worden war.
Erst seit 1984 gewährt Art 117 Abs 7 B-VG „in Angelegenheiten des
eigenen Wirkungsbereiches" die Möglichkeit, eine „unmittelbare
Teilnahme und Mitwirkung" der Bürger landesgesetzlich vorzusehen. Zu
den schon 1962 vereinzelt vorhandenen traditionellen direktdemokratischen Instrumenten in der Gemeinde, wie etwa *Volksbefragung* und
Gemeindeversammlung in Tirol, gesellten sich seit 1965[64] in vielen anderen

---

61   Siehe dazu etwa bereits VwSlgNF 5468 A/1961.

62   Vgl. zu dieser Unterscheidung für den Gemeindebereich PAUGER, Dietmar,
     Bürgermitbestimmung und kommunale Partizipation, in: FUNK, Bernd-Christian/
     RACK, Reinhard/PAUGER, Dietmar, Gemeindeautonomie und Bürgermitbestim-
     mung, Graz 1981, 138.

63   Der Begriff der Partizipation wird im folgenden als betroffenheitsabhängige
     Beteiligung auf der Verwaltungsebene, also als Teilbereich der direkten Demokratie
     verstanden, während diese selbst insbesondere auch plebiszitäre Instrumente
     einschließt, die die Beteiligung des undifferenzierten „Gesamtvolkes" einer
     Gebietskörperschaft insbesondere an der Gesetzgebung, aber auch an Entscheidun-
     gen der leitenden Verwaltungsorgane ermöglicht. Vgl. zur Unterscheidung von
     plebiszitärer und partizipativer Demokratie grundsätzlich ÖHLINGER, Demokratie,
     219 ff, 224 f (Fn 47).

64   Dies war die Frist zur Anpassung der Gemeindeorganisationsgesetze der Länder an

Ländern gleichartige und weitere, den klassischen Instrumenten der „plebiszitären" Demokratie (*Volksbegehren* und *Volksabstimmung*) nachgebildete Institutionen, so daß die direkte Demokratie heute in den Gemeinden fast bundesweit in irgendeiner dieser vier Formen existiert.[65] Besonders die Volksbefragung erfreut sich einer besonderen Verbreitung in den Gemeindegesetzen. Sie wird überwiegend aufgrund eines Gemeinderatsbeschlusses, teilweise auch auf Antrag einer Minderheit von Bürgern abgehalten und kann den Gemeinderat in ihrem Ergebnis nicht binden. In der zum Teil vorgesehenen Möglichkeit einer gegenstandsabhängigen Beschränkung der Abstimmung auf einen Teil des Gemeindegebietes spiegelt sich die für die partizipative Demokratie charakteristische Anknüpfung an das Moment der Betroffenheit wider, an dem sich ja die besondere Legitimitätsproblematik der planenden Verwaltung entzündet. Dasselbe gilt auch für die vielfältig vorgesehenen *Informationspflichten* der Kommunalverwaltung gegenüber den von einem geplanten Projekt betroffenen Bürgern, vor allem innerhalb von Bürgerversammlungen, die teilweise auch nur für den betroffenen Stadtteil abgehalten werden können, und in denen den Bürgern Gelegenheit zur Stellungnahme einzuräumen ist. Auch soll die gezielte Erstreckung dieser Informationspflichten auf Kommunalbetriebe[66] offenbar das privatwirtschaftliche Engagement der Gemeinde dem Bürger gegenüber transparenter machen.

Noch weiter als diese Instrumente wechselseitiger Information gehen jene Einrichtungen, die den Bürgern einen *bestimmenden* Einfluß auf einzelne Entscheidungen der Gemeindeorgane einräumen, so das Gemeindevolksbegehren, über das der Gemeinderat bei entsprechender Unterstützung beschließen muß, und die Volksabstimmung, mit der meist der Gemeinderat selbst eine einzelne Entscheidung den Gemeindebürgern überlassen kann. Die im letzten Fall auch noch erhaltene Souveränität des Repräsentativorgans über den Volksentscheid kann aber nach dem Innsbrucker Stadtrecht auch noch durch einen besonderen Fall beseitigt werden, der dem einer echten „Volksverwaltung" schon nahekommt: Hier ist der Gemeinderat bei sonstiger Auflösung und Neuwahl verpflichtet, die einem von mindestens der Hälfte der Wahlberechtigten unterstützten Volksbegehren entsprechenden Maßnahmen zu setzen.[67]

Die hier zunächst anhand der Gemeindeebene dargestellte Gruppe der partizipativen Mitwirkungsrechte der Bürger an der Verwaltung scheint für die traditionelle Verfassungsdogmatik an sich schon in einem gewissen Spannungsverhältnis zur vorausgesetzten Struktur einer

---

die Gemeindeverfassungsnovelle 1962. Vgl. § 5 Abs 1 des BVG vom 12. Juli 1962, BGBl 205.

65   Vgl. dazu den Beitrag von Joseph MARKO in diesem Band.

66   Vgl. § 63 c des Linzer Stadtrechts 1980, OÖ LGBl 10.

67   §§ 47, 48 des Innsbrucker Stadtrechts 1975, Tir. LGBl 53.

unmittelbar volksunabhängigen Verwaltung und ihrer strikten Gesetzesbindung zu stehen.[68] Dem entspricht auch der Umstand, daß eben der
durch jene strenge Gesetzesbindung zumindest dem Anspruch nach
besonders ausgezeichnete Bereich der Hoheitsverwaltung, darunter
insbesondere die individuellen behördlichen Entscheidungen, teilweise
aber auch die Erlassung von Verordnungen, vom Anwendungsbereich
der skizzierten direktdemokratischen Instrumente ausgenommen sind.
Ob für den Gemeindebereich nun gem. Art 117 Abs 7 B-VG eine
„Teilnahme und Mitwirkung" der Gemeindebürger auch an der
Hoheitsverwaltung möglich ist, muß aus der dargestellten Sicht der
traditionellen Dogmatik fraglich sein: Da die Fälle des Art 117 Abs 7
B-VG sicher keine Ausnahme vom Legalitätsprinzip implizieren, kann
sich der von der herkömmlichen Staatsrechtslehre für die Hoheitsverwaltung vorausgesetzte *Gegensatz zwischen Gesetzesbindung und Partizipation* auch im Rahmen dieser Bestimmung nicht lösen.

Darüber hinaus erstreckt sich diese verfassungsdogmatische Skepsis
gegenüber der Partizipation aber generell auf alle Verwaltungsbereiche, je
mehr die Verwaltungsbehörden in ihren Entscheidungen vom Willen der
Bürger beeinflußt oder gar ersetzt werden sollen. Wie gezeigt, bietet die
Gemeindeebene dafür auch sehr weitgehende Beispiele. Inwieweit sie alle
nun durch die doch recht zurückhaltende Formulierung des Art 117 Abs 7
B-VG über jene Zweifel tatsächlich erhaben sind, erscheint im Vergleich
mit der Situation vor dem Inkrafttreten dieser Verfassungsnovelle auch
fraglich: Die Übertragung der Befugnis zu einzelnen Entscheidungen an
das Gemeindevolk sei, so wurde damals argumentiert, nicht zu
vereinbaren mit der Stellung des Gemeinderates als für alle
Entscheidungen im eigenen Wirkungsbereich letztverantwortlichen
Organs, dem gegenüber alle anderen Gemeindeorgane gemäß Art 118
Abs 5 B-VG verantwortlich sind.[69] Da aber diese Bestimmung durch die
Novelle völlig unberührt geblieben ist, kann Art 117 Abs 7 B-VG aus
dieser Sicht nur als Ausnahme zu der im übrigen lückenlosen
Verantwortlichkeit gegenüber dem Gemeinderat gelten. Zumindest in
entsprechend *restriktiver* Interpretation könnte hier zweifelhaft sein, ob

---

68   Dazu etwa WALTER, Robert, Partizipation an Verwaltungsentscheidungen, in:
      VVDStRL 31 (1973), 147; OBERNDORFER, Peter, Partizipation an Verwaltungsent-
      scheidungen in Österreich, in: DÖV 1972, 529; MANTL, Wolfgang, Die Partizipation in
      der Verwaltung, in: FS-ANTONIOLLI, Wien 1979, 485; besonders nachdrücklich
      wiederum OBERNDORFER, Die Verwaltung, in: SCHAMBECK (Hg.), Bundes-
      Verfassungsgesetz, 442 (Fn 1).

69   OBERNDORFER, Peter, Stadtrechtsreform in Österreich, Linz 1976, 69; DERS., Bürger
      und Verwaltung, 54 ff (Fn 13), zum Innsbrucker Stadtrecht insb. 56. Teilweise wurde
      unter dem selben Gesichtspunkt neben der Volksabstimmung auch das
      Volksbegehren auf Gemeindeebene für verfassungswidrig angesehen: besonders
      ausführlich RACK, Reinhard, Einrichtungen direkter Demokratie in Österreichs
      Gemeinden, in: ÖGZ 1970, 29 ff. Siehe die Zusammenfassung der Diskussion bei
      PAUGER, Bürgermitbestimmung, 129 ff (Fn 62).

mit der Möglichkeit der „unmittelbaren Teilnahme und Mitwirkung" an einer Entscheidung tatsächlich alle Fälle abgedeckt sind, in denen den Bürgern „die Entscheidung *anstelle* der an sich zuständigen Gemeindeorgane überlassen wird", wie es die Regierungsvorlage will.[70]

Wie dem auch sei, solche für den Gemeindebereich also nur bedingt ausgeräumten Bedenken müssen jedenfalls noch heute analog und unvermindert für den Bereich der *Landesvollziehung* gelten,[71] wo allerdings neben der auch hier weit verbreiteten Volksbefragung (für die sinngemäß das gleiche gilt wie das zur Volksbefragung auf Gemeindeebene Gesagte) kein bindendes Verwaltungsreferendum, aber immerhin einige dem Volksbegehren in den Rechtswirkungen nachgebildete Verwaltungsinitiativen zu finden sind.[78] Demgegenüber ist aber für den Vollziehungsbereich des Landes in Art 101 Abs 1 B-VG die Landesregierung (oder eines ihrer Mitglieder)[72] ohne Einschränkung als oberstes und daher auch letztverantwortliches Verwaltungsorgan vorgesehen. Eine diesen verfassungsrechtlichen Verankerungen der leitenden Vollzugsorgane etwa entsprechende Verantwortlichkeit oder gar Weisungsgebundenheit der Bürger, als an Verwaltungsentscheidungen mitwirkende Organe, jenen gegenüber erschiene hingegen tatsächlich „absurd",[73] so daß für derartige Organkompetenzen des Volkes — außerhalb der schwachen Ausnahme im Gemeindebereich — im Ergebnis kein Raum zu sein scheint. Es sei denn, so eine andere Meinungsvariante, das Volk wäre in diesen Funktionen gar nicht als Organ innerhalb des Organkomplexes „Verwaltung" i. S. des B-VG und seiner dafür bestehenden hierarchischen Grundsätze anzusehen, sondern als der eigentliche Souverän,[74] an den die durch die Verfassung an verschiedene Organe delegierte Entscheidungsgewalt hier offenbar wieder rückdelegiert sei und der deshalb diese differenzierte Organhierarchie der Verfassung offenbar irgendwie überstrahlt. Für die Gcmcindeebene

---

70   446 Blg Sten Prot NR, 16. GP, 7. Vgl. auch WALTER/MAYER, Grundriß, 41 (Fn 22), wonach Art 117 Abs 7 B-VG den direktdemokratischen Bestrebungen auf Gemeindeebene „partiell" Rechnung getragen hat. Weitergehend ADAMOVICH/FUNK, Verfassungsrecht, 118 (Fn 23).

71   Zur Verfassungswidrigkeit *„entscheidungsförmiger"* Partizipation auf allen Ebenen der Verwaltung vgl. MANTL, Partizipation, 500 (Fn 68). Vgl. auch ADAMOVICH/FUNK, Verfassungsrecht, 117 (Fn 23), die in bezug auf die Landesebene von „verhältnismäßig engen Grenzen" der direkten Demokratie überhaupt sprechen.

72   § 3 Abs 1 BVG betreffend die Ämter der Landesregierungen außer Wien, BGBl 1925/289 (Zulässigkeit des Ressortsystems).

73   So RACK, Einrichtungen, 30 (Fn 69) für das Verhältnis Gemeindevolk — Gemeinderat; in bezug auf die Landesverwaltung vgl. OBERNDORFER, in: SCHAMBECK (Hg.), Bundes-Verfassungsgesetz, 441 f (Fn 1).

74   Für den Gemeindebereich erwägt dies GALLENT, Kurt, Gemeinde und Verfassung, Graz 1978, 97. So jedenfalls im Ergebnis auch PAUGER, Bürgermitbestimmung, 132 f (Fn 62) auch wenn er zwar von der Organqualität des Volkes ausgeht, zugleich aus dessen Eigenschaft als Souverän aber (teleologisch) die Unanwendbarkeit der verfassungsrechtlichen Verantwortlichkeit auf dieses „souveräne Organ" folgert.

wären dann die Fälle des Art 117 Abs 7 B-VG keine bloßen Ausnahmen zu Art 118 Abs 5 B-VG, sondern blieben vom Anwendungsbereich dieser Bestimmung von vorneherein unberührte Möglichkeiten der souveränen Volkswillensbildung. Das verschiebt aber das Problem nur auf eine andere Ebene der Formulierung: Bis zu welchem Grad darf die Kompetenz der in der repräsentativdemokratischen Organisationsstruktur der Verfassung zur Entscheidung berufenen Organe durch die unmittelbare Willenskundgebung des souveränen Volkes zurückgedrängt werden, also die repräsentative Demokratie durch die unmittelbare ersetzt werden? In dieser Formulierung des Problems dürften aber die direktdemokratischen Instrumente kaum ausgedehntere dogmatische Chancen auf Verfassungskonformität haben;[75] auch auf Gemeindeebene bliebe der enge *Ausnahme*charakter des Art 117 Abs 7 B-VG im Hinblick auf die prinzipiell repräsentativdemokratische Organisation der Gemeindeverwaltung erhalten.[76]

In dieser allgemeineren Form scheinen die skizzierten verfassungsrechtlichen Bedenken vielmehr mutatis mutandis auch für die Ebene der Landes*gesetzgebung* zuzutreffen, für die ja das B-VG ganz lapidar einzig und allein den Landtag vorsieht.[77] Dennoch haben hier sogar besonders viele Länder direktdemokratische Institutionen entwickelt, die noch dazu vielfach den Rahmen der für die Bundesgesetzgebung vorhandenen Instrumente (in durchaus „phantasievoller" Weise) bei weitem sprengen.[78] Zu *Volksbegehren* und *Volksabstimmung* nach Bundesmodell kommen nicht nur Instrumente der *Bürgerbegutachtung* von Gesetzesvorlagen, sondern, z. T. kumulativ, auch das *Volksveto* als Variante der Volksabstimmung über Gesetzesbeschlüsse des Landtags: Auf Antrag einer Minderheit von Wählern ist über ein beschlossenes Gesetz ein Referendum durchzuführen, dessen negativer Ausgang somit für diesen Fall die Landtagsmehrheit ausschaltet. Die für den Bundesbereich kennzeichnende Parlamentshoheit auch innerhalb der direkten Demokratie ist hier also beseitigt. Noch weiter geht das Vorarlberger Modell

---

75   Dies unterschätzt PAUGER, Bürgermitbestimmung, 133 f (Fn 62), da dies eine stärkere und ausgereiftere funktionale Reflexion des Repräsentationsbegriffs in der Dogmatik voraussetzen würde, als es dem *derzeitigen Standard* entspricht. Setzt man *diesen*, wie im Text, voraus, so bleibt die direkte Demokratie eine von der Verfassung prinzipiell nicht einmal als solche zugelassene *Ausnahme* vom repräsentativdemokratischen Organisationsprinzip.

76   Noch stärker ADAMOVICH/FUNK, Verfassungsrecht, 298 (Fn 23), die von einer „Durchbrechung des auch auf Gemeindeebene verankerten Systems der mittelbaren Demokratie (Repräsentativsystem)" durch Art 117 Abs 7 B-VG sprechen.

77   Art 95 Abs 1 B-VG.

78   Zu den Instrumenten direkter Demokratie auf Landesebene vgl. im einzelnen ADAMER, Ernst, Direkte Demokratie in den österreichischen Ländern, in: PERNTHALER, Direkte Demokratie, 37 (Fn 10); LENGHEIMER, Karl, Direkte Demokratie in den Ländern, in: RACK (Hg.), Landesverfassungsreform, 144 (Fn 2); KOJA, Friedrich, Direkte Demokratie in den Ländern, Salzburg 1983.

einer „Volksgesetzgebung", wonach eine von mehr als 20% der Wähler unterstützte Gesetzesinitiative nach ihrer Verwerfung durch den Landtag zwingend einem Referendum zu unterziehen ist, dessen positives Ergebnis den Vorschlag gegen den Willen der Landtagsmehrheit zum Gesetz macht.[79] Mit einer als abschließende Regelung verstandenen bundesverfassungsrechtlichen Zuständigkeit des Landtags zur Erzeugung aller Landesgesetze wären zumindest diese das Bundesmodell sprengenden Formen der direkten Demokratie sicher nicht vereinbar.[80]

Für die direkte Demokratie auf Landes- und Gemeindeebene ergibt sich somit zunächst der Eindruck von einander recht unvermittelt entgegenstehenden verfassungsrechtlichen Schranken einerseits und soziopolitischen Legitimationsbedürfnissen andererseits. Die direkte Demokratie scheint in größerem Umfang gebraucht zu werden als sie erlaubt ist. In dem von Partizipationsbedürfnissen besonders betroffenen kommunalen Bereich, wo verfassungsrechtliche Bedenken dagegen besonders dicht vorgebracht wurden, hat nun Art 117 Abs 7 B-VG zwar eine — beschränkte — Lockerung gebracht, doch in ihrer halbherzigen Formulierung bleibt diese Bestimmung scheinbar[81] selbst jenem restriktiven Verständnis des repräsentativdemokratischen Prinzips verpflichtet und scheint so in diesem *unvermittelten Gegensatz* zwischen dogmatischem Demokratieverständnis und politischem Legitimitätsanspruch irgendwie steckenzubleiben. In ihrer enggefaßten Explizitheit könnte sie als Ausnahmebestimmung, ja vielmehr noch als zusätzliches Argument für die prinzipielle Unzulässigkeit direkter Demokratie herangezogen werden.[82]

Doch ob dieser Gesamtbefund auch systematisch zutrifft, bleibt noch zu prüfen. Aus dem schon anfangs zugrundegelegten Verständnis der repräsentativen Demokratie als regulativem Prinzip könnten sich nämlich Ansätze zu einer *Vermittlung* zwischen der jetzt dargestellten restriktiven Verfassungsdogmatik einerseits und den im vorigen Teil präzisierten politischen Legitimationsanforderungen andererseits abzeichnen. Dies bedeutet nun nicht nur eine Relativierung der Ausgangspositionen der dargestellten Verfassungsdogmatik, sondern auch eine kritische Präzisierung des funktionalen Stellenwertes direktdemokratischer Institutionen und ihrer Entwicklung.

---

79 Art 33 Abs 5 der Vorarlberger Landesverfassung, LGBl 1984/30.

80 Vgl. zu den Formen des Vetoreferendums WALTER, Robert, Österreichisches Bundesverfassungsrecht, Wien 1972, 571 („bundesverfassungswidrig") und, schon abgeschwächt, WALTER/MAYER, Grundriß, 247 (Fn 22) („bundesverfassungsrechtlich nicht unbedenklich"). Wie hier im Text ADAMOVICH/FUNK, Verfassungsrecht, 221 f (Fn 23).

81 Das Gegenteil soll noch im folgenden Abschnitt gezeigt werden.

82 Erwartungsgemäß ist dies auch kürzlich bereits eingetreten: ADAMOVICH/FUNK, Verfassungsrecht, 222 (Fn 23): indirekte Bestätigung des Gesetzgebungsmonopols der Landtage durch Art 117 Abs 7 B-VG.

V. Die funktionalen Kriterien des repräsentativ-
demokratischen Prinzips und ihre Realisierung
in der direkten Demokratie

Auszugehen ist von einer verfassungstheoretischen Prüfung des den dargestellten Argumentationen zugrundeliegenden Verständnisses der repräsentativen Demokratie. In der akribischen Auseinandersetzung um den Grad der (Rück-)Übertragbarkeit der verfassungsrechtlich bestimmten Organen übertragenen Entscheidungsgewalt an das Volk erscheinen mir diese Argumentationen nämlich mehr oder minder stark geprägt von bestimmten *souveränitätstheoretischen* Reduktionen, die auch über die verwendete *dezisionistisch* geprägte Begrifflichkeit wirksam werden dürften.[83] Danach reduziert sich — vereinfacht gesprochen — das Problem der Demokratie zunächst auf den (geschichtlichen) Übergang der — ganz dezisionistisch verstandenen — politischen Entscheidungsmacht vom souveränen Monarchen an das souveräne Volk, und in der Folge auf das strukturelle Problem ihrer „Unterverteilung" auf die verschiedenen verfassungsmäßigen Organe.

Obwohl nun das Moment der Entscheidung gerade auch in der Problematik der Legitimation politischer Herrschaft nicht zu umgehen ist,[84] ist dennoch festzuhalten, daß eine dezisionistische Verkürzung der Problematik auf formale Letztentscheidungskompetenzen den Legitimationsansprüchen und der Funktionsweise der verfassungsstaatlichen Demokratie nicht gerecht wird. Es gibt hier keinen Souverän, sondern nur Kompetenzen, und diese sind auch nicht bloß die auf die einzelnen Organe verteilten Souveränitätssplitter, die ihnen innerhalb ihrer Kompetenzgrenzen das „letzte Wort" überlassen würden. Vielmehr ist ihre Ausübung an demokratische Verantwortung rückgebunden, die hier nicht individualethisch, sondern institutionell-diskursiv zu verstehen ist. Hier ist an den eingangs skizzierten funktional-regulativen Charakter des Repräsentationsbegriffs zu erinnern, der ihm im demokratischen Verfassungsstaat auch und gerade in institutionellem Sinne zukommt: Danach erschöpft sich „Repräsentation des Allgemeinwillens" auch und gerade institutionell nicht als bloß organisatorisches Prinzip in einem „impermeablen" Monopol demokratisch kreierter Organe (allgemeiner Vertretungskörper) auf irgendeine „letzte" Entscheidungsgewalt, sondern vollzieht sich erst in den — durch institutionelle Rückkoppelungen

---

83 OBERNDORFER, Stadtrechtsreform, 69: „Das *letzte Wort* im eigenen Wirkungsbereich" sei dem Gemeinderat vorbehalten (Fn 69); RACK, Einrichtungen, 35: Bei Volksabstimmungen sei „bei wirklich wichtigen Angelegenheiten der Wähler selbst zur *endgültigen Entscheidung* aufgerufen" (Fn 69); vgl. auch PAUGER, Bürgermitbestimmung, 133, wenn er dabei vom „Volk als *Souverän*" spricht (Fn 62). Vgl. schließlich auch MANTL, Partizipation, 500, zur Unzulässigkeit der „*Erzeugung* von ... Verwaltungs*akten* durch ... das ... Volk" (Fn 68).(Hervorhebungen von mir.)

84 Dazu LUF, Gerhard, Überlegungen zum Verhältnis von Entscheidung und Rechtfertigung im Recht, in: FS-HEINTEL, Bd. 2., Wien 1983, 233.

diskursiver Art an das „Volk" ermöglichten — kommunikativen Rechtfertigungsprozessen: Die staatlichen Organe haben erst insofern repräsentativen Charakter, als sie unter dem institutionellen Zwang stehen, ihre politische Leitungsfunktion dauernd vor dem Bürger in einem fortlaufenden Prozeß zu verantworten, in welchem getroffene Entscheidungen prinzipiell kontrollierbar und revidierbar sind und erledigte Themen unter neuen Bedingungen je neu aufgegriffen werden können.[85] Es gibt daher innerhalb dieses Prozesses keine Organzuständigkeit zu absoluten, quasi souveränen Letztentscheidungen.

Unter diesen Voraussetzungen bedeutet nun das repräsentativ-demokratische Prinzip der Bundesverfassung nicht etwa die Ausschließlichkeit der politischen Entscheidungsgewalt der „allgemeinen Vertretungskörper", sondern deren Funktion als „Angelpunkte" in jenen (ineinander verschachtelten) diskursiven Rechtfertigungskreisläufen: Sie müssen innerhalb der ihnen zugewiesenen Staatsfunktionen ihre Stellung als zentrale Bezugspunkte demokratischer Verantwortung beibehalten. Bis zu welcher *Grenze* sie dabei in ihrer politischen Führungsfunktion an die Reaktion und die Teilnahme der Bürger rückgebunden werden dürfen, läßt sich nicht aus den lapidaren Worten ihrer verfassungsgesetzlichen Einrichtung deduzieren. Wenn also etwa der Landtag gemäß Art 95 Abs 1 B-VG die Landesgesetzgebung ausübt oder dem Gemeinderat innerhalb der Gemeindeselbstverwaltung alle Organe verantwortlich sind, so bedeutet dies die Institutionalisierung eines Bezugspunktes einer nur relativen Letztverantwortung innerhalb des politischen Geschehens Landesgesetzgebung oder Gemeindeverwaltung, gibt aber keine exakte Grenze der Rückkoppelung an den Bürger in diesem Prozeß an. Im Lichte des repräsentativdemokratischen Prinzips interpretiert, ergeben also die organisatorischen Bestimmungen des B-VG keineswegs ein Monopol der allgemeinen Vertretungskörper für jeden einzelnen Akt der ihnen jeweils zugeordneten Rechtserzeugungsform oder die ausschließende Verantwortlichkeit der leitenden Verwaltungsorgane für jeden Einzelakt innerhalb der ihnen zugeordneten Vollziehungsbereiche.

Wenn die oben skizzierte Diskussion hingegen durchwegs auf die zu respektierende Organhoheit über die einzelne Entscheidung abstellt, so erscheint diese *Abstraktion der Einzelentscheidung* aus der Kontinuität des politischen Prozesses unter gegenwärtigen Bedingungen, insbesondere auf Verwaltungsebene, als Verkürzung.[86] Sie geschieht nämlich aus Voraussetzungen, deren Selbstverständlichkeit heute gerade für die gestaltende, planende Verwaltung fragwürdig geworden sind. Denn mit dem überkommenen Konzept der exakten Determinierung der autokratischen Verwaltung durch das Gesetz ist nämlich auch eine ganz

---

85   Dazu grundlegend BÖCKENFÖRDE, Demokratie 314 f (Fn 33).

86   Siehe zum folgenden sehr klar BROHM, Winfried, Die Dogmatik des Verwaltungsrechts vor den Gegenwartsaufgaben der Verwaltung, in: VVDStRL 30 (1972), 246, insb. 253 ff.

bestimmte Vorstellung des Verwaltungsaktes, der Verwaltungsentschei-
dung verbunden, die an der klassischen, konditional programmierten
Eingriffsverwaltung entwickelt ist. Brennpunkt heutiger Legitimitäts-
diskussion ist aber nicht mehr der Eingriff in Eigentum und Freiheit,
sondern die „Systemintegration" ganzer Lebensbereiche: Nicht der
einzelne Akt, sondern das Kontinuum der Planung und der damit
fortgeschriebenen *Sach- und Systemzwänge* ist es, was die Bürger heute
von ihrem Gemeinwesen entfremdet, weil sich darin die Privilegierung
ganz bestimmter ökonomisch-technischer Gestaltungsinteressen ver-
birgt, die sich in ihren Auswirkungen im konkreten Erfahrungsbereich
der Auseinandersetzung um ihre Rechtfertigung, insbesondere vor den
Betroffenen, entziehen. In der repräsentativen Demokratie gilt es nun,
diese im politischen System fortlaufend als unausgesprochene Interes-
senselektion wirksamen Grundorientierungen *transparent,* den politischen Leitungsorganen *zurechenbar* und somit überhaupt erst im Medium
demokratischer Kontrollmechanismen *verantwortbar* zu machen. Ein
Mittel dazu kann unter gegenwärtigen Bedingungen eben der Ausbau
solcher direktdemokratischer Einrichtungen sein, die das politische
Geschehen, insbesondere auch auf der Ebene der planenden Verwaltung,
bei den Bürgern zur Diskussion stellen; und zwar so, daß sie sich nicht
bloß im Hinblick auf Wahlen zu den allgemeinen Vertretungskörpern als
plakativ umworbene Politikkonsumenten angesprochen fühlen, sondern
sich in den konkreten Verfahrensweisen von Politik und Verwaltung als
mitverantwortlich anerkannt finden. Unter Berücksichtigung der
angeführten gegenwärtigen Bedingungen wird umsomehr deutlich, daß
eine solche Bürgerbeteiligung in etwaigen direktdemokratischen
Institutionen ohnehin nur Antwortcharakter auf je bereits vorangegan-
gene Strukturierung politischer Alternativen haben kann:[87] Selbst in der
Übertragung von einzelnen Entscheidungskompetenzen an das Volk wird
es nicht als Souverän wieder eingesetzt, es kann auch in diesem Rahmen
nur antworten auf vorformulierte Fragen oder reagieren auf zumindest
durch andere Vorentscheidungen bereits strukturierte politische
Interessenlagen. Der Sache nach dürfte dies sogar weitgehend für die
Fälle direkter „Volksregierung" unter „Ausschaltung" der Repräsentativ-
oder obersten Verwaltungsorgane gelten, umsomehr für die Formen des
direktdemokratischen Vetos. Selbst in solchen Fällen weitgehender
direktdemokratischer Einflußnahme auf einzelne Entscheidungen
werden die repräsentativdemokratischen Strukturen des B-VG nicht

---

87   Zum folgenden siehe nur BÖCKENFÖRDE, Demokratie, 306 ff, auch 311 (Fn 33). Im
     Planungsbereich hängt dies vor allem auch mit der Komponente der Selbstprogram-
     mierung und mit deren *Fernwirkungen* in einem Sozialsystem hoher Interdependenz
     zusammen: dazu BROHM, Dogmatik, 258 ff (Fn 86); eine unmittelbare „voraus-
     setzungslose" Artikulation des „Allgemeinwillens" durch das „Volk" erscheint unter
     diesen Bedingungen umso mehr irreal (vgl. bereits oben bei Fn 34) und somit umso
     weniger zu „befürchten".

prinzipiell ausgehöhlt. Denn das „Volk" bleibt auch hier eingeschrieben in das System von verfassungsstaatlichen Kompetenzen, von verfahrensmäßigen und inhaltlichen Bindungen von Verfassung, Gesetz und administrativem Rahmen;[88] und seine Entscheidungen sind auch in diesem Rahmen nicht das letzte Wort, sondern bleiben prinzipiell im demokratischen Prozeß revidierbar. Die Bürger bleiben also in diesem Sinn ein Organ ohne Souveränität, wiewohl sie natürlich im Rahmen der Beteiligung an Verwaltungsentscheidungen nicht unmittelbar der Leitungs- oder Weisungsbefugnis der obersten Vollziehungsorgane unterliegen. Dennoch ermöglicht angesichts der aufgezeigten Legitimationsdefizite gerade die Partizipation an der Verwaltung einen Kommunikationszwang, der die Letztverantwortlichkeit der leitenden Vollzugsorgane gegenüber den allgemeinen Vertretungskörpern nicht untergräbt, sondern ihr allererst den angemessenen funktionalen Stellenwert innerhalb des Verantwortungssystems der repräsentativen Demokratie verleiht: Die Ausübung politischer Kontrolle durch die Repräsentativkörper wird nämlich für den Bürger erst dann wirklich politisch beurteilbar, wenn sie sich als Fortsetzung seiner Auseinandersetzung mit der Verwaltung um Prioritäten, besonders in der Gestaltung seiner konkreten Erfahrungswelt, darstellt.

Unter diesen Voraussetzungen kann nun auch Art 117 Abs 7 B-VG nicht mehr als Ausnahme zu den repräsentativdemokratischen Strukturprinzipien des B-VG angesehen werden, sondern eher als deren authentische Interpretation für die Gemeindeebene, wo ihr Verhältnis zur direkten Demokratie in der Verfassungsdogmatik eben besonders problematisch geworden war. Es zeigt diese Verfassungsbestimmung einmal mehr, daß das repräsentativdemokratische Konzept des B-VG nicht auf die Ausschließlichkeit eines bloßen Organisationsschemas reduziert werden kann (deren verfassungsrechtlicher Ausnahmen es dann ohnehin langsam zu viele gäbe: vgl. oben II.), sondern daß es eine funktionale Grundstruktur für die Gestaltung des demokratischen Prozesses angibt, die unter gegenwärtigen Bedingungen den Ausbau direktdemokratischer Einrichtungen sogar nahelegen kann. Zugleich bekommt die Formulierung des Art 117 Abs 7 B-VG erst in dieser auf den politischen Gesamtprozeß ausgerichteten Sicht ihren „guten" Sinn: Bezieht man nämlich die „unmittelbare Teilnahme und Mitwirkung" der Bürger nicht auf die einzelne Entscheidung, sondern auf die Bereiche der Gemeindeselbstverwaltung insgesamt, so wird deutlich, daß es in dieser

---

88 Das Problem der Einhaltung der Grenzen von Kompetenz und Legalität in direktdemokratischen Entscheidungen ist auch kein strukturelles Problem, sondern das eines demokratischen Lernprozesses in der partizipierenden Bevölkerung, der allerdings dann gehemmt wird, wenn mit dem Einsatz direkter Demokratie simplifizierende Souveränitätsvorstellungen transportiert werden, indem zu propagandistischen Zwecken der Eindruck einer Übertragung der Macht an das souveräne Volk erweckt wird (siehe dazu weiter unten).

Bestimmung nicht um eine Dosierung der Übertragbarkeit der einzelnen Entscheidung an die Bürger geht, sondern um ihre Einbindung in das Planungsgeschehen, worin auch einzelne Entscheidungen „anstelle der an sich zuständigen Gemeindeorgane" den Bürgern überlassen sein können. Die Intention der Novelle, auch diese Möglichkeit abzudecken,[70] erfüllt sich also erst unter der Voraussetzung einer Interpretation, die darin ohnehin keinen prinzipiellen Gegensatz zur repräsentativdemokratischen Organisation der Gemeindeverwaltung (und der Verfassung insgesamt) sehen kann.

Diese Ausleuchtung der inhaltlichen Tragweite der repräsentativdemokratischen Strukturprinzipien des B-VG bedeutet einerseits im Ergebnis sicher eine Ausweitung der Grenzen verfassungskonformer Einrichtung direktdemokratischer Institutionen. Den Landes(verfassungs)gesetzgeber binden die dargestellten Organisationsgrundsätze für den Landes- und Gemeindebereich primär als funktionale Grundstruktur, die durch direktdemokratische Elemente nicht so schnell in eindeutig verfassungswidriger Weise „berührt" werden kann: Der gewährte organisatorische Toleranzbereich liegt innerhalb der Landesverfassungsautonomie.[89] Doch sind für die Ausfüllung dieses weiten organisatorischen Rahmens durch direktdemokratische Einrichtungen sehr wohl *funktionale Anforderungen* aus dem repräsentativdemokratischen Prinzip deutlich geworden: Verantwortung ist ein Kommunikationsbegriff. Zur Ermöglichung demokratischer Verantwortbarkeit von Politik müssen sich ihre Träger in ein Gespräch mit dem Bürger einlassen. Doch zeigt ein kritischer Blick auf die Funktionen direktdemokratischer Instrumente in Österreich, daß bei weitem nicht jeder Gebrauch der direkten Demokratie diese Kommunikation intensiviert. Teilweise ist nämlich auch der gegenteilige Effekt eines Kommunikationsabbruchs feststellbar, der durch bloß scheinbare Machtübertragung an die Bürger in Wahrheit der zusätzlichen Immunisierung des politischen Systems gegenüber Legitimitätsanforderungen dient. Solche oft erst durch ihren konkreten Gebrauch vermittelten Effekte direktdemokratischer Einrichtungen machen sie natürlich deshalb nicht in einem judiziablen Sinn verfassungswidrig, doch lassen sie sich in der Diskussion um ihre Wirkung an den funktionalen Kriterien des verfassungsrechtlichen Prinzips der repräsentativen Demokratie durchaus messen.[90]

---

89   So im Ergebnis auch Novak, Verfassungsautonomie, 47 (Fn 2); Ders., Bundes-Verfassungsgesetz, 134 f (Fn 1).

90   Das hier zugrundeliegende „politische" Verfassungsverständnis ist auch nicht politischer als das ihm gerade auch im Zusammenhang mit der Landesverfassungsreform entgegengesetzte „juristische", jedenfalls nicht insofern, als das letztere *keine* politische Funktion erfüllen würde. Von einer solchen war vielmehr bereits oben, III., die Rede. — Vgl. Rack, Zur Einführung: Landesverfassungsreform im Gespräch, in: Rack (Hg.), Landesverfassungsreform, 18 (Fn 2).

Solcherart lassen sich *Tendenzen der Scheinlegitimation* durch direkte Demokratie exemplarisch an den einzelnen Ebenen der bestehenden Legitimationskrise (vgl. III.) aufweisen: Schon auf der Ebene konkret umstrittener Planungsprojekte bietet etwa die Volksbefragung dafür Beispiele. Mit ihrem Einsatz hat man vielfach eine direkte Auseinandersetzung mit der betroffenen Bevölkerung um konkrete Prioritäten vermieden, obwohl die gesetzlichen Grundlagen der Volksbefragung in ihren Anforderungen an präzise, konkrete Fragenformulierung und in ihren Möglichkeiten der Begrenzung des Abstimmungsgebietes einen solchen partizipativen Gebrauch dieses Instrumentes nahegelegt hätten. Stattdessen wurde sie in ganz „plebiszitärer" Weise zur pauschalen Akklamation einer plakativen Programmatik durch das undifferenzierte Landes- oder Gemeindevolk eingesetzt.[91] Diese Tendenz zur parteipolitischen Vereinnahmung konkreter, projektbezogener Partizipationsbedürfnisse kann sich auch so auswirken, daß konkrete Probleme in plakativer Form auf die Bundesebene gehoben werden und dort gewissermaßen einen symbolhaften Charakter annehmen. Rechtlich äußert sich dies in der Anwendung der für die Bundesgesetzgebung vorgesehenen plebiszitären Instrumente auf konkrete Planungsprojekte, die zu diesem Zweck in die Form von „Maßnahmegesetzen" umgegossen werden müssen.[92] Diese sind aber nicht nur der traditionellen Staatsrechtslehre suspekt,[93] sondern entsprechen auch nicht der allgemeinen Tendenz des Planungsstaates zum „Planungsgesetz", das sich — final determinierend — auf abstrakte Zielvorgaben beschränkt und so die konkreten Planungsentscheidungen an die Verwaltung delegiert. Die beschriebenen Erscheinungen sind hier vielmehr punktuelle Auswirkungen eben des generellen Mangels an partizipativen Möglichkeiten auf der konkreten Planungsebene. Die hier bestehenden Legitimitätsdefizite können also nicht kompensiert werden durch den Ausbau rein plebiszitärer Instrumente, insbesondere auf Bundesebene, etwa in Richtung einer echten „Volksgesetzgebung" durch das völlig undifferenzierte Gesamtvolk. Dahingehende Bestrebungen[94] sind eher dem Bereich

---

91   So wurde etwa im November 1981 in Wien die Frage der Errichtung von Wohnhäusern auf den sog. „Steinhofgründen" unmittelbar mit der plakativen Frage nach der Wünschbarkeit des sozialen Wohnbaus überhaupt verknüpft. Ein anderes Beispiel bildet eine Volksbefragung im Dezember 1980 in ganz Kärnten über die Erklärung des „Nockgebietes" zum Schutzgebiet, was auf eine Akklamation des Bekenntnisses zum Umweltschutz hinauslief. Vgl. dazu auch Fn 95.

92   Dazu drei markante Beispiele: 1978: Volksabstimmung über die Frage der Inbetriebnahme des Kernkraftwerkes Zwentendorf; 1982: Volksbegehren gegen die Errichtung des Konferenzzentrums bei der UNO-City, und 1984: Volksbegehren gegen den Bau des Donaukraftwerkes Hainburg, verpackt mit dem Vorschlag zur bundesverfassungsgesetzlichen Verankerung des Umweltschutzes.

93   Vgl. Nowak, Manfred, Rechtswirkungen einer Volksabstimmung, konkretisiert am Beispiel „Zwentendorf", in: ÖJZ 1980, 42, mwN.

94   So der Initiativantrag der Opposition vom Sommer 1983, wonach Volksbegehren mit einer Unterstützung von über 500.000 Stimmen bei ihrer Nichtbehandlung oder

parteipolitischer Strategie zuzuordnen. Denn nicht nur der konkrete Einsatz direktdemokratischer Instrumente, sondern auch der Prozeß ihrer Institutionalisierung ist vielfach, besonders auch auf Landesebene, das Ergebnis eines Demokratisierungsdrucks,[95] den die herrschenden politischen Kräfte aufgrund des propagandistischen Stellenwertes des Etiketts „Demokratisierung" gegeneinander ausüben. Auch ist nicht zu verkennen, daß die politischen Parteien mit der Einführung mancher direktdemokratischen Instrumente eher den falschen Schein einer Machtverlagerung zum Bürger hin erwecken und im Ergebnis für sich selbst neue Foren ihrer Strategie erschließen.[96]

Diese hier nur kursorisch skizzierbare, im einzelnen aber empirisch belegbare Problematik ist nun offenbar der Grund eines spürbaren Mißtrauens gegenüber der direkten Demokratie, das nicht selten auch mit der im vorigen Teil behandelten verfassungsrechtlichen Kritik einhergeht. Dort werden diese Erwägungen aber in den rechtspolitischen Bereich verwiesen.[97] Doch scheinen sie mir unter dem hier entwickelten funktionalen Verständnis der repräsentativen Demokratie viel eher den Kern der verfassungsrechtlichen Problematik zu treffen als so manche verfassungsdogmatisch gemeinten Einwände gegen die direkte Demokratie: Nicht die ohnehin — wie gezeigt — nicht stattfindende Übertragung der politischen Entscheidungsmacht von den Repräsentativorganen an das Volk ist verfassungsrechtlich problematisch, sondern eher der beim Bürger erweckte falsche Anschein einer solchen Machtverlagerung. Damit ist nämlich auf seiten der an sich verantwortlichen politischen Führungsorgane eine Flucht aus der Verantwortung verbunden, d. h. die Flucht aus jenem kommunikativen Rückbezug zum (betroffenen) Bürger, der die demokratische Verantwortbarkeit von Politik gegenüber dem

---

Verwerfung durch den Nationalrat zwingend einer Volksabstimmung zu unterziehen wären, deren positives Ergebnis den Vorschlag zum Gesetz machen sollte. Vgl. II-47 Blg Sten Prot NR, 16. GP.

95   Dazu ausführlich HEINRICH, Hans-Georg, Direkte Demokratie in den Bundesländern, in: RACK (Hg.), Landesverfassungsreform, 158 ff. (Fn 2).

96   So wurden in Niederösterreich etwa die „Initiativ- und Einspruchsrechte", die dort den Bürgern *sowie* den Gemeinden Partizipationsmöglichkeiten an der Landespolitik eröffnen, seit ihrer Einführung 1981 bis zum Jahre 1984 acht mal in Anspruch genommen, und zwar *ausschließlich* von Gemeinden (mit entsprechenden Gemeinderatsmehrheiten) als Instrument parteipolitischer Taktik. Siehe auch etwa den Befund der Unterwanderung von Bürgerinformations- und -diskussionsforen durch Parteisprecher: FELBER, Walter, Zum Verhältnis reformierter Stadtplanung und Bürgerbewegung: Der Grazer Weg, in: WIST Informationen 49/1980, 18.

97   Siehe vor allem OBERNDORFER, Stadtrechtsreform, 25 ff (Fn 69); DERS., Bürgerbeteiligung, in: PERNTHALER, Direkte Demokratie, 59 f (Fn 10) („Alibihandlungen"); skeptisch auch RACK, Reinhard, Partizipation in der Gemeinde, in: ÖGZ 1983, 116; DERS., Einrichtungen, 35 f (Fn 69); weiters KOBZINA, Alfred F., Die Parteistellung im Verwaltungsverfahren und die Beschwerdelegitimation im Verfahren vor dem Verwaltungsgerichtshof, in: FS-KLECATSKY, Wien 1980, 434 („Verschleierung der Verantwortung").

Bürger allererst ermöglichen soll. Wird direkte Demokratie auf diese Weise verwirklicht, so reduziert sie den ohnehin schon geringer gewordenen repräsentativen Gehalt des politischen Systems noch mehr und trägt zur weiteren Entfremdung von Politik und Bürger bei. Dies konstituiert die verfassungsrechtliche Problematik mancher direktdemokratischer Erscheinungen im Hinblick auf das repräsentativdemokratische Prinzip der Bundesverfassung.

Wie zuvor deutlich wurde, treffen diese Vorwürfe eher die echt *plebiszitären* Instrumente der direkten Demokratie oder ihre plebiszitäre Verwendung, dies aber auch dann, wenn es sich um nicht „entscheidungsförmige" Instrumente handelt, wie etwa bei der Volksbefragung. Hier kann nämlich der Anschein einer Machtausübung durch das Volk ebensogut erzielt werden, etwa durch die „Befolgung" eines durch entsprechende Fragenformulierung gesteuerten Volksbefragungsergebnisses. Die *Zukunft* sollte daher auch unter den hier entwickelten verfassungsrechtlichen Gesichtspunkten schwerpunktmäßig dem Ausbau *partizipativer* Instrumente der direkten Demokratie gehören, vor allem solcher, die den Argumentationszwang der politischen Organe gegenüber dem betroffenen Bürger erhöhen und möglichst undurchlässig machen. Neben dem primär in die Kompetenz des Bundes fallenden Ausbau der Bürgerbeteiligung an mit Bescheid zu erledigenden Verwaltungsverfahren[98] bleibt dies vor allem auch eine Aufgabe der Länder innerhalb der ihnen und den Gemeinden zuwachsenden Planungs- und Gestaltungsaufgaben. Innerhalb ihrer hier gar nicht so engen Verfassungsautonomie haben sie dazu beizutragen, daß „zwischen direkter Demokratie, den Befugnissen der Repräsentanten und der gesetzesgebundenen Verwaltungsbehörden ... jene hochdifferenzierten Wechselbeziehungen herrschen, die insgesamt den von der Verfassung vorgezeichneten ‚demokratischen Prozeß' ausmachen".[99]

---

98 Vgl. Fn 48, 2. Satz.
99 PERNTHALER, Direkte Demokratie, 13 (Fn 10).

Zur Entstehung des Staatswillens aus dem Bürgerwillen nach dem Demokratieprinzip des Grundgesetzes

von

ANDREAS GREIFELD, MÜNCHEN

Wenn mir aufgegeben wurde, unter dem Arbeitstitel „Direkte Demokratie und Grundgesetz" vorzutragen, dann geschah dies in dem Wissen um die ganz vorrangige Stellung, die die Väter des Grundgesetzes der parlamentarischen Regierungsform sichern wollten.[1] Volksabstimmungen sind im Grundgesetz vorgesehen, doch ist deren Gegenstand in der Verfassung genau bezeichnet und eng umgrenzt. Ein bindender Volksentscheid ist allein in Art 29 GG zur Bestätigung oder Verwerfung von Bundesgesetzen vorgesehen, die eine Neuregelung der Gliederung des Bundes in Länder betreffen. Verfahrensrechtliche Regeln für die Volksabstimmung finden sich nicht in einem besonderen Abschnitt der Verfassung, sondern zusammen mit der Regelung des Verfahrensgegenstands. Die verfassungsrechtliche Zulässigkeit von Volksabstimmungen zu weiteren Fragen kann deshalb rasch mit Nein beantwortet werden. Referiert sei anfangs, daß die Frage, ob manchem Beispiel in den Ländern zu folgen sei und auch im Bund durch Verfassungsänderung zusätzliche Möglichkeiten zu Volksabstimmungen vorgesehen werden sollten, lebhaft diskutiert wird.[2] Dies ist einesteils eine verfassungspolitische

---

1 STERN, Klaus, Das Staatsrecht der Bundesrepublik Deutschland, Bd. 1, 2. A., München 1984, 608.

2 Hierzu PESTALOZZA, Christian, Der Popularvorbehalt — Direkte Demokratie in Deutschland, Berlin 1981; DERS., Volksvertretung und das demokratische Minimum, in: NJW 1981, 733 ff; STEINBERG, Rudolf, Elemente volksunmittelbarer Demokratie im Verwaltungsstaat, in: Die Verwaltung 1983, 465 mwN; KOPP, Ferdinand O., Reform der Verfassungsbestimmungen über die unmittelbare Teilnahme des Volkes an der politischen Willensbildung, in: Reformen des Rechtes — FS zur 200-Jahr-Feier der Rechtswissenschaftlichen Fakultät der Universität Graz, Graz 1979, 581 ff.

Diskussion. In ihr wird vorgebracht, die Schöpfer des Grundgesetzes mit ihrer Abwehrhaltung gegen „plebiszitäre" Elemente hätten irrtümliche Rückschlüsse aus dem Scheitern der Weimarer Republik gezogen, deren Verfassung Volksabstimmungen in größerem Umfang als zulässig vorsah. Das Volk habe nunmehr eine größere staatspolitische Reife erlangt[3] und verlange nach größerer „Mitsprache". Auf diese verfassungspolitische Diskussion ist im folgenden nicht unmittelbar einzugehen.

Vor aller Rede von „direkter Demokratie" wird, bisher kaum beachtet, zunächst zu untersuchen sein, welche verfahrensrechtlichen und institutionell-rechtlichen Vorkehrungen getroffen werden müssen, um aus dem Willen der Staatsbürger einen demokratischen Staatswillen formen zu können; vorschnell beantwortet scheint dabei die rechtsdogmatische Frage nach den Leistungen der grundgesetzlichen Regelungen. Erst nach einem genaueren Blick auf die Verfassungsordnung will es jedenfalls möglich erscheinen, sich bei Vorschlägen zur Änderung des Grundgesetzes gegebenenfalls auf das Demokratieprinzip zu berufen.

I. Zwei Entscheidungsprobleme

Dabei soll jedoch die Warnung eines unserer herausragenden Staatsrechtslehrer zu Bemühungen um eine begriffliche Bestimmung des Demokratieprinzips beherzigt sein. Danach „liefe ein — wenn überhaupt — auffindbarer Begriff Gefahr, daß er auf eine solche Abstraktionshöhe gehoben werden müßte, die ihn blutleer erscheinen und für die Bewältigung konkreter Probleme leistungsunfähig sein ließe ..."[4]

Es bietet sich deshalb an, zunächst im Kreise unserer konkreten Tagungsgemeinschaft zu bleiben und sich vorzustellen, sie wolle sich von der zwar wohlwollenden und leistungsfähigen, aber doch unverkennbar autoritären Führung durch das Veranstaltungskomitee lösen und eine demokratische Selbstherrschaft errichten. Eine der Fragen, die sich unserer mit demokratischer Verfassung neu konstituierten Gemeinschaft stellen, soll die Dauer einer Pause betreffen. In dem stets vereinfachten Beispiel sprechen sich 30 Teilnehmer für eine 30-minütige Pause aus, 15 Minuten Pause wünschen 15 Kollegen, während 40 Kollegen keinerlei Pause wollen. Nehmen wir nun zusätzlich an, anders als in unserer übersichtlichen Kollegengemeinschaft sei eine Einigung durch einen Meinungsaustausch nicht zu erzielen, jede Gruppe beharre vielmehr auf ihrem Vorschlag als dem für die Gemeinschaft besten. Dahin kann es in der großen Welt schon deshalb kommen, weil die Widersprüchlichkeit

---

3 Zur Untauglichkeit einer staatsrechtlichen Argumentation mit der Wählerreife vgl. SCHEUNER, Ulrich, Das repräsentative Prinzip in der modernen Demokratie, in: FS-HUBER, Bern 1961, 222 f.
4 STERN, Staatsrecht, 589 f (Fn 1).

von verschiedenen Wünschen angesichts komplexer Sachzusammenhänge nicht erkannt zu werden vermag. Bleiben wir aber bei unserem Grundfall. Welche Pausendauer müßte Ausdruck des demokratischen Willens der Gemeinschaft sein? Drei grundsätzlich verschiedene Antworten erscheinen hier möglich.

Gewählt ist die Alternative mit der höchsten Stimmenzahl.[5] Danach müßten sich hier 45 Teilnehmer darein schicken, daß von 40 Teilnehmern auf keinerlei Pause entschieden wurde. Die demokratische Entscheidung fällt ohne alle Berücksichtigung von Wünschen einer großen Zahl von Stimmberechtigten, die, wie in unserem Fall, sogar eine zahlenmäßige Mehrheit bilden kann.

Eine zweite denkbare Möglichkeit eines Verfahrens zur Gewinnung eines demokratischen Ergebnisses wäre, die drei Gruppen sich organisieren zu lassen und ihnen Bewegungsspielraum für eine Koalitionsbildung anzubieten. Die mittlere Gruppe wird dabei für jede der beiden äußeren Gruppen eine Schlüsselstellung bei der Mehrheitsbildung erlangen und deshalb Zugeständnisse verlangen können, die über ihr relatives Stimmgewicht hinausgehen. Nach diesem Verfahren droht deshalb eine Minderheitsgruppe ungleiche Vorteile erlangen zu können. Sodann ist zu bedenken, daß der Interessenausgleich in der realen Welt in aller Regel nicht wie in unserem Beispielfall eine bloße Frage eines eindimensionalen Mehr oder Weniger ist. Die Sondervorteile der mittleren Gruppe werden deshalb selten zu einer gewissen Berücksichtigung der Minderheitsgruppe führen. Aber auch wenn man dies annehmen wollte, bliebe die in der Abstimmung unterlegene Gruppe mit ihren Anliegen verhältnismäßig unberücksichtigt.

Ein drittes Modell des Konfliktlösung, bar der Mängel der ersten beiden Modelle, ist vorstellbar. Danach werden die Anliegen aller Betroffenen berücksichtigt und die Wünsche nach keiner Pause, nach 15 Minuten Pause und nach 30 Minuten Pause werden in einen wechselseitigen Ausgleich gebracht. Ergebnis dieses Ausgleichs wäre in unserem modellhaften Fall eine Festlegung von abgerundet 12 Minuten Pause. Offensichtlich gilt für diese Entscheidung weder das Mehrheitsprinzip, noch gab es überhaupt Stimmen für dieses konkrete Ergebnis. Charakteristisch für diese Entscheidung ist aber, daß sie den geringsten Gesamtabstand zu den verschiedenen Willen der Abstimmenden aufweist.

Als demokratisch läßt sich ein solches Ergebnis ansteuerndes Verfahren nur dann ansehen, wenn von traditionellen Überlegungen zum Kerngehalt des Demokratieprinzips Abschied genommen wird. Der demokratische Wille einer Gemeinschaft wird nicht mehr gleichgesetzt

---

5   So wird, zur beispielhaften Veranschaulichung, über den direkt gewählten Wahlkreisabgeordneten bei der Bundestagswahl entschieden, § 5 Bundestagswahlgesetz.

werden dürfen mit der eine Mehrheit bildenden Summe identischer Willen von der Gemeinschaft angehörigen Personen.[6]

Unverzichtbare Anforderung an das verfassungsrechtliche Demokratieprinzip ist freilich dessen formeller Charakter. Nicht die Verwirklichung eines „in Wahrheit" bestehenden Volkswillens ist Erfüllung des demokratischen Prinzips, maßgeblich können allein Verfahrenswege sein, die den formellen Anforderungen des Demokratiegebots gehorchen. Das mit dem dritten Modell der Konfliktlösung maßgeblich gemachte Prinzip des *schonendsten Ausgleichs* ist uns indessen als ein materielles Prinzip des Rechtsstaats vertraut, gerne abgerückt von einem durch das Mehrheitsprinzip regierten demokratischen Gebot. Doch auch für die verschiedenen Wähleranliegen muß das Prinzip des schonendsten Ausgleichs gelten, es stellt an diesem besonderen Platz Anforderungen an die Gestaltung des demokratischen Verfahrens.

Welches demokratische Verfahren soll aber in der Lage sein, auf einen solchen umfassenden Ausgleich der Staatsbürgerwillen hinzuwirken? Was sollte nur die verschiedenen im Wettbewerb stehenden Gruppen unseres Beispiels verfahrensrechtlich wirksam daran hindern können, taktisch zu operieren? So könnte die 30 Minuten Pause wünschende Gruppe nach Art der Interessenverbände sich für das Verfahren der demokratischen Einigung darauf verständigen, den Wunsch einer einstündigen Pause vorzugeben, womit es ihr gelänge, mit dem scheinbaren Ausgleichsergebnis von 23 Minuten Pause ihrem eigentlichen Wunsch näherzukommen und dabei Sondervorteile zu erlangen.[7] Die Forderung nach allseitigem Ausgleich, nicht ein Problem der Bürgermündigkeit, spricht schon hier dafür, eine von einzelnen Bürgergruppen unabhängige Entscheidungsinstanz zu schaffen. Freilich müßte diese Instanz zugleich an den Wählerwillen gebunden werden können. Eine solche Verknüpfung von selbständigem Amt und demokratischer Bindung sollte nicht zu rasch als unauflösbare innere Widersprüchlichkeit aufgefaßt werden und zur Behauptung von Einschränkungen des Wählerwillens führen, wo immer ein demokratisches Organ weisungsfrei ist.

Das Entscheidungsproblem über die Pausenlänge mit seiner einfachen Frage nach einem bloßen Mehr oder Weniger und in seiner Ablösung von allen weiteren Folgen entspricht allerdings kaum der mannigfachen Verbundenheit politischer Probleme. Selbst die unserer

---

6   Vgl. dagegen SCHEUNER, Ulrich, In Diskussion zu: Konsens und Pluralismus als verfassungsrechtliches Problem, in: JAKOBS, Günther (Hg.), Rechtsgeltung und Konsens, Berlin 1976, 69, der in Vertrag und Ausgleich der Gegensätze eine demokratischere Form als in der „Akklamation" erkennt.

7   Weiterführend zum Problem des strategischen Wählens FAQUHARSON, Robin, Theory of Voting, New Haven 1969; GIBBARD, A., Manipulation of Voting Schemes: A General Result, in: Econometrica 1973, 587 ff.

Tagungsorganisation gestellten Fragen sind komplexerer Natur. Manchem Tagungsteilnehmer mag etwa die Länge einer Pause relativ unerheblich erscheinen, dagegen eine andere Frage, wie jene zur Gestaltung des Tagungsbands, besonders berühren. Diesem Teilnehmer läge daran, bei der Entscheidung über die Frage der Pausenlänge seinen eigenen Willen nachordnen zu können, um im Ausgleich dafür bei der Entscheidung über die zweite Frage in entsprechend höherem Maße berücksichtigt zu werden. In unserer Gemeinschaft von Kollegen eines Fachgebiets, einer Generation und einer beruflichen Stellung wird es wieder keiner weiteren Regelungen bedürfen, doch läßt sich ein gerechter Ausgleich verschiedener Anliegen unter Berücksichtigung ihrer Dringlichkeit in einer Gemeinschaft von Millionen von Staatsbürgern schwerlich ohne institutionelle und verfahrensrechtliche Stützung und ohne Professionalität sichern. Ein Marktplatz der Meinungen vor dem Stimmakt wäre zum wechselseitigen Interessenausgleich kaum ausreichend, es bedürfte zusätzlich eines Marktplatzes der Stimmgewichte.[8]

Allerdings läßt sich diesen Fragen entgehen, wenn der Stimmakt des Wählers aus seiner weiteren verfahrensrechtlichen Verbindung gelöst wird. Den unverrückbaren Grundsätzen des freien, gleichen und geheimen Stimmrechts wird dann weniger eine tragende, als die Ausdruckskraft des Wählerwillens einschränkende Bedeutung zukommen müssen.

Hier will aus den zwei grundsätzlichen Entscheidungsproblemen dagegen ersichtlich gemacht sein: Der Urnengang allein und dessen Häufigkeit kann kein zuverlässiger Gradmesser für die Bedeutung der Rechte des Souveräns sein. Möglichst weitgehende Verwirklichung des Bürgerwillens (Beispiel 1) und möglichst große Sensibilität gegenüber der Differenziertheit des individuellen Bürgerwillens (Beispiel 2), das können schwerlich bloße staatsmännische Wünsche sein, die für die verschiedenen Gestaltungsmöglichkeiten des Verfahrens demokratischer Staatswillensbildung keine rechtliche Bedeutung haben können. Der bürgerliche Stimmakt wird in seinen verfahrensrechtlichen Zusammenhang zu stellen sein, soll seine Bedeutung ermessen werden.

II. Erkenntnisse zum demokratischen Prinzip im Grundgesetz

Stellt eine demokratische Gemeinschaftswillensbildung schon unter den einfachen Verhältnissen unserer Beispielsfälle schwierige grundsätzliche Fragen, so empfiehlt es sich, frühzeitig an der lebendigen Verfassung des Grundgesetzes Orientierung zu gewinnen. Das demokratische Prinzip

---

8   Für den rechnerischen Nachweis vgl. FREY, Bruno S., Ansätze zur politischen Ökonomie, in: FREY, Bruno S./POMMEREHNE, Werner W. (Hgg.), Ökonomische Theorie der Politik, Berlin-Heidelberg-New York 1979, 16 f.

ist für das Grundgesetz Leitprinzip der Ordnung des politischen Prozesses,[9] sein Inhalt ist vom Verfassungsgeber jedoch nicht eigens und ausdrücklich bestimmt.[10]

Auch aus der Entstehungsgeschichte des Grundgesetzes können Folgerungen für eine spezifische Grundsatzformung nicht abgeleitet werden. Es wurde vielmehr an eine konkrete Erscheinungsform der Staatsorganisation gedacht, an die sogenannte „westliche Demokratie".[11] So äußerte ein Abgeordneter bei den Beratungen des Parlamentarischen Rats zu Art 20 GG vielbeachtet: „Wenn wir das so Erkämpfte betrachten, dann finden wir, daß offenbar einige Merkmale erfüllt sein müssen, wenn von einer demokratischen Verfassung soll gesprochen werden können."[12] Die Beratungen waren gekennzeichnet von einer Abwehrhaltung gegenüber den „Volksdemokratien" des sowjetischen Systems und getragen von der Zustimmung zu den westlichen Ordnungen, ein Spannungsfeld, das wir unter den heutigen gesicherteren Verhältnissen als wenig ertragreich ansprechen dürfen.[13] Vor allem aber wird Demokratie hier als eine aus historischer Entwicklung und langem Kampf entstandene bewährte tatsächliche Ordnung verstanden, die sich nicht zuletzt aus der Weisheit der Erfahrung rechtfertigte. Die grundsätzlich repräsentative Form demokratischer Staatswillensbildung stützte sich auf ein allgemeines Einverständnis und wollte vor dem Demokratieprinzip nicht besonders begründungsbedürftig erscheinen.[14] Indes halten auch Verfechter eines streng parlamentarischen Regierungssystems heute weitere Antworten für erforderlich.[15]

Betrachtungen der Staatsrechtslehre zum Demokratieprinzip greifen charakteristischerweise weit aus.[16] Werthafte Elemente wie Pluralismus, Interessenbalance oder Toleranz stehen zusammen mit konkreten Anforderungen an die Organisation des Wahlrechts oder der öffentlichen Meinungsbildung. Solche Vielschichtigkeit führt das Demokratieprinzip in die Staatslehre, macht es hingegen schwer, unmittelbar aus dem Prinzip

---

9 HESSE, Konrad, Grundzüge des Verfassungsrechts der Bundesrepublik Deutschland, 13. A., Heidelberg 1982, Rdnr. 130.

10 MAIHOFER, Werner, Prinzipien freiheitlicher Demokratie, in: BENDA, Ernst/MAIHOFER, Werner/VOGEL, Hans-Jochen (Hgg.), Handbuch des Verfassungsrechts, Berlin 1983, 172 f.

11 Zu diesem Begriff FRAENKEL, Ernst, Deutschland und die westlichen Demokratien, 7. A., Stuttgart 1979, 32 ff; STERN, Staatsrecht, 600 Fn 99 (Fn 1).

12 SCHMID, Carlo (SPD), Sten. Berichte Parlamentarischer Rat, 2. Sitzung, 13.

13 So auch SCHARPF, Fritz W., Demokratietheorie zwischen Utopie und Anpassung, Konstanz 1970, 8 f.

14 S. nur FROMME, Friedrich Karl, Der Demokratiebegriff des Grundgesetzgebers, in: DÖV 1970, 518, 522.

15 STERN, Staatsrecht, 608 (Fn 1).

16 Maßgeblich KRIELE, Martin, Das demokratische Prinzip im Grundgesetz, in: VVDStRL 29 (1971), 47 f.

einen selbständigen verfassungsrechtlichen Regelungsgehalt zu gewinnen.[17]

Das Bundesverfassungsgericht hat auf entsprechende Weise die Aufhebung des Demokratieprinzips als selbständigem Leitwert weithin vollzogen.[18] Nicht nur in seinen Entscheidungen sind ausdrückliche Bezugnahmen selten,[19] nicht weniger maßgeblich ist die Bildung des Demokratieprinzips aus einem Bündel von anderen Verfassungsprinzipien und die so bewirkte Vereinigung von Rechtsstaat und Demokratie. In seiner vielbeachteten Entscheidung zur vorzeitigen Bundestagsauflösung gelangt es exemplarisch zu der Feststellung, demokratische Legitimität und verfassungsmäßige Legalität seien identisch.[20] Dieser Satz, durchaus schlüssige Folgerung aus der bisherigen Rechtsprechung, mußte doch Aufmerksamkeit an dieser Stelle auf sich ziehen, an der es nach Auffassung der Richtermehrheit um die Auslegung einer offenen Vorschrift gehen sollte, deren Sinn sich wesentlich aus ihrer „Stellung und ihrem Stellenwert im gesamten Verfassungsgefüge" zu ergeben hatte.[21] Demokratie erscheint hiernach in der Verfassung nicht mehr als Leitwert, das Prinzip steht nur noch bereit als Begriff für unabhängig gefundene Auslegungsergebnisse.

Indes erscheint die Auflösung des Demokratiegebots als selbständigem Leitwert jedenfalls unvereinbar mit den durch Art 20 Abs 1, 79 Abs 3 GG errichteten Anforderungen an die verfassungsrechtliche Dogmatik. Die hier niedergelegte Veränderungssperre für den Grundsatz der Demokratie meint nicht die Unveränderbarkeit jeglicher positiven zur demokratischen Ordnung zu zählenden Bestimmung. Aber auch einzelne Vorschriften können in einer bloßen Addition den Grundsatzgehalt nicht bilden. Denn dem Verfassungsgeber muß Raum bleiben, auch Vorschriften im Bereich des Grundsatzgehalts zu modifizieren, und die verfassungsrechtliche Prüfung der durch solche Modifikationen bewirkten Veränderungen in dem System demokratischer Willensbildung erfordert eine Gesamtbetrachtung[22] mit Hilfe eines übergreifenden Grundsatzes. So kann das Schicksal des Demokratieprinzips bei einer so tiefgreifenden Veränderung wie den uns beschäftigenden Übergang von Wahl- zu Abstimmungsverfahren nur beurteilt werden, wenn das für

---

17 DERS., für eine „dialektische" Relativierung der als Teil des Demokratieprinzips erkannten Gebote.

18 Grundlegend BVerfGE 2, 1 (12 f).

19 Hierzu KRIELE, Das demokratische Prinzip, 46 f (Fn 16). Vgl. LEIBHOLZ, Gerhard/RINCK, Hans J., Grundgesetz, 6. A., Köln 1979, Art 20 Rdnr. 10 ff; STERN, Staatsrecht, 590 (Fn 1).

20 BVerfGE 62, 1 (43).

21 BVerfGE 62, 1 (38).

22 BADURA, Peter, Bonner Kommentar, Zweitbearbeitung, 7 Bde., Hamburg, Art 38 GG, Rdnr. 1.

beide Verfahren geltende leitende Prinzip zum selbständigen Prüfungs-
maßstab erhoben werden kann.

Grundelement der demokratischen Ordnung des Grundgesetzes ist
nach Art 20 Abs 2 Satz 1 der Ausgang der Staatsgewalt vom Volk.[23]
„Volk" meint hier nicht eine präformierte kollektive Ordnung, eine solche
ist inexistent. Vielmehr bildet sich die Gemeinschaft aus den einzelnen
freien und gleichen Staatsbürgern.[24] Diese grundsätzliche Verankerung
des Demokratieprinzips ist bei all der ihr eigenen Offenheit durchaus
auch bestimmten Gehalts, wie im folgenden ersichtlich werden soll.

III. Die Souveränität des Bürgers
im Abstimmungsverfahren

Hans *Kelsen* formulierte 1926 in seinem Werk „Das Problem des
Parlamentarismus"[25] folgendes Prinzip: „Jede arbeitsteilige Differenzierung des staatlichen Organismus, die Übertragung irgendeiner staatlichen
Funktion auf ein anderes Organ als das Volk bedeutet notwendigerweise
eine Einschränkung der Freiheit." Dies war und ist wohl nur die
prägnante Formulierung eines allgemeinen Einverständnisses, das somit
auch keiner weiteren Begründung bedürftig schien. Sie kennzeichnet eine
allgemeine Verwendung des Begriffes Volk, dem der Begriff Staat
gegenübergestellt wurde. Auch erscheint der Wille des Volkes hiernach
als ein naturhaftes Gemeinschaftsphänomen.

Solche Vorstellungen haben tiefe Wurzeln. Die Abstimmungsdemokratie spricht von „Volksentscheiden", so als werde in der
repräsentativen Demokratie vom Volk gelöst entschieden. Sie bezeichnet
sich als „Direkte Demokratie", so als kennzeichnete die repräsentative
Demokratie eine Trennung von Bürgerwillen und Staatswillen; selbst ihre
Gegner sprechen von „plebiszitärer Demokratie", so als wäre es Aufgabe
anderer demokratischer Ordnungen die Herrschaft eines „plebs" zu
verhindern.

Doch ist diese Gegenüberstellung von Volkswillen und Staatswillen
für die demokratische Staatsform falsche Systematik[26]. Das Volk handelt
im Wahlakt als Staatsorgan[27] und legt mit dieser Willensentscheidung die
Grundlage jeder Staatsbildung.[28] Dieser Rechtsdogmatik läßt sich keine
natürliche Betrachtung entgegenhalten. Der Wille eines Volkes ist

---

23   STERN, Staatsrecht, 592 f (Fn 1); KRIELE, Das demokratische Prinzip, 46 f (Fn 16).
24   Zum notwendigen Ausgang beim einzelnen Bürger vgl. jüngst ARNIM, Herbert von,
     Der strenge und der formale Gleichheitssatz, in: DÖV 1984, 85, 87.
25   KELSEN, Hans, Das Problem des Parlamentarismus, Wien 1925, 7.
26   Vgl. BADURA, Peter, Verfassung und Verfassungsgesetz, in: FS-SCHEUNER, Berlin
     1973, 20; HOFMANN, Hasso, Legitimität und Rechtsgeltung, Berlin 1977, 55.
27   BVerfGE 20, 56 (98 f); 44, 125 (140 f).
28   BVerfGE 1, 14 (41).

vielmehr notwendig ein regelbestimmtes Artefakt. Soziale Gemeinschaften besitzen anders als einzelne Personen keinen natürlichen Willen. Vielmehr gibt es eine Vielzahl denkbarer Regelungen, nach denen sich mit unterschiedlichem Ergebnis Gemeinschaftswillen bilden lassen.[29] Der demokratische Staat bildet seinen Willen als Willen des Volkes,[30] einen Gegensatz von Volkswillen und Staatswillen kann es nicht geben, ohne daß der Staat zugleich seine Qualität als Demokratie verlieren müßte. Jedoch läßt sich eine als demokratisch erkannte Staatswillensbildung nach ihrer Kapazität bei der Aufnahme der individuellen Staatsbürgerwillen unterscheiden. Bei dieser Unterscheidung ist von dem Verfahren bürgerlicher Stimmabgabe als dem institutionellen Herzstück einer demokratischen Ordnung auszugehen.

Apologien von Abstimmungsverfahren verfehlen den notwendig systematischen Charakter einer Verfahrensprüfung auf demokratische Leistungsfähigkeit, wenn sie die überlegene Leistung von Abstimmungen damit begründen wollen, daß hier wesentliche Teile der Volkswillensbildung außerhalb der staatlichen Ordnung erfolgen. Die Privatisierung eines Teils der Staatswillensbildung schafft zwar Staatsferne, aber nicht daraus schon Nähe zum Bürger als demokratischem Souverän. Auch wenn Ländergesetze zu Abstimmungsverfahren[31] von dem Initianten als „Vertrauensmann" bzw. von seinem „Stellvertreter" sprechen, können sie nicht ungeschehen machen, daß der private Gesetzesinitiator im Unterschied zu Parlament und Parteien in wesentlichen Hinsichten eine vom Bürger unkontrollierte Staatsgewalt ausüben kann.

Die privaten Betreiber von Abstimmungsverfahren bestimmen die Formulierung und den Gegenstand der politischen Entscheidung. Sie haben die Macht, aus dem komplexen Gewebe der Politik ein Thema herauszutrennen und nach dieser Trennung die dem Bürger sich stellende Alternative zu bestimmen.[32] Dies verändert zugleich die Rahmenbedingungen des Ausgleichs von Bürgerwünschen in der demokratischen Ordnung. Ein Ausgleich nach Anliegenstärken wird unmöglich. Jeder Bürger hat zwingend das gleiche Gewicht bei der Entscheidung über die inhaltlich vorbestimmte Frage. Eine Kontrolle des Bürgers über den Entscheidungsinhalt ist auch durch die Verfahrensregeln über das Abstimmungsverfahren prinzipiell nicht einrichtbar. Dem Bürger ist es

---

29 Weinberger, Ota, Abstimmungslogik und Demokratie, in: FS-Rechtswissenschaftliche Fakultät Univ. Graz, 605—623 (Fn 2).

30 Schneider, Hans-Peter, Das parlamentarische System, in: Benda/Maihofer/Vogel, Handbuch des Verfassungsrechts, 252 (Fn 10).

31 Vgl. nur Art 70 Abs 2 Landeswahlgesetz Bayern.

32 Zur staatsrechtlichen Bedeutsamkeit dieser Entmachtung vgl. beispielhaft BayVGH, in: DVBl. 1983, 1157 — dort für das Verhältnis von Parlament und Regierung.

zwar unbenommen, an der vorausgehenden Initiative, dem Zulassungs-
verfahren, nicht teilzunehmen. Oder er mag bei der eigentlichen
Abstimmung mit „Nein" stimmen. Doch bedeutet die bloße verfassungsrechtliche Zulassung von Abstimmungsverfahren bereits eine Veränderung des politischen Wettbewerbs, der sich ein um die Geltendmachung
seiner politischen Anliegen besorgter Bürger anpassen muß.[33] Die
Entscheidung für Systemverweigerung bedeutet leicht bloßen Verzicht
auf politischen Einfluß. Die Stimmrechte im Abstimmungsverfahren
werden notleidend, weil sie vor unkontrolliert aufgestellte Alternativen
gestellt werden, die keine Ergebnisse aus der Erfüllung demokratischer
Pflichten zur Zusammenfassung und zum Ausgleich der verschiedenen
staatsbürgerlichen Willen der Stimmberechtigten sind.

Diese Mängel werden weniger bestritten, als daß vorausgesetzt wird,
eine Fremdbestimmung der Bürgerschaft sei grundsätzlich unvermeidlich
und auch dem parlamentarischen System eigen.[34] Demokratie als eine
vom Volke ausgehende Herrschaftsform mit „der kleinsten vernachlässigten Minderheit" und mit „der möglichsten Freiheit aller"[35] müßte
danach nicht nur in der Abstimmungsdemokratie keine institutionelle
Stütze finden können, auch für die parlamentarische Demokratie bliebe
diese Zielbestimmung bloßes Idealbild.

IV. Die Kraft des Wahlrechts in der parlamentarischen Demokratie

Dementsprechend werden auch die Rechte des Souveräns in der
parlamentarischen Demokratie häufig als begrenzt angenommen.[36] Im
Wahlverfahren komme eine beschränkte Autorität des Wählers zum
Ausdruck, da sie eine Auswahl lediglich von Personen für das in weiterer
Unabhängigkeit zu versehende Amt eines Repräsentanten erlaube. Der
Einfluß des Wahlbürgers werde durch die repräsentative Verfassung in
deutlicher Weise zurückgedrängt.[37] Die Personalwahl ist danach nicht

---

33 Zur Abhängigkeit des Gehalts individueller Willen von der Ordnung gemeinschaft-
licher Willensbildung SCHELLING, Thomas C., Micromotives and Macrobehavior,
1978.

34 BÖCKENFÖRDE, Ernst-Wolfgang, Mittelbare/repräsentative Demokratie als eigentliche Form der Demokratie, in: FS-EICHENBERGER, Basel-Frankfurt/M. 1982, 310 ff
mit Verweis auf HELLER, Hermann, Staatslehre, 3. A., Leyden 1971.

35 So STERN, Staatsrecht, 603 (Fn 1); „kleinste vernachlässigte Minderheit" und
„möglichste Freiheit aller" sind als verschiedene Ziele jedoch zu unterscheiden.

36 Vgl. aus jüngerer Zeit GUSY, Christoph, Das Mehrheitsprinzip im demokratischen
Staat, in: AöR 1981, 3.

37 Von einem System „außerordentlich begrenzter Entscheidungskompetenzen des
Volkes" spricht auch GRIMM, Dieter, Die politischen Parteien, in: BENDA/MAIHO-
FER/VOGEL, Handbuch des Verfassungsrechts, 320 (Fn 10), rückt gleichzeitig jedoch
schon das Konkurrenzprinzip als Kontrollfaktor in den Mittelpunkt.

nur eine einfachgesetzliche Regelung für das Stimmabgabeverfahren, sondern das Recht zur Personalwahl ist der materielle Inhalt der verfassungsrechtlichen Wählersouveränität. Eine solche Beschränkung staatsbürgerlicher Rechte wurde als notwendig angesehen, um der besonderen, ausgewählten Persönlichkeit des Repräsentanten einen Raum für von allen Interessen gelöste individuelle Erkenntnis zu sichern, das geringe Recht des Wählers wurde verteidigt mit der Notwendigkeit eines Korrektivs für den Volkswillen oder als notwendige Folge der Kompliziertheit der Staatsgeschäfte betrachtet.[38]

Diesen traditionellen Auffassungen ist noch nicht damit begegnet, daß auf den ständigen Kontakt zwischen Repräsentant und den verschiedenen Teilen der Wählerschaft verwiesen wird. Eine andauernde Verbindung von Volk und Staatsgewalt ist ein allgemeines Erfordernis einer wirksamen Staatsführung und auch in anderen als demokratisch verfaßten Staaten anzutreffen. Auch die Grundrechte der öffentlichen Meinungsfreiheit sind wohl unabdingbare Voraussetzungen einer demokratischen Ordnung, sie können jedoch nicht als Substitute an die Stelle des bürgerlichen Stimmrechts treten[39] und eine als gering eingeschätzte Wirkkraft des Wahlrechts rechtfertigen. Die resignative Feststellung eines unserer Kollegen liegt so vielleicht nahe: Der Wähler besitze nur „infinitesimale Einwirkungschancen" auf die politische Entscheidung, und zusätzliche Verfahren demokratischer Willensbildung seien auf ihre Eignung zu untersuchen.[40]

Doch bedarf auch das Wahlverfahren einer näheren Prüfung auf seine Eignung zur Bürgerwillensübertragung. Wird die Personalwahl als Verfahrensvorschrift in einem weiteren verfassungsrechtlichen Zusammenhang, nicht aber als abgelöste Inhaltsbestimmung der Wählersouveränität begriffen, kann die demokratische Leistungskraft der Wahlregelungen untersucht werden.

Kehren wir noch einmal den Blick zu unseren Modellannahmen. Im Beispiel der Willenseinigung über die Pausendauer hatte die Abstimmung die bestmögliche Ausgleichslösung mit innerer Konsequenz verfehlt. Nichts wäre auch gewonnen, wenn ein Parlament nur eine einzige Frage zu lösen hätte. Dem Abgeordneten wäre durch die politische Wettbewerbsordnung aufgegeben,[41] nach jenen Mehrheiten zu suchen, die auch für die Betreiber von Abstimmungsverfahren Erfolgsbedingung sind, ja der Wettbewerb der Parteien wäre geradezu ein Unterpfand der Aufspaltung der Bürgerschaft. Die demokratische Verfassung wäre eine

---

Vgl. GREIFELD, Andreas, Volksentscheid durch Parlamente, Berlin 1983, 16 ff.
Vgl. aber HESSE, Grundzüge des Verfassungsrechts, Rdnr. 135 f (Fn 9); vgl. dagegen die deutliche Unterscheidung in BVerfGE 20, 56 (98); zur Wahl als Kern der Demokratie auch BADURA, Bonner Kommentar, Rdnr. 38 mwN (Fn 22).
HEUN, Werner, Das Mehrheitsprinzip in der Demokratie, Berlin 1983, 213.
Grundlegend und klassisch SCHUMPETER, Joseph A., Kapitalismus, Sozialismus und Demokratie, 4. A., München 1975, 427 f.

Ordnung, welche die Bürgerbelange in ihrer Verschiedenheit gegeneinander führt und die Bürgerschaft in Mehrheit und Minderheit trennt.

Wo hingegen das Parlament mit einer Mehrzahl von politischen
Aufgaben über einen größeren Zeitraum betraut wird, ist die Grundlage
zur Änderung des Verhältnisses von Bürger und Staatsorgan gelegt.[42] Das
Parlament erhält eine neue Aufgabe.[43] Die Wähleranliegen werden in ein
neues Verhältnis zueinander gestellt, sie müssen sich nicht mehr nach dem
unbefriedigenden Maßstab des Mehrheitsprinzips bescheiden lassen.[44]
Tatsächliche Voraussetzung für eine solche Leistungssteigerung des
demokratischen Entscheidungsprozesses ist allerdings die gesellschaftliche Überwindung von Klassentrennungen, welche die verschiedenen
politischen Anliegen stets denselben monolithisch feststehenden
Interessenblocks zuordnen würden.[45] Die institutionelle Kapazität des
Ausgleichs entwickelt der Parlamentarismus in gesellschaftlichen
Ordnungen, die durch eine Vielzahl von sich auf mannigfache Weise
überlagernden und überschneidenden Interessengruppen gekennzeichnet
sind. Denn in einer solchen Ordnung kann sich der Repräsentant im
politischen Wettkampf nicht mehr an den politischen Begehren einer stets
einheitlichen Mehrheitsgruppe der Bevölkerung orientieren. Die
politischen Entscheidungen treffen nacheinander unterschiedlich zusammengesetzte Gruppierungen der Bürgerschaft, die der Trennung in
Wähler der parlamentarischen Mehrheit und Wähler der parlamentarischen Minderheit nicht mehr entsprechen.[46] Die Repräsentanten kämpfen
um Wiederwahl durch die Erlangung einfacher Mehrheiten, doch müssen
sie das im Rahmen einer Gesamtverantwortlichkeit tun, in der sie die
Wählerschaft mit ihren Anliegen nicht mehr nach dem Bilde ihrer
Wettkampfordnung aufspalten können. Die parlamentarische Ordnung
trifft die mögliche verfahrensrechtliche Vorsorge, daß zum Inhalt der
parlamentarischen Auseinandersetzung die für alle Teile der Bürgerschaft
beste politische Lösung wird, der Repräsentant vom Wähler daran
gemessen werden kann, ob er bei seinen Entscheidungen den optimalen
Ausgleich aller Bürgerinteressen erreicht hat.

Auch der die Abstimmungsverfahren kennzeichnende mangelnde
Ausgleich verschiedener Anliegenstärken wird durch die parlamentari-

---

42   LUHMANN, Niklas, Vertrauen, 2. A., Stuttgart 1973, 63.

43   S. hierzu die Erkenntnisse der Organisationswissenschaften BUCHANAN, James
      M./TULLOCK, Gordon, The calculus of consent, 5. A., Ann Arbor 1974, 119-283;
      DAHL, Robert, Vorstufen zur Demokratie, Tübingen 1976; DOWNS, Anthony, An
      Economic Theory of Democracy, New York 1957, 3-51, 164-207; OLSON, Mancur, The
      Logic of Collective Action, New York 1965, 5-43; aus jüngerer Zeit ESCHENBURG, Rolf,
      Der ökonomische Ansatz zu einer Theorie der Verfassung, Tübingen 1977.

44   Für die fehlende Unterscheidung nach Verfahrensstellung beim „Mehrheitsprinzip"
      vgl. HOFMANN, Legitimität, 87 ff (Fn 26); HEUN, Mehrheitsprinzip (Fn 40).

45   So auch im Ergebnis SCHNEIDER, Parlamentarisches System, 240 (Fn 30).

46   RIKER, William H./ORDESHOOK, Peter C., An Introduction to Positive Political
      Theory, 1973, 361.

sche Ordnung überwunden. Begehren aus der Bürgerschaft werden nicht mehr nach einer thematischen Zergliederung unter einen allen geordneten Ausgleich verhindernden Grundsatz der Gleichheit und Geheimheit im Partikularen gestellt, vielmehr wird der dem Bürger verantwortlichen Politik eine Aufgabe wechselseitiger Kompromisse zum gemeinsamen Vorteil gestellt. Nur der Wähler hat mit dem Repräsentanten eine Institution, von der er die vorrangige Berücksichtigung drängender Anliegen verlangen kann; erst mit dem Parlament ist eine Einrichtung geschaffen, die Anliegen des Souveräns in ihrer unterschiedlichen Bedeutung und Folgewirkung abzuwägen imstande und verpflichtet ist. Die Gleichheit des demokratischen Prinzips beschränkt sich nicht mehr auf eine gleiche Gewichtung des Bürgerwillens zu fremdbestimmten Einzelfragen, sie wird zu einer gleichen Gewichtung des ganzen Willens des Souveräns mit der diesen kennzeichnenden Verschiedenheit von Gewicht und Gegenstand seiner einzelnen Anliegen. Richtig wird deshalb von der exakten Organisationswissenschaft betont,[47] daß ein nur jeweilige Mehrheitswillen verwirklichender Repräsentant der institutionellen Bindung seines Amtes an den Wählerwillen kaum entsprechen wird und mit einer Wahlniederlage rechnen muß. Dagegen kann ein ausschließlich Minderheitswillen verwirklichender Abgeordneter dann mit einem Wahlerfolg rechnen, wenn er damit dringlichen Anliegen entsprach. Mit Parlamenten ist das grobschlächtige Mehrheitsprinzip überwunden.

V. Die Qualifizierung des Wahlrechts durch die Personalwahl

Im Lichte dieser institutionellen Anforderungen an den Repräsentanten erweist sich die Einrichtung der Personalwahl als ein unverzichtbares Glied der Demokratieorganisation. Jede Aufnahme expliziter sachlicher Themen in den Stimmzettel müßte die Frage stellen, wer vor dem Wort des Souveräns berechtigt sein kann, den Inhalt dieses Worts zu bestimmen. Die Volksentscheidsideologie will diese Frage dadurch vergessen machen, daß sie jegliche private Organisation als „Bürger" bezeichnet und diesen „Bürger" mit dem Souverän ineins setzt. Doch kann eine Fremdbestimmung des Souveräns im Stimmakt nur dadurch überwunden werden, daß der sachliche Inhalt der Stimmabgabe im Stimmakt selbst nicht festgeschrieben werden muß, dieser vielmehr eine Holschuld für den Repräsentanten ist, über deren sachgemäße Erfüllung im nächsten Wahlakt zugleich entschieden wird. Die Abhängigkeit des Bürgers von frageformulierenden Mächten findet sich deshalb zu Unrecht als ein Lebensgesetz jeder sozialen Gemeinschaft dargestellt, das eine natürliche Grenze für jegliche Ordnung einer

---

47 LINDBLOM, Charles E., The Intelligence of Democracy, New York 1965, 141.

Selbstbestimmung des Volkes darstelle und in der parlamentarischen Demokratie wie in der Abstimmungsdemokratie auftrete. Im Wahlakt unterwirft sich der Souverän keinen vorformulierten sachlichen Problemstellungen, er entscheidet über den Wettbewerb um die beste Politik, zu dessen Aufgabe Problemstellung wie Problemlösung zählen. Wahlprogramme und Wahlwerbung sind Bemühungen der Parteien, über den ausschlaggebenden Inhalt des politischen Konkurrenzkampfes entscheidet jedoch der Wähler.

VI. Die Kriseneignung des Krisenglaubens

Es gehört zu den Charakteristika der gegenwärtigen Betrachtung des repräsentativen Systems, daß eine Trennung von Politik des Parlaments und politischen Anschauungen im Volk nicht nur als zunehmend erkannt wird, sondern darüber hinaus auch als Krise des Parlamentarismus begriffen werden will.[48] Allerdings muß es Aufgabe des Parlaments sein, zu versuchen, mit Hilfe der politischen Parteien, durch „Fensterreden" im Plenum und durch Öffentlichkeitsarbeit, die Bürgerschaft von der Richtigkeit der gefaßten Beschlüsse zu überzeugen. Gesichert werden diese Bemühungen durch den Wahlwettbewerb, der die größtmögliche Annäherung von Bürgerwunsch und Parlamentspolitik gewährleistet.

Doch fordert die parlamentarische Demokratie keine Willenseinheit von Bürgermehrheiten und Parlamentspolitik, ein solches Gebot enthielte die ideelle Rückstufung der Demokratie auf das Mehrheitsprinzip und die verminderten Fähigkeiten einer plebiszitären Erlebnisgemeinschaft. Parlamente sind andererseits auch keine Institutionen zur freien Überhöhung des Bürgerwillens, dies griffe unzulässig in den Hoheitsbereich des Souveräns ein.[49] Sie sind in dem notwendig mehrstufigen Verfahren einer leistungsfähigen demokratischen Ordnung eine Institution mit besonderen Aufgaben, an deren Erfüllung sich ihre Berechtigung erweisen muß. Das freie Mandat des Abgeordneten ist als ein Herzstück der parlamentarischen Ordnung dazu bestimmt, die Aufgabe des sowohl allseitigen als auch bestmöglichen Interessenausgleichs durch die Lösung des Repräsentanten von konkreten politischen Vorstellungen des einzelnen Wählers zu ermöglichen. Es ist weder Freibrief noch bindungsloser Freiraum, sondern neuer, für den Repräsentanten zwingender Entscheidungsrahmen im Wettbewerb um die Zustimmung der Wähler. Nicht mehr die Identität politischer Ansichten,[50] sondern der Grad der Anliegenberücksichtigung soll zum

---

48 SCHNEIDER, Parlamentarisches System, 255, 264, 286 (Fn 30).

49 Vgl. BADURA, Bonner Kommentar, Rdnr. 25 (Fn 22).

50 Treffend zur (Parteien-) Aufgabe der Reduktion einer „widersprüchlichen Vielfalt individueller Interessen" auf entscheidungsfähige Alternativen, GRIMM, Dieter, Nochmals: Die Parteien im Rechtsstaat, in: DÖV 1983, 538 ff.

ersten Maßstab der Wählerentscheidung werden können. Hierbei soll der Repräsentant auch dann zur Suche nach der optimalen Ausgleichslösung verpflichtet sein, wenn keine Mehrheit und keine Bürgergruppe, vielleicht sogar überhaupt kein Wähler die eigene Vorstellung vom gemeinsamen Besten verwirklicht sehen kann, die Entscheidung des Repräsentanten allseitigen Widerspruch verursacht. Auch hier ist die enge Bindung an den Wählerwillen dann verwirklicht, wenn die politische Entscheidung im Meridian der Wählerwillen die relative Vorzugswürdigkeit der gefundenen Lösung, auch im Verhältnis zur Beurteilung eines Andauerns des bisherigen Zustands, zum Ausdruck bringt.

Die grundrechtlich geschützte freie Entfaltung der Persönlichkeit, die Differenzierung der gemeinschaftlichen Ordnung, das steigende Bewußtsein des Bürgers von seiner Individualität führen allerdings zu einer zunehmenden Verschiedenartigkeit der Ansprüche an die politische Ordnung. Zur bestmöglichen Vereinung der verschiedenen Forderungen in politischen Lösungen muß sich der Repräsentant regelmäßig von allen konkreten Vorstellungen in der Gesellschaft lösen.[51] Das Postulat nach größtmöglicher Erfüllung der Forderungen des Souveräns ist nur bei allseitiger Entfernung von konkreten Interessen zu erfüllen. Die relative Distanz des politischen Bürgers zu Parlament und Parteien führt erst dann notwendig zur Krise, wenn die Besonderheiten der verschiedenen Pflichtenrahmen keine Anerkennung mehr finden.

Zunächst erscheint jedoch die Epoche des Nationalstaats mit dessen jedem einzelnen Bürger sinnstiftenden Gemeinschaftsideologie überwunden. Nicht mehr eine verbindliche gemeinsame Staatsanschauung,[52] sondern die Persönlichkeit des einzelnen Bürgers steht im Zentrum der dem Staat vom Grundgesetz aufgegebenen Sorge. Der Staat kann in seinen Bürgern mehr als „nur noch Deutsche" erkennen. Vergegenwärtigt sich die einzelne Bürgerpersönlichkeit ihrer relativen Distanz zu den Einrichtungen der staatlichen Gemeinschaftsbildung, zu Parlament und zu Parteien, wird daraus erst dann eine Krise, wenn es gelingt, sie zu einer solchen zu erheben.

VII. Demokratische Herrschaft durch Kontrolle

Die Ausübung des bürgerlichen Wahlrechts findet sich noch häufig als ein Vorgang des „Anvertrauens" von Macht durch den Bürger beschrieben. In mehr als nur primitiven Gemeinschaften bildet sich

---

51   Vgl. zum anerkannten Unterschied zwischen den Aufgaben der Interessenverbände und Parteien TEUBNER, Gunther, Neo-korporatistische Strategien rechtlicher Organisationssteuerung: Staatliche Strukturvorgaben für die gesellschaftliche Verarbeitung politischer Konflikte, in: ZParl 1979, 487, 492 f.

52   LERCHE,. Peter, Föderalismus als nationales und internationales Ordnungsprinzip, Mitbericht, in: VVDStRL 21 (1964), 85 Fn 69.

Macht hingegen durch und in sozialen Bindungen, sie ist kein übertragbares Gut autarker Persönlichkeiten. Jedenfalls bei einer Betrachtung des Demokratieprinzips und seiner Verwirklichung durch die repräsentative Ordnung kann eine solche Beschreibung zu falschen Schlüssen verleiten. Die Rechte des Wählers sind so auch nicht aus dem bloßgestellten Wahlakt ersichtlich, noch vermag das Prinzip des freien Mandats außerhalb seines verfahrensrechtlichen Zusammenhangs Antworten zu geben.

Das Recht des Staatsbürgers als demokratischer Souverän verwirklicht sich als Recht zur „Kontrolle". Vom Auftrag unterscheidet sich die Kontrolle darin, daß sie keine vorweg bindenden inhaltlichen Anweisungen erteilt, vielmehr eine Ergebnisbeurteilung vornimmt. Die Kontrolle schafft keine Wählergewalt nur sekundärer Art, vor dem Demokratieprinzip in einer Position des Nachrangs stehend gegenüber einer als direkt bezeichneten Abstimmungsentscheidung vorgeblich „der Bürgerschaft selbst".[53] Solange die Anforderungen an die politischen Gewalten so umfassend und qualifiziert bleiben wie in der Gegenwart und nicht durch den Wunsch nach einer spannungslösenden Meinungsvereinung im Demonstrativen ersetzt werden, sind Parlamente das für die Ausübung dieser überlegenen Souveränität des Wählers erforderliche Instrument.

---

[53] LUHMANN, Niklas, Macht, Stuttgart 1975, 8 ff; SARTORI, Giovanni, Demokratie als Elitenherrschaft, in: GRUBE, Frank/RICHTER, Gerhard (Hgg.), Demokratietheorien, o. O. 1975, 71 f; So aber MEYN, Karl-Ulrich, Kontrolle als Verfassungsprinzip, Baden-Baden 1982.

Staatliche Legitimität, Grundgesetz und neue soziale Bewegungen

von

HORST DREIER, WÜRZBURG

I. Grundlagen: Soziologische, sozialphilosophische
und verfassungsrechtliche Aspekte

1. Jede Form politischer Herrschaft bedarf der Rechtfertigung. Das ist nicht erst seit Max *Weber*, in dessen „Bannkreis"[1] die Diskussion sich nicht von ungefähr noch heute befindet, eine Trivialität. Die Gründe für dieses Rechtfertigungserfordernis sind vielschichtig. Nicht allein, daß aufgrund eines nahezu unausweichlichen psychischen oder psychosozialen „Bedürfnisses jeder Macht...nach Selbstrechtfertigung"[2] die schlichte Existenz von Subordinationsverhältnissen als erklärungsbedürftig empfunden wird;[3] politische Herrschaft ist mehr noch bis zu einem gewissen Grad „auf die Selbstrechtfertigung durch den Appell an Prinzipien ihrer Legitimation angewiesen"[4] und versucht dementsprechend, „den Glauben an ihre ‚Legitimität' zu erwecken und zu pflegen".[5] Vom Erfolg dieses Unternehmens hängt es ab, ob der stabilisierende,

---

1 HENNIS, Wilhelm, Legitimität. Zu einer Kategorie der bürgerlichen Gesellschaft, in: Legitimationsprobleme politischer Systeme, PVS-Sonderheft 7, 1976, hg. v. KIELMANSEGG, Peter Graf, 9-38 (13, 15); vgl. SMEND, Rudolf, Verfassung und Verfassungsrecht (1928), in: DERS., Staatsrechtliche Abhandlungen, 2. A., Berlin 1968, 119—276 (150).

2 WEBER, Max, Wirtschaft und Gesellschaft, 5. A., Tübingen 1976, 549; KIELMANSEGG, Peter Graf, Legitimität als analytische Kategorie, in: PVS 1971, 367-401 (389).

3 WEBER, Wirtschaft und Gesellschaft, 122 f, 549 (Fn 2); auf S. 299 schildert WEBER das parallele Phänomen nicht in bezug auf Herrschaft und die Innehabung entsprechender Positionen, sondern im Hinblick auf das „seelische Komfortbedürfnis nach der Legitimität des Glückes".

4 WEBER, Wirtschaft und Gesellschaft, 549 (Fn 2).

5 WEBER, Wirtschaft und Gesellschaft, 122 (Fn 2).

festigende Effekt des Legitimitätsglaubens[6] das für jedes Herrschaftsverhältnis auf Dauer unentbehrliche Maß an Gehorchenwollen der Gewaltunterworfenen sicherstellen kann.[7]

Natürlich ist Herrschaft auch ohne derartige Zustimmung und gelingende Rechtfertigung nicht automatisch unmöglich. Sie kann vielmehr, wie *Weber* ausdrücklich betont, „so absolut durch augenfällige Interessengemeinschaft des Herrn und seines Verwaltungsstabes (Leibwache, Prätorianer, ‚rote' oder ‚weiße' Garden) gesichert sein, daß sie selbst den Anspruch auf ‚Legitimität' zu verschmähen vermag".[8] Auch in dieser — wegen ihrer Labilität und der daraus resultierenden Gefahr der Entfesselung manifester Gewalt[9] höchst prekären — Situation bliebe auf seiten der Beherrschten noch Raum für eine Reihe ganz unterschiedlicher Fügsamkeitsmotive, „von dumpfer Gewöhnung angefangen bis zu rein zweckrationalen Erwägungen".[10] Doch ändert dies nichts daran, daß jede Ordnung, die sich auf die Mobilisierung eigennütziger Motive oder das Vertrauen auf habituelle Regelmäßigkeiten beschränkt und auf das „Prestige der Vorbildlichkeit oder Verbindlichkeit"[11] verzichtet, „nur den relativ labilen Grenzfall bildet"[12] und somit der *entscheidenden* Stütze und dauerhaften Sicherung enträt. Denn alle Fügsamkeit aus individueller Schwäche, Furcht, Interesselosigkeit, opportunistischer Heuchelei oder sonstiger, im Grunde zufälliger Umstände wegen ist lediglich akzidentiell und deshalb „nicht maßgebend für die Klassifizierung einer Herrschaft. Sondern: Daß ihr eigener Legitimitätsanspruch der Art nach in einem relevanten Maß ‚gilt', ihren Bestand festigt und die Art der gewählten Herrschaftsmittel mit bestimmt."[13] [66] Legitimität meint demnach mehr und anderes als freiwilligen Gehorsam oder Fügung aus affektueller oder zweckrationaler Motivation.

---

6 Ebda., 549 spricht WEBER sogar von einer Legitimitätslegende.

7 Ebda., 851: „Ein gewisses Minimum von innerer Zustimmung — mindestens der sozial gewichtigen Schichten — der Beherrschten ist Vorbedingung der Dauer einer jeden, auch der bestorganisierten Herrschaft"; zur Legitimität als Stabilisierungsfaktor auch STALLBERG, Friedrich Wilhelm, Herrschaft und Legitimität. Untersuchungen zur Anwendung und Anwendbarkeit zentraler Kategorien Max Webers, Meisenheim am Glan 1975, 25 ff.

8 WEBER, Wirtschaft und Gesellschaft, 123 (Fn 2).

9 Auf diese Folge weist HABERMAS, Jürgen, Legitimationsprobleme im Spätkapitalismus, 3. A., Frankfurt/M. 1975, 132 hin.

10 WEBER, Wirtschaft und Gesellschaft, 122 (Fn 2); vgl. DERS., Die drei reinen Typen der legitimen Herrschaft, in: DERS., Gesammelte Aufsätze zur Wissenschaftslehre, 5. A., Tübingen 1982, 475—488 (475).

11 WEBER, Wirtschaft und Gesellschaft, 16 (Fn 2).

12 WEBER, Max, Über einige Kategorien der verstehenden Soziologie (1913), in: Aufsätze zur Wissenschaftslehre, 427-474 (470) (Fn 10).

13 WEBER, Wirtschaft und Gesellschaft, 123 (Fn 2); zur Notwendigkeit der „Anerkennung" der Staatsgewalt auch HELLER, Hermann, Staatslehre, 6. A., Tübingen 1983, 274 ff.

Nun ist dieser Zusammenhang von Herrschaft und Herrschafts-
akzeptanz, von Herrschaft und dem Glauben an die „Anerkennungswürdigkeit einer politischen Ordnung",[14] wie *Habermas* den Begriff der
Legitimität bestimmt, keine Entdeckung *Webers*. Schon *Rousseau* wußte,
daß der „Stärkere niemals stark genug (ist), um immer Herr zu sein, wenn
er nicht seine Stärke in Recht und den Gehorsam in Pflicht verwandelt";[15]
und der Umstand, daß auf lange Sicht eine vom überwiegenden Teil der
Bevölkerung abgelehnte Herrschaft sich mit Legitimitätsentzug und
latenter Konfliktbereitschaft konfrontiert sieht,[16] spiegelt sich in dem
berühmten Wort *Talleyrands* wider, man könne nicht ständig auf der
Spitze von Bajonetten sitzend regieren.

Mit der weithin akzeptierten These von der Unabdingbarkeit der
Legitimität für die Herrschaftsausübung ist allerdings über die Gründe
ihrer Genese, ihren theoretischen Status und über mögliche Systemati-
sierungen noch nichts gesagt. Und darüber hinaus läßt sich auch nichts
Näheres ergründen, wenn man unter Legitimität in einem ganz
unspezifischen soziologischen Sinn allein einen signifikanten Grad
faktischer Zustimmung der Gewaltunterworfenen zur jeweiligen
Herrschaftsordnung versteht, gleichviel, woher diese Zustimmung sich
rekrutiert und worauf sie sich im einzelnen bezieht. Hingegen ist der
Webersche Begriff der Legitimitätsgeltung von Herrschaft, obwohl er sich
ebenfalls am Faktum tatsächlicher Zustimmung orientiert,[17] enger und
deswegen auch genauer.

Webers bekannte Trias ‚reiner' Typen legitimer Herrschaft: der
rationalen, der traditionalen und der charismatischen,[18] beruht ja gerade
auf dem Gedanken der Vermittlung der Zustimmung über rein passive
Unterwerfung oder kurzfristige Interessenkongruenz hinaus[19] durch ein
bestimmtes, dauerhaftes Prinzip, ein leitendes, herrschaftsstabilisierendes
Dogma, mithin: durch einen dem Legitimitäts*anspruch* politischer

---

14   HABERMAS, Jürgen, Legitimationsprobleme im modernen Staat, in: DERS., Zur
     Rekonstruktion des Historischen Materialismus, Frankfurt/M. 1976, 271-303 (271).

15   ROUSSEAU, Jean-Jacques, Vom Gesellschaftsvertrag oder Grundsätze des Staatsrechts
     (1762). Erstes Buch. Drittes Kapitel (S. 273) zit. nach DERS., Sozialphilosophische und
     Politische Schriften, München 1981.

16   WÜRTENBERGER, Thomas, Die Legitimität staatlicher Herrschaft. Eine staatsrecht-
     lich-politische Begriffsgeschichte, Berlin 1973, 20 ff, 37 ff, 253 ff.

17   Zur soziologischen Fragestellung präzise: WEBER, Wirtschaft und Gesellschaft, 27
     (Fn 2).

18   Vgl. WEBER, Wirtschaft und Gesellschaft, 124 ff, 548 ff (Fn 2); DERS., Die drei reinen
     Typen, 475 ff (Fn 10); DERS., Die Wirtschaftsethik der Weltreligionen, in: DERS.,
     Gesammelte Aufsätze zur Religionssoziologie, Bd. 1, Tübingen 1920, 237—573
     (267 ff).

19   Vgl. WEBER, Wirtschaft und Gesellschaft, 123 (Fn 2): Es komme darauf an, „daß das
     Handeln des Gehorchenden im wesentlichen so abläuft, als ob er den Inhalt des
     Befehls um dessen selbst willen zur Maxime seines Verhaltens gemacht habe, und zwar
     lediglich um des formalen Gehorsamsverhältnisses halber . . .“; s. ferner S. 544.

Herrschaft korrespondierenden Legitimitäts*glauben* der Gewaltunterworfenen. Das Spezifikum dieser Bestimmung legitimer Ordnungen liegt nun in der wechselseitigen sachlichen wie definitorischen Durchdringung der auf Dauer gestellten Macht einerseits, den Legitimitätstypen — die im übrigen nicht, wie zuweilen angenommen wird, eine evolutionäre Stufenfolge abbilden, sondern sich in ihrer je historischen Konkretisierung durchaus vermengen können [20] — als Prinzipien der Geltungsbegründung auf der anderen Seite.[21] Zugleich weist dieser enge Bezug zwischen Herrschaft und Legitimation[22] darauf hin, daß *Webers* Untersuchungsperspektive gleichsam von oben nach unten gerichtet ist, also von einer bereits bestehenden Organisation der Macht ausgegangen und nach deren Erhaltungs-, Sicherungs- und Stabilisierungsbedingungen gefragt wird. *Weber* zielt weniger auf den Aspekt der Herrschaftsbegründung durch die Gewaltunterworfenen, z. B. auf die Analyse der Ursprünge der ‚Ressource' Legitimation, sondern eher auf die Bedingungen der Möglichkeit der Aufrechterhaltung bereits etablierter Herrschaft.[23]

---

20   S. nur WEBER, Wirtschaftsethik der Weltreligionen, 268, 273 (Fn 18).

21   Zur Klassifikation von Herrschaftsformen in Entsprechung zu den Legitimitätsmustern vgl. WEBER, Wirtschaft und Gesellschaft, 122, 159, 550 (Fn 2); DERS., Wirtschaftsethik der Weltreligionen, 267 (Fn 18): zum Verhältnis von Handlungstypen, Herrschaftsformen und Legitimitätsprinzipien sowie zur Rückwirkung der Legitimitätsgründe auf die Herrschaftsmodelle und vice versa instruktiv SCHLUCHTER, Wolfgang, Die Entwicklung des okzidentalen Rationalismus, Tübingen 1979, 122 ff, 163 ff, 190 ff; ferner LOOS, Fritz, Zur Wert- und Rechtslehre Max Webers, Tübingen 1970, 113 ff; SPEER, Heino, Herrschaft und Legitimität, Berlin 1978, 18, 86 ff, 160.

22   Vgl. nochmals WEBER, Wirtschaft und Gesellschaft, 123, 822 f (Fn 2); weiter STALLBERG, Herrschaft und Legitimität, 26 f (Fn 7); KIELMANSEGG, Legitimität, 376 (Fn 2); RODENSTEIN, Marianne, Bürgerinitiativen und politisches System, Gießen 1978, 27. — Die in der Weber-Rezeption weitgehend vernachlässigte (so HONDRICH, Karl Otto, Theorie der Herrschaft, Frankfurt/M. 1973, 88; s. auch die kurzen Andeutungen bei STALLBERG, 29 f) „nichtlegitime Herrschaft", wie WEBER sie vor allem am Beispiel der oberitalienischen Stadtstaaten exemplifiziert hat (vgl. WEBER, Wirtschaft und Gesellschaft, 727 ff, 757 ff, 777, 784 (Fn 2); dazu knapp BRUNNER, Otto, Bemerkungen zu den Begriffen „Herrschaft" und „Legitimität", in: DERS., Neue Wege der Verfassungs- und Sozialgeschichte, 2. A., Göttingen 1968, 64—79 , zeichnet sich nicht von ungefähr durch ihre Labilität und Instabilität aus: Deren weder traditional, noch legal, noch — oder wenn, dann wohl eher zufällig — charismatisch fundierte Organisation der Gewalt glich wegen des relativen Gleichgewichts der Opponenten (deshalb die Einrichtung des Podestats), der nur temporär zu unterdrückenden Geschlechterfehden und der daraus folgenden Unmöglichkeit, dauerhafte Subordinationsverhältnisse zu schaffen, weniger einer „legitimen" Ordnung als einem seriellen Bürgerkrieg; m. E. tritt zu diesem Mangel eines durchgebildeten Legitimitäts/Herrschaftstypus erst hinzu, daß die Stadtherrschaft für WEBER revolutionärer — und als solcher illegitimer, weil die alten Herrschaftsverhältnisse brechender — politischer Verband war; diesen Gedanken stellt heraus SPEER, Herrschaft und Legitimität, 153, 159 ff (Fn 21).

23   Vgl. SCHMID, Günther/TREIBER, Hubert, Bürokratie und Politik, München 1975, 24 (der „äußeren" Stütze der Organisation von Herrschaft, weniger der „inneren" der Legitimität gelte WEBERs vordringliches Interesse); dafür spricht vor allem die

Ein zweites kommt hinzu: Obwohl *Webers* systematisierende und typisierende Betrachtung über eine bloße Addition faktischer Fügsamkeitsmotive hinaus geht, weil — wie *Habermas* zu Recht betont — das Konzept der legitimen Herrschaft das Augenmerk gerade auf den Zusammenhang zwischen dem „Rechtfertigungspotential von Ordnungen einerseits und ihrer faktischen Geltung andererseits"[24] lenkt, wird sein Erklärungshorizont doch durch die realsoziologische Fragestellung begrenzt. Legitimität gerät ihm nicht zum ethischen, etwa an der Idee herrschaftsfreier Vergesellschaftung orientierten Maßstab,[25] an dem sich die Billigungswürdigkeit staatlicher Ordnungen gleichsam ablesen ließe, sondern bleibt an die realen Beweggründe tatsächlicher Anerkennung gebunden.[26] *Weber* geht es mithin um die realsoziologisch dechiffrierbaren Motive der ‚Nachachtung' einer gegebenen Ordnung, nicht um die Gewinnung guter Gründe für die Schaffung einer zukünftigen.[27]

2. Beide Punkte, die Perspektive der Legitimitätsbegründung aus der Sicht bereits etablierter Herrschaft und der Status ihrer Konstruktion als wertfreier soziologischer Realanalyse ihres tatsächlichen Funktionierens machen die entscheidende Differenz zwischen der soziologischen Betrachtungsweise und der neuzeitlichen modernen Rechts- und Staatsphilosophie aus.

Dieser geht es nicht bzw. nicht vornehmlich um die Analyse der Funktions- und Rechtfertigungsmechanismen einer bereits bestehenden,

---

außerordentliche Aufmerksamkeit, die WEBER den Beziehungen zwischen den „Herren" und ihrem Verwaltungsstab beimißt: eine Untersuchungsdimension, in der letztlich die Beherrschten (sowie die Entstehung und Festigung ihres Legitimitätsglaubens) nicht mehr als Problem erscheinen; in die gleiche Richtung dürfte die kritische Bemerkung von QUARITSCH, Helmut, Legalität, Legitimität, in: Evangelisches Staatslexikon, 2. A., Stuttgart-Berlin 1975, Sp. 1462 f zielen, ob WEBER mit seinen Legitimitätstypen nicht Autorität und Legitimität verwechsle (dieser Vorwurf geht wohl zurück auf FRIEDRICH, Carl Joachim, Politik als Prozeß der Gemeinschaftsbildung, Köln 1970, 87, 101); vgl. auch KIELMANSEGG, Legitimität, 377 (Fn 2).

24   HABERMAS, Legitimationsprobleme, 132 (Fn 9).

25   Treffend PREWO, Rainer, Max Webers Wissenschaftsprogramm, Frankfurt/M. 1979, 568.

26   Deutlich WEBER, Wirtschaft und Gesellschaft, 27 (Fn 2); s. ferner LOOS, Wert- und Rechtslehre, 115 (Fn 21): „Der inhaltliche Zusammenhang dieses soziologischen Einteilungsgesichtspunktes mit dem normativ-juristischen Problem der Legitimierung von Herrschaft und Recht besteht also — parallel zur soziologischen und juristischen Rechtsgeltung — nur insoweit, als die — realen — Vorstellungen von der normativen Legitimität realer Faktor im sozialen Prozeß sind."

27   Vgl. SCHOTTKY, Richard, Die staatsphilosophische Vertragstheorie als Theorie der Legitimation des Staates, in: Legitimationsprobleme politischer Systeme, 81—107 (84) (Fn 1); einen Überblick über die seit den Arbeiten von Johannes WINCKELMANN entbrannte Diskussion, ob WEBER mit dem Typus der rational-legalen Ordnung explizit oder implizit eine Theorie wertrationaler Legitimität entwickelt hat, bieten KIELMANSEGG, Legitimität, 374 ff (Fn 2) und PREWO, Wissenschaftsprogramm, 559 ff (Fn 25).

sondern um die Rechtfertigungs*möglichkeit* einer zwar als notwendig und unausweichlich gedachten, gleichwohl im gedanklichen Nachvollzug erst noch zu errichtenden gesellschaftlichen Ordnung ursprünglich Freier und Gleicher. Die staatsphilosophische Legitimationslehre fragt anhand ethisch-normativer Kriterien wie Selbsterhaltung, Sicherheit, Frieden, Schutz und Bewahrung individueller Freiheit nach der Berechtigung und Anerkennungswürdigkeit staatlicher Ordnung, in der — um die berühmte Formulierung *Kants* aufzugreifen — das Recht den „Inbegriff der Bedingungen" bildet, „unter denen die Willkür des einen mit der Willkür des anderen nach einem allgemeinen Gesetze der Freiheit zusammen vereinigt werden kann".[28] Bei aller Differenz der Konstruktion wie der Konsequenz des Herrschafts- resp. Gesellschaftsvertrages[29] im einzelnen: für *Hobbes*, für *Locke*, für *Rousseau* und für *Kant* bewegt sich die rekonstruktive Analyse der Rechtfertigung staatlicher Herrschaft von einer im gedanklichen Naturzustand lebenden, wegen der Überzeugung von der „Allgemeingültigkeit bestimmter wesensnotwendiger wert- setzender Vernunftsvollzüge"[30] zu vergesellschaftenden Menge ursprüng- lich herrschaftsfreier Individuen hin zu einer staatlichen Ordnung, in der die Ausübung der in statu naturali zwar noch weitgehend unbegrenzten, aber stets gefährdeten[31] Rechte und Handlungsmöglichkeiten koordi-

---

28 KANT, Immanuel, Metaphysik der Sitten, Einleitung in die Rechtslehre, § B (A/B 33), 337 (zit. nach der WEISCHEDEL-Ausgabe in zehn Bänden, Bd. 7, Darmstadt 1975); s. ferner ZIPPELIUS, Reinhold, Allgemeine Staatslehre, 9. A., München 1985, 118 ff; jüngst hat MAIHOFER, Werner, Die Legitimation des Staates, in: Die Legitimation des modernen Staates (=ARSP-Beiheft Nr. 15), Wiesbaden 1981, 32—39 die Herleitung der Legitimation des staatlichen Rechts aus der Existenz des Menschen erneuert.

29 Die Ursprünge dieses erst in der frühneuzeitlichen politischen Philosophie zu überragender Bedeutung gelangten (vgl. STRAUSS, Leo, Naturrecht und Geschichte, Frankfurt/M. 1977, 123) systematischen Argumentationstopos reichen weit zurück: dazu nach wie vor grundlegend GOUGH, John Wiedhoff, The Social Contract. A Critical Study of its Development, 2nd ed., Oxford 1957, reprint 1978 (zur Differenz zwischen „pactum subjectionis" und „pactum unionis" vgl. 2 ff), VOIGT, Alfred (Hg.), Der Herrschaftsvertrag. Übersetzungen von BADURA, Peter und HOFMANN, Hasso, Neuwied 1965; GIERKE, Otto von, Johannes Althusius und die Entwicklung der naturrechtlichen Staatstheorien, 3. A., Breslau 1913, 76—122; jüngst BALLESTREM, Karl Graf, Vertragstheoretische Ansätze in der politischen Philosophie, in: ZfP 1983, 1—17.

30 SCHOTTKY, Die staatsphilosophische Vertragstheorie, 86 (Fn 27).

31 Klassisch die Schilderung der Unsicherheiten und Gefahren des Naturzustandes bei HOBBES, Thomas, Leviathan, ch. XIII, 110 ff (zit. nach English Works, ed. Molesworth, Vol. 3, London 1839 [2nd reprint Aalen 1966]); DERS., De Cive, cap. I, 157 ff (zit. nach Opera Latina, ed. Molesworth, Vol. 2, London 1834 [2nd reprint Aalen 1966]); obwohl für John LOCKE der Naturzustand nicht als „bellum omnium contra omnes", sondern als bereits rechtlich strukturierter erscheint, bleibt doch der Gegenstand des Rechtsanspruches wegen der fehlenden Sanktionsinstanzen immer ungewiß (vgl. LOCKE, John, Zwei Abhandlungen über die Regierung, hg. und eingeleitet von Walter EUCHNER Frankfurt/M. 1977, II, §§ 123 ff = S. 278 ff). Bei KANT

niert wird.[32] Dabei fungiert die Idee des Naturzustandes nicht als vage Erinnerung an ein vergangenes Paradies, sondern als normativer Kontrollmaßstab der nun zu errichtenden weltlich-menschlichen Ordnung.[33] Und der Vertragsschluß stellt zunächst kaum mehr dar als eine „genetische Metapher", wie treffend formuliert worden ist.[34] Die zentrale Bedeutung dieses ideengeschichtlich wie historisch so überaus bedeutenden, Herrschaft auf einen Vertrag der zukünftigen Herrschaftsobjekte gründenden normativen Legitimitätstypus bestand nun darüber hinaus eben in dem Aufweis, daß nach der Erschütterung invarianter, als objektiv gültig angesehener sinnstiftender Deutungssysteme sowie der Auflösung höchstpersönlicher oder ständisch-korporativer Herrschaftsbeziehungen, also nach dem Übergang zur Moderne,[35] Herrschaft sich

---

schlägt sich die Differenz zwischen dem unsicheren Naturzustand und dem bürgerlichen Gemeinwesen in der Trennung von „öffentlichem" und „privatem" Recht nieder (vgl. KANT, Metaphysik der Sitten, §§ 8, 9, 15, 41, 42 = S. 366 f, 375, 423 f, 425 [Fn 28]); s. schließlich ROUSSEAU, Gesellschaftsvertrag, I 6 (S. 279) (Fn 15).

32 Zur philosophiegeschichtlichen wie sozialphilosophischen Bedeutung der Naturrechtslehre, besonders in ihrer Verbindung mit dem Naturzustandsgedanken vgl. WELZEL, Hans, Naturrecht und materiale Gerechtigkeit, 4. A., Göttingen 1962, 108 ff; WIEACKER, Franz, Privatrechtsgeschichte der Neuzeit, 2. A., Göttingen 1967, 256 ff; HABERMAS, Jürgen, Die klassische Lehre von der Politik in ihrem Verhältnis zur Sozialphilosophie, in: DERS., Theorie und Praxis. Sozialphilosophische Studien, 2. A., Frankfurt/M. 1980, 48—88 (67 ff); MACPHERSON, Crawford B., Die politische Theorie des Besitzindividualismus, Frankfurt/M. 1973, 32 ff, 84 ff, 268 ff; MEDICK, Hans, Naturzustand und Naturgeschichte der bürgerlichen Gesellschaft, Göttingen 1973, 30 ff, 44 ff, 64 ff, 98 ff, 108 ff; LIEBERWIRTH, Rolf, Die historische Entwicklung der Theorie vom vertraglichen Ursprung des Staates und der Staatsgewalt, Berlin (Ost) 1977, insb. 34 ff; speziell zum englischen Kontext STEINBERGER, Helmut, Konzeption und Grenzen freiheitlicher Demokratie, Berlin-Heidelberg-New York 1974, 35 ff; systematisch HOFMANN, Hasso, Zur Lehre vom Naturzustand in der Rechtsphilosophie der Aufklärung, in: Rechtstheorie 1982, 226—252 (insb. 227 ff); s. DERS., Naturzustand, in: Historisches Wörterbuch der Philosophie, Bd. 6, Darmstadt 1984, Sp. 653—658.

33 Vgl. MEDICK, Naturzustand und Naturgeschichte, 108 ff (Fn 32); GRAWERT, Rolf, Historische Entwicklungslinien des neuzeitlichen Gesetzesrechts, in: Studien zum Beginn der modernen Welt, hg. von KOSELLECK, Reinhard, Stuttgart 1977, 218—240 (235); HOFMANN, Die Lehre vom Naturzustand, 233 ff (Fn 32); s. auch ROMMEN, Heinrich, Die ewige Wiederkehr des Naturrechts, 2. A., München 1947, 77 ff; GEISMANN, Georg, Kant als Vollender von Hobbes und Rousseau, in: Der Staat 1982, 161—189.

34 SCHOTTKY, Die staatsphilosophische Vertragstheorie, 82 (Fn 27); s. auch GOUGH, Social Contract, 112 (Fn 29) („hypothesis" — zu HOBBES), 171 („supposition, or assumption" — zu ROUSSEAU); der Vertrag ist das „konstruktive Scharnier zwischen dem status libertatis und dem status civilis" (WIEACKER, Franz, in: FS-WELZEL, Göttingen 1974, 10); vgl. ferner KOLLER, Peter, Theorien des Sozialkontraktes als Rechtfertigungsmodelle politischer Institutionen, in: FS-WEINBERGER, Berlin 1984, 241—275 (242 ff).

35 In der Terminologie WEBERs handelt es sich um die Prozesse der Marktvergesellschaftung und der Herausbildung des rationalen, modernen Anstaltsstaates (vgl. als Rekonstruktionsversuch BREUER, Stefan/TREIBER, Hubert/WALTHER, Manfred, Entstehungsbedingungen des modernen Anstaltsstaates. Überlegungen im Anschluß

einzig und allein durch Übereinkunft der sich zum Staat zusammen-
schließenden vereinzelten Einzelnen erklären und zugleich verbindlich
machen, mithin: legitimieren läßt.[36]

Es ist diese Figur des vom vereinzelten Einzelnen geschlossenen
Vertrages, in der sich der Wandel des staatsphilosophischen Denkens
gegenüber den Epochen antiker Polis-Sittlichkeit oder der Einbettung der
noch als unverfügbar erfahrenen Sozialwelt in eine statische, göttliche
Schöpfungsordnung spiegelt.[37] Die Vereinbarungsidee macht den
Menschen zum Herrn über sich selbst, zum authentischen Gestalter und
Interpreten seiner politischen und sozialkulturellen Welt.[38] Der Staat
wird nun zum absichts- und planvoll geschaffenen, künstlichen Apparat,
Mittel zum Zweck, erscheint als eine Art von Maschine,[39] als sterblicher

---

an Max Weber, in: BREUER/TREIBER [Hgg.]: Entstehung und Strukturwandel des
Staates, Opladen 1982, 75—153); Otto BRUNNER hat diesen Prozeß immer wieder als
Übergang von der altständischen Gesellschaft mit der Ökonomik des „ganzen Hauses"
hin zur egalitären Staatsbürgergesellschaft beschrieben: vgl. BRUNNER, Neue Wege,
80 ff, 103 ff, 187 ff (Fn 22); dazu aus verfassungsrechtlicher Perspektive: SCHEUNER,
Ulrich, Begriff und rechtliche Tragweite der Grundrechte im Übergang von der
Aufklärung zum 19. Jahrhundert, in: Von der ständischen Gesellschaft zur
bürgerlichen Gleichheit (= Der Staat, Beiheft 4), Berlin 1980, 105—110; BREUER,
Stefan, Sozialgeschichte des Naturrechts, Opladen 1983, macht die systematische
Unterscheidung zwischen „naturwüchsiger" und „reiner" Vergesellschaftung zur
Deutung der wechselhaften Geschichte der Naturrechtslehren und ihrer sozialhisto-
rischen Ursachen fruchtbar.

36 BÖCKENFÖRDE, Ernst-Wolfgang, Zum Verhältnis von Kirche und Moderner Welt, in:
    Studien zum Beginn der modernen Welt, 154—177 (Fn 33) charakterisiert diese
    Denkweise treffend als „individualistische Anthropozentrik" (155); aus evolutionärer
    Sicht vgl. DUX, Günter, Die Logik der Weltbilder, Frankfurt/M. 1982, 290 ff; den
    Legitimationscharakter des Vertragsgedankens betont auch LINK, Christoph,
    Herrschaftsordnung und bürgerliche Freiheit, Köln-Wien 1979, 74.

37 S. dazu WELZEL, Naturrecht, 9 ff, 48 ff (Fn 32); STRAUSS, Naturrecht und Geschichte,
    134 ff (Fn 29); RITTER, Joachim, „Politik" und „Ethik" in der praktischen Philosophie
    des Aristoteles, in: DERS.,Metaphysik und Politik. Studien zu Aristoteles und Hegel,
    Frankfurt/M. 1977, 106—132 (insb. 110 ff); DERS., „Naturrecht" bei Aristoteles,
    ebda., 133—179 (insbes. 146 ff); JONAS, Friedrich, Sozialphilosophie der industriellen
    Arbeitswelt, 2. A., Stuttgart 1974, 72 ff; SCHEUNER, Ulrich, Die Legitimation des
    modernen Staates, in: Legitimation des modernen Staates, 1—14 (9 f) (Fn 28).

38 Vgl. HABERMAS, Legitimationsprobleme im modernen Staat, 278 (Fn 14); HOFMANN,
    Lehre vom Naturzustand, 234 (Fn 32); so bereits SCHMITT, Carl, Der Leviathan in der
    Staatslehre des Thomas Hobbes (1938), Nachdruck Köln-Lövenich 1982, 51; s. ferner
    DUX, Logik der Weltbilder, 266 ff, 303 ff (Fn 36).

39 Auf den mechanischen Aspekt der Staatslehre HOBBES' ist immer wieder
    aufmerksam gemacht worden: vgl. SCHMITT, Leviathan, 53 ff (Fn 38); DERS., Der
    Staat als Mechanismus bei Hobbes und Descartes, in: Archiv für Rechtsphilosophie
    1937, 622—632 (622, 629 ff); DERS., Die vollendete Reformation, in: Der Staat 1965,
    51—69 (54); Anklänge auch bei SCHELSKY, Helmut, Die Totalität des Staates bei
    Hobbes, in: Archiv für Rechtsphilosophie 1938, 176—193 (178 ff); aus jüngerer Zeit
    ROLLE, Helmut, Hobbes' Leviathan — der Staat als Maschine, in: Deutsche Zeitschrift
    für Philosophie 1980, 934—942. Auch bei ROUSSEAU (Gesellschaftsvertrag, I 7 [S.
    283] [Fn 15]) und bei KANT (Metaphysik der Sitten, Allg. Anmerkungen D = A 193/B
    223 = S. 450; § 51 = A 210/B 239 = S. 462; § 52 = A 212/B 241 = S. 463 [Fn 28]) findet
    das Maschinenbild Verwendung.

Gott.[40] Der unter der regulativen Idee einmütiger[41] Vereinbarung stehende Gesellschaftsvertrag mit dem — besonders in der demokratischen Variante *Rousseaus* entfalteten — Leitprinzip autonomer Selbstbestimmung des Einzelnen[42] bindet die Konstituierung von Herrschaft an die Zustimmung der Beherrschten (‚consent of the governed'), wie *Locke* schreibt,[43] wobei der Begründer der Staatsphysik, Thomas *Hobbes* — der die zur univoken Etablierung der ‚common power' führende Übereinkunft charakterisiert als "more than consent, or concord; it is a real unity of them all, in one and the same person, made by

---

40   Diese plastische Charakterisierung stammt bekanntlich aus HOBBES, Leviathan, ch. XVII (S. 158) (Fn 31).

41   Daß der Urvertrag, also die die politische Gemeinschaft hervorbringende Entscheidung einstimmig sein muß, wird zwar nicht immer so unzweideutig wie bei ROUSSEAU formuliert (vgl. ROUSSEAU, Gesellschaftsvertrag, I 5, IV 2 [S. 279, 360] [Fn 15]) liegt aber auch den Vorstellungen HOBBES' und LOCKE's zugrunde. Bei HOBBES schließt die einmütige Entscheidung, sich zu versammeln, schon implizit die Anerkennung des Mehrheitsprinzips ein (GOUGH, Social Contract, 109 f [Fn 29] hat deshalb von einem zweistufigen Vertrag gesprochen), das bereits bei der Einsetzung des Leviathan die unterlegene Minderheit zum Gehorsam verpflichtet: "Thirdly, because the major part hath by consenting voices declared a sovereign; he that dissented must now consent with the rest; that is, be contented to avow all the actions he shall do, or else justly be destroyed by the rest. For if he voluntarily entered into the congregation of them that were assembled, he sufficiently declared thereby his will, and therefore tacitly covenanted, to stand to what the major part should ordain . . . " (HOBBES, Leviathan, ch. XVIII [S. 162] [Fn 31]; die lateinische Fassung [Opera Latina, Vol. 3, 1841, 134] weicht ebenso ab wie De Cive, cap. V 7 [S. 213 f] [Fn 31]). Auch bei LOCKE fallen Versammlung und Anerkennung des Mehrheitsprinzips ineinander: „Denn wenn eine Anzahl von Menschen mit der Zustimmung jedes Individuums eine Gemeinschaft gebildet hat, dann haben sie dadurch diese Gemeinschaft zu einem einzigen Körper gemacht, mit der Macht, wie ein einziger Körper zu handeln, was nur durch den Willen und den Beschluß der Mehrheit geschehen kann." (LOCKE, Zwei Abhandlungen, II § 96 [S. 260] [Fn 31]); zum Zusammenhang von Sozialvertragslehre und Mehrheitsprinzip vgl. ferner HEUN, Werner, Das Mehrheitsprinzip in der Demokratie, Berlin 1983, 67 ff.

42   ROUSSEAU, Gesellschaftsvertrag, I 6 (S. 280) (Fn 15): „Wie findet man eine Form des Zusammenschlusses, welche die Person und die Habe jedes Mitglieds mit der ganzen gemeinschaftlichen Stärke verteidigt, und durch die gleichwohl jeder, indem er sich mit allen vereinigt, nur sich selbst gehorcht und frei bleibt, wie er war?"; zu den Metamorphosen dieses Freiheitskonzeptes vgl. KELSEN, Hans, Vom Wesen und Wert der Demokratie, 2. A., Tübingen 1929, 3 ff. — Auch für KANT ist, wenngleich nur auf der Ebene der „res publica noumenon", der vereinigte Wille aller zur Gesetzgebung „die ewige Norm für alle bürgerliche Verfassung überhaupt" (KANT, Immanuel, Der Streit der Fakultäten, Zweiter Abschnitt [A 156], 364 [zit. nach der Theorie-Werkausgabe von WEISCHEDEL, Wilhelm, Frankfurt/M. 1968, Bd. 11]). Im übrigen nimmt KANT, Metaphysik der Sitten, § 47 = A 169/B 199 = S. 434 (Fn 28) exakt den Gedankengang ROUSSEAUS auf, wenn er davon spricht, der allgemeine Wille gehe aus einem ursprünglichen Kontrakt hervor, „nach welchem alle (omnes et singuli) im Volk ihre äußere Freiheit aufgeben, um sie als Glieder eines gemeinen Wesens, d. i. des Volks als Staat betrachtet (universi) sofort wieder aufzunehmen . . . "

43   LOCKE, Zwei Abhandlungen, II §§ 96, 134 (S. 260, 283) (Fn 21).

covenant of every man with every man..."[44] — bekanntlich die gewaltsam erzwungene mit der freiwilligen Zustimmung gleichstellt: zwischen ‚commonwealth by acquisition' und ‚commonwealth by institution' besteht für ihn keine qualitative Differenz,[45] denn jedesmal geht es um Sicherungsmaßnahmen zum höchsten denkbaren Zweck: dem der Selbsterhaltung.[46]

Und *Kant,* der die vertraglich vereinbarte Subordination des Individuums nicht zur ausdrücklichen Voraussetzung staatlicher Legitimität macht, hält dennoch in seiner virtualisierten Fassung am gedanklichen Prinzip der Zustimmung fest, wenn er diese als normative Richtlinie bei der Gesetzgebung des Souveräns wirken lassen will. Es sei „eine bloße Idee der Vernunft..., jeden Gesetzgeber zu verbinden, daß er seine Gesetze so gebe, als sie aus dem vereinigten Willen eines ganzen Volkes haben entspringen können, und jeden Untertan, sofern er Bürger sein will, so anzusehen, als ob er zu einem solchen Willen mit zugestimmt habe. Denn das ist der Probierstein der Rechtmäßigkeit eines jeden öffentlichen Gesetzes."[47] Auch in der Konstruktion *Rousseaus* schließlich ist entgegen einem weitverbreiteten Mißverständnis die Herrschaft der volonté générale nur so lange möglich, wie die Mehrzahl der empirischen Einzelwillen auf ihrer Seite steht: Andernfalls kommt es nicht zur

---

44   HOBBES, Leviathan, ch. XVII (S. 158) (Fn 31).

45   HOBBES, Leviathan, ch. XVII (S. 159) (Fn 31); DERS., De Cive, cap. V, 12 (S. 215 f) (Fn 31).

46   HOBBES, Leviathan, ch. XIII, XIV, XVII (S. 110 ff, 116 ff, 153 ff) (Fn 31); DERS., De Homine (Opera Latina, Vol 2), XI, 6 (S. 98); DERS., De Cive, V, 1 (S. 209) (Fn 31); zum intrikaten, auf der Grenze zwischen den „laws of nature" und dem „right of nature" liegenden Status des Prinzips der Selbsterhaltung vgl. TUCK, Richard, Natural Rights Theories. Their origin and development, Cambridge u. a. 1979, 119 ff, insb. 128 ff; HABERMAS, Lehre von der Politik, 69 ff (Fn 32); ferner RÖD, Wolfgang, Rationalistisches Naturrecht und praktische Philosophie der Neuzeit, in: Rehabilitierung der praktischen Philosophie, hg. von RIEDEL, Manfred, Bd. 1, Freiburg 1972, 269—295 (276 ff).

47   KANT, Über den Gemeinspruch: Das mag in der Theorie richtig sein, taugt aber nicht für die Praxis, II. Folgerung, S. 95 (zit. nach KANT, Immanuel, Kleinere Schriften zur Geschichtsphilosophie, Ethik und Politik, hg. von VORLÄNDER, Karl, Berlin 1964); in den „Vorarbeiten" zum Gemeinspruch heißt es: „Alle Rechtsgesetze müssen aus der Freiheit derer hervorgehen, die ihnen gehorchen sollen" (Akad.-Ausg. XXIII, S. 129). KANT, Metaphysik der Sitten, § 46 = A 166/B 196 = S. 432 (Fn 28) definiert als Attribut des Staatsbürgers die „gesetzliche Freiheit, keinem anderen Gesetz zu gehorchen, als zu welchem er seine Beistimmung gegeben hat", und in den „Reflexionen zur Moralphilosophie" (Akad.-Ausg. XIX, S. 123) heißt es unter Nr. 6645 ganz allgemein: „niemand ist obligirt außer durch seine Einstimmung". Zur Notwendigkeit der „Idee" des Urvertrages, der gleichwohl den Untertanen kein Recht verleiht, über den Ursprung der Staatsgewalt und die Gesetze „werktätig zu vernünfteln", vgl. Metaphysik, § 47 = A 168, 169/B 198, 199 = S. 434; im übrigen erklärt KANT die Notwendigkeit des Eintritts in die bürgerliche Verfassung teils zur Pflicht (Metaphysik, § 15 = AB 86 = S. 374), teils anerkennt er ein allgemeines Nötigungsrecht anderen gegenüber, diese zum Eintritt in die bürgerliche Verfassung zu zwingen (Metaphysik, § 2 = AB 58 = S. 355; § 8 = AB 73 = S. 366; § 9 = AB 74 = S. 366); insbes.

legitimen Diktatur einer elitären Minorität, sondern zur Auflösung des Gemeinwesens, in dem nun nicht mehr der richtige Wille aller, sondern nur noch Tyrannei herrscht.[48]

Es zeigt sich: Die Idee der Herrschaftskonstitution und Herrschaftsbegründung im Wege kontraktueller Übereinkunft, durch welche — dies als entscheidender Unterschied zu allen älteren Ausprägungsformen von Herrschafts- oder Gesellschaftsverträgen — die einheitsstiftende Staatlichkeit als Kreation der sich vergesellschaftenden Individuen überhaupt erst entsteht, ohne ihre Realität in einer anderen, präexistenten Ordnung zu finden, ist *die* entscheidende normative, legitimitätsverbürgende Denkfigur der Neuzeit.[49] Mit ihr ist aber auch und zugleich ganz

---

zu dieser Figur des natürlichen Erlaubnisgesetzes vgl. HOFMANN, Lehre vom Naturzustand, 245 m. Anm. 73 (Fn 32); s. ferner DEGGAU, Hans-Georg, Die Aporien der Rechtslehre Kants, Stuttgart-Bad Cannstadt 1983, 232 ff, 243 ff. — In den „Reflexionen zur Rechtsphilosophie" (Akad.-Ausg. XIX) formuliert KANT unter Nr. 7848 (S. 533): „so werden die Gesetze so angesehen als von allen gegeben", und noch deutlicher in Nr. 8077 (S. 609), wo KANT von der „Idee einer Republik, wo alle Stimmenfähig vereinigt die ganze Gewalt haben" spricht; zur Idee des Sozialkontraktes als Richtschnur der Beurteilung der existenten Staatsverfassung, nicht als Beschreibung der Genese des status civilis und damit der Dissoziation von historisch-faktischer Entstehung und normativ-hypothetischem Rechtsgrund des Staates vgl. Reflexionen Nr. 7734 (S. 503), 7737 (S. 504), 7740 (S. 504), 7974 (S. 568). Vgl. schließlich KANT, KrV, B 373/A 316: „Eine Verfassung von der größten menschlichen Freiheit nach Gesetzen, welche machen, daß jedes Freiheit mit der andern ihrer zusammen bestehen kann ..., ist doch wenigstens eine notwendige Idee, die man nicht bloß im ersten Entwurfe einer Staatsverfassung, sondern auch bei allen Gesetzen zum Grunde legen muß ..."; KANT ist mit seiner, den ursprünglichen Vertrag als Vernunftidee konzipierenden Vorstellung (dazu jetzt ausführlich: KERSTING, Wolfgang, Wohlgeordnete Freiheit, Berlin-New York 1984, 215 ff) also zumindest von HOBBES und ROUSSEAU nicht so weit entfernt, wie BREUER, Sozialgeschichte, 516 f (Fn 35) anzunehmen scheint. Der eine Unterschied aber bleibt: während sich etwa mit ROUSSEAU die bestehende bürgerliche Gesellschaft — wenn nicht auf den Prämissen des contrat social beruhend — verwerfen läßt, will KANT den auf kontingente Weise entstandenen Staat auf evolutionärem, reformerischem Wege (vgl. FETSCHER, Iring, Immanuel Kants bürgerlicher Reformismus, in: DERS., Herrschaft und Emanzipation, München 1976, 176—200; EUCHNER, Walter, Kant als Philosoph des politischen Fortschritts, in: BATSCHA, Zwi (Hg.), Materialien zu Kants Rechtsphilosophie, Frankfurt/M. 1976, 390—402; WIMMER, Reiner, Universalisierung in der Ethik, Frankfurt/M. 1980, 156 ff) auf den Fixpunkt des Ideals einer vertragsmäßigen Fundierung hin orientieren, ohne die Vertragsidee als delegitimierendes Instrument zu handhaben.

48   S. nur ROUSSEAU, Gesellschaftsvertrag, IV 2 (S. 361) (Fn 15); vgl. dazu FORSCHNER, Maximilian, Rousseau, Freiburg/Br.-München 1977, 146 f m. Anm. 125; ferner SPAEMANN, Robert, Die Aktualität des Naturrechts, in: DERS., Philosophische Essays, Stuttgart 1983, 60—79 (71 f); ausführlich bereits: HAYMANN, Franz, Jean Jacques Rousseaus Sozialphilosophie, Leipzig 1898, 127 ff; s. ferner MAYER-TASCH, Peter Cornelius, Hobbes und Rousseau, Aalen 1976, 51.

49   So FRIEDRICH, Carl Joachim, Der Verfassungsstaat der Neuzeit, Berlin u. a. 1975, 308; s. ausführlich BALLESTREM, Vertragstheoretische Ansätze, 2 ff (Fn 29) und KIELMANSEGG, Peter Graf, Volkssouveränität. Eine Untersuchung der Bedingungen demokratischer Legitimität, Stuttgart 1977, 99 ff; die mit der Idee des als

zwangsläufig das Moment des ‚Selbstverständlichen' und des ‚Unhinter-
fragten' der Herrschaft von Menschen über Menschen dahin.[50] Nach der
Säkularisierung des Rechts läßt sich staatliche Legitimität nicht länger im
Bereich undiskutierter, unmittelbar einsichtiger letzter Prinzipien
ansiedeln.[51] Das Gegenteil ist der Fall: gerade weil der moderne Staat
Zerfallsprodukt vorgängiger, feudaler, ständischer, auf anderen
Legitimitätsprinzipien beruhender Ordnungen ist;[52] weil er zudem

---

Überwindung des Naturzustandes gedachten Gesellschaftsvertrages zwingend
verknüpfte theoretische Herleitung des Staates aus dem freien Willen der Individuen
betont auch v. GIERKE, Althusius, 105 ff (Fn 29); daß allerdings die Sozialvertragslehre
in ihrer konkreten ideengeschichtlichen Ausprägung und historischen Funktion
besonders im Rahmen der älteren deutschen Naturrechtslehre keine per se
emanzipative Kategorie darstellt, zeigt KLIPPEL, Diethelm, Politische Freiheit und
Freiheitsrechte im deutschen Naturrecht des 18. Jahrhunderts, Paderborn 1976, 43 ff.

50   Dies gegen MATZ, Ulrich, Recht und Gewalt, Freiburg/Br. 1975, 122 ff; deutlicher
noch DERS., Demokratische Ordnung nach dem Grundgesetz, in: PVS 1979,
183—189, der die mit der Säkularisierung und Profanierung verbundene
Problematisierung der Herrschaftsansprüche vornehmlich als Verlust- und
Verfallsvorgang rezipiert, ohne der Bedeutung eigenständiger, autonomer demokratischer Legitimitätsbegründung Rechnung zu tragen und Raum zu geben. — Schon bei
v. GIERKE, Althusius, 344 (Fn 29) heißt es: „Ist aber der Staat aus einer Willensthat der
von Natur freien und gleichen Individuen entsprungen, so kann auch sein Zweck nicht
außerhalb der Individuen liegen."

51   Insofern ist das Legitimitätsproblem in der Tat erst eines der Neuzeit (so mit
Nachdruck HENNIS, Legitimität, 20 [Fn 1]), das sich in *dieser* Form in vormodernen
Gesellschaften mit ihrer Einbettung des Einzelnen in ihm vorgeordnete
Zusammenhänge (vgl. TROELTSCH, Ernst, Die Soziallehren der christlichen Kirchen
und Gruppen, Tübingen 1922 (Neudruck Aalen 1961), 316 ff, 330 f, 337 ff) aus
prinzipiellen Gründen nicht stellen konnte (JONAS, Sozialphilosophie, 72 ff [Fn 37];
HOFMANN, Hasso, Legitimität und Rechtsgeltung, Berlin 1977, 12 ff), weil dort der
objektive Seinszweck immer schon feststand und nur nach dem Grad seiner
Realisierung gefragt werden konnte (so wiederum treffend MATZ, Ulrich, Zur
Legitimität der westlichen Demokratie, in: KIELMANSEGG, Peter Graf/MATZ, Ulrich
(Hgg.), Die Rechtfertigung politischer Herrschaft, Freiburg/Br.-München 1978,
27—58 (30). HABERMAS, Legitimationsprobleme im modernen Staat, 278 (Fn 14)
spricht im Hinblick auf das nicht wieder unterschreitbare Niveau einer einmal
evolutionär herausgearbeiteten Legitimitätskonfiguration plastisch von einem
„Sperrklinkeneffekt".

52   Vgl. zu dem umfangreichen Prozeß des Übergangs vormoderner zu modernen
Gesellschaften aus der Überfülle der Literatur BREUER, Stefan, Politik und Recht im
Prozeß der Rationalisierung, in: Leviathan 1977, 53—99 (57 ff); RIEDEL, Manfred,
Gesellschaft, bürgerliche, in: BRUNNER, Otto/CONZE, Werner/KOSELLEK, Reinhard
(Hgg.), Geschichtliche Grundbegriffe, Bd. 2, Stuttgart 1975, 719—800 (732 ff, 746 ff,
786 ff); DERS., Der Begriff der „Bürgerlichen Gesellschaft" und das Problem seines
geschichtlichen Ursprungs, in: DERS., Studien zu Hegels Rechtsphilosophie,
Frankfurt/M. 1969, 135—168; s ferner unter dem Aspekt der Ausbildung des Militär-,
Steuer- und Verwaltungsstaates einschließlich der sozialpsychologischen Disposi-
tionen ELIAS, Norbert, Über den Prozeß der Zivilisation, 2 Bde., Frankfurt/M. 1976,
insb. Bd. 2, 222 ff, 279 ff; OESTREICH, Gerhard, Ständetum und Staatsbildung in
Deutschland, in: DERS., Geist und Gestalt des frühmodernen Staates, Berlin 1969,
277—289; DERS., Strukturprobleme des europäischen Absolutismus, ebda., 179—197;
DERS., Das Reich — Habsburgische Monarchie — Brandenburg-Preußen von

souveräner, also die Gewalt in einem Punkt konzentrierender Staat ist;[53] und weil das Recht zu einer weltlichen,[54] im weiteren Verlauf zunehmend positivierten und deshalb prinzipiell disponiblen Größe geworden ist,[55] bedarf es nicht nur eines ungeheuren Maßes an Legitimitation, d. h.: der Bewältigung einer „Rechtfertigungslast", wie sie „vormodernen Epochen

---

1648—1803, in: SCHIEDER, Theodor (Hg.), Handbuch der Europäischen Geschichte, Stuttgart 1968, 378—475; FINER, Samuel E., State- and Nation-Building in Europe: The Role of the Military, in: TILLY, Charles (ed.), The Formation of National States in Western Europe, Princeton/New Jersey 1975, 84—163; ARDANT, Gabriel, Financial Policy and Economic Infrastructure of Modern States and Nations, ebda., 164—242; MAYER, Theodor, Die Ausbildung der Grundlagen des modernen deutschen Staates im hohen Mittelalter (1939), in: KÄMPF, Hellmut (Hg.), Herrschaft und Staat im deutschen Mittelalter, Darmstadt 1956, 284—331; ANDERSON, Perry, Die Entstehung des absolutistischen Staates, Frankfurt/M. 1979 (mit Länderstudien); s. auch die komprimierte Darstellung bei v. DÜLMEN, Richard, Entstehung des frühneuzeitlichen Europa 1550—1648, Frankfurt/M. 1982, 10 ff, 321 ff; DERS., Formierung der europäischen Gesellschaft in der Frühen Neuzeit, in: Geschichte und Gesellschaft 1981, 5—41; zusammenfassend zur Diskussion um den Staatscharakter des deutschen Reiches im Mittelalter nun BOLDT, Hans, Deutsche Verfassungsgeschichte, Bd. 1, München 1984, 82 ff.

53   Dazu die Beiträge in HOFMANN, Hanns Hubert (Hg.), Die Entstehung des modernen souveränen Staates, Köln-Berlin 1967; s. ferner QUARITSCH, Helmut, Staat und Souveränität, Bd. 1, Frankfurt/M. 1970, insb. 32 ff, 255 ff. — KRIELE, Martin, Einführung in die Staatslehre, Reinbek bei Hamburg 1975, 19 hat die Legitimität des Staates als die „Innenseite der Souveränitätsfrage" bezeichnet; zum engen Zusammenhang mit der (Volks-)Souveränität vgl. JONAS, Sozialphilosophie, 72, 81 (Fn 37).

54   Gerade weil die christliche Lehre nach der Glaubensspaltung und der ihr folgenden Zeit der konfessionellen Bürgerkriege (s. die Darstellung von ZEEDEN, Ernst Walter, Das Zeitalter der Glaubenskämpfe, 6. A., München 1983) als homogenitätsverbürgende Grundlage der politischen Ordnung entfallen war, stellte das rationale Naturrecht Herrschaft auf eine insofern sittlich entschärfte, rein weltliche, deswegen aber auch: von der immanenten Überzeugungskraft dieser Form der Sittlichkeit nicht mehr profitierende Grundlage. Vgl. allgemein zur Entkoppelung weltlicher Herrschaft von geistlich-religiösen Motiven BÖCKENFÖRDE, Ernst-Wolfgang, Die Entstehung des Staates als Vorgang der Säkularisation, in: DERS., Staat, Gesellschaft, Freiheit, Frankfurt/M. 1976, 42—64; DERS., Das Grundrecht der Gewissensfreiheit, ebda., 253—317 (insb. 254 ff); SCHLAICH, Klaus, Neutralität als verfassungsrechtliches Prinzip, Tübingen 1972, 26 ff; in dieser Trennung von religiösen Glaubensüberzeugungen und praktischer Politik gründet auch die vielgebrauchte Unterscheidung sog. „letzter" und „vorletzter" Gründe (ARNDT, Adolf, Humanität — Kulturaufgabe des Politischen (1960), in: DERS., Politische Reden und Schriften, hg. v. EHMKE, Horst/SCHMID, Carlo, Berlin-Bonn/Bad Godesberg 1976, 257—277 (265 ff, 272 f); HENNIS, Legitimität, 22 (Fn 1); v. KROCKOW, Christian Graf, Gewalt für den Frieden?, München-Zürich 1983, 25 ff). Glaubens- und Gewissensangelegenheiten sollen nun nicht länger Herrschafts*grundlage*, sondern Herrschafts*schranke* sein.

55   Dazu GRAWERT, Entwicklungslinien, passim (Fn 33); vor allem LUHMANN, Niklas, Rechtssoziologie, Bd. 2, Reinbek bei Hamburg 1972, 251 ff, 256 ff; DERS., Rechtstheorie im interdisziplinären Zusammenhang, in: DERS., Ausdifferenzierung des Rechts, Frankfurt/M. 1981, 191—240 (201 ff); mit Bezug darauf DREIER, Horst, Hans Kelsen und Niklas Luhmann: Positivität des Rechts aus rechtswissenschaftlicher und systemtheoretischer Perspektive, in: Rechtstheorie 1983, 419—458 (427 ff).

unbekannt gewesen ist",[56] sondern auch deren Fundierung durch einsehbare und damit prinzipiell kritisierbare Geltungsgründe, die als solche ausgewiesen sein müssen.[57]

3. Der Weg von der rekonstruktiven Annahme eines legitimierenden Urvertrages, der ja nicht ein wirkliches Geschehen beschreiben wollte, sondern Produkt systematisierender Philosophie, „Erkenntnismittel, aber nicht die zu entwerfende Ordnung war",[58] zu Verfassung, Verfassunggebung und damit Verfassungskonsens ist gedanklich kurz, realhistorisch von unterschiedlicher Weite.[59] Wenn wir in jüngerer Zeit[60]

---

56 KIELMANSEGG, Peter Graf, Die demokratische Revolution und die Spielräume politischen Handelns, in: Merkur 1982, 1150—1163 (1153).

57 TUGENDHAT, Ernst, Antike und moderne Ethik, in: DERS., Probleme der Ethik, Stuttgart 1984, 33—56 spricht davon, daß sich die Ethik der Moderne (KANT) von der der Antike (ARISTOTELES) vor allem durch die „Radikalisierung der Ausweisungskriterien" unterscheidet (S. 41).

58 SCHMIDT-ASSMANN, Eberhard, Der Verfassungsbegriff in der deutschen Staatslehre der Aufklärung und des Historismus, Berlin 1967, 58.

59 Zum Zusammenhang zwischen — revolutionärer — Verfassunggebung und — vormodernen — Herrschaftsverträgen, Wahlkapitulationen etc. (z. B. Magna Charta Libertatum 1215, Tübinger Vertrag 1514, Brandenburger Rezeß 1653) s. NÄF, Werner, Herrschaftsverträge und Lehre vom Herrschaftsvertrag (1949), in: Die geschichtlichen Grundlagen der modernen Volksvertretung, Bd. 1, hg. v. Heinz RAUSCH, Darmstadt 1980, 212—245; OESTREICH, Gerhard, Vom Herrschaftsvertrag zur Verfassungsurkunde. Die „Regierungsformen" des 17. Jahrhunderts als konstitutionelle Instrumente (1977), ebda., 246—277. Diesen im wesentlichen der Grenzregulierung von Herrschaftsbefugnissen zwischen „Fürst" und „Ständen" dienenden Abkommen ist aber das Charakteristikum des modernen Verfassungsgedankens: die bewußte, „künstliche" Herstellung eines gesamtgesellschaftlichen Ordnungszusammenhanges von einem Zentrum aus durchaus fremd (vgl. JELLINEK, Georg, Allgemeine Staatslehre, 3. A., Berlin 1914 (Neudruck 1976), 521; SCHMITT, Carl, Verfassungslehre, 5. A., Berlin 1970, 44 ff; zu den Vorstellungen der Monarchomachen im Ergebnis ebenso TROELTSCH, Soziallehren, 691 f [Fn 51]; GOUGH, Social Contract, 49 ff, 55 ff [Fn 29]). Andererseits läßt sich die moderne Sozialvertragsidee mit dem Verfassungsgedanken auch nicht tendenziell identifizieren: Das Gedankenexperiment der Rekonstruktion der notwendigen Voraussetzungen legitimer Ordnung zwingt nicht *unbedingt* zur Ausarbeitung ihrer normativen Grundprinzipien in Form einer Verfassungsurkunde (s. auch SCHMITT, Verfassungslehre, 61 f, op. cit.; BUBNER, Rüdiger, Geschichtsprozesse und Handlungsnormen, Frankfurt/M. 1984, 258). Strukturelle Affinitäten sind gleichwohl nicht zu übersehen. Andeutungen über den in seiner Komplexität und Tragweite wohl erst noch zu erarbeitenden Zusammenhang zwischen der Sozialvertragsidee und dem Gedanken der Verfassungsgebung: JELLINEK, Staatslehre, 509, 512 op. cit.; HELLER, Staatslehre, 310 f (Fn 13); VOIGT, Alfred, Einleitung, in: DERS. (Hg.), Herrschaftsvertrag, 7—36 (35) (Fn 29); SCHMIDT-ASSMANN, Verfassungsbegriff, 57 ff (Fn 58); BADURA, Peter, Verfassung und Verfassungsgesetz, in: FS-SCHEUNER, Berlin 1973, 19—39 (25, 32); SCHEUNER, Ulrich, Das Mehrheitsprinzip in der Demokratie, Opladen 1973, 54 f; KLIPPEL, Politische Freiheit, 154 ff (Fn 49); HEUN, Mehrheitsprinzip, 82 f, 189 (Fn 41).

60 Nach der prekären Verknüpfung demokratischer und dynastischer Legitimitätskonzepte im Konstitutionalismus war bis hin zur Weimarer Republik angesichts der unangefochtenen Dominanz des staatsrechtlichen Positivismus, unumschränkter

die Legitimität staatlicher Herrschaft zunehmend mit der Frage nach einem die Verfassung tragenden Grundkonsens verknüpfen, so zeigt sich darin nicht nur,daß die Lehre vom Gesellschaftsvertrag als der „ideengeschichtliche Schlüssel für das... Problem des Verfassungskonsenses"[61] anzusehen ist, weil der zentralen Idee der Legitimation von Herrschaft aus dem Willen und der Zustimmung der Beherrschten trotz gewisser Vermittlungsformen in der Verfassung ein dokumentierbarer Ort zugewiesen wird; vielmehr hat der Verfassungsgedanke selbst die Idee des Gesellschaftsvertrages übernommen und in eigentümlicher Weise ausgeformt. Meint Verfassung die umgreifende normative Fixierung der politischen Organisation der Gesellschaft in einem — zumeist schriftlich fixierten[62] — Fundamentalgesetz auf der Grundlage einer erzielten Einigung der an der Verfassungsgebung beteiligten ‚Organe',[63] so sind beide oben angesprochenen Perspektiven: die faktische Rechtfertigung einer bereits bestehenden wie die normative einer erst noch zu errichtenden Herrschaft miteinander verschmolzen. Zunächst und vor allem ist die Verfassunggebung — wie im Kern die Sozialvertragslehre, die die bestehende Gesellschaft ja gedanklich auflöst, um sie nach Vernunftprinzipien wieder zusammenzubauen, auch — auf die Begründung einer in statu nascendi befindlichen politischen Ordnung bezogen. Deshalb kommt der Einigung und Einigkeit der verfassunggebenden Versammlung bzw. des verfassunggebenden Organs eine ganz herausragende Bedeutung zu. Gerade weil aber diese normative Grundlegung anders als in der Sozialvertragslehre nicht nur gedankliches Konstrukt, sondern konkreter sozialhistorischer Vorgang ist, schält sich stärker ihre Zukunftsausrichtung und -relevanz heraus.[64] Denn als

---

staatlicher Souveränität und ungefährdeter nationaler Einheit die immer auch kritische Frage nach der Legitimität des Staates weitgehend stillgestellt, vgl. WÜRTENBERGER, Legitimität staatlicher Herrschaft, 242 ff (Fn 16); DERS., Legitimität, Legalität, in: Geschichtliche Grundbegriffe, Bd. 3, Stuttgart 1982, 677—740 (735) (Fn 52). Zum vielschichtigen Komplex der Einordnung des Kaiserreichs in eine bestimmte Legitimitätskategorie vgl. HOFMANN, Hasso, Das Problem der cäsaristischen Legitimität im Bismarckreich, in: Der Bonapartismus (= Beiheft der Francia 6), München 1977, 77—101.

61   VORLÄNDER, Hans, Verfassung und Konsens, Berlin 1981, 183.

62   Zur Schriftlichkeit JELLINEK, Staatslehre, 507 f, 511 (Fn 59); HELLER, Staatslehre, 305 ff (Fn 13); zu Verfassung in normativem und sozialem Sinn ebda., 281 ff, 293 ff; zu unterschiedlichen Verfassungsbegriffen auch BADURA, Peter, Verfassung, in: Evangelisches Staatslexikon, 2. A., Stuttgart-Berlin 1975, Sp. 2708—2725 (insb 2711 ff).

63   Zu den unterschiedlichen Formen der Verfassunggebung s. STEINER, Udo, Verfassunggebung und verfassunggebende Gewalt des Volkes, Berlin 1966, 93 ff; BEYME, Klaus v., Die verfassunggebende Gewalt des Volkes, Tübingen 1968, 7 ff; zum GG vgl. MURSWIECK, Dietrich, Die verfassunggebende Gewalt nach dem Grundgesetz für die Bundesrepublik Deutschland, Berlin 1978.

64   Vgl. BADURA, Verfassung und Verfassungsgesetz, 32 ff (Fn 59); SCHEUNER, Ulrich, Konsens und Pluralismus als verfassungsrechtliches Problem, in: JAKOBS, Günther

Grundlage des politischen und gesellschaftlichen Prozesses, als Konfliktregelungsmodell, Rahmenordnung und ‚Entwurf' für die politische Einheitsbildung[65] vermag die Verfassung nur zu fungieren, wenn sie Anspruch auf Befolgung und Geltung auch über den Prozeß ihrer Genese hinaus erheben kann.[66] Der auf sie bezogene und sie tragende Fundamentalkonsens[67] ist also weder als singuläre noch als statische Größe vorzustellen. Die Verfassung soll ihrer Bestimmung als

---

(Hg.), Rechtsgeltung und Konsens, Berlin 1976, 33—68 (61 f); HOFMANN, Legitimität und Rechtsgeltung, 70 f (Fn 51); auch SCHMIDT-ASSMANN, Verfassungsbegriff, 58 (Fn 58).

65   Schon klassisch KÄGI, Werner, Die Verfassung als rechtliche Grundordnung des Staates, Zürich o. J. (1945); ferner — jeweils mit gewissen Nuancierungen — SCHEUNER, Ulrich, Verfassung, in: Staatslexikon der Görres-Gesellschaft, 6. A., Freiburg/Br. 1963, Sp. 117—127 (118); DERS., Konsens und Pluralismus, 36 (Fn 64); HESSE, Konrad, Grundzüge des Verfassungsrechts der Bundesrepublik Deutschland, 14. A., Heidelberg 1984, 3 ff, 10 ff; SCHNEIDER, Hans-Peter, Die Verfassung — Aufgabe und Struktur, in: AöR, Beiheft 1, Tübingen 1974, 64—85; BADURA, Verfassung, Sp. 2708 ff (Fn 62); auch BÄUMLIN, Richard, Staat, Recht und Geschichte, Zürich 1961; jüngster Überblick bei BÖCKENFÖRDE, Ernst-Wolfgang, Geschichtliche Entwicklung und Bedeutungswandel der Verfassung, in: FS-GMÜR, Bielefeld 1983, 7—19.

66   Hier findet der Vorschlag Thomas JEFFERSONS, daß jede Generation von neuem über die Verfassung abstimmen sollte, seinen ganz berechtigten Anknüpfungspunkt (Nachweise bei PREUSS, Ulrich K., Politische Verantwortung und Bürgerloyalität, Frankfurt/M. 1984, 25). Nicht zufällig sollen auch die periodischen Versammlungen des souveränen Volkes in ROUSSEAUS Gesellschaftsvertrag immer wieder aufs neue „die Aufrechterhaltung des Gesellschaftsvertrages zum Gegenstand haben" [ROUSSEAU, Vom Gesellschaftsvertrag, III 18 (S. 356) (Fn 15)]; zur Möglichkeit der Revision der Verfassung auch SIEYES, Emmanuel Joseph, Was ist der dritte Stand?, in: DERS., Politische Schriften 1788—1790, 2. A., München-Wien 1981, 117—196 (172); neben dem die jederzeitige Veränderung der Verfassung zulassenden Art 28 Satz 1 bleibt auch in Art 28 Satz 2 der Jakobinischen Deklaration vom 24. Juni 1793 eben dieser Gedanke beständiger Erneuerung der konsensuellen Grundlage in etwas modifizierter Form wachgehalten, wenn es dort heißt: „Eine Generation kann ihren Gesetzen nicht die zukünftigen Generationen unterwerfen." (zitiert nach: FRANZ, Günther, Staatsverfassungen, 3. A., Darmstadt 1975, 379). Unantastbar bleiben aber wegen ihres schlechthin konstitutiven Charakters für alle denkbaren Verfassungen die zentralen Prinzipien der Erklärung der Menschen- und Bürgerrechte von 1789: Denn die Rechte der Menschen sind dieser „Déclaration" (nicht: „petition" oder „constitution"!) zufolge „unverjährbar". Man wollte eben „Sätze aufstellen, die für alle Zeiten und Länder Geltung hätten" (KOCH, Gottfried, Beiträge zur Geschichte der Politischen Ideen und der Regierungspraxis, Zweiter Teil: Demokratie und Konstitution (1750—1791), Berlin 1896, 227).

67   Konsens meint hier zunächst nur die aktuelle Zustimmungsbedürftigkeit, ohne welche der normative Anspruch der Verfassung leerliefe, nicht die Überhöhung des Konsensinhaltes zur Rechtsquelle (dagegen zu Recht BÖCKENFÖRDE, Ernst-Wolfgang, Methoden der Verfassungsinterpretation — Bestandsaufnahme und Kritik, in: NJW 1976, 2089—2099 [2098]). Der eigentliche verfassungstheoretische Streitpunkt liegt darin, ob der vom Grundgesetz reklamierte „Minimalkonsens" (ELLWEIN, Thomas, Das Regierungssystem der Bundesrepublik Deutschland, 3. A., Opladen 1973, 104) eher als Verfahrens- oder als materialer Konsens zu qualifizieren ist (vgl. die Stellungnahmen von: DENNINGER, Erhard [1308 f, 1326], BENDA, Ernst [1338 ff] und

dauerhaftem Instrument der Einigung gemäß nicht nur der Konstitution im Sinne der Besiegelung eines großen historischen, aber letztlich doch punktuellen Augenblicks dienen, sondern als institutionalisierte Form des Urkonsenses auch und zugleich Programm und Leitlinie für die Zukunft sein. Voraussetzung dafür ist aber, daß den Folgegenerationen[68] durch Offenhaltung politischer Handlungsspielräume die Möglichkeit der Selbstbestimmung *auf Grundlage* der Verfassung nicht durch allzu detaillistische Vorgaben *durch* die Verfassung entzogen wird. Weil die Verfassung auf beständige Realisierung, Ausschöpfung und Erfüllung, also auf ,Annahme' angelegt ist,[69] muß sie gleichsam im Gegenzug „in die Zeit hinein offen" bleiben.[70] Stabilität im Sinne einer dauerhaften und funktionsfähigen Orientierungsgröße kann die Verfassung nur durch Wandel, durch ihre immer wieder zu erneuernde, dynamisch sich verändernde Akzeptanz als Grundordnung mit berechtigtem Verpflichtungsanspruch bewahren.[71] Allein unter dieser Bedingung firmiert sie als entscheidende normative Identitäts- und Integrationsgröße, in der sich der Grundkonsens manifestiert.[72]

MAIHOFER, Werner, [1393 ff], in: Handbuch des Verfassungsrechts, hg. v. BENDA/MAIHOFER/VOGEL, Berlin-New York 1983; zum schwierigen Status dieses Konsensbegriffs s. auch LADEUR, Karl-Heinz, Konsensstrategien statt Verfassungsinterpretation?, in: Der Staat 1982, 391—412). PERELS, Joachim, Die Grenzmarken der Verfassung, in: KJ 1977, 375—394 (387) hebt treffend hervor, daß die Funktion der Materialisierung der Verfassung durch Art 79 Abs 3 GG in der Absicherung der ihrerseits nicht weiter gebundenen politischen Auseinandersetzung besteht (bemerkenswert auch die Äußerung des damaligen Bundeskanzlers SCHMIDT: „Die Bejahung der demokratischen Verfassung bedeutet geradezu den prinzipiellen Verzicht auf Totalkonsens.", in: GORSCHENEK, Günter (Hg.), Grundwerte in Staat und Gesellschaft, 3. A., München 1978, 16); zu den sozialen und politischen Voraussetzungen eines (Grund-)Konsens s. HEUN, Mehrheitsprinzip, 176 ff (Fn 41).

68   Zu den „Nachgeborenen" im Verhältnis zum legitimitätsstiftenden Urakt vgl. BERGER, Peter L./LUCKMANN, Thomas, Die gesellschaftliche Konstruktion der Wirklichkeit, Frankfurt/M. 1980, 99 f.

69   Vgl. nur BADURA, Verfassung und Verfassungsgesetz, 35 (Fn 59); HOFMANN, Legitimität und Rechtsgeltung, 73, 77 (Fn 51).

70   So die bekannte Formulierung von BÄUMLIN, Staat, Recht und Geschichte, 15 (Fn 65); ähnlich bereits MARTI, Hans, Urbild und Verfassung, Bern-Stuttgart 1958, 9, 81 ff; s. ferner HESSE, Verfassungsrecht, 12, 15 ff (Fn 65); grundsätzlich HÄBERLE, Peter, Zeit und Verfassung, in: ZfP 1974, 111—137; zum eng damit zusammenhängenden Thema vom Bedeutungswandel von Verfassungsbestimmungen, also dem Problemkreis der „living constitution" vgl. aus jüngerer Zeit BRYDE, Brun-Otto, Verfassungsentwicklung, Baden-Baden 1982, insb. 254 ff, 356 ff; s. ferner ZEIDLER, Karl, Sondervotum zum Urteil des BVerfG vom 16. 2. 1983, in: NJW 1983, 742 ff. Schon von hier aus verbietet sich im übrigen die Annahme, die Verfassung stelle so etwas wie ein in sich stabiles und unveränderliches Wertgerüst dar.

71   So SCHEUNER, Konsens und Pluralismus, 57 (Fn 64); s. auch PODLECH, Adalbert, Wertentscheidungen und Konsens, ebda., 9—28 (24: „Unsere freiheitliche demokratische Grundordnung des Jahres 1975 ist nicht mehr die des Jahres 1949."); SCHNEIDER, Verfassung, 76 (Fn 65): „Dauer durch Elastizität"; ferner STEINBERG, Rudolf, Verfassungspolitik und offene Verfassung, in: JZ 1980, 385—392 (387 ff).

72   Vgl. BADURA, Verfassung und Verfassungsgesetz, 24, 35 (Fn 59); SCHEUNER, Konsens

Das wichtigste aber: Gerade weil die Verfassung auf dauerhafte
Erfüllung, Ausfüllung und damit notwendigerweise Weiterentwicklung
angelegt ist, ohne welche die offerierten Handlungsoptionen gleichsam an
der Wirklichkeit vorbeiliefen, so daß die notwendige „Sinnkorrelativität
von Verfassungsrecht und Verfassungsgebrauch"[73] ausbliebe, wird mit
der Figur des Verfassungskonsenses der theoretisch-logisch unvermeid-
liche hiatus zwischen normativem und soziologischem Legitimitätsansatz
praktisch überbrückt. Damit wird zwar nicht das im Dualismus von Sein
und Sollen wurzelnde Prinzip angefochten, daß ein die gesellschaftliche
Ordnung tragender faktischer Konsens nicht zugleich deren ethisch-
moralische Berechtigung in objektiv-verbindlicher Weise mitgarantieren
kann,[74] sondern lediglich zum Ausdruck gebracht, daß ohne einen
grundsätzlichen, wirksamen Konsens der dauerhafte Bestand einer jeden,
auch einer sittlich gerechtfertigten Ordnung gefährdet ist.[75] Das Problem,
wie ohne naturrechtliche Grundannahmen Maßstäbe ‚richtigen' Rechts
aufzufinden sind, läßt sich auch auf diesem Wege keiner vollends
befriedigenden Lösung zuführen[76] — doch stellt die Annahme einer
Verknüpfung der ethisch-normativen und der faktisch-empirischen
Dimension im Konsensbegriff[77] einen pragmatischen Mittelweg dar, der

---

und Pluralismus, 62 (Fn 64); SCHNEIDER, Hans-Peter, Die parlamentarische
Opposition im Verfassungsrecht der Bundesrepublik Deutschland, Bd. 1,
Fankfurt/M. 1974, 100, 115, 167, 375; ISENSEE, Josef, Verfassungsgarantie ethischer
Grundwerte und gesellschaftlicher Konsens, in: NJW 1977, 545—551 (546 f);
VORLÄNDER, Verfassung und Konsens, 31, 350 m. Anm. 335 (Fn 61).

73   GÖLDNER, Detlef, Integration und Pluralismus im demokratischen Rechtsstaat,
     Tübingen 1977, 3.

74   HENNIS, Legitimität, 12 (Fn 1): „Selbst wenn sich neunundneunzig von Hundert die
     Rechtmäßigkeit des Regimes psychisch zu eigen gemacht haben, der eine Gerechte
     weiß es besser"; insb. HELLER, Staatslehre, 254 (Fn 13) hat scharf zwischen der ideellen
     Rechtfertigung des Staates durch sittliche Rechtsgrundsätze und der sozialen
     Legitimierung durch die rechtssichernde Autorität unterschieden, ohne die höheren
     Prinzipien näher zu begründen; vielmehr heißt es an der angegebenen Stelle: „Daß es
     aber solche Rechtsgrundsätze gibt, welche die rechtfertigende Grundlage des Staates
     und seines positiven Rechts bilden, muß für eine wirklichkeitswissenschaftliche
     Staatslehre als ausgemacht gelten."; der Versuch, von hier aus „Brückenprinzipien" zu
     etablieren, die die normative und die faktische Ebene in mehr als nur pragmatischer
     Hinsicht überspringen sollen (in diese Richtung SCHLUCHTER, Wolfgang, Die
     Entwicklung des okzidentalen Rationalismus, Tübingen 1979, 154 ff, insb. 162, 168),
     scheint aber nicht tragfähig (vgl. HABERMAS, Jürgen, Theorie des kommunikativen
     Handelns, Bd. 1, Frankfurt/M. 1981, 361).

75   HESSE, Verfassungsrecht, 10, 15 (Fn 65).

76   Das wird — wohl entgegen den eigenen Intentionen — deutlich bei HESSE, Konrad,
     Das Grundgesetz in der Entwicklung der Bundesrepublik Deutschland; Aufgabe und
     Funktion der Verfassung, in: Handbuch, 3—27 (16 f) (Fn 67); Vgl. auch HOFMANN,
     Legitimität und Rechtsgeltung, 33 f, 62 (Fn 51); KIELMANSEGG, Legitimität, 381 (Fn
     2).

77   Reinhold ZIPPELIUS hat wiederholt auf die Annäherung des faktischen und des
     normativen Elements im Begriff des Konsenses aufmerksam gemacht (vgl. DERS., Das
     Wesen des Rechts, 4. A., München 1978, 74, 124 f; DERS., Legitimation im

den Tatbestand der Zustimmung als empirisches Phänomen zumindest als conditio sine qua non der Legitimität des modernen Verfassungsstaates theoretisch aufnimmt. Faktischer Konsens wird damit zur unverzichtbaren Voraussetzung echter, im Sinne von gelingender, weil wirklichkeitsmächtiger Legitimation.[78] Demgemäß muß die Verfassung „die politische Herrschaft mit den sozialen Normen und Sinnbedingungen des individuellen Daseins verbinden".[79]

Andererseits setzt das Grundgesetz in Art 79 Abs 3 für einen Grundbestand an materialen Prinzipien einen Konsens schlicht voraus, entzieht diesen Teil dem demokratischen Entscheidungsprozeß und der Disposition wechselnder Majoritäten, stellt ihn als nichtkontroversen

---

demokratischen Verfassungsstaat, in: Legitimation des modernen Staates, 84—94 (Fn 28); den gleichen Aspekt akzentuiert VORLÄNDER, Verfassung und Konsens, 303 ff (Fn 61); ebenso SCHMIDT, Reiner, Lebensgefühl und Legitimation, in: JZ 1983, 725—731 (726). — Daß man dieses bleibende theoretische Problem praktisch stillstellen kann, dürfte vor allem daran liegen, daß an der Verbindlichkeit grundlegender Rechtsprinzipien wie der Volkssouveränität, der Gewährleistung der Grund- und Menschenrechte etc. in dem für uns entscheidenden politischen Kulturkreis keine ernsthaften Zweifel bestehen: das entschärft die Frage, ohne sie befriedigend zu beantworten. Will man dem bleibenden theoretischen Dilemma entrinnen, kommt man um naturrechtliche Präsuppositionen nicht herum — es sei denn, man begnügt sich mit einer auf die pragmatische Tragfähigkeit und Wirksamkeit der Verfassung sich stützenden Vermutung ihrer Vernünftigkeit und ersetzt ihre theoretisch nicht einwandfrei herzuleitende objektive Normativität durch die Vermutung ihrer praktischen Rationalität (so HOFMANN, Legitimität und Rechtsgeltung, 72 ff [Fn 51]; s. ferner ISENSEE, Josef, Regierbarkeit in einer parlamentarischen Demokratie, in: Ein Cappenberger Gespräch, Köln 1979, 15—47 [32 ff]).

78 Daß damit nicht permanent aktuell erlebte, gar im Erlebens- und Handlungsbereich zum Ausdruck gebrachte Zustimmung und/oder Akklamation gemeint ist, dürfte sich von selbst verstehen. Unter den hochkomplexen Bedingungen moderner Gesellschaften kann Zustimmung kaum mehr als die begründete Vermutung der Unterstellbarkeit von Konsens meinen (demgemäß sieht LUHMANN, Niklas, Rechtssoziologie, Bd. 1, Reinbek bei Hamburg 1972, 64 ff, 95 ff in der „Institutionalisierung" die notwendige Unterstellung von Konsens zum Ausdruck gebracht; seine Kritik am Konsensbegriff ist zutreffend, sofern damit daran erinnert wird, daß nicht jede geltende Rechtsnorm von der aktuellen Zustimmung der Normunterworfenen abhängt; andererseits faßt LUHMANN den Konsensbegriff in einer an die individuelle Anerkennungstheorie erinnernden Weise derart eng, daß der Gedanke der Notwendigkeit einer Art von „generellem Systemvertrauen", als welchen man den Verfassungskonsens auch bezeichnen könnte, untergehen muß). — Ausgeschaltet ist mit der Verknüpfung normativer und faktischer Momente im Verfassungskonsensbegriff zweierlei: zum einen die Realisierung einer „idealen" Ordnung gegen den Willen der Mehrheit, zum anderen die Etablierung einer sich auf die Mehrheit stützenden, aber gegen tragende Verfassungsprinzipien verstoßenden Ordnung.

79 BADURA, Verfassung und Verfassungsgesetz, 21 (Fn 59); vgl. auch VORLÄNDER, Verfassung und Konsens, 31 (Fn 61). — Für die Verfassung als Sollensordnung gilt mithin nichts anderes als für alle Rechtsnormen: daß sie zu ihrer normativen Geltung der sozialen Wirksamkeit bedürfen; vgl. dazu KELSEN, Hans, Reine Rechtslehre, 2. A., Wien 1960, 215 ff; in nur vermeintlichem Gegensatz zu KELSEN steht HELLER, Staatslehre, 284 ff (Fn 13); s. auch SCHREIBER, Rupert, Die Geltung von Rechtsnormen, Berlin-Heidelberg-New York 1966, 68 ff.

Sektor — normativ — außer Streit. Darin, daß der austragbare Bestand an Konflikten unterhalb der damit bezeichneten Schwelle angesiedelt wird, manifestiert sich in rechtlicher Überhöhung die Notwendigkeit einer — jeder politischen Mehrheitsbildung notwendigerweise vorangehenden, weil deren Voraussetzung bildenden — grundlegenden Einigung, die allein dem Majoritätsprinzip mit der Unterwerfung der unterlegenen Minderheit unter den Mehrheitswillen eine stabile Grundlage geben kann.[80]

Weil der Grundkonsens aber Bedingung rationaler, vor allem: gewaltfreier Konfliktaustragung ist und insoweit ein Substitut für die in der pluralen Gesellschaft nicht länger existente substantielle Homogenität bildet, erstreckt er sich mit Ausnahme der genannten ‚konstitutionellen' Elemente nicht auf einen Set präfixierter, zudem auf beständige Realisierung drängender Werte, schon gar nicht auf eine geschlossene Wertordnung,[81] sondern vor allem auf die Garantie der verfahrensmäßigen, formalen Aspekte des prinzipiell offenen demokratischen Prozesses.[82] Das Grundgesetz als „Spannungsprogramm"[83] repräsentiert insoweit einen prozeduralen Legitimitätstypus,[84] der allgemeinverbind-

---

80 Vgl. Leibholz, Gerhard, Zum Begriff und Wesen der Demokratie, in: Ders., Strukturprobleme der modernen Demokratie, Karlsruhe 1974, 142—155 (150 f); Arndt, Humanität, 264 (Fn 54); Scheuner, Mehrheitsprinzip, 54 (Fn 59); Ders., Konsens und Pluralismus, 64 (Fn 64); Perels, Grenzmarken der Verfassung, 387 (Fn 67); zum Zusammenhang von Verfassung, Konsens und Mehrheitsregel s. auch BVerfGE 5, 85 (195 ff).

81 Mit Recht kritisch zu entsprechenden Ansätzen des Bundesverfassungsgerichts: Goerlich, Helmut, Wertordnung und Grundgesetz, Baden-Baden 1973; Hesse, Verfassungsrecht, 120 ff (Fn 65); Böckenförde, Ernst-Wolfgang, Grundrechtstheorie und Grundrechtsinterpretation, in: Ders., Staat, Gesellschaft, Freiheit, 221—252 (232 ff); Denninger, Erhard, Verfassungstreue und Schutz der Verfassung, in: VVDStRL 37 (1979), 7—51 (11 ff); zuletzt prägnant Göldner, Detlef, Grundrechte und Grundwerte, in: FS-Bachof, München 1984, 21—27 (23 ff); zur „Ethisierung" oder „Substantialisierung" der Verfassung theoretisch sehr tiefgreifend Preuss, Ulrich K., Politisches Ethos und Verfassung, in: Brüggemann, Heinz (Hg.), Über den Mangel an politischer Kultur in Deutschland, Berlin 1978, 26—49; Ders., Zur Aufrüstung der Normalität, in: Kursbuch 56 (1979), 15—37; Ders., Die Internalisierung des Subjekts, Frankfurt/M. 1979.

82 Vgl. Denninger, Erhard, Staatsrecht I, Reinbek bei Hamburg 1973, 55 ff; Ders., Demokratieprinzip und Verfassung — eine Problemskizze in demokratischer Absicht, in: Sozialwissenschaften im Studium des Rechts, Bd. 2, München 1977, 33—46 (42 f); Schneider, Verfassung, passim (Fn 65). Nur wenn die Inhalte variabel gehalten werden, kann es trotz offensichtlicher Wert- und Interessenpluralität zur Integration kommen (vgl. Stolleis, Michael, Gemeinwohl und Minimalkonsens, in: aus politik und zeitgeschichte, B 3/1978, 37—45 [40, 41, 44]). Schon wegen des Toleranzgedankens schließt die Konsensidee keineswegs aus, daß der offene Dissens bis zu einem gewissen Grad ertragen werden muß: vgl. Lendi, Martin, Konsens — Fähigkeit zum Dissens, in: Recht als Prozeß und Gefüge, in: FS-Huber, Bern 1981, 487—500.

83 Göldner, Integration und Pluralismus, 83 (Fn 73).

84 Diese Charakterisierung verwendet — im Anschluß an Carl Joachim Friedrich — Habermas, Legitimationsprobleme im modernen Staat, 278, 302 Anm. 32 (Fn 14); s.

liche Entscheidungen an Verfahren diskursiver Willensbildung bindet. Von der Verfassung als einem „Orientierungsdatum des Freiheitsgebrauchs"[85] kann deswegen nur in einem sehr speziellen Sinn gesprochen werden. Gemeint ist damit allein: Die Verfassung fungiert als Rahmen *von* und als Forum *für* die politischen Prozesse der Willensbildung, ermöglicht also bis auf die präfixierten konstitutionellen Elemente den ungehinderten Austausch inhaltlich nicht restringierter Positionen und Anschauungen mit dem Ziel, zum inneren Frieden nicht durch manipulative oder manifeste Unterdrückung von Konflikten und Divergenzen, sondern durch deren offene Austragung zu gelangen.

Als Entwurf der Ordnung des politischen Prozesses bleibt die Verfassung nicht abstraktes Modell — sie befindet sich vielmehr in spannungsreicher Abhängigkeit von der politischen Realität, für die sie wiederum Richtlinie und Leitmotiv, „Anregung und Schranke"[86] ist.

Es ergibt sich: Die Legitimität des demokratischen Verfassungsstaates beruht auf Konsens, der in der Verfassung niedergelegt ist und auf die er sich beständig erneuert beziehen muß. Weil dieser Staat vielleicht mehr als jede andere Ordnung der aktiven Zustimmung, der ‚Ambiance', der sozialen Fundierung bedarf,[87] hängt seine Legitimation in wesentlichem Maße von der Ausfüllung der vorbezeichneten Handlungsspielräume, der Ausnutzung der Beteiligungsmöglichkeiten, der Inanspruchnahme der verbürgten Freiheitsgarantien ab. Jedoch können und dürfen diese Möglichkeiten politischer Beteiligung und Mitwirkung, vor allem die Wahrnehmung der Kommunikationsgrundrechte, nicht in Pflichten umgestaltet noch sonst als Mittel zur Erzeugung von Folgebereitschaft und Staatsbejahung eingesetzt werden. Die Anverwandlung der leitenden Verfassungsprinzipien, ihr Einbau in die eigenen Handlungsvollzug bedarf unbedingt der Freiwilligkeit.[88] Zwar stützt sich

---

auch BALLESTREM, Vertragstheoretische Aspekte, 3 (Fn 29). Die Betonung des Verfahrensaspekts soll hervorheben, daß im Unterschied zu früheren Epochen nicht länger ein invariantes materiales Prinzip die Anerkennungswürdigkeit der Ordnung verbürgt, sondern nun die Idee der Rückführbarkeit der geltenden. allgemeinverbindlichen Basisnormen auf den Konsens (dessen Wegfall die Legitimitätsgrundlagen erschüttert) und die Zustimmung aller zentral wird. Proceduralität bedeutet nicht die Abstufung des Grundgesetzes zu einer bloßen Geschäfts- und Verfahrensordnung für laufende Gesetzesproduktion.

85 VORLÄNDER, Verfassung und Konsens, 149 (Fn 61).

86 SMEND, Verfassung und Verfassungsrecht, 195 (Fn 1).

87 Vgl. SCHINDLER, Dietrich, Verfassungsrecht und soziale Struktur, 2. A., Zürich 1944, 92 ff; HELLER, Staatslehre, 284 (Fn 13) prägt die schöne Wendung vom „nicht normierten Unterbau der Staatsverfassung"; s. auch HESSE, Verfassungsrecht, 16 ff (Fn 65).

88 Auch aus diesem Grunde — und nicht nur wegen des Elternrechts — ist die Festlegung staatlicher Erziehungsziele eine höchst sensibel zu handhabende Angelegenheit: vgl. EVERS, Hans-Ulrich, Die Befugnis des Staates zur Festlegung von Erziehungszielen in der pluralistischen Gesellschaft, Berlin 1979, 101 ff, 110 ff; ferner OSSENBÜHL, Fritz, Das elterliche Erziehungsrecht im Sinne des Grundgesetzes, Berlin 1981, 103 ff, 142 ff;

die demokratische Verfassung wie jedes Legalsystem auf angebbare gesellschaftliche, politische, sozialökonomische und wohl auch sozial-psychologische Voraussetzungen[89] — doch als freiheitliche Ordnung hängt sie von Ressourcen ab, die nicht zu ihrer Disposition stehen. Sie *darf* über die systembildenden Ressourcen nicht verfügen, weil der staatliche Zugriff auf den Inhalt des Freiheitsgebrauchs oder der Einsatz sanktionsbewehrter rechtlicher Mittel zur Kreation einer Staatsbürger-ethik einer Selbstdestruktion gleichkäme.[90] Zugleich *kann* aus struktu-rellen Gründen Legitimität nicht beliebig produziert werden, weil es eben keine „administrative Erzeugung von Sinn"[91] gibt. Genau diesen — beide Aspekte umfassenden — Umstand benennt der vielzitierte Satz, daß die freiheitliche Demokratie von Voraussetzungen lebe, die sie nicht zu erzwingen vermag.[92] Schon hieraus erhellt, daß ihre voraussetzungsvollen Regeln keine umstandslose, stabile ‚Selbstlegitimation' des Systems garantieren,[93] sondern höchst prekäre Ansprüche formulieren, über

BÖCKENFÖRDE, Ernst-Wolfgang, Elternrecht — Recht des Kindes — Recht des Staates, in: Essener Gespräche 1980, 54 ff, 74 ff; HÄBERLE, Peter, Verfassungsprinzi-pien als Erziehungsziele: in: FS-HUBER, 211—239 (insb. 220 ff) (Fn 82).

89 Vgl. BADURA, Verfassung und Verfassungsgesetz, 27 (Fn 59); HOFMANN, Legitimität und Rechtsgeltung, 69 f (Fn 51); deutlich PETERS, Hans, Die Problematik der deutschen Demokratie, Zürich 1948, 69: Demokratie „muß mehr als jede andere Staatsform... in den Willen der Bürger aufgenommen werden und gelangt damit in den Bereich ethischer Forderungen und Wertmaßstäbe." Zur Bedeutung des Lebensgefühls aus soziologischer Sicht: TENBRUCK, Friedrich H., Alltagsnormen und Lebensgefühle in der Bundesrepublik, in: Die zweite Republik. 25 Jahre Bundesrepublik Deutschland — eine Bilanz, hg. v. LÖWENTHAL, Richard/SCHWARZ, Hans-Peter, Stuttgart 1974, 289—310. Nicht nur die politische Kultur im engeren Sinne, auch das „allgemeine" Lebensgefühl gewinnt wegen des angesprochenen Zusammenhanges zwischen Legitimität und Konsens unmittelbar verfassungsrecht-liche Relevanz (dazu SCHMIDT, Lebensgefühl und Legitimation, passim [Fn 77]).

90 BÖCKENFÖRDE, Ernst-Wolfgang, Der Staat als sittlicher Staat, Pforzheim 1978, 12, 16, 20.

91 HABERMAS, Jürgen, Was heißt heute Krise? Legitimationsprobleme im Spätkapitalis-mus, in: Zur Rekonstruktion, 304—328 (318) (Fn 14); DERS., Können komplexe Gesellschaften eine vernünftige Identität ausbilden?, ebda., 92—126 (120); DERS., Legitimation des modernen Staates, 272 f, 288 f (Fn 14).

92 So wohl zuerst BÖCKENFÖRDE, Entstehung des Staates, 60 (Fn 54); s. DERS., Staat als sittlicher Staat, 25, 36 f (Fn 90) (schon SCHINDLER, Verfassungsrecht, 145 (Fn 87) hatte allerdings bemerkt: „Die autokratischen Staatsformen bieten dem Volk Halt von außen, die Demokratie verlegt die haltgebenden Momente in die Psyche des Einzelnen."); das BÖCKENFÖRDE-Wort ist in vielfältiger Weise und ganz überwiegend zustimmend aufgenommen worden: vgl. DENNINGER, Verfassungstreue, 24 (Fn 81); KLEIN, Hans H., ebda., 106; DENNINGER, Handbuch, 1327 (Fn 67); EVERS, Befugnis des Staates, 110 (Fn 88); ISENSEE, Verfassungsgarantie, 550 (Fn 72); DERS., Die verdrängten Grundpflichten des Bürgers, in: DÖV 1982, 609—618 (615); ferner LÜBBE, Hermann, Staat und Zivilreligion. Ein Aspekt politischer Legitimität, in: Legitimation des modernen Staates, 40—64 (57 f) (Fn 28); jüngst WYDUCKEL, Dieter, Ius Publicum, Berlin 1984, 327.

93 Den Terminus der „Selbstlegitimation" des politischen Systems hat wiederholt Niklas LUHMANN gebraucht. Bereits dies weist darauf hin, daß LUHMANN an diejenigen

deren Einlösungs- und Erfüllungsvoraussetzungen nicht voluntaristisch verfügt werden kann.

Diese scheinbare Schwäche rührt nun nicht allein daher, daß die politische Einheitsbildung auf vorrechtliche Bestände angewiesen ist.[94] Hinzu kommt, daß der Verfassungsstaat über die Zurverfügungstellung der demokratiekomplementären Individualrechte und damit der Schaffung der Voraussetzungen „politischer Vergesellschaftung"[95] hinaus auch und zugleich die freiheitssichernden Errungenschaften des klassischen, formellen, primär auf Staatsabwehr gerichteten Rechts-staates festhält. Es gibt nicht nur eine Freiheit *zum* politischen Entscheidungsprozeß, sondern auch eine Freiheit *ihm gegenüber*, also den Anspruch, vom Staat „in Ruhe gelassen"[96] zu werden. Dieser — wenn man so will: — liberal-rechtsstaatliche Freiheitsbegriff meint immer auch Freiheit zum Freiheitsnichtgebrauch, Freiheit zu Beliebigem, Freiheit, die sich zu den Voraussetzungen und Bestandserfordernissen des politischen Gemeinwesens indifferent verhält.[97] Seinen Kern und seine

---

Aspekte des WEBERschen Legitimitätskonzeptes anknüpft, welche Legitimität von einer inhaltlich ausgewiesenen, materialen Wahrheitsgröße weitgehend abkoppeln (während HABERMAS gerade dort einhakt, wo WEBER Materialisierungstendenzen zeigt: beim Begriff des Einverständnishandelns und der Wertrationalität, vgl. RODENSTEIN, Bürgerinitiativen, 31 [Fn 22]). Eine Reihe von scharf zugespitzten Formulierungen LUHMANNs deutet auf eine von allen inhaltlichen Überzeugungen der Gesellschaftsmitglieder vollständig losgelöste, von deren Wertanschauungen unabhängige Konzeption hin (vgl. LUHMANN, Legitimation durch Verfahren, Frankfurt/M. 1983, 32 ff; DERS., Rechtssoziologie 2, 259 ff [Fn 55]). Doch stellt sich natürlich auch für ihn die Legitimationsbeschaffung des Staates nicht als problemloser Automatismus mit einer gewissermaßen garantierten Selbstversorgung der Ressource Legitimität, sondern erheblich differenzierter dar. Mit seiner These von Legitimität als dem Ergebnis eines Lernprozesses, wobei die Lernbereitschaft durch die symbolisch-generalisierende Wirksamkeit physischer Gewalt einerseits, die Beteiligung an Verfahren andererseits sichergestellt wird, erklärt LUHMANN zunächst einmal nur, warum in modernen Gesellschaften einer ungeheuren Vielzahl hoheitlicher Entscheidungen von der ganz überwiegenden Mehrheit der Gesellschaftsmitglieder Folge geleistet wird. Warum diesen Verfahren wiederum „vertraut" wird und deren Ergebnisse als verpflichtend akzeptiert werden, bleibt ausgeblendet. Gerade dies wird aber entscheidend: denn Verfahren können nicht immer wieder ihrerseits auf Verfahren verweisen; sie beziehen sich letztlich auf „Sinnwelten" (GÖRLITZ, Axel, Zeitschriftenschau, in: ZRP 1984, 23) wie Demokratie und Pluralismus. Fallen diese fort, verliert die Produktion legitimer Entscheidungen auch im Sinne LUHMANNs ihre Grundlage.

94 Weil das Recht eben nicht die Grundlagen seiner eigenen Geltung regeln kann (vgl. ISENSEE, Regierbarkeit, 32 [Fn 77]; auch FULLER, Lon L., American Legal Philosophy at Mid-Century, in: Journal of Legal Education 6 [1954], 457—485 [468]).

95 So BADURA, Verfassung und Verfassungsgesetz, 21 (s. auch 28, 38) (Fn 59); DERS., Verfassung, Sp. 2724 (Fn 62); DERS., Grundpflichten als verfassungsrechtliche Dimension, in: DVBl 1982, 861—872 (861).

96 BVerfGE 27, 1 (6); vgl. BÖCKENFÖRDE, Ernst-Wolfgang, Die Bedeutung der Unterscheidung von Staat und Gesellschaft im demokratischen Sozialstaat der Gegenwart, in: DERS., Staat, Gesellschaft, Freiheit, 185—221 (199) (Fn 54).

97 Zu diesem negatorischen Aspekt vgl. u. a. SCHMITT, Verfassungslehre, 200 ff (Fn 59);

bleibende Berechtigung findet dieser negativ ausgrenzende, sich ganz auf Abwehr- und Schutzrechte gegen den Staat konzentrierende bürgerlich-rechtsstaatliche Verfassungsbegriff in der Sicherung einer apolitischen Individualsphäre. Insofern ist der Rechtsstaat treffend eine „Staatsform der Distanz"[98] genannt worden. Demgegenüber akzentuiert der demokratisch-sozialstaatliche Verfassungsbegriff gerade die Notwendigkeit der Selbstorganisation der Gesellschaft und damit der Partizipation an der Setzung verbindlicher Rechtsregeln wie aktiver Teilnahme an den öffentlichen Angelegenheiten überhaupt.[99] Demokratische Staatlichkeit zielt nicht auf Distanz, sondern auf Nähe, Integration, Diskurs. Zweifelsohne stellt der Typus des demokratischen Rechtsstaates den historisch bedeutendsten Versuch dar, die beiden hier idealtypisch kontrastierend herausgearbeiteten Momente miteinander zu verschränken. Mit dem Hinweis auf die Inkongruenz, die zwischen dem Modell der bürgerlich-rechtsstaatlichen und dem der demokratisch-sozialstaatlichen Verfassung besteht, soll auch nicht das zurecht kritisierte „Schisma zwischen dem repräsentativ-demokratischen und dem justiziell-rechtsstaatlichen Moment der Verfassung"[100] verabsolutiert werden.

KLEIN, Hans H., Die Grundrechte im demokratischen Staat, Stuttgart u. a. 1974, passim; GRABITZ, Eberhard, Freiheit und Verfassungsrecht, Tübingen 1976, 3 ff; (speziell unter grundrechtsdogmatischem Aspekt) SCHWABE, Jürgen, Probleme der Grundrechtsdogmatik, Darmstadt 1977, 11 ff; HERZOG, Roman, in: MAUNZ/DÜRIG, Komm. z. GG, Rdnr. 40, 63 zu Art 5 I, II; MANTL, Wolfgang, Demokratie, in: Katholisches Soziallexikon, 2. A., Innsbruck u. a. 1980, Sp. 398—420 (415); ISENSEE, Grundpflichten, 615 (Fn 92) spricht pointiert vom „Primat des status negativus"; gegen die Tendenz, Freiheit sogleich immer auch als „pflichtige" Bindung zu verstehen, ferner PREUSS, Internalisierung, insb. 261 ff (Fn 81); LADEUR, Konsensstrategie, 399 ff (Fn 67).

98   KLOEPFER, Michael, Gesetzgebung im Rechtsstaat, in: VVDStRL 40 (1982), 63—98 (65).

99   Es ist kein Zufall, daß SMEND, Rudolf, Bürger und Bourgeois im deutschen Staatsrecht (1933), in: DERS., Abhandlungen, 309—325 (322 ff) (Fn 1) in der krisenhaft zugespitzten Situation des Januar 1933 diesen Umstand der Beteiligung am Staat so sehr betont hat.

100 DENNINGER, Staatsrecht 1, 117 (Fn 82). Nicht verkannt wird damit insb. die im Grunde fatale deutsche Tradition der Zerschlagung des eigentlich nur gemeinsam zu denkenden Begriffs der Freiheit in eine politische und eine bürgerliche Seite, die den Freiraum des einzelnen nicht als Grundlage und Ausgangspunkt für das politische Gemeinwesen begreift, sondern als staatsfernen Privatbezirk reklamiert (vgl. MAIER, Hans, Die ältere deutsche Staats- und Verwaltungsrechtslehre, 2. A., München 1980, 287: „... man könne die eine, nämlich die Freiheit vom Staat besitzen, ohne die andere, nämlich den freien Staat, zu haben oder auch nur zu wollen — das ist die ausdrückliche These..." s. auch 291; ferner SCHEUNER, Ulrich, Die rechtliche Tragweite der Grundrechte in der deutschen Verfassungsentwicklung des 19. Jahrhunderts, in: BÖCKENFÖRDE, Ernst-Wolfgang unter Mitarbeit von Rainer WAHL [Hg.], Moderne deutsche Verfassungsgeschichte [1815—1914], 2. veränd. A., Königstein/Ts. 1981, 319—345; [324 f] KRIELE, Staatslehre, 335 ff [Fn 53]). Das Gegenbeispiel zu dieser unpolitischen Dissoziation von privater und politischer Freiheit bildet die von Abgeordneten der Deutschen Nationalversammlung 1919 vertretene Auffassung, Grundrechte seien in die Reichsverfassung nicht aufzunehmen,

Doch grundsätzlich ist auf der Unterscheidung und der Unterscheidbarkeit beider Prinzipien zu insistieren.[101] Dies vor allem deshalb, weil allein die Beachtung der Differenz es ermöglicht, den Freiheitsgewinn, der durch die demokratische Organisation des nur formellen Rechtsstaates (der die schon vordem negatorische Freiheit in der bürgerlichen Sphäre hatte garantieren können), also durch die „Erweiterung des bürgerlich-liberalen Verfassungsstaates um die Dimension des Sozialstaates und demokratischer Teilhaberechte"[102] erzielt ist, angemessen zu würdigen.[103]

---

weil sie durch die Demokratisierung der Staatsgewalt ihr notwendiges Gegenüber verloren hätten: Grundrechte seien nur im Obrigkeitsstaat vonnöten und entbehrten nun der Grundlage (vgl. KLEINHEYER, Gerd, Grundrechte, in: Geschichtliche Grundbegriffe, 1047—1082 [1081] [Fn 52]). Weil dieser zutiefst rousseauistischen Vorstellung zufolge die Demokratie als Inbegriff und Garant der Freiheit schlechthin galt, wurde der Prozeß demokratischer Willensbildung als Surrogat für die individuell-antistaatliche Freiheitssicherung angesehen — der Freiheitsschutz gegen den eigenen, weil demokratisch gebildeten Staatswillen erschien als contradictio in adiecto.

101 Denn durch demokratische Partizipation und Organisation wird ein Mindestmaß an individueller, selbstgestalteter und autonomer Freiheit nicht zwingend sichergestellt (vgl. BÖCKENFÖRDE, Gewissensfreiheit, 268 m. Anm. 73 [Fn 54]; LINK, Herrschaftsordnung und bürgerliche Freiheit, 153 [Fn 36]: „Selbst eine Demokratie ist nicht gegen den Totalitarismus der Majoritäten gefeit."). Gerade angesichts neuer Formen und Möglichkeiten der Gefährdung der Integrität von Privat- und Intimsphäre bedarf der Hervorhebung, daß die Grundrechte auch der demokratischen Staatsgewalt und Öffentlichkeit Einhalt gebieten (s. auch HÄBERLE, Peter, Struktur und Funktion der Öffentlichkeit im demokratischen Staat [1970], in: DERS., Die Verfassung des Pluralismus, Königstein/Ts. 1980, 126—162 [140]). In diesem Sinn läßt sich von einem „Recht auf nicht-politische Institutionen" (so SCHILD, Wolfgang, Freiheit — Gleichheit — „Selbständigkeit" [KANT]: Strukturmomente der Freiheit, in: SCHWARTLÄNDER, Johannes (Hg.), Menschenrechte und Demokratie, Kehl am Rhein-Straßburg 1981, 135—176 (170) sprechen.

102 SCHNEIDER, Verfassung, 67 (Fn 65).

103 So erscheint — ohne daß damit das Verhältnis von bürgerlicher und politischer Freiheit, von Rechtsstaat und Demokratie bereits in ein allgültiges „System" gebracht wäre — jedenfalls folgende Zuordnung als zwingend: daß ohne private, bürgerliche Freiheit echte politische Freiheit undenkbar ist (vgl. SCHNEIDER, Hans-Peter, Eigenart und Funktionen der Grundrechte im demokratischen Verfassungsstaat, in: Grundrechte als Fundament der Demokratie, hg. v. PERELS, Joachim, Frankfurt/M. 1979, 11-48 [43]; PODLECH, Adalbert, Das Recht auf Privatheit, ebda., 50—68 [53 f]; HÄBERLE, Öffentlichkeit, 140 [Fn 101]; DERS., Die Wesensgehaltgarantie des Art 19 Abs 2 Grundgesetz, 3. A., Heidelberg 1983, 335 ff; so bereits SMEND, Bürger und Bourgeois, 317 f [Fn 99]; SCHILD, Strukturmomente, 169 [Fn 101]; s. auch LINK, Herrschaftsordnung, 346 [Fn 36] und HESSE, Konrad, Bemerkungen zur heutigen Problematik und Tragweite der Unterscheidung von Staat und Gesellschaft, in: DÖV 1975, 437—443 [442]). Wenn also demokratische und rechtsstaatliche Freiheit gleichberechtigt nebeneinander stehen (KLEIN, Grundrechte, 41 [Fn 97]), schließt das keineswegs aus, daß beide füreinander wechselseitig funktional sind; sie sind allerdings nicht füreinander funktionalisierbar. Nicht nur deshalb zu pauschal GRIMMER, Klaus, Demokratie und Grundrechte, Berlin 1980, 312: „Grundrechtsauslegung und Grundrechtsrealisierung sind praktizierte Demokratie."

Keinesfalls aber läßt sich das Hauptproblem der freiheitlichen Demokratie — wie sich die Sicherung eines individuellen Freiheitsraumes mit der maximalen Chance zur Beteiligung an der Konstitution der rechtlichen Ordnung verknüpft, also: Ausgrenzung *und* Partizipation gewährleisten läßt —, durch terminologische Amalgamierungen lösen.[104] Für die konstruktive Ineinanderführung beider Aspekte, die am Ende zu nichts geringerem als einer Theorie des demokratischen „Wohlfahrts-Rechtsstaat(es)"[105] führen müßte, gibt es keine leicht handhabbare Anwendungsformel. So präsentiert das Bundesverfassungsgericht denn auch keine Lösung dieses Problems, sondern formuliert ein notwendiges Leitmotiv, wenn es vom grundgesetzlichen „Ideal der ‚sozialen Demokratie in den Formen des Rechtsstaates'"[106] spricht.

Weil nach alledem der politische wie bürgerliche Freiheit garantierende demokratische Verfassungsstaat nicht Herr seiner Bestandsvoraussetzungen, zugleich aber Zurechnungsobjekt vielfältiger Erwartungen ist, steht er offenbar auf schwachen Füßen, ja scheint geradezu „auf Sand gebaut".[107] Er soll wirklich schier Unmögliches leisten: nicht nur die demokratische Freiheit gewähren und die liberale sichern, sondern darüber hinaus auch noch die ökonomischen Bestandsvoraussetzungen des Gesamtsystems wie die wirtschaftliche Existenz der Gesellschaftsmitglieder garantieren — denn natürlich gibt es neben der demokratischen und der rechtsstaatlichen auch noch eine sozialeudämonistische Legitimität.[108]

---

104 Nur zur Vermeidung von Mißverständnissen sei angemerkt, daß sich die Herausarbeitung eines eher rechtsstaatlich-liberalen und eines eher demokratisch-sozialen Verfassungsbegriffs nicht mit der kontrastierenden Gegenüberstellung politisch-organisatorischer und materiell-rechtsstaatlicher Bestandteile und Regelungskomplexe der Weimarer Reichsverfassung durch Carl SCHMITT deckt (vgl. SCHMITT, Verfassungslehre, 23 ff [Fn 59]; DERS., Grundrechte und Grundpflichten, in: DERS., Verfassungsrechtliche Aufsätze, 2. A., Berlin 1973, 181—231 [189 ff]; DERS., Legalität und Legitimität, ebda., 263—350 [293 ff]). In unserem Fall geht die Grenz- und Scheidelinie durch die Grundrechte als materiellrechtliche Ermächtigungen wie als Strukturprinzipien des Verfassungsstaates selbst: Grundrechte können überwiegend als staatshervorbringend wie staatsabwehrend gedacht und genutzt werden. Eben in dieser Ambivalenz liegt der springende Punkt. Beide Aspekte dienen der Sicherung des Zentralwertes der Verfassung: der „Freiheit der Person" (SCHEUNER, Ulrich, Die neuere Entwicklung des Rechtsstaates in Deutschland, in: DERS., Staatstheorie und Staatsrecht. Gesammelte Schriften, Berlin 1978, 185—221 [186]).

105 DENNINGER, Staatsrecht I, 121 (Fn 82).

106 BVerfGE 5, 85 (198). Die umstandslose Ineinssetzung beider Prinzipien: des freiheitlich-ausgrenzenden wie des demokratisch-integrierenden hat entweder latent totalitäre Konsequenzen oder führt zur additiven Auflistung der verschiedensten „Funktionen" und „Seiten" der Grundrechte wie der Verfassung insgesamt, ohne daß ein einheitstiftendes, die heterogenen Aspekte überbrückendes und strukturierendes Prinzip sichtbar würde.

107 HENNIS, Wilhelm, Zur Begründung der Fragestellung, in: HENNIS, Wilhelm/KIEL-MANSEGG, Peter Graf/MATZ, Ulrich (Hgg.), Regierbarkeit. Studien zu ihrer Problematisierung, Bd. 1, Stuttgart 1977, 9—21 (16).

108 Vgl. KIELMANSEGG, Legitimität, 391, 394 (Fn 2). — Es ist eine unausweichliche und

Ob und wie Politik als staatliche Einheitsbildung und organisierter Prozeß beständiger Integration unter diesen höchst anspruchsvollen wie gefährdeten Bedingungen weiterhin möglich sein kann, erscheint als *die* zentrale Frage heutiger aktueller Legitimation. Sie läßt sich gerade wegen des aufgezeigten komplexen Hintergrundes nicht pauschal (etwa als Frage nach *der* Legitimitätskrise *des* spätkapitalistischen Systems), sondern nur problemfeldspezifisch angehen. Einem solchen Teilgebiet wollen wir uns nun zuwenden.

---

unumkehrbare, weil in der Logik demokratisch-egalitärer Entwicklung liegende (dazu klassisch DE TOCQUEVILLE, Alexis, Über die Demokratie in Amerika, 2. A., München 1984, 785 ff), im übrigen mit dem Sozialstaatsprinzip des Art 20 GG bereits angedeutete Folge der Ausweitung der Staatsaufgaben (s. dazu nur HABERMAS, Legitimationsprobleme im Spätkapitalismus, 52 ff, 77 ff [Fn 9]; BÖCKENFÖRDE, Unterscheidung von Staat und Gesellschaft, 206 ff [Fn 96]; DERS., Die politische Funktion wirtschaftlich-sozialer Verbände und Interessenträger in der sozialstaatlichen Demokratie, in: Regierbarkeit, Bd. 1, 223—254 [Fn 107]), also der staatlichen Dauerintervention in den Sozialbereich wie der aus Gründen parteipolitischer Konkurrenz selbstreklamierten Allzuständigkeit des politisch-administrativen Systems, daß der Staat Legitimität auch und vor allem in seiner Rolle als Leistungs-, Verteilungs-, Wohlfahrts- und Planungsstaat gewinnt (dazu kritisch GEHLEN, Arnold, Studien zur Anthropologie und Soziologie, Neuwied-Berlin 1963, 252 f, 255; DERS., Moral und Hypermoral, Frankfurt/M.-Bonn 1969, 109 ff.): Damit „erscheint die Wahrnehmung weiterer Aufgaben der Wohlfahrtsförderung als notwendiger Bestandteil einer legitimen Staatsmacht" (SCHEUNER, Legitimation des modernen Staates, 10 [Fn 37] s. 13 f deutet sich sehr richtig an, daß die theoretisch befriedigende Einbeziehung dieses Topos in die Legitimationskette des demokratischen Staates zu einer Erneuerung der Staatszwecklehre, in deren Kontext auch die vieldiskutierten „sozialen Grundrechte" [s. dazu LÜCKE, Jörg, Soziale Grundrechte als Staatszielbestimmungen und Gesetzgebungsaufträge, in: AöR 1982, 15—60] ihren angemessenen Platz zu finden hätten, führen müßte); diese „Generalzuständigkeit des Staates für Mängel" (HABERMAS, Legitimationsprobleme im modernen Staat, 289 [Fn 14]) wird durch empirische Untersuchungen bestätigt, denen zufolge ökonomische Leistungserwartungen der Wahlbürgerschaft zur Richtschnur der Legitimitätszuweisung werden (vgl. KEVENHÖRSTER, Paul, Legitimitätsdoktrinen und Legitimierungsverfahren in westlichen Demokratien. Zu Bestimmungsfaktoren und Defiziten der Systemlegitimierung, in: KIELMANSEGG/MATZ (Hgg.), Rechtfertigung politischer Herrschaft, 59—103 [92 ff] [Fn 51]). Da aber die quantitative Ausdehnung staatlicher Aktivitäten und Leistungen nicht auch eine Steigerung der Staatlichkeit zur Folge hat (vgl. FORSTHOFF, Ernst, Der Staat der Industriegesellschaft, 2. A., München 1971, 24), dem Staat vielmehr ganz ähnlich wie auf der Ebene der Gewinnung ideeller Ressourcen nur begrenzte Verfügungsgewalt über den ökonomisch-sozialen Bereich zusteht, weil er als Steuerstaat auf dessen „Leistungen" angewiesen bleibt, haftet „das politische System der konstitutionellen Demokratie ... weit über die Grenzen seines Handlungsspielraumes hinaus" (KIELMANSEGG, Die demokratische Revolution, 1157 [Fn 56]). Zum Verhältnis zwischen rechtsstaatlicher und sozialstaatlicher Legitimität unter dem Aspekt von Freiheitsgewährung vs. Sozialgestaltung vgl. VORLÄNDER, Verfassung und Konsens, 220 ff, 353 ff, 368 ff (Fn 61). Ganz rudimentär sind die unterschiedlichen Legitimitätsebenen (demokratischer, liberaler, sozialstaatlicher Art) bereits in der Statuslehre JELLINEKS (JELLINEK, Georg, System der subjektiven öffentlichen Rechte, 2. A., Tübingen 1905, 81 ff, 94 ff) angelegt.

II. Legitimität des Verfassungsstaates und
neue soziale Bewegungen

1. Als ein herausragendes Krisenphänomen politischer Desintegration gilt seit Jahren das weite Spektrum der sog. Alternativbewegung, besser vielleicht: der neuen sozialen Bewegungen.[109] Einige Stichworte mögen deren Charakter, Symptome und Erscheinungsschwerpunkte kennzeichnen: Abwendung von herkömmlichen Formen politischen Engagements; Trend zum Aufbau einer gegengesellschaftlichen Alternativkultur, nicht selten verknüpft mit der aktiven Teilnahme an der Arbeit der Bürgerinitiativen; Ablehnung technischer, bürokratisch-politischer wie ökonomischer ‚Groß'-Systeme; sinkende Bereitschaft zur Akzeptanz und/oder zur Hinnahme umstrittener, als falsch und gefährlich empfundener politisch-administrativer Entscheidungen, was sich z. T. auch in Form demonstrativer Übertretung von Rechtsvorschriften artikuliert. Inhaltlich zeichnet sich die Alternativ- und Bürgerinitiativbewegung aus durch ein gesteigertes ökologisches Bewußtsein, den Kampf gegen die Umweltzerstörung, die Wiederentdeckung des Regionalen und Partikularen, die Absage an technisch-administrative Planungs- und Wachstumsrationalität und die — im Schatten der Möglichkeit eines alles zerstörenden nuklearen Genozids liegende — Suche nach einer unverstellten Natürlichkeit und Kreatürlichkeit des Menschen.[110]

Als positives Gegenbild zu einer Welt, die man aufgrund ihrer ureigensten Mechanismen der ökologischen und militärischen Katastrophe zutreiben sieht, als Gegenbild, dessen Realisierung zugleich als unabdingbare Voraussetzung für die Wiedergewinnung von Autonomie und Authentizität gilt, firmiert die umfassende Dezentralisierung des

---

109 Diese Terminologie, die das Spektrum alternativer Lebenskultur um Protestformen erweitert, scheint sich in der einschlägigen Literatur durchzusetzen: vgl. BRAND, Karl-Werner, Neue soziale Bewegungen, Opladen 1982; BRAND, Karl-Werner/BÜSSER, Detlef/RUCHT, Dieter, Aufbruch in eine andere Gesellschaft. Neue soziale Bewegungen in der Bundesrepublik, Frankfurt/M. 1983; SCHÄFER, Wolf (Hg.), Neue Soziale Bewegungen: Konservativer Aufbruch in buntem Gewand? Frankfurt/M. 1983; HUBER, Joseph, Die neuen sozialen Bewegungen zwischen Konfrontation und Kooperation, in: FINK, Ulf, Keine Angst vor Alternativen. Ein Minister wagt sich in die Szene, Freiburg/Br. 1983, 67—79; LANGGUTH, Gerd, Protestbewegung. Entwicklung — Niedergang — Renaissance, Köln 1983, 243. Verlaufsgeschichte und Entwicklungszyklus politischer und sozialer Bewegungen ist in den USA Gegenstand umfangreicher, hierzulande noch weitgehend unrezipierter Forschung gewesen; vgl. vor allem MAUSS, Armand, Social Problems as Social Movements, Philadelphia-New York-Toronto 1975.

110 Von der Intention, diese Aspekte in fundierter Weise darzulegen, dürfte MAREN-GRISEBACH, Manon, Philosophie der Grünen, München-Wien 1982 getragen sein, wenn dabei auch eher eine von bedeutungsschwangeren Metaphern durchsetzte, recht verquaste Privatphilosophie entfaltet wird.

gesamten gesellschaftlichen wie politischen Lebens,[111] der Aufbau kleiner (Versorgungs- und Beziehungs-)Netze und eine prinzipiell antikonsumelle Grundhaltung.[112] Es versteht sich, daß mit alledem eine sehr kritische Einschätzung der bestehenden gesellschaftlichen und politischen Verhältnisse einhergeht.

Solche Erscheinungen, vor allem im Verein mit einer nicht ungewichtigen Resonanz in breiten Bevölkerungsschichten und der zunehmenden parlamentarischen Verankerung grüner und alternativer Listen, provozieren naturgemäß Krisentheoreme:[113] Wie der Vorrat an fossilen Brennstoffen auch, scheinen sich die — vordemokratischen Zeiten entstammenden — stabilitätsverbürgenden Legitimitätsressourcen ihrem Ende zuzuneigen.

Allen derartigen überzogenen Krisenszenarios ist nun aber zunächst entgegenzuhalten, daß nach den vorliegenden, auf die Bundesrepublik Deutschland beschränkten Untersuchungen die Zustimmung zum politischen System nach wie vor signifikant hoch und das Vertrauen in die Stabilität der Ordnung weitgehend ungebrochen ist.[114] Und für die

---

111 Vgl. SCHUMACHER, Ernst Friedrich, Die Rückkehr zum menschlichen Maß, Reinbek bei Hamburg 1977; BOSSEL, Hartmut, Die vergessenen Werte, in: BRUN, Rudolf (Hg.), Der grüne Protest, Frankfurt/M. 1978, 7—17; ELGIN, D., Einfachheit als Lebensprinzip, in: Die tägliche Revolution (= Magazin Brennpunkte Bd. 11), Frankfurt/M. 1978, 7—39.

112 Dazu KRAUSHAAR, Wolfgang, Thesen zum Verhältnis von Alternativ- und Fluchtbewegung, in: DERS. (Hg.), Autonomie oder Getto? Kontroversen über die Alternativbewegung, Frankfurt/M. 1978, 8—67 (12 ff); RUSTERHOLZ, Heinrich, Kleine Netze (I), in: Die tägliche Revolution, 109—115 (Fn 111); GEISSBERGER, Werner, Kleine Netze (II), ebda., 117—133; GUGGENBERGER, Bernd, Bürgerinitiativen in der Parteiendemokratie, Stuttgart u. a. 1980, 7 ff, 33 ff; HOLLSTEIN, Walter, Die Gegengesellschaft. Alternative Lebensformen, Reinbek bei Hamburg 1981, 190 ff; RASCHKE, Joachim, Politik und Wertwandel in den westlichen Demokratien, in: aus politik und zeitgeschichte B 36/1980, 23—45 (29 ff) begreift die entsprechende Umorientierung des Verhaltens als Wechsel zu einem neuen politischen Paradigma, dem „Paradigma der Lebensweise". — Speziell zum Antikonsumismus: WEIZSÄCKER, Carl Friedrich v., Gehen wir einer asketischen Weltkultur entgegen?, in: Merkur 1978, 745—769; FETSCHER, Iring, Die Suche nach der nationalen Identität, in: Stichworte zur „Geistigen Situation der Zeit", hg. v. HABERMAS, Jürgen, Bd. 1, Frankfurt/M. 1979, 115—131 (124 ff); SÖLLE, Dorothee, „Du sollst keine anderen Jeans haben neben mir", ebda., Bd. 2, 541—553; DIES., Wege zum Leben in seiner Fülle, in: DIE ZEIT Nr. 34 v. 19. 8. 1983, 14.

113 Einen guten Überblick über Krisenkonzepte gibt LOMPE, Klaus, Probleme der Regierbarkeit angesichts des Mangels an langfristiger Politikorientierung — Neue Chancen für die politische Planung?, in: Politische Bildung 2/1982, 3—30.

114 Vgl. die insgesamt beruhigende Bilanz bei THAYSEN, Uwe, Grenzlinien der Regierbarkeit 1974—1979, in: aus politik und zeitgeschichte B 20/1979, 25—52; ferner BEYME, Klaus v., Das politische System der Bundesrepublik Deutschland, 2. A., München 1980, 33 ff; MAYER, Ulrich, Zwischen Anpassung und Alternativkultur oder das politische Bewußtsein und Handeln der Studenten, Bonn 1981; RAUSCH, Heinz, Politisches Bewußtsein und politische Einstellungen im Wandel, in: WEIDENFELD, Werner (Hg.), Die Identität der Deutschen, Bonn 1983, 119—153 (131 ff); Bundesministerium für Jugend, Familie und Gesundheit (Hg.), Jugend in der

speziell staats- und verfassungsrechtliche Debatte ist der notwendigerweise recht weite, weil eine Vielzahl von Phänomenen umfassende,
deswegen aber auch vergleichsweise recht unbestimmte Krisenbegriff der
Sozialwissenschaften jedenfalls nicht in der Weise ohne Modifikationen
zu übernehmen, daß jede demoskopische Zacke bereits als bedrohlicher
Erosionsprozeß der Grundlagen der Verfassung registriert wird.[115] Nicht
jede politische Klima- und Kräfteveränderung darf zur verfassungsrechtlichen Grundsatz- oder gar Bestandsfrage hochstilisiert werden:[116] Dies
führt zur Verwechslung manifester Krisensituationen mit politischen
Wandlungsprozessen und in der Folge zur unangemessenen Heran-
ziehung staatstheoretischer Extrembegriffe und Ausnahmeinstitute.
Nicht jedes Politik- ist auch und zugleich ein Legitimationsproblem.
Andererseits verbietet es sich, die Bewegungen als bloß spielerische,
letztlich konsequenzenlose Attitüde materiell abgesicherter Freizeitaus-
steiger zu belächeln.[117] Ebensowenig handelt es sich um Auswirkungen
typischer Adoleszenzkrisen, um pubertären Protest, der sich nahtlos in
das Erklärungsraster der überkommenen Generationenproblematik
einfügen ließe.

Die Ursachen liegen tiefer. Sie sind — ohne sie hier auch nur
annähernd erschöpfend erörtern zu können — neben einer erhöhten
Sensibilität für Fragen individueller, kollektiver und gesellschaftlicher
Lebensgestaltung, die zur Verquickung von Umwelt- und Gesellschafts-
protest führt, sicher auch in der sich aus dem beschleunigten
Wachstumsprozeß und dem Mobilisierungszwang moderner Industriegesellschaften ergebenden sozialen Entstabilisierung[118] wie in umfassenden Verschiebungen und Wandlungstendenzen der persönlichen

---

Bundesrepublik heute — Aufbruch oder Verweigerung —, Bonn, November 1981, 4 ff;
BANNAS, Günter, Wie steht es um die Jugend von heute?, in: FAZ Nr. 239 v. 14. 10.
1983, 7 f; jüngst VEEN, Hans-Joachim, Mit den Risiken wächst die Zuversicht, in: FAZ
Nr. 102 v. 2. 5. 1984, 9. — Zu Gründen für die Übersensibilität gegenüber
Krisenphänomenen vgl. VORLÄNDER, Verfassung und Konsens, 24 ff (Fn 61).

115 Das soll Demoskopie nicht pauschal diskreditieren, aber ihren besonders unter dem
Aspekt parlamentarisch-repräsentativer Herrschaftsausübung zuweilen zweifelhaften
Beitrag kritisch reflektieren; zum Problem s. auch BENDA, Ernst, Konsens,
Meinungsforschung und Verfassung, in: DÖV 1982, 877—883; DERS., Demoskopie
und Recht, in: JZ 1972, 497—501; schon vorher NEEFF, Joachim, Demokratie und
Demoskopie, in: JZ 1971, 16—18.

116 Insofern ist SCHOLZ, Rupert, Krise der parteienstaatlichen Demokratie? „Grüne" und
„Alternative" im Parlament, Berlin-New York 1983, 6 beizupflichten.

117 In diese Richtung aber ISENSEE, Josef, Widerstand gegen den technischen Fortschritt,
in: DÖV 1983, 565—575 (568) mit Hinweis auf Odo MARQUARD.

118 Vgl. KLAGES, Helmut, Die unruhige Gesellschaft. Untersuchungen über Grenzen und
Probleme sozialer Stabilität, München 1975; SCHÜLEIN, Johann August, Normalität
und Opposition. Über Ursachen und gesellschaftliche Funktion der „Alternativbewegung", in: Leviathan 1983, 252—274 (258 ff) akzentuiert die durch die
Industrialisierung hervorgerufenen Probleme fester Identitätsbildung.

Wertehierarchie zu verorten.[119] Daß bislang kaum hinterfragte Werte wie Wohlstands- und Karriereorientierung ihre selbstverständliche Überzeugungs- und Geltungskraft einbüßen, stellt vielleicht *die* zentrale verbindende Klammer zwischen den ansonsten so heterogenen Bewegungen dar.

Diese Heterogenität erschwert nun aber zugleich jede Behandlung und Darstellung, die die Vielfalt ihres Gegenstandes nicht Pauschalurteilen aufopfern will. Denn schließlich verbergen sich hinter den Sammelbezeichnungen ‚alternative Lebensformen', ‚Alternativbewegung', ‚Bürgerinitiativbewegung' etc. so unterschiedliche Phänomene wie Landkommunen- und Wohngemeinschaftsbewegung, Friedens- und Anti-KKW-Initiativen, Selbsterfahrungs- und Therapiegruppen, Dritte-Welt-Läden und Frauenhäuser, grüne und alternative Parteien, die Hausbesetzer-‚Scene' und anderes mehr. Sie alle bilden kein trennscharf einzugrenzendes soziales Phänomen, sondern ein kaum entwirrbares, auf

---

119 Die von INGLEHART begründete Postmaterialismus-These (vgl. INGLEHART, Ronald, Wertwandel in den westlichen Gesellschaften. Politische Konsequenzen von materialistischen und postmaterialistischen Prioritäten, in: KLAGES, Helmut/KMIECIAK, Peter (Hgg.), Wertwandel und gesellschaftlicher Wandel, Frankfurt/M.-New York 1979, 279—316; DERS., Traditionelle politische Trennungslinien und die Entwicklung der neuen Politik in westlichen Gesellschaften, in: PVS 1983, 139—165) kehrt in der einschlägigen Diskussion als Dauer-Topos beständig wieder: s. BOSSEL, Hartmut, Bürgerinitiativen entwerfen die Zukunft, Frankfurt/M. 1978, 164 ff; MURPHY, Detlef/RUBART, Franke/MÜLLER, Ferdinand/RASCHKE, Joachim, Protest. Grüne, Bunte und Steuerrebellen, Reinbek bei Hamburg 1979, 162 f; GUGGENBERGER, Bürgerinitiativen, 10 ff (Fn 112); RASCHKE, Politik und Wertwandel, 32 ff (Fn 112); BÖHR, Christoph, Bewußtseinswandel und Konsenskrise: Fragen an das Parteiensystem, in: Die Mitarbeit. Zeitschrift zur Gesellschafts- und Kulturpolitik 1982, 113—138. Zu beachten ist allerdings nicht nur, daß diesem Modell, demzufolge in den wohlhabenden westlichen Industriegesellschaften aufgrund weitgehender Deckung materieller Bedürfnisse eine epochale Orientierung an nicht-materiellen Werten „jenseits von Angebot und Nachfrage" (Jürgen RÖPKE) eingesetzt hat, ein recht simples Hierarchieschema MASLOWSCHER Provenienz zugrunde liegt (das kritisiert z. B. HABERMAS, Jürgen, Einleitung, in: Stichworte zur „Geistigen Situation", Bd. 1, 7—35 [26] [Fn 112]; s. auch BRAND, Neue soziale Bewegungen, 65 ff [Fn 109]), sondern vor allem, daß die Ausrichtung an postmateriellen Werten (Kommunikation, Solidarität, Authentizität) keine Alternative, sondern eine Ergänzung zu den materiellen Werten (Wohlstand, Leistung, Sicherheit) darstellt: nur wenn die Stufe der materiellen Werte gesichert ist, kann die nächste erklommen werden. Die Sicherung der materiellen Werte stellt die Voraussetzung für die Artikulation der postmateriellen dar (treffend OBERREUTER, Heinrich, Wahrheiten statt Mehrheiten — Basis einer Gegenkultur, in: FAZ Nr. 4 v. 5. 1. 1984, 5). Dieses Abhängigkeitsverhältnis der „silent revolution" von stabilen Sozialverhältnissen dürfte vor allem in Krisenzeiten deutlich werden. Zur Kritik an INGLEHART vgl. LEHNER, Franz, Die „Stille Revolution": Zur Theorie und Realität des Wertwandels in hochindustrialisierten Gesellschaften, in: KLAGES/KMIECIAK (Hgg.), op. cit., 317—327. Zwar zeigen auch die Ergebnisse der empirisch fundierten Analysen von KMIECIAK, Peter, Wertstruktur und Wertwandel in der Bundesrepublik Deutschland, Göttingen 1976 deutliche Wandlungstendenzen, insb. eine Abkehr von der Dominanz beruflicher Karriereorientierung, ohne daß sich aber eine neue, geschlossene Wertordnung deutlich abzeichnete. Prägend für die Situation ist gerade eine ungefestigte Wertorientierung.

vielfältige Weise personell, strukturell und thematisch miteinander verflochtenes und wechselseitig aufeinander verweisendes Erscheinungssyndrom.[120] Aus analytischen wie darstellungstechnischen Gründen möchte ich — immer noch stark vergröbernd — zwei Gruppen unterscheiden:[121] zum einen die eher privatistische, nach innen gekehrte Bewegung der Selbsterfahrungsgruppen sowie der Wohn-, Arbeits- und Lebensprojekte; zum zweiten die eher „handlungsorientierte Alternativbewegung",[122] deren Aktivitäten um den festen Kern der Umwelt- und Friedenspolitik zentriert sind.

2. Bei der Gruppe der retreatistischen ‚Aussteiger'-Bewegung ist unschwer zu erkennen, daß hier keine sich in den herkömmlichen Bahnen von ‚Politik' bewegenden systemoppositionellen Ziele verfochten werden. Diese Rückzugspotentiale machen im Grunde nur von ihren ureigensten Freiheitsrechten Gebrauch, wenn sie unter bewußter Absonderung von der etablierten Gesellschaft und ohne drittgerichteten politischen Anspruch im autonom gestalteten Lebens- und Arbeitsbereich Schritte zur Selbstverwirklichung und Identitätsfindung unternehmen.[123] In Abschirmung gegen eine als entfremdend erfahrene Welt[124] soll eine

---

120 Zur — jeder Untersuchung etwas Unabgeschlossenes verleihenden — Heterogenität und Diffusität der Bewegungen s. HUBER, Joseph, Wer soll das alles ändern. Über die Alternativen der Alternativbewegung, Berlin 1980, 10 ff; ferner ROTH, Roland, Notizen zur politischen Geschichte der Bürgerinitiativen in der Bundesrepublik, in: DERS. (Hg.), Parlamentarisches Ritual und politische Alternativen, Frankfurt/M.-New York 1980, 74—96; HIRSCH, Joachim, Alternativbewegung — eine politische Alternative?, ebda., 121—146; SCHÜLEIN, Normalität und Opposition, 267 (Fn 118); SCHNEIDER, Hans-Peter, Alternativbewegungen und Legitimationsprobleme der Demokratie, in: Gegenkultur und Recht, hg. v. GESSNER, Vokmar/HASSEMER, Winfried, Baden-Baden 1985, 107—129.

121 In Anlehnung an HABERMAS, Jürgen, Theorie des kommunikativen Handelns, Bd. 2, 578 (Fn 74) (HABERMAS differenziert zwischen Emanzipations-, Widerstands- und Rückzugspotentialen); zu anderen Unterscheidungsmöglichkeiten vgl. HUBER, Wer soll das alles ändern, 10 (Fn 120); DERS., Die neuen sozialen Bewegungen, 68 ff (Fn 109); HIRSCH, Alternativbewegung, 122 (Fn 120).

122 KUNTZ, Karl Michael, Spontis, Schlaffis und Chaoten, in: AUST, St./ROSENBLADT, S. (Hgg.), Hausbesetzer — wofür sie kämpfen, wie sie leben und wie sie leben wollen, Hamburg 1981, 193—221 (193).

123 MAIHOFER, Werner, Prinzipien freiheitlicher Demokratie, in: Handbuch des Verfassungsrechts, 173—237 (230) (Fn 67) nennt die unorthodoxen Lebensführungsexperimente „Ausdruck eben der sonst so vielberufenen Menschenwürde zur Selbstverwirklichung aus Eigenverantwortung..."; zum historischen Vorläufer der „Lebensreformbewegung" s. KRABBE, Wolfgang R., Gesellschaftsveränderung durch Lebensreform, Göttingen 1974; FRECOT, Janos, Die Lebensreformbewegung, in: VONDUNG, Klaus (Hg.), Das wilhelminische Bildungsbürgertum, Göttingen 1976, 138—152; FRECOT, Janos/GEIST, Johann Friedrich/KERBS, Diethart, Abriß der Lebensreform, in: KRAUSHAAR (Hg.), Autonomie oder Getto?, 210—245 (Fn 112).

124 Vgl. die Schilderung eines „idealtypischen" alternativen Tagesablaufs bei FICHTER, Tilman/LÖNNENDONKER, Siegward, Von der APO nach TUNIX, in: RICHTER, Claus (Hg.), Die überflüssige Generation, Königstein/Ts. 1979, 132—150 (137).

unbeschädigte Lebensform aufgebaut werden, deren Werthierarchie und Grundorientierung sich signifikant von der der Umwelt unterscheidet.[125] Dabei ist die Praxis dieser Gemeinschaften nicht selten von einem so stabilen, seiner Sache sicheren Bewußtsein geprägt, daß die ebenso verbreitete wie generalisierende Rede von einer „Orientierungskrise"[126] zumindest mißverständlich erscheinen muß.[127]

Zum Teil verstehen die Gruppen die Um- und Neugestaltung des Alltags, die Veränderung von Verkehrs-, Arbeits- und Lebensformen bereits per se als Politikum, als exemplarische Vorwegnahme und Vorschein einer besseren Gesellschaft.[128] Über narzistische Einkapselung und eine bis zum „ritualisierten Selbstmitleid"[129] reichende Egozentrik weist die Praxis von Teilen der Alternativbewegung hinaus, wenn die gegengesellschaftlichen Lebensmodelle als Versuch der Verbindung von

---

125 In der individuellen Variante hat das Problem einer neuen, ichbezogenen Sozialisationsform im soziologisch-pädagogischen Bereich Aufmerksamkeit gefunden: vgl. ZIEHE, Thomas, Pubertät und Narzismus, Frankfurt/M.-Köln 1975 (dazu kritisch JOAS, Herbert, Motivationskrise der Jugend?, in: Leviathan 1977, 271—282); HÄSING, Helga/STUBENRAUCH, Herbert/ZIEHE, Thomas (Hgg.), Narziß — ein neuer Sozialisationstypus?, 2. A., Bensheim 1979; LASCH, Christopher, Das Zeitalter des Narzißmus, München 1980; ferner DISCHNER, Gisela, Der „neue Charakter" — Rebell gegen die Tauschgesellschaft?, in: L'invitation au voyage zu Alfred Sohn-Rethel, Bremen 1979; zur Subkultur allgemein: SCHWENDTNER, Rolf, Theorie der Subkultur, Köln-Berlin 1971; CLARKE, John u. a., Jugendkultur als Widerstand, 2. A.,Frankfurt/M. 1981.

126 Vielfach zurückgegriffen wird auf LÜBBE, Hermann, Traditionsverlust und Fortschrittskrise. Sozialer Wandel als Orientierungsproblem (1975), in: DERS., Praxis der Philosophie. Praktische Philosophie. Geschichtstheorie, Stuttgart 1978, 123—152.

127 Treffend BÖHR, Christoph, Strategien der Konsensbildung, in: BÖHR, Christoph/FUCHS, Jürgen/KOCH, Roland (Hgg.), Pluralismus im Widerstreit, Krefeld 1982, 85—103 (88); DERS., Bewußtseinswandel und Konsenskrise, 133 f (Fn 119). — Natürlich liegen bei der Alternativbewegung Ernsthaftigkeit und modische Mimikry ebenso dicht beieinander wie Originalität und Engstirnigkeit. Die zuweilen aufgeblasene Spießigkeit dieser „neudeutschen" Bewegung hat niemand bissiger als POHRT, Wolfgang, Endstation. Über die Wiedergeburt der Nation, Berlin 1982, insb. 41 ff, 51 ff, 95 ff kommentiert; (selbst)kritisch im Hinblick auf die teils unpolitische, teils selbstgerechte Haltung der Bewegung KRAUSHAAR, Thesen, passim (Fn 112); SCHÜLEIN, Johann August, Einige Gründe, warum die Beschäftigung mit dem Thema Identität für Oppositionsbewegungen in Industriegesellschaften wichtig ist, in: DERS. (Hg.), Auf der Suche nach Zukunft. Alternativbewegung und Identität, Gießen 1980, 181—188; MICHEL, Karl Markus, Die Herrschaft der neuen Glaubwürdigkeit, in: Kursbuch 71 (1983), 21—30.

128 Zum Alltag als Politikum vgl. das Selbstzeugnis bei HIRSCH, Alternativbewegung, 125 (Fn 120); ferner WENKE, Karl Ernst/ZILLESSEN, Horst (Hgg.), Neuer Lebensstil — verzichten oder verändern? Auf der Suche nach Alternativen für eine menschlichere Gesellschaft, Opladen 1978; GUGGENBERGER, Bürgerinitiativen, 42, 111, 118 (Fn 112); HOLLSTEIN, Gegengesellschaft, 148, 168 ff (Fn 112); OFFE, Claus, Konkurrenzpartei und kollektive politische Identität, in: ROTH (Hg.), Parlamentarisches Ritual, 26—42 (36) (Fn 120); BACIA, Jürgen/SCHERER, Klaus-Jürgen, Paßt bloß auf! Was will die neue Jugendbewegung?, Berlin 1981, 44; BÖHR, Bewußtseinswandel und Konsenskrise, 133 (Fn 119).

129 BÖHR, Bewußtseinswandel und Konsenskrise, 129 (Fn 119).

Selbst- und Sozialveränderung betrachtet werden und nicht als Symptome resignierter Flucht einzustufen sind.[130] Neue Lebensformen lassen sich von dieser Seite nicht als eine Alternative *zur* Politik, sondern als deren Bestandteil begreifen.

Besonders dort aber, wo die subkulturellen Lebensstile sich auf bloßen Rückzug, auf Selbstgettoisierung reduzieren,[131] droht die Gefahr des ebenso untheoretischen[132] wie unpolitischen Einigelns in einer — mit Thomas *Mann* zu reden — ‚machtgeschützten Innerlichkeit'.[133]

Ohne Zweifel realisieren derartige „Fluchtbewegungen aus einer unerträglich werdenden Welt",[134] die sich in den Nischen der Gesellschaft häuslich einrichten, nicht das Ideal eines an den öffentlichen Angelegenheiten aktiv teilnehmenden ‚citoyen'; vielmehr scheint hier die Gefahr eines Leerlaufes demokratischer Partizipationsmöglichkeiten auf, einer Delegitimation des repräsentativen Systems aus schlichtem Desinteresse.

Gleichwohl wäre dieser hedonistische Lebensstil normativ greifbar nur dann, wenn es sich bei der Vorstellung des demokratischen Bürgers um mehr als um ein — notwendiges — Leitbild handelte, wenn also der

---

130 Dies gilt vor allem — und hier zeigt sich erneut die Unmöglichkeit wirklich exakter Abgrenzungen — für die im Sozialbereich tätigen Selbsthilfegruppen (psychosoziale Dienste, Gesundheit, Wohnen). Ihre mittel- und langfristigen Erfolge (vgl. BJFG (Hg.), Jugend, 30 [Fn 114]) können als prototypisch für von persönlichen Erfahrungen und Schicksalen ausgehende, nur scheinbar unpolitische soziale Aktivitäten gelten, bei denen die Veränderung privater Verkehrs- und Lebensformen Vorstufe zur Umorientierung staatlicher Sozialpolitik gewesen ist (speziell zu Arbeit, Arbeitsbedingungen und Unterstützungsmaßnahmen vgl. die „Große Anfrage der Fraktion der CDU über Alternatives Leben" im Berliner Senat und die Antwort des Senators, abgedruckt bei FINK, Keine Angst vor Alternativen, 29 ff [Fn 109]; HUBER, Die neuen sozialen Bewegungen, 44 [Fn 109]). — Die Grenzen zwischen resignativer Abwendung von der Politik und einer richtig verstandenen „Politik in der ersten Person" (KRAUSHAAR, Thesen, 34 ff [Fn 112]) dürften, wie überall in der Wirklichkeit, auch hier fließend sein.

131 Dazu KRAUSHAAR, Thesen, 21 (Fn 112). Den Extremfall bilden hier die Sekten; zu Vorläufern der retreatistischen Variante vgl. HOLLSTEIN, Gegengesellschaft, 38 ff, 60 ff (Fn 112).

132 Vgl. zum Theoriedefizit und zur Theorieablehnung KRAUSHAAR, Thesen, 45 (Fn 112); SPENGLER, Tilmann, Der Bauch als Avantgarde — über den aufrechten Niedergang der Theorie, in: Kursbuch 65, Berlin 1981, 179—188; LANGGUTH, Protestbewegung, 250 (Fn 109).

133 Kritisch dazu BURO, Andreas, Skizze zum gesellschaftlichen Hintergrund der gegenwärtigen Parlamentarismus-Debatte, in: ROTH (Hg.), Parlamentarisches Ritual, 43—73 (64) (Fn 120); OFFE, Konkurrenzpartei, 40 (Fn 128); HIRSCH, Alternativbewegung, 137 (Fn 120); GUGGENBERGER, Bürgerinitiativen, 117 (Fn 112); BÖHR, Bewußtseinswandel und Konsenskrise, 129 (Fn 119); RASCHKE, Politik und Wertwandel, 45 (Fn 112) spricht eher zurückhaltend von der „Gefahr der Ausblendung von Organisations-, Macht- und Herrschaftsfragen". Abschottend wirkt vor allem eine eigene Kommunikationsstruktur und eine spezielle Sprache (dazu z. B. SCHILLO, Johannes, Der sprachlose Pinguin im Packeis. Ein Tagungsbericht, in: Materialien zur politischen Bildung 3/1982, 76—82).

134 HENNIS, Legitimität, 27 (Fn 1).

demokratische Verfassungsstaat einen politischen Habitus, einen Verhaltenskodex, einen Stil öffentlichen Lebens vorschriebe, der die Demokratie als Organisationsform politischer Herrschaft fortentwickelte und erweiterte zu einer ‚Demokratie als Lebensform'.[135] Und hier allerdings ist der Befund eindeutig. Denn so sehr gerade die Demokratie auf die Tugenden ihrer Bürger angewiesen ist, so wenig kann und darf zu Zwecken der Legitimitätserzeugung und -sicherung auf deren private Lebensgestaltung und die soziokulturelle Ausstaffierung des Alltags durchgegriffen werden. Eine demokratische Staatssittenlehre mag möglich, sie mag sogar notwendig sein; auf keinen Fall ließen sich ihre Postulate zum Gegenstand strikten Rechts machen. Der Sozialcharakter des demokratischen Bürgers ist eben keine normative, sondern bestenfalls eine sozialpsychologische Kategorie, und die Formeln vom demokratischen Ethos, einer demokratischen ‚Ambiance' oder Substruktur bleiben, weil auf der Ebene des „sozialmoralischen Appells" liegend,[136] weit vor zwingender rechtlicher Verbindlichkeit stehen. Das Konzept der „politischen Kultur"[137] verkörpert ebensowenig ein Surrogat für fehlende normative Vorgaben wie die Beschwörung einer demokratischen „Verfassungskultur".[138] Auch die Funktionalisierung der Grundrechte stellt einen untauglichen Versuch dar, Ersatz für den demokratisch-liberalen „Verzicht auf staatlichen Weltanschauungsoktroi"[139] zu schaffen: Denn eine Pflicht zum gemeinwohlorientierten Grundrechtsgebrauch gibt es nicht und kann es nicht geben.[140] Und verfassungsrecht-

---

135 Vgl. dazu SCHÜLE, Adolf, Demokratie als politische Form und als Lebensform, in: FS-SMEND, Göttingen 1952, 321—344; FRIEDRICH, Carl Joachim, Demokratie als Herrschafts- und Lebensform, Heidelberg 1959; ROOS, Lothar, Demokratie als Lebensform, München 1969, insb. 144 ff, 247 ff; aus staatsorganischer Sicht bereits KJELLEN, Rudolf, Der Staat als Lebensform, Leipzig 1917.

136 MANTL, Wolfgang, Repräsentation und Identität, Wien-New York 1975, 312; nicht eindeutig BÄUMLIN, Richard, Demokratie, in: Evangelisches Staatslexikon, 2. A., Stuttgart-Berlin 1975, Sp. 362—370, demzufolge die Sätze von der Demokratie als Lebensform „zu verlebendigen und zu konkretisieren" (367 f) seien; als Beispiel für gutgemeinte, aber doch auch bezeichnende Rubrizierungen s. SCHÜLE, Demokratie als politische Form, 334 (Fn 135): der Handkuß als undemokratische Geste!

137 Ausgangspunkt bei ALMOND, Gabriel/VERBA, Sidney, The Civic Culture, Princeton 1963; s. ferner BERG-SCHLOSSER, Dirk, Politische Kultur, München 1972; SCHISSLER, Jakob, Zu einigen Problemen der politischen Kultur der Bundesrepublik Deutschland, in: ZfP 1978, 154—167, demzufolge der demokratische Bürger auch für die Politikwissenschaft weitgehend ein Artefakt geblieben ist (S. 158); s. auch REICHEL, Peter, Politische Kultur, in: aus politik und zeitgeschichte, B 42/1982, 13—26.

138 SCHNEIDER, Verfassung, 68 (Fn 65); VORLÄNDER, Verfassung und Konsens, 381 (Fn 61).

139 GÖLDNER, Integration und Pluralismus, 2 (Fn 73).

140 Gegen die These von der — ungeschriebenen — Pflicht, Freiheitsrechte zum Wohl der Allgemeinheit zu gebrauchen (GEIGER, Willi, Grundrechte und Rechtsprechung, München 1959, 53; DERS., Zur Diskussion über die Freiheit der Kunst, in: FS-LEIBHOLZ, Bd. 2, Tübingen 1966, 187—204 (202); KRÜGER, Herbert, Allgemeine Staatslehre, 2. A., Stuttgart u. a. 1966, 504 ff, 526 ff) mit Recht GÖLDNER, Integration

liche Grundpflichten schließlich erinnern zwar ähnlich wie die
Grundrechtsschranken an den wechselseitigen Bezug der Freiheitsrechte
und die aus der Sozialität folgende Notwendigkeit ihres Ausgleichs,[141]
etablieren aber keinen umfassenden Kanon staatsbürgerlicher Pflichtig-
keiten, der die gesellschaftliche Synthesis sicherstellen könnte.[142]

So bleibt an dieser Stelle nur zu resümieren, daß die Differenz
zwischen den Bestandsvoraussetzungen des Systems und der rechtlichen
Verfügbarkeit über eben diese Voraussetzungen ihren Grund im
Konstruktionsprinzip des freiheitlichen Verfassungsstaates selbst findet,
weil die auf der Ebene der Verfassungstheorie analysierbaren
Notwendigkeiten der Bestandserhaltung nicht mit einer verfassungsrechtlich verbindlichen Inpflichtnahme der Bürger kurzgeschlossen werden.

3. Die zweite Gruppe, die der handlungsorientierten ‚Initiativen',
bietet nach Umfang, Form und Art ein ähnlich diffuses Bild wie die neuen
sozialen Bewegungen insgesamt.[143] Als typenbildendes Merkmal lassen
sich die unter Inanspruchnahme teilweise unkonventioneller Beteili-
gungs- und Protestformen[144] erfolgenden Aktivitäten im Bereich
politischer Öffentlichkeit herauskristallisieren. Ziel ist gemeinhin die
Einflußnahme auf politisch-administrative Funktionsträger und Organe.
Nicht selten richtet sich der Protest gegen die Realisierung technischer
Großprojekte. Regional wie thematisch sind die Handlungsbereiche
häufig scharf voneinander abgegrenzt. Am ehesten noch scheint die
Gruppen das Bewußtsein zu einen, Fragen von gattungsgeschichtlicher

---

und Pluralismus, 37 f (Fn 73); DENNINGER, Erhard, Staatsrecht 2, Reinbek bei
Hamburg 1979, 185 ff; MERTEN, Detlef, Handlungsgrundrechte als Verhaltensgaran-
tien — zugleich ein Beitrag zur Funktion der Grundrechte, in: VerwArch 1982,
103—121 (106 ff); BETHGE, Herbert, Grundpflichten als verfassungsrechtliche
Dimension, in: NJW 1982, 2145—2150 (2147).

141 Vgl. GÖTZ, Volkmar/HOFMANN, Hasso, Grundpflichten als verfassungsrechtliche
Dimension, in: VVDStRL 41 (1983), 7—41 (12 ff), 42—86 (74 ff), wobei GÖTZ stärker
die Differenzen zwischen Grundrechtsschranken und Grundpflichten betont; s. ferner
BADURA, Grundpflichten, 868 ff (Fn 95). Auf den sozialen Bezug — und damit die
Ausgleichsbedürftigkeit — der Grundrechte weist schon Art 1 Abs 2 GG hin, wenn
dort von „unverletzlichen und unveräußerlichen Menschenrechten als Grundlage
jeder menschlichen Gemeinschaft" die Rede ist: Darauf macht KRÖGER, Klaus,
Grundrechtstheorie als Verfassungsproblem, Baden-Baden 1978, 40 f aufmerksam.

142 Andererseits müssen Grundpflichten nicht zwangsläufig nur den Charakter
allgemeiner volkspädagogischer Appelle tragen (in diese Richtung aber KLEIN, Hans
H., Über Grundpflichten, in: Der Staat 1975, 153—168 [158 f]). Entscheidend ist, daß
sie zu den Grundrechtsgewährleistungen stets in einem Verhältnis der „Asymmetrie"
(HOFMANN, Grundpflichten, 49 [Fn 141]; zustimmend in der Diskussion BÖCKEN-
FÖRDE, ebda., 115; den Begriff gebraucht ebenfalls ISENSEE, Grundpflichten, 614 [Fn
92]) stehen müssen.

143 Vgl. zu einigen Kategorisierungsmöglichkeiten PELINKA, Anton, Bürgerinitiativen —
gefährlich oder notwendig?, Freiburg/Br.-Würzburg 1978, 44 ff.

144 Allgemein dazu KAASE, Max, Strukturen politischer Beteiligung, in: Form und
Erfahrung, hg. v. WILDENMANN, Rudolf, Berlin 1976, 129—151.

Bedeutung und endzeitlicher Dimension zu thematisieren: nirgends zeigt(e) sich dies deutlicher als bei der Friedensbewegung.[145]

Nun steht außer Frage, daß die vielfältigen Aktivitäten und Handlungsformen der Bürgerinitiativbewegung durch die Grundrechtsgarantien der Verfassung (vor allem Art 2 Abs 1, 5 Abs 1, 8 Abs 1 GG) *prinzipiell*, soll heißen: unter Außerachtlassung der bei Gelegenheit derartiger Aktivitäten begangenen Rechtsbrüche sowie der mit dem sog. ‚zivilen Ungehorsam' verbundenen Probleme, gedeckt und zudem zum Teil auf einfachgesetzlicher Ebene zusätzlich abgesichert und konkretisiert sind.[146] Indes ist zu bedenken, daß die Summe der Grundrechtsausübungen noch keinen — auch keinen demokratischen — funktionsfähigen Staat macht. Und so lautet die unter dem Legitimitätsaspekt entscheidende Frage auch nicht, ob das je für sich genommene bürgerschaftliche Engagement im Rahmen der Legalität verbleibt oder einen Rechtsverstoß darstellt, sondern: ob die Bürgerinitiativbewegung insgesamt nicht auf Dauer die Funktionslogik der repräsentativen Parteiendemokratie unterlaufen könnte.[147]

In der Tat ist die zunehmende Bedeutung und Attraktivität der Bürgerinitiativen als Symptom einer gravierenden Schwäche des Parteiensystems, als Zeichen seines „Immobilismus",[148] als „Ausdruck eines Legitimationsdefizits unseres heutigen politischen Systems einer repräsentativen Demokratie"[149] zu interpretieren. Die spezifische Wahrnehmung und Selektion gesellschaftlicher Probleme führt zu Verzerrungen, wenn nicht zu Ausblendungen bestimmter Felder, was durch den langfristigen, nun aber offensichtlich durchschlagenden Übergang von klassen- oder konfessionsspezifischen Massenintegrationsparteien zu weltanschauungsneutralen Machterwerbsorganisatio-

---

145 Das führt bisweilen zur Politik im Missionarston, zu moralisierender Erhabenheit mit einem nicht geringen Anteil an Selbstgerechtigkeit: herrscht bei den Rückzugspotentialen Nabelschau vor, so hier der nach außen gewendete ethische Rigorismus; dazu passen dann seltsam entrückt anmutende politische Unschuldsbekundungen bzw. -sehnsüchte (vgl. MAREN-GRISEBACH, Philosophie der Grünen, 80 [Fn 110]); einen kritisch-kursorischen Abriß der Geschichte der Friedensbewegung gibt WEILER, Rudolf, Zur Kompetenz von Friedensbewegungen, in: FS-BROERMANN, Berlin 1982, 191—208.

146 Vgl. dazu den Überblick bei MAYER-TASCH, Peter Cornelius, Die Bürgerinitiativbewegung, 4., völlig neubearbeitete A., Reinbek bei Hamburg 1981, 77 ff.

147 MAYER-TASCH, Bürgerinitiativbewegung, 99 (Fn 146) fragt nach der Vereinbarkeit mit den „Strukturgesetzen der repräsentativen Demokratie"; s. auch GUGGENBERGER, Bürgerinitiativen, 107 (Fn 112). Darauf wird zurückzukommen sein.

148 Vgl. ABROMEIT, Heidrun, Parteiverdrossenheit und Alternativbewegung, in: PVS 1982, 178—198; HAUNGS, Peter, Parteiendemokratie in der Bundesrepublik Deutschland, Berlin 1980, 90 ff; RASCHKE, Joachim, Einleitung, in: DERS. (Hg.), Bürger und Parteien. Ansichten und Analysen einer schwierigen Beziehung, Opladen 1982, 9—31; MURPHY/RUBART/MÜLLER/RASCHKE, Protest, 7, 157 (Fn 119).

149 MAIHOFER, Abschließende Äußerung, 1411 (Fn 67).

nen, den Volks- oder Allerweltsparteien,[150] noch verstärkt wird.[151] Fixiert auf das Ziel optimaler Stimmenallokation und in der Rekrutierung des Parteiengefolges zunehmend unspezifischer, dazu in der Konkurrenzsituation unter beständigem Druck zur gegenseitigen programmatischen Überbietung stehend,[152] verfehlen diese „catch-all-parties" (*Kirchheimer*) offenbar die angemessene Vertretung und Berücksichtigung neuer Politikfelder und politischer Einstellungen — mit der Folge, daß ‚Lücken' in der Repräsentation entstehen, die von anderen Formen politischer Organisation ausgefüllt werden.

Dementsprechend verstehen sich Bürgerinitiativen auch und gerade als Gestaltungsformen politischer Interessenvertretung, in denen die programmatischen wie organisatorischen Defizite (zu denen Oligarchisierungs-, Hierarchisierungs- und Professionalisierungstendenzen gezählt werden) der etablierten Parteien nicht auftreten. Zudem stellen sie jenes ‚Milieu' bereit, das die modernen Großparteien aufgrund der Generalisierung der Programme wie ihrer Klientel nicht mehr zu bieten vermögen.

Doch ist mit alledem zunächst nicht mehr dargelegt, als daß nunmehr in nennenswertem Umfang nicht parteigebundene Organisationen mit zum Teil phantasievollen Formen öffentlicher Meinungsartikulation hervortreten. Und wie bereits Art 21 Abs 1 GG zeigt, sind die Parteien zwar in den „Rang einer verfassungsrechtlichen Institution"[153] erhoben, ohne damit doch ein Monopol auf politische Interessenvertretung, Interessenaggregation und Interessendurchsetzung erlangt zu haben.[154] Parteien genießen im Bereich der politischen Willensbildung

---

150 Vgl. KIRCHHEIMER, Otto, Der Wandel des westeuropäischen Parteiensystems, in: ZIEBURA, Gilbert (Hg.), Beiträge zur allgemeinen Parteienlehre, Darmstadt 1969, 341—374 (348 ff, 352 ff, 362 ff); s. auch GUGGENBERGER, Bürgerinitiativen, 71 ff (Fn 112); HAUNGS, Parteiendemokratie, 63 ff (Fn 148); zur christlichen Konfessionspartei vor allem MAIER, Hans, Revolution und Kirche, München 1975.

151 S. auch HENNIS, Wilhelm, Parteienstruktur und Regierbarkeit, in: Regierbarkeit, Bd. 1, 150—195 (176 ff) (Fn 107); OFFE, Konkurrenzpartei, 26 ff (Fn 128).

152 HABERMAS, Was heißt heute Krise?, 321 (Fn 91); OFFE, Claus, „Unregierbarkeit". Zur Renaissance konservativer Krisentheorie, in: Stichworte, Bd. 1, 294—318 (306 f) (Fn 112).

153 BVerfGE 2, 1 (73); 5, 85 (133); etwas mißverständlich spricht HENKE, Wilhelm, Die Parteien im Staat des Bonner Grundgesetzes, in: DÖV 1958, 646—651 (646) von einer „Verstaatlichung" der Parteien.

154 Treffend SCHMIDT-JORTZIG, Edzard, Bürgerschaftliches Aufbegehren. Zur verfassungsrechtlichen und verfassungstheoretischen Einordnung von Bürgerinitiativen, in: aus politik und zeitgeschichte B 38/1979, 2—19 (11 f); KIMMINICH, Otto, Die Parteien im Rechtsstaat: Herausforderung durch die „Alternativen", in: DÖV 1983, 217—226 (226). GRIMM, Dieter, Die politischen Parteien, in: Handbuch, 317—372 (325, 369) (Fn 67) hat richtig vermerkt, daß nicht unschuldig an der expliziten oder impliziten Annahme einer derartigen Monopolstellung die LEIBHOLZ'sche These von der Parteiendemokratie als der rationalisierten Form der plebiszitären Demokratie, also als einem Surrogat der unmittelbaren Demokratie im modernen Flächenstaat war (vgl. LEIBHOLZ, Strukturprobleme, 9 ff, 19, 36, 78 ff, 93, 142 ff, 146 f [Fn 80]; ganz

keinen Alleinvertretungsanspruch.[155] Demokratisch institutionalisierte Öffentlichkeit umfaßt eine Vielzahl weiterer, individueller wie kollektiver Grundrechtsbetätigungen. Besonders den politischen Freiheitsrechten,[156] die als Elemente „unmittelbarer demokratischer Willensbildung des Volkes"[157] fungieren, kommt die Funktion außer- und nebenparteilicher staatsbürgerlicher Artikulation zu. Die Garantien der Art 5, 8, 9 GG sollen ja zumindest auch zur „Vorformung der politischen Willensbildung des Volkes"[158] beitragen, somit als „Korrektiv der Mediatisierung"[159] durch die staatlichen Organe dienen und im durch einen „bemerkenswerten Mangel an demokratischem Selbstbewußtsein"[160] gekennzeichneten System des Grundgesetzes auch zwischen den Wahlakten eine systematische Rückkoppelung zwischen Regierenden und Regierten ermöglichen.[161] Weil Demokratie immer beides: die Methode der Etablierung legitimer Herrschaft wie das „Verfahren der Legitimation, der Kontrolle und der Kritik politischer Herrschaft"[162] meint, sind die vielfältigen Ermöglichungen politischer Beteiligung als Versuch zu interpretieren, Staatswillensbildung und Volkswillensbildung beständig zu koordinieren.[163]

---

folgerichtig gibt es für plebiszitäre Einrichtungen wie Volksentscheide etc. „weder eine innere Notwendigkeit noch eine Rechtfertigung " [S. 105]). Zur Kritik an dieser Vorstellung u. a. KRIELE, Martin, Das demokratische Prinzip im Grundgesetz, in: VVDStRL 29 (1971), 46—84 (69 f); MANTL, Repräsentation und Identität, 175 (Fn 136); SCHEUNER, Konsens und Pluralismus, 41 Anm. 31 (Fn 64); SCHOLZ, Krise, 9 f (Fn 116).

155 Vgl. nur MÜNCH, Ingo v., Rdnr. 31 zu Art 21, in: MÜNCH, Ingo v. (Hg.), Kommentar zum GG, Bd. 2, 2. A., München 1983. Jüngst hat SCHMIDT, Walter, Politische Parteien und andere Vereinigungen, in: NJW 1984, 762—767 (764 ff) mit aller wünschenswerten Deutlichkeit zwischen dem Bereich staatlicher Willensbildung, in dem Parteien verfassungsrechtlich eindeutig privilegiert sind, und dem der öffentlichen Meinungsbildung, in dem sie mit anderen politischen Vereinigungen prinzipiell auf einer Stufe stehen, unterschieden; Klagen über die „Gefährdung" der — doch grundgesetzlich abgesicherten — Parteiendemokratie tragen dieser Differenzierung häufig nicht genug Rechnung.

156 KRIELE, Das demokratische Prinzip, 65 (Fn 154) nennt die einschlägigen Rechte „staatsbürgerliche Einflußrechte"; MEYER, Hans, Zur Regierbarkeit der parlamentarischen Demokratie, in: Ein Cappenberger Gespräch, Köln 1979, 48—68 (51) tituliert sie als „die politischen Rechte des Bürgers jenseits des Wahlrechts."

157 HESSE, Verfassungsrecht, 60 (Fn 65); vgl. dazu vor allem BVerfGE 20, 56 (98 f).

158 BVerfGE 8, 104 (113, 115); 20, 56 (98).

159 HESSE, Verfassungsrecht, 59 (Fn 65).

160 FROMME, Friedrich Carl, Von der Weimarer Verfassung zum Bonner Grundgesetz, Tübingen 1960, 212; s. auch FRAENKEL, Ernst, Deutschland und die westlichen Demokratien, 7. A., Stuttgart u. a. 1979, 149; ferner MAUNZ/DÜRIG, Komm. z. GG, Rdnr. 39 zu Art 20 II.

161 Ähnlich MEYER, Regierbarkeit, 51, 60 (Fn 156).

162 BADURA, Peter, Diskussionsbemerkung, in: VVDStRL 29 (1971), 97.

163 Vgl. SEIFERT, Karl-Heinz, Die politischen Parteien in der Bundesrepublik Deutschland, Köln u. a. 1975, 63; ZIPPELIUS, Staatslehre, 192 (Fn 28); s. auch BVerfGE 8, 104 (113).

Diese demokratische Funktion der Grundrechtsbetätigung bleibt festzuhalten gegen institutionalistische Deutungen des repräsentativen Systems, welche die politische Beteiligung im Amtsgedanken auf- und damit zugleich auch ohne nennenswerten Rest untergehen zu lassen drohen.[164] Weil Ursprung wie letztes Ziel der Demokratie die autonome Selbstbestimmung ist,[165] kann auch nach dem Modell des Grundgesetzes die Demokratie im repräsentativen Element nicht völlig aufgehen.[166]

---

164 HENNIS, Wilhelm, Amtsgedanke und Demokratiebegriff, in: FS-SMEND, Tübingen 1962, 51—70; DERS., Ende der Politik? Zur Krise des Politischen in der Gegenwart, in: Der aktive Bürger — Utopie oder Wirklichkeit. Ein Cappenberger Gespräch, Köln-Berlin 1971, 55—78 (55 f); andererseits wendet sich HENNIS — zumindest jüngst — auch deutlich gegen einen überzogenen Anspruch der Parteien: vgl. DERS., Überdehnt und abgekoppelt. An den Grenzen des Parteienstaates, in: Brauchen wir ein neues Parteiensystem?, hg. von KROCKOW, Christian Graf v., Frankfurt/M. 1983, 28—46 (34 f).

165 Klassisch: KELSEN, Hans, Vom Wesen und Wert der Demokratie, 2. A., Tübingen 1929, 3 ff; s. auch DENNINGER, Erhard, Demokratisierung — Möglichkeiten und Grenzen. Ein Cappenberger Gespräch, Köln-Berlin 1976, 45—68 (48).

166 Das Bundesverfassungsgericht verleiht dem beredten Ausdruck, wenn es darauf insistiert, es genüge nicht, daß „eine Obrigkeit sich bemüht, noch so gut für das Wohl von ‚Untertanen‘ zu sorgen; der Einzelne soll vielmehr in möglichst weitem Umfange verantwortlich auch an den Entscheidungen für die Gesamtheit mitwirken. Der Staat hat ihm dazu den Weg zu öffnen..." (BVerfGE 5, 85 [205]); daß sich der Autonomiegedanke — wenn auch hier bezogen auf Verbände — sinnvoll in das demokratische System des Grundgesetzes einfügt, hebt BVerfGE 33, 125 (157) hervor; s. ferner LEIBHOLZ, Gerhard, Diskussionsbemerkung, in: VVDStRL 29 (1971) 103 f: Demokratie meine möglichst hohe Beteiligung der Aktivbürger. GREIFELD, Andreas, Volksentscheid durch Parlamente, Berlin 1983 verkennt m. E. die zentrale Bedeutung des Selbstbestimmungsmotivs auch für die repräsentative Demokratie. So erscheinen direkte, d. h.: vergleichsweise unvermittelte politische Entscheidungen der Aktivbürgerschaft in Plebisziten o. ä. nicht als deren Urform, sondern eher als Unform. Bei seinem Vergleich zwischen der von ihm so titulierten „Abstimmungsdemokratie" und der parlamentarisch-repräsentativen Demokratie werden überwiegend output-orientierte Kriterien als scheinbar objektive Maßstäbe verwandt. Die hohe input-Orientierung (diese Unterscheidung trifft SCHARPF, Fritz, Demokratietheorie zwischen Utopie und Anpassung, Kronberg/Ts. 1975, 21 ff) des Demokratiegedankens bleibt ausgeblendet. GREIFELD vermag so nicht zu sehen, daß die Funktionen der Vermittlung, der Rationalisierung, der Versachlichung, der Gewichtung etc., wie sie die parlamentarische Demokratie seiner Auffassung zufolge beinahe optimal gewährleistet (wobei vor dem Hintergrund bleibender Erkenntnisse der Parlamentarismuskritik das eine oder andere Fragezeichen angebracht wäre), nur Surrogate für den notwendigen Verzicht auf die alleinige Verwendung direkt-demokratischer Formen sind. Repräsentative Demokratie ist eine in modernen Flächenstaaten unausweichliche Metamorphose der utopischen, aber doch als Leitmotiv von Demokratie fungierenden Idee absoluter Autonomie. Und dies bleibt richtig, auch wenn die — kollektive — demokratische Mitbestimmung niemals die — individuelle — autonome Selbstbestimmung ersetzen kann (treffend KIELMANSEGG, Volkssouveränität, 236 ff [Fn 49]). Zudem ist natürlich immer zu bedenken, daß es nicht, wie GREIFELDS Erörterungen vielleicht nahelegen könnten, um die „Ablösung" der einen — repräsentativen — durch die andere — plebiszitäre — Form, sondern allein um die Frage einer möglichen Zuordnung und gegenseitigen Ergänzung geht: vor allem um

Festzuhalten ist des weiteren, daß eine breitenwirksame Aktivierung in Bürgerinitiativen primär nicht als Ausdruck einer generellen Staats- oder Verfassungs-, sondern ganz überwiegend als „Parteiverdrossenheit" zu interpretieren ist.[167] Gerade im Unterschied zu manchen Teilen der Studentenbewegung der sechziger Jahre werden die verfassungsrechtlichen Zentralaussagen ja nicht als zu überwindende Stufe bürgerlich-liberaler Staatlichkeit abgewertet, sondern jedenfalls überwiegend als Leit- und Richtwerte anerkannt.[168] Die politische Stoßrichtung zielt weniger gegen das Grundgesetz als — um den Begriff Adolf *Arndts* zu gebrauchen — gegen das „nicht erfüllte Grundgesetz".[169] Dem entspricht, daß sich die Kritik an Staat und Gesellschaft bei näherem Hinsehen weitgehend als Kritik an der Bürokratie entpuppt, deren Entscheidungen allzuoft als Akte verselbständigter, abgehobener und nicht hinreichend demokratisch legitimierter exekutiver Selbstherrlichkeit charakterisiert und empfunden werden.[170] Deswegen scheint es unabhängig von der Berechtigung dieser Kritik wie der Frage, ob und inwieweit politische Änderungsvorschläge unter dem Grundgesetz bzw. im Wege seiner Änderung realisierbar wären oder an die Schranke des Art 79 Abs 3 GG stießen, auf jeden Fall zu pauschal, die Bürgerinitiativbewegung insgesamt als organisierten Anschlag auf die Verfassungsordnung einstufen zu wollen.[171]

Obwohl also die durch den Bedeutungszuwachs der Bürgerinitiativen erfolgte partielle Schwächung der Parteien lediglich deren verfassungsrechtlich nicht garantierten Monopolanspruch politischer

---

einen Legitimitätszuwachs politischer Entscheidungen durch Anreicherung des Grundgesetzes um direkt-demokratische Elemente, wie sie auf Länderverfassungsebene in nicht unwirksamer Weise schon lange existieren (vgl. dazu PESTALOZZA, Christian, Der Popularvorbehalt, Berlin-New York 1981).

167 Vgl. ABROMEIT, Parteiverdrossenheit, 194 (Fn 148); LAMMERT, Norbert, Das Phänomen der „Staatsverdrossenheit" und die Strukturdefekte der Parteien, in: aus politik und zeitgeschichte B 25/1979, 3—14; ferner MENKE-GLÜCKERT, Peter, Grüner Protest — Zeichen der Parteiverdrossenheit?, in: aus politik und zeitgeschichte, B 43/1978, 3—12; HAUNGS, Parteiendemokratie, 90 ff (Fn 148); KÜCHLER, Manfred, Staats-, Parteien- oder Politikverdrossenheit?, in: RASCHKE (Hg.), Bürger und Parteien, 39—54 (Fn 148).

168 Vgl. GUGGENBERGER, Bürgerinitiativen, 24 (Fn 112); MAYER-TASCH, Bürgerinitiativbewegung, 226 ff (Fn 146).

169 ARNDT, Adolf, Das nicht erfüllte Grundgesetz (1960), in: DERS., Gesammelte juristische Schriften, München 1976, 141—156.

170 Vgl. KELLY, Petra K., Um Hoffnung kämpfen, Bornheim-Merten 1983, 26; KUNTZ, Spontis, 218 (Fn 122); BRUN, Der grüne Protest, 65 (Fn 111); ELGIN, Einfachheit, 12 f (Fn 111); WESTENHOFF, Johannes, Gewaltfrei, in: Die Grünen, hg. v. LÜDKE, Hans-Werner/DINNE, Olaf, Stuttgart 1980, 100—103.

171 Z. B. KRÖGER, Klaus, Forum: Die vernachlässigte Friedenspflicht des Bürgers, in: JuS 1984, 172—176. Was die bisweilen als eindeutig verfassungswidrig deklarierten Ziele und politischen Forderungen der Grün-Alternative angeht (dazu vor allem SCHOLZ, Krise, 22 ff [Fn 116]; s. auch KIMMINICH, Parteien im Rechtsstaat, 217 ff [Fn 154]), so sollte — abgesehen davon, daß es *die* Positionen *der* Grün/Alternativen nicht gibt —

Willensbildung relativiert, könnten doch — vor allem vor dem
Hintergrund des parteienstaatlich ausgestalteten Repräsentativsystems
des Grundgesetzes — durch eine die Bedeutung der Parteien auf den
Nullpunkt reduzierende Ausbreitung politischer Alternativbewegungen
die Funktionsvoraussetzungen der repräsentativen Demokratie empfind-
lichst getroffen werden. Dies wäre insbesondere dann der Fall, wenn
zwischen Bürgerinitiativen und Parteien kein bloßes Konkurrenz- oder
Ergänzungs-, sondern ein Ausschließungsverhältnis bestünde, wenn
mithin beide Formen politischer Organisation sich gegenseitig
durchkreuzende Prinzipien verkörperten. Doch so deutlich sich auch die
Bürgerinitiativen hinsichtlich der Art des ‚policy-making' von den
Parteien unterscheiden mögen: daß sie per se auf eine mit repräsentativen
Strukturen unvereinbare Alternative zum Parteienstaat verweisen, ja daß
zwischen ökologischer Bewegung und den etablierten Parteien ein
Fundamentalkonflikt bestünde, ein „Verhältnis des schroffen und
unvermittelten Aufeinanderprallens zweier unvereinbarer Lebens- und
Zivilisationsmodelle",[172] wie man höchst überdramatisierend formuliert
hat, stellt — je nach Standort — eine Traum- oder Schreckensvision, aber
keine gültige Beschreibung der tatsächlichen Verhältnisse dar. Dies auch,
weil in der Zwischenzeit der grüne ökologische Protest selbst sich als

---

genauer beachtet werden, daß vieles davon auf eine Steigerung demokratischer
Beteiligung auch in Form parlamentarischer Entscheidungsprozesse und nicht auf
deren Abschaffung zielt. Zwischen ausdrücklich antiparlamentarischen und eher
parlaments-reformerischen Vorstellungen ist also zu unterscheiden. Einen deutlichen
Trend zur Anerkennung der „Berechtigung" der Institution des Parlamentarismus
signalisieren: MURPHY, Detlef, Grüne und Bunte — Theorie und Praxis „alternativer
Parteien", in: RASCHKE (Hg.), Bürger und Parteien, 323—341 (Fn 148); HASENCLEVER,
Wolf-Dieter, Die Grünen und die Bürger — ein neues Selbstverständnis als politische
Partei?, ebda., 309—322; auch KRAUSHAAR, Wolfgang, Einleitung, in: Was sollen die
Grünen im Parlament?, hg. v. KRAUSHAAR, Wolfgang, Frankfurt/M. 1983, 9—12. Die
Forderung nach stärkerer plebiszitärer Ausrichtung der Verfassung, also ihrer wohl
nur im Wege der Verfassungsänderung möglichen Ergänzung um Volksentscheid,
Volksbegehren etc. wiederum steht ja nicht von vornherein außerhalb jeglicher
ernsthafter Diskussion, sondern wird in Rechts- und Politikwissenschaft mit Emphase
erörtert: z. B. BLECKMANN, Albert, Die Zulässigkeit des Volksentscheids nach dem
Grundgesetz, in: JZ 1978, 217—223; HERNEKAMP, Karl, Mehr direkte Demokratie?,
in: ZRP 1978, 232—234; DERS., Formen und Verfahren direkter Demokratie,
Frankfurt/M. 1979, insb. 1 ff, 260 ff; TROITZSCH, Klaus G., Volksbegehren und
Volksentscheid, Meisenheim 1979, insb. 22 ff, 129 ff; PESTALOZZA, Popularvorbehalt,
passim (Fn 166); DERS., Volksbefragung — das demokratische Minimum, in: NJW
1981, 733—735; DERS., Startbahn frei für das Verwaltungsaktreferendum!, in: NJW
1982, 1571—1574; STEINBERG, Rudolf, Standortplanung umweltbelastender Großvorhaben durch Volksbegehren und Volksentscheid?, in: ZRP 1982, 113—118; DERS.,
Elemente volksunmittelbarer Demokratie im Verwaltungsstaat, in: Die Verwaltung
1983, 465—486.

172 GUGGENBERGER, Bürgerinitiativen, 23, 25, 29, 56, 63 (Fn 112); s. auch DERS.,
Bürgerinitiativen: Krisensymptome oder Ergänzung des Systems der Volksparteien?,
in: RASCHKE (Hg.), Bürger und Parteien, 190—203 (Fn 148).

politische Partei formiert hat[173] und trotz aller — teils wohl auch positiver — Aufstörungseffekte in weiten Bereichen des staatlichen und gesellschaftlichen Lebens die Kompetenz und Dominanz der Parteipolitik ganz unangefochten ist; dies aber vor allem, weil nach wie vor zwischen politischem Engagement und partizipatorischer Beteiligung auf der einen, den definitiven und für alle verbindlichen Entscheidungen der dazu bestellten staatlichen Organe auf der anderen Seite getrennt werden muß. Und darüber, daß das politische Letztentscheidungsrecht nicht auf die Bürgerinitiativen übergeht, die dadurch eine Art von außerparlamentarischer Mitregierung bilden würden, herrscht doch weitgehend Einigkeit.[174] Eher trifft zu, daß die Bürgerinitiativen in den Kreis jener ‚pouvoirs intermédiaires' aufgerückt sind, die im Wege der Bündelung gesellschaftlicher Macht mehr oder minder direkt auf die politischen Entscheidungsträger einwirken.[175] Auf lange Sicht deutet sich deswegen

---

173 Der unklare Status der Grünen zwischen „Bewegung" und „Partei" schafft in erster Linie Probleme mit ihrem Selbstverständnis und ihrer Identität; das dokumentieren die Beiträge von METTKE, Jörg R./HOPLITSCHEK, Ernst/MOMBAUR, Martin/NARR, Wolf-Dieter, in: METTKE, Jörg R. (Hg.), Die Grünen. Regierungspartner von morgen, Reinbek bei Hamburg 1982; s. auch die Aufsätze von SCHAEFFER, Roland/KOSTEDE, Norbert/ENZENSBERGER, Ulrich, in: Kursbuch 74 (1983); ferner die Beiträge in: KRAUSHAAR (Hg.), Was sollen die Grünen im Parlament? (Fn 171).
Nicht tragfähig scheinen mir Versuche, grünen und alternativen Listen ohne ein formelles Parteiverbotsverfahren gemäß Art 21 GG vor dem Bundesverfassungsgericht die Parteieigenschaft im Wege einer neuartigen, extensiven Interpretation des Parteibegriffs der einschlägigen Wahlgesetze des Bundes und der Länder absprechen zu wollen (so SCHOLZ, Krise [Fn 116]; zur Diskussion um diesen Punkt vgl. STOBER, Rolf, GRÜNE und Grundgesetz, in: ZRP 1982, 209—215; GRIMM, Dieter, Nochmals: Die Parteien im Rechtsstaat, in: DÖV 1983, 538—541; HASE, Friedhelm, Die Grünen — eine verfassungsfeindliche Partei?, in: ZRP 1984, 86—93). Dies nicht allein wegen des formallogischen Arguments, daß das Bundesverfassungsgericht gemäß Art 21 GG nur *Parteien* verbieten kann, was nicht möglich wäre, wenn eine etwaige Verfassungswidrigkeit der Programmatik einer sich als Partei „gerierenden" politischen Vereinigung auf administrativem Wege zum Verlust der Parteieigenschaft (genauer: zu ihrer Nichtanerkennung) führen und somit den Anwendungsbereich des Art 21 GG vollkommen überflüssig machen würde. Weitreichender scheint mir die verfassungsrechtlich zwingende Notwendigkeit einer formalen Begriffsbestimmung des Terminus „Partei" im Sinne der Wahlgesetze, wie sie insb. von GRIMM, op. cit., dargelegt worden ist. Das bis zu einer gegenteiligen Entscheidung des Bundesverfassungsgerichts geltende Parteienprivileg würde leerlaufen, wenn von Seiten der Wahlexekutivorgane über die Verfassungsmäßigkeit der Partei zu befinden wäre. Denn das Parteienprivileg schließt, wie das BVerfG ausführt, „ein administratives Einschreiten gegen den Bestand einer politischen Partei schlechthin aus, mag sie sich gegenüber der freiheitlichen demokratischen Grundordnung noch so feindlich verhalten", und: „Das Grundgesetz nimmt die Gefahr, die in der Tätigkeit der Partei bis zur Feststellung ihrer Verfassungswidrigkeit besteht, um der politischen Freiheit willen in Kauf." (BVerfGE 47, 198 [228]; vgl. gegen den Ausschluß der Parteien durch „Wahltechnik" auch BVerfGE 41, 399 [419]).

174 Vgl. die bemerkenswerte Übereinstimmung zwischen MAYER-TASCH, Bürgerinitiativbewegung, 103 ff (Fn 146) und ISENSEE, Regierbarkeit, 25 (Fn 77).

175 MAYER-TASCH, Bürgerinitiativbewegung, 107 (Fn 146) geht sogar davon aus, daß Bürgerinitiativen eher im Zeichen der „Vitalisierung der repräsentativen als im Zeichen einer Stärkung der plebiszitären Variante" zu sehen seien.

eher ein Kooperations- denn ein Ausschließungsverhältnis zwischen Parteien und Bürgerinitiativen an.[176] Deren Gefährdungs- und Krisenpotential besteht nach alledem nicht in ihrer gegenüber den Parteien anders gearteten Organisationsform und Ausrichtung: Nur wenn man die Legitimität des demokratischen Verfassungsstaates kurzschließt mit einem parteienstaatlichen Monopolanspruch auf politische Interessenvertretung, kann die zunehmende Bedeutung von Bürgerinitiativen für die Formation und Durchsetzung politischer Ziele als gravierendes Legitimationsproblem erscheinen. Doch trifft hier die Bemerkung *Isensees* zu, daß Bürgerinitiativen „nicht Attentate auf die demokratische Repräsentativverfassung, sondern grundrechtslegitimierte Erscheinungen des täglichen Lebens"[177] sind.

Die *echten* Gefahren der Initiativbewegungen liegen vielmehr in der nach wie vor nicht völlig auszuschließenden gewaltförmigen Eskalation der Konflikte mit der Staatsgewalt einerseits, einem unreflektierten Selbstverständnis von ‚Betroffenendemokratie',[178] in deren Namen gegen repräsentativ-demokratische Mehrheitsentscheidungen Vetopositionen aufgebaut werden, auf der anderen Seite. Denn ohne Zweifel gehören beide Elemente: das ‚Monopol legitimer physischer Gewaltsamkeit' (Max *Weber*) wie die Mehrheitsregel zu den zentralen Bestandteilen des unaufgebbaren Demokratieprinzips, gleichsam zum ‚harten Kern' der Legitimität des Verfassungsstaates. Indes ist zur Vermeidung undifferenzierter Argumentationen in diesem Zusammenhang daran zu erinnern, daß das Mehrheitsprinzip seinerseits weder absolut noch voraussetzungslos gilt. Seine Überzeugungs- und Geltungskraft kann es nur unter der doppelten Voraussetzung behaupten, daß — erstens — bestimmte privatautonome Bereiche auch der demokratisch legitimierten staatlichen Gewalt und Regelungskompetenz entzogen sind und — zweitens — grundsätzlich die Revisibilität der getroffenen Entscheidung (die ja aus einer Mehrzahl von möglichen Normierungen lediglich eine als temporär verbindlich auszeichnet) gegeben ist,[179] d. h.: Die Minderheit von heute

---

176 Von einem „Trendwechsel gegen den Parteienstaat" (GUGGENBERGER, Bürgerinitiativen, 89 [Fn 112]) zu sprechen, ist also deutlich überzogen; vgl. auch die relativierenden Bemerkungen zur „Krise" des Parteienstaates bei BEYME, Klaus v., Krise des Parteienstaates — ein internationales Phänomen?, in: RASCHKE (Hg.), Bürger und Parteien, 87—120 (Fn 148); die ebda. abgedruckten Beiträge von MURPHY und HASENCLEVER signalisieren, daß die Entwicklung nicht in Richtung „Politik ohne Parteien", sondern „Politik mit anderen Parteien" geht.

177 ISENSEE, Regierbarkeit, 24 (Fn 77); vgl. auch SCHNEIDER, Alternativbewegungen, 112 (Fn 120): Bewegungen nicht als Ernstfall, sondern als Normalfall der Demokratie.

178 Dagegen bereits treffend HAUNGS, Peter, Bürgerinitiativen und Probleme der parlamentarischen Demokratie in der Bundesrepublik Deutschland, in: GUGGENBERGER, Bernd/KEMPF, Udo (Hgg.), Bürgerinitiativen und repräsentatives System, Opladen 1977, 156-171 (168 ff).

179 Zur Revisibilität als Strukturelement der Mehrheitsregel vgl. SCHEUNER, Mehrheitsprinzip, 58 (Fn 59); HESSE, Verfassungsrecht, 56 (Fn 65); HOFMANN, Legitimität und Rechtsgeltung, 88 (Fn 51); GRIMM, Dieter, Reformalisierung des Rechtsstaats als

muß immer die Chance haben, zur Mehrheit von morgen zu werden.[180] Denn eben aus der Möglichkeit der Entscheidungskorrektur und der Durchsetzung der zunächst unterlegenen Alternative folgt die Unterwerfungsbereitschaft der Minderheit.[181] Seine legitimitätsstiftende Kraft schöpft das Majoritätsprinzip mithin gerade aus der Vorläufigkeit der Entscheidungen.[182]

Auf der Hand liegt, daß für den im Bereich des schlechthin Unabstimmbaren liegenden menschlichen Extremfall: die Entscheidung über Leben und Tod, die Mehrheitsregel ins Leere greift.[183] Nicht zuletzt hierauf stützen sich all jene, die ihren Protest über legale Praktiken hinaus in den Formen des aktiven Widerstandes, des ‚zivilen Ungehorsams', artikulieren.[184] Nun läßt sich allerdings darüber, ob etwas prinzipiell der Mehrheitsentscheidung entzogen ist, wegen der in diesen Bereichen

---

Demokratiepostulat?, in: JuS 1980, 704—709 (708); GUSY, Christoph, Das Mehrheitsprinzip im demokratischen Staat, in: AöR 1981, 329—354 (342 ff); FRANKENBERG, Günther, Ziviler Ungehorsam und Rechtsstaatliche Demokratie, in: JZ 1984, 266—275 (273 f); s. auch HÄBERLE, Peter, Verfassungstheorie ohne Naturrecht, in: AöR 1974, 437—463 (461 ff); SPAEMANN, Robert, Moral und Gewalt (1972), in: DERS., Philosophische Essays, Stuttgart 1983, 151—184 (177).

180 So schon JELLINEK, Georg, Das Recht der Minoritäten, Wien 1898, 28.

181 Damit allein ist natürlich die Akzeptanz des Majoritätsprinzips nicht bereits sichergestellt; zu den komplexen Voraussetzungen vgl. SCHEUNER, Mehrheitsprinzip, 35 ff, 45 ff (Fn 59); umfassend nunmehr HEUN, Mehrheitsprinzip, 194 ff, 222 ff (Fn 41).

182 Zu den hier liegenden Problemen (insb. im Bereich der Staatsverschuldung und der nuklearen Entsorgung) für die parlamentarische Gesetzgebung instruktiv HENSELER, Paul, Verfassungsrechtliche Aspekte zukunftsbelastender Parlamentsentscheidungen, in: AöR 1983, 489—560.

183 Vgl. GUGGENBERGER, Bürgerinitiativen, 59 ff (Fn 112); DERS., Die neue Macht der Minderheit, in: Merkur 1982, 129—133; zum gesamten Komplex jetzt auch: GUGGENBERGER, Bernd/OFFE, Claus (Hgg.), An den Grenzen der Mehrheitsdemokratie, Opladen 1984.

184 Zum Konzept des zivilen Ungehorsams grundlegend RAWLS, John, Eine Theorie der Gerechtigkeit, Frankfurt/M. 1979, 399 ff; aus der aktuelleren Diskussion: SCHOLZ, Rupert, Rechtsfrieden im Rechtsstaat, in: NJW 1983, 705—712 (706 ff); ISENSEE, Widerstand, 565 ff (Fn 117); KRÖGER, Klaus, Bürgerprotest im demokratischen Staat, in: aus politik und zeitgeschichte, B 39/1983, 3—11; KRIELE, Martin, Die Rechtfertigungsmodelle des Widerstands, ebda., 12—24; ARNDT, Claus, Bürger oder Rebell?, ebda., 32—41; DREIER, Ralf, Widerstandsrecht im Rechtsstaat?, in: FS-SCUPIN, Berlin 1983, 573—590; DERS., Widerstandsrecht und ziviler Ungehorsam im Rechtsstaat, in: GLOTZ, Peter (Hg.), Ziviler Ungehorsam im Rechtsstaat, Frankfurt/M. 1983, 54—75; HABERMAS, Jürgen, Ziviler Ungehorsam — Testfall für den demokratischen Rechtsstaat. Wider den autoritären Legalismus in der Bundesrepublik, ebda., 29—53; SCHÜLER-SPRINGORUM, Horst, Strafrechtliche Aspekte zivilen Ungehorsams, ebda., 76—98; GUGGENBERGER, Bernd, An den Grenzen der Verfassung, in: Bilder und Zeiten. Beilage zur FAZ Nr. 281 v. 3. 12. 1983; dagegen BUSCHE, Jürgen, Welchen Gehorsam schulden wir den Gesetzen?, in: FAZ Nr. 281 v. 3. 12. 1983, 12; KRIELE, Martin, Ziviler Ungehorsam als moralisches Problem, in: Bilder und Zeiten. Beilage zur FAZ Nr. 60 v. 10. 3. 1984; ferner STARCK, Christian, Der Frieden im Dreieck der Staatsziele, in: FAZ Nr. 64 v. 15. 3. 1984, 11; FRANKENBERG, Ziviler Ungehorsam, passim (Fn 179).

naturgemäß nicht exakt zu ziehenden Grenzen trefflich streiten — ebenso wie über die Frage der Folgenirreversibilität.[185] Die Definitionsherrschaft über die Grenzen des Majoritätsprinzips kann und darf aber nicht in das Belieben einzelner gestellt werden. Der — wenn auch gute — Glaube, die Mehrheit habe den Kreis ihrer Regelungsbefugnis überschritten, gar einen Verfassungsbruch begangen, berechtigt nicht zur Aufkündigung der Gesetzesunterworfenheit. Auch deshalb verlieren die Protestaktionen (Besetzungen, Blockaden etc.), die per definitionem symbolischer, nicht instrumenteller Natur sind, ihren Charakter als Rechtsverletzungen nicht durch den demonstrativ guten Willen der Akteure und ihre noch so edlen Motive. Und in dem richtig verstandenen Interesse der ‚Protesttäter’, die sich nicht auf ein *Recht* berufen, sondern die Folgen ihres Tuns bewußt in Kauf nehmen, sollen sie das ja auch gar nicht.[186] Insofern behält die so häufig stereotyp wiederholte Formel, daß ‚Recht Recht bleiben’ müsse und demzufolge moralisch engagierte pressure-groups von der bereits aus dem Befolgungsanspruch des einfachen Rechts selbst folgenden Pflicht zum Gesetzesgehorsam nicht ausgenommen sind, ihr relatives Recht.

Allein mit dieser formalen, jene Akte mit eigeninteressierten kriminellen Erwerbsdelikten umstandslos auf eine Stufe stellenden Qualifikation als Rechtsbruch aber ist die Bedeutung derartiger Widerstandshandlungen nicht hinreichend erfaßt. Denn jedenfalls unter dem *Legitimitätsaspekt* macht es einen ganz erheblichen Unterschied, ob die bewußt zu demonstrativen Zwecken eingesetzte Regelverletzung unter ausdrücklicher Anerkennung des politischen Systems und seines Verfassungsrahmens in toto erfolgt oder ob instrumentell betriebene illegale Aktionen in ihrem Fluchtpunkt auf die Vernichtung einer im ganzen verhaßten Staatsordnung zielen. Daß auch in dieser Hinsicht Bonn nicht Weimar ist, verkennt, wer die im Kontext von Friedens- und anderen Protestveranstaltungen begangenen, auf der prekären Grenze zwischen Legalität und Legitimität liegenden, im „Zwielicht der

---

185 KRIELE, Rechtfertigungsmodelle, 22 (Fn 184) kritisiert, die Bewegung richte ihren „Protest gegen die Nebenfolgen der wissenschaftlich-technischen Industrialisierung zugleich gegen die Rechtsordnung, als ob diese dafür verantwortlich wäre". Das verweist auch und zugleich darauf, daß schärfer als bislang gemeinhin üblich zwischen der Kritik am Verfassungssystem und der an den Folgen des Zivilisationsprozesses unterschieden werden sollte. Denn *wenn* in den letzten Jahren ein Konsens zerbrochen ist, dann die lange Zeit stabile stillschweigende Übereinkunft über die Akzeptanz des technischen Fortschritts mit seinen unvermeidlichen Folgekosten.

186 Deshalb ist Skepsis gegenüber dem Vorschlag DREIERS (s. Fn 184) angebracht, ein *Recht* auf zivilen Ungehorsam zu etablieren (gegen eine „Verrechtlichung" und Legalisierung auch HABERMAS, Ziviler Ungehorsam, 42 f [Fn 184]; SCHÜLER-SPRINGORUM, Strafrechtliche Aspekte, 82 [Fn 184]; FRANKENBERG, Ziviler Ungehorsam, 268, 270 [Fn 179]; PREUSS, Politische Verantwortung, 32 [Fn 66]); s. ferner KIELMANSEGG, Peter Graf, Frieden geht nicht vor Demokratie, in: DIE ZEIT Nr. 40 v. 30. 9. 1983, 9 f: „Für den Einzelnen, der bewußt die Antwort des Staates in Kauf nimmt, ist nicht unmöglich, zugleich ‚ungehorsam’ und der Verfassungs- und Rechtsordnung gegenüber loyal zu sein."

Zeitgeschichte"[187] angesiedelten, als Akte des zivilen Ungehorsams deklarierten Rechtsverstöße bereits als kaum mehr wettzumachenden Erodierungsprozeß der Verfassung verstanden wissen will.

4. Alles in allem erlaubt die vorliegende knappe Skizze der Legitimitätsprobleme des demokratischen Verfassungsstaates in der Herausforderung durch Protest- und Alternativbewegungen eine verhalten zuversichtliche Prognose. Wenig wahrscheinlich ist, daß sich die ‚Aussteiger'-Gruppe zur narzistischen Massenbewegung verbreitern oder die aktiv-politische Protestgruppe sich zur klandestinen Kaderorganisation formieren wird. Die genannten Krisenpotentiale: Eskapismus auf der einen, Gewalt auf der anderen Seite, scheinen sich in erträglichen Grenzen zu halten. Um so eher könnten die innovativen Elemente der oppositionellen Kräfte aufgegriffen werden. Grundlage dafür wäre u. a. eine größere Gelassenheit und Souveränität im Umgang mit ihnen: Verhaltensweisen, an denen es vor allem mangelt, weil diese ihrerseits ein erhebliches Maß an Selbstsicherheit und Selbstgewißheit zur Voraussetzung haben.[188] Nüchtern betrachtet, läßt sich der überwiegende Teil der neuen sozialen Bewegungen — bei allen notwendigen Vorbehalten einer derartigen ‚Generaleinschätzung' gegenüber — als Alternative *in der*, nicht *zur* Demokratie begreifen — etwa im Sinne Günter *Dürigs*, der vor mehr als 20 Jahren schrieb: „Nicht Differenzen vernichten das Gemeinsame, es tötet nur die Indifferenz."[66][189]

---

187 HABERMAS, Ziviler Ungehorsam, 41 (Fn 184).

188 Den Mangel an Gelassenheit beklagen z. B. DAHRENDORF, Ralf, Vom Rechtsstaat zum Richterstaat?, in: KLETT, Roderich (Hg.), Reden auf die Republik, Stuttgart 1977, 77—81 (81); KROCKOW, Christian Graf v., Die konservativen Chancen und Gefahren, ebda., 57—61 (59).

189 DÜRIG, Günter, Grundrechtsverwirklichung auf Kosten von Grundrechten?, in: Summum ius summa iniuria, Tübingen 1963, 80—96 (81).

II. NEUE PERSPEKTIVEN DES WIRTSCHAFTSRECHTS

Hainburg und die Folgen

von

ARMIN STOLZ, GRAZ

I. Einleitung

Das Donaukraftwerk Hainburg wird in seiner ursprünglich geplanten Form nicht errichtet. Auf diesen kurzen Nenner läßt sich das Ergebnis der vom ehemaligen Bundeskanzler Dr. Sinowatz knapp vor den Weihnachtsfeiertagen 1984 verordneten einjährigen „Nachdenkpause" bringen. Somit scheint das Kraftwerk Hainburg kein Thema mehr für eine rechtswissenschaftliche Betrachtung zu sein. Daß dem nicht so ist, wird freilich jedem Interessierten sehr rasch klar. Zum ersten Mal regte sich nämlich in Österreich mit der Besetzung der Stopfenreuther Au und der versuchten Verhinderung von Rodungsmaßnahmen massiver grün-alternativer Protest gegen ein Kraftwerksprojekt; noch dazu gegen ein Wasserkraftwerk, dessen Umweltfreundlichkeit immer wieder betont[1] und bis vor kurzem auf breitester Basis auch geglaubt wurde.[2] Nicht eine politikwissenschaftliche Analyse der Vorfälle in der Au soll jedoch Gegenstand der nachfolgenden Ausführungen sein. Literatur zu

---

1 Vgl. nur Energiebericht und Energiekonzept 1984 der österreichischen Bundesregierung, Wien 1984, 114 ff: Vorrang des Ausbaues der Wasserkraft; dazu TENGG, Hansjörg, Das neue Energiekonzept der Bundesregierung und die Aspekte seiner Umsetzung, in: freie argumente 1984, 151 ff; Energiepolitik — konzeptlos und widersprüchlich, in: Nachrichten und Stellungnahmen der Katholischen Sozialakademie 8/1985, 1, 7 f; neuerdings differenzierend KANIAK, Jörn, Alternativen zum Kraftwerk Hainburg, in: Zukunft 12/1985, 2 ff.

2 Laut einem SWS-Meinungsprofil, abgedruckt in: Journal für Sozialforschung 1985, 227 antworteten noch im Jänner 1985, also bereits nach den Ereignissen in der Stopfenreuther Au, auf die Frage: „Sind Sie dafür, daß das Donaukraftwerk Hainburg gebaut wird?" 60% der Befragten mit ja, jedoch nur 29% mit nein, 12% waren unentschlossen. Ein weiteres Meinungsprofil auf S 230 signalisiert eine Zunahme der Kraftwerksbefürworter zwischen 1983 und 1985 bei gleichzeitiger Abnahme der Kraftwerksgegner und Unentschlossenen im selben Zeitraum. Allgemein zu Fragen des Widerstandsrechts nunmehr STOCK, Wolfgang (Hg.), Ziviler Ungehorsam in Österreich, Wien-Köln-Graz 1986.

diesem Themenkreis gibt es zur Genüge.[3] Auch in diesem Sammelband finden sich zwei Beiträge über geistesgeschichtliche Grundlagen und Erscheinungsformen der Alternativbewegung aus bundesdeutscher Sicht.[4] Vielmehr soll nach den Auswirkungen der Ereignisse rund um Hainburg auf die österreichische Rechtsordnung gefragt werden. Dabei wird sich zeigen, daß manche Regelungsbereiche sehr stark beeinflußt wurden und dieser Einfluß auch den Gesetzgeber zum Tätigwerden veranlaßte, andere Problemfelder wiederum entweder weniger beachtet wurden oder einer Lösung noch harren. All das berechtigt dazu, in Anlehnung an eine bekannte österreichische Tageszeitung die Frage aufzuwerfen: „Hainburg — ein Jahr danach — oder davor?"[5] — ein Motto, das in abgewandelter Form für viele Aspekte des Wirtschaftsrechts Gültigkeit hat.

II. Die völkerrechtlichen Rahmenbedingungen

Vielfach wurde in der Diskussion über den Bau des Kraftwerkes Hainburg die Meinung vertreten, die Errichtung eines Kraftwerkes in den „Donau-March-Thaya-Auen" verstoße bereits gegen völkerrechtliche Verpflichtungen der Republik Österreich.[6] Speziell wurde dabei auf das Berner Übereinkommen über die Erhaltung der europäischen wildlebenden Pflanzen und Tiere und ihrer natürlichen Lebensräume[7] sowie auf das Ramsar-„Übereinkommen über Feuchtgebiete, insbesondere als Lebensraum für Wasser- und Watvögel, von internationaler Bedeutung"[8] Bezug genommen. Diese Schlüsse wurden jedoch voreilig gezogen. Dafür sprechen sowohl formale als auch inhaltliche Argumente.

---

3   Vgl. dazu nur beispielsweise CZERNY, Wilhelm F., Hainburg und das politische System Österreichs; GMOSER, Rupert, Der Weisheit letzter Schluß?, beide in: Österreichische Monatshefte 2/1985, 7 ff; DIEMAN, Kurt, „Verkauft's mei G'wand", in: Österreichische Monatshefte 4/1985, 33 ff; CAP, Josef/PELINKA, Peter, Hainburg und die Folgen; KLENNER, Fritz, Das Hainburgsyndrom; KERSCHBAUM, Josef, „Wir sind keine Prügelknaben"; ZEDER, Franz, Rot und grün ist zweierlei; POSCH, Paul, Offene Diskussion in der Partei ist unumgänglich; HUEMER, Oskar, Hainburg — Ein Menetekel; HOBL, Wolfgang, Perspektivenwechsel aus Strategiegründen; WASSERVOGEL, Peter, Wann wird der Widerstand zur Pflicht?, alle in: Zukunft 2/1985, 19 ff; neuerdings auch PELINKA, Anton, Hainburg — mehr als nur ein Kraftwerk und aus rechtlicher Sicht HAUER, Wolfgang, Die Ereignisse um den geplanten Kraftwerksbau in Hainburg aus rechtlicher Sicht, beide in: ÖJP 85, 75 ff.

4   Siehe dazu Horst DREIER und Jochen HOFMANN in diesem Band.

5   STOCKER, Ulrich, in: Kleine Zeitung (Graz) vom 6. 11. 1985, 3.

6   So z. B. Österr. Hochschülerschaft an der Universität für Bodenkultur (Hg.), Hainburg — Versuch einer sachlichen Information, Wien 1985, 74 und Rudolf BENEDIKTER in diesem Band.

7   BGBl 1983/372.

8   BGBl 1983/225.

In formaler Hinsicht ist zunächst zu bemerken, daß beide Verträge gemäß Art 50 Abs 2 B-VG mit einem Gesetzesvorbehalt ratifiziert wurden. Damit stellen sie aber kein unmittelbar wirkendes innerstaatliches Recht dar. Die Umsetzung in die nationale Rechtsordnung ist von der Erlassung entsprechender Durchführungsgesetze abhängig und nur diese, nicht auch die Verträge selbst, sind gegenüber den Normunterworfenen gültig.[9] Daß der Spielraum des Gesetzgebers dabei ein sehr weiter ist, liegt auf der Hand.

Auch eine inhaltliche Betrachtung läßt erkennen, daß beide Übereinkommen nur eine sehr grobe Richtlinie für staatliches Handeln bilden können. So ist es Ziel des Berner Übereinkommens, „wildlebende Pflanzen und Tiere sowie ihre natürlichen Lebensräume... zu erhalten" (Art 1). Im Art 4 wird demgemäß den Vertragsparteien die Verpflichtung auferlegt, die geeigneten und erforderlichen gesetzgeberischen und Verwaltungsmaßnahmen zu ergreifen, um die Erhaltung der Lebensräume wildlebender Pflanzen- und Tierarten sicherzustellen. Doch bereits Art 9 des Berner Übereinkommens beinhaltet eine nicht unwesentliche Einschränkungsmöglichkeit. Unter der Voraussetzung, daß es keine andere befriedigende Lösung gibt und dem Bestand der betreffenden Population nicht geschadet wird, kann nämlich jede Vertragspartei Ausnahmen von Art 4 zulassen. Unter anderem wird eine Ausnahme im Interesse der öffentlichen Gesundheit und Sicherheit, der Sicherheit der Luftfahrt oder anderer vorrangiger öffentlicher Belange als ausdrücklich für zulässig erachtet. Daß von der sehr allgemein gehaltenen Formulierung „andere vorrangige öffentliche Belange" auch das volkswirtschaftliche Interesse an der Errichtung eines Wasserkraftwerkes gedeckt erscheint, liegt m. E. auf der Hand.

Noch deutlicher kommt der Widerstreit (oder vielleicht sogar die Symbiose?) zwischen Ökonomie und Ökologie im Ramsar-Übereinkommen zum Ausdruck. Nach der Legaldefinition im Art 1 sind „Feuchtgebiete... Feuchtwiesen, Moor- und Sumpfgebiete oder Gewässer, die natürlich oder *künstlich*, dauernd oder zeitweilig, stehend oder fließend, Süß-, Brack- oder Salzwasser sind..." (Hervorhebung vom Verfasser). Dementsprechend finden sich in der Liste der österreichischen Feuchtgebiete von internationaler Bedeutung neben den Donau-March-Auen auch die Stauseen am Unteren Inn.

Eine vergleichsweise viel deutlichere Sprache spricht hingegen das Wirtschaftsvölkerrecht. Gemäß Art 3 der Konvention über die Regelung der Schiffahrt auf der Donau[10] verpflichten sich die Donaustaaten, ihre Donauabschnitte in einem für Flußschiffe schiffbaren Zustand zu

---

9   In diesem Sinne auch HAUER, Wolfgang, Hainburg — rechtliche und rechtspolitische Aspekte, Eisenstadt 1985, 101; ADAMOVICH, Ludwig K./FUNK, Bernd-Christian, Österreichisches Verfassungsrecht, 3. A., Wien 1985, 155; WALTER, Robert/MAYER, Heinz, Grundriß des österreichischen Verfassungsrechts, 5. A., Wien 1985, 82 ff.

10   BGBl 1960/40.

erhalten, und die zur *Erhaltung und Verbesserung* der Schiffahrtsverhält-
nisse notwendigen Arbeiten durchzuführen. Ist ein Donaustaat nicht in
der Lage, die zur Sicherung der normalen Schiffahrt notwendigen
Arbeiten durchzuführen, so ist er laut Art 4 gehalten, ihre Vornahme
durch die Donaukommission zu gestatten. Zwar darf der Staat, auf
dessen Gebiet diese Arbeiten anfallen, nicht überstimmt werden (Art 12),
wie auch die Regelung verfassungsrechtlich nicht ganz unbedenklich
erscheint (darauf kann in diesem Zusammenhang jedoch nicht näher
eingegangen werden[11]). Trotzdem gewinnen durch diese Bestimmung die
Empfehlungen der Donaukommission eine andere — den Staat sehr viel
mehr verpflichtende — Bedeutung.[12] Die zweite Etappe für den Ausbau
der Donau als Großschiffahrtsstraße sieht laut Empfehlung eine
Mindestfahrwassertiefe unterhalb Wiens von 3,5 m vor, und diese kann
nur durch die Errichtung von Staustufen erzielt werden.

Welche allgemeinen Schlußfolgerungen zum Stand des Völkerrechts
lassen sich aus obigen Ausführungen ziehen? Zunächst fällt das bunte
Nebeneinander von „klassischen" zwischenstaatlichen Übereinkommen
(Konvention über die Regelung der Schiffahrt auf der Donau) und
solchen, die von internationalen Organisationen initiiert werden (Berner
Übereinkommen — Europarat, Ramsar-Übereinkommen — Vereinte
Nationen), auf. Daß angesichts dieser Gemengelage Koordinations- und
Interpretationsschwierigkeiten auftreten können, versteht sich fast von
selbst.

Das Umweltvölkerrecht ist außerdem eine relativ junge Teildisziplin
des internationalen Rechts. Entsprechend behutsam sind daher oftmals
die Formulierungen. Allzu häufig wird auf die Rechtsform des „soft law"
zurückgegriffen. Das zögernde Herantreten der einzelnen Staaten an die
Probleme einer internationalen Umweltschutzkooperation wird auch im
Bereich der sogenannten Neuen Internationalen Wirtschaftsordnung
(NIWO) sichtbar. Hier geht es den Entwicklungsländern vorderrangig
um die Sicherung eines „equitable share" an einem oft sogar
schrumpfenden (siehe die derzeitige Situation am Erdölmarkt)
Weltwirtschaftskuchen. Umweltprobleme sind noch nicht zu einem
Allgemeingut geworden.[13] Das läßt sich auch aus der Liste jener Staaten

---

11   Erst mit der Verfassungsnovelle BGBl 1981/350 wurde im Art 9 Abs 2 B-VG die
     verfassungsrechtliche Ermächtigung erteilt, durch Gesetz oder einen vom Nationalrat
     zu genehmigenden Staatsvertrag Hoheitsrechte auf zwischenstaatliche Einrichtungen
     zu übertragen. Bis dahin bedurfte es jeweils eigener Verfassungsbestimmungen. Die
     Konvention über die Regelung der Schiffahrt auf der Donau wurde jedoch sichtlich
     nicht als verfassungsändernder oder -ergänzender Staatsvertrag beschlossen; vgl. auch
     Art II des B-VG BGBl 1964/59, wo diese Konvention nicht aufscheint. Zur früheren
     Rechtslage im übrigen auch PAUGER, Dietmar, Der Internationale Währungsfonds im
     Österreichischen Recht, in: ÖJZ 1981, 225 ff.

12   Anderer Ansicht jedoch sichtlich Österr. Hochschülerschaft (Hg.), Hainburg, 80
     (Fn 6).

13   Dazu ausführlich Claus EISELSTEIN in diesem Band.

ablesen, die das bereits erwähnte Ramsar-Abkommen ratifiziert haben bzw. diesem beigetreten sind.[14] Sie stellt klar, daß das Umweltvölkerrecht derzeit noch eine Domäne der Ersten und vielleicht — hier aber eher im Sinne bloßer Absichtserklärungen[15] — der von den kommunistischen Staaten gebildeten Zweiten Welt ist. Vergleichsweise nur wenige Staaten der Dritten Welt haben sich diesem UN-Abkommen angeschlossen, und dies trotz des Umstandes, daß gerade die Vereinten Nationen oft zur Tribüne im Kampf um eine Neue Internationale Wirtschaftsordnung wurden und werden.

III. Die verfassungsrechtliche Einordnung

Nach den geschilderten völkerrechtlichen Unwägbarkeiten stellt sich als nächstes die Frage nach den verfassungsrechtlichen Auswirkungen des Hainburg-Konfliktes. Zu ihrer Beantwortung ist auf eine gewissermaßen „antizipierte Hainburg-Reaktion" hinzuweisen. Mit dem Bundesverfassungsgesetz vom 27. November 1984[16] — wenige Tage vor den Ereignissen in der Stopfenreuther Au — bekannte sich die Republik Österreich (Bund, Länder und Gemeinden) zum umfassenden Umweltschutz. Dieses Bekenntnis stellt zwar einen ersten Ansatzpunkt, aber noch lange keinen Grund für eine übertriebene Euphorie dar. Es handelt sich hierbei nämlich nur um eine sogenannte Staatszielbestimmung. Durch sie wird der Gesetzgebung, aber auch der Vollziehung die Verpflichtung auferlegt, sich bei ihrem Handeln von Umweltschutzerwägungen leiten zu lassen. Die konkrete Ausgestaltung der zu treffenden Maßnahmen wird dabei aber in keiner Weise determiniert. Genausowe-

---

14 Zum Zeitpunkt der Ratifikation durch Österreich waren dies laut Mitteilung des Generaldirektors der UNESCO: Australien, Bundesrepublik Deutschland, Bulgarien, Chile, Dänemark, Deutsche Demokratische Republik, Finnland, Griechenland, Indien, Iran, Island, Italien, Japan, Jordanien, Jugoslawien, Kanada, Marokko, Mauretanien, Neuseeland, Niederlande, Norwegen, Pakistan, Polen, Portugal, Schweden, Schweiz, Senegal, Sowjetunion, Spanien, Südafrika, Tunesien, Ungarn und Vereinigtes Königreich.

15 Vgl. zu diesem Phänomen exemplarisch aus jugoslawischer und österreichischer Sicht SKRK, Mirjam, Nekateri vidiki pravnega varstva pred onesnaženjem prek drzavnih meja (= Einige Aspekte des Rechtsschutzes gegenüber grenzüberschreitender Umweltverschmutzung) und ISAK, Hubert, Einige Bemerkungen zum Stand des Internationalen Umweltrechts, beide in: BRÜNNER, Christian (Hg.), Zehn wissenschaftliche Begegnungen der Rechtsfakultäten der Universitäten Graz — Ljubljana, Graz 1985, 154 ff; erste Ansätze einer darüber hinausgehenden Reglementierung auf bilateraler Ebene lassen sich dennoch nicht verkennen; siehe z. B. das Abkommen zwischen der Republik Österreich und der Tschechoslowakischen Sozialistischen Republik zur Regelung von Fragen gemeinsamen Interesses im Zusammenhang mit Kernanlagen, BGBl 1984/208 sowie jüngst den Vertrag zwischen der Republik Österreich und der Ungarischen Volksrepublik über die Zusammenarbeit auf dem Gebiet des Umweltschutzes, BGBl 1985/415.

16 BGBl 1984/491.

nig lassen sich aus dieser Bestimmung subjektive Rechte ableiten. Die einzige „Sanktion" besteht in einer "nachprüfenden Kontrolle" durch den Wähler als Souverän.[17]

Sicherlich war dieser negative Befund einer der Gründe, um Umweltaktivisten auf die Barrikaden zu rufen. Ziele und Inhalte des sogenannten „Konrad-Lorenz-Volksbegehrens"[18] machen aber zugleich auch Möglichkeiten und Grenzen der direkten Demokratie deutlich. Eine Verfassungsnovelle aus 1981[19] hat die Anzahl der Stimmen, welche erforderlich sind, damit ein Volksbegehren einen formellen Gesetzesantrag darstellt, herabgesetzt. Es sind nunmehr laut Art 41 Abs 2 B-VG nicht mehr 200.000 Stimmberechtigte oder je die Hälfte der Stimmberechtigten dreier Länder, sondern nur mehr 100.000 bzw. ein Sechstel notwendig. Trotzdem ist diese Maßnahme erst ein kleiner Schritt in Richtung einer Aufwertung der direkten Demokratie in Österreich.[20] Volksbegehren sind nämlich lediglich dem Nationalrat zur geschäftsordnungsmäßigen Behandlung vorzulegen. Daraus ergibt sich, daß der Nationalrat in seinem Entscheidungsverhalten gänzlich frei ist. Er kann den Text des Volksbegehrens entweder zum Bundesgesetz erheben oder auch den Antrag ablehnen. Versuche, wenigstens Volksbegehren mit einer qualifizierten Zahl von Unterstützungen durch den Einbau einer obligatorischen Volksabstimmung im Falle einer ablehnenden Entscheidung des Nationalrates zu mehr Effizienz zu verhelfen, scheiterten bislang.[21] Außerdem stellt das Erfordernis, daß jedes Volksbegehren in Form eines Gesetzesentwurfes gestellt werden muß, ein weiteres Manko dar.[22] Nicht jeder, als Anregung noch so gut gemeinte Inhalt eines

---

17   Siehe dazu ausführlich MARKO, Joseph, Umweltschutz als Staatsziel, in: ÖJZ 1986, 289 ff und NOVAK, Richard, Rechtliche Dimensionen des Umweltschutzes, in: BRÜNNER, Christian (Hg.), Begegnungen 103 ff (Fn 15); vgl. auch Art 7 Vlbg L-VG, Vlbg LGBl 1984/30, Art 7a OÖ L-VG 1971, OÖ LGBl 1971/34 idF Nov LGBl 1985/57, sowie jüngst das Krnt Umwelt-Verfassungsgesetz, Krnt LGBl 1986/42; aus bundesdeutscher Sicht immer noch einschlägig MEYER-TSCHEPPE, Eduard, Staat und Staatsziel, Berlin-Wien-Zürich 1968.

18   607 Blg StenProt NR, 16. GP.

19   BGBl 1981/350; vgl zu den Zielen dieser Nov auch die Erl z IA der Abgeordneten Dr. Fischer, Dr. Schranz und Genossen, II-384 Blg StenProt NR, 15. GP, 3 f.

20   Zum Stand der direkten Demokratie in Österreich siehe Stefan HAMMER und Joseph MARKO in diesem Band.

21   Vgl dazu den IA der Abgeordneten Dr. Mock, Dr. Neisser, Steinbauer und Genossen vom 1. Dezember 1982, II-4551 Blg StenProt NR, 15. GP, sowie Art 33 der Vlbg Landesverfassung, beide abgedruckt in: BRÜNNER, Christian/MANTL, Wolfgang/ PAUGER, Dietmar/RACK, Reinhard, Verfassungspolitik, Wien-Köln-Graz 1985, 131 f, 136 f sowie jüngst § 39 Stmk L-VG 1960, Stmk LGBl 1960/1 idF Nov LGBl 1986/86 und das Stmk Volksrechtegesetz, Stmk LGBl 1986/87, die mit 1. 1. 1987 in Kraft getreten sind.

22   Ähnlich ist die Problematik auch bei der Volksabstimmung gelagert. In diesem Zusammenhang nicht uninteressant ist der von den SPÖ-Abgeordneten Dr. Heindl, Köck, Resch und Genossen initiierte Antrag zu einem Bundesverfassungsgesetz betreffend die Durchführung einer Volksabstimmung über die friedliche Nutzung der

Volksbegehrens ist nämlich aus legistischer Sicht unproblematisch. Hier ist der Punkt gekommen, um wieder zu unserem Anlaßfall, dem „Konrad-Lorenz-Volksbegehren" zurückzukehren. Selbst wenn man die formaljuristische Frage, ob ein Volksbegehren im Range eines Bundesverfassungsgesetzes überhaupt gestellt werden dürfe, beiseite läßt, so wird mit einer Formulierung, wonach jedefrau/jedermann das Grundrecht auf Umweltqualität habe (Art I Abs 2 des Volksbegehrens), doch zumindest ein im österreichischen Verfassungssystem gänzlich neuer Typ von Grundrechten angesprochen.[23] Der Staat hat sich nicht mehr nur der Einflußnahme in die Privatsphäre des einzelnen zu enthalten, sondern für die Erhaltung der Natur- und Kulturlandschaft zu sorgen und insbesondere Luft, Wasser, Boden, Pflanzen- und Tierreich vor den nachteiligen Wirkungen menschlicher Eingriffe zu bewahren. Soll aber ein solches, Leistungspflichten des Staates statuierendes soziales Grundrecht auf Umweltschutz auch tatsächlich Effizienz entfalten, so bedarf es dazu eines geeigneten Rechtsschutzmechanismus zur Durchsetzung von Individualansprüchen. Die Initiatoren des „Konrad-Lorenz-Volksbegehrens" haben dieses Problem offensichtlich ebenfalls erkannt, wenn sie fordern, daß jedermann, der sich in diesem Grundrecht verletzt fühlt, ein von einem Natur- oder Umweltschutzverband unterstütztes Begehren an die zuständigen Behörden einschließlich Verfassungsgerichtshof (VfGH) richten kann. Abgesehen davon, daß die Rechtsform dieses Begehrens gänzlich unklar bleibt, erscheint auch die Zuständigerklärung des VfGH nicht unproblematisch. Er ist nämlich bereits heute mit seiner Aufgabenvielfalt überlastet. Zwei Entlastungsnovellen[24] haben bislang lediglich die Möglichkeit des Gerichtshofes erweitert, die Behandlung von Beschwerden gegen Bescheide und faktische Amtshandlungen abzulehnen. Die Grundstrukturen der Verfassungsgerichtsbarkeit blieben dabei aber unangetastet. Gerade deren Reform — z. B. durch Abtretung der Sonderverwaltungsgerichtsbarkeit an den Verwaltungsgerichtshof oder durch Besetzung des VfGH

Kernenergie in Österreich (Inbetriebnahme des Kernkraftwerkes Zwentendorf), II-2375 Blg StenProt NR, 16. GP. Die Fragestellung dieser „Volksabstimmung besonderer Art" sollte lauten: „Stimmen Sie der friedlichen Nutzung der Kernenergie in Österreich (Inbetriebnahme des Kernkraftwerkes Zwentendorf) zu?" Es sollte also nicht über einen Gesetzesentwurf abgestimmt werden. Dieser IA fand allerdings nicht die für ein Verfassungsgesetz geforderte qualifizierte Mehrheit, siehe dazu auch den Entschließungsantrag der (ÖVP-Abgeordneten) Dr. König und Kollegen, II-2376 Blg StenProt NR 16. GP.

23   Dazu zuletzt PERNTHALER, Peter, Bemerkungen zum Recht auf Umweltschutz, in: RACK, Reinhard (Hg.), Grundrechtsreform, Wien-Köln-Graz 1985, 205 ff und NOVAK, Richard, Dimensionen, 106 f (Fn 17).

24   Art 144 Abs 2 B-VG idF Nov BGBl 1981/350 und 1984/296; dazu kritisch FUNK, Bernd-Christian, Noch mehr Entlastung für den VfGH?, in: ZfV 1985, 258 ff; BARFUSS, Walter, Maßnahmen zur Entlastung der Gerichtshöfe des öffentlichen Rechts, in: ÖJZ 1985, 393 ff; AICHLREITER, Josef, Entlastung des VfGH — eine unlösbare Aufgabe?, in: ZfV 1980, 300 ff.

mit Berufsrichtern — ist aber eine notwendige Voraussetzung für den Einbau von sozialen Grundrechten in das österreichische Verfassungsgefüge.

Der Umstand, daß Volksbegehren nur in Form eines Gesetzesentwurfes gestellt werden dürfen und nicht eine bloße Anregung sein können, birgt hinsichtlich des „Konrad-Lorenz-Volksbegehrens" noch eine weitere, verfassungsrechtlich nicht unbedenkliche Facette. Schon bei der Volksabstimmung über eine friedliche Nutzung der Kernenergie (auslösendes Moment: Atomkraftwerk Zwentendorf) und dem aus ihr resultierenden Atomsperrgesetz[25] zeigte sich, daß der Gesetzgeber gezwungen war, bereits bestehende Genehmigungen von Verwaltungsbehörden nachträglich — gewissermaßen ex lege — rückgängig zu machen. Eine solche, im Hinblick auf den Grundsatz der Gewaltentrennung nicht unproblematische Vorgangsweise könnte auch im Falle Hainburg drohen, wenn man die Forderungen des „Konrad-Lorenz-Volksbegehrens" erfüllt. Gemäß Art II sind nämlich auf dem Bundesgebiet Nationalparks zu errichten, vorrangig in den Donau-March-Thaya-Auen (Hainburg) und dürfen Kraftwerke nicht errichtet oder betrieben werden, wenn sie in Nationalparks liegen.

Resumierend läßt sich also festhalten, daß Instrumente der direkten Demokratie — zumindest nach Auffassung der Bundesregierung[26] — hauptsächlich mit zwei Schwächen behaftet sind. Einerseits werden sie oftmals erst im nachhinein wirksam; eine bereits vorangehende Kontrolle, z. B. der Umweltgefährdung durch ein Großprojekt, entfällt dadurch. Andererseits laufen sämtliche Fragestellungen letztendlich auf eine ja/nein-Alternative hinaus. Ein für alle Beteiligten tragfähiger Kompromiß, z. B. zwischen Ökonomie und Ökologie, wird dadurch unmöglich gemacht. Hier bietet sich, nicht zuletzt aus den oben geschilderten Gründen der Gewaltenteilung, ein Ausbau der partizipativen Elemente des Verwaltungsverfahrens als Ausweg an.[27] Auf diese Fragestellung soll daher im folgenden eingegangen werden.

---

25 BGBl 1978/676; dazu MATHES, Erik, Zwentendorf und die Gewaltentrennung, in: Stb 1983, 5 f; NOWAK, Manfred, Rechtswirkungen einer Volksabstimmung, in: ÖJZ 1980, 36 ff und WELAN, Manfried, Volksgesetz und Verfassungsgesetz, in: Stb 1978, 69 f.

26 Vgl. dazu nur die Ausführungen in den Erl z RV 841 Blg StenProt NR, 16. GP, 5; zu weiteren Nachteilen der direkten Demokratie Andreas GREIFELD in diesem Band.

27 In diesem Sinne auch ÖHLINGER, Theo, Reform des Verwaltungsstrafrechtes, GA 9. ÖJT I/2, Wien 1985, 36 ff; BÖHM, Peter, Demokratietheoretische Überlegungen aus Anlaß des Hainburg-Konfliktes, in: actio catholica 1/1985, 6 ff und MARKO, Joseph, Zukunft der Politik, in: Academia 3/1985, 16 ff.

IV. Verwaltungsverfahren und Partizipation

Wie vorhin erwähnt, stellt das Verwaltungsverfahren einen wichtigen Schnittpunkt bei der Überprüfung der sozialen Verträglichkeit technischer Großprojekte dar.[28] Bereits auf der Ebene des Verwaltungsverfahrens manifestiert sich auch eine weitere zentrale Frage des österreichischen Umweltschutzrechts, nämlich die Frage nach der Verteilung der Kosten für Umweltschutzmaßnahmen.[29] Eine möglichst frühzeitige und breite Beteiligung der Betroffenen bei Planung und Errichtung von Großvorhaben bewirkt zwar eine gewisse Verzögerung in den ersten Abschnitten des Verwaltungsverfahrens. Umgekehrt zeichnet sich dann aber die von der Behörde getroffene Entscheidung durch ein vergleichsweise höheres Maß an Legitimität aus, welches für den Projektanten das Risiko des Ergreifens von Rechtsmitteln, z. B. aus Gründen des Umweltschutzes, minimiert. Dadurch wird für ihn eine genauere Abschätzung des zeitlichen Rahmens der Fertigstellung des Großprojektes möglich. Auf die sich daraus ergebende Kostenersparnis braucht wohl nicht extra hingewiesen zu werden. Verstärkt kann dieser Effekt noch durch Maßnahmen zur Hebung der Verfahrensökonomie, z. B. durch eine sinnvolle Verfahrenskonzentration, werden.

Tatsächlich waren es die eben skizzierten Möglichkeiten, die der Gesetzgeber aufgriff, um nach den Ereignissen von Hainburg ein friedliches Nebeneinander von Ökonomie und Ökologie zu erreichen. Ein ganzes Paket von Gesetzesentwürfen liegt bereits vor. Im einzelnen handelt es sich dabei um geplante Änderungen des B-VG, des Verwaltungsgerichtshofgesetzes und des allgemeinen Verwaltungsverfahrensgesetzes (AVG), sowie um die Erlassung eines Auskunftspflichtgesetzes[30] und eines Umweltverträglichkeitsprüfungsgesetzes (UVP-Gesetz).[31]

Die vorgesehene Verfassungsnovelle verfolgt zwei Ziele. Einerseits soll das Gebot der Amtsverschwiegenheit relativiert und um eine

---

28 Dazu DAVY, Benjamin, Die soziale Verträglichkeit technischer Großprojekte. Erörtert am Beispiel des Genehmigungsrechts für Kraftwerke, in: ÖJZ 1985, 513 ff. Diese Arbeit beruht übrigens auf einem Referat, welches der Verfasser auf der 25. Tagung der wissenschaftlichen Mitarbeiter der Fachrichtung „Öffentliches Recht", die vom 5. 3. bis 8. 3. 1985 in Würzburg stattfand, gehalten hat.

29 Diesen Aspekt behandelt insbesondere Stephan SCHWARZER in diesem Band.

30 Vgl dazu die RV 838-841 Blg StenProt NR, 16. GP, sowie den vorangegangenen Entwurf des BKA, GZ 602.960/21-V/1/85; LÖSCHNAK, Franz, Großprojekte und betroffene Staatsbürger; RIEGLER, Josef, Großprojekte und Umwelt; WIELINGER, Gerhart, Zum Vorhaben einer „Demokratisierung" des Verwaltungsverfahrens; MARKO, Joseph, Plebiszitäre oder partizipative Demokratie? Anmerkungen zum Bürgerbeteiligungsverfahren im Verwaltungsverfahren, alle in: Der Jurist im steirischen Landesdienst 1/1986, 3 ff und HALLER, Herbert, Bürgerbeteiligung, in: freie argumente 1985, 177 ff.

31 Entwurf des BMGU, Zl. IV-52.190/97-2/85.

prinzipielle Pflicht zur Auskunftserteilung erweitert, andererseits der angestrebten Verfahrenskonzentration und dem Bürgerbeteiligungsverfahren eine kompetenzrechtliche Basis gegeben werden. Beide Maßnahmen stellen eine Einschränkung der Zuständigkeit der Länder in der Vollziehung dar. Sie bedürfen daher neben den erhöhten Quoren im Nationalrat (Anwesenheit von mindestens der Hälfte der Abgeordneten und Mehrheit von zwei Drittel der abgegebenen Stimmen, Art 44 Abs 1 B-VG) auch noch der Zustimmung des Bundesrates gemäß Art 44 Abs 2 B-VG.[32]

Bislang war nach Art 20 Abs 3 B-VG eine Verpflichtung zur Amtsverschwiegenheit immer dann gegeben, wenn sie im Interesse einer Gebietskörperschaft oder der Parteien gelegen war.[33] Nunmehr soll ausschließlich eine Geheimhaltung im Interesse der Vorbereitung einer Entscheidung, der Aufrechterhaltung der öffentlichen Ruhe, Ordnung und Sicherheit, der umfassenden Landesverteidigung, der Außenpolitik, im wirtschaftlichen Interesse oder im Interesse der Parteien verpflichtend vorgeschrieben werden. Ansonsten haben gemäß Art 20 Abs 4 (neu) B-VG alle mit Aufgaben der Bundes-, Landes- und Gemeindeverwaltung betrauten Organe über Angelegenheiten ihres Wirkungsbereiches Auskünfte zu erteilen. Die näheren Bestimmungen werden in dem — gleichzeitig als Entwurf vorliegenden — Auskunftspflichtgesetz geregelt.[34]

Ob die in den angestrebten Gesetzesänderungen vorgesehene „Öffnung der Verwaltung gegenüber den Informationsbedürfnissen der Bürger"[35] wirklich eintritt, wird die Zukunft weisen. Fraglich bleibt dabei insbesondere, ob die zwar taxative, aber sehr viele Bereiche umfassende Aufzählung von Geheimhaltungsinteressen eine tatsächliche Einschränkung des Umfanges der Amtsverschwiegenheit im Vergleich mit der bisherigen, allgemeinen Umschreibung bewirkt.

Noch wesentlich schwieriger erscheint die Erreichung des zweiten Zieles dieser Verfassungsnovelle, nämlich die Schaffung von Kompetenz-

---

32　Vgl. auch die Erl z RV 838 Blg StenProt NR, 16. GP, 3; Die föderalismusfreundliche Zustimmungspflicht des Bundesrates bei Kompetenzänderungen zu Lasten der Länder wurde erst durch die Verfassungsnovelle BGBl 1984/490 eingeführt.

33　Zum derzeitigen Stand der Diskussion um die Amtsverschwiegenheit vgl aus der einschlägigen Lit GALLENT, Kurt, Beamte als Zeugen (oder Sachverständige) vor Gericht. Bemerkungen zur „Amtsverschwiegenheit", in: ÖGZ 1984, 17 ff; GRIGG, Siegfried, Amtsverschwiegenheit — Schutz der Parteien — Amtshaftung, in: ZfV 1982, 13 ff; HALLER, Herbert, Amtsverschwiegenheit, Amtshilfe und Akteneinsicht, in: RUPPE, Hans-Georg (Hg.), Geheimnisschutz im Wirtschaftsleben, Wien 1980, 137 ff.

34　Eine Vorgängerbestimmung zu den Regelungen dieses Gesetzes stellt für den Wirkungsbereich der Bundesministerien das Auskunftsrecht des § 3 Z 5 Bundesministeriengesetz 1973, BGBl 1973/389 (wiederverlautbart als Bundesministeriengesetz 1986, BGBl 1986/76) dar.

35　Zitat aus den Erl z RV 838 Blg StenProt NR, 16. GP, 3.

grundlagen für eine Verfahrensverbindung. Es wird vorgeschlagen, bei Art 11 B-VG einen neuen Abs 3 einzufügen. Immer dann, wenn für ein Vorhaben Bewilligungen nach verschiedenen Rechtsvorschriften vorgesehen sind, soll in den Verwaltungsverfahrensgesetzen eine Verbindung der jeweiligen Bürgerbeteiligungs- bzw Ermittlungsverfahren bei einer verfahrensleitenden Behörde verfügt werden können. Die verfahrensleitende Behörde wird im Vollziehungsbereich des Landes tätig, wenn alle Bewilligungen, die sich auf das verbundene Verfahren stützen, Landessache sind. Ansonsten wird sie in der mittelbaren Bundesverwaltung tätig.

Der eben geschilderte „kompetenzrechtliche Eiertanz" ist Ausfluß des gewählten rein verfahrensrechtlichen Ansatzes. Darauf ist im folgenden detailliert einzugehen. In das AVG wird ein sog. „Bürgerbeteiligungsverfahren" (§§ 36a—36f) eingebaut. Dieses zerfällt wiederum in zwei Teile, nämlich in das Stellungnahmeverfahren und in die öffentliche Erörterung.

Das Stellungnahmeverfahren sieht als ersten Schritt die Auflage des jeweiligen Antrags auf Bescheiderlassung samt den das Projekt umschreibenden Unterlagen bei der zuständigen Bezirksverwaltungsbehörde vor. Jeder zum Gemeinderat einer Gemeinde jenes politischen Bezirks Wahlberechtigte, in dem das Vorhaben verwirklicht werden soll oder auch eines unmittelbar angrenzenden politischen Bezirks kann daraufhin innerhalb von zwei Monaten nach Ende der Auflagefrist bei der für das Verfahren zuständigen Behörde eine schriftliche Stellungnahme einbringen. Diese kann wiederum durch Unterschriften unterstützt werden. Erfolgte eine Unterstützung der Stellungnahme durch mindestens 5% der Wahlberechtigten der oben angeführten Bezirke, so nimmt diese Personengruppe am weiteren Verfahren als Partei im Rahmen der in der Stellungnahme geltend gemachten rechtlichen Interessen teil.[36] Auch die Gemeinden, in denen das Projekt verwirklicht werden soll, können Stellungnahmen einbringen und am weiteren Verfahren als Parteien teilnehmen.

Der nächste Schritt ist die öffentliche Erörterung. Diese ist spätestens zwei Monate nach Ablauf der Stellungnahmefrist durchzuführen. Von Zeit und Ort der öffentlichen Erörterung sind der Antragsteller, die am Verfahren beteiligten Behörden, die sonstigen Parteien und

---

36 Die 5%-Klausel scheint auf den ersten Blick keine ernstzunehmende Hürde für Bürgerinitiativen zu sein. Daß dem nicht so ist, wird aus dem Vortrag des zuständigen Kanzleramtsministers Dr. Franz LÖSCHNAK, „Großprojekte und betroffene Staatsbürger", gehalten beim Symposion „Sind öffentliche Großprojekte heute überhaupt noch durchführbar?" vom 12. bis 14. März 1986 in Graz, ersichtlich. Demnach wären in sämtlichen österreichischen Bezirken mindestens 3.000 Unterschriften für die Zuerkennung der Parteistellung erforderlich. Bei den Kraftwerksprojekten Hainburg, Dorfertal (Osttirol) und Reichraming (Oberösterreich) wären es aber ca. 20.000, 7.400 und 15.000. Bei den Entsorgungsbetrieben Wien-Simmering ca. 17.000 Unterschriften.

Beteiligten und die Personen, welche Stellungnahmen eingebracht haben, zu benachrichtigen. Sachverständige sind nach Möglichkeit beizuziehen. Zwei Fragen drängen sich im unmittelbaren Zusammenhang mit dem Bürgerbeteiligungsverfahren auf. Die eine betrifft die rechtliche Position jener Gemeinden, die von einem Projekt zwar betroffen sind, in denen dieses Projekt aber nicht seinen Standort hat. Ihnen kommt laut Entwurf weder Stellungnahmerecht noch Parteistellung zu. Eine Ausdehnung dieser Rechte auf alle Gemeinden des Bezirks des Projektstandortes bzw. der unmittelbar angrenzenden Bezirke analog der Stellung der Wahlberechtigten wäre daher zu erwägen. Es sei denn — und das ist die zweite Frage — man hält an dieser starren Umschreibung der am Bürgerbeteiligungsverfahren Teilnahmeberechtigten überhaupt fest. Wie schon die Erl z RV feststellen, knüpft die Norm an einer reinen Durchschnittsbetrachtung an. Weder der Fall, daß ein kleinerer Personenkreis von einem Vorhaben betroffen ist, noch der, schwerer wiegende Fall, daß es über die benachbarten Bezirke hinaus weitere Betroffene gibt, ist berücksichtigt. Dies spricht für eine auf das Projekt bezogene individuelle Festlegung der Betroffenheit durch die für das Verfahren zuständige Behörde. Eine solche Festlegung wäre unter Zugrundelegung der Umweltverträglichkeitserklärung auch leicht zu bewerkstelligen, sind doch Bürgerbeteiligungsverfahren und Umweltverträglichkeitsprüfung eng miteinander verwoben.

Ziel des Entwurfes eines UVP-Gesetzes ist die Prüfung der Auswirkungen von technischen Großprojekten, u. a. auch von Kraftwerksanlagen, auf die natürliche Umwelt. Nicht geprüft werden Folgen für das soziale Umfeld (z. B. die Infrastruktur und der Arbeitsmarkt).[37] Die Projektbezogenheit bedingt außerdem, daß die Einführung neuer Technologien nicht vorderrangig Gegenstand einer UVP ist. Wie an anderer Stelle in diesem Band ausgeführt wird,[38] gibt es Rechtsbereiche, die für ein solches „Technology Assessment" zur Bewertung der Auswirkungen neuer Technologien auf Gesellschaft, Wirtschaft und Umwelt besser geeignet sind. Zu denken ist dabei insbesondere an einen Ausbau der innerbetrieblichen Mitbestimmung.

Zurück jedoch zum UVP-Verfahren. Wer ein umweltrelevantes Projekt verwirklichen will, muß die Durchführung einer UVP beim Bundesminister für Gesundheit und Umweltschutz beantragen. Diesem

---

37　Dazu PAUGER, Dietmar, Umweltverträglichkeitsprüfung und ihre Einbindung in das bestehende Rechtssystem, in: ÖJZ 1984, 505 ff; DERS., Rechtsprobleme des Umweltschutzes, in: bau-intern 136/1985, 3 ff, 137/1985, 4 ff; SCHÄFER, Erich, Umweltverträglichkeitsprüfung und Umweltanwalt, in: Review 1983, 12 ff; PINDUR, Herbert J., Umweltverträglichkeitsprüfung. Utopie oder reale Notwendigkeit, Linz 1980; DERS., Beiträge zur Umweltverträglichkeit, Linz 1980; auch BERGER, Maria, Öffentliche Elektrizitätsversorgungsunternehmen und Umweltschutz in Österreich, in: ÖZW 1984, 45 ff.

38　nämlich im Beitrag von Rudolf BENEDIKTER.

Antrag ist auch die oben bereits erwähnte Umweltverträglichkeitserklärung beizuschließen. In ihr sind insbesondere die Auswirkungen des Vorhabens auf die Umwelt, den Menschen, seine natürlichen Lebensgrundlagen und auf kulturelle Werte darzulegen. Umwelt- und Naturschutzvereine sind außerdem — und hier liegt die erwähnte Verknüpfung — berechtigt, an Bürgerbeteiligungsverfahren teilzunehmen. Auffallend ist, daß ihnen eine Parteistellung in weiteren Verfahrensabschnitten nicht zukommt. Nach Abschluß der öffentlichen Erörterung hat der Bundesminister für Gesundheit und Umweltschutz unter Bedachtnahme auf die Umweltverträglichkeitserklärung, die im Bürgerbeteiligungsverfahren vorgebrachten Stellungnahmen und das Ergebnis der öffentlichen Erörterung ein Umweltverträglichkeitsgutachten zu erstellen. Dieses wird nebst Umweltverträglichkeitserklärung dem Ermittlungsverfahren zugrundegelegt.

Beide Verfahren — Bürgerbeteiligungsverfahren und UVP-Verfahren — sind, wie vorhin gezeigt, relativ aufwendig. Aus Gründen der Zeitersparnis, aber auch um ein verwirrendes Nebeneinander zu vermeiden, sind nach verschiedenen Rechtsvorschriften vorgesehene öffentliche Erörterungen miteinander zu verbinden (§ 55a neu AVG).[39] Ähnliches gilt für Ermittlungsverfahren, insbesondere mündliche Verhandlungen (§ 55b neu AVG). In beiden Fällen ist verfahrensleitende Behörde in der Regel die Bezirksverwaltungsbehörde. Nach Abschluß des verbundenen Ermittlungsverfahrens hat die verfahrensleitende Behörde den jeweiligen Bewilligungsbehörden ihre Aufzeichnungen zur Verfügung zu stellen.Die Effizienz des verbundenen Ermittlungsverfahrens hängt nunmehr ganz entscheidend davon ab, ob die mit der verfahrensleitenden Behörde nicht notwendigerweise identischen Bewilligungsbehörden ihre Entscheidungen auf das Ergebnis des verbundenen Verfahrens stützen oder von ihrer Ermächtigung Gebrauch machen, das Ermittlungsverfahren zu ergänzen oder neu durchzuführen.

Gerade dieser Effizienzgesichtspunkt kann zu einer kritischen Gesamtbetrachtung der geschilderten neuen Verfahrenstypen überleiten. Sie sind alle — das steht nach meinem Dafürhalten außer Zweifel — recht kompliziert. Trotzdem sind sie nicht geeignet, insbesondere zwei Problemkreise einer Lösung zuzuführen.

Der eine ist die nach wie vor unbefriedigende kompetenzrechtliche Situation im Bereich des Umweltschutzes. Die geplanten Gesetzesänderungen gehen von Art 11 Abs 2 B-VG aus, wonach der einfache Bundesgesetzgeber bei Bedarf das Verwaltungsverfahren einheitlich regeln kann. Das Verfahrensrecht ist aber nur eine Seite des Gesamtkonzepts. Zur Effektuierung der neugeschaffenen Verfahrensschritte bedarf es nämlich deren Umsetzung in die jeweiligen

---

39 Das konkreteste Beispiel dafür ist hinsichtlich der UVP die RV einer Novelle zum Elektrizitätswirtschaftsgesetz, 868 Blg StenProt NR, 16. GP.

Materiengesetze.[40] Und hier bleibt der Umweltschutz, im Unterschied beispielsweise zu der ansonsten so föderalismusfreundlichen Schweiz,[41] Querschnittsmaterie, d. h. er wird als Annex auf die einzelnen Gesetzgebungs- und Vollziehungsaufgaben des Bundes und der Länder verteilt. Eine Möglichkeit für eine einheitliche Realisierung der neuartigen Verfahrensabläufe bestünde — wie bereits an anderer Stelle erwähnt[42] — im Abschluß eines Gliedstaatsvertrages zwischen Bund und Ländern nach Art 15a B-VG.[43]

Der zweite Problemkreis hängt eng mit der Neuartigkeit der geschilderten Verfahren zusammen. Die Einführung neuer Rechtsinstrumente darf, sollen sie nicht zu einer reinen Alibifunktion verkommen, uns nicht den Ausbau des klassischen Individualrechtsschutzes vergessen lassen. Bereits in den Entwürfen wird dies nachhaltig manifestiert. So wird in den Erl. zu § 36a neu AVG[44] ausgeführt, daß für die Erlassung eines Bescheides zwar die Durchführung eines Bürgerbeteiligungsverfahrens erforderlich sei, nicht jedoch sei es notwendig, daß alle Details dabei auch tatsächlich erörtert wurden. Bei „Projektänderungen" im Laufe des Verfahrens (ob von vorneherein beabsichtigt oder unbeabsichtigt wird geflissentlich übergangen) habe der Materiengesetzgeber die notwendigen Regelungen darüber zu treffen, ob und inwieweit ein (neuerliches) Bürgerbeteiligungsverfahren durchzuführen sei. Ein Rechtsanspruch auf neuerliche Abhaltung eines Bürgerbeteiligungsverfahrens besteht also a priori nicht; ebensowenig werden Kriterien für das Vorgehen des

---

40   Die RV stützt sich sichtlich auf MAYER, Heinz, Genehmigungskonkurrenz und Verfahrenskonzentration, Wien 1985.

41   Nach Art 24 sept der Schweizer Bundesverfassung erläßt der Bund Vorschriften über den Schutz des Menschen und seiner natürlichen Umwelt gegen schädliche und lästige Einwirkungen. Er bekämpft insbesondere die Luftverunreinigungen und den Lärm. Der Vollzug der Vorschriften wird, soweit das Gesetz ihn nicht dem Bund vorbehält, den Kantonen übertragen. Darauf nehmen PAUGER, Umweltverträglichkeitsprüfung, 505 (Fn 37), MOSER, Berthold, Umweltschutz beim Bau von Kraftwerken, in: Stb 1985, 17 f und die Erl z Entwurf eines UVP-Gesetzes, 7 (Fn 31) Bezug.

42   MAYER, Genehmigungskonkurrenz, 29, 42, 62 f (Fn 40).

43   Diese Konstruktion wurde im Bereich des Umweltschutzes schon mehrfach gewählt. So hat nach Art 10 Abs 1 Z 12 B-VG idF Nov BGBl 1983/175 der Bund die Gesetzgebung und Vollziehung hinsichtlich der Maßnahmen zur Abwehr von gefährlichen Belastungen der Umwelt, die durch Überschreitung von Immissionsgrenzwerten entstehen. Ein entsprechendes Bundesgesetz kann jedoch erst nach Inkrafttreten einer Vereinbarung zwischen dem Bund und den Ländern gemäß Art 15a B-VG erlassen werden. Vgl. zu dieser nicht unumstrittenen Verfassungsnovelle STOLZLECHNER, Harald, Die neue Umweltschutzkompetenz des Bundes, Linz 1985; FUNK, Bernd-Christian, Verfassungsrechtliche Fragen der Bundeszuständigkeit zur Abwehr gefährlicher Umweltbelastungen, Wien 1984; RILL, Heinz Peter, Der „Immissionsgrenzwerte"Kompetenztatbestand in Art 10 Abs 1 Z 12 B-VG idF der B-VGN 1983 BGBl 175, in: ZfV 1984, 225 ff; Bereits abgeschlossen wurden Gliedstaatsverträge über den höchstzulässigen Schwefelgehalt im Heizöl, BGBl 1983/292 und 1985/48.

44   841 Blg StenProt NR, 16. GP, 7.

Materiengesetzgebers geschaffen. § 7 Abs 1 des Entwurfes eines UVP-Gesetzes[45] sieht vor, daß der Bundesminister für Gesundheit und Umweltschutz die Umweltverträglichkeitserklärung samt den dazugehörigen Unterlagen und das Umweltverträglichkeitsgutachten innerhalb einer Frist von längstens 6 Monaten nach Einlangen des Ergebnisses der öffentlichen Erörterung den mit dem Vorhaben befaßten Verwaltungsbehörden zu übermitteln hat. Wird der Bundesminister säumig (oder möchte er säumig werden?), so ist auf Antrag des Bewilligungswerbers mit den Ermittlungsverfahren der jeweiligen Bewilligungsverfahren unverzüglich zu beginnen, bzw. dürfen Verordnungen auch ohne Vorliegen des Umweltverträglichkeitsgutachtens erlassen werden. Die vorgesehene UVP wird also weitgehend ausgeschaltet.

Die soeben dargelegten Bedenken können ihre Verwandtschaft mit der Schaffung „vollendeter Tatsachen" durch Aberkennung der aufschiebenden Wirkung nicht leugnen. Gem. § 64 Abs 2 AVG kann die Behörde die aufschiebende Wirkung einer Berufung ausschließen, wenn die vorzeitige Vollstreckung im Interesse einer Partei oder des öffentlichen Wohles wegen Gefahr im Verzuge dringend geboten ist.[46] Bemerkenswert erscheint, daß den Verwaltungsbehörden dieser weite Ermessensspielraum erst im Rahmen der parlamentarischen Behandlung des AVG im Jahre 1925 eingeräumt wurde.[47] Noch in der RV[48] hatte man sie zu einem rechtsschutzfreundlicheren Abwägen, ob „aus dem Aufschube der Vollstreckung dieser Partei oder dem öffentlichen Wohl ein unverhältnismäßig größerer Nachteil erwüchse, als dem Berufungswerber aus der vorzeitigen Vollstreckung" verpflichtet. Wie man sieht, kehren diese alten und verschleppten Rechtsschutzprobleme nun im aktuellen Gewand der Probleme mit der Großtechnologie wieder.

In einem weiteren Schritt sollen daher beide für eine Reform des Verwaltungsverfahrens bedeutenden Problemfelder — kompetenzrechtliche Zersplitterung und Ausbau des klassischen Rechtsschutzes — an Hand von einschlägigen Materiegesetzen beleuchtet werden. Als Beispiel sollen zwei im Zuge des Hainburg-Konfliktes besonders umstrittene Rechtsbereiche dienen, nämlich das Wasser- und das Naturschutzrecht.

---

45 Siehe dazu Fn 31.

46 Vgl. dazu die Ausführungen in: WALTER, Robert/MAYER, Heinz, Grundriß des österreichischen Verwaltungsverfahrensrechts, 3. A., Wien 1984, 156, 174 ff.

47 Laut Bericht des Verfassungsausschusses, 360 Blg StenProt NR, 2. GP, 19 f ging der Ausschuß bei der Streichung des entsprechenden Satzes aus § 65 der RV von der Erwägung aus, „daß die Verallgemeinerung dieser Vorschrift, deren praktische Handhabung auf Grund des Mietengesetzes (!) schon Schwierigkeiten bereitet hat, zu einer allzu großen Belastung der Behörden führen und zu Weitwendigkeiten im Verfahren Anlaß geben würde".

48 116 Blg StenProt NR, 2. GP, 17 (§ 65 Abs 2).

V. Verfahrensreform und Wasserrecht

Als unmittelbare Folge der Ereignisse in der Stopfenreuther Au wurde mit Bundesgesetz vom 23. Mai 1985 das Wasserrechtsgesetz 1959 novelliert.[49] Im öffentlichen Interesse kann nunmehr auch dann ein Unternehmen als unzulässig angesehen oder nur unter entsprechenden Bedingungen bewilligt werden, wenn eine wesentliche Beeinträchtigung der ökologischen Funktionsfähigkeit der Gewässer zu besorgen ist (§ 105 lit m WRG). Die Ausführungen zu dieser Gesetzesnovelle im Bericht des Ausschusses für Land- und Forstwirtschaft[50] bedürfen eigentlich keines weiteren Kommentars, so exemplarisch sind sie für die derzeitige rechtliche Situation des Umweltschutzes in Österreich. Hier heißt es: „Die von den Wasserrechtsbehörden wahrzunehmenden öffentlichen Interessen sind im § 105 beispielsweise angeführt. Insbesondere kann ein Vorhaben als unzulässig angesehen oder nur unter entsprechenden Bedingungen bewilligt werden, wenn ein schädlicher Einfluß auf den Lauf, die Höhe, das Gefälle oder die Ufer der natürlichen Gewässer herbeigeführt würde, wenn die Beschaffenheit des Wassers nachteilig beeinflußt würde oder wenn beispielsweise eine wesentliche Behinderung des Gemeingebrauches, eine Gefährdung der notwendigen Wasserversorgung, der Landeskultur oder eine wesentliche Gefährdung eines Naturdenkmales oder der Naturschönheit entstehen kann.

Aus diesen Bestimmungen ist zu erkennen, daß die Erhaltung der ökologischen Funktionsfähigkeit der Gewässer schon bisher als öffentliches Interesse anerkannt war.

Dennoch ist nicht von der Hand zu weisen, daß auch im Bereiche des Gewässerschutzes ein vor allem historisch begründetes Vollzugsdefizit besteht.

Der vorliegende Gesetzentwurf soll nun das öffentliche Interesse an der Erhaltung der ökologischen Funktionsfähigkeit der Gewässer ausdrücklich hervorheben, durch ein klares Bekenntnis des Gesetzgebers zu diesen Zielen zu einer entsprechenden Bewußtseinsbildung bei der Bevölkerung beitragen und damit die Arbeit der Wasserrechtsbehörden unterstützen. Dies geschieht durch eine explizite Nennung dieser Ziele im § 105 WRG 1959."

Mit Fug und Recht darf bezweifelt werden, ob gesetzgeberische Redundanz ein geeignetes Mittel für den angestrebten Bewußtseinswandel bei Behörden und Bevölkerung darstellt. Die notwendigen Impulse müssen aus anderen Bereichen kommen: einerseits aus einem Verhalten der Politiker, welches beweist, daß Umweltschutz nicht nur ein bloßes Lippenbekenntnis ist, sondern wirklich „gelebt" wird; andererseits aus einer entsprechenden Reform des wasserrechtlichen Bewilligungsverfah-

---

49   BGBl 1959/215 idF Nov 1985/238.
50   632 Blg StenProt NR, 16. GP, 1.

rens, die Umweltschutzgesichtspunkten bessere Artikulationsmöglich-
keiten schaffen sollte.

Tatsächlich wird in den die Demokratisierung des Verwaltungsver-
fahrens betreffenden Entwürfen des BKA[51] vorgeschlagen, das
Bürgerbeteiligungsverfahren auch in das WRG einzubauen (§ 106a neu
WRG). Unberührt bleibt davon aber eine Vorgangsweise, welche schon
im Falle Hainburg heftigen Protest ausgelöst hatte: nämlich die
Möglichkeit des Bundesministers für Land- und Forstwirtschaft,
Wasserbauten aller Art, deren beschleunigte Ausführung im besonderen
Interesse der österreichischen Volkswirtschaft gelegen ist, zu bevorzugten
Wasserbauten zu erklären[52] und darüber ein abgekürztes Verfahren unter
Einschränkung von Parteirechten durchzuführen. Das vorhin zur
Schaffung „vollendeter Tatsachen" durch Aberkennung der aufschieben-
den Wirkung Gesagte gilt sinngemäß; es ist nur noch um eine Facette
eines möglichen Ausbaues des klassischen Rechtsschutzes zu erweitern.
Obwohl es sich nämlich beim Verfahren der Bevorzugungserklärung von
Wasserbauten sichtlich um Relikte kriegswirtschaftlicher Ermächtigun-
gen handelt, kommt dem VfGH — das zeigt das Hainburg-Erkenntnis[53]
deutlich — eine meritorische Prüfungsbefugnis nicht zu. Er kann nur
Gesetze im Hinblick auf ihre Verfassungsmäßigkeit prüfen und sie bei
Vorliegen einer Verfassungswidrigkeit aufheben. Liegt jedoch — wie in
diesem Fall — Verfassungskonformität vor, so ist der Gesetzgeber in der
Wahl der konkreten Ausgestaltung seiner gesetzlichen Maßnahmen frei.

VI. Verfahrensreform und Naturschutzrecht

Im Bereich des Naturschutzrechtes spielt die kompetenzrechtliche
Situation eine maßgebende Rolle: Naturschutz ist nämlich gemäß Art 15
B-VG Landessache in Gesetzgebung und Vollziehung.

In Niederösterreich, und dort liegt ja der Standort des geplanten
Donaukraftwerkes Hainburg, wurden bereits einige Aspekte der
beabsichtigten Reform des Verwaltungsverfahrens verwirklicht. So

---

51 GZ 602.960/21-V/1/85, Anlage, 2 f; die RV 838-841 Blg StenProt NR, 16. GP nahmen
    von der Erstattung von Vorschlägen betreffend die Einführung der Bürgerbeteiligung
    in einzelnen Verwaltungsvorschriften des Bundes Abstand.

52 Zu den divergierenden Meinungen über die Verfassungskonformität des beschleunig-
    ten Verfahrens nach Bevorzugungserklärung siehe HAUER, Hainburg, 47 ff (Fn 9);
    WEBER, Karl, Der bevorzugte Wasserbau, in: JBl 1984, 533 ff; PESENDORFER,
    Wolfgang, Die Rechtsstellung des von einem bevorzugten Wasserbau berührten
    Grundeigentümers, in: ZfV 1979, 1 ff und KRZIZEK, Friedrich, Kommentar zum
    Wasserrechtsgesetz, Wien 1962, 402 ff, 464.

53 Erk d VfGH v. 5. 10. 1985, B 5, 16, 17/85, insb 12 f, 18; in seinem Erk v. 1. 7. 1986,
    84/07/0375 u. a. vertritt auch der VwGH eine formalistische Linie; er moniert zwar
    gravierende Fehler im wasserrechtlichen Bewilligungsverfahren, anerkennt aber die
    Rechtmäßigkeit der Erklärung Hainburgs zum bevorzugten Wasserbau.

wurde mit einer im Genehmigungsverfahren von Hainburg leider noch nicht anzuwendenden Novelle zum NÖ Naturschutzgesetz[54] betroffenen Gemeinden Parteistellung im naturschutzrechtlichen Verfahren eingeräumt (§ 14a NÖ NaturschutzG).

An anderer Stelle finden sich auch Bestimmungen über eine Verfahrenskonzentration. Gemäß § 3 des NÖ Umweltschutzgesetzes 1984[55] hat sich bei Verwaltungsverfahren, die die Umwelt betreffen und bei denen die Entscheidung mehrerer Behörden erforderlich ist (z. B. Wasserrechtsbehörde, Gewerbebehörde, Naturschutzbehörde, Baubehörde), die NÖ Umweltanwaltschaft auf Antrag eines vom Verfahren Betroffenen darum zu bemühen, daß die Behörden einvernehmlich vorgehen.

Gerade die eben erwähnte NÖ Umweltanwaltschaft könnte aber umgekehrt ein Hindernis bei einer Rezeption des Bürgerbeteiligungsverfahrens durch das Land NÖ darstellen. Sie ist nämlich ein weisungsgebundenes Organ des Landes NÖ und wirkt als Mediator in Umweltfragen. Landesbürger und Gemeinden können bei ihr Einwendungen vorbringen, welche sie dann in umweltrelevanten Verfahren vertritt. Zum Unterschied von der beim Bürgerbeteiligungsverfahren gewählten Konstruktion einer Formalpartei im Einzelverfahren (bei entsprechender Unterstützung einer Stellungnahme durch Unterschriften) kommt der NÖ Umweltanwaltschaft dabei jedoch eine Parteistellung ex lege bei allen umweltrelevanten Verfahren im Vollziehungsbereich des Landes NÖ (was verfassungsrechtlich nicht unbedenklich ist)[56] zu. Ob ein Nebeneinander von in das Landesrecht übernommenen Bürgerbeteili-

---

54   NÖ LGBl 5500-0 idF Nov LGBl 5500-3; zum naturschutzrechtlichen Bewilligungsverfahren des Kraftwerkes Hainburg (wie bereits erwähnt gestützt auf die frühere Rechtslage) vgl. HOLZER, Gottfried, Hainburg, Naturschutz und Rechtsstaat, in: ZfV 1985, 11 ff und HAUER, Hainburg, 71 ff (Fn 9); über den „Anlaßfall" hinausgehend neuerdings SWA-GA 58, Von Strukturproblemen des österreichischen Naturschutzes, Wien 1986; Eine Reaktion auf die Ereignisse von Hainburg ist sicherlich auch die letzte Novelle zum Stmk. Naturschutzgesetz, Stmk LGBl 1985/79. So sind gem § 7 alle natürlichen stehenden Gewässer und deren Uferbereiche bis in eine Entfernung von 150 m landeinwärts ex lege als Landschaftsschutzgebiete geschützt; im Bereich der natürlichen fließenden Gewässer bedarf u. a. die Errichtung von Wasserkraftanlagen und das Roden von Bäumen und Sträuchern des Uferbewuchses (letzteres allerdings nur nach Maßgabe des Nichtbestehens von forst- bzw. wasserrechtlichen Genehmigungen) einer naturschutzrechtlichen Bewilligung.

55   NÖ LGBl 8050-0; zur Institution des Umweltanwaltes vgl. WELAN, Manfried, Die „Niederösterreichische Umweltanwaltschaft", in: Stb 1985, 34; MAYER, Heinz, Ein „Umweltanwalt" im österreichischen Recht, in: JBl 1982, 113 ff, sowie (obwohl er das Amt eines NÖ Umweltanwaltes bekleidet) skeptisch RASCHAUER, Bernhard, Lehren aus Hainburg?, in: Nachrichten und Stellungnahmen der Katholischen Sozialakademie 4/1985, 1 ff.

56   Die Länder werden nicht nur in der Landesverwaltung, sondern auch in der mittelbaren Bundesverwaltung tätig. Hier müßte eine solche Parteistellung aber durch die entsprechenden Materiengesetze des Bundes eingeräumt werden.

gungsverfahren und Tätigwerden der Umweltanwaltschaft sinnvoll ist, darf bezweifelt werden.

Sicher ist, daß andere Bundesländer dem Beispiel Niederösterreichs folgen wollen.[57] Sogar an die Möglichkeit, daß Umweltanwaltschaften Amtsbeschwerden zur Wahrung objektiven Rechts nach Art 131 Abs 2 B-VG an den Verwaltungsgerichtshof richten können, wird gedacht.[58]

Dieser Blick über die Grenzen des Landes NÖ in andere Bundesländer ist auch erforderlich, um die neueste Entwicklung des österreichischen Naturschutzrechts zu erfassen, nämlich die Schaffung von Nationalparks. Im Zusammenhang mit den Ereignissen um Hainburg wurde — wie erwähnt — auch massiv die Errichtung eines Nationalparks „Donau-March-Thaya-Auen" gefordert. Ein neu eingefügter § 8a des NÖ NaturschutzG[59] sieht vor, daß bestimmte Gebiete durch Landesgesetz zum Nationalpark erklärt werden können. Solche Nationalparkgesetze existieren bereits in Kärnten und Salzburg.[60] Sie sehen bei Erlassung oder Änderung einer Verordnung über die Erklärung eines Gebietes zum Nationalpark umfangreiche Anhörungsrechte von Gemeinden, gesetzlichen beruflichen Interessensvertretungen, Naturschutzvereinen und betroffenen Grundeigentümern vor (§ 10 Kärntner NationalparkG, § 7 Salzburger NationalparkG). Nicht zuletzt mit solchen Anhörungsrechten müßte aber auch das Verfahren bei einer UVP

57 Vgl. dazu die Vorlage der OÖ Landesregierung, betreffend das OÖ Umweltschutzgesetz 1986, Blg 9/1985 zum kurzschriftlichen Bericht des OÖ Landtages, XXIII. GP und die Vorlage der Stmk. Landesregierung betreffend ein Gesetz über Einrichtungen zum Schutze der Umwelt, Blg 114 zu den stenographischen Berichten des Stmk Landtages, X. GP.

58 Dies sieht § 7 Abs 2 der Vorlage der Stmk Landesregierung betreffend ein Gesetz über Einrichtungen zum Schutze der Umwelt (Fn 57) hinsichtlich bestimmter Gesetzesmaterien vor; welche Probleme solche Amtsbeschwerden und selbst die Parteistellung von Umweltanwälten aufwerfen können, macht das Erk d VwGH v. 9. 4. 1984, 84/10/0052, 0053 (abgedruckt in: JBl 1985, 185) deutlich. Dem Vlbg Landschaftsschutzanwalt wurde im § 28 Abs 3 Vlbg Landschaftsschutzgesetz, Vlbg LGBl 1982/1 ein Recht auf Mitwirkung bei der Feststellung des Sachverhaltes in einer Landschaftsschutzsache eingeräumt. Ein subjektives Recht, daß die Behörde auf die im Zuge der Mitwirkung des Landschaftsschutzanwaltes von diesem gesetzten Handlungen auch eingeht, ist ihm laut Ansicht des VwGH damit aber noch nicht gewährt. Daher komme ihm zur Durchsetzung eines derartigen Anspruches weder Parteistellung noch das durch diese vermittelte Berufungsrecht zu.

59 Siehe Fn 54.

60 Kärntner NationalparkG, Krnt LGBl 1983/55; Gesetz über die Errichtung des Nationalparkes Hohe Tauern im Land Salzburg, Sbg LGBl 1983/106; vgl. dazu GLANTSCHNIG, Gerold, Die Nationalparkgesetze Kärntens und Salzburgs, in: Berichte zur Raumforschung und Raumplanung 5-6/1984, 21 ff und Amt der Kärntner Landesregierung (Hg.), Der Nationalpark Hohe Tauern, in: Kärntner Nationalpark-Schriften, Band 1, 2. A., Klagenfurt 1984, 44 ff; zwar wurde im Jahre 1971 eine Vereinbarung der Bundesländer Kärnten, Salzburg und Tirol über die Schaffung des Nationalparks Hohe Tauern abgeschlossen, die Realisierung dieses Nationalparks in Osttirol scheiterte aber bislang an energiewirtschaftlichen Interessen (Projekt Speicherkraftwerk Dorfertal).

vor Verordnungserlassung im Landesbereich koordiniert werden, um unterschiedliche Regelungen über eine Partizipation in den verschiedenen umweltrelevanten Rechtsbereichen zu vermeiden.

VII. Schlußbemerkung und Ausblick

Fragen also über Fragen, die sich nach Hainburg stellten und stellen. Sie ließen sich mühelos um weitere Problemfelder erweitern. So rückte der Polizeieinsatz in der Stopfenreuther Au wieder einmal nachhaltig das Fehlen eines Polizeibefugnisgesetzes in den Blickpunkt der Öffentlichkeit.[61] Auch die Folgen der vorangegangenen Demonstrationen für eine neue Sicht des Versammlungsrechts,[62] ja selbst für zivilrechtliche Haftungsfragen,[63] dürfen nicht übersehen werden.

All das ist aber symptomatisch für die komplexen — einen engeren Fachbereich übergreifenden — Fragestellungen des modernen Wirtschaftsrechts. Einige Probleme konnten zwar andiskutiert werden, ihre Behandlung mußte aber fast zwangsläufig ein Torso bleiben. Eine Vertiefung und Generalisierung über den Anlaßfall Hainburg hinaus ist die Aufgabe der folgenden Beiträge.

---

61   Vgl. dazu den Beschl d VfGH v. 20. 12. 1984, B 936/84-3 sowie Nowak, Manfred, Rechtsprobleme des Polizeieinsatzes in der Hainburger Au, in: ZfV 1985, 373 ff und bereits Funk, Bernd-Christian, Polizei und Rechtsstaat — Gedanken zur Reform eines defizitären Rechtsgebietes, in: Reformen des Rechtes — FS zur 200-Jahr-Feier der Rechtswissenschaftlichen Fakultät der Universität Graz, Graz 1979, 809 ff.

62   Dazu zuletzt Demmelbauer, Josef, Demonstrationen auf Straßen, in: Stb 1985, 5 f und das (auch für Österreich) interessante Urteil des Amtsgerichtes Reutlingen vom 18. 7. 1984: Sitzen auf der Fahrbahn als Gewalt (abgedruckt in: JA 1985, 56).

63   Urteil des BGH vom 24. 1. 1984, VI ZR 37/82 (abgedruckt in: NJW 1984, 1236 und JZ 1984, 521); nicht ohne Grund wurde dieses Urteil auch von NN, Haftung für Demonstrationsschäden, in: RdW 1985, 39 f kommentiert.

Die Finanzierung des Umweltschutzes im österreichischen Wirtschaftsrecht *

von

STEPHAN SCHWARZER, WIEN

I. Einführung in die Problemstellung

Mehr als vieles andere wird das Umweltproblem von den Bürgern als existentielle Bedrohung empfunden. Die eminente staatspolitische Bedeutung des verfestigten Umweltbewußtseins hat Eckard *Rehbinder* schon 1975 erkannt, als er darauf hingewiesen hat, daß sich die Brauchbarkeit einer wirtschafts- und gesellschaftspolitischen Konzeption immer mehr daran messen lassen müsse, welchen Beitrag sie für die Bewältigung der Umweltprobleme zu leisten vermöge.[1] Das Umweltproblem ist somit zum Prüfstein jeder politisch-ökonomischen Ordnung geworden. Anknüpfend an die Vorreferate könnte man formulieren, daß der Umweltpolitik eine systemstabilisierende, ja systemlegitimierende Funktion zugewachsen ist.

Für die Lösung des Umweltproblems sind im Rechtsstaat zunächst geeignete gesetzliche Grundlagen erforderlich. Ein für die Umweltpolitik zentrales Rechtsgebiet ist dabei das Wirtschaftsrecht.[2] Mein Referat soll untersuchen, wie der Gesetzgeber den Umweltschutzgedanken in das Wirtschaftsrecht integriert, wie das Wirtschaftsrecht den neuen Anforderungen gerecht wird.

---

* Die Vortragsfassung wurde beibehalten. Die Fußnoten beschränken sich im wesentlichen auf exemplarische Schriftumsverweise. Eine Kurzfassung dieses Beitrages erschien in UPR 1985, 305 ff.

1 REHBINDER, Eckard, Wirtschaftsordnung und Instrumente des Umweltschutzes, in: SAUERMANN, Heinz/MESTMÄCKER, Ernst-Joachim (Hgg.), Wirtschaftsordnung und Staatsverfassung (FS-BÖHM), Tübingen 1975, 499 ff (500).

2 Zum Begriff des Wirtschaftsrechts KOPPENSTEINER, Hans-Georg, Wirtschaftsrecht — Inhalts- und funktionsbezogene Überlegungen zu einer umstrittenen Kategorie, in: Rechtstheorie 1973, 1 ff.

Ein für den Ausbau und die Durchsetzung des Umweltschutzes im Wirtschaftsrecht ganz entscheidendes Problem ist die Finanzierung der Kosten des Umweltschutzes. Niemand bestreitet heute die Notwendigkeit des sorgsamen Umgangs mit der Umwelt. Jeder Politiker wird diese Forderung ohne Zögern unterschreiben. Wenn die Entwicklung und die Implementierung des Umweltrechts dennoch eine sperrige Angelegenheit ist, dann wegen der Kosten des Umweltschutzes, wegen der Notwendigkeit des Zielverzichtes in anderen Bereichen. Im einzelnen stellen sich vor allem zwei Fragen:

— Wieviel darf der Umweltschutz kosten, welche Zieleinbußen kann die Gesellschaft in anderen Bereichen hinnehmen?
— Wem soll man diese Kosten aufbürden? Den Unternehmungen? Dem Staat? Welche Belastungen sollen die Geschädigten selbst tragen?

Nicht behandeln möchte ich im folgenden die Frage, wieviel Umweltschutz wir uns leisten können und müssen, also die Frage nach den umweltpolitischen Zielvorstellungen.

Zuwenden möchte ich mich hingegen dem Problem der Verteilung der Umweltschutzlasten bei gegebenen umweltpolitischen Zielen. Dies aus der Überlegung, daß die Einführung von „mehr Umweltschutz" wohl leichter fallen wird, wenn die Umweltpolitik in effizienter Weise, also unter Minimierung der dabei entstehenden Kosten betrieben wird. Denn es ist einsichtig, daß für die Umweltpolitik die Formel „je mehr Kosten, desto größere Widerstände" gilt. Für die Effizienz des Umweltschutzes, also das Ausmaß der Umweltschutzkosten, spielt nun die Frage, wer die Kosten zu tragen hat, eine sehr wichtige Rolle. An dieser Stelle genügt der vorläufig pauschale Hinweis, daß ein Auseinanderfallen von Handlungsverantwortung und Finanzierungsverantwortung — mit anderen Worten: ein Wirtschaften auf fremde Rechnung — selten zu optimalen Ergebnissen führt.[3]

Das Anliegen dieses Referats ist also die Analyse der Verteilung der Umweltschutzkosten im österreichischen Wirtschaftsrecht, wobei die Effizienz der geltenden Bestimmungen wenigstens ansatzweise geprüft werden soll. Diese Untersuchungsziele verlangen einen methodendualistischen Ansatz: Aufbauend auf der rechtsdogmatischen Erkenntnis geltenden Rechts sind die ermittelten Normeninhalte nach finanzwissenschaftlichen Kriterien zu ordnen, zu systematisieren und zu bewerten.

Für das eben umrissene Vorhaben ist es unumgänglich, den Untersuchungsgegenstand zu begrenzen. Nach einer groben Klassifikation gehen Umweltbelastungen entweder von der Produktion oder von der Konsumtion von Gütern aus.[4] In den Blick nehmen wollen wir jene

---

3 Ausführlicher dazu unten Punkt II.
4 Vgl. bereits FREY, Bruno S., Umweltökonomie, Göttingen 1972, 14 f und SIEBERT, Horst, Allokationsaspekte des Umweltproblems, in: Wirtschaftswissenschaftliches Studium 1974, 64 ff (65).

Rechtsnormen, die auf einen wesentlichen Ausschnitt der Umweltgefährdungen im ersten Bereich, der Produktion, Bezug nehmen: die rechtlichen Vorkehrungen gegen die Verunreinigung der Luft und des Wassers durch gewerbliche und industrielle Betriebsanlagen.

Bevor ich aber zum Hauptteil, der Untersuchung der Lastenverteilung komme, möchte ich vorweg zum besseren Verständnis skizzieren, welche Ursachen das Umweltproblem hat und welche umweltpolitischen Strategien und Finanzierungsmodelle grundsätzlich in Betracht zu ziehen sind.

II. Umweltökonomische und umweltpolitische Grundlagen[5]

1. Das Umweltproblem

Wenn ich bisher vom „Umweltproblem" gesprochen habe, so habe ich diesen Ausdruck als Kürzel für folgenden Vorgang gebraucht[6]: Bei der Produktion und der Konsumtion von Gütern fallen Schadstoffe an, die an die Luft und an das Wasser abgegeben werden. Diese Schadstofffreisetzung bezeichnet man als Emission. Bis zu einem gewissen Ausmaß werden diese Stoffe durch die Selbstreinigungskraft des aufnehmenden Mediums neutralisiert und in unschädliche Stoffe umgewandelt. Überschreitet die Konzentration des Schadstoffes im Medium, die sogenannte Immission, einen bestimmten Wert, so wirken die Stoffe schädigend auf Menschen, Tiere, Pflanzen und andere Sachen ein. Die Gesundheit und das Wohlbefinden des Menschen werden beeinträchtigt, Tiere und Pflanzen sterben ab, erkranken oder verlieren ihren wirtschaftlichen Wert, Gebäude werden beschädigt.

Diese ökologischen Prozesse, die das Umweltproblem entstehen lassen, werden vom Menschen selbst in Gang gesetzt.[7] Was kann den Menschen aber dazu veranlassen, seine ökologischen Existenzvoraussetzungen zu gefährden? Welche ökonomischen Wirkkräfte sind dafür verantwortlich?

---

5   Umfassend WICKE, Lutz, Umweltökonomie, München 1982; HARTKOPF, Günter/ BOHNE, Eberhard, Umweltpolitik, Opladen, 2 Bde. 1983 f und BICK, Hartmut/HANS-MEYER, Karl-Heinrich/OLSCHOWY, Gerhard/SCHMOCK, Peter (Hgg.), Angewandte Ökologie — Mensch und Umwelt, 2 Bde., Stuttgart-New York 1984.

6   Zu den ökologischen Zusammenhängen zwischen der Abgabe von Schadstoffen und den Umweltbelastungen ODZUCK, Wolfgang, Umweltbelastungen, Stuttgart 1982 und BICK/HANSMEYER/OLSCHOWY/SCHMOCK, Ökologie Bd 1, 195 ff, 333 ff, 360 ff (Fn 5); vgl. auch STRUWE, Wolfgang, Luft, in: Beiträge zur Gestaltung der Umweltsituation in Österreich, Teil 1, hg. vom österreichischen Bundesinstitut für Gesundheitswesen, Wien 1981.

7   Zu vernachlässigen sind die sog. natürlichen Emissionsquellen (z. B. Stäube und Abgase emittierende Vulkane, Stickstoffoxide bildende Gewitter).

Wenngleich das Umweltproblem in allen bekannten Wirtschafts-und Gesellschaftssystemen auftritt, sind seine Ursachen im wesentlichen doch systemspezifischer Natur. Ich möchte versuchen, die Erklärung des Umweltproblems, die die Wirtschaftswissenschaft für ein an marktwirtschaftlichen Grundsätzen orientiertes Wirtschaftssystem gibt, kurz zu referieren.[8]

In ökonomischer Sicht sind Wasser und Luft, so wie die anderen Ressourcen, Güter, die verschiedenen Verwendungen zugeführt werden können. Das Wasser eines Flusses kann etwa einer Bierbrauerei als Rohstoff, einem Papierwerk zur Aufnahme von Schadstoffen oder Touristen als Bademöglichkeit dienen. Die eine Nutzungsart kann die andere Verwendungsmöglichkeit ausschließen. Bestehen mehrere inkompatible Nutzungswünsche gleichzeitig — und davon wollen wir ausgehen — ist das Wasser ein knappes Gut: Die Nutzung des Wassers als Aufnahmemedium für die bei der Papierproduktion anfallenden Schadstoffe läßt die Entnahme des Wassers durch einen Unterlieger zum Zwecke der Bierproduktion nicht zu. Knappe Güter werden im Rahmen des marktwirtschaftlichen Steuerungsmechanismus im Normalfall von Unternehmern hergestellt und angeboten. Daß ein Gut knapp ist, signalisiert dem Unternehmer der Umstand, daß dieses Gut einen Preis hat. Ist dieser Preis höher als seine Faktorkosten, so wird das Gut produziert; der Preis löst damit einen „Entknappungsprozeß" (*Bonus*)[9] aus. Warum etabliert sich aber nun — um das Beispiel weiterzuspinnen — unterhalb der Papierfabrik kein Unternehmer, der das Wasser wieder sauber macht und den Unterliegern das Gut „sauberes Wasser" anbietet? Die Ursache des Fehlens einer solchen „natürlichen" marktwirtschaftlichen Entknappung der Umweltgüter liegt in ihrem Kollektivgutcharakter begründet. Ein Kollektivgut (oder auch: öffentliches Gut) zeichnet sich dadurch aus, daß es niemandem ausschließlich zugeordnet, aber auch niemandem vorenthalten werden kann. Kann es niemandem vorenthalten werden, gilt also das sogenannte Ausschlußprinzip nicht, kann für dieses Gut kein Markt entstehen. Die Interessenten könnten das reine Wasser flußabwärts ungehindert benützen, ohne dem privaten Klärunternehmen ein Entgelt zu bezahlen.

Die Nichtgeltung des Ausschlußprinzips verhindert nicht nur ein marktmäßiges Angebot der Umweltgüter, sie stimuliert auch die

---

8 Zur Erklärung des Umweltproblems vgl. etwa FREY, Umweltökonomie (Insb. Abschnitt III) (Fn 4); SIEBERT, Horst, Ökonomische Theorie der Umwelt, Tübingen 1978, 7 ff und BICK/HANSMEYER/OLSCHOWY/SCHMOCK, Ökologie Bd. 1, 25 ff (Fn 5). — Der folgende Erklärungsversuch ist vor dem Hintergrund sich wandelnder sozioökonomischer Variablen (Bevölkerungswachstum, Industrialisierung, Änderung der Verhaltensmuster der Konsumenten) zu sehen.

9 BONUS, Holger, Instrumente einer ökologieverträglichen Wirtschaftspolitik, in: BINSWANGER, Hans Christoph/BONUS, Holger/TIMMERMANN, Manfred, Wirtschaft und Umwelt, Stuttgart-Berlin-Köln-Mainz 1981, 95 f.

Nachfrage nach diesen Gütern. Da sie nichts kosten, besteht ja kein Anreiz, mit ihnen sparsam umzugehen. Stehen einem Produzenten mehrere Herstellungsverfahren zur Auswahl, so zieht er bei sonstiger Gleichwertigkeit die betriebswirtschaftlichen Kosten als Vergleichsmaßstab heran; „wieviel Umwelt" er dabei verbraucht, berücksichtigt er nicht. Für den Betreiber eines kalorischen Kraftwerkes wäre es etwa irrational, die betriebswirtschaftlichen Kosten der Abgasentschwefelung auf sich zu nehmen, nur um Dritten, zum Beispiel Waldbesitzern, Nachteile zu ersparen. Diese Nachteile, die Dritte aus der Freisetzung der Schadstoffe erleiden, nennt man externe (oder auch soziale oder volkswirtschaftliche) Kosten.

2. Umweltpolitische Strategien

Nach dem Gesagten ist der Kollektivgutcharakter der Umweltmedien für das Umweltproblem verantwortlich. Er verhindert ein marktmäßiges Angebot und heizt die Nachfrage an. Wie aber könnte nun eine staatliche Umweltpolitik versuchen, das offenkundig bestehende Funktionsdefizit des Marktes auszugleichen? Denkbar wäre zunächst folgende angebotsseitige Strategie: Wenn der Markt kein Angebot an Umweltgütern hervorbringt, so könnte der Staat selbst in die Bresche springen und die Produktion dieser Güter — so wie er dies auch sonst bei öffentlichen Gütern tut — übernehmen, etwa durch den Bau von Kläranlagen oder die Anlage von Waldgürteln. Mit einer solchen Vorgangsweise könnte man das Umweltproblem genausowenig lösen, wie man durch sporadisches Nachgießen von Wasser in ein leckes Wasserfaß verhindern kann, daß das Wasser aus dem Faß ausläuft. Die Verschwendungsanreize würden für die Nachfrager ja weiter bestehen, es wäre eben nur mehr zum Verschwenden da. Die Lösung des Problems erfordert primär eine nachfrageseitige Strategie: Die Umweltnutzungen müssen reduziert werden! Bei der Beschränkung der Nutzungen, sprich: Emissionen, könnten folgende Strategien überlegt werden:[10]
— Die erste Möglichkeit, die in Betracht kommt, bestünde im *Verbot der extern schädlichen Emissionen*. Verursacht eine Schadstoffemission ab einem gewissen Volumen externe Kosten, wird ein entsprechender

---

10   Näher zu den Strategien insb. SIEBERT, Horst, Analyse der Instrumente der Umweltpolitik, Göttingen 1976; BONUS, Instrumente, 130 ff (Fn 9) und WICKE, Lutz, Instrumente der Umweltpolitik — von Auflagen zu marktkonformen Instrumenten, in: Wirtschaftswissenschaftliches Studium 1984, 75 ff. Speziell zur dritten Strategie z. B. HOFFMANN-RIEM, Wolfgang, Umweltschutz zwischen staatlicher Regulierungsverantwortung und unternehmerischer Eigeninitiative — Zur amerikanischen Diskussion um die Reform der Umweltschutzinstrumente, in: Wirtschaft und Verwaltung 1983, 120 ff (insb. 127 ff) und FELDHAUS, Gerhard, Marktwirtschaft und Luftreinhaltung, in: DVBl 1984, 552 ff.

Emissionsgrenzwert festgelegt. Führt ein Schadstoff schon in beliebig kleinen Mengen zu externen Kosten, wird die Emission dieses Stoffes verboten (Nullstandard). Diese Strategie wird rechtlich durch Einführung aufeinander abgestimmter Immissions- und Emissions-standards verwirklicht, die für die Betriebe allgemein im Verord-nungswege oder individuell durch Bescheidauflagen verbindlich gemacht werden.

— Anstatt mit hoheitlichem Zwang könnte eine staatliche Umweltpolitik auch mit negativen oder positiven *Anreizen* operieren. Im ersten Fall werden den Produzenten die extern anfallenden Schäden angelastet, die externen Kosten werden — so der terminus technicus — internalisiert. Die Internalisierung kann rechtlich entweder durch eine Abgabe oder durch eine Entschädigungspflicht — jeweils in der Höhe der sozialen Kosten — erreicht werden. Bei der zweiten, der positiven Variante dieser pretialen Lenkungsstrategie erhalten die Verursacher der externen Schäden im Falle der Emissionsreduktion eine Prämie im Ausmaß der ersparten sozialen Kosten.

— Eine dritte Strategie zielt darauf ab, *die Funktionsbedingungen des Marktes herzustellen.* Ist die Übernutzung der Umwelt eine Konsequenz des Kollektivgutcharakters der Umweltgüter — so die Überlegung —, müßte die Privatisierung der Umweltnutzungsrechte für eine sparsame, effiziente Nutzung der Umweltgüter sorgen. Rechtlich verlangt diese Strategie die Loslösung des Umweltnutzungs-rechts von einigen bestehenden Rechtstiteln, etwa vom zivilrechtlichen Liegenschaftseigentum oder von verwaltungsrechtlichen Anlagenbe-willigungen, und die Schaffung exklusiver, übertragbarer Verfügungs-rechte, sogenannter „Umweltzertifikate". Einerseits könnte dadurch das absolute Volumen der Umweltbelastung limitiert werden, andererseits wären auch Anreize zum sparsamen Umgang mit diesen Rechten wirksam.

3. Modelle der Umweltschutzfinanzierung

Für unsere Themenstellung interessant ist nun die Frage, ob sich aus der Wahl der Strategie bereits eine Entscheidung für eine bestimmte Art der Finanzierung des Umweltschutzes ergibt. Würden die Strategien in idealer Form verwirklicht, so müßten nach der Verbotsstrategie, nach der negativen Variante der pretialen Strategie und nach dem Emissionszerti-fikateansatz die Betreiber der umweltbelastenden Betriebsanlagen die Kosten der externen Effekte bzw. ihrer Verminderung und Beseitigung tragen. Bei der positiven Anreizvariante würde der Staat diese Kosten finanzieren.

Wäre eine Strategie „in Reinkultur" verwirklicht, so müßte der Finanzierungsaspekt also gar nicht gesondert untersucht werden. Das ist aber nicht der Fall:

Zum einen hat sich der Gesetzgeber bei der Gestaltung der

Umweltpolitik nicht einer bestimmten Strategie verschrieben, er hat vielmehr jeder dieser Strategien Elemente entnommen und zu einem Ganzen zusammengefügt. So darf etwa die Existenz zahlreicher Emissionsbeschränkungen und -verbote nicht zum voreiligen Schluß verleiten, daß damit bereits die Verursacher als Träger der Umweltschutzkosten bestimmt wären; es muß vielmehr zusätzlich geprüft werden, ob erstens alle externen Kosten unterbunden sind und ob zweitens der Verbotsansatz nicht von positiven Incentives, etwa staatlichen Investitionszuschüssen, überlagert wird.

Zum anderen ist eine „ideale Verwirklichung" irgendeiner Strategie beim derzeitigen Wissensstand gar nicht möglich. Keine umweltpolitische Instanz verfügt über alle Informationen, die sie für eine rationale Umweltpolitik benötigen würde. Man denke nur an die Unmöglichkeit, externe Schäden vollständig zu erfassen, ihren Umfang zu bestimmen und einzelnen schadensverursachenden Ereignissen zuzurechnen.

Schon wegen dieses Informationsmankos könnte dem Gesetzgeber das Vorhaben, externe Kosten luft- oder wasserverschmutzender Emissionen zu verhindern, unmöglich gelingen. Dazu kommt aber, daß der Gesetzgeber — wie noch darzulegen sein wird, aus vielerlei Gründen — externe Kosten bewußt in Kauf nimmt.

Als Träger der Kosten hat die Analyse sohin drei Gruppen ins Auge zu fassen:[11]

— Vom *Verursacherprinzip* spricht man, wenn jene die externen Kosten bzw. die Kosten ihrer Vermeidung tragen, die die externen Kosten verursachen, im konkreten Fall also die Anlagenbetreiber.

— Finanziert der Staat die Beseitigung und die Verhinderung der externen Schäden, so gilt das sogenannte *Gemeinlastprinzip*.

— Daneben gibt es noch eine dritte Gruppe, nämlich *die Geschädigten*,[12] also jene, in deren Bereich die negativen externen Effekte der Produktionsanlagen anfallen. Diese tragen unter anderem weitgehend die Kosten des sogenannten passiven Umweltschutzes, das sind jene Maßnahmen, die nicht an der Belastungsquelle, sondern am beeinträchtigten oder gefährdeten Objekt ansetzen.

---

11   Vgl. Ruppe, Hans Georg, Raumordnung und Umweltschutz, Rechtsfragen der Umweltschutzfinanzierung, Gutachten zum 6. Österreichischen Juristentag, Wien 1976, 16. Die umweltökonomische und umweltpolitische Diskussion befaßt sich — m. E. nicht ganz zurecht — fast ausschließlich mit dem Verursacher- und dem Gemeinlastprinzip, vgl. etwa Hansmeyer, Karl-Heinrich, Das Verursacherprinzip, in: Wirtschaft jenseits von Umweltzerstörung, NZZ — Schriften zur Zeit 45, 1982, 65 ff; Bonus, Instrumente, 114 ff (Fn 9); Voigt, Rüdiger, Das Verursacherprinzip im Umweltrecht — Indirekte Steuerung anstelle regulativer Politik?, in: Wirtschaft und Verwaltung 1983, 142 ff (insb. 147 ff).

12   Unter den „Geschädigten" werden im vorliegenden Beitrag jene verstanden, bei denen die externen Kosten der Umweltbelastungen zu Buche schlagen. Damit soll die Reziprozität des Externalitätsproblems nicht in Abrede gestellt werden, vgl. Schwarzer, Stephan, Wirtschaftsrecht und Effizienz, in: WiPolBl 1985, 26 ff. Ausführlich Bonus, Instrumente, 116 ff (Fn 9).

Näher zu erörtern ist auch der bisher undifferenziert verwendete Begriff der Kosten des Umweltschutzes. Der Begriff wird im folgenden weit verstanden und umfaßt nicht nur die pekuniären Kosten, sondern jeden Wertverzehr an Gütern innerhalb der Volkswirtschaft, weiters nicht nur den Wertverzehr, den Umweltschutzmaßnahmen bedingen, sondern auch jene (externe) Belastungen, die aus dem Fehlen von Reinhaltungsgeboten resultieren, also die Opportunitätskosten des Umweltschutzes. Dieser weite Kostenbegriff dient der vollständigen Erfassung der Belastungen. Für die Untersuchung der Relevanz der Finanzierungsmodelle ist ein differenzierterer Raster, eine Untergliederung nach den verschiedenen Kostenarten erforderlich. Rechtlich von Bedeutung und daher zweckmäßig erscheint mir die Systematisierung der Kosten in folgende vier Kategorien:[13]

— *Vermeidungskosten*: Das sind vor allem die Kosten der Änderung des Produktionsverfahrens sowie des Einbaus von Reinigungsvorrichtungen, im Extremfall die Kosten der Einstellung der Produktion eines Gutes oder der Stillegung der Betriebsanlage.

— *Externe Kosten*: Dabei handelt es sich um die Dritten entstehenden materiellen oder immateriellen Schäden und um die Kosten der von den Dritten im Rahmen des bereits erwähnten passiven Umweltschutzes getroffenen Maßnahmen.

— *Kontrollkosten*: Eine effektive Umweltpolitik kann sich nicht damit begnügen, Ziele — sei es in Form von Emissions- und Immissionsstandards oder in anderer Form — vorzugeben. Sie muß auch ihre Einhaltung überwachen. Dies erfordert den Einsatz von qualifiziertem Personal und von Meßinstrumenten.

— *Informationsgewinnungskosten (Innovationskosten)*: Wie schon dargelegt, setzt das Defizit ökologischen Wissens und technischer Abhilfemaßnahmen einer rationalen Umweltpolitik enge Grenzen. Eine rationale Umweltpolitik muß sich um die Verbesserung der Entscheidungsgrundlagen durch Forschung bemühen.

III. Analyse der Finanzierung der Luft- und der Wasserreinhaltung im österreichischen Wirtschaftsrecht

Aufbauend auf der eben entwickelten Systematisierung der Kostenarten komme ich nun zur Analyse der Reichweite der genannten Finanzierungsprinzipien in den Bereichen der Luft- und der Wasserrein-

---

13 Zu den Kostenkategorien vgl. REHBINDER, Eckard, Politische und rechtliche Probleme des Verursacherprinzips, Berlin 1973, 22; OBERHAUSER, Alois, Abgrenzung des Verursacherprinzips und seine Einordnung in die Umweltpolitik, in: BULLINGER, Martin/RINCKE, Günther/OBERHAUSER, Alois/SCHMIDT, Ralf-Bodo, Das Verursacherprinzip und seine Instrumente, Berlin 1974, 29 ff und RUPPE, Raumordnung, 14 ff (Fn 11).

haltung, wobei ich mich auf die ersten beiden Kostenkategorien, die Vermeidungskosten und die externen Kosten, beschränken möchte.

1. Die Finanzierung der Vermeidungskosten

a) Der Grundsatz der Selbstträgerschaft

Die Vermeidungskosten habe ich vorhin als die einem Betrieb erwachsenden Kosten der Beschränkung oder Unterlassung einer Emission definiert. Wichtig ist die Einsicht, daß die Vermeidungskosten grundsätzlich, das heißt wenn nicht etwas Gegenteiliges angeordnet wird (vgl. unten d), vom Anlagenbetreiber nicht nur zu bestreiten, sondern auch zu tragen sind. Dies gilt nicht nur für freiwillige Umweltschutzvorkehrungen, sondern auch dann, wenn — wie im Regelfall — der Betreiber einem gesetzlichen oder behördlichen Befehl nachkommt. Die Zuordnung der Vermeidungskosten orientiert sich damit — lassen wir den Fall der externen Übernahme der Vermeidungskosten einmal außer Betracht — am Verursacherprinzip.

Daraus kann aber nicht der Schluß gezogen werden, daß nur dieses Prinzip für die Kostenzuordnung maßgeblich ist. Das Verursacherprinzip gilt nur, soweit externe Kosten internalisiert werden. Soweit externe Kosten hingenommen werden, in der juristischen Terminologie: soweit die Schädigung Dritter weder verboten noch ersatzpflichtig ist, gilt — klammern wir den Fall der Kostenübernahme durch den Staat wiederum aus — das Geschädigtenprinzip. Zwischen den Vermeidungskosten und den externen Kosten besteht ein Substitutionsverhältnis: Je höher die Vermeidungskosten sind, desto geringer fallen tendenziell die externen Kosten aus.

Wovon hängt aber die Höhe der Vermeidungskosten ab? Die Vermeidungskosten sind eine Funktion der rechtlichen Anforderungen an die Umweltverträglichkeit der Betriebsanlagen. Je strenger die Anforderungen sind, desto höher sind die Kosten, die ein Betreiber auf sich nehmen muß, damit die Behörde die Anlage genehmigt. Den rechtlichen Anforderungen an die Umweltverträglichkeit von Anlagen wollen wir uns daher nun zuwenden.

b) Die Vermeidungskosten im Bereich der Luftreinhaltung als Funktion des Anlagenrechts

aa) Luftreinhaltung als Ziel des Anlagenrechts

Betrachten wir zunächst die Luftreinhaltungsvorschriften des Betriebsanlagenrechts der Gewerbeordnung, des Forstrechts, des Dampfkesselemissionsgesetzes und des Berggesetzes. Prüfen wir in einem ersten Schritt, inwieweit die Reinhaltung der Luft überhaupt ein betriebsanlagenrechtlich verankertes Ziel ist, ehe wir auf den Umfang und die Effizienz des Schutzes eingehen.

Das Kernstück der anlagenrechtlichen Luftreinhaltungsvorschriften enthält die Gewerbeordnung aus dem Jahre 1973.[14] Die Gewerbeordnung anerkennt die Reinhaltung der Luft nicht als eigenständiges Ziel, das unabhängig davon, ob andere Schutzgüter beeinträchtigt werden, zu verfolgen wäre. Ob eine Emission erlaubt ist, hängt von ihren Folgen auf die Schutzgüter ab. Die §§ 74 und 77 der GewO unterscheiden vier Fälle:

— Die Emission gefährdet das Leben oder die Gesundheit von Nachbarn.[15]
— Die Emission gefährdet das Eigentum oder andere dingliche Rechte von Nachbarn.
— Die Verunreinigung belästigt Nachbarn in unzumutbarer Weise.
— Die Emission belästigt die Nachbarn nicht oder in bloß zumutbarer Weise, weiters tritt keine Gefährdung des Lebens oder der Gesundheit von Nachbarn sowie von deren dinglichen Rechten ein.[16]

In den ersten drei Fällen hat die Behörde dem Genehmigungswerber die erforderlichen Vermeidungsmaßnahmen aufzutragen oder, wenn Abhilfe unmöglich ist, die Genehmigung zu versagen. Im letzten Fall hat die Behörde die Genehmigung zu erteilen.

Auf diesen letzten Fall konzentriert sich unser Interesse: Ist es denkbar — so ist zu fragen —, daß umweltbelastende Luftverunreinigungen unter die vierte Kategorie fallen, mit der Konsequenz, daß die Genehmigungsbehörde entgegenstehende ökologische Bedenken gar nicht zur Geltung bringen kann? Diese Frage ist zu bejahen. Wohl vermittelt der Schutz des Lebens und der Gesundheit, der dinglichen Rechte sowie der Belästigungsschutz auch der natürlichen Umwelt der Menschen einen gewissen Schutz, weil die davon erfaßten Emissionen mit hoher Wahrscheinlichkeit auch den Naturhaushalt belasten würden. Es ist freilich denkbar, daß Schadstoffe keines der geschützten Güter angreifen, aber das ökologische Gleichgewicht dennoch in Unordnung bringen. Daß der Schutz des Lebens und der Gesundheit und der Schutz

---

14 Bundesgesetz vom 29. November 1973, mit dem Vorschriften über die Ausübung von Gewerben erlassen werden (Gewerbeordnung 1973 — GewO 1973), BGBl 1974/50. Eine systematische Darstellung des Betriebsanlagenrechts der GewO gibt DUSCHA-NEK, Alfred, Die Genehmigung gewerblicher Betriebsanlagen, in: RILL, Heinz Peter (Hg.), Gewerberecht, Wien 1978, 257 ff; vgl. dazu auch STOLZLECHNER, Harald, Luftreinhaltung — Notwendigkeit und rechtliche Möglichkeiten der Kooperation, Linz 1984, 40 ff. Vgl nunmehr auch meine Darstellung der Luftreinhaltungsvorschriften der GewO in der in Fn 21 genannten Arbeit.

15 „Nachbarn" sind gemäß § 75 Abs 2 GewO grundsätzlich „alle Personen, die durch die Errichtung, den Bestand oder den Betrieb einer Betriebsanlage gefährdet oder belästigt werden könnten". In gleicher Weise wie die Nachbarn schützt die GewO den Gewerbetreibenden, die mittätigen Familienangehörigen sowie die Kunden vor Gefährdungen des Lebens oder der Gesundheit. In der Folge ist der Einfachheit halber nur vom Schutz der Nachbarn die Rede.

16 Nicht eingegangen wird auf den hier nicht relevanten Schutz bestimmter, öffentlichen Interessen dienender Einrichtungen, des öffentlichen Verkehrs sowie der Gewässer (vgl. § 74 Abs 2 Z 3—5 GewO).

vor unzumutbarer Belästigung dies nicht notwendig verhindern, erklärt sich aus der unterschiedlichen Schadstoffempfindlichkeit des Menschen einerseits und der Tiere und Pflanzen andererseits. Aber auch der Schutz der dinglichen Rechte vermag nur in bestimmten Fällen einzugreifen, nämlich dann, wenn die Luftverunreinigung zu substantiellen, materiellen Schäden führt.[17] Während beispielsweise die Zerstörung einer Salatkultur durch Schwefeldioxid- oder Schwermetallemissionen von der Behörde zu verbieten wäre, ist die „bloße Belastung" des ökologischen Kreislaufes mit Schadstoffen, die zu einer Verarmung des ökologischen Systems führt (Zurückweichen oder Aussterben empfindlicher Gattungen), zulässig. Die Genehmigungsvoraussetzungen der Gewerbeordnung sind also — ich benütze die von *Jarass* vorgeschlagene Terminologie[18] — nicht ökologisch, sondern deutlich anthropozentrisch orientiert. Ein Quäntchen Ökologie hat der Gesetzgeber erst mit der letzten GewO-Novelle durch den neuen § 79a eingeführt, der aber nachträgliche Anordnungen nur zur Vermeidung großräumiger, beträchtlicher Umweltbelastungen — und auch dies nur unter der Voraussetzung der wirtschaftlichen Zumutbarkeit — für den Unternehmer zuläßt.[19]

Dieser Befund, daß immaterielle Schäden der Anlagengenehmigung nicht entgegenstehen, gilt auch für die Luftreinhaltungsvorschriften des Unterabschnittes IV. C. des Forstgesetzes aus 1975.[20] § 49 Abs 3 ForstG schreibt vor, daß die Bewilligung zur Anlagenerrichtung jedenfalls dann zu erteilen ist, wenn die Waldkultur nicht gefährdet ist. Der Begriff der Waldkultur wird in § 1 Abs 1 ForstG „anthropozentrisch" als mit bestimmten Holzgewächsen bestockte Grundfläche definiert, die geeignet ist, eine Nutzwirkung, eine Schutzwirkung, eine Wohlfahrtswirkung oder eine Erholungswirkung zu entfalten. Soweit Luftverunreinigungen das Ökosystem Wald belasten, ohne die Entfaltung der genannten Wirkungen wesentlich zu hemmen, bietet der Unterabschnitt IV. C. des

---

17 Vgl. Duschanek, Genehmigung, 272 ff (Fn 14).

18 Vgl. Jarass, Hans D., Bundes-Immissionsschutzgesetz, München 1983, Nr. 3 zu § 1 und Nr. 9 zu § 3.

19 Kritisch zu dieser Novelle Schwarzer, Stephan, Die Änderung der Gewerbeordnung 1973 durch das Umweltfondsgesetz — eine versäumte Gelegenheit, in: ÖZW 1984, 11 ff und Wolny, Erich/Grof, Alfred, Nachträgliche Auflagen gemäß § 79a GewO — ein neues Instrument wirksamen Umweltschutzes?, in: ZfV 1984, 105 ff.

20 Bundesgesetz vom 3. Juli 1975, mit dem das Forstwesen geregelt wird (Forstgesetz 1975), BGBl 1975/440. Den Unterabschnitt IV.C. dieses Gesetzes konkretisiert die Verordnung des Bundesministers für Land- und Forstwirtschaft vom 24. April 1984 über forstschädliche Luftverunreinigungen (Zweite Verordnung gegen forstschädliche Luftverunreinigungen), BGBl 1984/199. Noch zur Rechtslage vor Erlassung dieser Verordnung Duschanek, Alfred, Kommentierung des Forstgesetzes, in: Rechtsvorschriften zu Umweltschutz und Raumordnung, hg. vom Institut für Stadtforschung, Ö-63-0-01 und Ders., Luftreinhaltungspflichten nach dem Forstgesetz, in: ZfV 1983, 255 ff, vgl. auch Bobek, Hans Peter/Plattner, Edwin/Reindl, Peter (Hgg.), Forstgesetz 1975, Wien 1977, jüngst dazu Stolzlechner, Luftreinhaltung, 48 ff (Fn 14).

ForstG keine Ermächtigung für die Anordnung emissionsbegrenzender Vorkehrungen.[21]

Neben die Ziele der Abwehr von Schäden und Gefahren für Personen und Sachen tritt im Dampfkessel-Emissionsgesetz[22] das weitere Ziel der Reinhaltung der Luft. Dies ist aus § 2 Abs 1 lit a DKEG abzuleiten, der anordnet, daß Dampfkesselanlagen derart zu errichten, auszurüsten und zu betreiben sind, daß die nach dem Stand der Technik vermeidbaren Emissionen unterbleiben.[23]

Für die Bewilligung von Bergbauanlagen nach dem BergG[24] gilt im wesentlichen das oben zur GewO Ausgeführte: Die Reinhaltung der Luft ist somit nur insoweit Ziel dieses Gesetzes, als bestimmte Nachbarschutzinteressen dies verlangen.[25]

Wir können festhalten, daß das Anlagenrecht grundsätzlich jene Luftverunreinigungen ausschließen möchte, die Personen oder dingliche Rechte gefährden oder unzumutbare Belästigungen darstellen. Soweit wird also grundsätzlich die Vermeidung von Umweltbelastungen vorgeschrieben, wobei die Kosten dem Verursacherprinzip entsprechend von den Anlagenbetreibern selbst zu tragen sind.

---

21   Für eine eingehendere Analyse der forstrechtlichen Luftreinhaltungsvorschriften siehe SCHWARZER, Stephan, Österreichisches Luftreinhaltungsrecht, Wien 1987.

22   Bundesgesetz vom 27. November 1980 über die Begrenzung von Emissionen von Dampfkesselanlagen (Dampfkessel-Emissionsgesetz — DKEG), BGBl 1980/599. Die Ausführungsregelungen enthält die Verordnung des Bundesministers für Bauten und Technik vom 15. Mai 1984 über die Begrenzung der Emissionen von Dampfkesselanlagen (2. Durchführungsverordnung zum DKEG), BGBl 1984/209. Vgl. dazu DUSCHANEK, Alfred, Das Dampfkessel-Emissionsgesetz — ein Modell künftiger Umweltschutzgesetzgebung?, in: ÖZW 1981, 104 ff; SCHÄFER, Erich, Das Dampfkessel-Emissionsgesetz — ein vorbildliches Umweltschutzgesetz, in: Review 1981, Heft 1, 1 ff und DERS., Die 1. Durchführungsverordnung zum Dampfkessel-Emissionsgesetz (DKEG), in: Review 1982, Heft 1, 1 ff (alle noch ohne Berücksichtigung der 2. Durchführungsverordnung), ferner dazu STOLZLECHNER, Luftreinhaltung, 43 ff (Fn 14). Nicht berücksichtigt sind in der Darstellung des Dampfkesselemissionsrechtes im vorliegenden Beitrag die Entwürfe des BMBT für die Novellierung des DKEG (mit gleichzeitiger Umbenennung in „Luftreinhaltegesetz für Kesselanlagen") und für die Erlassung einer „Luftreinhalteverordnung für Kesselanlagen", beide Zl 47310/I-IV/7/85.

23   Auch die nähere Darstellung der dampfkesselemissionsrechtlichen Lufthygienenormen muß in diesem Rahmen unterbleiben, vgl. Fn 21.

24   Bundesgesetz vom 11. April 1975 über den Bergbau und über die Änderung der Gewerbeordnung 1973 (Berggesetz 1975), BGBl 1975/259. Vgl. dazu SCHÄFFER, Heinz, Das Berggesetz 1975 — Ein kritisch-dogmatischer Bericht, in: ZfV 1976, 3; MOCK, Kurt, Das Berggesetz 1975, in: ÖVA 1976, 39 und STOLZLECHNER, Luftreinhaltung, 47 f (Fn 14).

25   Für die Zwecke dieser Untersuchung reicht die hier vorgenommene Auswahl der anlagenrechtlichen Luftreinhaltungsvorschriften aus. Zu beachten ist aber, daß es neben den hier genannten noch eine Reihe weiterer einschlägiger Gesetze (z. B. Elektrizitätswirtschaftsgesetz, Rohrleitungsgesetz, Sonderabfallgesetz) gibt.

An Einschränkungen der Reinhaltungsverpflichtungen — und damit auch der verursachergerecht angelasteten Vermeidungskosten — sind zu nennen:
— das Fehlen des Emissionsschutzes
— die Technikklauseln und
— die Interessenabwägungsgebote.

bb) Beschränkung der Vermeidungskosten auf Grund des fehlenden Emissionsschutzes

Zum ersten Punkt, dem fehlenden Emissionsschutz, sind zunächst die Begriffe Immissionsschutz und Emissionsschutz zu erläutern.[26] Sie stehen für zwei unterschiedliche umweltpolitische Konzeptionen. Der Immissionsschutz begnügt sich — vereinfacht gesprochen — mit der Abwehr von Gefahren, die aus Umweltbelastungen resultieren. Unterhalb der Gefahrenschwelle toleriert er Emissionen. Ob eine Emission gefährlich und daher unzulässig ist, hängt nun im Regelfall nicht bloß von einer Emission, sondern der Summe der Emissionen und der Vorbelastung des aufnehmenden Mediums an einem Standort ab. Der Immissionsschutz berücksichtigt die standortspezifische Gefährlichkeit der Emissionen und stellt daher notwendig lokal und regional variierende Grenzwerte für ein- und dieselbe Emission auf. Demgegenüber verlangt der nicht alleine, sondern stets in Verbindung mit dem Immissionsschutz zu verwirklichende Emissionsschutz unabhängig von der konkreten örtlichen Gefährlichkeit der Emission ihre maximale, nach dem Stand der Technik mögliche Reduktion.

Für die Analyse der Finanzierung der Umweltschutzaufwendungen ergeben sich daraus zwei Folgerungen:

Einmal liegt es auf der Hand, daß die aggregierten Vermeidungskosten des Emissionsschutzes jene des Immissionsschutzes übersteigen. Unterstellt man ein Substitutionsverhältnis zwischen Vermeidungskosten und externen Kosten, so bedeutet die Ausrichtung am Immissionsschutz eine Erhöhung der externen Kosten.

Daneben bedingt der Immissionsschutz aber auch eine ungleiche Anlastung der Vermeidungskosten im Verhältnis der Verursacher zueinander. Vermeidungsanstrengungen sind nach dem Immissionsschutz ja nur geboten, wenn die Belastungskapazität des Mediums, das Schadstoffe aufnehmen soll, bereits zur Gänze erschöpft ist. Wie gesagt, hängt das aber von der Immissionssituation am jeweiligen Standort ab. Daraus ergibt sich eine „Lagerente" für die in belasteten Standorten ansässigen Betriebe im Vergleich zu ansiedlungswilligen Betrieben.[27]

---

26 Vgl. dazu Schwarzer, Änderung, 14 (Fn 19). Zur Unterscheidung zwischen Emissions- und Immissionsnormen weiters Azizi, Josef, Arten von Umweltschutznormen — Versuch einer Systematik, IS-Forschungsberichte 5/1975 und Schäfer, Erich, Probleme der Emissions- und Immissionsnormen, in: Review 1980, Heft 2, 48 ff.
27 Struwe, Luft, 5 (Fn 6); vgl. auch Bonus, Instrumente, 147 f (Fn 9).

Während die GewO, das ForstG und das BergG ganz auf dem Boden des Immissionsschutzes stehen, verwirklicht das DKEG erstmals in der österreichischen Rechtsordnung den Emissionsschutz: Es gebietet die Vermeidung der Emissionen, die eine Verunreinigung der Luft bewirken können, nach dem Stand der Technik, ohne auf Immissionen bzw. auf Immissionsfolgen abzustellen.

cc) Die Beschränkung der Vermeidungskosten durch Technikklauseln[28]

erfüllen — jedenfalls im anlagenrechtlichen Kontext — ambivalente Funktionen: Einerseits normieren sie Standards für die Begrenzung und Vermeidung von Anlagenemissionen, andererseits relativieren sie rechtlich vorgegebene Ziele insofern, als sie die Grenze für die den Anlageninhabern zuzumutenden Anstrengungen markieren. Die Anlagenbetreiber müssen in diesem Fall nicht schlechthin jede Schadstoffemission unterlassen, sondern nur die technisch möglichen Maßnahmen zur Emissionsreduktion ergreifen. Implizit lassen die Technikklauseln damit die technisch nicht mehr zu verhindernden Belastungen (sog. Restrisiko) zu. Von der konkreten Formulierung der Technikklausel hängt es ab, ob ein der Vermeidung von Umweltbelastungen dienendes Verfahren einzusetzen ist oder nicht. Verschiedene Formeln, von den „allgemein anerkannten Regeln der Technik" bis zum „Stand von Wissenschaft und Technik" korrespondieren mit verschiedenen Reifegraden der technischen Innovation, verlangen dem Unternehmer also ein unterschiedliches Ausmaß an Vermeidungsanstrengungen ab.[29]

Das österreichische Anlagenrecht kennt, soweit es hier zu untersuchen ist, zwei Versionen der Technikklauseln, § 71a Abs 2 GewO und § 2 Abs 2 DKEG.[30] Den stärkeren Innovationsdruck erzeugt die erste, die den Stand der Technik als den „auf den einschlägigen wissenschaftlichen Erkenntnissen beruhenden Entwicklungsstand fortschrittlicher technologischer Verfahren, Einrichtungen und Betriebsweisen, deren Funktionstüchtigkeit erprobt und erwiesen ist", definiert. Demgegenüber verlangt § 2 Abs 2 DKEG, daß die Funktionstüchtigkeit des Verfahrens, der Einrichtungen und der Betriebsweisen „im Dauerbetrieb" erwiesen ist.

---

28 Eingehend zu den Technikklauseln Davy, Benjamin, Legalität durch Sachverstand?, in: ZfV 1982, 345.

29 So auch die deutsche Lehre, vgl. Henseler, Paul, Das Recht der Abwasserbeseitigung, Köln-Berlin-Bonn-München 1983, 39. Davy, Legalität, 346 (Fn 28), sei zugestanden, daß nicht in allen Bereichen der Wortwahl des Gesetzgebers diese Bedeutung zuzumessen ist. Gerade im Anlagenrecht ist dies aber anzunehmen, da hier die Formulierung der Technikklausel vor dem Hintergrund vehementer rechtspolitischer Auseinandersetzungen und eines entwickelten Problembewußtseins zu sehen ist.

30 Nicht näher definiert ist der Stand der Technik in § 48 lit e und § 49 Abs 5 ForstG sowie in § 205 Abs 2 BergG.

Die besondere Funktion der Technikklauseln besteht darin, daß sie ein Korrektiv zu den strengen Emissionsvermeidungsgeboten der den Emissionsschutz (vgl. oben bb) realisierenden Gesetze darstellen. Im Rahmen des Immissionsschutzes ist die Bedeutung der Technikklauseln geringer, da dieses Konzept ja auf Gefahrenabwehr angelegt ist, die einer Relativierung nur schwer zugänglich ist. Ein Beispiel für die Normierung einer Technikklausel in einem immissionsschutzrechtlichen Kontext bietet der neue § 79a der GewO, der — wohl aus Gründen des Bestandschutzes — die Sanierung von Altanlagen zum Zwecke der Umweltentlastung nur „nach dem Stand der Technik" verlangt.[31]

dd) Die Beschränkung der Vermeidungskosten durch Interessenabwägungsgebote

Es ist eine hinlänglich bekannte Tatsache, daß umweltpolitische Ziele mit anderen Zielen, vor allem mit wirtschafts- und sozialpolitischen Zielen, konfligieren können. Wie löst der Gesetzgeber diesen Konflikt? Das Gewerberecht differenziert zwischen der Genehmigung von Anlagen und der nachträglichen Verschärfung von Auflagen. Im ersten Fall räumt es den in § 74 Abs 2 GewO verankerten Nachbarinteressen absolute Priorität vor den wirtschaftlichen Interessen an der Anlagenerrichtung ein. Die Genehmigung einer Anlage, die Personen gefährdet oder unzumutbar belästigt oder dingliche Rechte bedroht, wäre schlicht rechtswidrig, und zwar auch dann, wenn erhebliche ökonomische Interessen an der Anlagenerrichtung bestehen.[32] Bei nachträglichen Anordnungen für bereits genehmigte Anlagen unterscheidet die GewO zwischen unbedingt und bedingt wahrzunehmenden Interessen. In die erste Kategorie fallen der Schutz des Lebens und der Gesundheit von Personen, in die zweite der Schutz der dinglichen Rechte, der Schutz vor unzumutbaren Belästigungen und die Maßnahmen gegen eine „über die unmittelbare Nachbarschaft hinausreichende beträchtliche Belastung der Umwelt". Die der zweiten Kategorie zuzuordnenden behördlichen Aufträge müssen für den Anlagenbetreiber „wirtschaftlich zumutbar" sein. Diesen Begriff verstehen die Praxis und die Lehre subjektiv,[33] es komme auf die individuelle wirtschaftliche Leistungsfähigkeit des jeweiligen Unternehmens an. Ein jüngst ergangenes Erkenntnis des VwGH stellt dieses — jedenfalls in rechtspolitischer Hinsicht zutiefst problematische[34] — Verständnis der wirtschaftlichen Zumutbarkeit allerdings in Frage.[35]

31 Dazu Schwarzer, Änderung, 12 (Fn 19).

32 So auch die ständige Judikatur des VwGH, vgl. z. B. VwSlg 10.482 A/1981 (S. 432).

33 Vgl. den Durchführungserlaß des BMHGI zur GewO, abgedruckt bei Mache, Hedwig/Kinscher, Walter, Kommentar zur Gewerbeordnung, 5. A., Wien 1982, Anm. 11 zu § 79 GewO und Duschanek, Genehmigung, 305 (Fn 14).

34 Vgl. demgegenüber § 17 Abs 2 Bundes-Immissionsschutzgesetz: „Die Behörde darf eine nachträgliche Anordnung nicht treffen, wenn die ihr bekannten Tatsachen

Für die Zwecke unserer Untersuchung sind zwei Folgerungen festzuhalten:

Erstens begrenzt das Kriterium der wirtschaftlichen Zumutbarkeit die rechtlich geforderten Anstrengungen zur Luftreinhaltung, es reduziert die aggregierten Vermeidungskosten und erhöht die externen Kosten!

Zweitens gilt das Wort Horst *Sieberts* von der „Politik des individuellen Schornsteins".[36] Was dem Unternehmen abverlangt werden kann, ist von Fall zu Fall verschieden: Gut situierte Unternehmen zahlen viel, Grenzbetriebe wenig oder gar nichts.

Für das Forstrecht greift die Interessenabwägung nicht nur bei nachträglichen Anordnungen[37] ein: § 49 Abs 3 ForstG verbietet forstschädliche Luftverunreinigungen nur dann, wenn sie die Waldkultur in „untragbarem Ausmaß" gefährden, wobei bei der Beurteilung der Tragbarkeit der Gefährdung die gesamtwirtschaftliche Bedeutung der Anlage unter Berücksichtigung der zur Vermeidung der Luftverunreinigung erforderlichen Kosten mit dem Ausmaß der zu erwartenden Gefährdung der Waldkultur abzuwägen ist.[21]

Wie die GewO ordnet auch das DKEG für den Fall der nachträglichen Verschärfung der Auflagen an, daß diese für den Betreiber wirtschaftlich zumutbar sein müssen, sofern sie nicht für den Schutz des Lebens oder der Gesundheit der Nachbarn erforderlich sind.[38] Eine ähnliche Abwägung verlangt dieses Gesetz bei der Anpassung der zum

---

ergeben, daß die Anordnung...für den Betreiber und für Anlagen der von ihm betriebenen Art wirtschaftlich nicht vertretbar...ist", dazu Jarass, Bundes-Immissionsschutzgesetz Nr. 23 ff zu § 17 (Fn 18). Eine geplante Novelle des BImSchG will auf das Erfordernis der wirtschaftlichen Vertretbarkeit überhaupt verzichten und nachträgliche Anordnungen nur noch an den Verhältnismäßigkeitsgrundsatz binden. Vorbildlich m.E Art 2 Abs 5 des Entwurfes zur Luftreinhalte-Verordnung des Schweizerischen Bundesrates: „Für die Beurteilung der wirtschaftlichen Tragbarkeit von Emissionsbegrenzungen bei privaten Betrieben ist auf einen mittleren und wirtschaftlich gesunden Betrieb der betreffenden Branche abzustellen."

35   Vgl. das sogenannte Breitenbach-Erkenntnis, VwSlg 10.482 A/1981, das obiter ausführt, daß „der Genehmigungswerber einen ihm — *objektiv - wirtschaftlich zumutbaren*, dem Stand der Technik angemessenen Beitrag zur Verringerung oder Aufhebung des Unterschiedes zwischen dem Ist-Maß und dem Widmungsmaß zu leisten" hat, wenn das Widmungsmaß der Immissionen niedriger als die Ist-Immissionsbelastung liegt (Hervorhebung vom Verfasser).

36   Vgl. Siebert, Horst, Instrumente der Umweltpolitik — die ökonomische Perspektive, in: Institut für Umweltschutz der Universität Dortmund (Hg.), Umweltschutz der achtziger Jahre, Berlin 1981, 97 ff. Das Diktum Sieberts wendet sich nicht bloß gegen die subjektive Variante der Interessenabwägungsklausel, sondern gegen das Konzept der „Auflagenlösung" als solches. Gerade in diesem wichtigen Detail erscheint es mir aber besonders angebracht.

37   Vgl. § 51 Abs 2 ForstG: „Die...Behörde hat die zur Gefährdung der Waldkultur erforderlichen Maßnahmen für den weiteren Betrieb der Anlage unter sinngemäßer Anwendung der *Bestimmungen des § 49 Abs 3* und 5 sowie unter *möglichster Schonung wohlerworbener Rechte* durch Bescheid vorzuschreiben." (Hervorhebungen vom Verfasser, zu § 49 Abs 3 sogleich im Text).

38   Vgl. § 4 Abs 14 DKEG, der weitgehend § 79 GewO folgt.

Zeitpunkt seines Inkrafttretens bestehenden Anlagen.[39] In Einzelfällen kann die Behörde den Betreiber „aus volkswirtschaftlichen Gründen" von der Einhaltung des Limits dispensieren.[23][40]

§ 146 Abs 3 BergG sieht vor, daß bei der Bewilligung von Bergbauanlagen auf öffentliche Interessen Bedacht zu nehmen ist. Nach Abs 6 leg cit sind vor Erteilung der Bewilligung, soweit hiedurch öffentliche Interessen berührt werden, die zu ihrer Wahrnehmung berufenen Verwaltungsbehörden zu hören. Anders als bei den bisher erörterten Anlagengesetzen stehen die hier angesprochenen öffentlichen · Interessen tendenziell der Bewilligung entgegen, wie aus der Anführung „der örtlichen Gesundheitspolizei, vor allem aus dem Gesichtspunkt des Umweltschutzes, und der örtlichen Raumplanung" sowie aus dem Verweis auf § 172 Abs 4 BergG deutlich wird.

ee) Zwischenresümee

Nach dem bisher Gesagten beschränken die Luftreinhaltestandards die rechtlich gebotenen Vermeidungsmaßnahmen und -kosten in folgender Weise:
— Abgesehen vom DKEG verwirklichen die Luftreinhaltungsvorschriften des Betriebsanlagenrechtes nur den Immissionsschutz und verzichten auf den weitergehenden Emissionsschutz.
— Rein immaterielle Umweltschutzanliegen bleiben in den Betriebsanlagenvorschriften, die das Immissionsschutzkonzept verwirklichen, außer Betracht.

---

39   Vgl. § 11 Abs 5 DKEG: „Ergibt die Besichtigung nach Abs 3 oder die Überprüfung nach § 7, daß die Dampfkesselanlage (Abs 1) den Bestimmungen dieses Bundesgesetzes und der auf seiner Grundlage erlassenen Verordnungen nicht entspricht, so hat die Behörde durch Vorschreibung geeigneter Maßnahmen für die Herstellung des von diesem Bundesgesetz geforderten Zustandes zu sorgen. Hiebei sind, wenn es sich nicht um Fälle nach Abs 6 handelt, die Bestimmungen der §§ 2, 3 und 4 Abs 7 nur insoweit anzuwenden, als sie *ohne wesentliche Beeinträchtigung erworbener Rechte, ohne unverhältnismäßigen Kostenaufwand und ohne größere Betriebsstörungen eingehalten werden können*; diese Einschränkung gilt nicht, wenn es sich um die Beseitigung von das Leben oder die Gesundheit von Menschen gefährdenden Mißständen handelt. (Hervorhebungen vom Verfasser).

40   Vgl § 11 Abs 6 DKEG: „Wenn die Emissionen der Dampfkesselanlage (Abs 1) das Zweifache der gemäß § 3 Abs 1 festgelegten und für eine vergleichbare Anlage in Betracht kommenden Grenzwerte übersteigen, hat die Behörde durch Vorschreibung geeigneter Maßnahmen jedenfalls dafür zu sorgen, daß innerhalb einer von ihr festzusetzenden Frist, die fünf Jahre nicht übersteigen darf, die Emissionen zumindest soweit herabgesetzt werden, daß das Zweifache dieser Grenzwerte nicht überschritten wird. *Bei der Festsetzung dieser Frist ist auf den zur Erfüllung der vorgeschriebenen Maßnahmen erforderlichen technischen und finanziellen Aufwand Bedacht zu nehmen.* In begründeten Einzelfällen kann die Behörde durch Bescheid höhere Emissionen gestatten, sofern das Leben oder die Gesundheit von Menschen nicht gefährdet ist und *solange eine solche Erleichterung unter Bedachtnahme auf die Interessen des Umweltschutzes aus volkswirtschaftlichen Gründen geboten ist.*" (Hervorhebungen vom Verfasser).

— Im DKEG ergibt sich aus der Technikklausel eine Einschränkung der Vermeidungskosten. Technikklauseln in der GewO und im ForstG bewirken dies nur für ex post anzuordnende Maßnahmen.

— Abgesehen vom Falle der Gefährdung des Lebens oder der Gesundheit von Personen begrenzt das ökonomische Interesse des Betreibers an der Altanlage die behördlichen Anordnungen zum Zwecke der Verringerung von Emissionen.

— Unbedingten Schutz genießen aber — und dies ist im Hinblick auf die folgenden Überlegungen besonders zu unterstreichen — einerseits im Genehmigungsverfahren, also ex ante, das Leben, die Gesundheit und die dinglichen Rechte, ebenso sind unzumutbare Belästigungen jedenfalls zu verhindern, andererseits in der Betriebsanlagenaufsicht, also ex post, immerhin noch das Leben und die Gesundheit.

ff) Die Beschränkung der Vermeidungskosten durch das Vollzugsdefizit

Wie ist es bei dieser Rechtslage aber zu erklären, daß bestimmte Erkrankungen der Atemwege in industriellen Ballungsgebieten infolge der Luftverschmutzung konzentriert auftreten[41] und daß in Österreich nach jüngsten Schätzungen infolge von Schadstoffimmissionen bereits 519.000 ha Wald geschädigt und 200.000 ha Wald abgestorben sind?[42] Mit Aussagen des ehemaligen österreichischen Umweltschutzministers Steyrer, die dieser vor nicht allzu langer Zeit am österreichischen Städtetag getroffen hat, könnte ich die Beispiele mühelos vermehren.[43] Anspruch und Wirklichkeit liegen auf dem Gebiet des Umweltrechts weit auseinander. Der Befund Rehbinders aus dem Jahre 1970, die Umweltmalaise sei weniger ein Produkt eines „Gesetzesdefizits" als eines „Vollzugsdefizits", scheint noch heute Gültigkeit zu haben.[44]

Dennoch meine ich, daß die Verantwortung für dieses Vollzugsdefizit zu einem nicht geringen Teil beim Gesetzgeber liegt. Dem Gesetzgeber ist vorzuwerfen, daß seine Vorgaben und Handlungsanweisungen die Vollzugsbehörden vor unlösbare Probleme stellen.

Nach dem Anspruch der Immissionsschutzbestimmungen ist jede Gefährdung menschlichen Lebens sowie dinglicher Rechte von der Behörde bei der Genehmigung von Betriebsanlagen auszuschließen, wo immer und wie immer sie stattfindet. Wie aber soll die Behörde die Wirkungen von Emissionen in mittlerer und größerer Entfernung vom Anlagenstandort abschätzen? Welches Diffusionsmodell soll sie dabei zugrundelegen? In welchem Ausmaß und welcher Zusammensetzung soll

---

41 Vgl. Schindl, Rudolf, Folgerungen aus Atemfunktionsuntersuchungen bei Schulkindern, in: Review 1983, Heft 2, 117 ff.

42 Beantwortung einer parlamentarischen Anfrage von Abg. Kokail durch Bundesminister Dr. Steyrer, StenProtNR 57. Sitzung, 16. GP.

43 Steyrer, Kurt, Umweltschutz —Menschenschutz, in: ÖGZ 1983, 347 ff.

44 Vgl. Rehbinder, Eckard, Grundfragen des Umweltrechts, in: ZRP 1970, 250 ff (254).

sie die Vorbelastung des Mediums und die Belastung durch andere Emittenten annehmen? Von welchen Reaktionen der Primärschadstoffe zu Folgeschadstoffen und von welchen synergetischen Effekten soll sie ausgehen? Welche Akkumulationsprozesse soll die Behörde bei der Beurteilung von Schadstoffen unterstellen, die zwar nicht unmittelbar, aber mittelbar, etwa über eine vielgliedrige Nahrungskette in den menschlichen Organismus gelangen können?

Fragen über Fragen — würde die Behörde jede einzelne von ihnen gewissenhaft untersuchen und eine Entscheidung nur auf der Grundlage gesicherter Erkenntnisse fällen, die Behörde wäre wohl nur in Bagatellfällen überhaupt zu einer Entscheidung in der Lage.[45]

Fazit: De facto muß die Behörde, wegen der zu sehr auf Immissionen und ihre Wirkungen auf bestimmte Güter abstellenden Regelungen, Anlagen erlauben, wenn ihre Gefährlichkeit oder Schädlichkeit nicht nachweisbar ist, sie trägt gewissermaßen das Beweisrisiko. Vor allem muß sie umweltpolitisch unerwünschte Ausweichreaktionen von „harten", auf einen bestimmten Raum begrenzten und empirisch feststellbaren Umweltbelastungen zu den „weichen", großräumigen in ihren Kausalverläufen kaum überschaubaren Umweltbelastungen zulassen. Zu nennen ist etwa die vielfach kritisierte „Politik des hohen Schornsteins", die statt der Schadstoffbeschränkung eine Schadstoffverteilung durch einen entsprechend hohen Schornstein vorsieht. Für die Zuordnung der Umweltschutzlasten bedeutet das abermals eine ganz entscheidende Verlagerung von den Vermeidungskosten auf die externen Kosten.

c) Die Vermeidungskosten im Bereich der Wasserreinhaltung als Funktion des Anlagenrechts

Für den Bereich der Wasserreinhaltung darf ich die Beschränkung der Vermeidungskosten durch die Wasserreinhaltungsstandards aus Zeitgründen gleich zusammengefaßt präsentieren:[46]
— Anders als die Luftreinhaltung ist die Wasserreinhaltung ein vom Schutz materieller Interessen unabhängiges Ziel.[47]

---

45 Eine Reihe weiterer Faktoren des Vollzugsdefizits nennt die Studie von MAYNTZ, Renate et al, Vollzugsprobleme der Umweltpolitik, o. O., o. J. (1978).

46 Eine geschlossene Darstellung der Umweltschutzbestimmungen des Wasserrechtsgesetzes (BGBl 1959/215) liegt nicht vor, deshalb sei verwiesen auf GRABMAYER, Paul/ROSSMANN, Harald (Hgg.), Das österreichische Wasserrecht, 2. A., Wien 1978; SCHÄFER, Probleme, 58 f (Fn 26); KAAN, Richard, Umweltschutz durch Wasserrecht, in: AnwBl 1982, Sondernummer, 17 ff; KREMLA, Hans, Das Problem der Gewässerreinhaltung in Österreich (unveröffentlichtes Manuskript eines am 30. November 1982 im Seminar von Prof. Melichar gehaltenen Vortrages) und OBERLEITNER, Franz, Aktuelle Entwicklungen auf dem Gebiet der Wasserwirtschaft und des Wasserrechts, in: Österreichische Wasserwirtschaft 1983, Heft 3/4, 49 ff.

47 Vgl. die §§ 30 ff WRG, denen zufolge die Reinheit des Wassers als solche Ziel des WRG ist. Diese Zielrichtung wurde von der jüngsten Novelle zum WRG (BGBl 1985/238)

— Ob das Wasserrecht wie das Gewerbe- und das Forstrecht nur den Immissionsschutz verlangt, ist unklar. Die Praxis scheint dies zu bejahen und die Zulässigkeit von Abwassereinleitungen gewässerspezifisch zu beurteilen: Je schmutziger das Wasser bereits ist, desto weniger darf man es nach dieser Auffassung verunreinigen; je sauberer es ist, desto geringer sind die Anforderungen.[48]

— Das WRG normiert explizit keine Technikklausel. Ist die Erreichung des Gewässerschutzzieles durch geeignete Auflagen nach dem Stand der Technik nicht möglich, ist die Abwassereinleitung nicht zu gestatten. Nachträgliche Anordnungen zur Sanierung von Altanlagen müssen sich im Rahmen des technisch Möglichen halten.[49]

— Das Interesse an der Wasserreinhaltung ist gemäß § 105 WRG gegen die sonstigen öffentlichen Interessen abzuwägen. Als entgegenstehende öffentliche Interessen kommen vor allem wirtschaftliche Interessen, etwa die Erhaltung der internationalen Wettbewerbsfähigkeit oder die Sicherung regionalpolitisch dringend benötigter Arbeitsplätze in Betracht. Im Falle der nachträglichen Verschärfung der Reinhaltungsvorkehrungen ist das Reinhalteanliegen aufgrund des Erfordernisses der wirtschaftlichen Zumutbarkeit zusätzlich gegen das private Interesse des Anlagenbetreibers abzuwägen.[50]

— Auch im Wasserrecht klaffen Anspruch und Wirklichkeit weit auseinander. Zwar werden die durch das Immissionsschutzkonzept bedingten Beweisprobleme dadurch gemildert, daß die Emissionen gebündelt auftreten und die Transmissionsverläufe bekannt sind.[51] Vor allem die — regional konzentrierten — Belastungen der Fließwässer[52] werden nur mittel- und langfristig an die geltenden Standards herangeführt werden können.

---

noch verstärkt, die die Aufrechterhaltung der „ökologischen Funktionsfähigkeit der Gewässer" in den Zielkatalog des § 105 WRG aufnahm.

48 In die Richtung des Emissionsschutzes geht allerdings § 31 Abs 1 WRG, der die „allgemeine Sorge für die Reinhaltung" postuliert. Die Berücksichtigung der öffentlichen Interessen bei der Genehmigungsentscheidung (vgl. den folgenden Punkt im Text) wird freilich im Regelfall bewirken, daß technisch vermeidbare Emissionen, die nicht in fremde Rechte eingreifen, von der Behörde aufgrund der Interessenabwägung nicht hintangehalten werden können.

49 § 33 Abs 2 WRG verlangt die Anpassung der zur Reinhaltung getroffenen Vorkehrungen, die sich als unzulänglich erwiesen haben, „in zumutbarem Umfang". „Zumutbar" heißt nach GRABMAYER/ROSSMANN, Wasserrecht, Anmerkung 9 zu § 33 (Fn 46), „technisch möglich und wirtschaftlich vertretbar".

50 Zum Erfordernis der wirtschaftlichen Vertretbarkeit vgl. Fn 49.

51 Vgl. zu den ökologischen Zusammenhängen etwa KATZMANN, Werner, Wasser, in: Beiträge zur Darstellung der Umweltsituation in Österreich, Teil 4, hg. vom Österreichischen Bundesinstitut für Gesundheitswesen, Wien 1981; ODZUCK, Umweltbelastungen, 203 ff (Fn 6) und BICK/HANSMEYER/OLSCHOWY/SCHMOCK, Ökologie Bd 1, 165 ff (Fn 6).

52 Nach KREMLA, Gewässerreinhaltung (Fn 46) produziert Österreich einen Gesamtwasserabfall von 29 Mio Einwohnergleichwerten (EWG), der mit 11 Mio

d) Übernahme der Vermeidungskosten durch staatliche Subventionen

aa) Umweltfonds

Unsere bisherigen Überlegungen gingen vorläufig davon aus, daß die Vermeidungskosten von den Unternehmungen als den Verursachern zu tragen sind. Dies kann in dieser Allgemeinheit aber nicht aufrechterhalten werden. Die Annahme stimmt insoweit nicht, als der Staat zur Finanzierung der Vermeidungsmaßnahmen beiträgt. Die Beweggründe und Zielvorstellungen, die den Gesetzgeber zur Mitfinanzierung veranlassen, sind vielschichtig; ich werde sie im abschließenden Resümee andeuten. An dieser Stelle wollen wir nur prüfen, mit welchen Instrumenten der Gesetzgeber für die Aufbringung der Vermeidungskosten das Gemeinlastprinzip verwirklicht hat.

Für den Bereich der Luftreinhaltung gibt es seit 1984 den Umweltfonds,[53] für den im Bundesbudget 1984 ein Betrag von 500 Millionen Schilling eingestellt wurde.[54] Von den diversen Aufgaben dieses Fonds interessiert uns nur die eine, „Herstellungsmaßnahmen zur Verringerung der Umweltbelastung durch Luftverunreinigung und Lärm, ausgenommen Verkehrslärm, durch Verbesserung und Erhaltung bestehender Anlagen" zu fördern.[55] Als Subventionsempfänger kommen danach also nur Altanlagenbetreiber in Betracht. Die Intention der Regelung ist es, die Fondsmittel in jenen Fällen einzusetzen, in denen der Anlagenbetreiber der hoheitlichen Anordnung von Sanierungsmaßnahmen deren wirtschaftliche Unzumutbarkeit entgegenhalten kann.[56] Die Kriterien, die das Umweltfondsgesetz für die Subventionsvergabe aufstellt, sind beinahe inhaltslos: Genannt werden das öffentliche Interesse, die technische Wirksamkeit und die betriebswirtschaftliche und volkswirtschaftliche Zweckmäßigkeit der Maßnahme.[57] Diese Kriterien konkretisiert Punkt 6. 3. der Förderungsrichtlinien des Umweltfonds,[58]

EWG aus dem kommunalen Bereich, mit 9 Mio aus der Zellstoff- und Papierindustrie, mit 4 Mio aus der chemischen Industrie und mit 5 Mio aus der Nahrungs- und Genußmittelindustrie stammt.

53   Rechtsgrundlage des Fonds ist das Bundesgesetz vom 21. Oktober 1983 über die Förderung von Maßnahmen zum Schutz der Umwelt (Umweltfondsgesetz), BGBl 1983/567.

54   Dieser Betrag wurde im Budget 1985 auf 1 Milliarde Schilling verdoppelt. Denselben Betrag sieht auch das Bundesfinanzgesetz für 1986 vor.

55   § 3 Abs 1 Z 1 UFG. Daneben fördert der Fonds vor allem noch die Sonderabfallentsorgung, die Entwicklung von Pilotanlagen, die Erstellung von Umweltschutzkonzepten und Sofortmaßnahmen zur Abwehr akuter — durch Luftverunreinigung oder durch Sonderabfälle verursachter — Gefahren.

56   Vgl § 79a Abs 2 GewO. Zum Zusammenhang des UFG mit dieser Regelung SCHWARZER, Änderung, 11 (Fn 19) und WOLNY/GROF, Auflagen, 110 f (Fn 19).

57   Vgl § 7 Abs 2 UFG.

58.   Die „Richtlinien für die Gewährung von Förderungen im Sinne des Umweltfondsgesetzes, BGBl Nr. 567/1983" sind im Amtsblatt zur Wiener Zeitung vom 12. April 1984 kundgemacht worden.

indem er insbesondere folgende Unterlagen für Förderungsanträge verlangt: eine Darstellung der bisher eingesetzten technischen Verfahren sowie der bestehenden Umweltsituation (Art und Umfang der Emissionen, derzeitige Immissionsbelastung), eine technische und betriebswirtschaftliche Beschreibung des Vorhabens, eine Darstellung der Auswirkungen der Verwirklichung des Vorhabens auf die Umweltsituation und schließlich ein Bankgutachten über die betriebs-wirtschaftliche und volkswirtschaftliche Zweckmäßigkeit des Vorhabens. Die Förderung kann gemäß § 5 Abs 1 in der teilweisen Übernahme der Kosten in Form von Kreditkostenzuschüssen, Investitionszuschüssen oder sonstigen verlorenen Zuschüssen, gemäß § 5 Abs 4 UFG ausnahmsweise in der Gewährung eines Darlehens bestehen. Die Übernahme der gesamten Kosten durch den Fonds scheidet allerdings aus.[59] Nach Punkt 5. 1. 7 der Richtlinien soll die Förderung grundsätzlich durch Kreditkostenzuschüsse erfolgen. Punkt 5. 2. der Richtlinien bestimmt, daß der Kreditkostenzuschuß sechs Prozenpunkte der Kreditkosten zu betragen hat. Die Laufzeit des geförderten Kredits darf zehn, in begründeten Ausnahmefällen fünfzehn Jahre, die tilgungsfreie Zeit drei Jahre nicht übersteigen.

bb) Wasserwirtschaftsfonds

Traditionsreicher ist in Österreich die staatliche Förderung von Maßnahmen der Wasserreinhaltung. Seit 1948 gilt das Wasserbauten-förderungsgesetz,[60] seit 1958 existiert für die Abwicklung der Förderungen ein eigener Rechtsträger, der Wasserwirtschaftsfonds,[61] und seit 1969 ist auch die gewerbliche und die industrielle Abwasserreinigung in die Förderungskompetenz dieses Fonds einbezogen.[62]

Im Unterschied zum eben erörterten Umweltfonds fördert der Wasserwirtschaftsfonds betriebliche Reinigungsvorrichtungen nicht durch verlorene Zuschüsse, sondern durch Darlehen. Folgende Maßnahmen sind — neben den hier nicht interessierenden kommunalen Wasserversorgungs- und Kläranlagen — nach dem WBFG subventions-würdig: die Errichtung, Erweiterung oder Verbesserung betrieblicher Abwasser- oder Klärschlammbehandlungsanlagen sowie abwasserbezo-gene Maßnahmen innerbetrieblicher Art.[63] Als Empfänger kommen also sowohl Direkteinleiter als auch Indirekteinleiter in Frage. Voraussetzung

---

59 Umkehrschluß aus § 5 Abs 3 UFG.

60 Bundesgesetz vom 18. Dezember 1947, womit Bestimmungen über die Förderung des Wasserbaus aus Bundesmitteln getroffen werden (Wasserbautenförderungsgesetz), wiederverlautbart als Wasserbautenförderungsgesetz 1985, BGBl 1985/148 idF BGBl 1985/487.

61 WBFG-Novelle BGBl 1958/295.

62 WBFG-Novelle BGBl 1969/299.

63 Vgl. § 10b Abs 1 WBFG idF BGBl 1982/320.

für die Förderung ist, daß die Durchführung der Maßnahme dem Anlagenbetreiber nur bei Gewährung eines Fondsdarlehens zumutbar ist.[64] Das Darlehen beträgt im Regelfall fünfzig Prozent, bei besonders dringlichen Projekten sechzig Prozent der Kosten,[65] der Zinsfuß drei Prozent per annum und die Laufzeit bei innerbetrieblichen Maßnahmen fünfzehn, bei sonstigen Maßnahmen zwanzig Jahre.[66]

cc) Gebührensubventionen

Neben dieser „Direktförderung" gibt es noch eine versteckte Förderung für jene Betriebe, die die Abwässer nicht in einen Vorfluter, sondern in ein Kanalisationsnetz einleiten (sogenannte Indirekteinleiter), soweit das Kanalisationsunternehmen die Gebühren nicht kostendeckend kalkuliert oder die Entsorgungskosten nicht nach dem Verschmutzungsgrad auf die Einleiter umlegt. Die Einhebung nicht kostendeckender Gebühren durch das Kanalisationsunternehmen (in der Regel eine Gemeinde oder ein Gemeindeverband) kann durch die Subventionierung der Abwassersammelbehandlungsanlagen durch den Wasserwirtschaftsfonds[67] veranlaßt werden, die wesentlich großzügiger als die Förderung der einzelbetrieblichen Entsorgungsanlagen ist.[68] Im Verein mit dem Kostendegressionseffekt der Großanlagen bieten die Gebührensubventionen den Indirekteinleitern gegenüber den Direkteinleitern einen nicht zu unterschätzenden Wettbewerbsvorteil.

dd) Erhöhte vorzeitige Abschreibung gemäß § 8 Abs 4 Z 1 EStG

Ein weiteres Instrument staatlicher Förderung von Vermeidungsmaßnahmen ist auf kein bestimmtes Umweltmedium beschränkt. § 8 Abs 4 Z 1 Einkommensteuergesetz ermöglicht die vorzeitige Abschreibung der Anschaffungs- oder Herstellungskosten für Wirtschaftsgüter des Anlagevermögens in erhöhtem Ausmaß von achtzig Prozent,[69] soweit

---

64   § 10b Abs 1 WBFG.

65   Vgl. § 10b Abs 2 WBFG idF BGBl 1979/565.

66   Vgl. § 10e Abs 1 WBFG idF BGBl 1982/320. Die näheren Details der Förderung enthalten die Wasserwirtschaftsfonds-Förderungsrichtlinien 1983, kundgemacht im Amtsblatt zur Wiener Zeitung vom 30. April 1983.

67   Von einer Finanzierung der Wasserreinhaltungsaufwendungen nach dem Gemeinlastprinzip kann nur in diesem sowie im ersten Fall (nicht kostendeckende Gebühren) gesprochen werden. Im zweiten Fall liegt eine interne Subventionierung der gewerblich-industriellen Einleiter durch eine andere Einleitergruppe (z. B. die Haushalte) vor.

68   Vgl. § 10 WBFG idF BGBl 1982/320 sowie Abschnitt A der Wasserwirtschaftsfonds-Förderungsrichtlinien.

69   Bis 31. 12. 1984 konnten nur 60% der Anschaffungs- oder Herstellungskosten vorzeitig abgeschrieben werden. Die Erhöhung brachte Art I Z 3 des Abgabenänderungsgesetzes 1984, BGBl 1984/531.

diese ausschließlich und unmittelbar der Verhinderung, Beseitigung oder Verringerung von Umweltbelastungen dienen. Unabhängig von der Nutzungsdauer der Anlage sind in den auf die Anschaffung folgenden vier Jahren jeweils fünf Prozent abzusetzen.[70] Die Steuerbegünstigung gilt nur für die Errichtung von Reinigungsanlagen, nicht aber für die im Zuge der Substitution umweltbelastender Rohstoffe oder der Umstellung auf umweltfreundlichere Verfahrenstechniken anfallenden Investitionen. Außerdem vermag sie nur für jene Unternehmungen Anreize zur Reinigungsanstrengung zu bieten, die Gewinne erwirtschaften.

ee) Investitionsprämie gemäß § 2 Abs 1 IPG

Das bislang jüngste Instrument der Umweltschutzsubventionierung stellt die zwölfprozentige Investitionsprämie für die Anschaffung oder Herstellung dem Umweltschutz dienender Wirtschaftsgüter des Anlagevermögens gemäß § 2 Abs 1 Investitionsprämiengesetz[71] dar. Sie soll für jene Unternehmungen, die die erhöhte vorzeitige Abschreibung gemäß § 8 Abs 4 Z 1 EStG (vgl. dd) nicht in Anspruch nehmen können, einen Anreiz zu umweltentlastenden Investitionen bieten. Der Förderungstatbestand ist mit jenem in § 8 Abs 4 Z 1 EStG identisch.[72] Die oben geäußerte Kritik, daß umweltentlastende Maßnahmen im Rohstoff- und Verfahrensbereich nicht förderbar sind, gilt daher auch hier.

ff) Sonstige Subventionen

Die hier genannten Subventionen repräsentieren die wichtigsten Gestaltungsformen und Einsatzgebiete der Umweltschutzsubventionen insgesamt, stellen aber — vor allem für den Bereich der Luftreinhaltung — nur einen kleinen Ausschnitt des gesamten Instrumentariums dar. Von Bedeutung sind ferner auf der Bundesebene die Förderungen nach dem Energieförderungsgesetz und dem Fernwärmeförderungsgesetz, die Haftungsübernahme für Umweltschutzmaßnahmen gewidmeten Krediten durch die Finanzierungsgarantiegesellschaft und eine Vielzahl von anderen Zwecken dienenden Aktionen, bei denen Umweltentlastungseffekte bei der Beurteilung der Förderbarkeit eines Vorhabens mitberücksichtigt werden. Spezifische Förderungsprogramme für Umweltschutzmaßnahmen sind in den Ländern Niederösterreich, Oberösterreich, Salzburg und Vorarlberg eingerichtet.[73]

---

70   Vgl. die letzten beiden Sätze in § 8 Abs 4 EStG.

71   Vgl. Abschnitt VII Z 1 Abgabenänderungsgesetz 1984, mit dem das Investitionsprämiengesetz, BGBl 1982/110 geändert wurde.

72   Vgl. § 2 Abs 1 Satz 2 IPG.

73   Eingehend zum Gesamtbereich der Umweltschutzförderung SCHWARZER, Stephan, Die Förderung von Umweltschutzmaßnahmen, in: AICHER, Josef/KORINEK, Karl (Hgg.), Handbuch des Subventionsrechts (in Vorbereitung).

2. Die Finanzierung der externen Kosten

Nach dieser eingehenden Beschäftigung mit den Vermeidungskosten möchte ich mich bei der Erörterung der externen Kosten kürzer fassen.

Als externe Kosten haben wir die Dritten infolge einer Luft- oder Wasserverunreinigung entstehenden Nachteile definiert, das sind vor allem die Wertminderung von Grundstücken, die Beeinträchtigung der Grundstücksnutzung (z. B. Unbenützbarkeit einer Weide wegen Bleikontamination der Gräser durch eine Glasmanufaktur), ein Schaden an auf Grundstücken befindlichen Sachen (z. B. Schädigung von Gebäudefassaden durch SO_2- und NOx-Emissionen) und die Kosten der Immissionsabwehr (z. B. Anpflanzen eines Baumgürtels als „Immissionsriegel"). Es ist zu prüfen, inwieweit die Dritten diese Nachteile zu tragen haben oder, anders gewendet, inwieweit sie sich bei den Emittenten oder der öffentlichen Hand schadlos halten können.

Den Anspruch des Geschädigten gegen die Emittenten regeln § 364 Abs 2 und § 364a ABGB folgendermaßen:[74]

Keine Ersatzansprüche gibt es grundsätzlich bei Schäden immaterieller Natur, etwa bei Störung des Wohlbefindens durch eine Geruchsbelästigung oder bei Belastungen des ökologischen Systems.

Führt die Emission einer behördlich genehmigten Betriebsanlage zu materiellen Schäden, so besteht ein Ersatzanspruch unter zwei Voraussetzungen:

— Die Immission überschreitet das nach den örtlichen Verhältnissen gewöhnliche Maß und

— beeinträchtigt die ortsübliche Benutzung des Grundstückes wesentlich.

Ob die Emission rechtmäßig ist und ob den Anlagenbetreiber ein Verschulden an der Schädigung trifft, ist für den Bestand dieses Ausgleichsanspruches nicht relevant.

Ähnlich wie schon beim verwaltungsrechtlichen Immissionsschutz liegt auch beim zivilrechtlichen Immissionsschutz der Grund für die geringe Effizienz auf dem Beweissektor.[75] Vor allem dann, wenn die das ortsübliche Maß überschreitenden Immissionen aus einer Vielzahl von Emissionen resultieren, bei den sogenannten summierten Immissionen, ist der Nachweis der Kausalität der einzelnen Emissionen für einen konkreten Schaden schwierig, wobei in manchen Fällen schon der Nachweis, daß der Schaden überhaupt durch bestimmte Immissionen verursacht worden ist, beim heutigen Wissensstand keineswegs einfach und billig zu führen ist. Bei großräumigen Luftverschmutzungen im

74 Ausführlich dazu KOZIOL, Helmut, Österreichisches Haftpflichtrecht, Bd 2, 2. A., Wien 1984, 316 ff.

75 Dazu zuletzt umfassend DIEDERICHSEN, Uwe/SCHOLZ, Andreas, Kausalitäts- und Beweisprobleme im zivilrechtlichen Umweltschutz, in: Wirtschaft und Verwaltung 1984, 23 ff.

Nahbereich von Industriegebieten — ich erinnere an die Politik des hohen Schornsteins — wird der Ersatzanspruch schon an der Ortsüblichkeit der Immission scheitern.

Sonderregelungen — insbesondere zur Entlastung des Klägers vom Beweisrisiko — enthalten das WRG[76] und das ForstG.[77] Beide Gesetze stellen eine gesetzliche Vermutung der Kausalität der „in Betracht kommenden" Emissionen auf, die der Beklagte nur durch den Nachweis der Unwahrscheinlichkeit der Verursachung entkräften kann,[78] normieren für den Fall der Nichteruierbarkeit der Schadenanteile der einzelnen Emittenten eine pro-Kopf-Aufteilung[79] und verzichten auf die Haftungsvoraussetzung der Ortsunüblichkeit der Immission.[80]

IV. Zur Effizienz der Lastenverteilung

In den vorangegangenen Abschnitten habe ich versucht, die vom österreichischen Wirtschaftsrecht in den Bereichen der Luft- und der Wasserreinhaltung vorgenommene Lastenverteilung darzustellen, wobei ich mich auf zwei Kostenkategorien, die Vermeidungskosten und die externen Kosten, beschränken mußte.

Die wesentlichen Ergebnisse der Analyse der bestehenden Lastenverteilung im österreichischen Luft- und Wasserreinhaltungsrecht sind wie folgt zusammenzufassen:

— Von der — häufig unkritisch unterstellten — uneingeschränkten oder vorrangigen Geltung des Verursacherprinzips kann keine Rede sein. Das Verursacherprinzip wird durch den Verzicht auf das Gebot der Emissionsbeseitigung nach dem Stand der Technik, durch Technikklauseln, Interessenabwägungsgebote sowie faktisch durch das Vollzugsdefizit stark relativiert.

— Partiell wird das Verursacherprinzip ferner durch die staatliche Subventionierung von Umweltschutzmaßnahmen (insbesondere bei der Altanlagensanierung) zugunsten des Gemeinlastprinzips zurückgedrängt.

---

76 Vgl. Grabmayer/Rossmann, Wasserrecht, 118 ff (Fn 46); Kerschner, Ferdinand, Zur Haftung nach § 26 Wasserrechtsgesetz und zum Deliktsstatut im IPR, in: JBl 1983, 337 ff und Koziol, Haftpflichtrecht Bd 2, 329 ff (Fn 74).

77 Vgl. Duschanek, Kommentar (Fn 20), Bobek/Plattner/Reindl, Forstgesetz, 146 ff (Fn 20) und Koziol, Haftpflichtrecht Bd 2, 431 ff (Fn 74).

78 Vgl. § 26 Abs 5 Satz 1 WRG und § 54 ForstG.

79 Vgl. § 26 Abs 5 Satz 3 WRG und § 53 Abs 2 ForstG.

80 In § 26 Abs 2 WRG wird die Ortsunüblichkeit der Immission nicht als Haftungsvoraussetzung normiert. Gemäß § 56 Abs 1 ForstG gelten forstschädliche Luftverunreinigungen im Sinne des § 47 ForstG aufgrund unwiderleglicher gesetzlicher Vermutung als ortsunüblich.

— Anstelle des Verursacherprinzips gilt das Geschädigtenprinzip, soweit
— wie im Regelfall — die Immissionsbedingtheit von Schäden bzw. die
Kausalität von Emissionen für erwiesenermaßen schädliche Immissionen nicht nachweisbar ist und als bloß immaterielle Schäden
entstehen. Soweit es sich nicht um Schäden an Wasserrechten oder an
Waldkulturen handelt, gilt es außerdem bei Ortsüblichkeit der
schädigenden Immission.

Eingangs hatten wir bereits festgestellt, daß die ökonomische
Effizienz des Umweltrechts unter anderem auch von der Ausgestaltung
der Lastenverteilung abhängt. Fragen wir daher nun abschließend, wie
die dargestellte Lastenverteilung unter Effizienzgesichtspunkten zu
beurteilen ist.

Die Finanzwissenschaftler sind sich darin einig, daß das
Verursacherprinzip als Kostenzurechnungsmodell dem Gemeinlast- und
dem Geschädigtenprinzip allokativ, das heißt unter Effizienzgesichtspunkten, überlegen ist.[81] Nur bei verursachergerechter Zuordnung der
volkswirtschaftlichen Kosten sei eben zu erwarten, daß die volkswirtschaftlichen Ressourcen sparsam eingesetzt werden und damit ein
volkswirtschaftliches Optimum erreicht wird. Daraus kann aber noch
nicht die rechtspolitische Forderung abgeleitet werden, daß die
Lastenverteilung im Umweltschutz allein nach dem Verursacherprinzip
ausgerichtet werden soll. Neben der ökonomischen Effizienz stellen die
ökologische Effektivität, die Konkurrenzfähigkeit im internationalen
Wettbewerb, verteilungspolitische Überlegungen sowie nicht zuletzt
rechtsstaatliche Postulate weitere Beurteilungsmaßstäbe für Kostenzu-
weisungsregeln dar. Eine Eindimensionalität der Betrachtung ist also
keineswegs angezeigt.

Von dieser Grundsatzposition aus kann nun der Einsatz öffentlicher
Mittel für Altanlagen etwa mit der Notwendigkeit des Investitionsschutzes oder der Dringlichkeit von Maßnahmen gerechtfertigt werden. Die in
der österreichischen Rechtsordnung vorgesehenen Umweltschutzsubventionen wären im einzelnen auf ihre Rechtfertigung durch außerökono-
mische Kriterien zu befragen. Dies würde freilich den Rahmen dieses
abschließenden Resümees sprengen.[82] Beispielhaft sei auf das Motiv des
Investitionsschutzes, das durch allgemeine rechtsstaatliche Vertrauens-
schutzüberlegungen begründbar ist, hingewiesen, das für einen zentralen
Bereich der Förderung — die Altanlagensanierungsförderung —
maßgeblich ist. Ausgeführt seien hier nur drei Überlegungen, die die
Rechtfertigung der Finanzierungshilfen allgemein bzw. punktuell in
Frage stellen.

---

81   Vgl. z. B. BONUS, Instrumente, 114 ff (Fn 9) und BUCK, Wolfgang, Lenkungsstrategien
     für die optimale Allokation von Umweltgütern, Frankfurt/M.-Bern-New York 1983,
     201 ff.

82   Vgl. dazu die ausgezeichnete Analyse von KÖTZLE, Alfred, Die Eignung von
     Subventionen für die Umweltpolitik, Berlin 1980.

Allgemein ist die mangelnde innere und äußere Konsistenz des
Förderungsinstrumentariums zu kritisieren. Die starke Expansion der
finanzpolitischen Gestaltungsmittel hat nicht nur zu Koordinationspro-
blemen im Programmvollzug geführt, die Programminhalte selbst
erscheinen jedenfalls nur in Ausnahmefällen aufeinander sinnvoll
abgestimmt. Dieser Befund gilt nicht nur für die Förderungsformen und
-ausmaße, sondern auch für die Förderungsziele und -tatbestände. Der
Verdacht der Inkonsistenz muß aber auch gegen das umweltrechtliche
Regelungsinstrumentarium insgesamt vorgebracht werden, da in vielen
Bereichen die Subventionsprogramme ordnungsrechtliche Gestaltungsmittel überlagern und zu diesen in Konkurrenz treten, ohne daß eine
funktionelle Differenzierung ersichtlich ist.[83] Beide Abstimmungsdefizite
könnten nun, selbst wenn man den Einsatz von Förderungen für
gerechtfertigt hält, zu vermeidbaren Einbußen an ökonomischer Effizienz
sowie auch an ökologischer Effektivität führen.

Die Rechtfertigung für Subventionen ist jedenfalls nur insoweit
gegeben, als für Neuanlagen tatsächlich die verschärften, dem aktuellen
Wissensstand entsprechenden Umweltverträglichkeitskriterien zur Anwendung kommen. Bei den Luftreinhaltungsvorschriften der GewO ist
dies nicht der Fall. Wir stehen vor der paradoxen Rechtslage, daß die
Umweltverträglichkeit der Anlage im Genehmigungsverfahren gar nicht
zur Debatte steht; stellt sich nachher heraus, daß die Umwelt beträchtlich
belastet wird, so greift der Altanlagenschutz der GewO ein. Konsequenz:
Der Umweltfonds wird zur Mitfinanzierung der Sanierung von Anlagen
auch in solchen Fällen herangezogen, in denen eine umweltschonende
Ausrichtung einer Anlage verabsäumt wurde.[84]

Unzweckmäßig gestaltet erscheinen auch die Steuerbegünstigung
nach dem EStG und die Investitionsprämie nach dem IPG, weil sie
einerseits nicht nur auf jene Fälle beschränkt sind, in denen gravierende
Gründe, etwa die Dringlichkeit der Maßnahme oder die Gefährdung der
internationalen Wettbewerbsfähigkeit, ein Abgehen vom Verursacherprinzip erfordern, und weil sie andererseits umweltpolitisch nicht
vertretbare Differenzierungen zwischen verschiedenen Typen von
Vermeidungsmaßnahmen, den geförderten Anlageninvestitionen und
den nicht geförderten Kosten der Umstellung des Rohstoffeinsatzes, der
Betriebsweise oder des Produktionsprogrammes einführen.[85]

Nach dieser hier nur angedeuteten Kritik der staatlichen
Subventionen noch ein paar Worte zur Anwendung des Geschädigten-
prinzips. Die Kritik muß hier am Substitutionsverhältnis zwischen den
betriebswirtschaftlichen Vermeidungskosten und den volkswirtschaft-

---

83   Näher zu den möglichen Funktionen der Anreizinstrumente SCHWARZER, Förderung
     (Fn 73).
84   Vgl. SCHWARZER, Änderung, 15 f (Fn 19).
85   Vgl. NOWOTNY, Ewald, Wirtschaftspolitik und Umweltschutz, Freiburg 1974.

lichen Belastungen ansetzen. Problematisch ist der Ersatz der betriebswirtschaftlichen Kosten durch die externen Schäden vor allem dann — und zwar aus Effizienz- und aus verteilungspolitischen Erwägungen — wenn die externen Kosten die zu ihrer Vermeidung erforderlichen betriebswirtschaftlichen Kosten übersteigen. Daß genau das nach dem geltenden Anlagenrecht der Fall ist, vermute ich aus folgenden Gründen:

— Erstens, weil das gesamte Anlagenrecht mit Ausnahme des DKEG nur einen Immissionsschutz bietet, damit der Genehmigungsbehörde die Beweislast für den Nachweis der Gefährlichkeit einer Emission aufbürdet, und die Behörden in der Praxis all jene Emissionen genehmigen, bei denen beim derzeitigen Wissensstand eine verläßliche Einschätzung der Schädlichkeit unmöglich ist.

— Zweitens, weil die „Korrektive" des Verursacherprinzips, vor allem die Interessenabwägungsgebote, einzelfallorientiert sind und bei Grenzbetrieben schon geringfügige Umweltschutzaufwendungen mit einer hohen Substitutionsrate bezüglich der externen Kosten wegen der wirtschaftlichen Unzumutbarkeit für den Betreiber von der Behörde nicht erzwungen werden können.

Schließlich möchte ich noch einen letzten Punkt der Kritik nennen, und zwar die ungleiche Belastung der Emittenten im Verhältnis zueinander. Diese Ungleichbehandlung ist ein notwendiges Ergebnis der Einzelfallorientierung der Korrektive des Verursacherprinzips: Die Einschränkungen kommen ja nicht für alle Betriebe im gleichen Ausmaß zum Tragen, sondern nur nach Maßgabe der Umstände des jeweiligen Falles. So kommt die Ausrichtung des Anlagenrechts auf den Immissionsschutz nicht allen Betrieben gleichmäßig zugute, sondern nur dem ersten Betrieb in einer noch unbelasteten Region, der das gesamte Immissionspotential bis zum Gefahrenpegel ausschöpfen kann. Der zweite Betrieb, der sich ansiedelt, wird schon erheblich mehr Umweltschutzaufwendungen haben, und der letzte Betrieb von vielen, der sich ansiedeln möchte, wird seine Emissionen praktisch auf null reduzieren müssen, um noch eine Genehmigung zu erlangen. Die Begünstigung der Altemittenten gegenüber den Neuemittenten und der Entwicklungsgebiete gegenüber den Ballungsgebieten ist nicht nur wettbewerbspolitisch problematisch, sie ist auch unter Effizienzgesichtspunkten verfehlt, weil sie die Verschwendung von Umweltressourcen durch die Erstemittenten fördert und die Anpassung an neue, umweltfreundlichere Produktionsweisen mit Mehrkosten belastet.[86]

---

86   Vgl. z. B. BONUS, Instrumente, 147 f (Fn 9).

Sozialorientierung der Technik
Die Rolle von Umwelt-
und Arbeitsrecht

RUDOLF BENEDIKTER, WIEN/BOZEN

I. Einleitung

Ungeachtet der vielförmigen Verflechtung zwischen technischer und wirtschaftlich-politischer Entwicklung lebt die „Technik" — hier im umfassenden Sinn von Produktionsmitteln, Produktionsverfahren und Produkten — traditionell außerhalb oder neben der Rechtsordnung. In deren Regelungsbereich gelangt sie als soziales Teilsystem nur dann, wenn technische Faktoren andere Teilsysteme berühren, die im Interesse des Gemeinwesens möglichst funktionieren müssen: das Gesundheitssystem, das System der sozialen Sicherheit, die natürliche Umwelt, die industriellen Beziehungen zwischen Arbeit und Kapital, die gewerbliche Bewegungsfreiheit und die private Verfügungsfreiheit über Produktiveigentum.

Bis heute tritt das Gesetz als demokratisches Regelungsinstrument der Gesellschaft vorwiegend, wenn nicht ausschließlich, als Abwehrrecht gegenüber negativen Begleit- oder Folgeerscheinungen von technischen Neuerungen auf. Die Umfunktionierung des Gesetzes zum Instrument der sozialen Kontrolle und des gestaltenden Eingriffs in die technische Entwicklung steht noch aus.[1] Allerdings ist sie heute dringender geboten denn je: Denn je kapitalintensiver, je „rationeller" unsere Güterproduktion und unsere Dienstleistungen werden, desto größer werden die Risiken für die Beschäftigung, das Lohnniveau, die Arbeitsbedingungen

---

[1] Ich beziehe diese Aussagen ausdrücklich auf die Rechtsordnungen der Industriestaaten Österreich, Italien und die Bundesrepublik Deutschland.

und die natürliche Umwelt und desto stärker steigen zugleich die Ansprüche an die Regulierungskapazität der politischen Demokratie.[2]

„Sozialorientierung der Technik" hat viele Dimensionen: Sie reichen von der „globalen" Entscheidung zwischen Vernichtungs- und Überlebenstechniken („Rüstung oder Entwicklung") bis zur Adaption eines einzelnen Arbeitsplatzes für eine behinderte Person; sie umfaßt volkswirtschaftliche Entscheidungen über die Art der Energiegewinnung und -versorgung ebenso wie innerbetriebliche Mitbestimmung bei technischen Kontrollsystemen. „Sozialorientierung" betrifft einerseits unsere *Produktionsziele*: Sie will deren Ausrichtung an lokalen und regionalen Bedürfnissen und ihre Auswahl nach Kriterien des Gebrauchswertes der Produkte (das sind zum Beispiel Langlebigkeit, Gesundheits- und Umweltverträglichkeit). Sozialorientierung betrifft andererseits unsere *Produktionstechniken* auf mikro- und makroökonomischer Ebene: Es geht dabei um sichere und gesunde Arbeitsbedingungen, Erweiterung der beruflichen Qualifikation, Förderung der Kreativität des Einzelnen durch den Einsatz von kontrollierbaren Technologien (z. B. Computer als Werkzeuge) im Rahmen einer dezentralen, kooperativen Organisation der Arbeit. Es geht aber auch um eine *technologische Rahmenplanung* nach sozialen und ökologischen Gesichtspunkten und um die Durchsetzung neuer volkswirtschaftlicher Effizienzmaßstäbe.

Die heutige Form der Produktion und Distribution erscheint nur deshalb als alternativlos wirkungsvoll, weil in den betriebswirtschaftlichen — und auch in den herkömmlichen volkswirtschaftlichen — Rentabilitätsberechnungen wichtige Kosten unberücksichtigt bleiben. Die Finanzierung von Forschung und Entwicklung, von Infrastruktur-Vorleistungen, der „Reparatur" von Gesundheits- und Umweltschäden, der Kosten von Umschulung, Kurzarbeit und Arbeitslosigkeit sind nur einige Beispiele sozialisierter Kosten des wirtschaftlich-technischen Fortschrittes. Als öffentliche Ausgaben werden sie nur zu einem geringen Teil von den Nutznießern der modernen, rationellen Produktionstechniken getragen.

Sozialorientierung der Technik ist — nicht zuletzt — der Versuch, eine Triebfeder der wirtschaftlichen Entwicklung *demokratisch zu beeinflussen* oder besser: eine dezentralistische Technologie mit einer dezentralen Demokratie zu kombinieren.

Bei der zukünftigen politischen und sozialen Bewältigung des Technologieproblems werden für den Gesetzgeber zwei Regelungsbereiche im Vordergrund stehen: Es sind dies das *Umweltrecht* — das von einer ökologisch sensibilisierten Öffentlichkeit lebt — und das *Arbeitsrecht* — das heute die Demokratie gegen den Computer verteidigen muß.

---

2   Vgl. FRITZL, Hermann, Editorial zu Nr. 4/1983 der ÖZP mit dem Schwerpunktthema „Technologie und soziale Kontrolle", sowie im gleichnamigen Beitrag ebda., 399 ff.

II. Schutz vor der Technik: die Beispiele
Gewerberecht und Arbeitnehmerschutz

Von den bestehenden Berührungspunkten zwischen Technik und Gesetz in Österreich möchte ich hier nur den gewerberechtlichen und den arbeitnehmerschutzrechtlichen Typus skizzieren, da sie die Ausgangsebene für meine späteren Überlegungen bilden. In beiden Fällen ist die Gefahrenabwehr, der Schutz bestimmter Personengruppen vor technikbedingten Risiken, das Ziel der einschlägigen Gesetzesteile.

Das Verfassungsprinzip der „Freiheit der Erwerbstätigkeit"[3] gilt selbstverständlich auch für das Verhältnis zwischen Technik und Gewerbe, doch erlaubt die Gewerbeordnung 1973,[4] daß die prinzipielle Erwerbsfreiheit durch Verordnungen zum Schutz des Lebens und der Gesundheit begrenzt wird (§§ 69, 70) und insbesondere Maschinen und Geräte der Gewerbetreibenden Kontrollen unterworfen werden (§§ 71 und 72). Gewerbliche Betriebsanlagen[5] bedürfen behördlicher Genehmigung, wenn sie geeignet sind, Leben oder Gesundheit des Gewerbetreibenden selbst, seiner Angehörigen, von Nachbarn oder Kunden zu beeinträchtigen (§ 74 Abs 2 Z 1). Der Handelsminister kann unter Bedachtnahme auf den Stand der Technik, die einschlägigen wissenschaftlichen Erkenntnisse und die Raumordnung, Verordnungen über die Betriebsweise, die Ausstattung und die zulässigen Emissionen erlassen (§ 82 Abs 1).

Sobald allerdings von Anlagen, Maschinen oder Betriebsweisen keine unmittelbare Gefahr für die genannten Personengruppen ausgeht, sobald etwa der Nachbar „nur" durch Emissionen wie Geruch, Lärm, Rauch und Staub gefährdet ist (§ 74 Abs 2 Z 2) oder wenn Gewässer verschmutzt werden (§ 74 Abs 2 Z 5), ist der behördliche Schutzauftrag wieder relativiert: Die Änderungen an bereits bestehenden Anlagen müssen „ohne unverhältnismäßigen Kostenaufwand" durchführbar sein (§ 82 Abs 1) bzw. müssen nachträgliche Auflagen „für den Betriebsinhaber wirtschaftlich zumutbar sein" (§ 79 Abs 1). Dadurch wird der Wert der gewerberechtlichen Schutzbestimmungen gerade für die Abwehr graduell umweltzerstörender Emissionen entscheidend vermindert.[6]

Komplementär zum Betriebsanlagenrecht der Gewerbeordnung berücksichtigt das Arbeitnehmerschutzgesetz[7] ausschließlich die Schutzinteressen der Arbeitnehmer, also der Betriebsangehörigen, die nicht von § 74 Abs 2 Z 1 GewO erfaßt werden. Die Vorsorge für ihren Schutz

---

3 Art 6 und Art 18 Staatsgrundgesetz, RGBl 1867/142.
4 BGBl 1973/50 idF BGBl 1985/269.
5 Bestimmungen über Betriebsanlagen in der Gewerbeordnung sind gem. § 2 Abs 10 die §§ 74—84, 333—338, 353—360, 362, 366—369, 371—373.
6 Dazu ausführlich Stephan Schwarzer in diesem Band.
7 ANSchG, BGBl 1972/234 idF BGBl 1982/544.

umfaßt auch Maßnahmen einer „dem allgemeinen Stand der Technik und der Medizin, insbesondere der Arbeitshygiene und der Arbeitsphysiologie sowie der Ergonomie entsprechenden Gestaltung der Arbeitsvorgänge und Arbeitsbedingungen" (§ 2 Abs 2). Die Betriebsanlagen selbst unterliegen im Prinzip einer eigenen arbeitnehmerschutzrechtlichen Bewilligung (§ 27 Abs 1 und 2), die jedoch in der Regel durch Bedingungen und/oder Auflagen zur gewerberechtlichen Bewilligung ersetzt wird.[8]

Gem. der letzten Durchführungsverordnung zu den §§ 20 („Sicherheitsvertrauenspersonen") und 21 („Sicherheitstechnischer Dienst") des ANSchG[9] haben erstere in Mittel- und Großbetrieben sowie letzterer in Betrieben mit besonders gefährlichen Arbeiten den Arbeitgeber und die Arbeitnehmer bei der Durchführung des Arbeitnehmerschutzes im Betrieb zu unterstützen und zu beraten (§ 7 Abs 1 der DV). Die Beratungsfunktion des sicherheitstechnischen Dienstes erstreckt sich im besonderen auf „Planung, Gestaltung und Änderung von Arbeitsstätten, Baulichkeiten, Betriebseinrichtungen (. . .), Betriebsmittel, Arbeitsvorgänge und Arbeitsverfahren" (§ 7 Abs 2 Z 1 vgl. § 4 Abs 1 und 3 der DV).

III. Umweltrecht

Als Durchgriffsebene des Gesetzgebers auf die technische Entwicklung — namentlich auf jene der großtechnologischen Systeme — erlangt das *Umweltrecht* immer größere Bedeutung. Was *Wimmer* 1971 erkannt hatte, nämlich „daß die Umweltprobleme integrierter Bestandteil der einzelnen sie bedingenden wirtschaftlich-technischen Sachbereiche sind"[10] ist inzwischen „empirisch" belegt: Eine Kette von ökologischen Katastrophen hat den kausalen Zusammenhang zwischen unseren heutigen Produktionstechniken und den „Umweltproblemen" nur allzu deutlich gemacht. Und der Gesetzgeber hat auch reagiert: Seit der Forderung, ein moderner Umweltschutz müsse vordringlich „die technischen Ursachen der einzelnen Belästigungen in den Griff (. . .) bekommen",[11] sind auch in Österreich merkliche Fortschritte in der Umweltschutzgesetzgebung zu verzeichnen. Allerdings: Reichweite und

8 Siehe dazu Azizi, Josef, Gewerbliches Betriebsanlagenrecht und Arbeitnehmerschutzrecht, in: ÖZW 1980, 40 ff.

9 Verordnung des Bundesministers für soziale Verwaltung vom 3. 11. 1983 über Einrichtungen in den Betrieben für die Durchführung des Arbeitnehmerschutzes, BGBl 1984/2.

10 Wimmer, Norbert, Strategie für ein umweltfreundliches Recht in Österreich, in: JBl 1972, 557.

11 Wimmer, Strategie, 560 (Fn 10).

Durchschlagskraft der Umweltschutzbestimmungen werden in vielen Fällen durch die wirtschaftlichen Interessen und die „wohlerworbenen Rechte" der Produzenten empfindlich eingeschränkt.

Das österreichische Umweltschutzrecht ist kompetenzrechtlich eine sogenannte Querschnittsmaterie, d. h. ihre Regelung folgt den in den Art 10—15 sowie 118 B-VG festgelegten Sachzuständigkeiten der einzelnen Gebietskörperschaften.[12] An einschlägigen umweltschutzrechtlichen Bestimmungen gelten beispielsweise auf Bundesebene die §§ 30—37 des Wasserrechtsgesetzes[13] (Gewässerschutz), die §§ 4 und 12 des Kraftfahr-.gesetzes,[14] und die §§ 40—57 des Forstgesetzes[15] oder aber das Strahlenschutzgesetz[16] und das Dampfkessel-Emissionsgesetz.[17] Die Bundesländer wiederum haben in den 70er-Jahren ihre Naturschutzgesetze novelliert,[18] die meisten haben auch Luftreinhaltegesetze mit Verordnungen über die Grenzwerte der Luftverschmutzung[19] erlassen, Niederösterreich hat ein eigenes Umweltschutzgesetz.[20]

Mit dem Bundesverfassungsgesetz vom 2. 3. 1983[21] erhielt der Bund eine generelle Immissionsschutzkompetenz, der Bundesgesetzgeber kann „Maßnahmen zur Abwehr von gefährlichen Belastungen der Umwelt, die durch Überschreitung von Immissionsgrenzwerten entstehen" (Art I) ergreifen. Die Immissionsgrenzwerte selbst müssen wiederum von Bund und Ländern gemeinsam festgelegt werden (Art II). Kritiker merken an, daß sich die neue Immissionsschutzkompetenz nur auf die Abwehr akuter gefährlicher Belastungen der Umwelt beschränke und nicht ebenso die Kategorie der „unzumutbaren Belästigungen" durch Lärm, Geruch,

---

12 So knüpft der Bund seine Gesetzgebungskompetenz in Sachen Umweltschutz u. a. an die folgenden Kompetenztatbestände des Art 10 Abs 1 B-VG: Angelegenheiten des Gewerbes und der Industrie (Z 8), Kraftfahrwesen, Verkehrswesen bezüglich der Eisenbahnen, der Schiffahrt und der Luftfahrt; Bundesstraßen (Z 9), Forstwesen (Z 10), Arbeitsrecht und Arbeiter- und Angestelltenschutz (Z 11 sowie Art 12 Abs 1 Z 6), Gesundheitswesen (Z 12).

13 BGBl 1959/215 idF BGBl 1985/238.

14 BGBl 1967/267 idF BGBl 1984/552; vgl. dazu auch die KDV BGBl 1967/399 idF der Novellen BGBl 1985/161 und 1985/395.

15 BGBl 1975/440 idF 1978/142.

16 BGBl 1969/227.

17 Bundesgesetz vom 27. 11. 1980 über die Begrenzung von Emissionen von Dampfkesselanlagen, BGBl 1980/559 (DKEG 1980).

18 Als Beispiel: Niederösterreichisches Naturschutzgesetz 1976, LGBl 5500-0.

19 Beispiel Vorarlberg im Jahr 1971 (LGBl 47), Kärnten im Jahr 1979 (LGBl 42).

20 LGBl 8050; vgl nunmehr auch die Vorlage der OÖ Landesregierung, betreffend das OÖ Umweltschutzgesetz 1986, Blg 9/1985 zum kurzschriftlichen Bericht des OÖ Landtages, XXIII. GP und die Vorlage der Stmk Landesregierung betreffend ein Gesetz über Einrichtungen zum Schutze der Umwelt, Blg 114 zu den stenographischen Berichten des Stmk Landtages, X. GP.

21 Siehe Art 10 Abs 1 Z 12 idF der Novelle BGBl 1983/175.

Rauch, Staub oder Erschütterungen erfasse.[22] So bleibt — zumindest bis zur Verabschiedung eines Immissionsschutzgesetzes — im Bereiche der ‚prophylaktischen' Umweltpolitik die bisherige Rechtslage weitgehend bestehen und sind bundeseinheitliche Umweltschutzmaßnahmen weiterhin Ausnahmen und Annexmaterie (wie etwa die Umweltschutzbestimmungen der Bundesstraßengesetznovelle 1983).[23] Fraglich bleibt auch, ob die jüngste verfassungsrechtliche Entwicklung geeignet ist, die Umweltschutzgesetzgebung zu stimulieren. Mit Bundesverfassungsgesetz vom 27. November 1984[24] bekannte sich die Republik Österreich (Bund, Länder und Gemeinden) zum umfassenden Umweltschutz. Durch diese Staatszielbestimmung wird die konkrete inhaltliche Ausgestaltung der einschlägigen Rechtsbereiche jedoch nicht festgelegt.

Wenn jedoch Wasser, Boden, Luft, die pflanzliche und die tierische Vegetation überhaupt die unmittelbaren Schutzobjekte dieser Umweltgesetze sind, so sind fraglos auch hier — in indirekter Weise — Leben und Gesundheit der Bevölkerung die letztlich zu schützenden Werte. Doch gerade dieser Zweck kann mit reinen Schutznormen immer weniger erreicht werden: Erfolgversprechende Umweltpolitik „erschöpft sich nicht in der Abwehr drohender Gefahren und in der Beseitigung eingetretener Schäden", formulierte die deutsche Bundesregierung in ihrem Umweltbericht '76,[25] „vorsorgende Umweltpolitik verlangt darüberhinaus, daß die Naturgrundlagen geschützt und schonend in Anspruch genommen werden." In diesem Sinne sind nun auch und besonders die Verfahren der heutigen industriellen Produktion ebenso wie die traditionellen Muster unserer Konsumtion zumindest *indirekte* Regelungsobjekte des Umweltrechtes. Prinzipielle Entscheidungen auf dem Gebiet des Umweltschutzes werden nur dann den Vorsorgegrundsatz auch tatsächlich in die Realität umsetzen können, wenn sie technologische Grundsatzentscheidungen mitbeinhalten oder aber erzwingen.

---

22 So etwa SCHÄFER, Erich, Straßenrecht und Umweltschutz, in: Review — Gesundheitswesen und Umweltschutz 1983, 179.

23 Bundesgesetz vom 20. 1. 1983, mit dem das Bundesstraßengesetz 1971 geändert wird, BGBl 1983/63.

24 BGBl 1984/491.

25 Zitiert nach FELDHAUS, Gerhard, Der Vorsorgegrundsatz des Bundes-Immissionsschutzgesetzes, in: DVBl 1980, 133.

1. Beispiel Emissionskontrolle

Am Beispiel des österreichischen Dampfkessel-Emissionsgesetzes (DKEG 1980) — im Zusammenhang mit seinen Durchführungsverordnungen[26] — läßt sich veranschaulichen, wie eine „Umweltschutz"-Norm direkt auf die Technologie eines Industriesektors durchschlägt. Das Dampfkessel-Emissionsgesetz verfolgt primär das Ziel der Luftreinhaltung durch Herabsetzung luftverschmutzender Emissionen aus Dampfkesselanlagen. In der Praxis betrifft das Gesetz vor allem die großtechnische Energieerzeugung durch kalorische Kraftwerke und Fernheizwerke, aber auch Dampfkesselanlagen in gewerblichen Betrieben oder Wohnungsheizungen. Man könnte das DKEG — samt Durchführungsverordnungen — als flankierende Maßnahme zu einer „technologischen Medienplanung" im Sinne *Wimmers* betrachten, ein Begriff, den der Autor für die Entwicklung von Verfahrensarten verwendet, „die an Stelle von umweltgefährdenden technischen Vorgängen gesetzt werden können."[27] Tatsächlich stimulierte schon die 1. DV zum DKEG durch ihre Vorschriften über die Reduzierung und rasche Verteilung der Emissionen[28] die Erforschung und Planung umweltfreundlicher Techniken durch die Wissenschaft und ihre Herstellung durch die Wirtschaft: In der Bundesrepublik Deutschland hat sich auf dem Sektor der Emissions-Kontroll-Technologie bereits ein aufstrebender Industriezweig entwickelt.

In Österreich wurde angesichts der fortdauernden Umweltschädigung und neuentwickelter, effizienterer Anlagen und Verfahren zur Emissionskontrolle (Beispiele gibt es etwa in Japan und London) eine weitere Herabsetzung der Grenzwerte durch die 2. DV zum DKEG durchgeführt. Dabei wurde wieder einmal das Dilemma in der Umweltschutzpolitik virulent: Der nach dem „Stand der Technik" heute bereits mögliche und vom Gesetz geforderte[29] Grad der Schadstoffreduzierung ist derzeit nicht mit den wirtschaftlichen Interessen der Dampfkesselanlagenbetreiber vereinbar. Die 2. DV zum DKEG sieht z. T. wesentlich niedrigere Emissionsgrenzwerte vor: So wurde etwa bei Dampfkesselanlagen mit einer Brennstoffwärmeleistung ab 50 Megawatt (MW) der Grenzwert für staubförmige Emissionen von 150 mg/m³ auf 50 mg/m³ gesenkt. Die Grenzwerte für Schwefeldioxid-Emissionen wurden bei großen Dampfkesselanlagen (ab 400 MW Leistung) von 850—1800 mg/m³ auf maximal 400 mg/m³ herabgesetzt. Schließlich hat das Bundesministerium für Bauten und Technik erstmals auch

---

26 1. DV BGBl 1982/471; 2. DV BGBl 1984/209.

27 Wimmer, Strategie, 560 (Fn 10).

28 Siehe die §§ 4—7 Über die Emissionsgrenzwerte und 9—12 über die Schornsteinhöhen.

29 § 2 Abs 2 DKEG.

Grenzwerte für Stickoxide festgelegt und — zum Zweck der Einhaltung dieser Werte — eine neue „feuerungstechnische Maßnahme", das sog. Wirbelschichtverfahren empfohlen.[30] Die Reaktion der Bundeswirtschaftskammer auf die 2. DV zum DKEG[31] hatte *Duschanek* bereits 1981 vorweggenommen, als er schrieb: „Zumindest in der heutigen Situation ist nicht nur an die Förderung des Wirtschaftswachstums, sondern auch an die Gefährdung von Arbeitsplätzen und internationaler Wettbewerbsfähigkeit aufgrund extremer Umweltschutzanforderungen zu denken."[32] Es drängt sich — angesichts massiven Widerstandes seitens der Wirtschaft gegen ein konsequentes Ausnützen gegebener Umweltschutztechniken — wiederum die Frage auf: Kann die Wirtschaft wirklich nur dann „konkurrenzfähig" bleiben, wenn sie umweltzerstörende und damit lebensbedrohende und gesundheitsgefährdende Technologien einsetzt?

2. Beispiel Energiegewinnung

Im Problemkreis „Umweltschutz-Technologie-Wirtschaftsinteressen" bewegte sich auch die vielschichtige politische Auseinandersetzung um das geplante *Donaukraftwerk Hainburg*.[33] Die österreichische Elektrizitätswirtschaft wollte 1984 östlich Wiens an der slowakischen Grenze, in einem Gebiet, welches als besterhaltene großflächige Aulandschaft Mitteleuropas unter Landschaftsschutz[34] und unter dem ausdrücklichen Schutz internationaler Abkommen steht,[35] ein 360-Megawatt-Flußkraftwerk — die letzte Staustufe der österreichischen Donau — errichten. Mit Rückendeckung von seiten der Gewerkschaftsspitze drängten E-Wirtschaft, Bauwirtschaft und Regierung mit folgenden Argumenten auf einen baldigen Bau des Kraftwerkes: Der Strombedarf steige, Elektrizität aus Wasserkraft könne jene aus kalorischen Kraftwerken ersetzen, die Herstellung sei billiger und weniger umweltbelastend als jene in Kohlekraftwerken, die Abhängigkeit vom Ausland nehme ab und tausende Arbeitsplätze würden gesichert.

---

30 Vgl. die §§ 4, 5 und 7 der 1. DV mit den §§ 13, 14 und 17 der 2. DV zum DKEG.

31 „Wettbewerbsfähigkeit muß erhalten bleiben", Die Presse v. 31. 1. 1984.

32 DUSCHANEK, Alfred, Das Dampfkessel-Emissionsgesetz — Ein Modell künftiger Umweltschutzgesetzgebung?, in: ÖZW 1981, 104 ff.

33 Vgl. zum folgenden ausführlich Armin STOLZ in diesem Band.

34 Auf Grund § 6 Abs 1 des Niederösterreichischen Naturschutzgesetzes 1976 (LGBl 5500-0) erklärte die Landesregierung mit V vom 9. 3. 1982 das Gebiet der „Donau-March-Thaya-Auen" zum Landschaftsschutzgebiet.

35 Es gelten das Ramsar-Übereinkommen über den Schutz von Feuchtgebieten, BGBl 1983/225 und das Berner Übereinkommen über Pflanzen- und Tierschutz, BGBl 1983/372.

Die Gegner des Projektes Hainburg widerlegten diese Argumente mit Daten über den abnehmenden Gesamtenergieverbrauch und den stagnierenden Stromverbrauch, über das komplementäre Verhältnis von Wasser- und kalorischen Kraftwerken, über die katastrophalen Auswirkungen des Großprojektes auf das Ökosystem einer Naturlandschaft in unmittelbarer Nähe der Millionenstadt Wien, über die geringe Zahl neugeschaffener Arbeitsplätze und über existierende Alternativen zur großtechnischen Energiegewinnung.[36] Sachverständige verwiesen darauf, daß der Kraftwerksbau allein schon vom Standpunkt des Landschaftsschutzes rechtlich ausgeschlossen sei, und machten geltend, daß das NÖNaturschutzG auch keinerlei Abwägung oder Wertung allenfalls widerstreitender öffentlicher Interessen vorsehe.[37] Dessenungeachtet versuchten noch bis Anfang 1985 Behörden, Parteien und die interessierten Tiefbau-, Elektro- und Stahlunternehmen[38] — stets mit dem Vorwand, umweltfreundlich Energie produzieren und Arbeit schaffen zu müssen — die geltenden Umweltschutzgesetze zu unterlaufen. Doch um das Kraftwerk bauen zu können, hätten die Betreiber in diesem Fall die entgegenstehenden Gesetze zu offenkundig ignorieren müssen. Dank einer sensibilisierten Öffentlichkeit erhielten dann auch die Argumente der Gegner des Kraftwerksprojekts zunehmend Gewicht in der Kraftprobe zwischen kurzfristigen wirtschaftlichen und langfristigen Umweltschutzinteressen. Dies nicht zuletzt deshalb, weil die Kraftwerksgegner von Beginn an konkrete Vorschläge für umweltschonende und somit im weitesten Sinn „sozialorientierte" Alternativen machten. Man verwies etwa auf die im Ausland erprobten Methoden dezentraler Strom- und Wärmeproduktion durch gas- oder dieselbetriebene kleine Blockheizkraftwerke (Typ Heidenheim BRD), Isolierungskampagnen, Anwendung besserer Regelungstechniken, Abwärme- und Biomassenutzung, Wärmepumpen, Solarboiler usw.[39]

Der breite „ökologische" Widerstand gegen das Kraftwerksprojekt in Hainburg hat schließlich dazu geführt, daß der umstrittene Bauplan de facto archiviert wurde, obwohl eine endgültige formelle Entscheidung der politischen Instanzen noch aussteht. Mit gutem Grund erwartet man, daß diese im Sinne eines berühmten Präzedenzfalles aus dem Jahr 1978 fällt, als das österreichische Parlament das *Atomsperrgesetz*[40] beschloß. Kraftwerksbetreiber wie -gegner sollten sich jene Ereignisse vor Augen halten, die in Österreich zu diesem historischen Schritt geführt haben, sowie die Erkenntnis daraus, daß eine informierte Bevölkerung sehr wohl

---

36 „Das Projekt Donaukraftwerk Hainburg", Informationsbroschüre der Aktionsgemeinschaft gegen das Kraftwerk Hainburg, Wien Februar 1984.
37 Siehe § 6 Abs 1 NÖ-NaturschutzG; weiters „Projekt", 58 f (Fn 36).
38 „Projekt", 87 (Fn 36).
39 „Projekt", 19 ff (Fn 36).
40 BGBl 1978/676.

imstande ist, eine als gefährlich und unwirtschaftlich erkannte Energieerzeugungstechnik — die Stromproduktion aus Atomenergie — zu stoppen. Das Atomsperrgesetz, dessen Verfassungsmäßigkeit jüngst der VfGH bestätigt hat,[41] ist insofern *mehr* als eine gefahrenabwehrende Norm im traditionellen Sinn — vgl. etwa das StrahlenschutzG — da es die gefährdete Anlage bzw. Produktionstechnik selbst verbietet, die Umwelt also „präventiv" schützt. Freilich, auch das Atomsperrgesetz bleibt im Kern Abwehrvorschrift, eine gesetzliche Schranke für *eine* bestimmte Großtechnologie:[42] Das Gesetz verhindert bis heute, daß Österreich die Erfahrung anderer Staaten mit einem gesundheitlich, ökologisch und sozial destruktiven System der Energiegewinnung nachvollziehen muß.

3. Gesetzliche Handhaben und bestehende Alternativen

a) Umweltfondsgesetz

Hoffnungen auf eine aktivere, vor allem vorsorgende Beeinflussung der Produktionstechniken im Sinne des Umweltschutzes erweckt das 1983 verabschiedete *Umweltfondsgesetz*.[43] Die Aufgabe des Fonds ist es, zum Schutz der Umwelt gegen Luftverunreinigungen, Lärm und Belastungen durch Sonderabfälle beizutragen, unter anderem durch die finanzielle Förderung von Herstellungsmaßnahmen, die durch den Einsatz fortschrittlichster Technologien zum Schutz der Umwelt besonders geeignet erscheinen (§ 3 Abs 1 Z 3) sowie durch die Förderung von Grundsatzkonzepten, Regionalstudien, generellen Projekten oder Gutachten für derartige Maßnahmen (§ 3 Abs 1 Z 4). Ob und wie sehr dieses Gesetz zu einem Stimulus auch für eine Neuorientierung der Technologieentwicklung werden kann, hängt wohl weniger vom — theoretisch weitreichenden — Auftrag des Gesetzgebers ab als vielmehr von der Handhabung des Förderungsinstrumentariums (gem. § 5: Zinsen-, Investitions- und verlorene Zuschüsse) und von der Dotierung des Fonds.

b) „Technology assessment"

Interessant sind auch die ersten österreichischen Ansätze auf dem Gebiet der „Bewertung von Technologien und Technikfolgen mittels wissenschaftlicher Verfahren und Partizipation" („technology assess-

---

41   VfSlg 9911/1983.
42   Über Begriff und Determinanten von „Großtechnologie" — z. B. Sektoren wie die Atomkraftnutzung oder die Rüstungsindustrie — siehe ULLRICH, Otto, Technik und Herrschaft, Frankfurt/M. 1979, 311 ff.
43   BGBl 1983/567.

ment"):[44] Im Auftrag des Bundesministeriums für Wissenschaft und Forschung wurden 1981 Anwendung, Verbreitung und Auswirkungen der Mikroelektronik in Österreich erforscht.[45] Systematische Technikbewertung gibt es heute in fast allen Industriestaaten des OECD-Raumes, in den USA wurde Anfang der siebziger Jahre dieses Verfahren in einem „Office for Technology assessment", ein „ständiges Sensorium des Gesetzgebers für alle Gebiete der Technologie",[46] institutionalisiert. Die einzelnen Studien betreffen vorwiegend technisch-wirtschaftliche Großprojekte und deren Folgewirkungen.[47] Unter den heutigen wirtschaftlich-politischen Rahmenbedingungen kann die Technologiefolgenabschätzung die technische Entwicklung zwar nicht originär steuern, wohl aber punktuell bremsen. Immer hängt jedoch die tatsächliche Wirksamkeit von „technology assessment" entscheidend vom Zusammenspiel verantwortungsbewußter Politiker und Wissenschafter mit demokratischen Medien und einer sensibilisierten Öffentlichkeit ab.

c) Beispiel London: Technologie „über die Straße"

Ungeachtet der globalen politischen, ideologischen und auch technischen Schwierigkeiten für eine praktische Ausdehnung der politischen Demokratie auf die technologische Rahmenplanung gibt es doch auch bereits konkrete Initiativen in diese Richtung: etwa das Beispiel der Londoner Stadtverwaltung.[48]

Das Greater London Council versuchte, auf zwei Ebenen der dramatischen Arbeitslosigkeit, der Ent-Industrialisierung der Stadt, der Unterauslastung der Betriebe — kurz: dem produktiven und auch sozial-kulturellen Verfall — entgegenzusteuern. Einerseits gründete die Stadtverwaltung ein „enterprise board", einen städtischen Wirtschafts- und Unternehmensrat, der aus einer zweiprozentigen lokalen Vermögenssteuer finanziert wird. Das „enterprise board" hat die Aufgabe, Firmen bei Investitionsprojekten zu finanzieren und zu beraten und insbesondere deren Umrüstung zu unterstützen. Außergewöhnlich sind die Förderungskriterien des „board": Die Beurteilung und gegebenenfalls die

---

44 Einen Überblick — mit ausführlichen Literaturnachweisen — bietet HOCHGERNER, Josef, Möglichkeiten für Sozialwissenschaften in der Technologiepolitik, in: ÖZP 1983, 438.

45 Mikroelektronik-Studie 1981, Österreichisches Institut für Wirtschaftsforschung und Österreichische Akademie der Wissenschaften, Wien.

46 RAUSCH, Heribert, Technologie und Gesetzgebung, in: ZSR NF 1971, 89 ff.

47 Vgl. etwa jüngst den Einsatz von Kohleumwandlungsverfahren zur Verringerung der Erdölabhängigkeit, BRD 1983.

48 Das „Greater London Council" (GLC, derzeit Labour) verwaltete bis Mitte 1985 die Acht-Millionen-Einwohner-Metropole mit Ausnahme der „autonomen" City of London. Durch einen sehr umstrittenen Parlamentsbeschluß wurden die Kompetenzen — und die Haushaltsmittel — des GLC wesentlich beschnitten und auf die einzelnen „borroughs", die Stadtbezirke, verlagert.

Förderung eines Projekts erfolgt nicht nur nach betriebs- und volkswirtschaftlichen Kriterien im herkömmlichen Sinn, sondern auch unter Berücksichtigung „neuer" Faktoren: Dazu gehören etwa die Ersparnis an Arbeitslosengeld, die Erhöhung des Steueraufkommens pro geschaffenem Arbeitsplatz, zugleich aber auch Werte, wie die Förderung der betrieblichen Demokratie, der Schutz von Gewerkschaftsrechten, jener der Frauen und der ethnischen Minderheiten. Erklärtes Ziel dieser Politik ist es, die Beziehungen zwischen Produzenten, Konsumenten und öffentlicher Hand neu zu bestimmen und die Produktion an bisher unerfüllten sozialen Bedürfnissen zu orientieren. Bis Ende 1983 förderte das „enterprise board" 70 Unternehmen und schuf ca. 1200 neue Arbeitsplätze. Die nach den genannten Kriterien berechneten Kosten eines neuen Arbeitsplatzes betrugen nur ein Sechstel jener, die bei einem neuen Arbeitsplatz in den sogenannten „free enterprise zones" der britischen Regierung anfielen.[49]

Daneben baute London ein Netzwerk von „Technologie-Läden" auf: Universitätsangehörige, Techniker und Fachleute der Stadtverwaltung eröffneten reguläre Geschäftslokale, in denen sie eine Reihe von Produkten und Produktionsideen anbieten, die bereits entwickelt sind und direkt angewandt oder aber in größerer Stückzahl hergestellt werden können. Die vier Ende 1983 bestehenden Läden hatten u. a. „auf Lager": Energieverbrauchskontrollsysteme, Isolier- und Energiespartechniken, Maschinen, Fahrzeuge und Einrichtungen für Behinderte und für alte Menschen sowie telechirische Geräte;[50] sie befassen sich außerdem mit der Anwendung und den Auswirkungen der Mikroelektronik, der Informationstechnik und der Roboterwissenschaft. Kunden dieser Technologieläden sind vorwiegend Gewerkschafter von Krisenbetrieben, Bezirkskomitees von Selbsthilfeorganisationen oder Kooperativen. Sie erhalten die Gelegenheit, mit den Vorteilen eines ökologisch und arbeitsorganisatorisch sinnvollen Einsatzes von technischen Geräten und „know how" auf einer sehr praktischen Ebene zu experimentieren — mit einer gewissen Rückendeckung durch die öffentliche Hand.

d) Neue Kriterien der „Arbeitsmarktförderung"

Ich will hier nur eine Möglichkeit andeuten, wie aus der *gegebenen österreichischen Rechtslage* heraus — die entscheidende politische Dimension der Frage sei bewußt ausgeklammert — ein Instrument für eine Wirtschaftsförderung nach alternativen Effizienzkriterien entwickelt

---

49 Quelle: Reportage von „Il manifesto", 24. 12. 1983.
50 Der Telechir = eine „Fern-Hand" (z. B. ferngesteuerte Bergbaumaschinen oder Roboterarme für Laborarbeiten) potenziert die Kraft des Arbeitenden, schützt ihn und erhält seine Geschicklichkeit: ein Computer als *Werkzeug*.

werden könnte. Den Ansatz bildet das Arbeitsmarktförderungsgesetz in seiner 1983 novellierten Fassung:[51]

Der Staat, der gemäß den §§ 28 Abs 4 lit c und 36 Abs 4 lit c iVm 38a AMFG die Unterstützung der kooperativen Produktion in Krisengebieten und sog. strukturschwachen Regionen durch Beihilfen und Zuschüsse an die Voraussetzung der Arbeitsplatzsicherung bindet, müßte die *Förderungsbedingungen* in diesem Bereich *erweitern.* Als zusätzliche Kriterien kommen in Frage: Nutzung lokaler Ressourcen, Berücksichtigung spezieller Bedürfnisse der lokalen/regionalen Bevölkerung, Einsatz bestimmter umweltschonender Techniken u. v. m. Mit der Erfüllung aller im Einzelfall gegebenen „sozialorientierten" Förderungskriterien sollte nun das Unternehmen — entgegen der geltenden Regelung des AMFG — einen *Rechtsanspruch* auf bestimmte Formen der öffentlichen Hilfe aus einem entsprechend aufgestockten Fonds erhalten. Der zweite Schritt in diesem Konzept wäre die *Dezentralisierung* und entsprechende Ausdehnung der Förderungsstrukturen. Dabei ist es notwendig, daß die Produktionsziele und die Produktionsorganisation — und damit letztlich auch die Technologie im engeren Sinne — von allen Ebenen der Gesetzgebung und der territorialen Selbstverwaltung aus über *positive Anreize* beeinflußt werden.

Die Einbeziehung demokratischer Gremien in die technologische Rahmenplanung könnte dadurch bewältigt werden, daß Länder und Gemeinden — aber auch mittlere Einheiten wie etwa das obersteirische Industriegebiet — eine neue Art von *Wirtschaftsräten* oder -ausschüssen schaffen und diese mit sogenannten *Technologie-Fonds*[52] koppeln. Die Verwendungszwecke dieses Fonds könnten in Analogie zu denen des Umweltfonds formuliert werden,[53] über den Einsatz der Mittel bzw. über die „Technologiepolitik" des Gremiums sollen zusammen mit den Repräsentanten der politischen Parteien auch Vertrauenspersonen der lokalen Konsumenten- und Produzentenorganisationen sowie lokale wirtschaftliche und technische Fachleute entscheiden. Die erst jüngst zwischen Handelsministerium und Sozialpartnern beschlossene zentrale „Innovationsagentur"[54] könnte zu einem willkommenen Partner der regionalen und lokalen Wirtschafts- und Technologieräte werden. Beide Instanzen könnten Erfahrungen verwerten, die heute schon die *„Innovationsberatungsstellen"* in Hamburg und Berlin machen: Dort beraten Gruppen von Fachleuten z. B. betriebsinterne Arbeitskreise bei

51   AMFG, BGBl 1969/31 idF Nov BGBl 1983/61.

52   Auf die verfassungsrechtlichen Voraussetzungen für die Einrichtung einer derartigen neuen Institution kann ich hier nicht näher eingehen. Sicherlich müßte es zu einer Neuverteilung der Kompetenzen zum Tatbestand „Angelegenheiten des Gewerbes und der Industrie" (Art 10 Abs 1 Z 8 B-VG) zwischen den Gebietskörperschaften kommen.

53   Vgl. § 3 Abs 1 UmweltfondsG 1983.

54   Nachrichten für Außenhandel, 26. 1. 1984.

der Entwicklung alternativer Produktionsvorstellungen; zugleich werden die Marktchancen für „alternative" Technologien und Güter ausgelotet, wobei sich die Beratungsstellen auf lokale und regionale Märkte konzentrieren (Beispiel: ein dezentrales Abfallbeseitigungssystem). Schwerpunkt ihrer Arbeit ist die Planung von effizienteren Dienstleistungen, insbesondere in den Bereichen Gesundheitsdienst, Schul- und Berufsschulunterricht, sozialer Wohnbau und öffentlicher Verkehr. Die Beratungsstellen sorgen darüber hinaus für den Erfahrungsaustausch zwischen Betrieben innerhalb einer Region und bilden eine „Lobby" für eine Änderung der öffentlichen Subventionspolitik im Sinne der eigenen Zielsetzungen.[55]

IV. Arbeitsrecht

Umweltpolitik mit dem Instrument des „Umweltrechtes" greift das Problem der Sozialorientierung der Technik in seinem ökologischen, in gewissem Sinne „makroökonomischen" Aspekt an. So betrachtet ist das Umweltrecht ein elementarer, unverzichtbarer Brückenkopf des Gesetzgebers auf dem Gebiet der technischen Entwicklung. Die demokratische Beeinflussung dieses Prozesses ist in der Regel durch die Organe der repräsentativen Demokratie „mediatisiert", ist indirekt- und globalsteuernd. Dem einzelnen eröffnet sich auf dieser Ebene noch keine Möglichkeit, direkt, persönlich, bewußt und täglich sein Leben mit der Technik zu gestalten. Die letztlich entscheidende Demokratisierungsebene ist deshalb jene der industriellen Beziehungen im Betrieb. Daher wird für den Gesetzgeber das *Arbeitsrecht* zum zentralen Zugriffsinstrument auf die Technologie: Je stärker die Produktionstechniken selbst den Spielraum der betrieblichen Demokratie einzuschränken drohen, desto wichtiger wird gerade dieser Ansatz.

1. Arbeitsverfassung und betriebliche Demokratie

„Unterhalb" der Ebene der Unternehmensüberwachung — Drittelbeteiligung der Arbeitervertreter im Aufsichtsrat größerer Unternehmungen (§ 110) — gibt das Arbeitsverfassungsgesetz 1974[56] der Belegschaftsvertretung eines Betriebes ganz allgemein „wirtschaftliche Informations-, Interventions- und Beratungsrechte" (§ 108) und im

---

55 Umweltmagazin „natur", Oktober 1983.
56 ArbVG, BGBl 1974/22 idF BGBl 1986/394; diese Novelle wurde am 25. 7. 1986 — somit bereits nach Drucklegung dieses Sammelbandes im BGBl publiziert und konnte daher inhaltlich nicht mehr berücksichtigt werden. Sie ist am 1. Jänner 1987 in Kraft getreten und räumt im § 96a Abs 1 dem Betriebsrat ein Zustimmungsrecht bei folgenden Maßnahmen ein:

einzelnen gewisse „Mitwirkungsrechte bei Betriebsänderungen" (§ 109).
Zu letzteren gehören etwa Beratungs- und Vorschlagsrechte bei der
Änderung des Betriebszwecks, der Betriebsanlagen, der Arbeits- und
Betriebsorganisation, bei der Einführung neuer Arbeitsmethoden,
Rationalisierungs- und Automatisierungsmaßnahmen „von erheblicher
Bedeutung". Ergänzt wird das Vorschlagsrecht des Betriebsrates in
Großbetrieben durch die Möglichkeit des „Einspruchs gegen die
Wirtschaftsführung" (§ 111). Andererseits wird es inhaltlich dadurch
beschränkt, daß von vornherein „auf die wirtschaftlichen Notwendig-
keiten des Betriebes Bedacht zu nehmen" ist (§ 109 Abs 2). Fragen der
Produktionstechnik können Gegenstand monatlicher Beratungen
zwischen Betriebsinhaber und Betriebsrat sein (§ 92 Abs 1). De facto
haben allerdings Arbeiter und Angestellte keinerlei Gestaltungsrechte
hinsichtlich der Arbeitsorganisation, der Produktionstechniken und der
Produkte ihres Unternehmens.

a) Ein „Fenster der Verwundbarkeit"?

„Das Arbeitsverfassungsgesetz anerkennt die letzte autonome
Entscheidung des Betriebsinhabers über die Organisation seines
Betriebes."[57] Die Tatsache, daß dieser zweifellos zutreffende Satz gerade
im Zusammenhang mit jener einzigen Bestimmung des Arbeitsverfassungsgesetzes fällt, die ein *effektives* Kontrollrecht der Arbeiter in
technologisch-arbeitsorganisatorischen Fragen verankert — § 96 Abs 1
Z 3 nämlich — beleuchtet die positivrechtlichen und dogmatischen
Schwierigkeiten für eine konkrete Mitwirkung der Arbeitervertreter im
technologischen Bereich.
    § 96 Abs 1 Z 3 macht die „Einführung von Kontrollmaßnahmen und
technischen Systemen zur Kontrolle der Arbeitnehmer" von der

---

1. Einführung von Systemen zur automationsunterstützten Ermittlung, Verarbeitung
und Übermittlung von personenbezogenen Daten des Arbeitnehmers, die über die
Ermittlung von allgemeinen Angaben zur Person und fachlichen Voraussetzungen
hinausgehen. Eine Zustimmung ist nicht erforderlich, soweit die tatsächliche oder
vorgesehene Verwendung dieser Daten über die Erfüllung von Verpflichtungen nicht
hinausgeht, die sich aus Gesetz, Normen der kollektiven Rechtsgestaltung oder
Arbeitsvertrag ergeben;
2. Einführung von Systemen zur Beurteilung von Arbeitnehmern des Betriebes,
sofern mit diesen Daten erhoben werden, die nicht durch die betriebliche Verwendung
gerechtfertigt sind.
Gem. Abs 2 kann die Zustimmung des Betriebsrates durch eine Entscheidung der
Schlichtungsstelle ersetzt werden. Vgl dazu NN, Neue Technologien und Arbeitsrecht,
in: RdW 1985, 343 und Löschnigg, Günther, Die Mitbestimmung des Betriebsrates
bei Personaldatensystemen — Neuerungen der ArbVG-Novelle 1986, Wien 1986.
57 Tomandl, Theodor, Rechtsprobleme bei der Einführung und Anwendung von
Kontrollmaßnahmen, in: ZAS 1982, 163 ff.

Zustimmung des Betriebsrates abhängig, sofern „diese Maßnahmen (Systeme) die Menschenwürde berühren". Ohne Zweifel: Damit erhält der Betriebsrat ein Vetorecht gegen eine spezielle Verwendungsart spezieller Kontrolltechniken im Betrieb. Der § 96 Abs 1 Z 3 deckt allerdings nur einen kleinen Teil der Einsatzgebiete der Technologie ab. Diese Bestimmung bleibt durch und durch „Abwehr"-Recht, das überdies erst dann zum Tragen kommt, wenn die Menschenwürde auf dem Spiel steht. Dennoch: Im Gegensatz zu allen übrigen „wirtschaftlichen" Mitwirkungsbestimmungen des ArbVG — etwa des erwähnten § 109 — ist in § 96 Abs 1 Z 3 erstmals eine betriebsorganisatorische Frage einem *paritätischen*[58] Mitentscheidungsrecht unterworfen.

Immer schon waren betriebliche Kontrollmaßnahmen bzw. Überwachungssysteme ganz wesentliche Bestandteile von Rationalisierungsplänen. Wenn man nun berücksichtigt, daß Rationalisierungsmaßnahmen grundsätzlich — und von der Praxis immer wieder bestätigt — dem „freien Entscheidungsrecht"[59] des Betriebsinhabers unterliegen, so wird die Tragweite rechtspolitischer Überlegungen zum Mitbestimmungstatbestand „Kontrollmaßnahmen etc." deutlich. *Mosler* hat jüngst den realen Mitbestimmungsgehalt des § 96 Abs 1 Z 3 in Ansehung der Einführung betrieblicher Personalinformationssysteme überprüft und eine praxisorientierte Neuregelung vorgeschlagen: „Die jeweiligen Interessensvertretungen sollten Kollektivverträge abschließen, die zu klären hätten, *ob* und wenn ja, *welche* Systeme eingeführt werden dürfen und welche begleitenden Maßnahmen gesetzt werden. Die nähere Ausgestaltung sollte hingegen in erzwingbaren Betriebsvereinbarungen geschehen (...)."[60] *Mosler* schlägt vor, den § 96 Abs 1 Z 3 auf technische Kontrollsysteme zu beschränken, das Kriterium des „Berührens der Menschenwürde" gänzlich fallen zu lassen und einen Kollektivvertragsvorbehalt einzuführen.[61] Damit löste er den Mitbestimmungsanspruch der Belegschaft bei der Einführung von Kontrollmaßnahmen oder -techniken seitens des Managements aus dem Junktim der Gefährdung eines elementaren Persönlichkeitsrechts. Er konzipiert die qualifizierte Mitbestimmung des Betriebsrates gem. § 96 als Gestaltungsrecht der Gewerkschaften (durch den Kollektivvertrag) bzw. des Betriebsrates

---

58   STRASSER, Rudolf, in: FLORETTA, Hans/STRASSER, Rudolf, Kommentar zum Arbeitsverfassungsgesetz, Wien 1975, 521 f, qualifiziert die Tatbestände des § 96 Abs 1 Ziffern 1—3 als Unterfälle der zwingenden Mitbestimmung (sog. unbedingt zwingender Mitbestimmung), bei der jegliche Schlichtung ausgeschlossen ist. Siehe auch FLORETTA, Hans/SPIELBÜCHLER, Karl/STRASSER, Rudolf, Arbeitsrecht II, Kollektives Arbeitsrecht, 2. A., Wien 1984, 268 ff, 282 f, 289 f.

59   In diesem Sinne auch die Spruchpraxis der Einigungsämter, z. B. Feldkirch (11. 4. 1980, Re 7/80), Graz (25. 9. 1980, Re 133, 135/1980), Innsbruck (25. 5. 1981, Re 24/80) und Salzburg (21. 12. 1981, Re 46/81), in: ZAS-Judikaturspiegel 1980—1982.

60   MOSLER, Rudolf, Personalinformationssysteme und Mitbestimmung der Belegschaft gemäß § 96 Abs 1 Z 3 ArbVG, in: DRdA 1983, 253 ff.

61   MOSLER, Personalinformationssysteme, 263 (Fn 60).

(durch Betriebsvereinbarungen) in einem betriebsorganisatorischen Teilbereich. Wichtig scheint mir *Moslers* Unterscheidung zwischen der *Einführung* und der *Anwendung* von technischen Kontrollsystemen: Hat die Gewerkschaft oder der Betriebsrat der Einführung eines bestimmten Kontrollsystems zugestimmt, so soll die Schlichtungsstelle Kontroversen über seine Anwendung entscheiden können.[62]

Schon dieser — ausgewogene — Verbesserungsvorschlag zum einzigen realen Mitbestimmungsinstrument der Arbeiter in Technologiefragen wird auf den Widerstand jenes Teils der Arbeitsrechts-Lehre stoßen, für den es beim Problem der Zustimmungspflicht bei Kontrollmaßnahmen gem. § 96 Abs 1 Z 3 vorrangig darum geht, zu bestimmen, wann „Eingriffe in einzelne Persönlichkeitsrechte des Arbeitnehmers wegen überwiegender schutzwürdiger Interessen des Arbeitgebers als rechtmäßig und damit als vom Arbeitnehmer zu dulden anzusehen sind".[63] *Tomandl* bringt interessante Argumente gegen die zwingende Mitbestimmung in Fragen der Kontrollmaßnahmen: So befürchtet er unter anderem, daß auf dem Umweg der in § 96 Abs 1 Z 3 normierten Zustimmungspflicht in den Fällen, wo „eine bestimmte betriebliche Tätigkeit ohne ausreichende Kontrollen nicht durchführbar (ist), der Betriebsrat (...) faktisch ein paritätisches Mitentscheidungsrecht über den Unternehmensgegenstand"[64] erhalten könnte. Kontrolle wird hier — der Realität entsprechend — als integrierter Bestandteil der Produktionsorganisation selbst gesehen. Konsequenterweise — und weil das auf dem Eigentumsschutz beruhende „Kontrollbedürfnis des Arbeitgebers" ausreichende „Überwachungsmaßnahmen" rechtfertige —[65] fordert *Tomandl* eine Änderung des ArbVG in dem Sinne, daß der Arbeitgeber die fehlende Zustimmung des Betriebsrates zu menschenwürdeberührenden Kontrollmaßnahmen durch Einholen der Entscheidung der Schlichtungsstelle (§ 159 Arb VG) ersetzen kann. Mit einer solchen „mittleren Lösung zwischen notwendiger und erzwingbarer Mitbestimmung"[66] wäre allerdings der bescheidene Spielraum für autonome Mitsprache der Belegschaft im Betrieb weiter verengt und ein „Fenster der Verwundbarkeit" der Unternehmensleitung geschlossen: Das „Nein" des Betriebsrates zu menschenunwürdiger Überwachung könnte durch ein „Ja, mit Auflagen" der Schlichtungsstelle ersetzt werden.

---

62 MOSLER, Personalinformationssysteme, 263 (Fn 60).

63 TOMANDL, Rechtsprobleme, 168 (Fn 57).

64 TOMANDL, Rechtsprobleme, 175 (Fn 57).

65 TOMANDL, Rechtsprobleme, 171 (Fn 57).

66 TOMANDL, Rechtsprobleme, 175 (Fn 57).

b) Betriebsvereinbarungen und Technologiehoheit

Die Technologiehoheit des Betriebsinhabers bzw. Managements ist auch nicht durch erzwingbare Betriebsvereinbarungen „gefährdet". Von allen Angelegenheiten des § 97 ArbVG („Betriebsvereinbarungen"), die im Zusammenhang mit Produktionstechniken stehen, unterliegt nur die „zweckentsprechende Benützung von Betriebseinrichtungen und Betriebsmitteln" (Abs 1 Z 6) einer bedingt erzwingbaren Mitbestimmung, eventuell also einem Spruch der Schlichtungsstelle und damit theoretisch der innerbetrieblichen Einflußnahme seitens der Belegschaft (gem. § 97 Abs 2). Die Arbeitsgestaltung selbst, die immer stärker durch den Einsatz kapitalintensiver Technik geprägt wird, ist hingegen nur Gegenstand fakultativer Mitbestimmung, bei der der Kollektivvertrag die konkreten Mitwirkungsrechte ausgestalten kann (§ 2 Abs 2 Z 5 ArbVG). Zwar stuft *Strasser* die kollektivvertraglichen Mitbestimmungstatbestände in ihrer Beschränkungswirkung gegenüber dem Betriebsinhaber höher ein als jene der erzwingbaren Betriebsvereinbarungen,[67] doch ist der Wert ersterer solange rein hypothetisch, solange die Kollektivvertragspartner auf ihrer Regelungsebene keine Maßstäbe für „menschengerechte Arbeitsgestaltung" setzen.[68]

Für *Strasser* besteht hinsichtlich der Betriebsvereinbarungen über die Arbeitsgestaltung „ein auffallender Mangel der derzeitigen Rechtssituation (. . .) ganz sicher darin, daß aus dem weiten Bereich der möglichen betriebsverfassungsrechtlichen Rechtsetzung im Felde der Arbeitsgestaltung nur ganz eng umschriebene (§ 97 Abs 1 Z 6a) und in ihrer sozialpolitischen Bedeutung banale (Z 6) Segmente der erzwingbaren Mitbestimmung unterworfen sind."[69] Vom Standpunkt der Belegschaftsrechte her wäre es zweifellos ein Fortschritt, wenn die Kompetenz zur „menschengerechten Arbeitsgestaltung" über die Kollektivvertragspartner hinaus auch auf die Ebene der Betriebspartner ausgedehnt würde, etwa durch ihre Zuordnung zu den Tatbeständen der erzwingbaren Mitbestimmung.

In der Realität sind es allerdings weniger die arbeitsrechtlichen Schranken als der Charakter der Produktionsanlagen und -techniken selbst, der nur marginale Gestaltungsmöglichkeiten des Arbeitsprozesses offenläßt. Erzwingbare Mitbestimmungsmöglichkeiten müßten daher früher, „tiefer" ansetzen. Der Gesetzgeber, der in § 96 Abs 1 Z 3 der Einführung von Kontrollmaßnahmen und -techniken zumindest die

---

67 STRASSER, Rudolf, Betriebsvereinbarungen über die Arbeitsgestaltung, in: TOMANDL, Theodor (Hg.), Probleme des Einsatzes von Betriebsvereinbarungen, Wien 1983, 61 ff.

68 In den Kollektivverträgen von Eisen- und Metallindustrie und -gewerbe vom November 1982 und im Kollektivvertrag für die Bauindustrie und das Baugewerbe vom April 1983 finden sich keinerlei diesbezügliche Vereinbarungen.

69 STRASSER, Betriebsvereinbarungen, 79 (Fn 67).

Hürde des Persönlichkeitsrechts „Menschenwürde" entgegensetzt, könnte auch die Einführung neuer *Produktionstechniken* an diese Minimalvoraussetzung binden. § 96 ArbVG zeigt dabei einen Weg auf, die Mitbestimmung in technologischen Fragen rechtlich zu bewältigen.

2. Exkurs: Das Risiko „Sachzwang"

Es ist an dieser Stelle unerläßlich, auf die *politische Dimension* des Problems „Mitbestimmung in technologischen Fragen" einzugehen bzw. sie anhand von Beispielen zu verdeutlichen.

Die Einführung rationellerer Arbeitstechniken löst in der Regel in Zeiten wirtschaftlichen Aufschwungs relativ wenig soziale Spannungen aus. Die Unternehmen ziehen es vor, sich kurzfristig mit Belegschaft und Gewerkschaft zu arrangieren (Lohnzugeständnisse etc.), wenn sie durch diese Taktik langfristig ihre Technologiehoheit absichern können. In einer derartigen Weltwirtschaftsphase erkämpfte sich 1971 die norwegische Metallarbeitergewerkschaft formelle „Datenabkommen" mit den Unternehmern, in denen die Rolle der Gewerkschaften bei Technologiefragen festgelegt wird: „Technologiebetriebsräte" (data shop-stewards) überwachen die Einführung neuer Techniken im Betrieb und versuchen, „die Faktoren zu erfassen, die die Macht der Arbeiter und ihrer Gewerkschaften untergraben".[70] *Teilweise* gelang es den Gewerkschaften, „die Technologie für den Arbeiter zu entzaubern" und die Arbeiter „für eine Einflußnahme auf technische Neuanschaffungen zu mobilisieren".[70]

Andererseits: Im Sommer 1983, als der US-Konzern „AT & T" (American Telephone & Telegraph Company) von seinen Angestellten und Arbeitern Lohnverzichte verlangte, wehrten sich die „Communication Workers of America" mit der Forderung nach gewerkschaftlicher Kontrolle bei der Einführung neuer Technologien. Daraufhin brach „AT & T" die Verhandlungen ab und 700.000 Arbeiter und Angestellte gingen in allen Staaten der Union in den Streik. Obwohl damit über 90% der „AT & T"-Belegschaft im Ausstand war, funktionierten die Telefone weiter. Sabotageakte gegen Telekommunikationsanlagen wirkten sich schließlich gegen die Streikenden selbst aus. Die fortgeschrittene Technologie war imstande, diesen gigantischen Arbeitsausfall zumindest kurzfristig zu verkraften und den Konflikt zugunsten des Managements zu entscheiden.

Die wachsende Kapitalintensität der industriellen Produktion in den Industriestaaten verändert die Beziehungen zwischen den Partnern im Arbeitsprozeß. Auch die Verrechtlichung des Kapitalverhältnisses kann

---

70 SHAIKEN, Harvey, Neue Technologien und Organisation der Arbeit, in: Leviathan 1980, 190 ff.

nicht verhindern, daß im Zuge der laufenden technologischen Rationalisierung die Lohnarbeit zu einer Restgröße, zu einem Anhängsel einer weitgehend automatisierten Produktion verkommt. Da Ausgangspunkt und zugleich Orientierungspunkt der technologischen Forschung und Entwicklung immer mehr „die Maschine" und ihre Funktionen sind, bleibt im Zuge der Krisenbewältigung für die Verbesserung menschlicher Qualitäten weder Zeit noch Geld übrig. In jenen Sektoren der Wirtschaft, wo immer mehr der Computer den Maßstab für die menschliche Funktion setzt, werden die Anforderungen an die Intelligenz des einzelnen vermindert, seine Kreativität beschränkt, seine beruflichen Fähigkeiten auf immer speziellere Teilbereiche eingegrenzt. Mit steigendem technologischen Niveau in Produktion, Dienstleistungssektor und Verwaltung werden immer kompliziertere manuelle und geistige Arbeitshandlungen von Maschinen übernommen. Auf dem oberen und unteren Ende der Qualifikationsskala bleibt für die menschliche Arbeit: Planung, Vorbereitung, Instandhaltung einerseits — unqualifizierte Montage und Überwachungstätigkeit andererseits.[71]

Der *qualitative* Kompetenzverlust ganzer Kategorien von Facharbeitern wirkt sich unmittelbar auf die *Quantität* der menschlichen Arbeit, auf die Beschäftigtenzahlen aus: Ein wegrationalisierter Arbeiter mit niedriger oder zu spezialisierter Qualifikation findet sehr schwer einen neuen Job. Die große Zahl solcher Arbeitsloser beeinflußt wiederum direkt die *Qualität* der Arbeit der Beschäftigten: Sie drückt das Lohnniveau[72] und führt zur Erhöhung der Belastungen der Beschäftigten (Temposteigerung, Ausweitung des Schichtbetriebes) und des Gesundheitsrisikos für Arbeitende und Arbeitslose.[73] Der Einsatz neuer Produktionstechniken bewirkt also, daß sich das Schwergewicht der menschlichen Beanspruchung verlagert, der Anpassungsdruck an technische „Sachzwänge" erhöht und dabei allgemein die *Risiken* für den abhängig arbeitenden Menschen zunehmen.

---

71 Die Polarisierung findet ihren unmittelbaren Niederschlag in den Einkommensunterschieden: In der US-Mikroelektronikindustrie liegen die Arbeiterlöhne um 30% unter dem Durchschnitt jener der „alten" Industrien; Ingenieure und Programmierer erhalten hingegen vergleichsweise überdurchschnittliche Gehälter (Daten des US-Arbeitsamtes, zitiert nach „Il manifesto" vom 24. 3. 1984).

72 In Österreich sank die Lohnquote von 1981 auf 1982 neuerlich um 2,6% und liegt derzeit auf der Höhe des Jahres 1974 („Sozialbericht 1982" des Bundesministeriums für soziale Verwaltung), der Reallohn des durchschnittlichen Industriearbeiters ist unter das Niveau von 1975 gesunken (Statistische Nachrichten 7/1983, Österreichisches Statistisches Zentralamt).

73 Weniger problematisch ist für die folgenden Autoren das Verhältnis Technologie — Arbeitswelt: HEYWANG, Walter, Technische Innovation als notwendiger Wirtschaftsfaktor; WARNECKE, Hans-Jürgen, Auswirkungen neuer technischer Entwicklungen auf die Organisation der Produktion; RICHTER, Rudolf, Auswirkungen neuer Technologien auf die Qualifikationsstruktur, alle in: WiPolBl 1981, 25—51.

Ich glaube nun, daß eine Neudefinition des Risikobegriffes die — zunächst theoretische — Möglichkeit eröffnet, den Mitbestimmungsanspruch der geänderten Realität der modernen Produktionsprozesse anzupassen. Damit zusammenhängend wandeln sich nämlich mit der Arbeit selbst auch die gefährdeten Elemente der menschlichen Persönlichkeit. Zu den fortdauernden Risken für die Gesundheit und die körperliche Sicherheit, zur zunehmenden Gefährdung von Arbeitsplatz und Einkommensniveau treten nun verstärkt das *Qualifikations-* und das *Kompetenzrisiko* hinzu.[74] Diese Risken des arbeitenden Menschen sind im Vergleich zum „Investitionsrisiko", dem „Unternehmerrisiko" oder dem „Risikokapital" wenig bekannt ... Sie sind alles andere als Rechtstermini und umschreiben doch Vorsorge- und Regelungsdefizite in einem sozialen Rechtsstaat. Insbesondere die Gefahren des beruflichen Qualifikations- (schlechte, einseitig ausgerichtete Ausbildung und geringe Anforderungen) und Kompetenzverlustes (Verminderung der Autonomie am Arbeitsplatz selbst, lückenlose Überwachung) stehen in direktem Zusammenhang mit den Mitwirkungstatbeständen des Arbeitsverfassungsgesetzes, insb. mit § 109 Abs 1 Z 4—6. Das österreichische Arbeitsrecht i. w. S[75] postuliert zwar generell „die immer bessere Anpassung der Arbeitsbedingungen an die Menschen, die von ihnen betroffen sind",[76] stattet aber die gesetzlichen Instrumente zur Konkretisierung dieses Vorhabens — im einzelnen etwa den genannten § 97 Abs 1 Z 9 (Betriebsvereinbarungen zur menschengerechten Arbeitsgestaltung) — zu dürftig aus, um damit der Gesetzmäßigkeit des elektronischen Zeitalters entgegenwirken zu können: In Fabrik oder Büro ist es immer noch ausschließlich der *Mensch*, der sich den Arbeitsbedingungen anpassen muß.

Ein Mitwirkungsrecht, das heute erst unterhalb der „technologischen Entscheidungen" ansetzt, wird endgültig in die Marginalität gedrängt, wird zur lästigen Formalverpflichtung für den — privaten oder öffentlichen — Unternehmensleiter. Ein Mitbestimmungsanspruch hingegen, der technologische Fragen miteinschließt, berührt sehr bald und zwangsläufig die *Frage des Kapitaleinsatzes* und damit eine zentrale unternehmerische Prärogative. Das geltende Arbeitsverfassungsrecht läßt eine solche extensive Interpretation der Mitwirkungsrechte nicht zu — ihre Weiterentwicklung könnte jedoch schon bald nötig werden: um zu verhindern, daß bestehende Mitbestimmungsrechte durch technologische „Sachzwänge" entwertet werden.

---

74   Ich folge hier einem Gedanken von Rose, Helmut/Jansen, Hinrich, Behinderung statt Entwicklung der Arbeitnehmerpersönlichkeit durch Computertechnologien?, in: Zeitschrift für Arbeitswissenschaft 1981, 247 ff.

75   Vgl. §§ 89—111 ArbVG; § 1 Abs 1 lit d AMFG; § 2 Abs 2 ANSchG.

76   So Strasser, Betriebsvereinbarungen, 70 (Fn 67).

3. Produktion und Kontrolle: Die Grenzen verschwimmen

Für die Chancen einer demokratischen Beeinflussung der technischen Entwicklung auf Betriebsebene wird in Zukunft jener Aspekt immer bedeutsamer werden, den *Tomandl* gegen eine qualifizierte Mitbestimmung der Belegschaft bei Kontrollmaßnahmen ins Treffen führt:[77] Die — objektive — Schwierigkeit nämlich, eine Grenze zu ziehen zwischen „Produktions"- und „Kontroll"-Technologie.

Die funktionalen Unterschiede zwischen Produktionsapparaten und den „technischen Systemen zur Kontrolle der Arbeitnehmer" (Art 96 Abs 1 Z 3 ArbVG) sind besonders im Bereich der sog. Zukunftsindustrien kaum feststellbar. Bei z. T. erheblichen geografischen Unterschieden ist diese Entwicklung in jenem Teil des tertiären Sektors besonders ausgeprägt, wo neue Informationstechnologien zum Einsatz gelangen (etwa Textverarbeitungsmaschinen, Minicomputer, computerisierte Telefon-Terminals). *Feser/Lärm* führen den breiten Einsatz der neuen Informationstechnologien nicht zuletzt darauf zurück, „daß dadurch nicht nur arbeits- und kapitalsparende Effekte erzielt werden, sondern zugleich ein enormes Kontrollpotential verfügbar wird. Denn die Informationstechnologien sind als zentralisiertes Kontrollinstrument für Arbeitsabläufe einsetzbar (...)".[78] In stark informatisierten Betrieben, etwa dort, wo Bildschirmarbeit vorherrscht, ist die Kontrollfunktion eine „angeborene" Eigenschaft der Arbeitsmittel und der Organisationsabläufe. Die Arbeiterinnen und Arbeiter am „Videoterminal" von Honeywell-Bull/Mailand werden von den Produktions-Programmen soweit kontrolliert, daß nicht nur die Menge und die Qualität der individuellen Arbeitsleistung genau festgehalten wird, sondern auch der genaue Arbeitsanfang, die Anzahl der Arbeitsgänge, die Fehlerquote und die Länge der Pausen. Italienische Juristen[79] sehen in dieser Praxis eine Verletzung der Bestimmungen des Arbeiterstatuts von 1970,[80] das den „Gebrauch audiovisueller Anlagen und anderer Einrichtungen zur Überwachung der Arbeitstätigkeit aus der Ferne" verbietet (Art 4 Abs 1). Gem. Abs 2 dieses Artikels können derartige Anlagen zwar zur Produktionskontrolle oder aus Sicherheitsgründen am Arbeitsplatz

---

77 TOMANDL, Rechtsprobleme, 171 (Fn 57): An dieser Stelle gelingt es dem Autor, den Datenschutz *gegen* die Menschenwürde (der Arbeiter) auszuspielen: „Die Zustimmung des Betriebsrates zur Einführung von Kontrollmaßnahmen zur Datensicherung hat ... zu entfallen, wenn ein Einvernehmen mit dem BR nicht zu erzielen und der Datenschutz ohne die Menschenwürde berührende Maßnahmen nicht zu gewährleisten ist" (!).

78 FESER, Hans-Dieter/LÄRM, Thomas, Strukturelle Arbeitslosigkeit, technologischer Wandel und der Einfluß der Mikroelektronik, in: Leviathan 1982, 531 ff.

79 So etwa FERRI, Mario in „Il manifesto" vom 13. 3. 1984.

80 Gesetz Nr. 300 vom 20. Mai 1970 (Normen über den Schutz von Freiheit und Würde der Arbeiter, der Koalitionsfreiheit und der gewerkschaftlichen Betätigung am Arbeitsplatz und Normen über die Arbeitsvermittlung).

installiert werden, wenn sie dabei jedoch eine versteckte Kontrolle der Arbeiter ermöglichen, ist zur Einführung die Zustimmung der Gewerkschaftsvertretung oder des Betriebsrates vorgeschrieben. Bei fehlender Einigung entscheidet das Arbeitsinspektorat.

In Italien wie in Österreich könnten diese „Normen zum Schutz der Freiheit und Würde der Arbeiter" sehr bald obsolet werden: Die Mikroprozessor-Technologie der achtziger Jahre ermöglicht es z. B., an Werkzeugmaschinen Minicomputer anzubringen, die die Arbeitsvorgänge des menschlichen Zu-Arbeiters steuern; der Designer eines Automodells kann mit Hilfe „computerunterstützter numerischer Steuerung" vom Bildschirm im zentralen Konstruktionsbüro aus nicht nur die „Form" entwerfen, er kann auch die Herstellung des Objekts programmieren und korrigierend in sie eingreifen. Die Programmierer lösen die Maschinenbediener in der Kontrolle der Maschine ab, können aber ihrerseits leichter vom zentralen Management kontrolliert werden. Die Restaufgaben des Maschinenarbeiters an seinem „vertikal integrierten Arbeitsplatz"[81] sind — noch bevor sie von sekundären, z. B. audio-visuellen, Überwachungsmaßnahmen erfaßt werden — schon von der Maschine und vom Produktionsrhythmus selbst kontrolliert.

4. Rechtspolitische Folgerungen

Während für Arbeitsrechtler wie *Tomandl* die zunehmende Integration von produktivem und kontrollierendem Apparat im Betrieb Anlaß ist, auf eine Abschwächung positivrechtlicher Mitbestimmungsrechte der Belegschaft zugunsten des Betriebsinhabers zu drängen,[82] können rechtspolitische Schlußfolgerungen, die von Wortlaut und Idee des österreichischen „Grundgesetzes" der industriellen Beziehungen ausgehen, nur in die Gegenrichtung weisen. Will der Gesetzgeber ernsthaft einen Beitrag zur *sozialen* Bewältigung des Technologieproblems leisten, will er wirklich durch die Mitbestimmungsregelung „die Modalitäten der Erfüllung der Arbeitspflicht an die Bedürfnisse des Menschen anpassen",[83] will er auch unter radikal veränderten technisch-organisatorischen Rahmenbedingungen der Arbeit auf die vielbeschworenen Maßnahmen zur menschengerechten Arbeitsgestaltung des ArbVG[84] nicht verzichten, so muß er primär die Betroffenen stärker in die Verantwortung für die technische Entwicklung einbeziehen.

---

81 Shaiken, Neue Technologien, 196 (Fn 70).

82 Tomandl, Rechtsprobleme, 175 (Fn 57).

83 Strasser, Betriebsvereinbarungen, 70 (Fn 67).

84 Siehe dazu insb. Strasser — zu § 97 Abs 1 Z 9 — in: Floretta/Strasser, Kommentar, 566 f (Fn 58).

Wenn man von den im Arbeitsverfassungsgesetz verankerten Mitbestimmungsmöglichkeiten ausgeht, so wäre diese stärkere Einbindung der Belegschaft zum Beispiel durch die Ausweitung der Tatbestände des § 96 Abs 1 Z 3 erreichbar.

Eine Ausweitung des gleichberechtigten Mitentscheidungsrechts mit der Beschränkungswirkung des § 96 Abs 1 Z 1—3 ist aber nicht nur deshalb notwendig, weil Persönlichkeitsrechte des Arbeiters — z. B. seine Menschenwürde — von einer in die Produktionsapparate eingebauten Kontrolltechnologie bedroht sind (die langfristig effizienter als TV-, Telefon- oder Magnetkartenüberwachung ist); die Verbesserung dieses rechtlichen Abwehrinstruments gegenüber einem umfassenden, durch neue Technologien ermöglichten Zugriff auf den einzelnen ist die Voraussetzung dafür, daß *andere* gesetzliche Mitwirkungsrechte — wie etwa die in den §§ 109 und 111 ArbVG verankerten einfachen Beratungs- und Einspruchsrechte — überhaupt ausgenützt werden können:

Solange der Arbeiter — aber auch der Journalist, der Programmierer, die Schreibkraft, auch der Wissenschaftler — eine relative Kontrolle über die eigene Arbeit hat und auf Grund seiner Qualifikation *relativ* unentbehrlich ist, solange bleiben ihm eine gewisse Selbstbestimmungsmöglichkeit und positive Anreize zur Mitgestaltung des Arbeitsprozesses. Wenn — zugunsten „rationellerer" Produktionsabläufe — die Autonomie des abhängig Arbeitenden völlig beseitigt wird, verschwindet zusammen mit den konkreten Mitwirkungschancen auch die Motivation zur eigenen Initiative. Welche Sachkompetenz und welche Verhandlungsmacht kann etwa ein Betriebsrat aufbringen, dessen Unternehmen die Belegschaft halbiert, Hand- und Kopfarbeit polarisiert, jeden Schritt durch Computer registriert und die Kontrolle über den Arbeitsprozeß an sich immer stärker zentralisiert? Wie soll ein Arbeitervertreter bei der „Einführung von Rationalisierungs- und Automatisierungsmaßnahmen" (§ 109 Abs 1 Z 6) im Interesse der Belegschaft mitwirken, wenn seine betriebsinterne Funktion das erste Opfer einer uneingeschränkten Technologiehoheit des Betriebsinhabers ist?

An der Technologiehoheit zerschellen die Ansprüche nach Erweiterung der betrieblichen Demokratie. Kein Mitwirkungstatbestand der geltenden österreichischen Arbeitsverfassung läßt eine sozialorientierte Steuerung des Einsatzes neuer Produktionstechniken zu, selbst die Abwehrrechte zum Schutz der Menschenwürde sind in Gefahr, verwässert zu werden. Die Drittelbeteiligung der Arbeitervertreter im Aufsichtsrat größerer Unternehmen hat sich nach zehnjähriger Praxis in dieser Hinsicht als ein untaugliches Instrument erwiesen.[85] Auf der „höchsten" Ebene der Wirtschaftsdemokratie beschränken sich Gewerk-

---

85 KEHRER, Alois, Wie bestimmen Betriebsräte im Aufsichtsrat mit? Bemerkungen zur Beteiligung an der Machtlosigkeit, in: „mitbestimmung" 3/82, 1 ff.

schaftsbund und Arbeiterkammern als Sozialpartner darauf, die *Anwendung* der integrierten Produktions- und Überwachungstechnologie zu regeln. In Wirklichkeit sind aber nicht einmal die „für die Arbeitnehmer nachteiligen *Folgen*" von Betriebsänderungen (§ 109 Abs 2 ArbVG) Gegenstand des sozialen Kompromisses, zu einseitig ist die Last der gegenwärtigen technologischen Umstrukturierung verteilt.

Doch: ist ein Kompromiß überhaupt möglich? Wie läßt sich ein Ausgleich finden zwischen der „Technologie vom Managementstandpunkt" und der Notwendigkeit von Produktionstechniken, Produkten und Arbeitsabläufen, die nach menschlichen Bedürfnissen und ökologischen Gesetzmäßigkeiten ausgerichtet sind? Wenn überhaupt, dann nur über den „Umweg" einer allseitigen Demokratisierung. Für den Bereich der Technologie ist sie deshalb so schwer durchzusetzen, weil sie für die Hüter der Technologiehoheit *mehr* als nur kurzfristiges Einlenken zugunsten langfristiger Machtfestigung bedeuten würde ... Weil es aber — ungeachtet aller Schwierigkeiten — bereits viele Initiativen zur Sozialorientierung der Technik gibt, wird auch die Rolle von Gesetzgebung und Rechtswissenschaft in diesem Zusammenhang aktuell. Letztere hat zumindest die Aufgabe, dogmatische Hindernisse für eine Sozialorientierung aus dem Wege zu räumen und die Phantasie der Gesetzgeber zu stimulieren.

Die Rolle des internationalen Wirtschaftsrechts in der Krise

von

CLAUS EISELSTEIN, STUTTGART

I. Krise der Weltwirtschaft – Krise des Wirtschaftsrechts?

Heutzutage über das internationale Wirtschaftsrecht zu sprechen, ist eine unübersichtliche, mitunter auch unbefriedigende Angelegenheit. Bis weit in die Nachkriegszeit war es als eigene Rechtsmaterie teilweise gar nicht anerkannt, teilweise auf einige rudimentäre Prinzipien reduziert,[1] und auch heute noch sind sein Regelungsgegenstand und seine bestimmenden Grundsätze unklar.[2] Aber selbst unter der Annahme des Bestehens eines wie immer gearteten „klassischen" Systems des internationalen Wirtschaftsrechts muß man erkennen, daß dieses in

---

[1] Erste Ansätze finden sich allerdings schon bei Preuss, Hugo, Das Völkerrecht im Dienste des Wirtschaftslebens, Berlin 1891, der auf S 9 mit der Bemerkung, das Rechts- und Wirtschaftsleben verhielten sich zueinander wie Form und Inhalt, eine für das internationale Wirtschaftsrecht lange zutreffende Umschreibung geliefert hat, vgl. auch S 14; weitere Werke: Erler, Georg, Grundprobleme des Internationalen Wirtschaftsrechts, Göttingen 1956, insbesondere Vorwort und S 1 ff, 5; Langen, Eugen, Studien zum internationalen Wirtschaftsrecht, München-Berlin 1963; den Versuch einer Systematik liefert Fischer, Peter, Das Internationale Wirtschaftsrecht, in: GYIL 1976, 143 ff; noch Sörensen, Max, Manual of Public International Law, London 1968, 45 und Schwarzenberger, Georg, A Manual of International Law, 6. A., Milton 1976, 19 erwähnen das internationale Wirtschaftsrecht als „neue Disziplin"; ein neues bemerkenswertes Werk ist die Studie von Ver Loren van Themaat, Pieter, The Changing Structure of International Economic Law, The Hague u. a. 1981.

[2] Wiethölter, Rudolf, Stw. Wirtschaftsrecht, in: Görlitz, Axel (Hg.), Handlexikon zur Rechtswissenschaft, München 1972, 531 ff nennt es ein „zauberisches Paradoxon"; vgl. auch Raiser, Ludwig, Der Gegenstand des Wirtschaftsrechts, in: ZHR 1979, 338 ff; Schwarzenberger, Georg, The Principles and Standards of International Economic Law, in: RdC 1966, 7 ff.

Ansätzen schon seit über 20 Jahren, in verstärktem Maße seit den Wirrungen der frühen 70er-Jahre (Zusammenbruch des Bretton-Woods-Systems, Ölkrise)[3] in eine geradezu chaotische Umbruchs- und Aufbruchssituation geraten ist. Angesichts der Inflation von Resolutionen, Deklarationen und Konventionen, von Konferenzen, Gipfeln, Dialogen, Trilogen etc. verwischt sich die Grenze von Recht und Politik, von rechtlichem Anspruch und bloßer Forderung.[4] Dabei scheinen greifbare systematische Fortschritte momentan unerreichbar zu sein, das notwendige Aufeinanderzugehen in der Wirtschaftskrise durch nationale Egoismen blockiert. Letzteres gilt ebenso — und angesichts der gesellschafts- und wirtschaftspolitischen Verwandtheit der Beteiligten ist das noch schmerzlicher — für den Bereich der Europäischen Gemeinschaften (EG). Das Scheitern diverser Gipfel in den letzten Jahren ist ein beredtes Beispiel dafür.[5] Dennoch ist gerade der Gemeinsame Markt ein Paradebeispiel für die Möglichkeit internationaler Regelung der immer komplexer werdenden und sich damit der nationalen Kontrolle entziehenden Wirtschaftsfragen, für den eine Alternative nicht in Sicht ist.

Der folgende Vortrag beginnt mit einer Darstellung der Ziele, Probleme und Aufgabenstellungen, mit denen das internationale Wirtschaftsrecht fertig werden muß, gefolgt von einer Analyse der Rechtstechniken und Rechtsprinzipien, die dazu angewendet bzw. gefordert werden. Im Anschluß daran wird das interne und externe Europäische Gemeinschaftsrecht grundrißartig dargestellt und unter dem Aspekt der Neuen Internationalen Wirtschaftsordnung (NIWO) untersucht.

Über die Ursachen und Charakteristika der gegenwärtigen problematischen Wirtschaftslage ist schon vieles gesagt und geschrieben worden.[6] Sie zweifelsfrei erkannt zu haben, hieße, der Überwindung der

---

3   Ein kurzer Überblick über die damaligen Ereignisse z. B. bei BECKER, Jürgen, Entwicklungskooperation in einem sich wandelnden Weltsystem, Frankfurt/M. 1982, 53 ff; PETERSMANN, Ernst U., Internationales Recht und Neue Internationale Wirtschaftsordnung, in: AVR 1980, 17 ff, 24 ff.

4   Sogar der Bericht der Unabhängigen Kommission für Entwicklungsfragen (sog. „Brandt-Kommission") spricht unter Zitierung des UN-Generalsekretärs von „institutionellem Eskapismus" durch jährlich etwa 6000 Konferenzen in New York und Genf und rund eine Million Seiten Dokumente; vgl. North-South, A Programme for Survival, London 1980, 260.

5   Vgl. LOCH, Theo M., Trauer nach Athen tragen, in: EG-Magazin 1/84, 3; STADLMANN, Heinz, Die Zukunft der Europäischen Gemeinschaft nach dem Fehlschlag von Athen, in: EA 1984, 35 ff; THORN, Gaston, in seiner Programmrede vor dem Europäischen Parlament vom 15. 2. 1984, in: VWD „Europa" v. 16. 2. 1984, 1; Dokumente zur Tagung in EA 1984, D 53 ff.

6   Eine aufschlußreiche Darstellung der Probleme und ihrer Lösungsmöglichkeiten bei MÜLLER, Udo/BOCK, Hartmut/STAHLECKER, Peter, Stagflation, Königstein/Ts. 1980, insbes. 15 ff, 25 ff; FRIEDMAN, Milton, Inflation and Unemployment, in: Journal of

Krise ein gutes Stück näher gekommen zu sein. Natürlich kann auch hier insoweit kein Stein der Weisen präsentiert werden, jedoch drängen sich demjenigen, der mit internationalem Wirtschaftsrecht längere Zeit befaßt ist, zwei Feststellungen auf, die für das Verständnis der wirtschaftlichen Veränderungen der Gegenwart von besonderer Bedeutung sind. Zum einen sind letztere nicht nur das Resultat einer zyklisch auftretenden Rezession oder sonstiger konjunktureller, somit überwindbarer Schwierigkeiten, sondern Folge grundsätzlicher, irreversibler Entwicklungen, bzw. des Akutwerdens absoluter Begrenzungen. Während die Welt in früherer Zeit stets aus dem vollen schöpfen konnte, die Ressourcen unerschöpflich schienen und zahlreiche für die menschliche Bedürfnisbefriedigung wichtige Güter wie Luft und Wasser als „frei" galten, d. h. unbegrenzt und deshalb ohne Preis zu haben waren,[7] zeichnet sich jetzt erstmals die Möglichkeit völligen Verbrauches ab. Es ist nur logisch, daß damit für das internationale Wirtschaftsrecht auch gänzlich neue Regelungsprobleme entstehen. Konnte man früher im wesentlichen damit zufrieden sein, dem Produzieren, Handeln, Konsumieren, also dem Wirtschaften schlechthin einen vernünftigen rechtlichen Rahmen, der den Schutz der wichtigsten kollektiven und individuellen Rechtsgüter zu gewährleisten hatte, zu liefern, taucht jetzt die viel schwierigere Aufgabe des Verteilens nicht nur knapper, sondern zu Ende gehender Güter auf, das Ganze noch vermengt mit der sozialpolitischen Forderung nach Umverteilung von den wenigen Habenden zu den Armen der Welt. Die absolute Begrenztheit bewirkt noch ein weiteres: Die einzelnen Fragenkreise des internationalen Rechts lassen sich immer weniger voneinander trennen, die Lösungen erfordern immer komplexer werdende Erwägungen, mit denen das menschliche Gehirn an sich schon Schwierigkeiten hat,[8] und denen das internationale Entscheidungsgefüge, insbesondere das Rechtserzeugungssystem schon gar nicht gewachsen ist. Die Erreichung eines gewünschten Ziels, bzw. umgekehrt die Beseitigung eines unerwünschten Zustandes sind nur bei umfassendem Einsatz und Koordinierung aller Steuerungsmechanismen möglich. Die Begrenzung

---

Political Economy, 1977, 451 ff; die prinzipielle Notwendigkeit einer Neubeurteilung der Lage und einer Anpassung der Zielbestimmungen bei KÜNG, Emil, Weltwirtschaftspolitik, Tübingen 1978, 12 ff, 16 ff; vgl. LEONTIEF, Wassily u. a., Die Zukunft der Weltwirtschaft. Bericht der Vereinten Nationen, Stuttgart 1977; Bericht der „Brandt-Kommission", 23 f (Fn 4); die verschiedenen Berichte an den Club of Rome, die bekanntesten von MEADOWS, Dennis L. u. a., Die Grenzen des Wachstums, Stuttgart 1972 und TINBERGEN, Jan u. a., Wir haben nur eine Zukunft, RIO-Bericht an den Club of Rome, Opladen 1977.

7   Zur Entwicklung vgl. STREISSLER, Erich, Die Knappheitsthese — Begründete Vermutungen oder vermutete Fakten, in: SIEBERT, Horst (Hg.), Erschöpfbare Ressourcen, Berlin 1980, 9 ff, 17 ff.

8   LÖBSACK, Theo, Die letzten Jahre der Menschheit, München 1983, darin vor allem 20 ff, 226 ff; seine Thesen sind allerdings sehr umstritten, vgl. Überblick beim Autor selbst, 13 ff.

auf einzelne Maßnahmen kann zu gegenläufigen Effekten auf anderen
Gebieten führen und dadurch möglicherweise das Gegenteil vom
erstrebten Ziel bewirken. Ein Beispiel dafür ist die sattsam bekannte
Ölpreisexplosion. Entsprechend der schon lange vorgebrachten Entwick-
lungsländerforderung, Produzentenkartelle zur Förderung und Stabilisierung der Rohstoffexporterlöse zu bilden,[9] hatten die OPEC-Staaten in
der Tat aufgrund der Besonderheiten des Rohstoffs Erdöl erstmals eine
zwangsweise Erhöhung der Preise erreichen können.[10] Dieser prima facie
für sie positive Effekt erwies sich aber schon bald als Bumerang, da, wie
gesagt, nur an einem wirtschaftlichen Hebel gedreht worden war. Erstens
gerieten zahllose, nicht erdölbesitzende Entwicklungsländer in tiefgreifende Schwierigkeiten, was nicht nur ihre eigene Entwicklung
beeinträchtigte, sondern darüberhinaus erst das gegenwärtige Verschul-
dungsproblem schuf, das seinerseits das internationale Finanz- und damit
letztlich auch das ganze Weltwirtschaftssystem aufs höchste gefährdet.[11]
Zweitens wurden die Industrieländer in eine Krise gestürzt, obwohl nur
aus ihrer industriellen Kapazität und Technologie letztlich die
Ressourcen für die Weltwirtschaftsentwicklung (auch der OPEC-Staaten)
fließen können. Die mangelnde Absorptionsmöglichkeit der Petro-
Dollars führte im übrigen zu vagabundierenden Geldmassen, die
gleichfalls destabilisierend auf die Weltwirtschaft wirkten. Schließlich
und endlich führte der über Nacht in die Ölländer hereingebrochene
Reichtum keinesfalls immer zu einer Genesung der dortigen Wirtschaft.
Zum einen war der Geldüberfluß gar nicht sinnvoll zu investieren, zum
anderen versank man, wie das Beispiel Nigeria deutlich zeigt, in den
Traum ewigen mühelosen Reichtums, überwand die Monokultur nicht
und vertat kostbare Zeit und Energie.[12]

---

9 Erste Ansätze dazu waren schon auf der Bandung-Konferenz von 1955 erkennbar; im
   Anschluß an die Ölkrise gelang die Formulierung eines solchen Rechts in Art. 5 der
   Charta der wirtschaftlichen Rechte und Pflichten der Staaten, GV-Resolution 3281
   (XXIX) v. 12. 12. 1974, in: ILM 1975, 251 ff; nicht explizit, aber ähnlich auch der UN-
   Kartellrechtskodex v. 5. 12. 1980, in: ILM 1980, 813 ff, Sektion C 7, C 7b und Teil I 1
   des Aktionsprogramms zur Errichtung einer NIWO, GV-Resolution 3202 (S-VI) v. 1.
   5. 1974, in: ILM 1974, 720 ff; zur Verhandlungsgeschichte und zum Diskussionsstand
   STEMBERG, Harald, Die Charta der wirtschaftlichen Rechte und Pflichten der Staaten,
   Berlin 1983, 36 ff, 62 ff.

10 Eine zusammenfassende Darstellung der Ursachen, Entwicklung und Folgen der
    Ölkrise bei COLARD, Daniel, De la crise de l'energie au dialogue Nord-Sud, Studia
    diplomatica 1975, 629 ff; MAULL, Hans W., Erdöl als politische Waffe, in: Die
    internationale Politik 1973/74, 43 ff.

11 Nach der internationalen Schuldenübersicht der Weltbank (VWD „Europa" v. 8. 2.
    1984) waren die 102 Entwicklungsländer, die der Bank regelmäßig berichten, Ende
    1983 mit rund 810 Mrd. Dollar verschuldet. Noch 1973 beliefen sich die Schulden
    dagegen nur auf rund 100 Mrd. Dollar. Die gegenwärtigen Verpflichtungen liegen
    somit deutlich über den jährlichen Exporterlösen der Dritten Welt (VWD „Europa" v.
    27. 9. 1983).

12 Zahlen für Nigeria aus jüngerer Zeit in International Trade 1981/82, GATT, Genf 1982,
    153 ff; für ein weiteres Entwicklungsland — Ecuador — vgl. REGENHARDT-DEIN, Eva-

Neben Begrenztheit und Komplexität stehen dem Weltwirtschaftsrecht weitere Veränderungen zur Bewältigung ins Haus. In den Industrieländern macht sich zunehmend eine Entwicklung bemerkbar, die allgemein sowie in den Referaten zum ersten Thema dieser Tagung mit dem Stichwort „Postmaterialismus" in Verbindung gebracht worden ist.[13] In den Entwicklungsländern findet sich eine vergleichbare Tendenz. Zunehmend erkennt man hier emanzipatorische Bestrebungen und eine Hinwendung zu neuem Regionalismus, Betonung der kulturellen Eigenarten der Völker und zu „indigenous technologies and social structures" anstelle der Übernahme der entsprechenden Werte der Europäer.[14] Mit dieser Zusammenballung von Problemen kommt das internationale Wirtschaftsrecht bisher nicht zu Rande. Als Folge entstehen gravierende Fehlallokationen (man denke nur an die gigantische Arbeitslosigkeit versus wachsender Bedürfnisse und Not) sowie eine sich ausweitende Kluft zwischen Arm und Reich. Die gewandelten wirtschaftlich-politischen Probleme, das Entstehen neuer Aufgaben und die Umdefinierung von Zielen fordern das internationale Wirtschaftsrecht heraus, neue Rechtstechniken und Instrumente herauszubilden. Diesem Faktum entspricht auch, wie gleich zu zeigen sein wird, die Diskussion um die NIWO. Auffallend ist dabei, daß diese Diskussion völlig einseitig von Entwicklungsländern geführt und durch deren Forderungen bestimmt ist. Obwohl die Krise nicht innerhalb des gegenwärtigen Systems lösbar ist, die Industrieländer somit nicht unter sich durch einige Manipulationen wieder zum Wachstum kommen können, findet man auf ihrer Seite kaum einen konstruktiven Ansatz, die EG mit ihren Lomé-Abkommen ausgenommen. So mag es sein, daß die folgende Darlegung ein wenig einseitig auf Entwicklungsländerprobleme abgestimmt scheint. Allerdings darf man sich nicht täuschen lassen: Unter den von der Dritten Welt zur Sprache gebrachten Schlagwörtern verbergen sich Sachfragen, die für die Industrieländer ebenso interessant und wichtig sind.

Maria, Bettler auf einem Sack voll Gold, in: Entwicklung und Zusammenarbeit, Beiträge zur Entwicklungspolitik 6/1983, 14.

13 Vgl. INGLEHART, Ronald, The Silent Revolution. Changing Values and Political Styles Among Western Publics, Princeton 1977, insbes. 262 ff, 286 ff.

14 Art 1 der Charta (Fn 9), Ziff 4a, d der Erklärung über die Errichtung einer Neuen Internationalen Wirtschaftsordnung, GV-Resolution 3201 (S-VI) v. 1. 5. 1974, in: ILM 1974, 715 ff; Bericht der „Brandt-Kommission", 24 f (Fn 4); RIO-Bericht, 74 f, 86 ff (Fn 6).

II. Entwicklungstendenzen des internationalen Wirtschaftsrechts

1. Die Forderungen der NIWO

Die Diskussion über eine NIWO entstand in den 60er Jahren im Anschluß an die Erreichung der politischen Unabhängigkeit zahlreicher Staaten in Afrika und Asien, als sich zeigte, daß die politische noch lange nicht die wirtschaftliche Selbständigkeit bedeutete. Die jungen Staaten waren samt und sonders praktisch nicht industrialisiert, verfügten über eine klägliche Infrastruktur und waren für ihre Einnahmen meist auf den Export von Rohstoffen angewiesen, wobei sie in der Regel von einem oder doch wenigen Gütern und somit von den jeweiligen Preis- und Nachfrageschwankungen abhingen. Diese „newly independent states" wollten nun ihre Situation verbessern und identifizierten den Zustand des internationalen Wirtschaftsrechts als eines der Haupthindernisse ihrer Entwicklung. Nach ihrer Ansicht begünstigte dieses in seinem gegenwärtigen Zustand einseitig die stärkeren Wirtschaftsmächte und zementierte, ja erweiterte den Graben zwischen arm und reich.[15] So schien ihnen z. B. das von den Industrieländern behauptete Recht auf Schutz industriellen Eigentums im Ausland die fremdnützige Ausbeutung der natürlichen Reichtümer der Gastländer zu fördern, die Vertragsfreiheit zum Abschluß ungleicher Verträge zu führen. Die Innehabung technischen Know-hows wurde als Ursache für die immerwährende Zementierung der klassischen Arbeitsteilung zwischen Nord und Süd (hier Lieferung billigen Rohmaterials, dort Herstellung qualifizierter Produkte von hohem Wert) bezeichnet.[16] Somit geriet die Diskussion, die früher im allgemeinen nur unter der Überschrift „Entwicklungshilfe" bekannt war, in einen viel grundsätzlicheren Kontext, nämlich die völlige Neuordnung des internationalen Wirtschaftsrechts bzw. noch allgemeiner, der internationalen Beziehungen schlechthin.[17] Ein Begriff wie „kollektive wirtschaftliche Sicherheit" zeigt in seiner Anspielung auf die UN-Charta das ausufernde Verständnis der Problematik.[18] Die

---

15   Bericht der „Brandt-Kommission", 39 ff (Fn 4); KEMPER, Ria, Nationale Verfügung über die natürlichen Ressourcen und die Neue Weltwirtschaftsordnung der Vereinten Nationen, Berlin 1976, 53 ff mwN.

16   Bericht der „Brandt-Kommission", 193 ff (Fn 4); KEWENIG, Wilhelm A., Technologietransfer aus völkerrechtlicher Sicht, in: DERS., Völkerrecht und internationale wirtschaftliche Zusammenarbeit, Berlin 1978, 71, 76; KUNZ-HALL-STEIN, Hans-Peter, Patentschutz, Technologietransfer und Entwicklungsländer — eine Bestandsaufnahme, in: GRUR Int. 1975, 261, 263, 269 ff.

17   Ansätze dazu sind natürlich schon in der UN-Charta zu finden, vgl. dort Art 1 Ziff 3, 13 Abs 1 und 55; vgl. auch Prinzip d) der Declaration on Principles of International Law Concerning Friendly Relations and Cooperation among States in Accordance with the Charter of the UN, Annex zu GV-Resolution 2625 (XXV) v. 24. 10. 1970, in: ILM 1970, 1292 ff.

18   Präambel der Charta, 7. Erwägung (Fn 9).

gegenwärtige Auseinandersetzung ist dementsprechend äußerst facetten-reich und umfaßt Einzelfragen aus praktisch allen Gebieten des internationalen Lebens. Im Bereich der internationalen Arbeitsteilung geht es, wie erwähnt, hauptsächlich um eine Verlagerung der Verteilung hin zu wachsender Industrialisierung der Entwicklungsländer. Diese wollen bis zum Jahr 2000 25% der Weltindustrieproduktion erreichen.[19] Zu diesem Zweck sollen ihnen nicht nur Geldmittel[20] sondern ebenso Know-how zufließen. Dementsprechend haben sich Fragen des Technologietransfers einen hervorragenden Platz in der gegenwärtigen Diskussion erobert. Im Rahmen des Meeresbodenbergbauregimes sowie generell in der neuen Seerechtskonvention[21] findet dies ebenso seinen Niederschlag wie in dem Phänomen, daß technisches Wissen teilweise zum „gemeinsamen Erbe der Menschheit" (Common Heritage of Mankind) gerechnet wird.[22] Darüberhinaus soll der Export verarbeiteter Produkte durch Zollpräferenzen der Industrieländer gefördert werden.[23] Zur vorläufigen Einkommenssicherung und zur Finanzierung der Entwicklung wollen die Entwicklungsländer eine Stabilisierung ihrer Ausfuhrerlöse erreichen. Mittel dazu sind Rohstoffabkommen, die durch verschiedene Maßnahmen, oftmals durch Ausgleichslager, also durch die Vornahme von Stützungskäufen und -verkäufen, einem Preisverfall entgegenwirken sollen.[24] Dem gleichen Zweck dient die geforderte Bildung von Erzeugerkartellen, wobei aber umgekehrt Kartelle der Abnehmer oder transnationaler Unternehmen abgelehnt werden.[25] Da letztlich nicht das absolute Preisniveau, sondern das Verhältnis von Rohstoff- zu Investitions- und Industriegüterpreisen, also die Kaufkraft

---

19 Erklärung der Generalkonferenz der UNIDO 1975 in Lima, in: EA 1975, D 373 ff.

20 Am bekanntesten ist die Forderung, daß die industrialisierten Staaten 0,7% ihres Bruttosozialprodukts für die öffentliche Entwicklungshilfe (1% für die gesamte Hilfe) zur Verfügung stellen sollen (GV-Resolution 2626 [XXV]), International Development Strategy for the Second UN-Development Decade v. 24. 10. 1970, in: DJONOVICH, Dušan, UN Resolutions, Ser I Vol 13 (1970—1971), New York 1976, 255 ff, Ziff 42, 43; zu völlig neuen Ansätzen der Entwicklungsfinanzierung vgl. Bericht der „Brandt-Kommission", 237 ff (Fn 4).

21 Art 144 sowie der gesamte Teil XIV (Art 266 ff, abgedruckt in: ILM 1982, 1261 ff.

22 Vgl. z. B. BECKER, Entwicklungskooperation, 94 (Fn 3).

23 So die Forderung der Entwicklungsländer auf den ersten beiden Welthandelskonfe-renzen; vgl. auch den 4. Teil des GATT und das in Anwendung der Forderungen konzipierte Allgemeine Präferenzsystem der EG (ABl L 142 [1971]).

24 Beispiele für Rohstoffabkommen mit Ausgleichslagern: Die Verträge über Naturkautschuk, Kakao und das 6. Zinnabkommen; ohne Ausgleichslager z. B. Kaffee, Jute und Olivenöl; Fundstelle für die ersten drei in Fn 187, die drei letzteren sind im Amtsblatt der EG L 308 (1983), 4, L 185 (1983), 4 und L 327 (1979), 2 nachzulesen.

25 Ziff 4g der „Erklärung" (Fn 14); Abschnitt I 1c, V des dazugehörigen Aktionsprogramms (Fn 9); Art 2 Ziff 2, b, c, der Charta (Fn 9), die in Art 5 das Recht auf Bildung solcher Kartelle um das Verbot wirtschaftlicher und politischer Repressionen gegen sie ergänzt.

(„terms of trade") für den Wohlstand der Entwicklungsländer entscheidend ist, ergibt sich die weitergehende Forderung nach einer Indexierung der Rohstoffpreise an die Preisentwicklung für Industriegüter.[26] Um eine Ausbeutung des Wohlstandes und der natürlichen Ressourcen der Welt durch einige wenige zu verhindern, besteht eine wesentliche Forderung der Entwicklungsländer darin, die ständige, volle Souveränität über die in ihrem Herrschaftsbereich liegenden „Schätze" zu erlangen, wobei dieser Begriff weit zu verstehen ist. Kernstück der Forderung ist die Unterordnung ausländischen Kapitals, insbesondere der sogenannten Multis (besser: transnationale Gesellschaften) unter die nationale Gewalt und insbesondere die Möglichkeit entschädigungsloser Enteignung.[27] Umgekehrt sollen die jenseits des eigenen Herrschaftsbereichs befindlichen Ressourcen (ganz akut natürlich die Schätze des Meeres, aber auch Umwelt und Technologie) als „gemeinsames Erbe der Menschheit" betrachtet und dementsprechend einer internationalen, planwirtschaftlichen und dirigistischen Verwaltung unterstellt werden.[28] Auch hier gilt ein besonderes Augenmerk den Multis, die überhaupt ein Hauptangriffsziel der Dritten Welt darstellen.[29] Der Forderungskatalog läßt selbstverständlich auch nicht das internationale Währungssystem unangetastet, das letztendlich für die Verschuldung mitverantwortlich gemacht wird. Hier geht es in erster Linie um die Schaffung

---

26   Ziff 4j der „Erklärung" (Fn 14); Abschnitt I 3 des Aktionsprogramms (Fn 9); Bericht der „Brandt-Kommission", 146 ff (Fn 4).

27   Art 2 Ziff 2c der Charta (Fn 9), der einer der am meisten umstrittenen ist; zur Entstehungsgeschichte vgl. STEMBERG, Charta, 74 ff (Fn 9); ADEOYE, Akinsanya, The Expropriation of Multinational Property in the Third World, New York 1980; Diskussionsstimmen dazu z. B. DOLZER, Rudolf, New Foundations of the Law of Expropriation of Alien Property, in: AJIL 1981, 553 ff; SEIDL-HOHENVELDERN, Ignaz, Internationales Enteignungsrecht, in: FS-KEGEL, Frankfurt/M. 1977, 265 ff; DERS., Modernes Völkerrecht und der Schutz ausländischen Eigentums, in: FS-VERDROSS, Berlin 1980, 653 ff; WESTON, Burns H., The Charter of Economic Rights and Duties of States and the Deprivation of Foreign-Owned Wealth, in: AJIL 1981, 437 ff.

28   Im RIO-Bericht (Fn 6) findet sich auf den S 94 ff eine weitreichende Ausarbeitung eines solchen Konzepts; vgl. auch ARAD, Ruth/McCULLOCH, Rachel u. a., Sharing Global Resources, New York 1979; BEDJAOUI, Mohammed, Remanences de théories sur la „souverainetéê limitée" sur les ressources naturelles, in: FS-ABENDROTH, Berlin 1982, 63; SCHACHTER, Oscar, Sharing the World's Resources, New York 1977; SCHRAVEN, Josef, Internationale und supranationale Rohstoffverwaltung, Berlin 1982.

29   BIEL, Jörn, Multinationale Unternehmen, Probleme und Kontrolle auf internationaler, regionaler und nationaler Ebene, München 1979; GREWLICH, Klaus W., Transnational Enterprises in a New International System, Alphen 1980; RITTNER, Fritz, Die multinationalen Unternehmen und die Möglichkeiten eines Weltwirtschaftsrechts, in: FS-REIMER SCHMIDT, Karlsruhe 1976, 221 ff; SIMMONDS, K. R., Legal Problems of Multinational Corporations, New York 1977; WALLACE, Don, International Regulation of Multinational Corporations, New York 1976; WILDHABER, Luzius, Multinationale Unternehmen und Völkerrecht, in: Berichte der Deutschen Gesellschaft für Völkerrecht 18 (1978), 7; das Schrifttum zu diesem Fragenkreis ist kaum noch zu überblicken.

internationaler Liquidität zugunsten der Entwicklungsförderung, also z. B. einer Erweiterung der Fazilitäten des Internationalen Währungsfonds (IWF) in Form von Sonderziehungsrechten.[30] Besonders schmerzlich auch unter Souveränitätsgesichtspunkten wirken im IWF-Rahmen natürlich die harten Auflagen, an die dieser die Vergabe seiner Mittel knüpft.[31] Neben den erwähnten Hauptpunkten umfaßt die NIWO-Diskussion noch unzählige andere Fragen, wie Nahrungsmittelhilfe,[32] Energie,[33] Umweltschutz,[34] Siedlungsprobleme,[35] Eindämmung der Bevölkerungsexplosion sowie allgemein gesundheitliche Fragen,[36] schließlich Erziehung und Bildung.[37] Natürlich wird auch vor der Rüstung nicht haltgemacht. So hat die sogenannte Brandt-Kommission (Unabhängige Kommission für Entwicklungsfragen) in ihrem 1980 veröffentlichten Bericht „A Programme for Survival" eine besondere Steuer auf den internationalen Waffenhandel erwogen.[38] Angesichts dieser Flut sind bestimmte „klassische" Phänomene des internationalen Wirtschaftsrechts aus den Augen verloren worden. Zu denken ist an Grundsätze wie Vertragsfreiheit und pacta sunt servanda, die unter dem Stichwort der „ungleichen Verträge" angegriffen worden sind,[39] die Forderung nach friedlicher Streitbeilegung, nach Schutz des Eigentums

---

30 Bericht der „Brandt-Kommission", 201 ff (Fn 4); RIO-Bericht, 142 ff (Fn 6).

31 Man erinnere sich z. B. an die Unruhen in Tunesien und Marokko, die auf vom IWF verordnete Sanierungsmaßnahmen zurückzuführen sind.

32 Ziff 4 der „Erklärung" (Fn 14); Teil I 2 des Aktionsprogramms (Fn 9); RIO-Bericht, 38 ff, 152 ff (Fn 6); das von der FAO verfolgte Konzept einer „Neuen Internationalen Ernährungsordnung" (Aktionsprogramm angenommen auf der Welternährungskonferenz v. 5.—16. 11. 1974, ILM 14 (1975), 266 ff; vgl. auch BOURRINET, Jacques/FLORY, Maurice, L'ordre alimentaire mondial, Paris 1982.

33 RIO-Bericht, 163 ff (Fn 6); hier ist insbesondere der Zusammenhang mit der Ölkrise interessant, in deren Gefolge sich die Gruppe der „most seriously affected states" herausgebildet hat; zur Ölfazilität des IWF vgl. ILM 1974, 1025 ff.

34 RIO-Bericht, 42 f, 178 ff (Fn 6); Art 30 der Charta (Fn 9); zur Stockholmer Umweltkonferenz von 1972 und dem UN Environmental Programme (UNEP) siehe ILM 1972, 1416 ff; The World Environment 1972—1982, Report by the UNEP, Dublin 1982; The Results from Stockholm, Berlin 1973; ROMPCZYK, Elmar, Internationale Umweltpolitik und Nord- Süd-Beziehungen, Saarbrücken, 1979.

35 RIO-Bericht, 41 f (Fn 6); die HABITAT-Konferenz der Vereinten Nationen v. 31. 5.—11. 6. 1976 in Vancouver, in: Yearbook of the UN, Vol. 30 (1976), 441 ff; The World Environment, 327 ff (Fn 34).

36 RIO-Bericht, 37 f (Fn 6); PANNENBORG, Charles O., A New International Health Order, Alblasserdam 1978.

37 Damit in Verbindung stehend das Problem des umgekehrten Technologietransfers, auch „brain drain" genannt.

38 Vgl. Bericht der „Brandt-Kommission", 123 iVm 245 (Fn 4).

39 Vgl. dazu SEIDL-HOHENVELDERN, Ignaz, Völkerrecht, 4.A., 1980, Rz. 1050 f, 146 b, 280; HORN, Norbert, Normative Grundprobleme einer „Neuen Weltwirtschaftsordnung", in: FS-COING, Frankfurt/M. 1982, Bd. 2, 149 ff, 156 ff.

oder generell des internationalen Minimumstandards,[40] obwohl diese letztlich eine bedeutende Rolle im künftigen internationalen Wirtschaftsrecht spielen müssen. Trutzburgen der (wenn man so will) „alten" Ordnung sind immer noch das GATT und der IWF. Ersteres ist auf den Grundsätzen der Meistbegünstigung und der Reziprozität im Handel aufgebaut und hat als Ziel eine möglichst weitgehende Beseitigung der tarifären und nichttarifären Handelshemmnisse. Grundlegende Philosophie ist hier die Annahme, daß Freiheit, Privatautonomie und Dezentralisierung der Entscheidung und Planung zu einer optimalen Verteilung des Weltwohlstands führen.[41] Der IWF, dessen Funktion nach dem Zusammenbruch des Systems fester Wechselkurse in den frühen 70er Jahren zunächst etwas unsicher erschien,[42] bemüht sich jetzt mit wechselndem Erfolg um Zahlungsbilanzstabilität und sucht, ein allzu extremes Ausufern der Wechselkursschwankungen zu verhindern. Findet man somit hier noch Institutionen, die qua Konstitution und Aufgabenstellung prinzipiell die Selbstregulierungsfähigkeit der Weltwirtschaft unterstützen sollen, so ist dennoch eine Anpassung an die laufende Entwicklung festzustellen. So enthält das GATT in seinem 1965/66 angefügten vierten Teil Vorschriften über Handel und Entwicklung, in denen Zollpräferenzen (also letztlich Abweichungen vom Meistbegünstigungsprinzip und dem Reziprozitätsgrundsatz) anerkannt werden. Der IWF hat in den letzten Jahren in zunehmendem Maße Finanzierungsfazilitäten entwickelt, die zum größten Teil den Bedürfnissen der Entwicklungsländer dienen, wie insbesondere der 1981 eingeführte, dann aber etwas eingeschränkte sogenannte „erweiterte Zugang".[43] Welche Rolle diese beiden, von den Entwicklungsländern

---

40   Art 2 Zif 3 der UN-Charta zur friedlichen Streitbeilegung (zum Eigentumsschutz siehe die Literatur bei Fn 27); zur Ausarbeitung einer konsistenten Gegenposition der Industrieländer haben sich im Rahmen der Internationalen Law Association (ILA) in letzter Zeit nationale Komitees, u. a. eines in Deutschland gebildet.

41   Erste richtunggebende Werke über die „Soziale Marktwirtschaft" z. B. MÜLLER-ARMACK, Alfred, Wirtschaftslenkung und Marktwirtschaft, Hamburg 1947; RÖPKE, Wilhelm, Die Ordnung der Wirtschaft, Frankfurt/M. 1948; diese Philosophie wird auch auf die internationale Ebene übertragen, vgl. KLEY, Gisbert u. a., Marktwirtschaft und Weltwirtschaft. Probleme einer marktwirtschaftlichen Entwicklungspolitik, Heidelberg 1978; marktwirtschaftliche Vorstellungen lagen natürlich auch der Gründung des GATT und dem Entwurf des Bretton-Woods-Systems zugrunde, vgl. PETERSMANN, Ernst U., Völkerrechtliche Fragen der Weltwährungsreform, in: ZaöRV 1974, 452 ff, 497 f.

42   Vgl. z. B. SOUTHARD jr., Frank A., The Evolution of the International Monetary Fund, Princeton 1979, 42 f; DE VRIES, Margaret, The International Monetary Fund 1966—1971, Vol. 1, Washington (IMF) 1976, 564 ff; SOLOMON, Robert, The International Monetary System 1945—1976, New York 1977, 212, 266 ff.

43   Vgl. z. B. GUTH, Wilfried, Die Banken müssen die Umschuldungskonsequenzen tragen, FAZ v. 27. 9. 1983, 14; zu den anderen Fazilitäten und ihrer gegenwärtigen Inanspruchnahme: International Monetary Fund, Annual Report of the Executive Board, z. B. für die Zeit April 1981 — April 1982, Washington 1982, 77 ff; ERASMUS,

heftig angegriffenen Institutionen im künftigen internationalen Wirtschaftsrecht haben werden, ist noch unklar. Die Tendenz der Dritten Welt geht im Bereich des Handels auf die Schaffung einer internationalen Handelsorganisation, die stärker auf den neuen Wirtschaftsprinzipien beruht; der IWF soll überwiegend auf Entwicklungsfinanzierung ausgerichtet werden, wobei die die reichen Geberländer des Nordens bevorzugende Stimmrechtsregelung verändert werden soll.

2. Die NIWO — Recht oder Politik?

Bevor auf die Frage eingegangen werden soll, welche neuen Rechtstechniken und Rechtsprinzipien sich hinter den sachbezogenen Einzelfragen verbergen, sei noch auf einige methodische Fragen, die sich mit der Diskussion verbinden, hingewiesen.Der Jurist hat hier insoweit beträchtliche Schwierigkeiten, als die Unterschiede zwischen „Recht" und „Nicht-Recht" (bzw. „Noch-Nicht-Recht") verwischt werden. Während im geltenden Völkerrecht die Rechtsquellen nach h. M. abschließend in Art 38 des IGH-Statuts aufgelistet sind (Verträge, Gewohnheitsrecht, Allgemeine Rechtsgrundsätze), wird nunmehr versucht, diese Begrenztheit aufzubrechen. Es entstehen Begriffe wie „Soft Law", „Standard Setting" oder „Code of Conduct",[44] bei denen offenbleibt, wie weit ihre Verbindlichkeit reicht, ob sie klagbare Ansprüche begründen oder bestenfalls als Auslegungsprinzipien fungieren können. Die Mehrheit der Entwicklungsländer in der Generalversammlung der Vereinten Nationen wird dazu ausgenutzt, eine Flut von Resolutionen zu verabschieden, denen zwar qua Charta (Art 10) nur empfehlender Charakter zukommt, die aber trotzdem in einer recht vagen Weise als rechtlich verbindlich bezeichnet werden. Die Voraussetzungen für das Entstehen von Gewohnheitsrecht (langdauernde Praxis plus Rechtsüberzeugung) werden, zumindest was die erste Voraussetzung anbelangt, angegriffen. Dabei versucht man tendenziell einen Mangel auf der formellen Seite der Rechtserzeugung (z. B. Ablehnung eines Anspruchs durch die Mehrheit der Industrieländer) durch materielle Kriterien (der Anspruch darf aus allgemeinen Gerechtigkeits- oder Menschenrechtsgründen nicht abge-

---

Marthinus G., The New International Economic Order and International Organizations. Towards a Special Status for Developing Countries? Frankfurt/M. 1979, 192 ff.

44 Zum Begriff des „Soft Law" SEIDL-HOHENVELDERN, Ignaz, International Economic „Soft Law", in: RdC 1979, 165 ff; VAN HOOF, F., Rethinking the Sources of International Law, Deventer 1983; HOSSAIN, Kamal (Hg.), Legal Aspects of the New International Economic Order, London 1980; SCHREUER, Christoph, Recommendations and the Traditional Sources of International Law, in: GYIL 1977, 103 ff.

lehnt werden) zu überwinden.[45] Recht ist nicht mehr der vorgegebene Ordnungsrahmen des politischen Prozesses („geronnene" Politik)[46] zur Sicherung der Beziehungen zwischen seinen Subjekten, sondern vielmehr selbst eines von vielen Mitteln der Politik zur Durchsetzung von Interessen.[47] Erschwerend für das Verständnis der Diskussion kommt weiterhin hinzu, daß sich Fragen des Rechts nicht mehr von denen anderer Disziplinen (Wirtschaftswissenschaften, Soziologie, Naturwissenschaften) trennen lassen. Obwohl ein interdisziplinärer Ansatz[48] prinzipiell nicht zu verurteilen ist, läßt die Diskussion befürchten, daß die speziellen Charakteristika des Rechts verlorengehen. In der gegenwärtigen Umbruchssituation, die von vielen als Zeitenwende begriffen wird, ist das internationale Wirtschaftsrecht in die Defensive gedrängt worden. Es droht ein politisches Forderungschaos, in dem die beteiligten Parteien rechtliche Argumente zwar als Waffe benutzen, aber eine klare, von allen zu respektierende Rechtsüberzeugung dennoch fehlt. Gleichfalls sollte im Auge behalten werden, daß zwischen alter und neuer internationaler Wirtschaftsordnung keine klare zeitliche Grenze existiert.[49]

3. Die allgemeinen Prinzipien des Völkerrechts und der NIWO im Vergleich

Aus den oben erwähnten Einzelforderungen der NIWO-Diskussion lassen sich einige allgemeine Prinzipien herausfiltern, wie dies auch hinsichtlich der alten Ordnung möglich gewesen ist. Essentiale der letzteren waren der Grundsatz der Freiheit und Dezentralisierung, der Eingriffe nur subsidiär zuließ und im übrigen am besten durch das Schlagwort des „laisser-faire" zu kennzeichnen ist.[50] Weiterhin galten der

---

45 Beachte z. B. die vielfältigen Versuche, ein „Recht auf Entwicklungshilfe" abzuleiten; dazu BLECKMANN, Albert, Anspruch auf Entwicklungshilfe, in: VRÜ 1979, 5 ff, 10 f, 12 ff mwN.

46 GRIMM, Dieter, Recht und Politik, in: JuS 1969, 501 ff, 502.

47 Sehr instruktiv dazu PETERSMANN, Ernst U., Die Dritte Welt und das Wirtschaftsvölkerrecht, in: ZaöRV 1976, 492 ff, 515 ff.

48 Verwandt ist auch das Bemühen, Recht in seinem sozialen Kontext zu sehen, wie dies z. B. im sog. New-Haven-Approach geschieht; eine Einführung in letzteren bei SCHREUER, Christoph, New Haven Approach und Völkerrecht, in: DERS. (Hg.), Autorität und internationale Ordnung, Berlin 1979, 63 ff, 67 ff.

49 PETERSMANN, Ernst U., Dritte Welt (Fn 47) sowie DERS., Internationales Recht und Neue Internationale Wirtschaftsordnung, in: AVR 1980, 17 ff, 34 ff; STEMBERG, Charta (Fn 9).

50 VINER, Jacob, The Intellectual History of Laissez Faire, in: Journal of Law and Economics 1960, 45 ff; vgl. auch MINX, Eckard, Von der Liberalisierungs- zur Wettbewerbspolitik, Berlin 1980; RÖPKE, Wilhelm, Economic Order and International Law, in: RdC 1954, 20 ff, insbes. 210 ff; auf S 293 folgt übrigens eine äußerst weitsichtige Zukunftsbeurteilung.

Schutz des Eigentums und die friedliche Streitbeilegung, die Gleichheit der Rechtssubjekte, die Vertragstreue und vielleicht — jedoch ist dies im einzelnen umstritten — Freihandel, Meistbegünstigung und Reziprozität.[51]

a) Der Trend zu umfassender Verrechtlichung

Hinsichtlich der NIWO ist zunächst einmal festzustellen, daß sie den Trend zu umfassender Verrechtlichung fortsetzt. Immer mehr Gebiete, die bisher überhaupt jedweder völkerrechtlicher Regelung entbehrten, werden nunmehr von Normen erfaßt (z. B. die Frage des Zustandekommens bestimmter Preise). Abgesehen davon verlagert sich die „Verbands"kompetenz (wenn man eine Analogie zum Staatsrecht ziehen möchte) vom einzelnen Nationalstaat zunehmend auf inter- oder supranationale Entscheidungsträger, letztlich auf die Weltebene, sodaß vielfach schon Ausdrücke wie „Weltsachenrecht"[52] oder „Weltinnenpolitik"[53] auftauchen. So soll es nicht mehr Sache der Nationalstaaten sein, an in ihrem Staatsgebiet ansässige Unternehmer Konzessionen für den Meeresbergbau zu erteilen, sondern diese Aufgabe soll einer internationalen Behörde („Authority"), deren Entscheidungskriterien zu einem wesentlichen Teil die Entwicklungsbedürfnisse der Dritten Welt zu sein haben, obliegen.[54] Parallel zu dieser Entwicklung erfolgt eine Umdefinierung der Völkerrechtssubjektivität mit dem Ziel einer zumindest teilweisen Einbeziehung der Individuen, insbesondere aber der transnationalen Unternehmen. Dabei wird, was letztere anbelangt, der Tatsache Rechnung getragen, daß die größten transnationalen Unternehmen der Welt mittlerweile über eine erheblich größere Finanzkraft verfügen als eine Vielzahl kleinerer Staaten und sich außerdem infolge ihres weltweiten Engagements der rechtlichen Kontrolle durch einen einzelnen Staat entziehen.[55] Trotz dieser Globalisierungstendenzen zeigt sich aber auch eine gegenläufige

---

51 WEBER, Hermann, Der Anspruch auf Entwicklungshilfe und die Veränderung des internationalen Wirtschaftsrechts, in: VRÜ 1978, 5 ff, 23; zum Problem des Freihandels vgl. ERLER, Grundprobleme, 54 f (Fn 1); VER LOREN VAN THEMAAT, Changing Structure, 16 f (Fn 1) bezeichnet die Grundsätze als in Verträgen häufig vorkommende „standard norms". Auch ganz generell läßt sich natürlich fragen, inwieweit auch die anderen Grundsätze wirkliche Rechtsprinzipien oder nicht vielmehr rein faktische Gegebenheiten waren.

52 FIKENTSCHER, Wolfgang, Wirtschaftsrecht, Bd. 1, München 1983, 272; gemeint ist der gesamte Bereich des „Common Heritage of Mankind".

53 FIKENTSCHER, Wirtschaftsrecht, 99 (Fn 52).

54 Art 156 ff der Seerechtskonvention (Fn 21).

55 Vgl. KIMMINICH, Otto, Das Völkerrecht und die neue Weltwirtschaftsordnung, in: AVR 1982, 2 ff, 31 f; ebd. S 28 über das Problem, daß auch viele Einzelpersonen infolge der weltweiten Migrationsbewegungen nicht mehr mediatisierbar sind; GREWLICH, Transnational Enterprises, 191 (Fn 29).

Entwicklung im Sinne einer gewissen Regionalisierung. Zusammenschlüsse aller Art, vom Produzentenkartell (OPEC) bis hin zu regionalen Freihandelszonen u. ä. versuchen, vom schrumpfenden Kuchen auf der Basis der in diesen Regionen stärker vorhandenen Gemeinsamkeiten ein größeres Stück zu erlangen. Diese Zusammenschlüsse zeigen ihrerseits protektionistische Züge, wobei die EG leider als Paradebeispiel zu gelten haben.[56] Inhaltlich zeigt sich in der NIWO-Diskussion eine Tendenz von formellen Regeln (sozusagen Verfahrensvorschriften) hin zu Normen materiellen Gehalts. Während die bisherigen wenigen Regeln des internationalen Wirtschaftsrechts hauptsächlich einen Rahmen für wirtschaftliche Transaktionen bereithielten, den Inhalt derselben im übrigen aber nicht zu beeinflussen suchten, wird jetzt zunehmend reglementiert, was als Ergebnis wünschenswert ist.[57] Immer wiederkehrendes Thema sind natürlich mit einer gewissen Impertinenz die „development needs" der Entwicklungsländer. Darüber hinaus tauchen Begriffe wie Billigkeit und Solidarität, Gerechtigkeit und Angemessenheit auf, ungeachtet ihrer immanenten Unbestimmtheit und der Möglichkeit, das jeweils Gewünschte in sie hineinzuinterpretieren. Im Bereich des internationalen Wirtschaftsrechts wird somit versucht, das „klassische" (formelle) Gerechtigkeitsverständnis[58] durch ein materielles zu ersetzen. Da die diesbezüglichen Auffassungen natürlich auseinandergehen, enthält diese Tendenz erheblichen Sprengstoff und droht, den Grundkonsens, der für Rechtsstaaten nötig ist (und natürlich auch für eine rechtsstaatliche Weltordnung nötig wäre) unmöglich zu machen.

b) Funktionale oder territoriale Souveränität?

Einer der zentralen Grundsätze des Völkerrechts ist die nationale Souveränität, die in Art 2 Ziff 1 der UN-Charta als Grundlage der internationalen Zusammenarbeit angesprochen ist. In der Vergangenheit wurde ihr von allen Beteiligten geradezu peinliche Beachtung gezollt, Eingriffe in sie als unzulässige Intervention gebrandmarkt.[59] Diese

---

56 Siehe dazu noch unten III. 1a, b; III. 2c.

57 Vgl. ERLER, Grundprobleme, 183 ff (Fn 1): „vom Verbot zur Gestaltung" für den Bereich des autonomen staatlichen Rechts.

58 Z. B. ZIPPELIUS, Reinhold, Allgemeine Staatslehre, 9. A., München 1985, 111 ff, 278 f; KELSEN, Hans, Allgemeine Staatslehre, Berlin 1925, 91; GIACOMETTI, Zaccaria, Allgemeine Lehren des rechtsstaatlichen Verwaltungsrechts, Bd. 1, Zürich 1960, 3 ff; KRÜGER, Herbert, Allgemeine Staatslehre, 2. A., Stuttgart 1966, 282, 284 zur Notwendigkeit weltanschaulicher Neutralität, 776 ff zum Rechtsstaat.

59 Für den wirtschaftlichen Bereich siehe DICKE, Detlev C., Die Intervention mit wirtschaftlichen Mitteln im Völkerrecht, Baden-Baden 1978; allgemeine Interventionsproblematik bei OPPERMANN, Thomas, Nichteinmischung in innere Angelegenheiten. Zur Abgrenzung der Nichteinmischung gegenüber Intervention und Interzession, in: AVR 1970, 321 ff; DERS., „Intervention", in: Encyclopedia of Public International Law, Bd. 3, Amsterdam u. a. 1982.

Empfindlichkeit bezüglich der Unbeschränktheit nationaler Souveränität war und ist insbesondere bei den „newly independent states" zu finden, was angesichts ihrer kolonialen Vergangenheit auch durchaus verständlich ist. Um so mehr muß es überraschen, wenn nun im Zusammenhang mit der NIWO-Diskussion eine Relativierung dieses Grundsatzes ins Auge gefaßt wird. So findet sich im sogenannten RIO-Bericht an den Club of Rome von 1977 der Begriff der funktionalen im Gegensatz zur territorial verstandenen Souveränität. Aus der Unvermeidbarkeit externer Effekte nationaler Maßnahmen (z. B. im Bereich der Umweltschäden) wird der Schluß auf die Notwendigkeit zunehmender Internationalisierung und Sozialisierung aller materiellen und immateriellen Ressourcen der Welt unter dem Stichwort des „Gemeinsamen Erbes der Menschheit" gezogen. Zu letzterem zählen u. a. auch die mineralischen Ressourcen und Produktionsmittel der Welt, sowie das sogenannte wissenschaftliche und technologische Erbe. Diesbezüglich soll eine auf betrieblicher Ebene zwar dezentralisierte, im übrigen aber planetarische Souveränität unter mitbestimmter Verwaltung und globaler Nutzenverteilung entstehen.[60] Das herkömmlicherweise anerkannte Recht der Nationalstaaten, die res nullius, aber auch die res communes auszubeuten und diesbezügliche Aktivitäten ihrer Staatsangehörigen autonom zu regeln, wird rundweg verneint.[61] Hier berührt sich die Souveränitätsfrage mit dem oben festgestellten Phänomen der Verlagerung der Verbandskompetenz auf die Weltebene. Unklar ist bei all diesen Konzepten, inwieweit auch rein nationale Ressourcen (Bodenschätze auf dem Gebiet eines bestimmten Staates) „planetarisch" erfaßt werden sollen, denn andererseits sind gerade die Entwicklungsländer auch jetzt noch peinlich auf die Unantastbarkeit ihrer Souveränität bedacht. Dies zeigt sich besonders in ihrer Opposition gegen transnationale Unternehmen, die in Entwicklungsländern liegende Bodenschätze ausbeuten, und der radikalen Forderung, jene der Rechtshoheit des Gastlandes zu unterwerfen. Es erscheint vollends widersprüchlich, wenn ein weiteres Zentralstück der NIWO, nämlich die Forderung nach „ständiger, voller nationaler Souveränität über natürliche Ressourcen" betrachtet wird, mit der die Entwicklungsländer ja gerade jedwede Einmischung in die Ausbeutung der ihrem Territorium zuzuordnenden Reichtümer zurückweisen. Aus Gründen der nationalen Souveränität wehren sich die Entwicklungsländer ferner gegen die Verknüpfung von Hilfeleistungen mit Auflagen, wie es im IWF

---

60   RIO-Bericht, 94 ff (Fn 6).

61   Art. 137 der neuen Seerechtskonvention (Fn 21); BROWNLIE, Ian, Principles of Public International Law, 3. A., Oxford 1979, 180 f zu „res nullius" und „res communis"; SEIDL-HOHENVELDERN, Völkerrecht, Rz. 939 ff (Fn 39); WENGLER, Wilhelm, Völkerrecht, Bd. 2, Berlin 1964, 1072 ff.

geschieht,[62] und fordern das Recht, Entwicklung an ihren unantastbaren kulturellen Eigenheiten zu orientieren.[63]

Die Souveränitätsfrage hat noch eine weitere, kollektivistische Facette. Mit dem Gedanken des „gemeinsamen Erbes" greifen Demokratisierungs- und Mitbestimmungsgedanken auf das internationale Wirtschaftsrecht über. Der Gedanke persönlicher Handlungsfreiheit und der mikroökonomische Ansatz der Gewinnmaximierung werden durch Erwägungen sozialer Rentabilität ersetzt.[64] Eckpunkte sind dabei der Gleichheitsgedanke — dazu wird gleich noch einiges zu sagen sein — der in einen künstlichen Gegensatz zur individuellen Freiheit auf wirtschaftlichem Gebiet gesetzt wird,[65] sowie eine bedarfsorientierte Verteilungspolitik. Ausgehend von dem richtigen Gedanken, daß die gegenwärtigen Probleme komplex und global sind und sich deshalb völlig autonomer nationaler Regelung entziehen, vollzieht dieses Konzept des internationalen Wirtschaftsrechts den qualitativen Sprung zu einer anderen Wirtschaftsphilosophie. Ich möchte in diesem Zusammenhang eine Auseinandersetzung über die Richtigkeit dieses Schritts vermeiden, jedoch klar ins Bewußtsein rufen, daß eine gänzlich neue Gewichtung von Freiheit und Gleichheit zu erwarten ist.

c) Formale oder materielle Gleichheit?

Da Demokratie über das Mehrheitsprinzip ganz entscheidend mit dem Gleichheitssatz zu tun hat, ist auch dieser im Rahmen der NIWO näher zu betrachten. Hier ist das Verständnis seitens der Staaten der Gruppe der 77 (Entwicklungsländer) außerordentlich komplex. Einerseits beharren sie auf dem klassischen Prinzip des „one state, one vote",[66] das sie insbesondere auch für die internationalen Organisationen angewendet wissen wollen, die bisher anderen Prinzipien folgen. So wird das Abstimmungssystem des IWF, das den Quoten der Mitgliedsstaaten folgt und somit die „reichen" Geberländer bevorzugt,[67] angegriffen,

---

62   Bericht der „Brandt-Kommission", 215 f (Fn 4); allgemein zur Weiterentwicklung des Fondsrechts im Hinblick auf Entwicklungsländerinteressen PETERSMANN, Fragen, 496 ff (Fn 41).

63   S. oben Fn 14.

64   RIO-Bericht, 88 (Fn 6); vgl. auch den bei FIKENTSCHER, Wirtschaftsrecht, 44, vorkommenden verwandten Begriff der Sozialkostenwirtschaft (Fn 52).

65   Damit soll aber das Bestehen eines Spannungsverhältnisses nicht geleugnet werden; vgl. ZIPPELIUS, Staatslehre, 324 ff (Fn 58); allein die hier vollzogene Kontrastierung ist zu scharf; weitere Hinweise bei KRÜGER, Staatslehre, 530 ff (Fn 58); BIRKNER, Hans-Joachim, „Gleichheitssatz", in: Evangelisches Staatslexikon, 2. A., Stuttgart 1975, Sp 900.

66   Art 10 der Charta (Fn 9); RIO-Bericht, 52 f (Fn 6); Bericht der „Brandt-Kommission", 250 f (Fn 4); eine Untersuchung verschiedener Organisationen bei ERASMUS, New International Economic Order, 158 ff (Fn 43).

67   Die Entwicklungsländer halten gegenwärtig ein gutes Drittel der Stimmrechte, wobei

zumal in Verbindung mit den Auflagen für die Vergabe finanzieller
Unterstützung insoweit ein Eingriff in die Souveränität der jungen
Staaten ausgemacht wird. Demgegenüber wird die Generalversammlung
der Vereinten Nationen als Vorbild betrachtet. Die dort gegebenen
Mehrheitsverhältnisse werden zum Erlaß diverser Resolutionen, die fast
ausschließlich den Interessen der Dritten Welt dienen, benutzt, ohne daß
es als demokratisch bedenklich angesehen würde, daß ein Kleinstaat mit
100.000 Einwohnern genauso eine Stimme hat wie etwa die USA oder die
UdSSR. Gerade aber diese faktischen Unterschiede (i. e.: bezüglich des
Stands der wirtschaftlichen Entwicklung) werden auf der Verteilungsseite
zum Anlaß genommen, allenthalben auf die „development needs"
abzustellen,[68] im Zollrecht Präferenzbehandlung zu verlangen[69] und
bestimmte Pflichten und Restriktionen, z. B. bei der Industrialisierung die
Umwelt zu schützen, abzulehnen.[70] Eine Rechtfertigung dieses Vorgehens
ist das Argument, es müsse von der formellen zur materiellen Gleichheit
übergegangen werden.[71] Damit gerät man freilich in die aus dem
Staatsrecht sattsam bekannte Klemme, definieren zu müssen, was gleich
und was ungleich ist,[72] und damit in die bereits oben erwähnte Gefahr, die
Konsensmöglichkeiten zu verlieren. In Verbindung mit dem bisher
Gesagten ergibt sich aber dennoch ein konsequentes Bild. Ausgehend von
der Prämisse, daß jedem nach seinen Bedürfnissen zu gewähren ist, soll
der Weltwohlstand vergesellschaftet, demokratisch unter Anwendung
formeller Gleichheit verwaltet und nach materiellen Kriterien verteilt
werden. Spiegelbildlich dazu wird die Gütererzeugung gesehen: Jeder hat
nach seinen Möglichkeiten (d. h. die „Reichen" mehr, die „Armen"
weniger) dazu beizutragen, wobei die Verwaltung, also die Schaltstelle hin
zur Verteilungsseite wieder formell-gleich erfolgt. Es handelt sich somit
um ein naives sozialistisches Gleichheitskonzept nach dem Motto „jeder

---

aber noch zu berücksichtigen ist, daß ein großer Teil davon auf das Konto der
Ölexporteure geht (ERASMUS, New International Economic Order, 196 [Fn 43]).

68   Z. B. Art 13, 14, 18, 19, 21—29 der Charta (Fn 9), aber auch Art 140 I, 244 II und 266 ff
der Seerechtskonvention (Fn 21).

69   Z. B. Art 18 der Charta (Fn 9).

70   Art 30 der Charta (Fn 9); in Art 202 und 203 der Seerechtskonvention (Fn 21) wird die
Verpflichtung zum Umweltschutz mit der Gewährung technischer Unterstützung
verbunden.

71   „Formal" und „Substantive Equality"; dazu insbesondere VER LOREN VAN THEMAAT,
Changing Structure, 347 ff (Fn 1); STEMBERG, Charta, 128 ff (Fn 9); KIMMINICH,
Völkerrecht, 23 f (Fn 55).

72   Es existieren zahllose Klassifikationsversuche, z. B. bei TETZLAFF, Rainer, Die
Forderung der Entwicklungsländer nach einer „neuen" Weltwirtschaftsordnung, die
Internationalisierung der Produktion und das AKP-Abkommen von Lomé, in: VRÜ
1976, 33 ff, 46 ff; RUGE, Martin K., Der Beitrag der UNCTAD zur Herausbildung des
Entwicklungsvölkerrechts, Frankfurt/M. 1976, 217 ff mwN; zur Frage der
Differenzierung bzw. Diskriminierung allgemein KEWENIG, Wilhelm A., Der
Grundsatz der Nichtdiskriminierung im Völkerrecht der internationalen Handels-
beziehungen, Bd. 1, Frankfurt/M. 1972.

nach seinen Fähigkeiten, jedem nach seinen Bedürfnissen".[73] Wiederum wird deutlich, daß die NIWO im Sinne der Dritten Welt genau den antipodischen Gegensatz zum bisherigen, hauptsächlich freiheitsorientierten internationalen Wirtschaftsrecht bildet. Nicht umsonst findet sich eine Umschreibung dieser ins Auge gefaßten Ordnung in dem Begriff „humanistischer Sozialismus",[74] wohingegen die vom bisherigen Rechtszustand ausgehende optimistische Bezeichnung als „organisierter Liberalismus"[75] die wirklich tiefgreifende Veränderung nicht hinreichend deutlich zum Ausdruck bringt. Es bedarf keiner weiteren Erwähnung, daß dieses System nur grundsätzlich planwirtschaftlich funktioniert[76] und freies Wirtschaften von Privaten in letzter Konsequenz nur noch äußerst eingeschränkt zulassen kann.

d) Solidarität und Billigkeit

Hinsichtlich des Verhältnisses der Staaten zueinander ist in der NIWO nicht mehr von bloßer Koexistenz, sondern von Kooperation die Rede.[77] Die Völkerrechtsgemeinschaft soll sich von den Grundsätzen der Solidarität (durchaus dem innerstaatlichen Sozialstaatsprinzip vergleichbar) und der Billigkeit („Equity") leiten lassen.[78] Grundlage dafür sind die Annahme wirtschaftlich-sozialer Menschenrechte sowie eines „Right to Development Assistance", das z. T. als Schadenersatzanspruch zur Wiedergutmachung kolonialen Unrechts bzw. als Kondiktionsanspruch aus ungerechtfertigter Bereicherung verstanden wird.[79] Der Begriff der Billigkeit ist hierbei in einem doppelten Sinn zu verstehen. Er umschreibt einmal eines der Ziele der NIWO, nämlich das sozialpolitische der Umverteilung, aber ebenso auch einen Grundsatz der Vorgehensweise, eine Rechtstechnik zur Verwirklichung dieses und anderer Ziele.

Wie bereits erwähnt, befindet sich die NIWO-Diskussion überwiegend in der Hand der Dritten Welt, aber eben nur überwiegend

73 BLUM, Léon, Dein Weg zum Sozialismus, Hamburg 1947, 22.
74 RIO-Bericht, 76 (Fn 6).
75 GREWLICH, Transnational Enterprises, 156 (Fn 29); ähnlich MINX, Liberalisierungspolitik, 2 (Fn 50): „organisierter Freihandel".
76 Erinnert sei an den Begriff der Sozialkostenwirtschaft (Fn 64).
77 VER LOREN VAN THEMAAT, Changing Structure, 350 ff (Fn 1); FRIEDMANN, Wolfgang, General Course in Public International Law, in: RdC 1969, 37 ff, 183; GREWLICH, Transnational Enterprises, 147 (Fn 29); STEMBERG, Charta, 149 ff (Fn 9).
78 STEMBERG, Charta, 194 ff, 205 (ablehnend) (Fn 9); PETERSMANN, Wirtschaftsvölkerrecht, 496, 535 („trade unionism") (Fn 47); BECKER, Entwicklungskooperation, 238 (Fn 3); SCHEUNER, Ulrich, Solidarität unter den Nationen als Grundsatz in der gegenwärtigen internationalen Gemeinschaft, in: FS-MENZEL, Berlin 1975, 251 ff, 254 f; KIMMINICH, Völkerrecht, 13 ff (Fn 55).
79 Darstellung der verschiedenen Ansätze bei BLECKMANN, Anspruch, 10 ff (Fn 45); vgl. auch WEBER, Anspruch (Fn 51).

und nicht vollständig. Neben Maximalforderungen, die eine Umkrempe-
lung des ganzen internationalen Systems bedeuten würden, finden sich
auch durchaus praktische Ansätze zur konstruktiven Fortentwicklung
des Bestehenden. Neben den Anpassungen des GATT und des IWF, die
bereits oben in anderem Zusammenhang erwähnt wurden,[80] ist hier
insbesondere an die verschiedenen Verhaltenskodizes für Wirtschafts-
subjekte zu denken. Bereits 1980 verabschiedet wurde ein Kodex gegen
restriktive Geschäftspraktiken,[81] der sich unter anderem auch direkt an
Einzelunternehmen wendet.[82] Weniger erfolgreich waren bisher die
Bemühungen um entsprechende Regelungen für transnationale Unternehmen, die gleichzeitig auf UN- und OECD-Ebene laufen und erst im
Bereich der letzteren zu einer Einigung geführt haben.[83] Ebenfalls noch
unvollendet ist ein Kodex für den Technologietransfer.[84] Darüberhinaus
wird an einer Reform der Pariser Verbandsübereinkunft zum Schutze des
gewerblichen Eigentums (PVÜ), die übrigens z. T. auch als Grundlage für
den Technologietransfer angesehen wird, gearbeitet.[85] Weitere Änderungen betreffen unter anderem die Revidierte Berner Übereinkunft zum
Schutz von Werken der Literatur und Kunst (RBÜ).[86] Auch hinsichtlich
des internationalen Verschuldungsproblems sind durchaus Ansätze für
systemimmanente Lösungen erkennbar, wie etwa die Bemühungen des
sogenannten „Pariser Clubs" der wichtigsten Gläubigerländer zeigen.[87]

e) Vom Liberalismus zum Dirigismus?

Betrachtet man die soeben aufgezeigten allgemeinen Prinzipien
insgesamt, so wird das tiefgreifend Neue der gegenwärtigen Bestrebungen
deutlich. Mag man sich auch darüber streiten, ob jemals eine alte
internationale Wirtschaftsordnung im Sinne eines konsistenten Regelungs-
gebäudes existiert hat: unzweifelhaft ist, daß der internationale
Wirtschaftsbetrieb über einen relativ langen Zeitraum hinweg unter
Bedingungen ablief, die den im Rahmen der jetzigen Diskussion
geforderten diametral entgegengesetzt sind. Innerhalb ihres Systems sind
die Forderungen der NIWO allerdings nicht, wie das mitunter behauptet

---

80   II. 1. am Ende.

81   UN-Dokument TD/RBP/CONF/10 v. 2. 5. 1980, in: ILM 1980, 813.

82   Section „D" des Kodex (Fn 81).

83   GROEBEN, Hans v. d./THIESING, Jochen/EHLERMANN, Claus-Dieter, Handbuch des
     Europäischen Rechts, Loseblatt, Baden-Baden, VI A 24 1 ff; zu den Bemühungen auf
     EG-Ebene vgl. GROEBEN, Hans v. d./BOECKH, Hans v./THIESING, Jochen/EHLER-
     MANN, Claus-Dieter, Kommentar zum EWG-Vertrag, 3. A., Baden-Baden 1983, Bd. 2,
     „Industriepolitik", Rz. 21 ff, 1550 ff (HELLMANN, Rainer).

84   KUNZ-HALLSTEIN, Patentschutz und KEWENIG, Technologietransfer (beide Fn 16).

85   FIKENTSCHER, Wirtschaftsrecht, 279 mwN (Fn 52).

86   FIKENTSCHER, Wirtschaftsrecht, 280 (Fn 52).

87   VWD „Europa" v. 24. 11. 1983, 8.

wird,[88] widersprüchlich und perplex. Die scheinbaren Widersprüche im Rahmen des Gleichheitsgedankens lösen sich, wie schon oben dargelegt, auf, sobald man sich klargemacht hat, daß sie aus der Dogmatik eines völlig anderen als des westlich-liberalen Rechtssystems fließen. Dasselbe gilt für die Brüche im Souveränitätsverständnis, wenn man die systemimmanente Grundaussage akzeptiert, daß sich wirtschaftliche Macht nicht auf dieselben Rechtsprinzipien wie wirtschaftliche Ohnmacht berufen kann, wenn eine solche Berufung zur Verfestigung des „development gaps" führen würde, ja mehr noch, daß wirtschaftliche Macht schlechthin, insbesondere wenn sie in Händen Privater liegt, als ablehnenswert anzusehen ist. Es geht hier eben nicht mehr um die eher formalen Konzepte einer liberal-rechtsstaatlichen Rechtsauffassung, sondern um materielle Gerechtigkeitskriterien und um politisch definiertes Recht.

Abschließend sei noch ein kurzer kursorischer Blick auf die Frage geworfen, inwieweit die Diskussionspunkte schon in geltendes Recht übergegangen sind. Wie bereits erwähnt, machen die Umwälzungen auch vor der Rechtsquellenlehre des Völkerrechts nicht halt. Da nur einzelne Teile des Forderungskataloges bisher in gültige völkerrechtliche Verträge Eingang gefunden haben (ein bedeutsames Beispiel insoweit sind die Lomé-Abkommen der EG) und der Herausbildung von allgemeinem Gewohnheitsrecht sowohl der Mangel an langdauernder Übung als auch der konsequente Widerspruch fast aller industrialisierter Staaten entgegensteht, versucht man mehrgleisig zu fahren. Zwar ist man durchaus bemüht, konsensfähige Verträge abzuschließen, aber wo dies mißlingt, wird versucht, auf anderer Ebene eine Quasi-Rechtsbindung zu erreichen, ungeachtet der unbestreitbaren Tatsache, daß nun einmal keine Einigkeit besteht und ein Weltgesetzgeber nicht vorhanden ist. Musterbeispiel dafür ist das Ringen um das neue Seerecht. Nachdem — hauptsächlich wegen des Meeresbergbauregimes — ein allgemeiner Konsens über die Konvention gescheitert war, nahm man diese dennoch unter Ausnutzung der Entwicklungsländermehrheit an, wohl in der Hoffnung, daß ihr alleiniges Vorhandensein zumindest den Rechtser- zeugungsprozeß in Gang setzen könnte. Gleiches wird auch durch die Konstruktion von Begriffen wie „Soft Law" versucht, denn „weiches" Recht scheint leichter akzeptierbar zu sein als „hartes" Recht.[89] Ist dies aber erst einmal angenommen, so ist immerhin schon von Recht die Rede und die Position des „Persistent Objectors" entscheidend geschwächt. Gleichfalls versucht man über die Anerkennung von Grundsätzlichem und von Rahmenrechten (Recht auf Entwicklungshilfe), aus denen dann konkrete Forderungen abgeleitet werden können, weiterzukommen. Standards werden als Quasi-„Staats"-Zielbestimmungen verstanden, die

---

88 Z. B. von SEIDL-HOHENVELDERN, „Soft Law", 217 ff (Fn 44).
89 SEIDL-HOHENVELDERN, „Soft Law", 192 ff (Fn 44).

dann zumindest einen gewissen Legitimierungseffekt haben.[90] Die Berufung auf innerstaatliche Phänomene (Sozialstaatsprinzip)[91] wird gleichfalls eingesetzt, und wo schon keine neuen Rechtsnormen nachgewiesen werden können, so kann mitunter wenigstens das Ende der alten Ordnung (z. B. durch desuetudo) geltend gemacht werden.[92]

Es würde in diesem Rahmen erheblich zu weit führen, die oben einzeln erwähnten Prinzipien und Sachforderungen auf ihren jeweiligen rechtlichen Kern zu untersuchen.[93] Festzustellen ist allerdings, daß qualitative, grundsätzliche Schritte weg vom formellen Rechtsstaatlichkeitsprinzip und dem liberalen internationalen Wirtschaftsrecht hin zum dirigistischen System von Billigkeit und Verteilungsgerechtigkeit schon vollzogen sind. Dies zeigen u. a. die Akzeptierung von Ausgleichslagern im Rahmen des integrierten Rohstoffprogramms, einzelne Elemente des Seerechts bzw. die zahllosen Sonderregelungen für Entwicklungsländer. Etwas anderes ist auch angesichts der gewandelten Probleme und Ziele der Weltwirtschaft kaum zu erwarten, noch überhaupt möglich. Offen bleibt die Frage, welche Balance zwischen beiden Polen erreicht werden kann.

III. Die EG und die Dritte Welt

Die Einbeziehung der Europäischen Gemeinschaften in die NIWO-Diskussion und ihre wichtige Stellung in dieser Hinsicht kann angesichts ihrer Bedeutung und ihrer Kompetenzen nicht verwundern. Zum einen bildet der Gemeinsame Markt die größte Handels- und Industriemacht der Welt,[94] hält ca $^1/_3$ der Weltwährungsreserven,[95] ist größter Absatzmarkt für Waren der Entwicklungsländer und ihre bedeutendste Geberregion,[96] von seinem politischen Gewicht ganz zu schweigen. Auf der anderen Seite sind die Mitgliedsstaaten der EG samt und sonders

---

90   SEIDL-HOHENVELDERN, „Soft Law", 201 (Fn 44) über die Möglichkeit, daß eine Nichtbeachtung zwar nicht gegen Völkerrecht, aber gegen internationale „bonos mores" verstößt; BECKER, Entwicklungskooperation, 254 ff mwN (Fn 3); beachte auch die Hinweise in Fn 44.

91   STEMBERG, Charta, 199 ff mwN (Fn 9) lehnt dies ab.

92   Vgl. dazu PETERSMANN, Wirtschaftsvölkerrecht, 504 f (Fn 47).

93   Eine eingehende Untersuchung insoweit bei STEMBERG, Charta, (Fn 9); s. auch KIMMINICH, Völkerrecht, 11 ff (Fn 55); aus der Sicht der Entwicklungsländer z. B. HOSSAIN, Legal Aspects, insbes. 45 ff (Fn 44).

94   Er hält 22% des Welthandels (ohne innergemeinschaftlichen Handel; vgl. Stichwort Europa 2/82, „Die Europäische Gemeinschaft in der Welt", 2) und rund 20% des Weltsozialprodukts (THIEL, Elke, Bilanz und Perspektiven der EG, Baden-Baden 1983, 23). Seit 1980 ist er damit die größte Wirtschaftsmacht der Welt.

95   VWD „Europa" v. 13. 9. 1983; THIEL, Bilanz, 23 (Fn 94).

96   40% der öffentlichen Entwicklungshilfe kommen aus den EG; vgl. THIEL, Bilanz, 23 (Fn 94).

stark exportorientiert und auf ein funktionierendes Weltwirtschaftssystem zur Wahrung ihres eigenen Wohlstandes angewiesen.[97]
Darüberhinaus sind zahlreiche, wenn auch nicht umfassende (s. dazu
noch unten) Kompetenzen im Wirtschaftsbereich auf die Gemeinschaften
übergegangen, so daß die Nationalstaaten in mancher Beziehung gar
nicht mehr selbst als Akteure auftreten dürften. Was das interne
Gemeinschaftsrecht anbelangt, ist trotz aller Kritik festzuhalten, daß der
Gemeinsame Markt für alle Beteiligten nach wie vor unverzichtbar ist.
Der größte Teil der Handelsströme der Mitgliedstaaten fließt in
Partnerländer[98] und viele Probleme lassen sich rein tatsächlich nicht mehr
von den Einzelstaaten lösen (z. B. eine konkurrenzfähige Luft- und
Raumfahrtindustrie aufzubauen). Nichtsdestoweniger muß konstatiert
werden, daß das Gemeinschaftsrecht und die politische Struktur der EG
dieser Herausforderung nicht gewachsen sind.

1. Die EG vor neuen Aufgaben

Dies ergibt sich schon aus der Entstehungsgeschichte des
Gemeinsamen Marktes. Anfang der 50er Jahre war ein Europa in der
Rolle des Gebers nicht denkbar, war es doch selbst Empfänger
amerikanischer „Entwicklungshilfeleistungen", die ja überhaupt einen
Mitanlaß für europäische Zusammenschlüsse bildeten.[99] Die Notwendigkeit, die europäische Wirtschaft gleichsam hochzupäppeln hatte auch zur
Folge, daß die Konzeption der Gründungsverträge der EG etwas „inward
looking" geriet. Zwar wurde die grundsätzliche Geöffnetheit für den
Welthandel anerkannt (Präambel, Art 110 EWGV), jedoch finden sich
außer der Assoziierung der überseeischen Gebiete und Territorien (Art 3
lit k, 131 ff EWGV) keine Anzeichen der Möglichkeit fördernder
Wirtschaftspolitik gegenüber Drittstaaten, sondern nur Hinweise auf
„klassische Phänomene" wie z. B. Zoll- und Handelsabkommen
(Art 113). Auch die Möglichkeit zur Assoziierung nach Art 238 EWGV
war ursprünglich nicht in dem Sinn zu verstehen, den sie heute erhalten
hat.[100] Dem Aufgabenwandel nach außen steht ein solcher im Innern

---

97 Im Durchschnitt stammen 24% des Bruttosozialprodukts aus dem Außenhandel
(Bundesrepublik 22%; Stichwort Europa 2/82, 1 [Fn 94]); außerdem sind die EG zu
rund 90% von Rohstoff- und zu rund 50% von Energieeinfuhren abhängig (Stichwort
Europa 6/81, „Die Gemeinschaft hilft der Dritten Welt: Das Lomé-Abkommen", 3).

98 50% lt. Stichwort Europa 2/82, 1 (Fn 94).

99 ZORGBIBE, Charles, La construction politique de l'Europe, Paris 1978, 18 f;
ROBERTSON, Arthur H., European Institutions, 3. A., London 1973, 6 ff, 72 ff.

100 VEDDER, Christoph, Die auswärtige Gewalt des Europa der Neun, Göttingen 1980, 61,
allgemein zur Kompetenz nach Art 238 auf 55 ff; BECKER, Jürgen, in: GROEBEN/
BOECKH/THIESING/EHLERMANN, Kommentar, Bd. 2, Art 238, Rz. 3 ff (Fn 83); DERS.,
Die Partnerschaft von Lomé — Eine neue zwischenstaatliche Kooperationsform des
Entwicklungsvölkerrechts, Baden-Baden 1979, 138 ff.

gegenüber. War früher die Beseitigung von Unterversorgung (Nahrungsmittel, Stahl) im Vordergrund, ist heute genau das Gegenteil der Fall, ohne daß sich das Vertragsrecht entsprechend verändert hätte. Statt geordnetem Wachstum im Innern verbunden mit einem positiven Saldo der Außenwirtschaft steht jetzt Bewirtschaftung begrenzter Möglichkeiten in Verbindung mit Umverteilung zugunsten unterentwickelter Gebiete, letztlich also Ermöglichung eines positiven Saldos für andere, als Aufgabe im Vordergrund.

a) Die Strukturprinzipien des Gemeinsamen Marktes

Bevor man sich die gemeinschaftsrechtlichen Vorschriften im einzelnen ansieht, sollte man die dem Gemeinsamen Markt zugrundeliegenden Struktur- und Zielbestimmungen betrachten. Obwohl insoweit ausdrückliche Normierungen meist fehlen, ist doch bisher gemeinhin davon ausgegangen worden, daß die Gemeinschaften eine freie Marktwirtschaft voraussetzten.[101] Dies ist sicher insofern richtig, als der Ausgangspunkt in den 50er Jahren ein marktwirtschaftlicher war und dieser allen Mitgliedstaaten, alten und neuen, auch heute noch eigen ist. Vorschriften wie Art 52 ff (Niederlassungsfreiheit), 75 ff (Verkehr), natürlich 85 ff (Wettbewerb), 92 ff (Subventionen), u. v. m. setzen freie Unternehmerschaft und das grundsätzliche Bestehen von Marktbedingungen, die nur gegebenenfalls gewisser Korrekturen bedürfen, voraus. Aber mit der Feststellung des Ausgangspunkts, so bedeutsam dies auch sein mag,[102] ist noch nichts über den realen Zustand gesagt. Die vielfältigen Steuerungsmöglichkeiten (Art 58 EGKSV, Art 52 ff EAGV [Versorgungsagentur für spaltbare Stoffe], Art 40 EWGV in Verbindung mit den diversen Agrarmarktordnungen) lassen ein Einfallstor für planwirtschaftliche Tendenzen offen, und letztlich ist es nur mehr eine Frage der Quantität, wieviel an Marktwirtschaft noch übrigbleibt. Eine diesbezügliche Begrenzung enthalten die Verträge nicht. Gleichfalls stark ausgebildet sind die Prinzipien von Solidarität und Sozialstaatlichkeit,

---

101 BISKUP, Reinhold,Europäische Aspekte der Sozialen Marktwirtschaft. Zur Diskussion über die Wirtschaftsverfassung der EG, in: Soziale Marktwirtschaft im vierten Jahrzehnt ihrer Bewährung, hg. von der Ludwig-Erhard-Stiftung, Stuttgart 1981, 101 f; GROEBEN, Hans v. d., Zur Wirtschaftsordnung der EG, in: Integration 1981, 3 ff; ZULEEG, Manfred, Die Wirtschaftsverfassung der Europäischen Gemeinschaften, in: Wirtschafts- und gesellschaftspolitische Ordnungsprobleme der Europäischen Gemeinschaften, Baden-Baden 1978, 73 ff, insbes. 76 f; kritisch RAHMSDORF, Detlev W., Eine zweite Euro-Ordo-Debatte? Integration 1980, 156 ff; EVERLING, Ulrich, Die Koordination der Wirtschaftspolitiken der Mitgliedstaaten der EWG, in: BÜLCK, Hartwig (Hg.), Zur Stellung der Mitgliedstaaten im Europarecht, Berlin 1967, 163 ff, 171.

102 FIKENTSCHER, Wirtschaftsrecht, 7 f (Fn 52).

wie sie sich aus Art 5—7 EWGV sowie aus allen Präambeln ergeben.[103]
Gedanken der Verwaltung eines gemeinsamen Erbes sind, insbesondere
im Euratom- und EGKS-Bereich, durchaus auffindbar, wenngleich
prinzipiell die nationalstaatliche Kompetenz und Souveränität nicht
aufgegeben wird.[104] Desgleichen ergibt sich aus dem komplexen
Finanzierungs- und Ausgabensystem der Gemeinschaften ein Umver-
teilungsmechanismus zwischen den Mitgliedsstaaten und ihren Regionen
(„Finanzausgleich",[105] Regionalpolitik;[106] der gesamte Streit um
angebliche oder wirkliche „Nettozahler" ist hier angesiedelt). Unklar ist
zur Zeit noch die Ausgestaltung der Freiheitsbereiche innerhalb des
Gemeinsamen Marktes. Grundrechte im engeren Sinne sehen die
Verträge nicht ausdrücklich vor. Die fünf Grundfreiheiten[107] sowie das
Diskriminierungsverbot umfassen nur einen sehr begrenzten Bereich.
Ansonsten findet sich nur noch Art 222 EWGV, nach dem die
Eigentumsordnung der Mitgliedsstaaten unberührt bleibt. Nichtsdestoweniger ist man sich einig, daß das Gemeinschaftsrecht Grundrechte
kennt,[108] die aus einer Anknüpfung an die Verfassungen der
Mitgliedstaaten und die Europäische Menschenrechtskonvention ge-
wonnen werden können.[109] Ohne im einzelnen auf diese Rechte eingehen
zu können, ist festzuhalten, daß zu diesen jedenfalls das Recht auf
Eigentum in den Grenzen der gemeinwohlbezogenen Sozialbindung
gehört.[110]

---

103 Vgl. auch den Begriff der Gemeinschaftstreue, BLECKMANN, Albert, Europarecht, 3.
A., Köln 1980, 122 mwN.

104 Auf die Frage, inwieweit die Mitgliedsstaaten noch „Herren der Verträge" sind, oder
ob der sagenumwobene „point of no return" schon überschritten ist, kann hier nicht
eingegangen werden; vgl. dazu z. B. BEUTLER, Bengt/BIEBER, Roland/PIPKORN,
Jörn/STREIL, Jochen, Die Europäische Gemeinschaft — Rechtsordnung und Politik,
2. A., Baden-Baden 1982, 64 ff; ZULEGG, Manfred, Der Bestand der Europäischen
Gemeinschaft, in: GdS-SASSE, Baden-Baden-Kehl-Straßburg 1981, 55 ff, 57 ff;
EVERLING, Ulrich, Sind die Mitgliedstaaten noch Herren der Verträge?, in: FS-
MOSLER, Berlin-Heidelberg-New York 1983, 173.

105 Vgl. HECK, Winfried, in: GROEBEN/BOECKH/THIESING/EHLERMANN, Kommentar,
vor Art 199 Rz 29 f (Fn 83).

106 WÄLDCHEN, Paul, in: GROEBEN/BOECKH/THIESING/EHLERMANN, Kommentar, Bd. 2,
1583 ff (Fn 83).

107 Warenverkehr (Art 9 ff EWGV), Dienstleistungsverkehr (Art 59 ff EWGV), Frei-
zügigkeit (Art 48 ff EWGV), Niederlassungsfreiheit (Art 52 ff EWGV), Kapitalver-
kehr (Art 67 ff EWGV); als unselbständige Freiheit könnte man noch den
Zahlungsverkehr hinzurechnen (Art 106).

108 Vgl. den Sammelband „Die Grundrechte in der Europäischen Gemeinschaft", Baden-
Baden 1978; SASSE, Christoph, Der Schutz der Grundrechte in den Europäischen
Gemeinschaften und seine Lücken, in: MOSLER, Hermann u. a. (Hgg.),
Grundrechtsschutz in Europa, Berlin 1977, 51 ff.

109 Rs 29/69, EuGHE 1969, 419; Rs 11/70, EuGHE 1970, 1125; Rs 4/73, EuGHE 1974,
491; Rs 36/75, EuGHE 1975, 1219; Rs 44/79, EuGHE 1979, 3727; Rs 41, 121, 796/79,
EuGHE 1980, 1979; Rs 136/79, EuGHE 1980, 2033.

110 Fn 109: Rs 4/73, 44/79, 41, 121, 796/79.

b) Einzelne wirtschaftliche Regelungen

In seinen einzelnen wirtschaftlichen Regelungen der Binnenbeziehungen bietet der Gemeinsame Markt kein konsistentes Bild. Wesentlicher Teil sind natürlich die Vorschriften, die einen freien, Gemeinsamen Markt schaffen und gewährleisten sollen. Dazu zählen die Regelungen über die Grundfreiheiten, insbesondere die Artikel 9 ff EWGV über den freien Warenverkehr. Mögliche Verzerrungen sollen über die wettbewerbsrechtlichen Vorschriften der Art 85 ff sowie über das Verbot bestimmter Subventionen (Art 92 ff) vermieden werden. Dem gleichen Ziel dient der Versuch einer möglichst weitreichenden Kooperation in der allgemeinen Wirtschaftspolitik, die im übrigen grundsätzlich den Mitgliedsstaaten obliegt, und das Bemühen um Harmonisierung und Angleichung des Rechts, insbesondere des Steuerrechts.[111] Zum Schutz des freien Marktes vor negativen Entwicklungen (Kartelle u. ä.) gehört als Gegenstück auch die Förderung einzelner Elemente. Dem dienen die Art 74 ff über die Verkehrspolitik, die aus der Erkenntnis der großen Bedeutung von Transportfragen für den freien Warenverkehr resultieren.[112] Weiterhin ist die Industriepolitik zu erwähnen. Zwar findet sich ihr Ansatzpunkt nicht ausdrücklich in den Verträgen, sondern ist höchstens partiell aus einigen Vorschriften zu entnehmen (z. B. Art 3 lit d und g EGKSV: Ausweitung und Modernisierung der Montanindustrie), jedoch zeigte sich spätestens auf der Pariser Gipfelkonferenz von 1972, daß insbesondere auch wegen amerikanischer und japanischer Konkurrenz eine gezielte Förderung bestimmter Industriezweige bzw. bestimmter Industriegebiete vonnöten war.[113] Bisherige Anwendungsbeispiele sind die Stahl-, aber auch die Luftfahrtindustrie,[114] ebenso die Aktivitäten zur Vereinheitlichung des Steuer- und Gesellschaftsrechts (Entwurf des Statuts einer Societas Europaea).[115] Erwähnenswert sind noch eine Reihe „marktflankierender" Politiken, nämlich die Energiepolitik zur Förderung von Kernenergie und Kohle zu Lasten des Erdöls,[116] die Forschungs- und Bildungs-,[117] sowie

---

111 Art 100—102 EWGV; zu den Steuern Art 95—99 EWGV.

112 ERDMENGER, Jürgen, in: GROEBEN/BOECKH/THIESING/EHLERMANN, Kommentar, Bd. 1, Vorb. zu Art 74 bis 84, Rz. 1 ff (Fn 83).

113 Entschließung des Rates v. 17. 12. 1973 über die Industriepolitik, ABl C 117 (1973), 1.

114 Aktionsprogramm, Bull-EG, Beilage 11/75.

115 Vorschlag einer V des Rates über das Statut für Europäische Aktiengesellschaften v. 30. 6. 1970, ABl C 124 (1970); geänderter Vorschlag Bull-EG, Beilage 4/75.

116 SCHOLZ, Hans-Eike von, Die Energiepolitik der Europäischen Gemeinschaften, in: GROEBEN/BOECKH/THIESING/EHLERMANN, Kommentar, Bd. 2, 1501 ff (Fn 83).

117 LINDNER, Roland, Europäische Politik für Forschung und Bildung, Baden-Baden 1977; SCHMITZ-WENZEL, Hermann, Bildungspolitik der Europäischen Gemeinschaften, Baden-Baden 1980; Eine Bildungspolitik für Europa (Reihe Europäische Dokumentation) Luxemburg 1982.

noch die Umweltpolitik.[118] Die letzterwähnten Bereiche dürfen im gegenwärtigen EG-Recht in ihrer Bedeutung allerdings nicht überschätzt werden. Abgesehen davon, daß für sie im Haushalt kaum Mittel zur Verfügung stehen,[119] fehlt es bisher noch vielfach an klaren Konzepten. Auch besteht insoweit immer ein gewisses Konkurrenzverhältnis zu nationalen Politiken, wie z. B. im Bereich der industriellen Förderung, wo sich zu alledem auch noch Abgrenzungsschwierigkeiten gegenüber dem grundsätzlichen Verbot nationaler Subventionen an Unternehmen ergeben.

Neben diesen marktwirtschaftlichen Elementen bestehen die bereits erwähnten Mechanismen für die dirigistische Beseitigung von aufgetretenen Marktstörungen. An zwei Beispielen mag dies kurz erläutert werden. Im Bereich des EGKSV war man von der grundlegenden Bedeutung der Schwerindustrie für jede wirtschaftliche Entwicklung ausgegangen.[120] Konsequenterweise mußte man dann einerseits die jederzeitige Verfügbarkeit dieser Industrieprodukte sicherstellen und andererseits verhindern, daß in Überflußzeiten zahlreiche Unternehmen zusammenbrechen, was die Versorgungsbasis langfristig gefährden kann. Dementsprechend sieht Art 59 EGKSV ein Verteilungssystem bei Mangellage, Art 58 EGKSV hingegen ein Quotensystem bei Überproduktion vor.[121] Das Paradoxe ist nun, daß von der Möglichkeit des Art 58 erstmals 1980, als die Auslastungsquote der Stahlindustrie nur noch knapp über 50% lag, Gebrauch gemacht wurde, zu einer Zeit also, als der Stern der Schwerindustrie schon lange gesunken war. Im Grunde ergab sich so die eigentümliche Situation, daß mit EG-Maßnahmen unrentable Stahlbetriebe am Leben erhalten wurden, obwohl gerade auf diesem Sektor Schwellenländer der Dritten Welt langsam konkurrenzfähig zu werden begannen, sich hier also sogar eine sinnvolle Chance eines Wandels der internationalen Arbeitsteilung auftat.[122] Auf dem Sektor der Landwirtschaft ist die Situation vergleichbar. Alle bekannten Mechanis-

---

118 BUNGARTEN, Harald, Die Umweltpolitik der EG, Bonn 1976; JOHNSON, Stanley P., The Pollution Control of the European Communities, London 1983; Kommission, Entwurf eines Aktionsprogramms der Europäischen Gemeinschaften für den Umweltschutz 1982—1986, Mitteilung an den Rat v. 9. 11. 1981, Abl C 305 (1981), 2.

119 1982 zusammen rund 437,7 Mio. ECU (1 ECU am 15. 3. 84 rd. DM 2,23) = ca. 2% des Haushalts; dazu kommen noch Mittel der Europäischen Investitionsbank (EIB) und Anleihen im Rahmen des sog. Neuen Gemeinschaftsinstruments (NGI, auch Ortoli-Fazilität genannt), die aber am Ergebnis nichts wesentlich ändern.

120 „Schlüsselindustrien", vgl. MONNET, Jean, Erinnerungen eines Europäers, München 1978, 372 ff.

121 Der Euratom-Vertrag enthält in Art 2 lit d, 52 ff ein System zur Sicherstellung der Versorgung, das allerdings ohne praktische Bedeutung geblieben ist.

122 Dennoch gelang es einigen Schwellenländern, ihre Stahlexporte auszuweiten. 1981 erhöhten ihre Produktion z. B. Indien um 13,5%, Korea um 26% und Mexiko um 7,6%, während die Weltstahlproduktion im gleichen Zeitraum um rund 1,5% zurückging (GATT, International Trade 1981/82, Genf 1982, 60).

men (Garantiepreise, Abnahmegarantien etc.) sind vor dem Hintergrund einer ursprünglichen Nahrungsmittelunterversorgung zu sehen. Auch hier wurde ein Wirtschaftszweig als Grundlage einer gesunden europäischen Gesamtwirtschaft gesehen. Unter den gewandelten Vorzeichen der unverkäuflichen Überschüsse hält sich diese Politik dennoch mit der Konsequenz, daß Drittstaaten, insbesondere Entwicklungsländer, schlechtere Chancen haben, Agrarprodukte in den Gemeinsamen Markt hineinzubringen.[123]

Parallel zur absoluten Entwicklung der europäischen Wirtschaft ist es ein weiteres Ziel der Verträge, daß Struktur- und Wohlstandsunterschiede zwischen den Mitgliedsstaaten und ihren Regionen beseitigt werden. Rechtlicher Anknüpfungspunkt dafür ist die Präambel, nach der der Abstand zwischen einzelnen Gebieten und der Rückstand weniger begünstigter Gebiete verringert werden soll. Hauptinstrumentarium dafür ist die Regionalpolitik, die sich phasenweise seit der ersten Erweiterung entwickelt hat und auf die „Selbstergänzungsklausel" des Art 235 EWGV gestützt ist. Der 1975 errichtete Fonds für europäische regionale Entwicklung (1982 mit rund 1,75 Milliarden ECU ausgestattet)[124] ist das Kernstück dieser Politik. Seine Aufgabe ist die Mittelvergabe zur Unterstützung von regionalpolitischen Maßnahmen der Mitgliedsstaaten.[125] Ein weiterer Mechanismus zum Ausgleich von Unterschieden innerhalb der Gemeinschaften ist natürlich, wie schon angedeutet, das gesamte Finanzierungssystem an sich. Da die Einnahmen der EG aus Zöllen, Agrarabschöpfungen und einem Mehrwertsteueranteil bestehen, ergibt sich, daß in aller Regel wirtschaftsstarke Mitglieder (z. B. solche, in denen ein großer Warenumsatz stattfindet) einen entsprechend bedeutenden Anteil an den Einnahmen der Gemeinschaften liefern. Die Ausgabenstruktur (zur Zeit knapp $^2/_3$ für die Agrarpolitik, und zwar fast ausschließlich für die Garantieabteilung und $^1/_7$ für die Regionalpolitik)[126] ist demgegenüber geeignet, wirtschaftsschwächere Länder zu fördern. Nichtsdestoweniger hat sich in den letzten Jahren eine Fehlentwicklung dieses Ansatzes ergeben. Großbritannien, obwohl am

---

123 Auch die diversen Zollzugeständnisse, z. B. im Rahmen des Allgemeinen Präferenzsystems (APS) sind für Agrarprodukte in aller Regel weniger günstig. Trotz allem ist aber die EWG immer noch der größte Nettoimporteur für Agrarprodukte (Jahresbericht 1983 der Kommission über die Lage der Landwirtschaft, zitiert in: VWD „Europa" v. 18. 1. 1984, 9).

124 Kommission, 16. Gesamtbericht über die Tätigkeit der Europäischen Gemeinschaften 1982, Luxemburg 1983, Rz. 343.

125 Art 2 I, 4 II der V 724/75/EWG des Rats v. 18. 3. 1975, ABl L 73 (1975), 1 („Fondsverordnung"), geändert durch V 214/79/EWG des Rats v. 9. 2. 1979, ABl L 35 (1979), 1.

126 Jahresbericht des Rechnungshofs der Europäischen Gemeinschaften für 1982, ABl C 357 (1983), 175.

unteren Ende der Wohlstandsskala angesiedelt, wurde zum Nettozahler, weil es nur einen ziemlich kleinen Agrarsektor hat und darüber hinaus aus historischen Gründen außergewöhnlich viel aus Drittstaaten (Commonwealth) einführt.

Das Gesamtbild des EG-internen Rechts ist widersprüchlich. Folgende Punkte können abschließend zusammengestellt werden:

— Markt- und Planwirtschaft sind fast untrennbar ineinander verwoben. Gerade der Stahlsektor zeigt, daß Anreize an die Privatinitiative (Industriepolitik) und faktische Aufhebung derselben (Quotenentscheidung) Hand in Hand gehen können.

— Es ist (und hier sieht man eine weitere Parallele zur NIWO-Diskussion) feststellbar, daß trotz Stagnation und Krise eine Verlagerung der Kompetenz oder doch zumindest der Ebene, auf der, wenn auch intergouvernemental, Probleme gelöst werden, nach oben auf die Gemeinschaften zu stattfindet.

— Das EG-Recht enthält zwar Instrumente zur Bewältigung von Mangel und Überproduktion, sofern sie zyklisch auftreten; es ist aber nicht gerüstet für Fragen, die mit der absoluten Grenze des Wachstums zusammenhängen. Die gegenwärtige EG-Krise folgt letztendlich genau aus dieser Situation. Was in erster Linie fehlt, ist ein konsistentes Wertesystem mit gemeinschaftsspezifischen Grundrechten und ein Instrumentarium zur dauerhaften, gerechten Verteilung knapper Ressourcen. Letzteres Manko teilt das EG-Recht im übrigen mit dem Grundgesetz und anderen freiheitlichen Verfassungen,[127] was aus deren liberalem Ansatz auch verständlich ist.

— Entscheidendes Defizit ist aber die unklare Kompetenzverteilung zwischen Gemeinschaften und Mitgliedsstaaten, verbunden mit dem schwerfälligen Entscheidungsmechanismus auf EG-Ebene. Aus dem Grundsatz der begrenzten Einzelermächtigung[128] folgt, daß die Gemeinschaften auf neue Probleme und Aufgaben prinzipiell nicht adäquat reagieren können und daß jeder Sachdiskussion ein fruchtloser Streit über Zuständigkeiten vorausgeht. Besonders schwerwiegend ist aber zum einen, daß sich statt den vertraglich vorgesehenen Mehrheitsentscheidungen (Art 148 EWGV) beharrlich das Einstimmigkeitsprinzip des Luxemburger Kompromisses[129] hält,

---

127 TOMUSCHAT, Christian, Güterverteilung als rechtliches Problem, in: Der Staat 1973, 433 ff, 465 f.

128 Z. B. BEUTLER/BIEBER/PIPKORN/STREIL, Europäische Gemeinschaft, 68 f (Fn 104).

129 Text der Vereinbarung abgedruckt in: EuR 1966, 73 f; dazu gleich OPHÜLS, Carl F., Die Mehrheitsbeschlüsse der Räte in den Europäischen Gemeinschaften, in: EuR 1966, 193 ff, 224 ff; LAHR, Rolf, Die Legende vom Luxemburger Kompromiß, in: EA 1983, 223 ff; in letzter Zeit sind allerdings wieder zahlreiche Versuche unternommen worden, dem Mehrheitsprinzip zum Durchbruch zu verhelfen, vgl. z. B. die „Feierliche Erklärung zur Europäischen Union" vom Stuttgarter Gipfel im Juni 1983, abgedruckt z. B. in der Frankfurter Rundschau v. 21. 6. 1983, 12, dort Ziff 2. 2. 2.; Bericht der

zum andern, daß Entscheidungen in letzter Zeit zunehmend auf höchster Ebene getroffen werden müssen, weil die eigentlich dafür ausgestatteten Bürokratien (Kommission, Fachministerien der Länder) alles dorthin abschieben. So entsteht zu Lasten der dreimal jährlich stattfindenden Gipfeltreffen eine absolute Arbeitsüberlastung für die Regierungschefs (die zudem nicht einmal Fachkenntnisse haben) sowie ein publizitätsbedingter Profilierungszwang, der sachgerechten Entscheidungen nicht förderlich ist.

2. Zum Außenwirtschaftsrecht der EG

Das Außenwirtschaftsrecht der EG, also der Bereich, in dem die Zwölfergemeinschaft in direkten Kontakt zur NIWO tritt, spiegelt einen großen Teil dessen wider, was im Innenverhältnis schon in Erscheinung getreten ist.

a) Die Gemeinschaftskompetenzen

Auch hier sind die Gemeinschaftskompetenzen nur sehr punktuell ausgeführt und umfassen im wesentlichen die Handelspolitik (Art 110 ff EWGV) und die Assoziierung (Art 238 EWGV, Art 206 EAGV). Art 228 EWGV beinhaltet lediglich Verfahrensvorschriften und enthält keine eigenständige Kompetenzzuweisung.[130] In den Artikeln 101 ff EAGV ist darüberhinaus zwar ein eigenes Kapitel „Außenbeziehungen" zu finden, jedoch ist der Anwendungsbereich dieses Vertrages generell schon sehr beschränkt und darüberhinaus auch in der Praxis kaum zur Entfaltung gelangt. Der EGKSV ist noch weitaus zurückhaltender, denn er überläßt in Art 71 sogar die Handelspolitik den Mitgliedsstaaten.[131] Neben einzelnen Spezialvorschriften, die hier vernachlässigt werden können (Art 75 Abs 1 lit a EWGV), bleibt aber ein weites Feld kompetenzrechtlich im unklaren. Insofern hat zwar der EuGH in einer sich stetig entwickelnden Rechtssprechung versucht, die Außenkompetenzen parallel zur innergemeinschaftlichen Zuständigkeit zu entwickeln,[132] aber

---

„Drei Weisen" an den Europäischen Rat über die Europäischen Organe, in: EA 1980, D 80 ff; dazu WEINSTOCK, Ulrich, Wie kann der Entscheidungsprozeß in der Gemeinschaft verbessert werden?, in: Integration 1980, 60 ff.

130   SCHRÖDER, Meinhard, in: GROEBEN/BOECKH/THIESING/EHLERMANN, Kommentar, Bd. 2, Art 228. Rz 1 f (Fn 83).

131   Zu der Frage, in welchem Konkurrenzverhältnis zum EWGV die Regelung steht vgl. EuGH, Gutachten 1/75, EuGHE 1975, 1355 ff, 1365; VEDDER, Auswärtige Gewalt, 82 f (Fn 100).

132   Rs 22/70, EuGHE 1971, 263 ff („AETR-Entscheidung"); Rs 3, 4, 6/76, EuGHE 1976, 1279 ff („Kramer"); Gutachten 1/75 (Fn 131) sowie Gutachten 1/76, EuGHE 1977, 741 ff.

im Ergebnis nehmen die Mitgliedsstaaten in weiten Bereichen Kompetenzen in Anspruch, sodaß ein wohlbekanntes Phänomen im EG-Außenwirtschaftsrecht der gemischte Vertrag (accord mixte: er wird sowohl von den Gemeinschaften als auch von den Mitgliedsstaaten abgeschlossen) ist.[133] Darüberhinaus ist es natürlich mitunter auch einfach nicht möglich, die EG in bestimmten Rechtsverhältnissen an die Stelle ihrer Mitgliedsstaaten zu setzen. Beispiele dafür sind die Kontakte zum Ostblock, der ja eine Anerkennung der Gemeinschaften lange verweigert hat[134] oder die Mitgliedschaft in bestimmten internationalen Organisationen und multilateralen Verträgen.[135] Ungeachtet all dieser Komplikationen hat sich dennoch ein komplexes, beinahe weltumfassendes Geflecht von Außenwirtschaftsbeziehungen gebildet und sind es in der Regel die EG selbst, die als Verpflichtete und Berechtigte, schlechthin als Weltwirtschaftspartner angesehen werden. Bevor auf die Einzelheiten eingegangen werden soll, stellt sich noch die Frage, ob die Gründungsverträge irgendwelche Anforderungen an die inhaltliche Ausgestaltung des Außenwirtschaftsrechts stellen. Hierbei finden sich in der Präambel, in Art 3 lit k, 29 lit a und 110 EWGV grundsätzliche Bekenntnisse zu Freihandel und Handelsförderung, wobei aber Abweichungen davon im gemeinschaftsinternen Interesse zulässig sind.[136] Eine unmittelbare Anwendbarkeit der innergemeinschaftlichen Freihandelsprinzipien auf den Verkehr mit Drittstaaten existiert nicht.[137] Davon abgesehen müssen die EG Verpflichtungen völkerrechtlicher Art, die alle Mitgliedsstaaten binden, selbst auch beachten.[138] Zu denken ist natürlich in erster Linie an das Recht der Vereinten Nationen, soweit es sich auf die Führung internationaler Beziehungen allgemein (Art 1 und 2 UN-Charta) bzw. auf wirtschaftliche Entwicklung (Art 55 und 56) bezieht, sowie an das GATT, an das die EG nach der Rechtssprechung des

---

133 Z. B. die Lomé-Abkommen, die Mittelmeerkooperationsverträge, im Ergebnis also sowohl die absolut meisten als auch die bedeutungsvollsten Verträge; zum Rechtsphänomen des gemischten Vertrags vgl. MEESSEN, Karl M., Das Abkommen von Lomé als gemischter Vertrag: in: EuR 1980, 36 ff.

134 SCHWEISFURTH, Theodor, Sowjetunion, westeuropäische Integration und gesamteuropäische Zusammenarbeit, in: EA 1972, 261 ff.

135 Vgl. dazu ROSENBACH, Georg, Status und Vertretung der Europäischen Gemeinschaften in Internationalen Organisationen, München 1979.

136 Keine Verpflichtung zu „orthodoxer Freihandelspolitik", STEENBERGEN, Jacques, The Common Commercial Policy, in: CMLRev 1980, 229 ff, 240 f.

137 Rs 225/78, EuGHE 1979, 3151 ff, 3160; Rs 112/80, EuGHE 1981, 1095; Rs 245/81, EuGHE 1982, 2745 f.

138 Zu den „Altverträgen" vgl. Art 234 EWGV; KRÜCK, Hans, Völkerrechtliche Verträge im Recht der Europäischen Gemeinschaften, Berlin 1977, 130 ff; PETERSMANN, Ernst U., Auswärtige Gewalt, Völkerrechtspraxis und Völkerrechtsbindungen der Europäischen Wirtschaftsgemeinschaft, in: ZaöRV 1975, 213 ff, 261: „Hypothekentheorie".

EuGH[139] gebunden sind. Als weiterer Gesichtspunkt sind die im EG-Recht geltenden Grundrechte zu beachten. Im übrigen besteht jedoch keine eindeutige Festlegung der Richtung, die die EG in der Entwicklung des internationalen Wirtschaftsrechts einzuschlagen haben. Die eigentümliche Gemengelage von Markt- und Planwirtschaft im Innern setzt sich in den Außenbeziehungen fort.

b) Die Praxis

Einen Überblick über die Praxis des EG-Außenwirtschaftsrechts zu bekommen, ist nicht einfach. Prinzipiell ist zwischen autonomen, d. h. von den EG allein ohne Beteiligung der Drittstaaten getroffenen Maßnahmen, vertraglichen Beziehungen und dem international rechtserheblichen Verhalten außerhalb von Abkommen zu unterscheiden.

aa) Im autonomen Bereich haben die Gemeinschaften Vorschriften über eine gemeinsame Einfuhr-[140] und Ausfuhrregelung[141] erlassen, die beide von der grundsätzlichen Freiheit dieser Tätigkeiten ausgehen, aber für die Einfuhr sensibler Waren erhebliche Ausnahmen zulassen. Beim Import sind außerdem die tarifären Schranken des gemeinsamen Zolltarifs (GZT)[142] zu beachten, die allerdings im Laufe der Jahre und mehrerer GATT-Runden an Höhe und damit Bedeutung verloren haben.[143] Über diesen grundsätzlichen Regelungsbestand hinaus existieren zahlreiche Sondervorschriften für bestimmte Güter (z. B. Textilwaren),[144] bestimmte Einfuhrmodalitäten (z. B. für wissenschaftliche Zwecke, im Reisegepäck)[145] und bestimmte Lieferländer. So gibt es besondere Regelungen für Staatshandelsländer[146] und ein allgemeines Präferenzsystem (APS) zugunsten der unterentwickelten Staaten.[147] Letzteres ist im Zusammenhang dieser Thematik besonders interessant. Bereits in den 60er Jahren hatten die Entwicklungsländer in der UNCTAD allgemeine, nicht reziproke Zollpräferenzen insbesondere für die Förderung des Exports ihrer Halbfertig- und Fertigwaren

---

139 Rs 21—24/72, EuGHE 1972, 1219 ff, 1227 f.
140 V 288/82 v. 5. 2. 1982, ABl L 35 (1982), 1.
141 V 2603/69 v. 20. 12. 1969, ABl L 324 (1969), 25.
142 V 950/68 v. 28. 6. 1968, ABl L 172 (1968), 1.
143 Zuletzt die Verhandlungen der sog. Tokio-Runde; dort getroffene Vereinbarungen in ABl L 71 (1980), 1; vgl. auch BESCHEL, Manfred, in: GROEBEN/BOECKH/THIESING/EHLERMANN, Kommentar, Bd. 1, Art 18, Rz 2 (Fn 83).
144 V 3589/82 v. 23. 12. 1982, ABl L 374 (1982), 106.
145 V 918/83 v. 28. 3. 1983, ABl L 105 (1983), 1; V 1798/75 v. 10. 7. 1975, ABl L 184 (1975), 1.
146 V 1765 und 1766/82 v. 30. 6. 1982, ABl L 195 (1982)
147 Erstmalig durch V 1308—1314/71 v. 21. 6. 1971, ABl L 142 (1971).

gefordert.[148] Schon 1971 hatten die Gemeinschaften als eine der ersten Wirtschaftsmächte überhaupt diesem Ansinnen entsprochen, und im Laufe der Jahre ergab sich die Beseitigung von Zöllen auf fast alle Entwicklungsländereinfuhren. Ausnahmen existieren jetzt noch hauptsächlich im Agrarbereich.[149] Angesichts des Bestehens von Schutz- und Kontrollmechanismen im Bereich sensibler Waren[150] und der Tatsache, daß infolge der GATT-Verhandlungen die Zollsätze sowieso schon weitgehend abgebaut worden sind, darf die Bedeutung des APS allerdings nicht überschätzt werden. Abgerundet wird der autonome Bereich durch Vorschriften zum Schutz gegen Dumping, Subventionen sowie sonstige unlautere Handelspraktiken.[151] Es bedarf wohl keiner besonderen Vertiefung, daß diese Regeln in letzter Zeit von wachsender Bedeutung sind und sogar eine Verschärfung vorgenommen worden ist.[152] Ebenso Konjunktur haben die Gegenstücke dazu, nämlich die vielfältigen Exportförderungsmöglichkeiten. Hier hat man versucht, Ausfuhrbeihilfen, Kredite, Versicherungen etc. auf Gemeinschaftsebene zu vereinheitlichen.[153] In letzter Zeit hat die OECD unter Beteiligung der USA, der EG und Japans Exportkreditvereinbarungen geschlossen, die Mindestzinssätze festlegen und insoweit das EG-Recht ergänzen.[154]

bb) Im Bereich der von den Gemeinschaften, teils allein, teils zusammen mit den Mitgliedsstaaten geschlossenen Abkommen ist im Laufe der Jahre eine ungeheure Vielfalt zusammengekommen. Versuche, Klassifikationen von Abkommensarten aufzustellen[155] sind bereits unternommen worden, jedoch widersetzt sich die Vielgestaltigkeit der Außenbeziehungen jeder straffen Einteilung. Der folgende Überblick kann aus diesen Gründen nicht vollständig sein, die Gruppierungen sind lediglich als Grobraster zu verstehen.

Bekanntestes Vertragswerk der Gemeinschaften sind natürlich die sogenannten Lomé-Abkommen mit mittlerweile 65 Staaten Afrikas, der

---

148 Das APS war Verhandlungsgegenstand auf den beiden Welthandelskonferenzen (UNCTAD) in Genf (1964) und Neu Delhi (1968): Dokumente, in: EA 1964, D 511 ff, Yearbook of the UN 1964, 195 ff, 1968, 368 ff.

149 Dazu gibt es jeweils eine besondere auf Art 43 EWGV gestützte V; vgl. dazu BORRMANN, Axel und Christine/STEGGER, Manfred, The EEC's Generalized System of Preferences, The Hague 1981, 31 f, 148 ff, 197 f.

150 Einrichtung von Zollkontingenten bzw. Zollplafonds, bei deren Erschöpfung die normalen Sätze des GZT wiedereingeführt werden können.

151 V 2176/84/EWG und Entscheidung 2177/84/EGKS, ABl L 201 (1984).

152 ABl L 252 (1984).

153 Entscheidung 73/391/EWG v. 3. 12. 1973, ABl L 346 (1973), 1; Richtlinien 70/509 und 510/EWG v. 27. 10. 1970, ABl L 254 (1970), 1, 16; Richtlinie 71/86/EWG v. 1. 2. 1971, ABl L 36 (1971), 14.

154 Für 23 OECD-Länder am 15. 10. 1983 in Kraft getreten (VWD „Europa" v. 15./17. 10. 1983 und v. 28. 10. 1983).

155 Z. B. von FLAESCH-MOUGIN, Cathérine, Les accords externes de la CEE — Essai d'une typologie, Brüssel 1979.

Karibik und des pazifischen Raumes.[156] Seine Keimzelle ist letztendlich die in Art 131 ff EWGV vorgesehene Assoziierung abhängiger Länder und Gebiete von EG-Mitgliedsstaaten. Nach Erreichen der politischen Selbständigkeit derselben sollte die Verantwortung der ehemaligen Kolonialherren nicht abgelegt werden und so wandelte sich die konstitutionelle Assoziierung in eine selbständige Partnerschaft zwischen Gleichberechtigten. Erstes Abkommen dieser Reihe war der Vertrag von Jaunde vom 20. 7. 1963,[157] dem ein zweites Abkommen von 1969 sowie im selben Jahr der Vertrag von Arusha mit den ostafrikanischen Staaten folgten.[158] Die erste EG-Erweiterung von 1972 machte eine Totalrevision der Assoziierungen nötig und so kam es zum (ersten) Abkommen von Lomé vom 28. 2. 1975 mit zunächst 46 Staaten,[159] dem Lomé II-Vertrag vom 31. 10. 1979 und dem dritten Abkommen vom 8. 12. 1984.[160] Das komplexe, aus fast 300 Artikeln bestehende Vertragswerk enthält eine weitreichende Kooperation zwischen beiden Staatengruppen.[161] Den AKP-Ländern wird in nicht reziproker Weise Einfuhrfreiheit gewährt; sie selbst sichern den EG-Staaten nur Meistbegünstigung zu, wobei aber Vergünstigungen im Intra-AKP-Handel (Süd-Süd-Präferenzen) insoweit nicht in Betracht kommen.[162] Eines der Kernstücke der Beziehungen ist das sogenannte Stabex-System, nach dem ein AKP-Staat, wenn die Exporterlöse für ein bestimmtes Produkt ein festgesetztes Niveau unterschreiten, Ausgleichszahlungen beantragen kann. Diese Zahlungen sind zurückzuerstatten, wobei aber die am wenigsten entwickelten Länder ausgenommen sind.[163] Ein modifiziertes System (Sysmin) besteht für Bergbauprodukte.[164] Weitere Titel des Abkommens befassen sich mit Investitionsförderung, industrieller, landwirtschaftlicher, finanzieller und technischer Zusammenarbeit.[165] Der finanzielle Rahmen des

---

156 Aus dem ungeheuren Literaturangebot zu diesem Thema nur beispielhaft: BECKER, Jürgen, Die Partnerschaft von Lomé, Baden-Baden 1979; ALTING VON GEUSAU, Franz A. M. (Hg.), The Lomé Convention and the New International Economic Order, Leyden 1977; COSGROVE TWITCHETT, Carol, A Framework for Development: The EEC and the ACP, London, 1981; VEDDER, Auswärtige Gewalt, 71 ff (Fn 100).

157 ABl Nr. 93/1964, 1431.

158 V. 29. 7. 1969, ABl L 282 (1970), 1 und v. 24. 9. 1969, ABl L 282 (1970), 54.

159 ABl L 25 (1976), 1.

160 ABl L 347 (1980), 1; neues Abk. in: „The Courier" 89, Jan./Feb. 1985.

161 Die Lomé-Abkommen verwenden auch nicht mehr den von den AKP-Staaten mißbilligten Ausdruck „Assoziierung", sondern sprechen stattdessen von einer Kooperation auf der Basis „völliger Gleichberechtigung".

162 Art 2 ff, 9 (Lomé II), Art 129 ff (Lomé III).

163 Art 23 ff, 42 ff (Auffüllung), 46 I lit. c (Begünstigung der am wenigsten entwickelten Länder) (Lomé II); Art 147 ff (Lomé III).

164 Art 49 ff (Lomé II); Art 176 ff (Lomé III).

165 Art 60 ff (Investitionen), 65 ff (industrielle Zusammenarbeit), 83 ff (Landwirtschaft), 91 ff (finanzielle und technische Zusammenarbeit) (Lomé II); Art 240 ff, 60 ff, 207 ff, 26 ff, 185 ff (Lomé III).

Abkommens beträgt 8,4 Milliarden ECU, die größtenteils über den (außerhalb des EG-Haushalts stehenden) Europäischen Entwicklungs- fond (EEF), teilweise auch über die Europäische Investitionsbank (EIB) abgewickelt werden.[166] Organe des Abkommens sind ein gemeinsamer Ministerrat, ein Botschafterausschuß und eine parlamentarische Versammlung.[167] Trotz der weitreichenden Regelungen wird das Abkommen, das als Modell für die Beziehungen zwischen entwickelten Staaten und Entwicklungsstaaten bezeichnet wird,[168] von den AKP- Staaten als nicht zufriedenstellend angesehen,[169] wobei insbesondere der absolut zur Verfügung gestellte Betrag als zu niedrig angesehen wird. So konnten z. B. im Rahmen des Stabex oft nur Teile der auftretenden Defizite abgedeckt werden.[170] Die Diskussion über das in Zukunft zu wünschende Partnerschaftsmodell ist in vollem Gange. Vorgeschlagen wurde insbesondere ein unbefristetes Abkommen, das für größere Kontinuität sorgen soll.[171]

Zweites Standbein der vertraglichen EG-Außenbeziehungen ist das Engagement im Mittelmeerbecken. Hier ist eine ganze Reihe verschiedener Vertragstypen unterscheidbar. Zum einen gibt es die sogenannte Beitrittsassoziierung, die gegenwärtig nur noch mit der Türkei besteht, allerdings keine Fortschritte macht.[172] Eine zweite Beitrittsassoziierung, nämlich die mit Griechenland, hat bereits 1981 ihr Ziel erreicht.[173] Hauptpunkt der Beitrittsassoziierung ist die schrittweise Verwirklichung der Zollunion sowie sonstiger Grundfreiheiten zwischen den Parteien. Weitaus bedeutsamer sind gegenwärtig die im Rahmen der

---

166 Art 95 (Lomé II); Art 194 (Lomé III).

167 Art 163 ff (Lomé II); Art 265 ff (Lomé III).

168 5. Absatz der Präambel (Lomé II).

169 Eine Analyse der tatsächlichen Bedeutung von Lomé I bei COSGROVE TWITCHETT, Framework, 23 ff (Fn 156); FOCKE, Katharina, Von Lomé I zu Lomé II. Texte des Berichts und der am 26. 9. 1980 von der Beratenden Versammlung AKP-EWG angenommenen Entschließung, Luxemburg 1980; LONG, Frank (Hg.), The Political Economy of EEC Relations with African, Caribbean and Pacific States, Oxford 1980; Kommission, 16. Gesamtbericht über die Tätigkeit der Europäischen Gemeinschaften 1982, Luxemburg 1983, Rz 748 ff; RAJANA, Cecil, Europe and the Third World: A Critical Appraisal of Lomé I, in: JEI/RIE 1980, 197 ff.

170 16. Gesamtbericht (Fn 169), Rz 760 ff: 42,8% für 1981; 1982 hat sich die Situation allerdings grundlegend gewandelt: die Stabexmittel reichten zum ersten Mal aus (VWD „Europa" v. 9. 3. 1984, 4).

171 Z. B. PISANI, Edgard, Die Europäische Gemeinschaft und die Nord-Süd-Frage — Entscheidende Probleme für die Neuverhandlung des Lomé-Abkommens, in: EA 1983, 589 ff; Vorschläge der Kommission zur Entwicklungspolitik v. 5. 10. 1982, in: EA 1983, D 203 ff.

172 Abkommen vom 12. 9. 1963, ABl Nr. 217/1964, 3685 ff.

173 Altes Abkommen v. 9. 7. 1961, ABl Nr. 26/1963, 293; dazu OPPERMANN, Thomas, Die Assoziierung Griechenlands mit der Europäischen Wirtschaftsgemeinschaft, in: ZaöRV 1962, 486 ff.

umfassenden Mittelmeerpolitik[174] geschlossenen Abkommen mit den Maghreb- (Algerien, Tunesien, Marokko) und Maschrik-Ländern (Ägypten, Syrien, Jordanien, Libanon) sowie Israel.[175] Zu diesem Umfeld gehören auch die Zollunionsassoziierungen mit Malta und Zypern,[176] sowie cum grano salis die Verträge mit Spanien, Portugal und Jugoslawien.[177] Schwerpunkt dieser Abkommen ist der einseitig präferenzielle Marktzugang in die Gemeinschaften sowie allgemeine Vorschriften über technische, wirtschaftliche und finanzielle Kooperation. Auch hier ist wieder von einem Modell der Beziehungen die Rede.[178] Die Mittelmeerpolitik befindet sich gegenwärtig, im Zuge der Süderweiterung, in einer Phase der Umgestaltung und Effektivierung.[179] Während sowohl die Lomé- als auch die Mittelmeerkooperationen naheliegende Anknüpfungspunkte (koloniale Beziehungen, geographische Nähe) haben, hat sich in letzter Zeit darüberhinaus ein globaler Ansatz im EG-Außenwirtschaftsrecht durchgesetzt. Abgeschlossen wurden zahlreiche Kooperationsabkommen mit mehr oder minder präferenziellem Charakter. Dazu gehören Verträge mit Brasilien,[180] Indien, [181] Bangla Desh, Pakistan, Sri Lanka,[182] der Volksrepublik China,[183] Mexiko[184] und den regionalen Zusammenschlüssen ASEAN und Anden-Pakt.[185] In ihnen werden Bestimmungen über den

---

174 Globalkonzept für den Mittelmeerraum, angenommen am 19./20. 10. 1972, in: EA 1972, D 509 ff.

175 Fundstelle für alle erwähnten Abkommen ABl L 263—270 (1978).

176 Malta: v. 5. 12. 1970, ABl L 61 (1971), 1; Zypern: v. 19. 12. 1972, ABl L 133 (1973), 1.

177 Jugoslawien: v. 2. 4. 1980, ABl L 41 (1983), 1; Portugal: v. 22. 7. 1972, ABl L 301 (1972), 164; dieses ursprünglich nicht präferenzielle Abkommen wurde 1978 durch Zusatz- und Finanzprotokolle den übrigen Mittelmeerabkommen angeglichen ABl L 274 (1978), 1; Spanien: v. 29. 6. 1970, ABl L 182 (1970), 1. Seit 1. 1. 1986 sind Spanien und Portugal Vollmitglieder der Gemeinschaften; vgl dazu den Vertrag zwischen dem Königreich Belgien, dem Königreich Dänemark, der Bundesrepublik Deutschland, der Griechischen Republik, der Französischen Republik, Irland, der Italienischen Republik, dem Großherzogtum Luxemburg, dem Königreich der Niederlande, dem Vereinigten Königreich Großbritannien und Nordirland (Mitgliedstaaten der Europäischen Gemeinschaften) und dem Königreich Spanien und der Portugiesischen Republik über den Beitritt des Königreichs Spanien und der Portugiesischen Republik zur Europäischen Wirtschaftsgemeinschaft und zur Europäischen Atomgemeinschaft, ABl L 302 (1985), 9.

178 Präambeln der Abkommen mit den Maghreb- und Maschrikstaaten, jew. 4. Absatz.

179 Mitteilung der Kommission an den Rat über die Durchführung einer Mittelmeerpolitik in der erweiterten Gemeinschaft, KOM (82) 353 endg. v. 24. 6. 1982.

180 V. 18. 9. 1980, ABl L 281 (1982), 1.

181 V. 23. 6. 1981, ABl L 328 (1981), 5.

182 Bangla Desh: ABl L 319 (1976), 1; Pakistan Abl 168 (1976), 1; Sri Lanka: ABl L 247 (1975), 1.

183 Abl L 123 (1978), 1; neues Abkommen vom September 1984.

184 ABl L 247 (1975), 10.

185 ASEAN: Abkommen v. 7. 3. 1980, ABl L 144 (1980), 1; Andenpakt:ABl L 153 (1984), 1.

Handelsverkehr verbunden mit verschiedenen Kooperationsformen im technischen, industriellen und finanziellen Bereich. Die Verträge sind trotz ihrer hiesigen Nennung in einer Reihe individuell sehr verschieden und keineswegs über einen Kamm zu scheren.

Im Zuge der Tendenz zu immer weiterreichender Multilateralisierung von Weltwirtschaftsfragen sind · die Gemeinschaften auch Vertragspartei in zahlreichen mehrseitigen Vereinbarungen. Dies sind insbesondere diverse Rohstoffabkommen („Commodity Agreements"), die zum Teil mit Ausgleichslagern arbeiten und im Zusammenhang mit dem noch zu schaffenden Gemeinsamen Fonds des integrierten Weltrohstoffprogramms für· die Exporterlösstabilisierung sorgen sollen.[186] Hierzu gehören die Abkommen über Naturkautschuk, Kakao und Zinn,[187] aber auch das Weizenabkommen, das in Verbindung mit dem Nahrungsmittelhilfeabkommen steht[188] und das bekannte Vielfaserabkommen, in dessen Rahmen zahlreiche bilaterale Textilvereinbarungen geschlossen worden sind.[189] Gleichfalls waren die Gemeinschaften an der Tokio-Runde des GATT und an den in diesem Rahmen abgeschlossenen Kodizes,[190] z. B. über Einfuhrlizenzverfahren, technische Handelshemmnisse, öffentliches Beschaffungswesen u. ä. beteiligt.

Neben dem Gesagten bestehen natürlich auch vielfältige Beziehungen zu entwickelten Staaten insbesondere Westeuropas, wobei verständlicherweise das Verhältnis der Industrieländer untereinander in Zeiten wirtschaftlicher Schwierigkeiten nicht ganz unproblematisch ist. Schon innerhalb des Gemeinsamen Marktes belasten verdeckte Handelshemmnisse und Kampagnen zum bevorzugten Kauf einheimischer Produkte das Klima. Dies gilt erst recht gegenüber Außenstehenden, die zudem noch als Konkurrenten auf dem Weltmarkt auftreten. Dennoch sind gerade die Beziehungen zu den westeuropäischen Drittstaaten recht weitreichend. Nach der ersten EG-Erweiterung ergab sich insbesondere die Notwendigkeit, das Verhältnis zur Rest-EFTA auf eine neue Grundlage zu stellen. Abgeschlossen wurden deshalb Freihandelsabkommen mit diesen sieben Staaten sowie gesonderte EGKS-Verträge.[191] Kernstück · ist, wie schon der Name sagt, die

---

186 Verabschiedung des Integrierten Rohstoffprogramms auf der UNCTAD IV 1976 in Nairobi, Resolution 93 (IV), in: EA 1976, D 412 ff; Statut für einen internationalen Rohstoff-Fonds v. 27. 6. 1980, in: ILM 19 (1980), 896 ff.

187 Naturkautschuk: ABl L 213 (1980), 1; Kakao: ABl L 313 (1981), 1;Zinn: ABl L 342 (1982), 1.

188 ABl L 219 (1974), 24; L 43 (1982), 26.

189 ABl L 118 (1974), 1; verlängert bis 1986 (ABl L 83 [1982], 8); einige bilaterale Abkommen in ABl L 298 (1979).

190 ABl L 71 (1980), 1.

191 V. 22. 7. 1972 mit Österreich, der Schweiz und Schweden (Abl L 300 [1972]), Island und Portugal (ABl L 301 [1972]), v. 14. 5. 1973 mit Norwegen (ABl L 171 [1973], 1) und

schrittweise Verwirklichung des Freihandels, der zum 1. 1. 1984 für gewerbliche Waren (von geringen Ausnahmen abgesehen) vollendet wurde. In Europa besteht somit der größte Freihandelsmarkt der Welt, der 312 Millionen Einwohner umfaßt,[192] wobei selbstverständlich nicht aus den Augen verloren werden darf, daß im Bereich der nichttarifären Handelshemmnisse noch einiges zu tun bleibt,[193] und daß der Agrarmarkt immer noch einer Sonderbehandlung unterliegt. Die Freihandelsvorschriften werden abgerundet durch das Verbot zollgleicher Abgaben sowie diskriminierender Steuern.[194] Ebenfalls verboten sind steuerliche Subventionierung der Ausfuhr;[195] Zahlungs- und Kreditverkehr sind liberalisiert.[196] Interessant ist der Bereich der EGKS-Waren. Hier verpflichtet Art 20 der Abkommen (ausgenommen ist der Vertrag mit der Schweiz) die Gemeinschaft zur Ausdehnung ihrer Preispolitik auf den Verkehr mit dem jeweiligen EFTA-Staat, während dieser gleichgerichtete Verpflichtungen übernimmt („autonomer Nachvollzug" des Gemeinschaftsrechts).[197] Von der gemeinschaftsinternen Quotenregelung sind die EFTA-Länder allerdings nicht betroffen. In den Abkommen finden sich ferner „Evolutivklauseln" zur Vertiefung der Beziehungen.[198] Gemischte Ausschüsse sollen die verfahrensmäßige Seite der Zusammenarbeit erleichtern.

Innerhalb der EFTA-Beziehungen sind natürlich Österreich und die Schweiz besonders interessante Partner. Sie sind die Länder, mit denen die EG die meisten Abkommen überhaupt unterhalten. Teilweise resultieren sie aus praktischen Problemen, wie die Regelung des Durchgangsverkehrs von EG-Waren,[199] teils aber aus den gewachsenen, besonders engen Handelsbeziehungen zu diesen Staaten. So ist Österreich viert-, die Schweiz zweitwichtigstes Abnehmerland für EG-Waren. Als Lieferanten liegen die beiden Staaten gleichfalls unter den ersten Zehn. Umgekehrt sind die EG für diese Länder der bei weitem wichtigste Handelspartner.[200] Infolge der Abkommen hat sich der Warenaustausch

---

v. 5. 10. 1973 mit Finnland (ABl L 328 [1973], 1); dazugehörige EGKS-Abkommen in ABl L 350 (1973) und L 348 (1974).

192 VWD „Europa" v. 29. 12. 1983.

193 Allerdings sehen die Abkommen selbst schon den Abbau nichttarifärer Handelshemmnisse vor, z. B. das Abkommen mit Österreich in Art 13.

194 Art 6 ff, 18 des Österreich-Abkommens (Fn 191).

195 Ebda. Art 18 II.

196 Ebda. Art 19.

197 Vgl. FOLZ, Hans-Ernst/ZEHETNER, Franz, Mindestpreise und Angleichungsbeschränkungen in der EGKS und in den Freihandelszonen zwischen der Gemeinschaft und ihren Freihandelspartnern, in: EuR 1978, 32 ff, 45.

198 Art 32 des Österreich-Abkommens (Fn 191).

199 Die europäische Gemeinschaft und die EFTA-Länder, in: Europa Information „Auswärtige Beziehungen" Nr. 61/82, 8, 10.

200 Daten aus Europa Information, 7 ff (Fn 199); vgl. auch Statistische Grundzahlen der Gemeinschaft, 21. Ausgabe, Luxemburg 1983, 278 ff.

seit 1973 vervierfacht (Importe der EG) bzw. verdreifacht (Exporte der EG), so daß der traditionell bestehende Handelsüberschuß der Gemeinschaften zwar nicht absolut, aber prozentual verringert werden konnte.

Festzuhalten bleibt, daß die innerwesteuropäischen Beziehungen von den Einflüssen der NIWO bisher weitgehend freigeblieben sind. Vorherrschend ist hier noch der klassische Freihandelsgedanke, die Kooperation ohne zentrale Planungs- und Steuerungsinstanzen. Darüberhinaus finden sich EG und EFTA nach außen hin auch meist in gleicher Position als Verteidiger einer freien Weltwirtschaft. Unter den vielfältigen EG-Maßnahmen gegenüber der Dritten Welt (APS, Lomé, Beteiligung an Rohstoffabkommen) haben die Neutralen bisher nicht direkt zu leiden gehabt. Schwierigkeiten in den beiderseitigen Wirtschaftsbeziehungen rühren eher allgemein aus den allerdings auch durch die Präferenzen verschärften Konkurrenzbedingungen her, die sich weiter verstärken könnten, wenn im Zuge der NIWO-Diskussion einige Konzepte (erweiterter Zugang zu den Industrieländermärkten, Industrialisierung der Entwicklungsländer, verstärkte Opfer der entwickelten Staaten allgemein) verwirklicht würden. Letztlich wird eine tiefere Kooperation nötig sein, wobei — trotz der mit der Neutralität verbundenen Probleme[201] — irgendeine Form institutionalisierter Kooperation oder gar eine Assoziierung nötig werden könnte. Dies entspricht auch gewissen Regionalisierungs- und Gruppierungstendenzen in der Weltwirtschaft,[202] ohne daß damit dem Protektionismus das Wort geredet werden muß.

cc) Außerhalb von vertraglichen Bindungen sind die Gemeinschaften ebenfalls vielerorts vorzufinden: im Rahmen der Vereinten Nationen, wo sie **Beobachterstatus** haben ebenso wie beim Nord-Süd-Dialog. Letztes bekanntes Beispiel ist die dritte UN-Seerechtskonferenz, die die Gemeinschaften als Beobachter zugelassen hat.[203] Kontakte bestehen gegenüber mehreren regionalen Organisationen z. B. Lateinamerikas, dem Rat für Arabische Wirtschaftseinheit (CAEU) und generell der

---

201 Vgl. ROTTER, Manfred, Die neutralitätsrechtlichen und neutralitätspolitischen Aspekte der Freihandelsabkommen zwischen Österreich und der EWG, in: ESTERBAUER, Fried/HINTERLEITNER, Reinhold (Hgg.), Die Europäische Gemeinschaft und Österreich, Wien 1977, 103 ff; ESTERBAUER, Fried, Die Stellung Österreichs im europäischen Integrationsprozeß und die Möglichkeit einer EG-Mitgliedschaft Österreichs, ebda. 123 ff; HAGEMANN, Max, Die europäische Wirtschaftsintegration und die Neutralität und Souveränität der Schweiz, Basel 1957.

202 TETZLAFF, Forderung, 35 f: „Dissoziation aus dem Weltmarkt" (Fn 72).

203 Dazu RIEGERT, Anne-Marie, La participation communautaire à la Conference et à la Convention sur le Droit de la Mer, in: RMC 1983, 70; KOERS, Albert, Participation of the European Economic Community in the Law of the Sea Convention, in: AJIL 1979, 426.

Arabischen Welt (Euro-Arabischer Dialog).[204] Ein weiteres Feld ist die Europäische Politische Zusammenarbeit (EPZ), innerhalb derer die Mitgliedsstaaten auf eigentlich ihrer Kompetenz unterliegenden Sachgebieten Konsultationen und Koordinierung ihres Vorgehens versuchen.[205] Angesichts der nicht mehr möglichen Trennung der einzelnen Aspekte der Weltwirtschaftsfragen voneinander bzw. von allgemeinpolitischen Angelegenheiten ist diese Zusammenarbeit natürlich auch wirtschaftsrechtlich von Bedeutung.

c) Das Außenwirtschaftsrecht der EG und die NIWO im Vergleich

Wie ist nun das EG-Außenwirtschaftsrecht inhaltlich, innerhalb der NIWO-Diskussion einzuschätzen? Zum einen gilt vieles, das zum internen Recht gesagt wurde, auch hier, wie z. B. das Bestehen der eigentümlichen Mixtur von Markt- und Planwirtschaft.[206] Während einerseits versucht wird, die klassischen Grundsätze aufrechtzuerhalten und deshalb Institutionen wie GATT und IWF gestärkt werden, zeigen sich auf der anderen Seite deutliche Rückzugsgefechte. Das Stabex-System im Lomé-Abkommen ist ein Beispiel, ebenso die Rohstoffabkommen mit Ausgleichslagern. Im Bereich des Seerechts ist die Haltung der Gemeinschaften dagegen noch ambivalent. Problematisch ist die unterschiedliche Position der Mitgliedsstaaten, wobei z. B. Deutschland als Hardliner gilt, während die Niederlande von den Entwicklungsländern sogar als Vorbild angesehen werden.[207] Als Grundlinie läßt sich folgendes festhalten:

— Die prinzipielle Berechtigung der Forderungen nach Veränderung der gegenwärtigen ungerechten Situation wird anerkannt.
— Soweit es um direkte Hilfe oder Vergünstigungen im klassischen Handelsrecht (z. B. Zollpräferenzen) geht, sind die Gemeinschaften konziliant.
— Zentrale Planungs- und Steuerungsmechanismen werden nicht mehr grundsätzlich bekämpft, aber noch nicht konsequent anerkannt. Die zunehmende Verrechtlichung ist auch ein Charakteristikum des EG-Außenwirtschaftsrechts.
— Einige Bastionen (Enteignungsrecht, Unternehmensrecht, Technologie- und Urheberschutz) werden verteidigt.

---

204 Zum Euro-Arabischen Dialog vgl. BOURRINET, Jacques, Le dialogue Euro-Arabe, Paris 1979.
205 Vgl. RUMMEL, Reinhardt/WESSELS, Wolfgang, Die Europäische Politische Zusammenarbeit, Bonn 1978.
206 S. dazu schon III. 1. b.
207 RIO-Bericht, 89 (Fn 6) nennt das Wirtschaftssystem u. a. der Niederlande als teilweise übertragbar; gegenüber den Forderungen der NIWO zeigt auch das Werk VER LOREN VAN THEMAATS, Changing Structure (Fn 1) deutlich Aufgeschlossenheit.

— Fragen der Rüstung und Sicherheit werden aus der Diskussion gänzlich herausgehalten.
— In Fragen der Souveränität halten die Gemeinschaften an ihren hergebrachten Grundsätzen fest.
— Entsprechendes gilt auch für die Staatengleichheit, wo nur formale Chancengleichheit akzeptiert, im übrigen der Freiheit der Vorrang gelassen wird. Durchbrechungen sind aber auch hier schon in Sicht, da eine grundsätzliche Bevorzugung der Entwicklungsländer und innerhalb dieser der am wenigsten entwickelten Länder schon seit langem anerkannt ist.
— Die Gedanken des gemeinsamen Erbes, der Solidarität, der Verteilungsnotwendigkeit werden nicht formell, wohl aber im Ergebnis anerkannt. Letztendlich folgt dies schon aus dem NIWO-Engagement als solchem.

In dem gesamten Komplex zeigt sich wieder als Hauptproblem, daß die Gemeinschaften im Innern selbst nicht konsequent sind. Man muß einfach sehen, daß vieles reiner Pragmatismus und egoistisches Nutzendenken ist. Wo das eigene Hemd zu eng wird (Agrar- und Stahlmarkt) sind Protektionismus und Dirigismus zu finden, während in Sektoren, in denen die EG eine starke Stellung auf dem Weltmarkt haben, die freie Wirtschaft hochgehalten wird. In dieser Beziehung besteht kein Unterschied zum Verhalten der anderen Dialogpartner, insbesondere der Gruppe der 77. Darüberhinaus gelten auch hier die oben genannten Defizite, nämlich das Fehlen von konsistenten, umfassenden Leitlinien, Grundrechten und Strukturvorschriften im EG-Recht. Es fehlen weiter klare Konfliktlösungs- und Entscheidungsmechanismen sowie eine sinnvolle dynamische Kompetenzverteilung.[208]

IV. Ausblick

Letztlich liegt der Kern aller Schwierigkeiten in den neu aufgetauchten Aufgaben und Problemen, sowie im Entstehen neuer Werte und Ziele, wobei letzteres mit ersterem teilweise einhergeht, aber auch unabhängig davon besteht. Die Gemeinschaften sind für diese Situation nicht geschaffen worden und somit auch nicht gerüstet. Die gegenwärtige Krise lähmt die überfällige Totalrevision der Gemeinschaften, so daß nichts als Symptomkuriererei übrigbleibt, was natürlich nicht viel bewirkt. Das internationale Wirtschaftsrecht allgemein befindet sich in einem ähnlichen Umgestaltungsprozeß. Hier fehlt aber ein starrer juristischer Rahmen wie ihn die EG-Verträge darstellen. Die Diskussion geht dementsprechend um die Frage, was hier überhaupt geltendes Recht ist und was nicht, und, noch fundamentaler, um die Rechtsquellenlehre

---

208 S. dazu schon III. 1. b.

im Völkerrecht schlechthin. Letztlich wird sich in den nächsten Jahren und Jahrzehnten auf allen angesprochenen Bereichen (auch dem der Rechtsquellen) vieles ändern müssen. Altes Recht und alte Rechtstechnik können von der Umgestaltung der Welt nicht unberührt bleiben. Aufgabe des internationalen Wirtschaftsrechts ist jedoch, diesen Veränderungsprozeß vernünftig zu vollziehen, Bewährtes auf seine zukünftige Verwendbarkeit zu überprüfen und nicht schlechthin alles aufzugeben. Die Maximalforderungen der Entwicklungsländer bergen viele Risiken insbesondere für die Freiheit in sich, andererseits verhindert eine völlige Neinsagerhaltung einen konstruktiven Dialog und ein vernünftiges Ergebnis. Die Industriestaaten werden hier noch einiges anbieten müssen.

Ökonomische Probleme der Legitimation

von

JOCHEN HOFMANN, WÜRZBURG

I.

Legen wir der Themenstellung die Differenzierung von Genitivus objectivus und Genitivus subjectivus zugrunde, so können wir das Thema einmal unter dem Zusammenhang von Legitimation als staatlich-gesellschaftlichem Phänomen und jeweiliger Entwickeltheit von Ökonomie verstehen. Eine solche Prämisse legt die Verknüpfung von verfassungshistorischer und wirtschaftsgeschichtlicher Betrachtung nahe. Zum anderen — im Sinne unserer Ausgangsbetrachtung, also als Genitivus subjectivus — wollen wir uns konzentrieren auf die Frage, unter welchen Bedingungen Legitimität — begriffen als Produkt eines staatlich-gesellschaftlichen Prozesses — als funktionale Kategorie moderner Staatlichkeit „hergestellt" werden kann. Dies meint Legitimität als Ergebnis eines „Arbeits"-Prozesses, sodaß „ökonomische Probleme der Legitimation" den Zusammenhang von gesellschaftlichem „Aufwand" und gesellschaftlichem „Produkt" durchaus im Sinne einer betriebswirtschaftlichen „Cost-Benefit-Analyze" bezeichnen. So gesehen fragt das Thema danach, ob und gegebenenfalls aus welchen Gründen der Kostendruck im Prozeß der Herstellung von Legitimität gestiegen ist und wie sich dieser Kostendruck auf das politische System auswirkt.

II.

1. Versucht man den Begriff der Legitimität etymologisch zu erfassen und versichert man sich zu diesem Zweck der Erkenntnisse einschlägiger Lexika, so fällt zunächst die Gleichsetzung von „legitimus" bzw. „legitumus" mit „legalis" in zweifacher Weise auf: „Legitimus" bezeichnet zunächst als Adjektivum alles, was das Gesetz betrifft, also als zum Recht gehörig, gebührend, schicklich betrachtet wird; daneben ist es regelrechter Terminus, der den Umstand kennzeichnet, daß etwas durch Gesetze bestimmt, verordnet, gesetz- bzw. rechtmäßig ist. Die in der

klassisch-römischen Periode vorfindbaren Wortverbindungen — etwa mit „aetas", „poena", „coniunx" oder „liberi" — lassen an der Identität von „legitimus" und „legalis" keinen Zweifel. Die uns heute geläufige Differenzierung von Legitimität und Legalität ist dem römischen Rechtsdenken fremd.[1]

2. Die Identität von „legitimus" und „legalis" bleibt bis ins 18. Jahrhundert erhalten. In *Zedlers* „Großem vollständigen Universal Lexikon"[2] findet sich neben dem Eintrag „Legitima", der den erbrechtlichen Pflichtteilsanspruch kennzeichnet,[3] die „Legitimatio" in den Formen „per comes palatinos", „per subsequens matrimonium" sowie „per rescriptum principis", also die Anerkennung nicht-ehelich Geborener durch öffentlich-rechtlichen Akt. Daneben erscheint „legitimieren"[4] als „Vollmacht, Gewalt, Mandat, Tutorium und Curatorium vorweisen und in Gerichten dartun oder vorlegen, sich zu einer Sache rechtfertigen, tüchtig, qualifiziert, habil und geschickt machen...". Ganz im eingangs erwähnten römisch-rechtlichen Sinne schließlich als alles das, was nach den Gesetzen eingerichtet ist.[5]

3. Es ist der revolutionäre Umbruch des ausgehenden 18. Jahrhunderts, die Entfesselung des bürgerlichen Staates als Befreiung der Gesellschaft vielfach Abhängiger vom Feudalnexus,[6] der zur Wendung des Legitimitätsbegriffs von einem Terminus des Privatrechts und Privatprozesses zu einer Kategorie des „äußeren Staatsrechts", sodann des „inneren Staatsrechts" führt. Ganz in ersterem Sinne rekurriert die Staatsrechtslehre des 19. Jahrhunderts, vornehmlich des deutschen Vor-

---

1   Vgl. GEORGES, Karl Ernst, Ausführliches lateinisch-deutsches Handwörterbuch, 2 Bde., 9. A., Hannover-Leipzig 1951, Bd. 2, Spalte 605 f.

2   ZEDLER, Johann Heinrich, Großes vollständiges Universal-Lexikon aller Wissenschaften und Künste, 64 Bde., Halle-Leipzig, 1732 ff (Nachdruck Graz 1961 ff), Bd. 16.

3   ZEDLER, Universal-Lexikon, Bd. 16, Spalte 1393 ff (Fn 2).

4   ZEDLER, Universal-Lexikon, Bd. 16, Spalte 1420 (Fn 2).

5   ZEDLER, Universal-Lexikon, Bd. 16, Spalte 1420 (Fn 2).

6   Zur Entstehung des Lehenswesens, der Verbindung von Vasallität mit dem Benefizialwesen und der unterschiedlichen Ausgestaltung von grundherrlicher Abhängigkeit im südwestdeutschen wie im ostdeutschen Raum vgl. SCHRÖDER, Richard/KÜNSSBERG, Eberhard Freiherr von, Lehrbuch der deutschen Rechtsgeschichte, 7. A., Berlin-Leipzig 1932, § 24, 167 ff und § 40, 429 ff; GANSHOF, Francois-Louis, Was ist das Lehenswesen? Darmstadt 1961; KIMMINICH, Otto, Deutsche Verfassungsgeschichte, Frankfurt/M. 1970, 76 ff; FLECKENSTEIN, Josef, Grundlagen und Beginn der deutschen Geschichte, in: LEUSCHNER, Joachim (Hg.), Deutsche Geschichte, Bd. 1, Göttingen 1974, 106 ff; ANDERSON, Perry, Von der Antike zum Feudalismus. Spuren der Übergangsgesellschaften, Frankfurt/M. 1978, 173 ff; MININGER, Monika, Von Clermont zum Wormser Konkordat. Die Auseinandersetzungen um den Lehensnexus zwischen König und Episkopat, Köln-Wien 1978.

März und des rheinischen Früh-Liberalismus,[7] etwa bei *Jordan*,[8] *Klüber*,[9] *Maurenbrecher*,[10] *Zachariae*[11] und *Rotteck*[12] auf die staats- und völkerrechtliche Auseinandersetzung um die Anerkennung des mit der Theorie des Gottesgnadentums unvereinbaren „Staatsgrundgesetzes" des revolutionären Frankreich seit 1789, insbesondere auf die Behandlung seiner äußeren Souveränität auf dem Wiener Kongreß 1815.[13] Dies ist freilich gleichzeitig ein Fingerzeig auf den uns im folgenden ausschließlich interessierenden Aspekt von Legitimität: Die nach der Niederlage des revolutionären Frankreich restaurierten Dynastien[14] setzten dem Gedanken der Volkssouveränität die historische Legitimität der Erbmonarchie, nicht zuletzt unter der Rücksicht des Art. XIII der

---

7   Zu Vormärz und Frühliberalismus allgemein: KOSELLECK, Reinhard, Staat und Gesellschaft im deutschen Vormärz 1815—1848, Berlin 1958; HUBER, Ernst Rudolf, Deutsche Verfassungsgeschichte der Neuzeit seit 1789, Bd. 2, Stuttgart-Berlin-Köln-Mainz 1960, 374 ff; BUSSMANN, Walter, Zur Geschichte des deutschen Liberalismus im 19. Jahrhundert, in: HZ, Bd. 186 (1958), 527 ff; WINKLER, Heinrich August, Preußischer Liberalismus und deutscher Nationalstaat, in: HZ, Bd. 201 (1965), 676 ff; ZECHLIN, Egmont, Die deutsche Einheitsbewegung, Frankfurt/M.-Berlin 1967, 59 ff; HOLBORN, Hajo, Deutsche Geschichte in der Neuzeit, Bd. 2, Frankfurt/M. 1981, 227 ff.

8   JORDAN, Sylvester, Lehrbuch des Allgemeinen und Deutschen Staatsrechts, Cassel 1831, Teil 1, § 54.

9   KLÜBER, Johann Ludwig, Öffentliches Recht des teutschen Bundes und der Bundesstaaten, 4. A., Frankfurt/M. 1840, § 98.

10   MAURENBRECHER, Romeo, Grundsätze des heutigen deutschen Staatsrechts, Frankfurt/M. 1843, § 46.

11   ZACHARIAE, Karl Salomo, Deutsches Staats- und Bundesrecht, Tübingen 1820, Teil 1, 116 f.

12   ROTTECK, Karl von, in: Staatslexikon, Teil VIII, 2. A., Altona 1845, 476; vgl. hierzu immer noch WEIS, Antonie, Die leitenden Ideen des vormärzlichen Liberalismus nach dem Staatslexikon von Rotteck-Welcker, (Diss. Phil.), München 1919.

13   Vgl. hierzu DYROFF, Hans-Dieter (Hg.), Der Wiener Kongreß 1814/15 und die Neuordnung Europas, München 1966; ANDERSON, Matthew, The Ascendancy of Europe. Aspects of European History 1814—1914, London 1972, 1 ff; CONRAD, Hermann, Der deutsche Staat. Epochen seiner Verfassungsentwicklung (843—1945), Frankfurt/M.-Berlin 1969, 115 ff; HOLBORN, Deutsche Geschichte, Bd. 2, 130 ff (Fn 7); zu den die Neuordnung des durch die Abdikation Kaiser Franz II. vom 6. 8. 1806 verfassungsrechtlich beendeten Heiligen Römischen Reiches Deutscher Nation betreffenden Verfassungsplänen STEINS, HUMBOLDTS, HARDENBERGS und METTERNICHS vgl. v. a. HUBER, Ernst Rudolf, Deutsche Verfassungsgeschichte der Neuzeit seit 1789, Bd. 1, 2. A., Stuttgart 1967, §§ 29 und 30, 510 ff.

14   Die Restaurationen betrafen v. a. Hannover, Braunschweig, Oldenburg, Kurhessen sowie die vier freien Städte; vgl. HUBER, Deutsche Verfassungsgeschichte, Bd. 1, § 32 II 1, 576 (Fn 13); zur Bedeutungsvielfalt des Restaurationsbegriffes — Wiederherstellung einer legitimen Herrschaft, Wiederherstellung territorial untergegangener Staatlichkeit, Wiederherstellung der vor 1815 geltenden Staatsverfassung bzw. Rechtsordnung sowie die Wiederherstellung des ius publicum Europaeum vor 1798 — vgl. HUBER, Deutsche Verfassungsgeschichte, Bd. 1, § 30 I 1, 531 ff (Fn 13).

Deutschen Bundesakte vom Juni 1815 entgegen, der lapidar formulierte, daß „landständische Verfassungen" stattzufinden hätten.[15]

Es ist die spezifische Eigenart der historischen Entwicklung seit 1815, daß der Legitimität als völkerrechtlichem Fundamentalstaatsprinzip in der Auseinandersetzung mit Theorie und Praxis des Frühkonstitutionalismus notwendigerweise nun eine gleichsam innenpolitische Relevanz abgewonnen wird.

Daraus darf freilich nicht geschlossen werden, dies sei ausschließlich dem „Wendepunkt der neuen Zeit", also der Französischen Revolution, als Zäsur gleichsam ahistorischer Qualität zuzuschreiben. Die Idee geschichtlicher „Inkubationszeit" verweist — dies wissen wir spätestens seit Max *Webers* Untersuchungen zu den „Drei reinen Typen legitimer Herrschaft"[16] einerseits und über „asketischen Protestantismus und kapitalistischen Geist"[17] andererseits — auf erste Ansätze „rationaler" Staatslehre[18] bei *Luther.*

4. Mit *Luthers* Feststellung, „weltliches Regiment" dürfe auch „Gottes Reich genennet werden", war die das Mittelalter beherrschende Anschauung vom Corpus politicum überwunden.[19] Dabei soll weniger

---

15   Vgl. HUBER, Ernst Rudolf, Dokumente zur deutschen Verfassungsgeschichte, Bd. 1, Stuttgart 1961, Nr 39, 75 ff, 78; zur Auslegung von Art 13 der Bundesakte — der als Art 54 in die Wiener Schlußakte vom 15. 5. 1820 aufgenommen wurde — im Sinne eines bundesrechtlichen Verbots von Repräsentativverfassungen durch Friedrich von GENTZ vgl. HUBER, Deutsche Verfassungsgeschichte, Bd. 1, § 36 I 3a, 643 ff (Fn 13).

16   in: WEBER, Max, Soziologie, weltgeschichtliche Analysen, Politik. Mit einer Einleitung von BAUMGARTNER, Eduard, hg. von WINCKELMANN, Johannes, 4. A., Stuttgart 1968, 151 ff.

17   in: WEBER, Soziologie, 357 ff (Fn 16).

18   Es handelt sich hier um die vernunftrechtlichen Theorien vom Gesellschafts- und Herrschaftsvertrag nach HOBBES, LOCKE und ROUSSEAU oder mit Ulrich MATZ zu sprechen (Stichwort „Staat" im Handbuch philosophischer Grundbegriffe, hg. von KRINGS, Hermann/BAUMGARTNER, Hans Michael/WILD, Christof, Bd. 5, München 1974, 1403 ff, 1407) — einer auf dem Boden der nominalistischen Metaphysik in der Neuzeit entwickelten instrumentalistischen Staatslehre, die — beschreibt sie doch Recht als Funktion von Macht — des „reflektierenden Aufweises solcher letzten Verbindlichkeitsgründe staatlicher Herrschaft und ihrer Hoheitsakte" bedarf (HOFMANN, Hasso, Legitimität und Rechtsgeltung. Verfassungstheoretische Bemerkungen zu einem Problem der Staatslehre und Rechtsphilosophie, Berlin 1977, 11), sodaß Ausformung moderner Staatlichkeit und Ausformulierung von Legitimitätsprinzipien auf das Augenscheinlichste korrelieren.

19   LUTHERS Werke, Weimarer Ausgabe (WA) 12, 328 (Petri Brief — Auslegung 1523); diese Auffassung gründet in der von LUTHER entwickelten Lehre von den zwei Reichen — „Reich Gottes" — „Reich der Welt", wonach der Kosmos in zwei Reiche zerfällt, einerseits also Gottes Schöpfung, andererseits „gefallene Welt" ist; vgl. hierzu WA 19, 629 („Ob Kriegsleut auch in seligem Stande sein können", 1526) sowie JORDAN, Hermann, Luthers Staatsauffassung, München 1917 (Nachdruck Darmstadt 1968); TÖRNVALL, Gustav, Geistliches und weltliches Regiment bei Luther, Lund 1947; HILLERDAL, Gunnar, Gehorsam gegen Gott und Menschen. Luthers Lehre von der

auf die aus der Exegese von Römer 13, 1 gewonnene Forderung des „Jedermann sei untertan der Obrigkeit, denn keine Obrigkeit außer von Gott"[20] eingegangen werden, sondern darauf, daß Luther durch die Kreierung des Amtsbegriffs und der Lehre von den beiden Regimentern, dem weltlichen wie dem geistlichen, zugleich über die christologische Begründung staatlicher Herrschaft hinauswies und den Dienstcharakter des Staates schlechthin betonte. Ist menschliche Obrigkeit ein von Gott verordneter Stand, „um die Frommen zu schützen und den Bösen zu steuern", kann folglich ein Christ, wird er in diesen Stand berufen, solchen weltlichen Dienst ohne Schaden und Gefahr für Glauben und Seligkeit versehen[21], so ist es mit der Beachtung des Dekalogs allein nicht mehr getan. Dient menschliche Obrigkeit der Herstellung und Perpetuierung „guter Ordnung",[22] so muß ein Fürst „fest in seiner Hand haben als das

---

Obrigkeit und die moderne evangelische Staatsethik, Lund 1954; GERSTENKORN, H. Robert, Weltlich Regiment zwischen Gottes Reich und Teufelsmacht. Die staatstheoretischen Auffassungen Martin Luthers und ihre politische Bedeutung, Bonn 1956.
Im geistlichen Regiment, das der Erlösung dient, treibt Gott sein „opus proprium", das eigentliche, seine Barmherzigkeit in Christus offenbarende Werk. Denn ohne Christi geistliches Regiment kann niemand fromm werden vor Gott. In weltlichen Regiment, das der Erhaltung und Bewahrung der göttlichen Schöpfungsgaben dient, treibt Gott im Gesetzeswirken sein „opus alienum", das sich in den weltlichen Ordnungen manifestiert. Beide Regimenter — geistliches und weltliches — sind „adversus diabolum, carnem et mundum" gestiftet (vgl. WA 50, 652; „Von den Conziliis und Kirchen", 1539).

20 Auf die unterschiedliche Interpretation von Römer 13, 1 durch LUTHER und MÜNTZER sei hier nur hingewiesen; MÜNTZER hat zu LUTHERS Schrift „Von weltlicher Obrigkeit wie weit man ihr Gehorsam schuldig sei" von 1523 — aus der LUTHER die unbedingte Gehorsamspflicht des Untertanen ableitete — in zwei Briefen Stellung genommen; an Kurfürst FRIEDRICH den Weisen vom 4. 10. 1523 sowie an Rat und Gemeinde zu Allstedt in Thüringen vom 7. 6. 1524 (vgl. Briefwechsel, 38 u. 58) in denen er zur Auslegung von Römer 13, 1 insbesondere die Verse 3 und 4 heranzog, nach denen die Obrigkeit Gehorsam nur dann fordern dürfe, wenn die in Vers 3 und 4 niedergelegten Aufgaben des Schutzes der Frommen und der Rache an den Gottlosen durch die Obrigkeit erfüllt werden.

21 WA 30, 90 (Schwabacher Artikel von 1529).

22 Der Begriff der „guten Ordnung" ist der Zentralbegriff der Reichspolizeiordnungen von 1530, 1548 und 1577 und insoweit eng mit der Entwicklung der „Polizeiwissenschaft" verbunden, wurde doch Polizei inhaltlich gefaßt als Zustand guter Ordnung des Gemeinwesens. Umfaßte Polizei das „gemeine Wesen" insgesamt, also Staat und Stadt sowie deren Verfassung und Verwaltung, so ist der Polizeibegriff durch das Schlagwort „Herstellung und Erhaltung guter Ordnung" charakterisiert; vgl. hierzu SEGALL, Josef, Geschichte und Strafrecht der Reichspolizeiordnungen von 1530, 1548 und 1577, Breslau 1914; WOLZENDORFF, Kurt, Der Polizeigedanke des modernen Staates, Breslau 1918; ZOBEL, Karolina, Polizei. Geschichte und Bedeutungswandel des Wortes und seiner Zusammensetzung, (Diss. phil.) München 1952; JOBST, Ernst, Der Polizeibegriff in Deutschland, (Diss. jur.) München 1953; KNEMEYER, Franz-Ludwig, Polizeibegriffe, in: AöR 1967, 153 ff; DERS., Polizei, in: BRUNNER, Otto/CONZE, Werner/KOSSELECK, Reinhart (Hgg.), Geschichtliche Grundbegriffe. Historisches Lexikon zur politisch-sozialen Sprache in Deutschland,

Schwert und mitt eygener Vernunft messen, wenn und wo das Recht der Strenge nach zu brauchen odder zu lindern sey... Das über alles Recht regiere die Vernunfft".[23] Die Konstituierung eines höchst weltlichen und zugleich individuell überprüfbaren Kriteriums für die Handhabung weltlicher Herrschaft und ihre Implementation in eine Rechtsquellenlehre beherrscht folglich ein Phänomen, das *Weber* in seinen Vorbemerkungen zu den gesammelten Aufsätzen zur Religionssoziologie[24] die „Eigenart des occidentalen Rationalismus" nannte. „Quomodo sint constituendae rei publicae et ordinancae leges", ergibt sich „ex fonte humanae rationis".[25] Diese Vernunft verlangt auch die Unterwerfung des geschriebenen Rechts hinsichtlich Anwendung und Auslegung unter die Denkgesetze.

Freilich ist damit der christologisch-eschatologische Bezugsrahmen noch nicht verlassen: Der kompetentielle Zuweisungsrahmen für weltliches und geistliches Regiment ändert nichts an ihrem Funktionsverbund und der Teilhabe des weltlichen Regiments am Sinn des geistlichen: „Keins reicht ohne das andere aus in der Welt. Denn ohne Christi geistlich Regiment kann niemand vor Gott fromm werden durchs weltliche Regiment. ... Wenn nun weltliches Regiment oder Gott allein regiert, dann muß es lauter Heuchelei sein, wenns auch Gottes Gebote selber wären. ... Wenn aber das geistlich Regiment allein über Land und Leute regiert, dann wird der Bosheit der Zaum los und Raum aller Büberei gegeben, denn die Welt insgesamt kanns nicht annehmen noch verstehen".[26]

5. Es bleibt der — insoweit besonderen verfassungsrechtlichen wie ökonomischen — Entwicklung Großbritanniens[27] und der vor diesem Hintergrund entwickelten Naturrechtslehre vorbehalten, in betonter Diesseitigkeit den Säkularisationsprozeß staatswissenschaftlichen Denkens einzuleiten und die inhärierenden Prämissen zu formulieren. Wenngleich die heutige Communis opinio in Thomas *Hobbes* den Begründer der Lehre vom Gesellschaftsvertrag zu sehen geneigt ist, so wollen wir im folgenden wegen der Bedeutung der von *Locke*

---

4. Bd., Stuttgart 1978, 875 ff; DERS., unter Mitarbeit von HOFMANN, Jochen, Polizei- und Ordnungsrecht, 2. A., München 1985, Rdnr. 3 ff.

23 WA 11, 272 (Von weltlicher Obrigkeit, 1523).

24 Vgl. WEBER, Soziologie, 340 ff (Fn 16).

25 WA 11, 280; vgl. WA 40, 221.

26 WA 11, 254 f.

27 Vgl. hierzu TREUE, Wilhelm/PÖNICKE, Herbert/MANEGOLD, Karl-Heinz (Hgg.), Quellen zur Geschichte der industriellen Revolution, Göttingen 1966, 98 ff, 142 ff, sowie ROSTOW, Walt, Stadien wirtschaftlichen Wachstums, Göttingen 1967; DEANE, Phyllis/COLE, W. A., British Economic Growth 1688—1959. Trends and Structure, Cambridge 1962; HOBSBAWM, Eric J., Industrie und Empire. Britische Wirtschaftsgeschichte seit 1750, 2 Bde., Frankfurt/M. 1969.

introduzierten Kategorie des Eigentums für den Typus frühneuzeitlicher Legitimität über dessen in den „Two Treatises of Government" entwickelte Theorie vom Herrschaftsvertrag handeln.

a) Die 1689/90 in erster Ausgabe veröffentlichte Schrift, der 1694 und 1698 zwei weitere Auflagen folgten, zerfällt in zwei Teile: „In the Former, The False Principles and Foundation of Sir Robert Filmer, And His Followers Are detected And Overthrown".[28] Dieser erste Teil ist also eine Polemik gegen den Theoretiker eines absoluten Selbstverständnisses der englischen Monarchen nach der Stuart-Restauration von 1603, welches mit dem mittelalterlichen Legitimationskodex der „Divine Right of King"-Doktrin begründet wird: Filmer[29] (1588—1653) und James I[30] (1566—1625) stellten die herausragenden Exponenten der englischen Ausprägung des monarchischen Gottesgnadentums[31] dar, die unter Rekurs auf ein „Law of Nature" Gottesgnadentum und herrscherliche Machtbefugnisse durch die sogenannte Vaterideologie im Gefolge religiös-alttestamentlicher Legitimationsreihen ableiteten.[32] Aus der Stellung Adams als Urvater des Menschengeschlechts und Quelle aller politischen Macht[33] folge die Stellung des Königs als „overlord over the whole lands" und „master of every person", verbunden mit der „power over the life and death of every of them".[34] Der zweite Teil, übertitelt „The

---

28 Vgl. LASLETT, Peter (Hg.), John Locke. Two Treatises of Government, Cambridge 1967, 153; zu LOCKE vgl. allgemein: MACPHERSON, Crawford Brough, Die politische Theorie des Besitzindividualismus. Von Hobbes bis Locke, Frankfurt/M. 1967; EUCHNER, Walter, Naturrecht und Politik bei John Locke, Frankfurt/M. 1979; RITTSTIEG, Helmut, Eigentum als Verfassungsproblem. Zur Geschichte und Gegenwart des Bürgerlichen Verfassungsstaates, Darmstadt 1975, 72 ff; BRAUN, Eberhard/HEINE, Felix/OPOLKA, Uwe, Politische Philosophie, Reinbek bei Hamburg 1984, 136 ff.

29 Vgl. hierzu LASLETT, Peter (Hg.), Robert Filmer, Patriarca and other political writings, Oxford 1949; GOUGH, J. W., Fundamental Law in English Constitutional History, Oxford 1955, 117 ff und 151 f.

30 Vgl. hierzu MCILWAIN, Charles Howard (Hg.), The Political Work of James I, Cambridge (Mass.) 1918 (Nachdruck New York 1965); GOUGH, Fundamental Law, 48 ff (Fn 29).

31 Zur „Divine Right of Kings"-Doktrin vgl. HOLDSWORTH, William, History of English Law, 16 Bde., 7. A., London 1956 ff, Bd. 4, 215; Bd. 6, 11 bis 24; 276 bis 290; MARCHAM, Frederic George, A Constitution of History of Modern England, 1485 to the Present, New York 1960, 89 ff; ELTON, Geoffrey Rudolph, Studies in Tudor and Stuart Politics and Government. Papers and Reviews 1946—1972, 2 Bde., Bd. 2, Cambridge 1974, 193 ff sowie HENNINGSEN, Manfred, „Divine Right of Kings", James I und Robert Filmer, in: VOEGELIN, Eric (Hg.), Zwischen Revolution und Restauration. Politisches Denken in England im 17. Jahrhundert, München 1968, 17 ff.

32 Vgl. HENNINGSEN, Divine Right, 24 f (Fn 31).

33 Vgl. HENNINGSEN, Divine Right, 38 (Fn 31).

34 Vgl. MCILWAIN, James I, 63 ff (Fn 30).

Latter is an *Essay* Concerning The True Original, Extent, and End of Civil Government",[35] enthält die Theorien über die Transformation des „State of Nature" in den „State of Civil Government" sowie die Theorie des Sozialvertrags. *Lockes* Anknüpfungspunkt ist — und hierin unterscheidet er sich keineswegs von seinen theoretischen Gegnern *James I* und Robert *Filmer* — transzendentaler Natur: Der Schöpfungsakt als Opus Dei ist notwendige Bedingung für die Entwicklung der Theorie des Naturzustandes: „For Men being all the workmanship of one Omnipotent and infinitely wise maker; All the Servants of one Sovereign Master, sent into the World by his order and about his business, they are his Property . . .[36] Aus der Tatsache des gleichen Ursprungs aller Menschen folgt nach *Locke*, „(that) there cannot be supposed any such *Subordination* among us",[37] d. h., „that being all equal and independent".[38]

b) Die originäre Gleichheit und Unabhängigkeit aller Menschen ergibt sich im „State of Nature" aber nicht nur aus der Tatsache des Schöpfungsaktes, sondern auch aus der Qualität dieses Naturzustandes: ihm entspricht als Korrelat ein „Law of Nature", welches die Vernunft darstellt: „The State of Nature has a Law of Nature to govern it, which obliges every one: And Reason, which is that Law, teaches all Mankind, who will but consult it, that being all equal and independent."[39]

Zu den Komponenten „equal" and „independent" tritt noch die Kategorie „free" hinzu: „Thus we (are) born *free*, as we are born Rational."[40]

„Reason" — von *Locke* generell als „best judge and guide in all things"[41] apostrophiert — ist „natural revelation whereby the eternal Father of light, the Foundation of all knowledge, communicates to mankind that portion of Truth which he has laid within the reach of their natural faculties. Revelation is natural reason enlarged by a new set of discoveries communicated by God immediately . . . "[42] oder, zugespitzt formuliert, „Reason, which was the Voice of God in him (sc. man) . . . ".[43]

Die neuerliche Rezeption der Reason-Konzeption in der Naturrechtslehre bedeutete keineswegs die Innovation einer grundsätzlich originären Kategorie, hob aber doch das Argument von der rein

---

35 LOCKE, zit. nach LASLETT, 153 (Fn 28).
36 LOCKE, zit. nach LASLETT, II, § 6, 10 bis 13 (S 289) (Fn 28).
37 LOCKE, zit. nach LASLETT, II, § 6, 16 f (S 289) (Fn 28).
38 LOCKE, zit. nach LASLETT, II, § 6, 8 (S 289) (Fn 28).
39 LOCKE, zit. nach LASLETT, II, § 6, 6 bis 9 (S 289) (Fn 28).
40 LOCKE, zit. nach LASLETT, II, § 61, 1 (S 326) (Fn 28).
41 LOCKE, Epistle to the Reader, IV, 19, 14 zit. nach CRAGG, Gerald R., Reason and Authority in the Eighteenth Century, Cambridge 1964, 8.
42 LOCKE, Epistle to the Reader, IV, 19, 4 zit. nach CRAGG, Reason, 12 (Fn 41).
43 LOCKE, zit. nach LASLETT, II, 86, 21 (S 232) (Fn 28).

historisch-theologischen Ebene in die der politischen Aktualität. Denn nach *Locke* ist die Ratio „sovereign over all human action"[44] und somit Grundlage menschlicher Freiheit: „where there is no law, there is no Freedom."[45] Darüber hinaus gibt die Ratio auch die Grundlage des menschlichen Zusammenlebens schlechthin: Sie ist „mode of co-operation between men".[46]

Aus dieser Konzeption und inhaltlichen Füllung von „Reason" als „Law of Nature" folgt bei *Locke* die Ableitung von Individualrechten im „State of Nature", mithin also noch im „vorkonstitutionellen" bzw. vorvertraglichen Bereich. Da aus der Konstituierung von „Reason" als „Law of Nature" einerseits, von „Reason" als „voice of God" andererseits folge,"(that) no one ought to harm another in his Life, Health, Liberty, or Possessions",[47] hat umgekehrt „every Man...a Right to punish the offender, and be (thus) Executioner of the Law of Nature."[48] Dieses Recht der „executive Power of the Law of Nature"[49] verleiht nach *Locke* zwei Befugnisse: „The first is to do whatsoever he thinks fit for the preservation of himself and ther's within the Permission of the Law of Nature ... The other...is the power to punish the Crimes committed against that Law."[50]

Hier ist der Punkt erreicht, an dem *Locke* ein Versagen des „State of Nature" konstatiert: Der „State of Nature" entbehrt aufgrund seiner Wesensverschiedenheit mit dem auf ihn - wie sich zeigen wird - notwendigerweise folgenden „State of Civil Government" jeglicher Organe;[51] zudem ist jedermann Richter in eigener Sache.[52]

Die hierbei relevanten moralischen Defekte des Menschen führen letztlich zur Funktionsunfähigkeit des Zusammenlebens im „State of Nature": „self-love", „passion", „revenge" bei *Locke*, „relax in their duty and attachment to each other"[53] bei *Paine*.

---

44   Locke, zit. nach Laslett, II, 8, 11 (S 290) (Fn 28).

45   Locke, zit. nach Laslett, II. 57, 19 f (S 324) (Fn 28).

46   Locke, zit. nach Laslett, II, 172, 9 f (S 401) (Fn 28).

47   Locke, zit. nach Laslett, II, 7, 9 f (S 289) (Fn 28).

48   Locke, zit. nach Laslett, II, 8, 24 f (S 290) (Fn 28).

49   Locke, zit. nach Laslett, II, 13, 2 (S 293) (Fn 28).

50   Locke, zit. nach Laslett, II, 128, 2 f, 11 f (S 370) (Fn 28).

51   Laslett, Einleitung, 97 (Fn 28), („ ... the executive power of the law lies ... exclusively in the hands of individuals").

52   Locke, zit. nach Laslett, II, 133, 7 (S 293) (Fn 28), („I doubt not but it will be objected that it is unreasonable for men to be judges in their own cases, that selflove will make men partially to themselves and their friends. And on the other side, that ill nature, patience and revenge will carry them too far in punishing others. And hence nothing but confusion and disorder will follow; ... "); vgl. II, 127, 5 bis 9 (S 370).

53   Common sense, zit. n. Jacobson, Mark/Anderson, Thornton, Development of Political Thought. Documentary History, 2. A., New York 1960, 129; die rechts- und staatsphilosophischen Argumentationsmuster der amerikanischen Verfechter kolo-

Dabei ist jedoch bei allen „moral defects" der Menschen keineswegs davon auszugehen, daß der *Locke'sche* „State of Nature" mit dem *Hobbeschen* „bellum omnium contra omnes" gleichzusetzen sei. *Locke* hatte sich zwar in seinem fünften „Essay on the law of Nature" von 1661 für die Möglichkeit ausgesprochen, „that there is in the state of Nature a general war and a perpetual and deadly hatred among men quod aliqui volunt",[54] sich im achten „Essay" davon aber wieder distanziert, um in den Treatises diese Möglichkeit entschieden zu leugnen: „And here we have the plain difference between the State of Nature, and the State of War ... Men living together according to reason ... is properly the State of Nature. But force, or a declared design of force upon the Person of another ... is the State of War".[55]

c) Da *Locke* die Qualität des „State of Nature" als „bellum omnium contra omnes" negiert, die bei *Hobbes* zur Forderung des „Exeundum esse a statu naturae" geführt hatte, gleichzeitig aber auch die Transformation in den „State of Civil Government" ableiten muß, dekretiert er als „basic of political life the rule of the Rational Man over his irrational Fellows".[56]

Die Existenz von „irrational fellows" ergibt sich zunächst aus der Tatsache, „that such men (sc. offenders of Live, Health, property of others) are not under the ties of the Common Law of Reason."[57] Sie folgt andererseits aber auch aus der Tatsache, daß *Locke* trotz der Forderung „that Creatures of the same species and rank promiscuosly born to all the same adventage of Nature, and the use of the same facilities should also be equal one amongst another ..."[58] die Möglichkeit der „inequality in capacity (of grasping Reason)" anerkannte: „There is, it is visible a great variety in men's understandings, ..."[59] Diese Differenzierung von „equality" wird weiter unten bei der Konstituierung von Eigentum noch eine gewichtige Rolle spielen.

---

nialer Freiheiten erweisen sich als Reproduktionen der mit unterschiedlicher Intensität rezipierten Naturrechtslehre des endenden 17. und 18. Jahrhunderts, vornehmlich der englischen Ausprägung; vgl. hierzu BUEL, Richard. Democracy and the American Revolution, in: GREEN, Jack P., The Reinterpretation of the American Revolution 1763—1789, New York 1968; GREENLEAVE, W. H., Order, Empiricism and Politics. Two Traditions of English Political Thought, 1500—1700, London 1964; BECKER, Carl, The Declaration of Independence. A Study in the History of Political Ideas, New York 1953; sowie HÄGERMANN, Gustav, Die Erklärung der Menschen- und Bürgerrechte in den ersten amerikanischen Staatsverfassungen, (Diss. phil.) Berlin 1910.

54   LOCKE, Essay on the Law of Nature, zit. nach LASLETT, 298 Anm. (Fn 28).
55   LOCKE, zit. nach LASLETT, II, 19, 1 f, 18 f (S 298) (Fn 28).
56   LASLETT, Einleitung, 96 (Fn 28).
57   LOCKE, zit. nach LASLETT, II, 16, 14—16 (S 297) (Fn 28).
58   LOCKE, zit. nach LASLETT, II, 4, 9—12 (S 287) (Fn 28).
59   LOCKE, The Conduct of the Understanding, zit. nach LASLETT, Anm. 287 (Fn 28); vgl. LOCKE, zit. nach LASLETT, II, 54 (S 322) (Fn 28).

Das Wirken der „irrational fellows" bewirkt nach *Locke* „Confusion And Disorder": „There fore God hath certainly appointed Government to restrain the partiality and violence of Man. I easily grant, that Civil Government is the proper Remedy for the Inconveniences of the State of Nature..." [60] Von daher ergibt sich bei *Locke* eine Funktionsbestimmung von „Civil Government" zunächst ex negativo, d. h. auf der Grundlage des Verständnisses von Wesen und Funktion des „State of Nature": „Men living together according to reason, without a common Superior on Earth, with Authority to judge between them, is properly the state of Nature." [61] „Civil Government" wird daher auf jeden Fall ein „common superior on earth, with Authority to judge between them" als konstitutiven Bestandteil enthalten.

d) Dies ist jedoch nur die formale Umschreibung des eigentlich ausschlaggebenden Motivs für den Übergang zum Civil Government: Es ist das Eigentum und dessen Schutz. „The great and chief end therefore, of Mens uniting into Commonwealth, and putting themselves under Government, is the Preservation of their Property" [62] oder: „The great end of Men entering into Society being the enjoyment of their Properties in Peace and Safety". [63]

Unter Eigentum versteht *Locke* „Lives, Liberties and Estates" [64] oder in den „Epistola de Tolerantia" von 1689 „civil interests" im Sinne von „bona civilia" d. i. „life, liberty, health and indolency of body; and the possession of outward things, such as money, lands, houses, furnitures and the life, vitam, libertatem, corporis integritatem, et indolentiam, et rerum externarum possessiones, ut sunt latifundia, pecunia, supellex etc." [65]

Die Legitimierung der Verfügungsgewalt des Menschen über Eigentum vollzieht *Locke* in *zwei Stufen*:

— einmal resultiere das Recht des Menschen auf Eigentum an Naturgütern aus „God's grant in the scriptures", „God gave the world to Adam and his Posterity...", „...as king David says Psal. CXV, XVI has given the Earth to the children of Men..." [66];

— dieses Argument verknüpft sich mit der dem Menschen eigenen Qualität der Vernunft: „God gave the World to Men in Common; but since he gave it them for their benefit... it cannot be supposed he meant it should always remain common and uncultivated. He gave it

---

60 LOCKE, zit. nach LASLETT, II, 13, 8—11 (S 293 f) (Fn 28).

61 LOCKE, zit. nach LASLETT, II, 19, 6—8 (S 298) (Fn 28).

62 LOCKE, zit. nach LASLETT, II, 91 (S 344) (Fn 28).

63 LOCKE, zit. nach LASLETT, II, 123, 16 f (S 368) (Fn 28).

64 LOCKE, zit. nach LASLETT, II, 123, 18 (S 368) (Fn 28).

65 LOCKE, Epistola de tolerantia, zit. nach LASLETT, 268 Anm (Fn 28).

66 LOCKE, zit. nach LASLETT, II, 25, 6 f (S 304) (Fn 28).

Jochen Hofmann

to the use of the *Industrious and Rational* (and *Labour* was to be his Title
of it)..." [67] (Hervorhebung vom Verfasser).

— Das dritte Element der ersten Stufe bildet schließlich Recht und Pflicht
des Menschen zur Selbsterhaltung, d. h. zur materiellen Reproduk-
tion: „Whether we consider natural Reason, which tells us, that Men,
being once born, have a right to their Preservation, and consequently
to Meat and Drink, and such other things, as Nature affords for their
Subsistence." [68]

Aus der Tatsache jedoch, daß das Eigentumsrecht für den Menschen
als species, nicht aber als Individuum garantiert gelten kann,[69] muß *Locke*
in einem zweiten Schritt das Problem der individuellen Appropriation
konstruktiv bewältigen.

Er beschreitet dabei den von *Tyrell* 1681 vorgezeichneten Weg und
wird der definitorischen Unschärfen Herr, die etwa bei *Tyrell* noch
vorherrschten.[70] Diese 2. *Stufe* der Ableitung und Legitimation von
Eigentum verläuft bei *Locke* folgendermaßen: „Though the Earth, and all
inferior creatures be common to all Men, yet every Man has a Property in
his own person." Dies bedeutet: „The labour of his Body, and the Work of
his Hands, we may say, are properly His." [71]

Das *Kriterium der Arbeit* ist es also, das nach *Locke* die Dinge aus
ihrer Bezogenheit auf die Allgemeinheit und daher von ihrem Status als
Gemeineigentum löst und sie in privates Eigentum überführt: „We see
how labour could make Men distinct titles to several parcels of it (sc. the
world), for their private uses; wherein there could be no doubt of Right,
no room for quarrel." [72] Dies ergibt sich aus der besonderen Qualität der
Arbeit und ihrer Wirkung auf die Dinge: „That labour put a distinction
between them and common. That added something to them more than
Nature, the common Mother of all, had done; and so became his private
right".[73] Die Bearbeitung eines Gegenstandes rechtfertigt dessen
persönliche Appropriation: „His labour hath taken it out of the hands of
Nature, where it was common, and belong'd equally to all her Children
and hath thereby appropriated it to himself." [74]

---

67 LOCKE, zit. nach LASLETT, II, 34, 1—6 (S 309) (Fn 28).

68 LOCKE, zit. nach LASLETT, II, 25, 1—4 (S 303) (Fn 28).

69 LOCKE, zit. nach LASLETT, II, 34, 1 (S 309) (Fn 28). („God gave the world to men in
    common"); vgl. LOCKE, zit. nach LASLETT, II, 26, 1 ff (S 304) (Fn 28): („The earth, and
    all that as there is, is given to men for the support and comfort of their being...and
    nobody has originally a private dominion... yet being given for the use of men, there
    must of necessity be a means to appropriate them some way or other").

70 Vgl. hierzu LASLETT, 305, Anm. zu § 27 (Fn 28).

71 LOCKE, zit. nach LASLETT, II, 27, 3 f (S 305 f) (Fn 28).

72 LOCKE, zit. nach LASLETT, II, 39, 5—7 (S 314) (Fn 28).

73 LOCKE, zit. nach LASLETT, II, 28, 8—11 (S 306) (Fn 28).

74 LOCKE, zit. nach LASLETT, II, 29, 7—10 (S 307) (Fn 28).

Ist es zunächst die Arbeit, die den Dingen einen Wert verleiht — „For 'this Labour indeed that puts the difference of value on every thing …"[75] — so erhalten die Dinge ihren Wert und ihre Einordnung in eine Wertskala aber nicht nur durch das tatsächliche Element der Bearbeitung; gleichzeitig bestimmt sich die Geltung von Gold und Silber als Zahlungsmittel „only from the consent of Men". Daraus zieht *Locke* den Schluß: „It is plain, that Men have agreed to disproportionate and unequal possession of the Earth, …".[76] Es muß also bei Gold und Silber eingestandenermaßen noch ein weiteres Element als die bloße Bearbeitung für die Wertbestimmung hinzutreten: das des „Consent". Vollzieht sich der Erwerb von Eigentum über das Tauschmittel des Geldes, so kann demzufolge das Kriterium des Konsenses entfallen. Hier findet Eigentum seine Rechtfertigung im tatsächlichen Moment des „schnelleren Zugriffs"! Eigentumserwerb findet seine Schranke lediglich in dem Gebot, Eigentum nicht zur Unterdrückung anderer zu benutzen.[77]

Ausgehend von seinen Ausführungen über Wesen und Legitimität kollektiven wie individuellen Eigentums schreitet *Locke* nun zur positiven Begriffsbestimmung von „Civil Government": Es handle sich um einen Zustand, „where the laws regulate the right of property, and the possession of land is determined by positive constitutions".[78] Von daher bestimmt sich auch die Funktion von „Laws and Rules": Sie sind „Guards and Fences to the Properties of all the Members of the Society, to limit the power, and moderate the Dominion of every Part and Member of Society …"[79] bzw. „Law, in its true Notion, is not so much the Limitation as the direction of a free and intelligent Agent to his proper Interest, and prescribes no farther than is for the general Good of those under the Law."[80]

Der Eintritt der Menschen in den „State of Civil Government" bedingt, daß diese die ihnen im „State of Nature" zustehenden Kompetenzen des „to do everything for preservation" und das „punishing offenders of Natural Law"[81] bzw. der Befugnisse des „to exercise the law

---

75   LOCKE, zit. nach LASLETT, II, 40, 3 f (S 314) (Fn 28); vgl. LOCKE, zit. nach LASLETT, II, 42, 8—10 (S 315) (Fn 28), („For what ever bread is more worth than grain, wine than water, and clothes or silk than leaves, skins or moss, that is wholely owning to labour industry …").

76   LOCKE, zit. nach LASLETT, II, 50, 2—5 (S 319 f) (Fn 28).

77   LOCKE, zit. nach LASLETT, II, 36, 1—5 (S 310) (Fn 28); („The mature of property, nature has well set, by the extent of mens labour, and the convenience of live … so it is impossible for any men, this way, to intrench upon the right of another …"); vgl. II, 42 (S 315) (Fn 28).

78   LOCKE, zit. nach LASLETT, II, 30, 15 f (S 320) (Fn 28).

79   LOCKE, zit. nach LASLETT, II, 222, 3—6 (S 430) (Fn 28).

80   LOCKE, zit. nach LASLETT, II, 57, 10—13 (S 323) (Fn 28).

81   LOCKE, zit. nach LASLETT, II, 128 (S 370) (Fn 28).

of nature" und des „protect his property" an die Organe des Civil Government übertragen.[82]

Der Eintritt in die „Civil Society" versteht sich daneben auch als Verlust jener Qualitäten, die dem Menschen im „State of Nature" zukamen: „But though Men when they enter into Society, give up the Equality, Liberty, and Executive Power they had in State of Nature, into the hands of Society...".[83]

Locke konkretisiert diese „hands of Society" an anderer Stelle näher: es ist die „majority of the Community".[84] Deshalb wird später der Begriff der „majority" bei der Lehre von der Teilung der Gewalten von so großer Bedeutung sein: er ist inhärent verknüpft mit der Initiierung von „Civil Government". Die „traditio" der Individualkompetenzen an die „majority of the Community" als „hands of the Society" bedeutet jedoch nicht die Aufgabe der Rechte aus dem Eigentum. Da der Eintritt in die „Civil Society" nur unter der Voraussetzung erfolgte „to preserve himself his Liberty and Property",[85] ist es nicht möglich, „without a Man's consent... to take away property from him".[86] Dies ergibt sich zudem — und ausschließlich diese Dogmatik wird etwa der Anknüpfungspunkt für die amerikanischen Rezeptoren *Lockes*[87] — aus dem ausschließlichen Zweck des „Civil Government": „For the preservation of Property being the end of Government..."[88] oder „The great end of Mens entering into society being the enjoyment of their Properties in Peace and Safety..."[89]

6. Gleichwohl fehlte der Naturrechtslehre im folgenden die Kraft, den angesichts der Entwickeltheit der Produktivkräfte „überholten Bau" der Staatswissenschaft der absoluten Monarchie umzugestalten. Die

---

82 LOCKE, zit. nach LASLETT, II, 129, 1—4 (S 370) (Fn 28); („The first power... he gives up to be regulated by laws made by the society..., so far forth as the preservation of himselves, and the rest of that society shall require").

83 LOCKE, zit. nach LASLETT, II, 131, 1—3 (S 371) (Fn 28).

84 LOCKE, zit. nach LASLETT, II, 99, 3 f (S 351) (Fn 28).

85 LOCKE, zit. nach LASLETT, II, 131, 5 f (S 371) (Fn 28).

86 LOCKE, zit. nach LASLETT, II, 193, 9 (S 413) (Fn 28).

87 Vgl. hierzu nur die Schriften von OTIS, James, Rights of the British Colonies asserted and proved, 1764, in: JACOBSON/ANDERSON, Political Thought, 104—107 (Fn 53); von ADAMS, John, Novanglus or a history of the dispute with America from its origins in 1754 to the present time, 1775, in: JACOBSON/ANDERSON, Political Thought, 107 ff (Fn 53) sowie von PAINE, Thomas, Common sense. On the origin and design of government in general, with concise remarks on the English constitution, 1776, in: JACOBSON/ANDERSON, Political Thought, 128 ff (Fn 53); zu diesem Problemkreis immer noch grundlegend VOSSLER, Otto, Die amerikanischen Revolutionsideale in ihrem Verhältnis zu den europäischen, untersucht an Thomas Jefferson, München-Berlin 1929.

88 LOCKE, zit. nach LASLETT, II, 138, 2 (S 378); vgl. II, 45 (S 317); II, 89 (S 343); II, 127 (S 370) (Fn 28).

89 LOCKE, zit. nach LASLETT, II, 134, 1 f (S 373) (Fn 28).

Gesetze der Appropriation veränderten sich zwar; Zunft- und Gildenwesen, enge und unübersichtliche, territorial vielfach ineinander verschobene Wirtschaftskleinräume mit unterschiedlichen Maß- und Gewichtseinheiten, Handels- und Zollschranken waren längst zu einem Hemmschuh der einheitliche, berechenbare Wirtschaftsräume erfordernden ökonomischen Betätigung geworden.[90] Noch immer — in kameralistischer Theorie[91] wie täglicher Praxis — waren Grund und Boden nebst den dazugehörenden Rechtssubjekten[92] nahezu ausschließlicher Produktionsfaktor. Dem — nach Regelungsobjekten wie räumlicher Radizierung vielfach zersplitterten Recht — waren die Funktionen der Berechenbarkeit, der Stetigkeit, des einklagbaren Schutzes von Handel und Gewerbe, von Eigentum und Besitz noch vielfach fremd.[93]

Mit der Französischen Revolution — so spricht es *Hegel*[94] in seinen Vorlesungen über die Philosophie der Geschichte aus — hat der Mensch erstmalig in der Weltgeschichte die Wirklichkeit nach den Gedanken des Rechts erbaut. Am 18. 9. 1806 schließt er ein Kolleg über spekulative Philosophie u. a. mit folgenden Worten: „Wir stehen in einer wichtigen Zeitepoche, einer Gärung, wo der Geist einen Ruck getan, über seine

90 Zu den unterschiedlichen ökonomischen Voraussetzungen in Großbritannien, Frankreich, Belgien und Deutschland vgl. RESCHAT, Martin, Das Zeitalter der industriellen Revolution, Stuttgart-Berlin-Köln-Mainz 1980, 12 ff, 44 ff, 50 ff, 63 ff.

91 Zur kameralistischen Theorie als — nicht geschlossener — Konzeption von Nützlichkeitsregeln und Erfahrungsgrundsätzen aus den Bereichen der Wirtschaft, Gesetzgebung, Verwaltung und der öffentlichen Finanzen und ihren Zusammenhängen mit dem Merkantilismus einerseits, dem Physiokratismus andererseits vgl. KLEIN, Ernst, Die englischen Wirtschaftstheoretiker des 17. Jahrhunderts, Darmstadt 1973; BLAICH, Fritz, Die Epoche des Merkantilismus, Wiesbaden 1973; DERS., Der Beitrag der deutschen Physiokraten für die Entwicklung der Wirtschaftswissenschaft von der Kameralistik zur Nationalökonomie, in: SCHERF, Walter (Hg.), Studien zur Entwicklung der ökonomischen Theorie, Bd. 3, Berlin 1983, 9 ff; DERS., Merkantilismus, Kameralistik, Physiokratie, in: ISSING, Ottmar (Hg.), Geschichte der Nationalökonomie, München 1984, 35 ff.

92 Zur Differenzierung nach gutsherrlicher Leibeigenschaft in Westdeutschland und Erbuntertänigkeit bzw. Hofhörigkeit in Ostdeutschland vgl. SCHRÖDER/KÜNSSBERG, Rechtsgeschichte, § 68, 198 f (Fn 6). Zum preußischen Edikt vom 1. 10. 1807 und der in der Folgezeit in den übrigen deutschen Ländern ergangenen Edikte über die Bauernbefreiung vgl. SCHRÖDER/KÜNSSBERG, Rechtsgeschichte, § 86, 985, 1000 f (Fn 6) sowie HUBER, Deutsche Verfassungsgeschichte, § 14, 3, 186 ff (Fn 7), und HUBER, Dokumente, Nr. 7, 38 ff (Fn 15). Zur Gewerbe- und Finanzreform vgl. HUBER, Deutsche Verfassungsgeschichte, § 15, 200 ff (Fn 7), sowie HUBER, Dokumente, Nr. 10, 43 ff (Fn 15).

93 Vgl. hierzu HAUSSHERR, Hans, Wirtschaftsgeschichte der Neuzeit, Weimar 1954, 152 ff.

94 HEGEL, Georg Friedrich Wilhelm, Vorlesungen über die Philosophie der Geschichte, in: Sämtliche Werke. Jubiläumsausgabe in 20 Bänden. Aufgrund des von Ludwig BOUMANN besorgten Originaldruckes im Faksimileverfahren, neu hg. von GLOCKNER, Hermann, Stuttgart 1927 ff, 3. A., Bd. 11, Stuttgart 1949, 575.

vorige Gestalt hinausgekommen ist und eine neue gewinnt. . . . Es bereitet sich ein neuer Hervorgang des Geistes."[95]

Was kann *Hegel* damit unter der Rücksicht des 14. Juli 1789 — dem Sturm auf die Bastille — gemeint haben? Nichts weniger als jenes, was Lorenz von *Stein* in der 2. Auflage von „Der Sozialismus und Kommunismus des heutigen Frankreich"[96] 1848 so ausgedrückt hat: „Der Begriff und das Recht des Staatsbürgertums war das Resultat der Kämpfe, die als erste Taufzeugen an der Wiege unseres Jahrhunderts gestanden haben."[97]

Wenn *Rousseaus* „Contrat sociale" an die Stelle der alten Staatsidee die absolute Souveränität des Willens der Gleichen, die Volonté générale, gesetzt hat,[98] was will — um mit der Schrift des Abbè Sieyes „Qu'est-ce que le tiers ètat" von 1788 zu sprechen — der dritte Stand? „Er will eine Vertretung des ganzes Volkes, eine Abstimmung nach Köpfen, eine Verfassung, welche die Staatsgewalt aus den Händen des Adels nimmt und sie dem Bürgerstande, dem tiers état, übergibt."[99] Unter einer solchen Verfassung kann es nur Gleiche geben; die dem Individiuum zukommende Staatsbürgerschaft ist die gesetzliche Anerkennung des Prinzips der Egalité und damit die Grundlage der neuen gesellschaftlichen Ordnung.[100]

a) Die „Déclaration des Droits de l'Homme" vom August 1789 enthält das Prinzip der Egalité in zwei Beziehungen: Art 1 verkündet die Gleichheit vor dem Gesetz und bestimmt, daß „distinctions sociales" nur auf die „utilité commune" gegründet werden dürfen. Nach Art 6 ist das Gesetz der Ausdruck des allgemeinen Willens. Alle Staatsbürger haben

---

95 Zit. nach HOFMEISTER, Johann (Hg.), Dokumente zu Hegels Entwicklung, Stuttgart 1936, 352.

96 Vgl. HAHN, Manfred (Hg.), Lorenz Stein. Proletariat und Gesellschaft, Texte nach der 2. A. von „Der Sozialismus und Kommunismus des heutigen Frankreichs" (1848), München 1971.

97 STEIN, Sozialismus, zit. nach HAHN, Lorenz STEIN, 44 (Fn 96).

98 STEIN, Sozialismus, zit. nach HAHN, Lorenz STEIN, 115 (Fn 96).

99 STEIN, Sozialismus, zit. nach HAHN, Lorenz STEIN, 117 (Fn 96).

100 Vgl. STEIN, Sozialismus, zit. nach HAHN, Lorenz STEIN, 126 (Fn 96): „Es ist ganz entschieden diese Erklärung (sc. die Declaration des Droits de l'homme) eins der wichtigsten Aktenstücke der neueren Geschichte, und tief muß man in den Gang der Dinge hineingreifen, um ihre Bedeutung für ganz Europa ganz würdigen zu können. Für den Teil der Geschichte Frankreichs aber, den wir behandeln, läßt sich Geist und Wesen dieser Erklärung jetzt in einem Satze zusammenfassen. Sie ist nichts anderes als die nunmehr gesetzlich anerkannte Systematisierung des Prinzips der Egalité und die Aufstellung desselben als Grundlage der gesellschaftlichen Ordnung. Sie enthält daher in sich die Entscheidung aller der Fragen, von denen wir im vorigen Abschnitte geredet haben; sie ist der Abschluß des alten Jahrhunderts, der Anfang des neuen; sie ist keine Verordnung, nicht einmal ein Gesetz; sie ist die gesetzliche Anordnung eines Prinzipes."

die Pflicht, zu dessen Herstellung persönlich oder durch ihre Repräsentanten beizutragen.

Zu Recht hat Lorenz von *Stein* die „Déclaration" die „vollkommene Verfassung des Egalitätsprinzips" genannt:

„... Das Volk war wirklich der Souverän dieses Staates. Dem Könige bleibt nur die Ausführung und ein suspensives Veto (Kap. III, Sektion III); der höchste Wille ist zum Willen aller geworden, und die letzte Form staatlicher Freiheit scheint erreicht zu sein. Und in gleicher Weise ist die einzelne Persönlichkeit aller Fesseln entledigt. Jeder ist dem Prinzip nach für fähig erklärt, das Höchste zu erreichen; jedem steht es vollkommen frei, durch inneren Wert und eigene Talente zu jeder Stufe des Staats sich empor zu arbeiten. ..."[101]

Gleichwohl gibt es für den „Citoyen actif" Schranken, die die Konstitution von 1793 präzisiert: „Citoyen actif" ist nur der, der an einem Orte des Landes eine direkte Kontribution entrichtet, die dem Wert dreier Arbeitstage entspricht. Auch die aktive Wahlfähigkeit wird an dieses Kriterium gebunden: Die Bedingungen für den Eintritt in das Wahlkollegium sind nicht nur das Vollbürgertum, d. h. der Status des „Citoyen actif", sondern darüberhinaus der Besitz eines Einkommens in den Städten über 6000 Einwohner im Gegenwert von 200 Tagesarbeiten, auf dem Lande von 150 Tagesarbeiten.[102] Wie ist dies mit der Feststellung vereinbar, „daß die Bürger keinen anderen Unterschied unter sich anerkennen als den der Tugenden und der Talente?" Die Lösung dieses scheinbaren Widerspruches liegt in der unterschiedlichen Qualifikation des Besitzes; der vorrevolutionäre Besitz war der geschichtlich überkommene, der Besitz der Konstitution ist der mit eigener Hände Arbeit erworbene. Hinsichtlich dieses Erwerbs gibt es nur den Unterschied des Talents.

b) So kann die Verfassung von 1793 das Eigentum als „natürliches und unverlierbares Menschenrecht" (Art 2) anerkennen;[103] der „Citoyen actif" hat dem „Citoyen" Platz gemacht: Art 4 macht jeden volljährigen Franzosen zum „Citoyen"; die eben dargestellten Bedingungen für Voll- und Wahlbürgerschaft sind gefallen. Dies ist die tiefere Bedeutung des

---

101 STEIN, Sozialismus, zit. nach HAHN, Lorenz STEIN, 131 (Fn 96); zu Lorenz von Stein und dessen Hegelnähe, bzw. Hegelkritik vgl. grundsätzlich HAHN, Manfred, Bürgerlicher Optimismus im Niedergang. Studien zu Lorenz Stein und Hegel, München 1969.

102 STEIN, Sozialismus, zit. nach HAHN, Lorenz STEIN, 134 (Fn 96).

103 Vgl. Art 16 der Verfassung von 1793, die das Recht des Eigentums als das „jedem Bürger zustehende Recht", sein Vermögen nach seinem Ermessen genießen und darüber verfügen zu können" definiert, sowie Art 19 und 122 der Konstitution von 1794, die die Unverletzlichkeit des Eigentums garantieren; vgl. hierzu STEIN, Sozialismus, zit. nach HAHN, Lorenz STEIN, 150 f (Fn 96).

Titels der Verfassung von 1793: „Déclaration des Droits de l'Homme et du Citoyen".

c) Die drei Hauptgesetze nach 1793 — die 4. Verfassung vom Dezember 1799, die Senatus-Consultes-Organiques vom 4. 8. 1802 und vom 18. 3. 1804 — bestätigen die 1793 bereits konstituierte revolutionäre Wirkung des Besitzes:

„Von ihm durfte man alles erwarten, was unter solcher Herrschaft der einzelne für sich sein und werden konnte: Genuß und Achtung, Unabhängigkeit und selbst Bedeutung lag in ihm verborgen, das Streben nach demselben stieß gegen keine höhere Gewalt und nicht einmal gegen die öffentliche Meinung an." [104]

Somit ist der Staat des Citoyen die sich selbst regierende Freiheit; der Staatsbürger als das vollendete Subjekt erkennt seine Vernunft als Grund staatlicher Herrschaft an; in dieser Vernunft ist sich das Subjekt der Welt und seiner selbst sicher. [105] Träger der Staatsgewalt ist nicht das Volk als die Summe der einzelnen, sondern als vernünftiges Wollen. Somit ist — um mit von *Stein* zu sprechen — die Souveränität das „Königtum der Vernunft", die „Machine politique" *Rousseaus'*, die gegenständliche Darstellung der menschlichen Freiheit und Vernünftigkeit. Der Rechtsstaat ist somit die Freiheit, die der einzelne in seiner Vernünftigkeit hat:

„Recht dem Worte nach gibt es wohl in jedem Staat, im Rechtsstaat gründet es aber nicht in Unterdrückung, sondern in Freiheit", [106] das ist in Vernunft.

Wir können unsere Betrachtung zunächst mit der Feststellung beschließen, daß 1789 das Jahr der Transformation des Programms der absoluten Monarchie, also des Satzes „L'Etat, c'est moi" auf das Subjekt, auf den Citoyen, ist. Staat zu sein, ist nicht mehr das Vorrecht des absoluten Monarchen, sondern Pflicht und Recht eines jeden Staatsbürgers. Dieser ist die Staatsperson.

d) Wenn dem so ist, wenn also der Staat Ausdruck des vernünftigen Subjekts ist, das sich in Genuß und Erwerb von Eigentum seiner selbst und der Welt versichert, dann ist es die Aufgabe des Rechts, Grenzen für die Verwirklichung des Individualinteresses einerseits und für die „Grenzen der Wirksamkeit des Staates" [107] zu setzen. Das ist das Programm des konstitutionellen Frühliberalismus in Deutschland. [108]

---

104 STEIN, Sozialismus, zit. nach HAHN, Lorenz STEIN, 157 (Fn 96).

105 JONAS, Friedrich, Sozialphilosophie der industriellen Arbeitswelt, Stuttgart 1974, 82.

106 JONAS, Sozialphilosophie, 85 (Fn 105).

107 Vgl. HUMBOLDT, Wilhelm von, Ideen zu einem Versuch, die Grenzen der Wirksamkeit des Staates zu bestimmen, in: MÜLLER-VOLLMER, Kurt (Hg.), Wilhelm von Humboldt, Studienausgabe in drei Bänden, Frankfurt/M. 1971, Bd. 2, 99 ff.

108 Vgl. hierzu HUBER, Deutsche Verfassungsgeschichte, §§ 19 ff, 314 ff (Fn 7) sowie

Da Freiheitsgebrauch in Vernunft persönliche Freiheit zur Möglichkeit systemgerechten Verhaltens transformiert, das Gesetz also vernünftiger Ausdruck solchen Verhaltens ist, muß sich die Wirksamkeit des Staates in all ihren Erscheinungsformen auf ihre Vernünftigkeit hin befragen lassen. Wir pflegen die Bejahung dieser Vernünftigkeit Legitimität der staatlichen Ordnung zu nennen.

Damit ist ein erster Zusammenhang von Legitimität und Ökonomie manifest: In dem Maße, in dem Legitimität als Kategorie des „äußeren Staatsrechts" zur Beschreibung innerer Souveränität, d. h. Souveränität des je einzelnen Staatsbürgers als Staatsperson wird, bestimmt sich Legitimität inhaltlich als Rückführung der Regeln über den Erwerb und Genuß von Eigentum auf ihre Vernünftigkeit. „Der Genuß ist die Form, in die der Wille des einzelnen sich zurückzieht, die Weise, in der er die Wirklichkeit sich anzueignen sucht." [109] Mit anderen Worten: Dies ist der rationale Staat *Weber*scher Prägung, der die Rationalisierung der Lebensverhältnisse — als Paradigma der modernen Welt — in ein Formgesetz gebracht hat.

III.

1. Von daher erweist sich die — angesichts manch anderer Begründungsversuche — immer noch brauchbare Typenlehre Max *Webers* freilich als defizient. Die Umschreibung von Legitimität als „Bereitschaft, inhaltlich noch unbestimmte Entscheidungen innerhalb gewisser Toleranzgrenzen als rechtens hinzunehmen", bezeichnet deskriptiv lediglich die Tatsache, daß etwas so ist. Im übrigen entspricht dies angelsächsischer Theorie, in der Legitimität unter dem Rubrum der „political obligation" abgehandelt wird. Den ersten Ansätzen systemtheoretischer Natur — *Easton* 1965, *Luhmann* 1969, *Parsons* 1958 und 1966 [110] — ist die Einsicht in die Notwendigkeit zu verdanken, den funktionalen Charakter von Legitimität herauszuarbeiten und auf die Bedeutung der „Legitimation durch Verfahren" hinzuweisen. Ist Legitimität politischer Herrschaft folglich der — sich notwendig immer wieder erneuernde — Prozeß erfolgreicher Monopolisierung des Verbindlichkeits- und Durchsetzungsprivilegs für bestimmte Entschei-

---

GEBHARDT, Hartwig, Revolution und liberale Bewegung. Die nationale Organisation der konstitutionellen Partei in Deutschland 1848/49, Bremen 1974.

109 JONAS, Sozialphilosophie, 92 (Fn 105).

110 EASTON, David, A systems analysis of political life, New York 1965; LUHMANN, Niklas, Legitimation durch Verfahren, Neuwied 1969; PARSONS, Talcott, Authority, Legitimation and Political Action, in: FRIEDRICH, Karl J. (Hg.), Authority, Cambridge (Mass.) 1958, 197 ff; DERS., The Political Aspect of Social Structure and Process, in: EASTON, David (Hg.), Varieties of Political Theory, Englewood Cliffs 1966, 71 ff.

dungen und damit Chance der Bestätigung einer historisch gewachsenen, sich aber mit den Anforderungen verändernden Herrschaftsstruktur,[111] so ist Legitimitätsbeschaffung identisch mit der Erhaltung dieser Herrschaftsstruktur; gleichzeitig kennzeichnet sie das Instrument eines Prozesses, dessen Produkt Legitimität ist. Solche Prozeßhaftigkeit vollzieht sich in vergesellschafteter Form. „Bei hoher Komplexität und Variabilität des Sozialsystems der Gesellschaft kann die Legitimität politischer Macht nicht mehr einer naturartig vorgestellten Moral überlassen, sondern muß im politischen System selbst erarbeitet werden."[112] Diese Arbeit ist freilich nicht nur Aufgabe der politischen Institutionen und der in ihnen tätigen Amtsträger, sondern Recht und Pflicht der je einzelnen Staatsbürger.

Das Produkt eines solchen Arbeitsprozesses setzt politische Systeme in den Stand, mit einem Minimum an Kosten arbeiten zu können.[113]

2. Legitimität als Arbeit unterliegt daher wie jedes andere Produkt dem Gesetz der Kosten, d. h. dem Verhältnis von Aufwand und Erfolg. Kosten pflegen angesichts schwindender Ressourcen und korrelierender Anforderungen zu steigen. „Legitimation durch Verfahren" ist das Instrument, Kosten auszumitteln, mit Ressourcen hauszuhalten.

Verstehen wir den prozeßhaften wie funktionalen Charakter von Legitimität vor diesem Hintergrund, so können wir nicht umhin, festzustellen, daß der „Kostendruck" im Prozeß der Herstellung von Legitimität seit den ersten Anzeichen existentieller ökonomischer Gefährdung gestiegen ist.

Im folgenden werden wir uns auf wenige Aspekte beschränken, die samt und sonders für die Verschiebung des Gleichgewichts von Individualinteressen und „Wirksamkeit des Staates" stehen.

IV.

1. Die in den siebziger Jahren mit hohem Sach- und Personalaufwand durchgeführten Gemeinde-, Kreis- und Funktional-reformen haben die Legitimität staatlichen Handelns sehr rasch an ihre Grenzen stoßen lassen. Gleichzeitig sind sie aber ein Dokument staatlichen Legitimationsvorschusses; gemeint ist damit die Tatsache, daß die u. a. im Raumordnungsgesetz und in den Landesplanungsge-

---

111 Vgl. KIELMANNSEGG, Peter Graf von, Legitimität als analytische Kategorie, in: PVS 1971, 367 ff, 370 f.
112 LUHMANN, Niklas, Legitimation durch Verfahren, Frankfurt/M. 1983, 30.
113 KIELMANNSEGG, Legitimität, 371 (Fn 111).

setzen[114] statuierten Grundsätze für effizientes Verwaltungshandeln — Festlegung von Unter-, Mittel- und Oberzentren, Zentralen und Förderorten verschiedener Klassen[115] — zunächst ohne konkrete Auswirkungen blieben und somit auch nicht zu einem möglichen Gegenstand für Betrachtungen über Legitimität wurden. Erst die im Verfolg raum- und landesplanerischer Gesichtspunkte vollzogenen Verwaltungsreformen[116] haben den Widerstreit zwischen der „Wirksam-

---

114 Vgl. § 2 Abs 1, Nr 1, S 3, Nr 3, S 2, 3, Nr 6, S 4 ROG sowie Art 2 Nr 3, 4 iVm Art 13, Abs 2, Art 3, Art 17, Abs 2 Nr 1 BayLPlG (Zentrale Orte), Art 2, Nr 6 iVm Art 13, Abs 2, Nr 4 BayLPlG (Entwicklungsachsen), Art 2 Nr 8 BayLPlG (Verkehrsanlagen und Bedienung); §§ 5, 20, Abs 2, Abs 3 LEProNW, §§ 2, Nr 6, 10, Abs 1, Nr 5, 12, Abs 1, Nr 5 LPlGRhPf, § 2 LPG, §§ 9—11 LEPSlH; zum Verhältnis Raumordnung und Landesplanung vgl. BRAESE, Hanns-Hendrick, Das Gegenstromverfahren in der Raumordnung — zum Abstimmungsverfahren bei Planungen, Köln 1982, 7 ff; zum Verhältnis Landesplanung — Gebietsreform vgl. BRAESE, Gegenstromverfahren, 24 ff. Zur Bedeutung des Effizienzaspekts bei den durchgeführten Verwaltungsreformen vgl. EICHHORN, Peter/SIEDENTOPF, Heinrich, Effizienzeffekte der Verwaltungsreform. Exemplarische Ansätze einer Wirkungsanalyse der territorialen und funktionalen Verwaltungsreformen in Rheinland-Pfalz, Baden-Baden 1976, insbes. 189 ff.

115 Das landesplanerische Modell zentraler Orte basiert auf einem Konzept sich überlagernder Verflechtungsbereiche. Das gesamte Bundesgebiet wird danach von einem Gliederungsschema überzogen, das sich aus vier Stufen zentraler Orte als Versorgungskerne mit ihren jeweiligen Einzugsbereichen (Verflechtungsbereiche) zusammensetzt. Es werden dabei typologisch unterschieden Nahbereiche mit Klein- und Unterzentren für die Grundversorgung, Mittelbereiche mit Mittelzentren für den gehobenen Bedarf und Oberbereiche mit Oberzentren für den spezialisierten höheren Bedarf. Vgl. hierzu BRAESE, Gegenstromverfahren, 21 ff (Fn 114).

116 Verwaltungsreformen einerseits, Landesentwicklungsprogramme andererseits haben gewissermaßen zwei „Fronten" geschaffen, an denen sich staatliche Legitimität zu bewähren hatte: Zum einen ging es um die Frage, ob und in welchem Maße die kommunalen Selbstverwaltungskörperschaften an Raum- und Landesplanung zu beteiligen waren (vgl. hierzu KNEMEYER, Franz-Ludwig, Primäres Initiativrecht der Kommunen in der Landesplanung, in: BayVBl 1975, 296 ff; SCHMIDT-ASSMANN, Eberhard, Verfassungsrechtliche und verwaltungspolitische Fragen einer kommunalen Beteiligung an der Landesplanung. Zur Auslegung und Fortentwicklung des § 5 Abs 2 und 3 BROG. Teilgutachten aus Fortentwicklung des Rechts im Grenzbereich zwischen Städtebau und Raumordnung, in: AöR 1976, 520 ff; SCHOLLER, Heinrich, Die bayerische Gemeindegebietsreform als Konflikt zwischen grundrechtlich verstandener Selbstverwaltung und staatlicher Reformpolitik, München 1980); andererseits waren die Partizipationsmöglichkeiten der durch allgemeine Gebietsreform bzw. konkrete Bestands- oder Gebietsänderungen sowie durch die Bildung von Verwaltungsgemeinschaften mittelbar betroffenen Gemeindebürger nur rudimentär ausgeprägt; vgl. hierzu KNEMEYER, Franz Ludwig, Das Anhörverfahren im Rahmen der bayerischen Gebietsreform, in: BayVBl 1971, 371 ff sowie ULE, Carl-Hermann/LAUBINGER, Hans-Werner, Rechtliches Gehör bei Gebietsänderungen und gerichtlicher Rechtsschutz, in: DVBl 1970, 760 ff. Nach Art 11 Abs 4 BayGO ist den Gemeindebürgern Gelegenheit zur Willensäußerung in dem Fall eingeräumt, wenn ihre gemeindliche Zugehörigkeit wechselt. Bei der Bildung von Verwaltungsgemeinschaften nach Art 2 VGemO findet eine Bürgerpartizipation überhaupt nicht statt, ebenso für den Fall von Bestands- oder Gebietsänderungen einer Gemeinde oder

keit des Staates" qua effizientem Verwaltungsvollzug und Individualinteressen qua Bürgernähe offenbar werden lassen. Ohne Zweifel hat sich
hier die legitimierende Kraft von Verfahren bewährt. Etwa für Bayern
sind im Jahre 1983 die letzten Verfahren vor dem BayVGH abgeschlossen
worden, die in nur wenigen Fällen mit der Entlassung eingegliederter
Gemeinden aus der Verwaltungsgemeinschaft oder aber mit der
Wiedererlangung der kommunalrechtlichen Selbständigkeit ehemals
selbständiger politischer Gemeinden endeten.[117]

2. Freilich waren bereits diese „Angriffe" auf die Bürgernähe
kommunaler Verwaltung durch die Formation von Bürgerinitiativen als
„Form sachlich, zeitlich und sozial begrenzter kollektiver Selbstorganisa-
tionen zur unmittelbaren, öffentlichen Durchsetzung von Partizipation

---

eines Landkreises im Rahmen einer allgemeinen Gebietsreform (Art 5 Abs 3.1 S 1 2.
Stärkungsgesetz).

Aus der amtlichen Begründung des Gesetzes über die Änderung der Zugehörigkeit
von Gemeinden zu Verwaltungsgemeinschaften vom 10. 8. 1979 (GVBl 1979, 223)
ergibt sich u. a., daß der Gesetzgeber in Einzelfällen bemüht war, den vom
BayVerfGH in BayVBl 1978, 497 ff aufgestellten Grundsätzen gerecht zu werden,
nach denen die Bürgernähe der Gemeindeverwaltung erhalten und die örtliche
Verbundenheit der Einwohner und deren Teilnahmemöglichkeiten am Gemeinde-
geschehen gewahrt bleiben müssen. In der amtlichen Begründung heißt es u. a.: „In
einigen größeren Gemeinden, die gegen ihren Willen in Verwaltungsgemeinschaften
eingegliedert wurden, wird ein Verlust an Bürgernähe der Verwaltung namentlich
dann beklagt, wenn die betreffende Gemeinde nicht selbst Sitz der Verwaltungsgemeinschaft ist. Besaß die Gemeinde schon vor der Eingliederung in die
Verwaltungsgemeinschaft eine den Anforderungen auf örtlicher Ebene im
wesentlichen gerecht werdende Verwaltung, dann ist es für die Bürger nur erkennbar,
daß der Weg zur Verwaltung länger wurde. Manche Vorzüge größerer Einheiten, die
erst bei weiterer Entwicklung (zum Beispiel im Bereich der Datentechnik) erkennbar
werden können, sind nur als Prognose darstellbar, wobei solchen Prognosen
unbestreitbar ein Unsicherheitsfaktor anhaftet."

Zu welchen Erschütterungen staatsbürgerlichen Bewußtseins die Durchführung etwa
der bayerischen Gebietsreform im Einzelfalle führen konnte, zeigt das Beispiel der
schwäbischen Gemeinde Horgau, die durch Verordnung vom 19. 12. 1977 ihre
politische Selbständigkeit verlor. Der am 30. 4. 1982 zum BayVerfGH erhobenen
Popularklage war durch Entscheidung vom 27. 10. 1983 Erfolg beschieden. Die im
Januar 1978 gegründete „Freie Bürgerinitiative" rief anläßlich der Landtagswahl 1978
zu einem „Wahlstreik" auf, der zu 91% der Horgauer Wahlberechtigten befolgt wurde;
vgl. hierzu SIEGEL, Hans G., Horgau, treu zur Heimat. Sechs Jahre Bürgerprotest
gegen Reformfehler, Horgau 1984. Für die Würdigung der kommunalen
Neugliederungsmaßnahmen vor den Landesverfassungsgerichten vgl. KNEMEYER,
Franz-Ludwig, Kommunale Neugliederung vor den Landesverfassungsgerichten, in:
STARCK, Christian/STERN, Klaus (Hgg.), Landesverfassungsgerichtsbarkeit, Teilbd. 3,
Baden-Baden 1983, 143 ff.

Zur Diskussion um eine Intensivierung von Instrumenten und Verfahren der
Bürgerbeteiligung in der kommunalen Verfassungswirklichkeit vgl. KODOLITSCH,
Paul von, Kommunale Beteiligungspolitik, Berlin 1980.

117 Vgl. hierzu BayVerfGHE 34, 180 ff (Eingliederung Schirmborn); BayVerfGHE 34,
64 ff (Eingliederung Edling); BayVerfGHE 34, 1 ff (Eingliederung in Verwaltungsgemeinschaft, Staufen), sowie BayVBl 1984, 235 ff (Eingliederung Irlbach).

an Entscheidungsprozessen" begleitet.[118] Stellten diese „Bürger-, Staats-
und Verwaltungsinitiativen" noch Partizipationsversuche kumulativer
Art dar, d. h. vollzogen sie sich im wesentlichen in Anlehnung an die in
den Art. 8, 9, 17 GG niedergelegten Ansprüche auf politische Aktivität
über Vereine, Verbände und sonstige Kollektivformen einerseits, in
kollektiver und organisierter Wahrnehmung der einfach-gesetzlichen
Anhörungs- und Beteiligungsrechte im Atomgesetz, Flurbereinigungsge-
setz, Städtebauförderungsgesetz, Bundesbaugesetz, Straßen- und Wege-
gesetz, Wassergesetz und Verwaltungsverfahrensgesetz[119] andererseits,
so zeigen die im Gefolge administrativer wie technischer Großvorhaben
aufgetretenen Partizipationsbestrebungen deutlich „alternative" Züge,
dies im besten Wortsinne.[120]

---

118 So THAYSEN, Uwe, Bürger-, Staats- und Verwaltungsinitiativen. Ein Beitrag zur
Entwicklung kooperativer Systeme mittelbarer und unmittelbarer Demokratie,
Heidelberg-Hamburg 1982, 19; GUGGENBERGER, Bernd, Bürgerinitiativen in der
Parteiendemokratie. Von der Ökologiebewegung zur Umweltpartei, Stuttgart-Berlin-
Köln-Mainz 1980, 18 f.

119 Vgl. § 9b Abs 5 AtomG iVm §§ 21 Abs 4, Abs 5, 22 AbfallbeseitigungsG, § 41 Abs 2
FlurbereinigungsG, §§ 8 und 9 StädtebauförderungsG, §§ 69, 70, 75 BBauG, §§ 17
Abs 4, 18 Abs 4, Abs 5 BundesfernstraßenG, Art 38 Abs 2 BayStrWG, § 8 Abs 3
WHG, Art 58, Abs 3 BayWG, §§ 73, Abs 4, Abs 6, 74, Abs 2 VwVfG.

120 „Alternativ" soll hier im Sinne der sog. Postmaterialismus-Debatte verstanden
werden; das am Gegensatzpaar „alte-neue Werte" orientierte Kriterium des
Postmaterialismus wird zur Kennzeichnung eines nach Alterskohorten, sozialer
Stratifikation und neuer gesellschaftlicher Mentalität grundsätzlich differenten neuen
politischen Bewußtseins gebraucht. Hinsichtlich der Ursachenforschung gehen die
wissenschaftlichen Meinungen weit auseinander; als Kriterien dieses Ursachenbündels
werden u. a. die nachlassenden ideologischen Bindungen an das System etablierter
gesellschaftlicher Gruppen, charakterisiert durch das quantitativ relevante Auftreten
der sog. neuen Versorgungsklasse genannt, die ihre Sozialisation im wesentlichen in
der „Aufbruchsphase" nach dem Zweiten Weltkrieg, ihre Adoleszenz in den sechziger
Jahren als Endphase des Wirtschaftswunders erlebte. Die insbes. nach 1968
eingetretene Änderung der Perzeptionsebene verdeutliche sich am Gegensatz von
additiver Interessenberücksichtigung durch sog. Volksparteien, zum Teil ohne feste
Programmatik (die christlichen Parteien als „Kanzlerwahlvereine") und der
Geltendmachung von „ideellen" Interessenpositionen. Besondere Bedeutung kommt
hier der „offiziellen Politik" zu, die ihrer wesentlichen Funktion — Gestaltung des
Arbeits-, Wirtschafts- und Gesellschaftsprozesses — entkleidet zu sein scheint und —
nicht zuletzt unter dem allerdings nachlassenden Einfluß systemkompetitiver Existenz
zweier deutscher Staaten — versucht, Kapitalismuskritik und Theorie der
Entfremdung durch Arbeit durch das Theorem der sog. „neuen sozialen Frage" zu
entschärfen. Alternative Lebensformen sind nach der Postmaterialismus-Theorie
insoweit nicht mehr der Alternativ-Wandervogelbewegung der Weimarer Zeit
vergleichbar, da deren Position einer Flucht in den a- bzw. vorpolitischen Raum
mehrheitlich verlassen sei.
Zum Begriff des Postmaterialismus vgl. TOURAINE, Alain, La société postindustriel,
Paris 1969; HUNTINGTON, Samuel P., Postindustrial Politics: How benign will it be?, in:
Comparative Politics 1974, 163 ff; BELL, Daniel, Die nachindustrielle Gesellschaft,
New York-Frankfurt/M. 1975; MÜLLER-ROMMEL, Ferdinand, Die Postmaterialis-

3. Neuartig an diesen Partizipationsformen ist die auf der Konstatierung von Repräsentationslücken fußende Infragestellung des faktisch bestehenden politischen Meinungs- und Vollzugsmonopols der in Art 21 GG — allerdings aus anderen historischen Rücksichten[121] —

---

musdiskussion in der empirischen Sozialforschung: politisch überlebt oder immer noch zukunftsweisend?, in: PVS 1983, 218 ff.

Der sog. Postmaterialismus-Index — verlaufend an der Grenzlinie Arbeitsplatz-, Alterssicherung, Reduktion der Staatsverschuldung, Erhaltung stabiler Preise, Aufrechterhaltung von Ruhe und Ordnung, Erhaltung der sozialen Marktwirtschaft, Sicherung der Landesverteidigung versus Förderung des Umweltschutzes, Lösung des Energieproblems, Garantie von Meinungsfreiheit und politischer Mitwirkungsrechte — geht im wesentlichen auf INGLEHART zurück; vgl. hierzu INGLEHART, Ronald, The silent revolution in Europe: Intergenerational change in post-industrial societies, in: APSR 1971, 991 ff; DERS., The silent revolution: Changing values and political stiles among western publics, Princeton 1977; DERS., Wertwandel und politisches Verhalten, in: MATHES, Ernst (Hg.), Sozialer Wandel in Westeuropa. Verhandlungen des 19. Deutschen Soziologentages, Berlin-Frankfurt/M.-New York 1979, 505 ff; vgl. weiters HERZ, Thomas, Der Wandel von Wertvorstellungen in westlichen Industriegesellschaften, in: KZSS 1979, 282 ff; LEHNER, Franz, Die „stille Revolution“: Zur Theorie und Realität des Wertewandels in hochindustrialisierten Gesellschaften, in: KLAGES, Helmut/KMIECIAK, Peter (Hgg.), Wertewandel und gesellschaftlicher Wandel, Frankfurt/M.-New York 1979, 317 ff.

Zur Relevanz des Postmaterialismus-Index für grüne und alternative Bewegungen vgl. RÖNTSCH, Horst-Dieter, Grüne Listen, Vorläufer der Katalysatoren einer neuen Protestbewegung. Zum Problem von „postindustriellen“ Protestpotentialen, in: HAUFF, Volker (Hg.), Bürgerinitiativen in der Gesellschaft. Politische Dimensionen und Reaktionen, Argumente in der Energiediskussion, Bd. 9, Berlin 1980; RASCHKE, Joachim, Politik und Wertwandel in den westlichen Demokratien, in: aus politik und zeitgeschichte B 36/1980, 23 ff, BÜRKLIN, Wilhelm P., Die Grünen und die „neue Politik“. Abschied vom Drei-Parteien-System, in: PVS 1981, 359 ff; BAKER, Kendall/RUSSELL, Dalton/HILDEBRANDT, Kai, Termini transformed: Political culture and the new politics, New York 1981; MÜLLER-ROMMEL, Ferdinand, „Parteien neuen Typs“ in Westeuropa: eine vergleichende Analyse, in: ZParl 1982, 369 ff sowie BÜRKLIN, Wilhelm P., Grüne Politik. Ideologische Zyklen, Wähler und Parteiensystem, Opladen 1984; HILLMANN, Karl-Heinz, Umweltkrise und Wertwandel. Die Umwertung der Werte als Strategie des Überlebens, 2. A., Würzburg 1986.

121 Die verfassungsrechtliche Verankerung der politischen Parteien im Grundgesetz geht im wesentlichen auf die in der Weimarer Republik u. a. von nationalkonservativer wie nationalsozialistischer Seite aus erfolgten, in Wort und Tat ungewöhnlich heftig vorgetragenen Kritik an Parlamentarismus und Parteienstaat sowie auf die Überzeugung der Vereinigten Staaten einerseits, des Verfassungskonvents von Herrenchiemsee andererseits zurück, diese Kritik habe wesentlich zur Zerstörung der Weimarer Republik beigetragen. Repräsentativ für diese während der Weimarer Republik geäußerte Kritik ist etwa die Position von Edgar JUNG in dessen Schrift „Herrschaft der Minderwertigen“, in der es u. a. heißt: „Wählen ist heute Ausdruck mechanischer Zusammenfassung, ist Gewaltherrschaft der Verantwortungslosen, ist alles, nur keine Demokratie. Vom Wählen lebt aber die Partei, die seelenlose Maschine, die das Leben unlebendig macht, Geist und Seele tötet, Minderwertigkeit an die Spitze trägt. Nichts verdient so sehr den baldigen Untergang als die Partei. Wer sie mit Feuer und Schwert austilgt, vollbringt ein frommes Werk“, zit. nach SONTHEIMER, Kurt, Antidemokratisches Denken in der Weimarer Republik. Die politischen Ideen des deutschen Nationalismus zwischen 1918 und 1933, München 1968.

mit einer besonderen Stellung ausgestatteten politischen Parteien.[122] Die organisatorische, gleichsam „staatliche" Formierung der alternativen Listen und/oder Grünen manifestiert die im Bereich der Großtechnologie — friedliche Nutzung der Kernenergie, Biotechnik, Fragen der konventionellen wie atomaren Bewaffnung — aufgekommenen Zielkonflikte staatlichen Handelns. Dieses Konfliktbündel — Konflikt der mittelfristigen Revisibilität, Gefährdung des Generationenvertrags im Bereich existenzieller Ressourcen, Konflikt zwischen regionalen und gesamtstaatlichen Interessen[123] — gewinnt unerwartete Brisanz in dem Maße, in dem die herkömmlichen Formen staatlicher Grundrechtsgewährleistung zunehmend irrelevant werden. Als ein Beispiel sei hier nur auf die in letzter Zeit in der Rechtsprechung des Bundesverwaltungsgerichts beobachtbare Interpretation der sogenannten Schutznorm-Theorie im Zusammenhang mit § 7 Abs 2 Nr. 1—4 AtomG, §§ 42 f SSVO verwiesen,[124] die in praxi dazu führt, daß das Vorbringen des Individualklägers an der einengenden Auslegung des Kreises nachbarschützender Vorschriften bereits in der Zulässigkeit scheitert, die Geltendmachung eines allgemeinen Bevölkerungs- oder Gesundheitsrisikos aber natürlichen wie juristischen Personen versagt ist. Betrachtet man des weiteren die Diskussionen um die sogenannte Verbandsklage,[125] so wird an diesem Punkt deutlich, daß die vielgerühmte Waffengleichheit als

---

122   Art 21 GG hat die politischen Parteien als verfassungsrechtlich notwendige Elemente für die politische Willensbildung des Volkes anerkannt und ihnen deshalb verfassungsrechtlichen Status zuerkannt (vgl. hierzu BVerfGE 1. 208, 225; 2, 1, 73; 44, 125, 135; 52, 63, 83 f). Es sind nach der Rechtsprechung des BVerfG die politischen Handlungseinheiten, deren die Demokratie bedarf, um die Wähler zu politisch aktionsfähigen Gruppen zusammenzuschließen und ihnen so überhaupt erst einen wirksamen Einfluß auf das staatliche Geschehen zu ermöglichen (vgl. BVerfGE 11, 266, 273; 44, 125, 145). Den Parteien kommt somit mediatisierende Funktion („Zwischenglieder") als Transmissionsriemen zwischen Wahlbürgern und Staatsorganen zu. Die verfassungsrechtliche Stellung der Parteien wurde im Einklang mit der ständigen Rechtssprechung des BVerfG in § 1 des ParteienG normiert; vgl. hierzu MAUNZ, Theodor/DÜRIG, Günther/HERZOG, Roman/SCHOLZ, Rupert, Kommentar zum Grundgesetz, Art 21, Rdnr 32 ff; zu den Verhandlungen im Verfassungskonvent von Herrenchiemsee vgl. LEIBHOLZ, Gerhard/MANGOLDT, Hermann von (Hgg.), Jahrbuch des öffentlichen Rechts der Gegenwart, NF 1, Tübingen 1951, 202 ff.

123   Vgl. MEYER-ABICH, Klaus Michael, Grundrechtsschutz heute — die rechtspolitische Tragweite der Konfliktträchtigkeit technischer Entwicklungen für Staat und Wissenschaft, in: ZRP 1984, 40 ff sowie HENSELER, Paul, Zukunftsbelastende Parlamentsentscheidungen, in: AöR 1983, 489 ff, 544 ff.

124   Vgl. hierzu BREUER, Rüdiger, Die Entwicklung des Atomrechts 1974 bis 1976, in: NJW 1977, 1121, 1127.

125   Die Zulässigkeit der — komplementären oder kompensatorischen — Verbandsklage wird u. a. von der Rechtsprechung kategorisch abgelehnt; vgl. hierzu VGH Ba Wü, in: NJW 1972, 1101; OVG Koblenz, in: ZBR 1973, 109; VG Ansbach, in: BayVBl 1975, 26; BVerwG, in: BayVBl 1975, 340; vgl. hierzu EYERMANN, Erich/FRÖHLER, Ludwig, Verwaltungsgerichtsordnung-Kommentar, 8. A., München 1982, § 42 Anm 85a mwN.

Voraussetzung für sachgerechte Partizipation nicht besteht, ein Umstand, den auch die *Überhorst*-Studie[126] hervorhebt.

Die vor nicht allzu langer Zeit von *Meyer-Abich*[127] in die Debatte geworfenen Termini des „parteiischen Staates" und der „parteiischen Wissenschaft" kennzeichnen deutlich jenen Legitimationsverfall als Außerkraftsetzen des durch die Herrschaft der Vernunft gestifteten „Normalzustands", der im übrigen durch nichts schärfer konturiert sein könnte als durch die Infragestellung der zentralen Regel im Produktionsprozeß politischer Legitimität, nämlich des Mehrheitsprinzips.[128]

4. Drei Beispiele mögen diese — auch quantitativ relevante — Erosion des „zentralen Bestandteils der institutionellen Herrschaftsordnung"[129] demokratisch verfaßter Gesellschaften illustrieren:

a)Die durch das „Gesetz über eine Volks-, Berufs-, Wohnungs- und Arbeitsstättenzählung" (Volkszählungsgesetz) vom 25. 3. 1982[130] für den 27. 4. 1983 vorgesehene[131] Volkszählung als statistische Totalerhebung, das von allen Parteien des deutschen Bundestages — also mehrheitlich — verabschiedet worden war, wurde durch Urteil des Bundesverfassungsgerichts vom 15. 12. 1983[132] vorerst gestoppt. Das durch das Bundesverfassungsgericht aus Art 2 Abs 1 iVm Art 1 Abs 1 GG abgeleitete — keinesfalls aber kreierte[133] — Grundrecht auf informationelle Selbstbestimmung[134] und der auf breiter Basis geführte

---

126 ÜBERHORST/BACKHAUS/BAUERSCHMIDT/JANSEN, Planungsstudie zur Gestaltung von Prüf- und Bürgerbeteiligungsprozessen in Zusammenhang mit nuklearen Großprojekten am Beispiel der Wiederaufarbeitungstechnologie, o. O. 1983.

127 MEYER-ABICH, Grundrechtsschutz, 40 ff, 42 ff (Fn 123).

128 Zur Geschichte des Mehrheitsprinzips vgl. u. a. SCHEUNER, Ulrich, Das Mehrheitsprinzip in der Demokratie, Opladen 1973, 13 ff sowie HEUN, Werner, Das Mehrheitsprinzip in der Demokratie. Grundlagen — Struktur — Begrenzungen, Berlin 1983, 41 ff; vgl. weiter SCHEUNER, Ulrich, Der Mehrheitsentscheid im Rahmen der demokratischen Grundordnung, in: FS-KÄGI, Berlin 1979, 301 ff.

129 SCHEUNER, Mehrheitsentscheid, 301 (Fn 128).

130 BGBl I, 369.

131 § 1 Abs 1 VZG.

132 NJW 1984, 419 ff = DÖV 1984, 156 ff = DVBl 1984, 128 ff = BVerfGE 655 l ff; zur einstweiligen Anordnung von 13. 4. 1983 vgl. JuS 1983, 713 ff = NJW 1983, 1307 ff = BVerfGE 64, 67 ff.

133 So FROMME, Friedrich Karl in FAZ vom 17. 12. 1983, 12: „Ein neues Grundrecht ist erfunden".

134 Vgl. hierzu MALLMANN, Otto, Volkszählung und Grundgesetz, in: JZ 1983, 651 ff; SCHNEIDER, Hans, Die verhinderte Volkszählung 1983, in: VBlBW 1983, 225 ff; KRAUSE, Peter, Das Recht auf informationelle Selbstbestimmung, in: JuS 1984, 268 ff; SIMITIS, Spiro, Die informationelle Selbstbestimmung — Grundbedingung einer verfassungskonformen Informationsordnung, in: NJW 1984, 398 ff; WENTE, Jürgen,

publizistische Meinungskampf gegen den Vollzug des Volkszählungsgese bedeuteten für das Bundesministerium des Innern zwar Aktivitäten einer „Minderheit von Staatsfeinden, ... die eine Diffamierungskampagne gegen den demokratischen Staat" betrieben (so der Bundesminister des Innern, Dr. Fritz *Zimmermann*),[135] gleichwohl sah das Bundesverfassungsgericht unter Verwendung wesentlicher rationes decidendi des Mikrozensus — Urteils von 1970[136] Veranlassung, den „Vertrauensschwund der Bürger in den Staat" aufzuhalten (so der Präsident a. D. Prof. *Benda* in der mündlichen Urteilsbegründung am 15. 12. 1983).

b) Der „ungeheuerliche und besonders zynische Versuch der Bonner Koalitionsparteien, der Geldgier ein legales Mäntelchen umzuhängen",[137] getragen von „einer Kaltschnäuzigkeit, die ein noch funktionierendes Rechtsbewußtsein in weiten Teilen der Bevölkerung übersehen hat",[138] hat die Amnestiepläne in der sogenannten Parteispendenaffäre vorerst ins politische Abseits verwiesen: Der von den Bundestagsfraktionen der CDU/CSU und der FDP vorgelegte Gesetzentwurf über die Einstellung bestimmter Steuerstrafverfahren im Zusammenhang mit vor dem 1. 1. 1984 begangenen Steuerstraftaten und Ordnungswidrigkeiten durch unmittelbare und mittelbare Zuwendungen an oder zugunsten politischer

---

Informationelles Selbstbestimmungsrecht und absolute Drittwirkung der Grundrechte, in: NJW 1984, 1446 ff; SCHNEIDER, Hans, Anmerkung zum Urteil vom 15. 12. 1983, in: DÖV 1984, 161 ff; BUSCH, Jost-Dietrich, Anmerkung zum Urteil vom 15. 12. 1983, in DVBl 1984, 385 ff; BAUMANN, Reinhold, Stellungnahme zu den Auswirkungen des Urteils des BVerfG vom 15. 12. 1983 zum Volkszählungsgesetz 1983, in: DVBl 1984, 612 ff; Auswirkungen des Volkszählungsurteils (Entschließung der Konferenz der Datenschutzbeauftragten des Bundes und der Länder und der Datenschutzkommission Rheinland-Pfalz vom 27./28. 3. 1984), in: DÖV 1984, 504 ff.

135 Der Bundesminister des Inneren führte in der mündlichen Verhandlung vom 18. 10. 1983 u. a. aus: „In den mündlichen Vorträgen der Beschwerdeführer sind erneut Befürchtungen hinsichtlich möglicher staatlichen Machtmißbrauchs geäußert worden. Deshalb erscheint es mir geboten, die Motive des Volkszählungs-Gesetzgebers und die tatsächlichen Aufgaben und Verfahrensgarantien für die Gesetze ausführenden Behörden in Bund und Ländern noch einmal deutlich zu machen. Das Volkszählungsgesetz 1983 steht in der Kontinuität jahrzehntelanger Volkszählungsgesetzgebung. Es ist eindeutig demokratisch legitimiert; der deutsche Bundestag hat das Gesetz einstimmig beschlossen. ... Was soll also das abgrundtiefe Mißtrauen, das sich wie ein roter Faden durch alle Beschwerden gegen das Volkszählungsgesetz und die öffentliche Kritik zieht? ... Volkszählungsergebnisse sind unverzichtbar, wenn in der Bundesrepublik Deutschland weiterhin die soziale und volkswirtschaftliche Buchhaltung im besten Sinne stimmen soll ... Es ist schon erstaunlich, daß die Maßgeblichkeit dieser Zielsetzungen, die dem Gesetzgeber bei der Verabschiedung des Volkszählungsgesetzes durchaus bewußt waren, besonders hervorgehoben werden muß, um in einer verunsicherten Öffentlichkeit wieder das notwendige Vertrauen in staatliche Maßnahmen herzustellen." (zit. nach BMI-Mitteilungen Nr. 28 vom 9. 12. 1983, 11 ff).

136 BVerfGE 27, 1 ff.

137 Süddeutsche Zeitung vom 8. 5. 1984, 4.

138 Mannheimer Morgen vom 8. 5. 1984, 2.

Parteien hat in der Öffentlichkeit wie in der bürgerlichen Presse, in der wissenschaftlichen Literatur wie in den Erklärungen der Funktionäre gesellschaftlicher Gruppen eine in dieser Einmütigkeit seltene, scharf ablehnende Reaktion erfahren. Dabei ging es nicht so sehr um die Frage, ob die vom Bundesverfassungsgericht aufgestellten Grundsätze für die verfassungsrechtliche Zulässigkeit einer Amnestie[139] gegeben waren, sondern vor allem um die Tatsache, daß bei Realisierung des Gesetzesvorhabens „die Strafjustiz...für eine Fortsetzung der seit Jahren intensivierten Verfolgung der „durchschnittlichen" Steuer- und Wirtschaftskriminalität jede moralische Legitimation verloren (hätte); in der Bevölkerung... unausweichlich die Überzeugung begründet oder verstärkt worden (wäre), daß unser Staat in den oberen Rängen von Parteien, Regierung und Großindustrie unbehebbar verfilzt, die Demokratie zur Fassade erstarrt, die Strafjustiz zum Spielball politischer Interessen herabgewürdigt und die unsere Verfassung kennzeichnende Organisation der politischen Willensbildung unheilbar diskreditiert sei."[140] Besonders pikant erschienen im Zusammenhang mit der Tätigkeit des *Flick*-Untersuchungsausschusses des deutschen Bundestages die Behauptungen der — in allen politischen Lagern der etablierten Parteien beheimateten — Akteure, die geübte Praxis habe sicherer Rechtsüberzeugung — entgegen positivem Recht und eindeutiger Stellungnahmen des Bundesverfassungsgerichts — entsprochen, so daß den Angeschuldigten das strafrechtliche Unrechtsbewußtsein gefehlt habe. Der Tatsache des Verfassungsverstoßes — gegen die in Art 21 Abs 1 S 4 GG iVm dem 5. Abschnitt des Parteiengesetzes einfach-gesetzlich konkretisierte Pflicht zur öffentlichen Rechenschaft über die Herkunft ihrer Mittel — schien dabei gar kein Gewicht zuzukommen. Die — mit der Offenlegungspflicht kaum vereinbare[141] — Praxis, die nach EStG und KStG gesetzten engen Grenzen[142] hinsichtlich der steuerlichen Abzugsfähigkeit von Zuwendungen an politische Parteien durch Gründung von sogenannten „gemeinnützigen" Vereinigungen im Sinne der §§ 52 ff AO zu umgehen und diese Sonderorganisationen sowie deren wirtschaftliche Unternehmungen aus den nach Art 21 Abs 1 S 4 GG, §§ 23 Abs 1, 25 ParteienG

---

139 Vgl. hierzu insbes. BVerfGE 10, 234, 241 („Platow-Amnestie") sowie BVerfGE 33, 367, 384; 34, 238, 248 f.

140 Schünemann, Bernd, Amnestie und Grundgesetz. Zur Verfassungswidrigkeit einer Amnestie in der Parteispendenaffäre, in: ZRP 1984, 137 ff, 143 f.

141 Wewer, Göttrik, Ungenügende Rechenschaftspflicht der Parteien. Für eine praktische Synchronisation zwischen Verfassungs-, Parteien- und Steuerrecht, in: ZRP 1983, 86 ff, 88.

142 Gem. § 10b Abs 2 EStG sind Beiträge und Spenden an politische Parteien iSd § 2 ParteienG bis zur Höhe von insgesamt 600.- DM, im Falle der Zusammenveranlagung von Ehegatten bis zur Höhe von insgesamt 1200.- DM im Kalenderjahr abzugsfähig; gem. § 9 Nr. 3b KStG sind Spenden an politische Parteien iSv § 2 ParteienG bis zur Höhe von insgesamt 600.- DM im Kalenderjahr abzugsfähig.

jährlich zu erstellenden Rechenschaftsberichten herauszuhalten, ist nicht nur ein Verstoß gegen die vom Bundesverfassungsgericht bereits in seinem Urteil vom 24. 6. 1958 aufgestellten Grundsätze, wonach eine durch Gesetz geschaffene unterschiedliche steuerliche Behandlung der Einflußnahme des Bürgers auf die politische Willensbildung je nach der Höhe des Einkommens durch Gewährung von Steuervorteilen für Spenden an politische Parteien sich nicht mit dem Grundsatz der formalen Gleichheit vertrage,[143] sondern gleichzeitig Element einer Diskussion im Begründungszusammenhang von praktischer Politik und Verfassungsanspruch, die — als Theorie vom staatsmonopolistischen Kapitalismus[144] längst überwunden geglaubt — nunmehr in umso einleuchtenderer Weise offenbar zu werden scheint. Der — auch in der bürgerlichen Publizistik — laut gewordene Topos von der „Bananenrepublik"[145] könnte den Legitimationsverfall eines von den politischen Parteien in besorgniserregender Weise usurpierten demokratischen

143 Leitsatz 4, BVerfGE 8, 51; vgl. BVerfGE 24, 300, 357 ff; dieses Urteil hat die Neufassung des § 10 b EStG in der Fassung vom 21. 12. 1954 und von § 11 KStG in der Fassung vom 21. 12. 1954 durch die §§ 34 und 35 ParteienG über die beschränkte Abzugsfähigkeit von Spenden an politische Parteien als verfassungskonform erachtet; im Urteil vom 24. 7. 1979 (BVerfGE 52, 63 ff) wurden diese Grundsätze bestätigt.

144 Die Theorie vom staatsmonopolistischen Kapitalismus ist wesentliches Element sozialistischer politischer Ökonomie-Theorie. Danach besteht das Wesen des staatsmonopolistischen Kapitalismus „in der Vereinigung der Macht der Monopole mit der Macht des imperialistischen Staates zu einem Mechanismus zur Sicherung hoher Monopolprofite, zur Rettung der kapitalistischen Ordnung und zum Kampf gegen die revolutionären Kräfte in der Welt ... Die personelle wie die institutionell-organisatorische Verflechtung zwischen der Monopolbourgeoisie und dem Staatsapparat ist hierbei von großer Bedeutung. Sie sichert maßgeblich, daß sich in den Aktivitäten des Staates die Interessen des Monopolkapitals durchsetzen. Das geschieht durch die Personalunion, die Lenin mit den Worten „Heute Minister — morgen Bankier. Heute Bankier — morgen Minister" schildert. So werden die entscheidenden Regierungs- und Parlamentsplätze in den imperialistischen Ländern entweder direkt von der Monopolbourgeoisie oder von ihren politischen (und häufig korrumpierten) Protegés belegt. Die Zusammenarbeit zwischen den Monopolen und dem Staatsapparat erfolgt weiterhin über speziell geschaffene staatsmonopolistische Lenkungs- und Leitungsgremien, wozu Beiräte bei den verschiedenen Ministerien, den Zentralbanken, bei Forschungsinstitutionen oder auch Ausschüsse der Regierungsparteien und Kommissionen zur Ausarbeitung von Wirtschaftsprogrammen gehören. Hier — wie auch bei der Personalunion — spielen die von den Monopolen geführten Unternehmerverbände eine maßgebliche Rolle. Sie delegieren nicht nur ihre Vertreter in den Staatsapparat, sondern sie sind auch Initiatoren und Kontrolleure der Gesetzgebung, indem sie Gesetzentwürfe ausarbeiten, Eingaben und Vorschläge zu Gesetzen, Verordnungen und anderen staatlichen Aktivitäten einreichen. Darüberhinaus haben sie ständige direkte Kontakte und Absprachen mit der Regierung, mit Abgeordneten sowie mit den Spitzengremien der von ihnen wesentlich finanzierten Parteien." (Zit. nach: Politische Ökonomie des Kapitalismus und des Sozialismus, Lehrbuch für das marxistisch-leninistische Grundlagenstudium, Berlin (Ost) 1974, 345 ff).

145 Die Zeit vom 11. 5. 1984, 1 und 36.

Willensbildungsprozesses kaum deutlicher illustrieren.[146] Der auf dem
Bericht der Sachverständigenkommission zur Neuordnung der Parteien-
finanzierung[147] basierende Gesetzentwurf sieht demgegenüber vor, die
über die in EStG und KStG normierten Freibeträge hinausgehenden
Zuwendungen ebenso zu behandeln wie Spenden an gemeinnützige
Organisationen mit der Folge der Abzugsfähigkeit von bis zu 5% des
Nettoeinkommens als Sonderabgabe[148] — dies freilich in ebenso klarem
Verstoß gegen das Urteil des Bundesverfassungsgerichts vom 24. 7. 1979,
in dem sachgerechte Gründe für eine unterschiedliche Behandlung von
finanziellen Zuwendungen an politische Parteien einerseits, an mildtätige,
kirchliche, religiöse, wissenschaftliche, staatspolitische und gemeinnützige Organisationen andererseits herausgearbeitet wurden.[149]

c) Die rechtstatsächliche und rechtsnormative Bestandsanalyse des
Umweltschutzrechts, die angesichts der — bisher lediglich an den
Rändern der offiziellen Politik diskutierten — akuten Umweltgefähr-
dung[150] nur zu dem Ergebnis kommen kann, daß das zur Erreichung der

---

146 Eine beredte Sprache spricht in diesem Zusammenhang die Begründung der
niedersächsischen Landesregierung in dem Verfahren vor dem BVerfG über die
Verfassungsmäßigkeit von § 10b Abs 2 EStG und § 9 Nr 3b KStG (BVerfGE 52, 63 ff),
in dessen Verlauf folgendes ausgeführt wurde: „Die angegriffenen Vorschriften
gefährden die Funktionsfähigkeit der politischen Parteien. Sie trügen deren
Bedeutung für das Staatsganze nicht hinreichend Rechnung. Dies ergebe sich aus
folgendem: a) Alle im deutschen Bundestag vertretenen Parteien hätten hohe
Schulden... Die Funktionsunfähigkeit drohe akut. Die Parteien könnten sich aus
dieser drohenden Erdrosselung nicht aus eigener Kraft befreien. Ihre öffentlichen
Aufgaben gegenüber dem Staatsvolk, gegenüber den Organen des Staates und
gegenüber ihren Mitgliedern seien durch das Grundgesetz, das Parteiengesetz, die
Entscheidungen des BVerfG und aus der Natur der Sache festgeschrieben. Die
Parteien hätten sich, um die ihnen übertragenen Aufgaben zu erfüllen, in den
zurückliegenden Jahren zu zentralen Dienstleistungsbetrieben entwickelt..."
(BVerfGE, 52, 63, 67 f). — Die bayerische Staatsregierung, welche gem. § 77 BVerfGG
gehört wurde, führte u. a. aus: „Aus einer durch Finanzierungsschwächen bedingten
Funktionsunfähigkeit der politischen Parteien würden dem Gemeinwesen schwere
Schäden erwachsen. Wenn den Parteien trotz ihrer gewandelten Stellung und
Bedeutung eine direkte staatliche Finanzierung weiterhin aus verfassungsrechtlichen
Gründen verwehrt werde und sie auf den Weg der Selbstfinanzierung verwiesen
würden, dann erscheine es gerechtfertigt, ihnen einen aus Art 21 GG abgeleiteten
Anspruch gegen den Staat zu gewähren, wenigstens die notwendigen Rahmenbedingungen für eine ausreichende, d. h. sich entsprechend der Aufgabenmehrung
dynamisch entwickelte Selbstfinanzierung zu schaffen. Dieser Anspruch sei eine
konkrete Folge des in Art 21 GG enthaltenen institutionellen Existenzverbürgungs-
rechts der Parteien." (BVerfGE 52, 63, 75).

147 Vgl. hierzu ARNIM, Hans Herbert von, Zur Neuordnung der Parteienfinanzierung —
Bemerkungen zum Bericht der Sachverständigenkommission, in: DÖV 1983, 486 ff.

148 Vgl. MUTIUS, Albert von, Neuordnung der Parteienfinanzierung, in: JURA 1984, 56.

149 BVerfGE 52, 63, 93 f; vgl. hierzu auch KULITZ, Peter, Unternehmerspenden an
politische Parteien, Berlin 1983.

150 Der Begriff „Waldsterben" findet sich in der offiziellen Terminologie nicht; hier ist
lediglich von „neuartigen Waldschäden" die Rede; im übrigen verbleibt darauf zu

Zwecknorm des § 1 BImSchG vorgesehene Instrumentarium[151] in Folge norminterpretativer Restriktionen,[152] aber auch in Folge einer auf weiten Strecken beobachtbaren Perversion des in den §§ 48, 51 BImSchG normierten Kooperationsprinzips zu einem System kollusiven Zusammenwirkens zwischen Anlagebetreibern und Genehmigungsbehörden eine existentielle Gefährdung der natürlichen Lebensgrundlagen[153] nicht verhindert, sondern nachgerade billigend in Kauf genommen hat.

Die die Instanzgerichte, aber auch das Bundesverfassungsgericht beschäftigenden Probleme der Ableitung und prozessualen Durchsetzung von Ansprüchen auf zweckentsprechendes Einschreiten der Ordnungsbehörden wie des Gesetzgebers scheinen zwar einer Lösung zugeführt zu sein: die sogenannte Großfeuerungsanlagenverordnung[154] hat zwar die immissionsschutzrechtlichen Anforderungen im Allgemeinen verschärft, die sogenannten Altanlagen eingeräumten Karenzfristen und die in Sachen „Buschhaus" veranstaltete „Akrobatik" — inklusive einer mehrheitlich gefaßten, von allen politischen Parteien getragenen parlamentarischen Entscheidung — zeigen aber, daß die von Gesetzes

---

verweisen, daß es sich hier auch nicht um ein Waldsterben, sondern um eine — zumindest mit dolus eventualis — ins Werk gesetzte Waldvernichtung handelt; vgl. hierzu HOFMANN, Jochen, Rechtsschutz für den Wald, in: ZRP 1985, 164 ff.

151 Erteilung der Genehmigung unter Bedingungen bzw. Auflagen gem. § 12 Abs 1 BImSchG iVm § 36 Abs 2, Nr. 2, 4 VwVfG; Befristung der Genehmigung gem. § 12 Abs 2, S 1 iVm § 26 Abs 2 Nr. 1 VwVfG; Erteilung mit Widerrufsvorbehalt gem. § 12 Abs 2, S 2 iVm § 36, Abs 2, Nr. 3 VwVfG; Erteilung nachträglicher Anordnungen gem. § 17 Abs 1, S 1 und 2 BImSchG; Widerruf der Genehmigung gem. § 21 Abs 1 BImSchG; Erteilung von Anordnungen im Einzelfall für nicht genehmigungsbedürftige Anlagen gem. § 24 BImSchG; Untersagung des Betriebs der Anlage gem. § 25 BImSchG, insbes. nach § 25 Abs 2 bei Gefährdung des Lebens oder der Gesundheit von Menschen oder bedeutender Sachwerte.

152 Die interpretativen Restriktionen sind v. a. auf die Handhabung des Kriteriums „Stand der Technik" und dessen Festschreibung in den verschiedenen technischen Anleitungen zurückzuführen; zur Bedeutung der Formel „Stand der Technik" als antizipiertes Sachverständigengutachten vgl. ULE, Hermann/LAUBINGER, Hans-Werner, Bundesimmissionsschutzgesetz, Kommentar, Bd. 1, 12, Lieferung 1980, § 3 Rdnr. 14 sowie LEISNER, Walter, Waldsterben, öffentlich-rechtliche Ersatzansprüche, Köln-Berlin-Bonn-München 1983, 34 f; zur Bedeutung im Atomgenehmigungsrecht vgl. HOFMANN, Hasso, Rechtsfragen der atomaren Entsorgung, Stuttgart 1981, 105 und passim, sowie RENNEBERG, Wolfgang, „Der Stand der Wissenschaft" und die „Schadensvorsorge" im atomrechtlichen Genehmigungsverfahren, in: ZRP 1986, 161 ff.

153 Vgl. hierzu MEISNER, Georg/SCHÜTZE, Christian/SPERBER, Georg, Die Lage des Waldes. Ein Atlas der Bundesrepublik. Daten, Analysen, Konsequenzen, Hamburg 1984; GURATZSCH, Dankwart (Hg.), Baumlos in die Zukunft?, München 1984; BOSCH, Christoph, Die sterbenden Wälder. Fakten, Ursachen, Gegenmaßnahmen, München 1983; SENING, Christoph, Bedrohte Erholungslandschaften. Überlegungen zu ihrem rechtlichen Schutz, München 1977 sowie BUNDESMINISTER DES INNEREN (Hg.), Dritter Immissionsschutzbericht der Bundesregierung, Bundestagsdrucksache 10/1354 vom 25. 4. 1984, Bonn 1984.

154 13. BImSchV vom 22. 6. 1983, BGBl I, 719.

wegen notwendige Remedur in der Diskussion um die naturwissenschaft-
lichen Kausalitätstheorien untergehen wird. Letztlich sind hier Impulse
offensichtlich nur von der Rechtsprechung zu erwarten, wie sie etwa in
den Urteilen des BGH vom 16. 2. 1970[155] und vom 26. 1. 1984[156]
hinsichtlich der Frage der Entschädigungspflicht des Staates in den Fällen
zum Ausdruck kommen, in denen Rechtsschutzmöglichkeiten entweder
wegen überwiegender Gemeinwohlbelange oder aber wegen der
Ortsüblichkeit der Immissionen im Sinne von § 906 BGB bzw. erfolgter
ordnungsbehördlicher Genehmigung der Anlage nicht greifen.

V.

Den hier kurz skizzierten Beispielen ist eines gemeinsam: Sie stehen
für die Außerkraftsetzung des durch die Herrschaft der Vernunft
gestifteten „Normalzustandes" mit den Mitteln der Legalität und der
Anwendung der zentralen Regel im Produktionsprozeß politischer
Legitimität, des Mehrheitsprinzips. Sie stellen die „Inseln des
Ausnahmezustands" dar, die in der Maske legaler Herrschaft vorgeben,
die Herrschaft der Vernunft zu repräsentieren.

Auf Dauer wird diese Verschiebung des Gleichgewichts von
Individualinteressen und „Wirksamkeit des Staates" durch die Berufung
auf die Sachzwänge der industriellen Demokratie des 20. Jahrhunderts
nicht aufrecht zu erhalten sein: auch die je wechselnden „Minderheiten"
werden sich der Erkenntnis des „situationibus extremis remedia extrema"
nicht verschließen.

---

155 BGHZE 53, 226 ff.

156 WM 1984, 273 ff. Dieses Urteil stellt erstmals klar, daß die auf hoheitliche
Immissionen zurückzuführende, mit konkreten Gebrauchsbeeinträchtigungen
verbundene zeitweise Störung der Nutzung eines Grundstücks einen entschädigungs-
pflichtigen Substanzverlust darstellt; vgl. LG Augsburg, Urt. v. 22. 11. 1985 (2.O
1069/85) u. OLG München, Urt. v. 17. 4. 1986 (1. U 1510/86) sowie RONELLENFITSCH,
Michael/WOLF, Rüdiger, Ausbau des Individualschutzes gegen Umweltbelastungen
als Aufgabe des bürgerlichen und des öffentlichen Rechts?, in: NJW 1986, 1955 ff und
HAGER, Günther, Umweltschäden — ein Prüfstein für die Wandlungs- und
Leistungsfähigkeit des Deliktsrechts, in: NJW 1986, 1961 ff.

SUMMARY

DEMOCRACY AND ECONOMY

New Perspectives of Legitimacy

Two of the most eminent topics of the eighties concerning both East and West are reflected by the title of this book. Whereas Marxists already proclaim a legitimation crisis (*Habermas*) and new-conservatives complain about the difficulties to govern Western democracies, the contributors to this volume deal with the economic and political problems in a pluralist approach combining the results of both legal research and sociological analyses.

Representative democracies have recently been challenged by single-issue movements, peace movements and newly founded parties with ecological programs, all of them pursuing grassroot democracy. This challenge is the background for a comparative analysis of the legal institutions of direct democracy in Switzerland, Austria and the FRG. The area-studies of this volume try to work out the legal structures and peculiarities of the respective civic cultures, based on a common legal understanding. By comparing the functional prerequisites as well as the effects of the politics of these parliamentary systems, sociologically affirmed hypotheses are provided for institutional reforms.

The interdependence of economy and politics, a cob-web of technological development, environmental crisis in the industrialized countries and the North-South conflict, is subject of the second part of this volume. An economic analysis of the legal instruments to finance environmental policies is followed by a contribution about the necessary social orientation of technics by means of law to find a solution to the problems resulting from rising unemployment rates and the environmental crisis. New tendencies in international law as well as that of the European Community, overshadowed by the demands for a New International Economic Order, are completed by a study on the history of political thought concerning the capitalist foundations of Western democracies. Finally the legal effects on international, Austrian constitutional and administrative Law are analysed, which were caused by the demonstrations and the occupation of the area of the planned hydro-electric power plant near Hainburg at the Danube.

As a result, all authors of this volume offer a variety of proposals for the necessary institutional reforms to meet the "legitimation crisis" of modern state resulting from the conflict between economy and ecology.

RESUME

DEMOCRATIE ET ECONOMIE

Nouvelles perspectives de la légitimité

Le titre de ce volume se concentre sur les deux problèmes principaux des années quatre-vingts à l'Ouest et à l'Est. Les différents articles traitent l'état des problèmes économiques et politiques avec des méthodes très variées combinant les résultats d'une enquête de droit dogmatique et ceux d'une analyse sociologique. Le marxisme a déjà interprété ces problèmes comme „La crise de la légitimité du capitalisme avancé (*Habermas*)", tandis que le conservatisme considérait qu'ils mènent àune impossibilité de gouverner dans les démocraties occidentales.

Les nouveaux mouvements sociaux sont un défi pour les démocraties représentatives. Ces mouvements se composent de groupements d'action et de défense et d'écologistes. Ce défi a été le point de départ de l'analyse comparative des instruments de la démocratie directe en Suisse, en Autriche et en Allemagne de l'Ouest. Différentes études menées dans ces trois pays ont fait ressortir, grâce à une comparaison fonctionnelle des systèmes parlementaires et basées sur une tradition juridique et sociologique, les structures et les particularités de droit dogmatique de ces trois cultures politiques respectives. Des hypothèses étayées par la sociologie ont été confirmées par ces études pour la future politique juridique.

Le deuxième sujet principal étudie les rapports de cause à effet entre l'économie et la politique qui, toutes deux, sont déterminées par le développement technologique et la crise de l'environnement des pays industrialisés d'une part, et par le conflit Nord — Sud, d'autre part. Quatre éléments importants nous conduisent tout logiquement vers les effets que les manifestations contre le projet de construction d'une centrale hydraulique à Hainburg sur le Danube ont eu sur le droit constitutionnel, administratif et international:

— Une analyse économique du droit concernant le financement de la protection de l'environnement.

— La nécessité d'une orientation sociale de la technique par la loi comme issue possible aux problèmes dûs au chômage croissant et à la crise de l'environnement.

— Les grandes lignes de l'évolution dans le droit international public et dans le droit de la communauté Européenne face à la revendication économique mondial.

— Une analyse basée sur l'histoire des idées des bases capitalistes des démocraties occidentales.

En conclusion, on pourrait dire que les articles contenus dans ce volume offrent une foule de propositions politiques et juridiques pour permettre la réforme nécessaire afin de résoudre les problèmes de légitimité de l'Etat moderne en matière d'économie et d'écologie qui, toutes deux, sont constamment en conflit.

Literaturverzeichnis

ACHAM Karl (Hg.), Gesellschaftliche Prozesse, Graz 1983.

ADAMOVICH Ludwig / FUNK Bernd-Christian, Allgemeines Verwaltungsrecht, 2. A., Wien-New York 1984.

ADAMOVICH Ludwig / FUNK Bernd-Christian, Österreichisches Verfassungsrecht, 3. A., Wien-New York 1985.

ALMOND Gabriel / VERBA Sidney, The Civic Culture, Princeton 1963.

ALMOND Gabriel / VERBA Sidney, The Civic Culture Revisited, Boston-Toronto 1980.

AITVATER Elmar / HUEBNER Kurt / STANGER Michael, Alternative Wirtschaftspolitik jenseit des Keynesianismus, Opladen 1983.

AUBERT Jean-Francois, Traité de droit constitutionnel suisse, 2 Bde, Neuchatel 1967; Supplément 1967—1982, Neuchatel 1982.

AUER Andreas, Problèmes fondamentaux de la démocratie suisse, ZSR Hb II 1984, 1-110.

AZIZI Josef / GRILLER Stefan (Red.), Rechtsstaat und Planung, Wien 1982.

BACIA Jürgen / SCHERER Klaus-Jürgen, Paßt bloß auf! Was will die neue Jugendbewegung? Berlin 1981.

BADELT Christoph, Sozioökonomie der Selbstorganisation, Frankfurt/M. 1980.

BAEHR Christoph / BUSCH Eckart, Politischer Protest und parlamentarische Bewältigung. Zu den Beratungen und Ergebnissen der Enquete-Kommission „Jugendprotest im demokratischen Staat", Baden-Baden 1984.

BAESE Hanns-Hendrik, Das Gegenstromverfahren in der Raumordnung — zum Abstimmungsverfahren bei Planungen, Köln 1982.

BARNAY Markus, Pro Vorarlberg: Eine regionalistische Alternative, Bregenz 1983.

BARNES Samuel H. / KAASE Max (eds.), Political Action. Mass Participation in Five Western Democracies, Beverly Hills-London 1979.

BAUMGARTNER Serge, Die Standesinitiative, Basel 1980.

BECKER Jürgen, Die Partnerschaft von Lomé, Baden-Baden 1979.

BECKER Jürgen, Entwicklungskooperation in einem sich wandelnden Weltsystem, Frankfurt/M. 1982.

BELL Daniel, Die nachindustrielle Gesellschaft, Reinbek 1979.

BENDA Ernst / MAIHOFER Werner / VOGEL Hans-Jochen (Hgg.), Handbuch des Verfassungsrechts der Bundesrepublik Deutschland, Berlin-New York 1983.

BENEDIKT Heinrich (Hg.), Geschichte der Republik Österreich, Wien 1954.

BENZ Wolfgang (Hg.), Die Bundesrepublik Deutschland. Politik, Gesellschaft, Kultur, 3 Bde., Frankfurt/M. 1983.

BERG-SCHLOSSER Dirk, Politische Kultur, München 1972.

BERICHT der Expertenkommission für eine Totalrevision der Bundesverfassung, Bern 1971.

BERMBACH Udo (Hg.), Theorie und Praxis der direkten Demokratie, Opladen 1973.

BEUTLER Bengt u. a., Die Europäische Gemeinschaft — Rechtsordnung und Politik, 2. A., Baden-Baden 1982.

BEYME Klaus v., Die verfassungsgebende Gewalt des Volkes, Tübingen 1968.

BEYME Klaus v., Das politische System der Bundesrepublik Deutschland, 3. A., München 1981.

BICK Hartmut / HANSMEYER Karl-Heinrich / OLSCHOWY Gerhard / SCHMOCK Peter (Hgg.), Angewandte Ökologie — Mensch und Umwelt, 2 Bde., Stuttgart-New York 1984.

BIEBER Roland / SCHWARZE Jürgen, Verfassungsentwicklung in der europäischen Gemeinschaft, Baden-Baden 1984.

Binswanger Hans-Christoph / Bonus Holger / Timmermann Manfred, Wirtschaft und Umwelt, Stuttgart-Berlin-Köln-Mainz 1981.

Binswanger Hans Christoph u. a. (Hgg.), Arbeit ohne Umweltzerstörung — Strategien einer neuen Wirtschaftspolitik, Frankfurt/M. 1983.

Boehr Christoph / Fuchs Jürgen / Koch Roland (Hgg.), Pluralismus im Widerstreit, Krefeld 1982.

Boltho Andrea (Hg.), The European Economy. Growth and Crisis, Oxford 1982.

Bossel Hartmut, Bürgerinitiativen entwerfen die Zukunft, Frankfurt/M. 1978.

Bothe Michael (ed.), Trends in Environmental Policy and Law, Gland 1980.

Brand Karl-Werner, Neue soziale Bewegungen, Opladen 1982.

Brand Karl-Werner / Buesser Detlef / Rucht Dieter, Aufbruch in eine andere Gesellschaft. Neue soziale Bewegungen in der Bundesrepublik, Frankfurt/M. 1983.

Brand Karl-Werner (Hg.), Neue soziale Bewegungen in Westeuropa und den USA. Ein internationaler Vergleich, Frankfurt/M.-New York 1985.

Brandt Willy (Hg.), Hilfe in der Weltkrise. Der 2. Bericht der Nord-Südkommission, Hamburg 1983.

Brassel Ruedi u. a. (Hgg.), Zauberformel: Fauler Zauber? SP-Bundesratsbeteiligung und Opposition in der Schweiz, Basel 1984.

Bratschi Peter Joachim, Die Bedeutung der Verfassungsinitiative in der Zielsetzung der Schweiz, Bern 1969.

Breuer Georg, Das Grüne Auto — Ein alternatives Verkehrskonzept, München 1983.

Breuer Stefan / Treiber Hubert (Hgg.), Entstehung und Strukturwandel des Staates, Opladen 1982.

Bridel Marcel, Précis de droit constitutionnel de public suisse, 2 Bde., Lausanne 1965 und 1959.

Brünner Christian / Mantl Wolfgang / Pauger Dietmar / Rack Reinhard, Verfassungspolitik, Wien-Köln-Graz 1985.

Brünner Christian (Hg.), Zehn wissenschaftliche Begegnungen der Rechtsfakultäten der Universitäten Graz — Ljubljana, Graz 1985.

Brun Rudolf (Hg.), Der grüne Protest, Frankfurt/M. 1978.

Brunner Christian, Über die Teilnahme der Bürger an Verwaltungsentscheidungen, Basel-Frankfurt/M. 1984.

Brunner Georg, Vergleichende Regierungslehre, Bd. 1, Paderborn u. a. 1979.

Bubner Rüdiger, Geschichtsprozesse und Handlungsnormen, Frankfurt/M. 1984.

Buck Wolfgang, Lenkungsstrategien für die optimale Allokation von Umweltgütern, Frankfurt/M.-Bern-New York 1983.

Bühl Walter L. (Hg.), Funktion und Struktur, München 1975.

Bürklin Wilhelm P., Grüne Politik, Opladen 1984.

Bullinger Martin / Rincke Günther / Oberhauser Alois / Schmidt Ralf-Bodo, Das Verursacherprinzip und seine Instrumente, Berlin 1974.

Bundesministerium für Jugend, Familie und Gesundheit (Hg.), Jugend in der Bundesrepublik heute — Aufbruch oder Verweigerung, Bonn 1981.

Burckhardt Walther, Kommentar der schweizerischen Bundesverfassung vom 29. Mai 1874, 3. A., Bern 1931.

Clarke John u. a., Jugendkultur als Widerstand, 2. A., Frankfurt/M. 1981.

Collingridge David, Il controllo sociale della tecnologia, Rom 1983.

Commoner Barry, Il cerchio da chiudere, Mailand 1977.

Conrad Carl-August, Die politischen Parteien im Verfassungssystem der Schweiz, Frankfurt/M. 1970.

Daalder Hans / Mair Peter (eds.), Western European Party Systems. Continuity and Change, Beverly Hills-London 1983.

Daalder Hans (ed.), Party Systems in Belgium, The Netherlands, Austria and Switzerland, London 1985.

Dahrendorf Ralf (Hg.), Trendwende. Europas Wirtschaft in der Krise, Wien 1981.

Deiser Roland / Winkler Norbert, Das politische Handeln der Österreicher, 2. A., Wien 1982.

Delley Jean-Daniel, L'initiative populaire en Suisse, Lausanne 1978.

DETTLING Warnfried (Hg.), Macht der Verbände — Ohnmacht der Demokratie? München-Wien 1976.

DEUTSCH Karl W., The Nerves of Government. Methods of Political Communication and Control, New York 1963.

DEUTSCH Karl W., Die Schweiz als ein paradigmatischer Fall politischer Integration, Bern 1976.

DEUTSCH Karl W., Staat, Regierung, Politik. Eine Einführung in die Wissenschaft der vergleichenden Politik, Freiburg/Br. 1976.

DICKE Detlev (Hg.), Foreign Debts in the Present and a New International Economic Order, Fribourg 1986.

DOEHRING Karl, Staatsrecht der Bundesrepublik Deutschland, 3. A., Frankfurt/M. 1984.

DÖRING Herbert / SMITH Gordon (Hgg.), Parteienstaat und politische Kultur, Opladen 1985.

DONAT Helmut / MOLL Karl (Hgg.), Die Friedensbewegung. Organisierter Pazifismus in Deutschland, Österreich und der Schweiz, Düsseldorf 1983.

DUVE Freimut (Hg.), Demokratische und autoritäre Technik — Beiträge zu einer anderen Technikgeschichte, Reinbek 1980.

EBERMANN Thomas / TRAMPERT Rainer, Die Zukunft der Grünen — ein realistisches Konzept für eine radikale Partei, Hamburg 1984.

EIDGENÖSSISCHE Kommission für Jugendfragen, Thesen zu den Jugendunruhen 1980, Bern 1980.

ELIAS Norbert, Engagement und Distanzierung, Frankfurt/M. 1983.

ELLWEIN Thomas, Das Regierungssystem der Bundesrepublik Deutschland, 5. A., Opladen 1983.

ERLER Georg, Grundprobleme des Internationalen Wirtschaftsrechts, Göttingen 1956.

ERMACORA Felix, Quellen zum österreichischen Verfassungsrecht (1920), Wien 1967.

ERMACORA Felix u. a. (Hgg.), Allgemeines Verwaltungsrecht, Wien 1979.

EVERLING Ulrich, Das europäische Gemeinschaftsrecht im Spannungsfeld von Politik und Wirtschaft, Baden-Baden 1985.

FAVRE Antoine, Droit constitutionnel suisse, 2. A., Fribourg 1970.

FEUER Guy / HASSAN H., Droit International du Développement, Paris 1985.

FIKENTSCHER Wolfgang, Wirtschaftsrecht, 2 Bde., München 1983.

FINK Ulf, Keine Angst vor Alternativen. Ein Minister wagt sich in die Szene, Freiburg/Br. 1983.

FISCHER Heinz (Hg.), Das politische System Österreichs, 3. A., Wien-München-Zürich 1982.

FLEINER Fritz / GIACOMETTI Zaccaria, Schweizerisches Bundesstaatsrecht, Zürich 1949.

FLEINER-GERSTER Thomas, Grundzüge des allgemeinen und schweizerischen Verwaltungsrechts, 2. A., Zürich 1980.

FLORETTA Hans / SPIELBÜCHLER Karl / STRASSER Rudolf, Arbeitsrecht II, Kollektives Arbeitsrecht, 2. A., Wien 1984.

FLORETTA Hans / STRASSER Rudolf, Kommentar zum Arbeitsverfassungsgesetz, Wien 1975.

FORSTHOFF Ernst, Der Staat der Industriegesellschaft, 2. A., München 1971.

FRAENKEL Ernst, Deutschland und die westlichen Demokratien, 5. A., Stuttgart 1973.

FRENKEL Max, Der Föderalismus in der Schweiz — Entwicklungen und Tendenzen, Solothurn 1985.

FREY Bruno S., Umweltökonomie, Göttingen 1972.

FRIEDRICH Carl Joachim, Der Verfassungsstaat der Neuzeit, Berlin u. a. 1975.

FRIEDRICHS Günther / SCHAFF Adam (Hgg.), Auf Gedeih und Verderb — Mikroelektronik und Gesellschaft, Wien 1982.

FÜRST Anton, Volksbefragungen in Wien, Wien 1982.

FUNK Bernd-Christian / RACK Reinhard / PAUGER Dietmar, Gemeindeautonomie und Bürgermitbestimmung, Graz 1981.

FUNK Bernd-Christian, Verfassungsrechtliche Fragen der Bundeszuständigkeit zur Abwehr gefährlicher Umweltbelastungen, Wien 1984.

GALGANO Francesco, Le istituzioni dell'economia di transizione, Rom 1978.

GERDES Dirk (Hg.), Aufstand der Provinz. Regionalismus in Westeuropa, Frankfurt/M.-New York 1980.

GERLICH Peter / UCAKAR Karl, Staatsbürger und Volksvertretung, Salzburg 1981.

GERLICH Peter / PELINKA Anton (Hgg.), Modellfall Österreich. Möglichkeiten und Grenzen der Sozialpartnerschaft, Wien 1981.

GERLICH Peter / MÜLLER Wolfgang C. (Hgg.), Zwischen Koalition und Konkurrenz. Österreichs Parteien seit 1945, Wien 1983.

GERLICH Peter / GRANDE Edgar / MÜLLER Wolfgang C. (Hgg.), Sozialpartnerschaft in der Krise: Leistungen und Grenzen des Neokorporatismus in Österreich, Wien-Köln-Graz 1985.

GERMANN Raimund E., Politische Innovation und Verfassungsreform, Bern 1975.

GIACOMETTI Zaccaria, Das Staatsrecht der schweizerischen Kantone, Zürich 1941.

GILLER, Joachim, Soziale Bewegung und Wertwandel in Österreich, Wien 1984.

GLOTZ Peter (Hg.), Ziviler Ungehorsam im Rechtsstaat, Frankfurt/M. 1983.

GÖRLICH Helmut, Wertordnung und Grundgesetz, Baden-Baden 1973.

GOTTO Klaus / VEEN Hans-Joachim (Hgg.), Die Grünen — Partei wider willen, Mainz 1984.

GREIFFENHAGEN Martin / GREIFFENHAGEN Sylvia / PRAETORIUS Rainer (Hgg.), Handwörterbuch zur politischen Kultur der Bundesrepublik Deutschland, Opladen 1981.

GREIFFENHAGEN Martin / GREIFFENHAGEN Sylvia, Ein schwieriges Vaterland, Frankfurt/M. 1981.

GROEBEN Hans von der / BOECKH Hans von / THIESING Jochen / EHLERMANN Claus-Dieter, Kommentar zum EWG-Vertrag, 2 Bde., 3 A., Baden-Baden 1983.

GRUNER Erich, Regierung und Opposition im schweizerischen Bundesstaat, Bern-Stuttgart 1969.

GRUNER Erich, Die Parteien in der Schweiz, 2. A., Bern 1977.

GRUNER Erich / MÜLLER Jörg (Hgg.), Erneuerung der schweizerischen Demokratie? Bern-Stuttgart 1977.

GRUNER Erich / HERTIG Hans Peter, Der Stimmbürger und die „neue Politik", Bern 1983.

GRUPPE ARGE DATEN, Schöne neue Computerwelt — Datenerfassung, Kontrolle und Rationalisierung in Österreich, Wien 1984.

GUGGENBERGER Bernd / KEMPF Udo (Hgg.), Bürgerinitiativen und repräsentatives System, 2. A., Opladen 1984.

GUGGENBERGER Bernd, Bürgerinitiativen in der Parteiendemokratie, Stuttgart u. a. 1980.

GUGGENBERGER Bernd / OFFE Claus (Hgg.), An den Grenzen der Mehrheitsdemokratie, Opladen 1984.

GUSY Christoph, Vom Verbändestaat zum Neokorporatismus, Wien 1981.

GUT Ulrich Ernst, Grundfragen und schweizerische Entwicklungstendenzen der Demokratie, Zürich 1983.

HABERMAS Jürgen, Legitimationsprobleme des Spätkapitalismus, Frankfurt/M. 1978.

HABERMAS Jürgen, Stichworte zur „Geistigen Situation der Zeit", 2 Bde., Frankfurt/M. 1979.

HABERMAS Jürgen, Theorie des kommunikativen Handelns, 2 Bde., 3. A., Frankfurt/M. 1985.

HÄBERLE Peter, Verfassung als öffentlicher Prozeß, Berlin 1978.

HÄBERLE Peter, Die Verfassung des Pluralismus, Königstein/Ts. 1980.

HAEFELIN Ulrich / HALLER Walter, Schweizerisches Bundesstaatsrecht, Zürich 1984.

HANGARTNER Yvo, Grundzüge des schweizerischen Staatsrechts, 2 Bde., Zürich 1980/82.

HARTKOPF Günther / BOHNE Eberhard, Umweltpolitik, 2 Bde., Opladen 1983/85.

HARTMANN Jürgen (Hg.), Vergleichende politische Systemforschung, Köln-Wien 1980.

HARTMANN Jürgen, Politische Profile der westdeutschen Industriegesellschaft. Ein vergleichendes Handbuch, Frankfurt/M.-New York 1984.

HARTMANN Jürgen (Hg.), Verbände in der westlichen Industriegesellschaft. Ein international vergleichendes Handbuch, Frankfurt/M.-New York 1985.

HAUER Wolfgang, Hainburg — rechtliche und rechtspolitische Aspekte, Eisenstadt 1985.

HAUNGS Peter, Parteiendemokratie in der Bundesrepublik Deutschland, Berlin 1980.

HEIDORN Joachim, Legitimität und Regierbarkeit. Studien zu den Legitimitätstheorien

Literaturverzeichnis   347

von Max Weber, Niklas Luhmann, Jürgen Habermas und der Unregierbarkeitsforschung, Berlin 1982.

HEISS Gernot / LUTZ Heinrich (Hgg.), Friedensbewegungen. Bedingungen und Wirkungen, Wien 1984.

HENECKA Hans Peter, Die jurassischen Separatisten, Meisenheim am Glan 1972.

HENNIS Wilhelm / KIELMANSEGG Peter Graf v. / MATZ Ulrich (Hgg.), Regierbarkeit, 2 Bde., Stuttgart 1977/1979.

HERNEKAMP Karl, Formen und Verfahren direkter Demokratie. Dargestellt anhand ihrer Rechtsgrundlagen in der Schweiz und in Deutschland, Frankfurt/M. 1979.

HERTIG Hans-Peter, Partei, Wählerschaft oder Verband? Entscheidungsfaktoren im eidgenössischen Parlament, Bern 1980.

HERTIG Hans-Peter, Direkte Demokratie in den USA. Fakten — Tendenzen — Probleme, Zürich 1981.

HESSE Konrad, Grundzüge des Verfassungsrechts der Bundesrepublik Deutschland, 14. A., Heidelberg 1984.

HEUN Werner, Das Mehrheitsprinzip in der Demokratie, Berlin 1983.

HILLMANN Karl-Heinz, Umweltkrise und Wertwandel, 2. A., Würzburg 1986.

HOFMANN Hanns Hubert (Hg.), Die Entstehung des modernen souveränen Staates, Köln-Berlin 1967.

HOFMANN Hasso, Legitimität und Rechtsgeltung, Berlin 1977.

HOLLSTEIN Walter, Die Gegengesellschaft, Reinbek 1981.

HOLZMÜLLER Hartmut H. / SCHWARZER Stephan (Hgg.), Krise und Krisenbewältigung. Sozial- und wirtschaftswissenschaftliche Beiträge zur Krisenforschung, Wien 1985.

HOSSAIN Kamal (ed.), Legal Aspects of the New International Economic Order, London 1980.

HUBER Joseph, Wer soll das alles ändern. Über die Alternativen der Alternativbewegung, Berlin 1980.

INFORMATIONSBROSCHÜRE der Aktionsgemeinschaft gegen das Kraftwerk Hainburg, „Das Projekt Donaukraftwerk Hainburg", Wien 1984.

INGLEHART Ronald, The Silent Revolution. Changing Values and Political Styles Among Western Publics, Princeton (N. J.) 1977.

INSTITUT für Stadtforschung (Hg.), Rechtsvorschriften zu Umweltschutz und Raumordnung, Loseblattausgabe.

INSTITUT für Umweltschutz der Universität Dortmund (Hg.), Umweltschutz der achtziger Jahre, Berlin 1981.

IWAND Wolf Michael, Paradigma Politische Kultur, Opladen 1985.

JÄGER Brigitte / PINL Claudia, Zwischen Rotation und Routine. Die Grünen im Bundestag, Köln 1985.

JAKOBS Günther (Hg.), Rechtsgeltung und Konsens, Berlin 1976.

JARASS Hans D., Bundes-Immissionsschutzgesetz, München 1983.

JESSE Eckehard (Hg.), Die Demokratie der Bundesrepublik Deutschland, 6. A., Berlin 1982.

JÖHR Walter Adolf, Das Abstimmungsproblem bei Initiativen, St. Gallen 1975.

JONAS Friedrich, Sozialphilosophie der industriellen Arbeitswelt, 2. A., Stuttgart 1974.

KAASE Max / KLINGEMANN Hans-Dieter (Hgg.), Wahlen und politisches System, Opladen 1983.

KADAN Albert / PELINKA Anton, Die Grundsatzprogramme der österreichischen Parteien — Dokumentation und Analyse, St. Pölten 1979.

KAEGI Erich A., Demokratie durchleuchtet. Analysen — Diagnosen — Therapien, Zürich 1984.

KAEGI Werner, Die Verfassung als rechtliche Grundordnung des Staates, Zürich o. J. (1945).

KATZENSTEIN Peter J., Corporatism and Change. Austria, Switzerland and the Politics of Industry, Ithaca-London 1984.

KATZENSTEIN Peter J., Small States in World Markets. Industrial Policy in Europe, Ithaca-London 1985.

KELLY Petra K., Um Hoffnung kämpfen, Bornheim-Merten 1983.

KELSEN Hans, Vom Wesen und Wert der Demokratie, 2. A., Tübingen 1929.

KERR Henry H., Parlement et société en Suisse, St. Saphorin 1981.

KIELMANSEGG Peter Graf v., Volkssouveränität, Stuttgart 1977.

KIELMANSEGG Peter Graf v. / MATZ Ulrich (Hgg.), Die Rechtfertigung politischer Herrschaft, Freiburg/Br.-München 1978.

KIMMINICH Otto, Deutsche Verfassungsgeschichte, Frankfurt/M. 1970.

KLAGES Helmut / KMIECIAK Peter (Hgg.), Wertwandel und gesellschaftlicher Wandel, 2. A., Frankfurt/M.-New York 1981.

KLAGES Helmut / HERBERT Willi, Wertorientierung und Staatsbezug. Untersuchungen zur politischen Kultur in der Bundesrepublik Deutschland, Frankfurt/M.-New York 1983.

KLAGES Helmut, Wertorientierung im Wandel, 2. A., Frankfurt/M.-New York 1985.

KLOETI Ulrich (Hg.), Handbuch Politisches System der Schweiz. 2 Bde., Bern-Stuttgart 1983/84.

KLUGE Thomas (Hg.), Grüne Politik — Der Stand einer Auseinandersetzung, Frankfurt/M. 1984.

KMIECIAK Peter, Wertstruktur und Wertwandel in der Bundesrepublik Deutschland, Göttingen 1976.

KNOLL Reinhold / MAYER Anton, Österreichische Konsensdemokratie in Theorie und Praxis, Wien 1976.

KÖTZLE Alfred, Die Eignung von Subventionen für die Umweltpolitik, Berlin 1980.

KOFLER Anton, Parteiengesellschaft im Umbruch. Partizipationsprobleme von Großparteien, Graz-Wien-Köln 1985.

KOJA Friedrich, Das Verfassungsrecht der Österreichischen Bundesländer, Wien 1967.

KOJA Friedrich, Direkte Demokratie in den Ländern, Salzburg 1983.

KOJA Friedrich / STOURZH Gerald (Hgg.), Schweiz — Österreich. Ähnlichkeiten und Kontraste, Graz-Wien-Köln 1986.

KOLLER Werner, Die Demokratie der Schweiz, Aargau u. a. 1981.

KRAMER Helmut u. a., Österreich im internationalen Systemvergleich, Laxenburg 1983.

KRAUSHAAR Wolfgang (Hg.), Autonomie oder Getto? Kontroversen über die Alternativbewegung, Frankfurt/M. 1978.

KRIESI Hanspeter, Entscheidungsstrukturen und Entscheidungsprozesse in der Schweizer Politik, Frankfurt/M.-New York 1980.

KRIESI Hanspeter / LEVY René / GANGUILLET Gilbert / ZWICKY Heinz, Politische Aktivierung in der Schweiz 1945-1978, Diessenhofen 1981.

KRIESI Hanspeter, Die Zürcher Bewegung, Frankfurt/M.-New York 1984.

KRIESI Hanspeter, Bewegung in der Schweizer Politik. Fallstudien zu politischen Mobilisierungsprozessen in der Schweiz, Frankfurt/M.-New York 1985.

KROCKOW Christian Graf v. (Hg.), Brauchen wir ein neues Parteiensystem? Frankfurt/M. 1983.

KROCKOW Christian Graf v., Gewalt für den Frieden? München-Zürich 1983.

LANGEN Eugen, Studien zum Internationalen Wirtschaftsrecht, München-Berlin 1963.

LANGGUTH Gerd, Protestbewegung. Die neue Linke seit 1968, Köln 1983.

LANGGUTH Gerd, Der grüne Faktor — Von der Bewegung zur Partei? Zürich 1984.

LEHMANN Hans G., Chronik der Bundesrepublik Deutschland 1945/49-1983, 2. A., München 1983.

LEHMBRUCH Gerhard, Proporzdemokratie. Politisches System und politische Kultur in der Schweiz und Österreich, Tübingen 1967.

LEHNER Franz, Grenzen des Regierens, Königstein/Ts. 1979.

LEIBHOLZ Gerhard, Das Wesen der Repräsentation und der Gestaltwandel der Demokratie im 20. Jahrhundert, 3. A., Berlin 1966.

LEIBHOLZ Gerhard, Strukturprobleme der modernen Demokratie, Neuausg. d. 3. A., Frankfurt/M. 1974.

LENDI Martin / LINDER Wolf (Hgg.), Politische Planung in Theorie und Praxis, Bern 1979.

LEVY René / DUVANEL Laurent, Politik von unten. Bürgerprotest in der Nachkriegsschweiz, Basel 1984.

LIEBERWIRTH Rolf, Die historische Entwicklung der Theorie vom vertraglichen Ursprung des Staates und der Staatsgewalt, Berlin (Ost) 1977.

LINDER Wolf / HOTZ Beat / WERDER Hans, Planung in der schweizerischen Demokratie, Bern 1979.

LINK Christoph, Herrschaftsordnung und bürgerliche Freiheit, Köln-Wien 1979.

LOEW-BEER Peter, Industrie und Glück — Der Alternativplan von Lucas Aerospace, Berlin 1981.

LÖWENTHAL Richard / SCHWARZ Hans-Peter (Hgg.), Die zweite Republik. 25 Jahre Bundesrepublik Deutschland — eine Bilanz, Stuttgart 1974.

LÜBBE Hermann / HENNIS Wilhelm, Rationalismus und Erfahrungsverlust in der Arbeitswelt, Köln 1981.

LUHMANN Niklas, Politische Theorie im Wohlfahrtsstaat, München 1981.

LUHMANN Niklas, Legitimation durch Verfahren, Frankfurt/M. 1983.

LUHMANN Niklas, Soziale Systeme, Frankfurt/M. 1984.

MAKSWIT Jürgen / SCHOCH Friedrich K. (Hgg.), Aktuelle Fragen der Finanzordnung im internationalen und nationalen Recht — Vom Gewerbepolizeirecht zum Wirtschaftsverwaltungsrecht, Berlin-New York 1986.

MANTL Wolfgang, Der österreichische Parteienstaat, Retzhof/Leibnitz 1969.

MANTL Wolfgang, Repräsentation und Identität, Wien-New York 1975.

MARKO Joseph / SALAMUN Kurt (Hgg.), Bedingungen eines konstruktiven Friedensbegriffes, Graz 1983.

MATTHES Joachim (Hg.), Krise der Arbeitsgesellschaft, Frankfurt/M.-New York 1983.

MATZ Ulrich, Recht und Gewalt, Freiburg/Br. 1975.

MATZKA Manfred (Hg.), Sozialdemokratie und Verfassung, Wien 1985.

MAUNZ Theodor / ZIPPELIUS Reinhold, Deutsches Staatsrecht, 25. A., München 1983.

MAUSS Armand, Social Problems as Social Movements, Philadelphia-New York-Toronto 1975.

MAYER-TASCH Peter Cornelius, Die Bürgerinitiativbewegung, 4. A., Reinbek 1981.

MAYER Heinz, Genehmigungskonkurrenz und Verfahrenskonzentration, Wien 1985.

MAYNTZ Renate u. a., Vollzugsprobleme der Umweltpolitik, o. O., o. J. (1978).

MEIER Karl, Die Kooperation von Legislative und Exekutive bei der Rechtssetzung im Bund, Basel 1979.

METTKE Jörg R. (Hg.), Die Grünen. Regierungspartner von morgen? Reinbek 1982.

MEYER Karl, Verbände und Demokratie in der Schweiz, Olten 1968.

MEYER-TSCHEPPE Eduard, Staat und Staatsziel, Berlin-Wien-Zürich 1968.

MOSER Bernhard, Die Verfassungsreformdiskussion in Österreich, Wien 1986.

MÜLLER Emil-Peter, Die Grünen und das Parteiensystem, Köln 1984.

MÜNCH Ingo v., Besonderes Verwaltungsrecht, 7. A., Berlin-New York 1985.

MURPHY Detlef / RUBART Franke / MÜLLER Ferdinand / RASCHKE Joachim, Protest. Grüne, Bunte und Steuerrebellen, Reinbek 1979.

MURSWIECK Dietrich, Die verfassunggebende Gewalt nach dem Grundgesetz für die Bundesrepublik Deutschland, Berlin 1978.

McRAE Kenneth (ed.), Consocational Democracy. Political Accomodation in Segmented Societies, Toronto 1974.

NASSMACHER Karl-Heinz, Das österreichische Regierungssystem. Große Koalition oder alternierende Regierung? Köln-Opladen 1968.

NEGT Oskar, Lebendige Arbeit, „enteignete Zeit": politische und kulturelle Dimensionen des Kampfes um die Arbeitszeit, Frankfurt/M.-New York 1984.

NEIDHART Leonhard, Plebiszit und pluralitäre Demokratie, Bern 1970.

NICK Rainer / PELINKA Anton, Parlamentarismus in Österreich, Wien 1984.

NOELLE-NEUMANN Elisabeth, Werden wir alle Proletarier? Wertwandel in unserer Gesellschaft, Zürich 1978.

NOELLE-NEUMANN Elisabeth, Wahlentscheidungen in der Fernsehdemokratie, Freiburg 1980.

NOWOTNY Ewald, Wirtschaftspolitik und Umweltschutz, Freiburg 1974.

OBERNDORFER Peter (Hg.), Bürger und Verwaltung, Linz 1981.

ODZUCK Wolfgang, Umweltbelastungen, Stuttgart 1982.

OECD, Interfutures — Facing the Future, Paris 1979.

OECD Report, Twenty-five Years of Development Co-operation. A Review, Paris 1985.

ÖHLINGER Theo, Verfassungsrechtliche Probleme der Mitbestimmung der Arbeitnehmer im Unternehmen, Wien 1982.

ÖHLINGER Theo, Reform des Verwaltungsstrafrechtes, Wien 1985.

ÖSTERREICHISCHE Bundesregierung, Energiebericht und Energiekonzept, Wien 1984.

ÖSTERREICHISCHE Hochschülerschaft an der Universität für Bodenkultur (Hg.), Hainburg — Versuch einer sachlichen Information, Wien 1985.

ÖSTERREICHISCHES Bundesinstitut für Gesundheitswesen (Hg.), Beiträge zur Gestaltung der Umweltsituation in Österreich, Wien 1981.

ÖSTERREICHISCHES Institut für Wirtschaftsforschung und Österreichische Akademie der Wissenschaften, Mikroelektronik-Studie 1981, Wien 1981.

OFFE Claus, „Arbeitsgesellschaft": Strukturprobleme und Zukunftsperspektiven, Frankfurt/M.-New York 1984.

OPITZ Peter J., Die Dritte Welt in der Krise, München 1984.

OPP Karl-Dieter u. a. (Hgg.), Soziale Probleme und Protestverhalten, Opladen 1984.

PARSONS Talcott, Das System moderner Gesellschaften, München 1972.

PELINKA Anton / WELAN Manfried, Demokratie und Verfassung in Österreich, Wien 1971.

PELINKA Anton, Bürgerinitiativen — gefährlich oder notwendig? Freiburg/Br.-Würzburg 1978.

PELINKA Anton, Gewerkschaften im Parteienstaat, Berlin 1980.

PELINKA Anton, Windstille. Klagen über Österreich, Wien 1985.

PERNTHALER Peter, Raumordnung und Verfassung, 2 Bde., Wien 1975/1978.

PERNTHALER Peter (Hg.), Direkte Demokratie in den Ländern und Gemeinden, Wien 1980.

PESTALOZZA Christian, Der Popularvorbehalt. Direkte Demokratie in Deutschland, Berlin-New York 1981.

PESTALOZZI Hans A., Nach uns die Zukunft. Von der positiven Subversion, 11. A., Bern 1982.

PINDUR Herbert J., Umweltverträglichkeitsprüfung. Utopie oder reale Notwendigkeit, Linz 1980.

PLASSER Fritz / ULRAM Peter A., Unbehagen im Parteienstaat, Graz-Wien-Köln 1982.

PLASSER Fritz / ULRAM Peter A. / WELAN Manfried (Hgg.), Demokratierituale, Graz-Wien-Köln 1985.

PLATZER Renate, Bürgerinitiativen in Salzburg, München 1983.

PREUSS Ulrich K., Politische Verantwortung und Bürgerloyalität, Frankfurt/M. 1984.

PRISCHING Manfred, Krisen. Eine soziologische Untersuchung, Wien-Köln-Graz 1986.

PÜTTNER Günter, Allgemeines Verwaltungsrecht, 6. A., Düsseldorf 1983.

RACK Reinhard (Hg.), Landesverfassungsreform, Wien-Köln-Graz 1982.

RACK Reinhard (Hg.), Grundrechtsreform, Wien-Köln-Graz 1985.

RANDELZHOFER Albrecht / SÜSS Werner (Hgg.), Konsens und Konflikt. 35 Jahre Grundgesetz, Berlin-New York 1986.

RASCHKE Joachim (Hg.), Die politischen Parteien in Westeuropa, Reinbek 1978.

RASCHKE Joachim (Hg.), Bürger und Parteien, Opladen 1982.

REHBINDER Eckard, Politische und rechtliche Probleme des Verursacherprinzips, Berlin 1973.

RHINOW René A., Widerstandsrecht im Rechtsstaat? Bern 1984.

RHINOW René A., Grundprobleme der schweizerischen Demokratie, in: ZSR Hb II 1984, 111-273.

RICHTER Claus (Hg.), Die überflüssige Generation, Königstein/Ts. 1979.

RILL Heinz Peter (Hg.), Gewerberecht, Wien 1978.

RODENSTEIN Marianne, Bürgerinitiativen und politisches System, Gießen 1978.

ROSE Richard (ed.), Challenge to Governance, Beverly Hills-London 1980.

ROSE Richard, Understanding Big Government, London 1984.

ROSENMAYR Leopold (Hg.), Politische Beteilung und Wertwandel in Österreich, München-Wien 1980.

ROTH Roland (Hg.), Parlamentarisches Ritual und politische Alternativen, Frankfurt/M.-New York 1980.

RUCH Alexander, Das Berufsparlament, Basel-Stuttgart 1976.

RUPPE Hans Georg, Raumordnung und Umweltschutz, Rechtsfragen der Umweltschutzfinanzierung, Wien 1976.

SALADIN Peter, Grundrechte im Wandel, 3. A., Bern 1982.

SCHÄFER Wolf (Hg.), Neue Soziale Bewegungen: Konservativer Aufbruch in buntem Gewand? Frankfurt/M. 1983.

SCHAMBECK Herbert, Das Volksbegehren, Tübingen 1971.

SCHAMBECK Herbert (Hg.), Das österreichische Bundesverfassungsgesetz und seine Entwicklung, Berlin 1980.

SCHARPF Fritz, Demokratietheorie zwischen Utopie und Anpassung, Kronberg/Ts. 1975.

SCHEDIWY Robert, Empirische Politik, Wien-München-Zürich 1980.

SCHIFFERS Reinhard, Elemente direkter Demokratie im Weimarer Regierungssystem, Düsseldorf 1971.

SCHLAICH Klaus, Neutralität als verfassungsrechtliches Prinzip, Tübingen 1972.

SCHMIDT Manfred G., Der Schweizerische Weg zur Vollbeschäftigung, Frankfurt/M.-New York 1985.

SCHMITT Carl, Verfassungslehre, 5. A., Berlin 1970.

SCHNEIDER Peter, Unrecht für Ruhe und Ordnung, Zürich 1982.

SCHOLZ Rupert, Krise der parteienstaatlichen Demokratie? „Grüne" und „Alternative" im Parlament, Berlin-New York 1983.

SCHÜLEIN Johann August (Hg.), Auf der Suche nach Zukunft. Alternativbewegung und Identität, Gießen 1980.

SCHUMANN Klaus, Das Regierungssystem der Schweiz, Köln u. a. 1971.

SCHWENDTNER Rolf, Theorie der Subkultur, Köln-Berlin 1971.

SENGHAAS Dieter, Von Europa lernen. Entwicklungspolitische Betrachtungen, Frankfurt/M. 1982.

SIEBERT Horst, Analyse der Instrumente der Umweltpolitik, Göttingen 1976.

SIEBERT Horst, Ökonomische Theorie der Umwelt, Tübingen 1978.

SIEBOLD Thomas / TETZLAFF Rainer (Hgg.), Strukturelemente der Weltgesellschaft. Studien zu Konflikt und Kooperation in den Nord-Süd-Beziehungen, Frankfurt/M. 1981.

SIGG Oswald, Die eidgenössischen Volksinitiativen 1892-1939, Bern 1978.

SIK Ota, Humane Wirtschaftsdemokratie — Ein dritter Weg, Hamburg 1979.

SINWEL-Verlag (Hg.), Schweizerische Parteiprogramme, Bern 1973.

SONTHEIMER Kurt, Zeitenwende? Die Bundesrepublik Deutschland zwischen alter und alternativer Politik, Hamburg 1983.

SONTHEIMER Kurt, Grundzüge des politischen Systems der Bundesrepublik Deutschland, 6. A., München 1977.

STEINER Jürg (Hg.), Das politische System der Schweiz, München 1971.

STEININGER Rudolf, Polarisierung und Integration. Eine vergleichende Untersuchung der strukturellen Versäulung der Gesellschaft in den Niederlanden und in Österreich, Meisenheim 1975.

STEINWEG Reiner (Hg.), Die neue Friedensbewegung, Frankfurt/M. 1982.

STEMBERG Harald, Die Charta der wirtschaftlichen Rechte und Pflichten der Staaten, Berlin 1983.

STERN Klaus, Das Staatsrecht der Bundesrepublik Deutschland, Bd. 1, 2. A., München 1984, Bd. 2, München 1980.

STOCK Wolfgang (Hg.), Ziviler Ungehorsam in Österreich, Wien-Köln-Graz 1986.

STOLZLECHNER Harald, Luftreinhaltung — Notwendigkeit und rechtliche Möglichkeiten der Kooperation, Linz 1984.

STOLZLECHNER Harald, Die neue Umweltschutzkompetenz des Bundes, Linz 1985.

STRÄULI Regine, Die konsultative Volksabstimmung in der Schweiz, Zürich 1982.

SWA-GUTACHTEN 58, Von Strukturproblemen des österreichischen Naturschutzes, Wien 1986.

THE INTERNATIONAL LAW ASSOCIATION, Report of the Sixtieth Conference, Montreal 1983.

THERBORN Goeran, Arbeitslosigkeit. Strategien und Politikansätze in den OECD-Ländern, Hamburg 1985.

TOMANDL Theodor (Hg.), Probleme des Einsatzes von Betriebsvereinbarungen, Wien 1983.

TOURAINE Alain, Die postindustrielle Gesellschaft, Frankfurt/M. 1972.

TROITZSCH Klaus G., Volksbegehren und Volksentscheid, Meisenheim am Glan 1979.

TSCHAENI Hans, Wer regiert die Schweiz? Der Einfluß von Lobby und Verbänden, 3. A., Zürich 1983.

ULLMANN Hans-Peter, Deutsche Interessenverbände 1870-1986, Frankfurt/M. 1986.

ULRICH Otto, Technik und Herrschaft, Frankfurt/M. 1979.

VEDDER Christoph Wilhelm, Die auswärtige Gewalt des Europa der Neun, Göttingen 1980.

VERLOREN VAN THEMAAT Pieter, The Changing Structure of International Economic Law, The Hague u. a. 1981.

VOBRUBA Georg, Politik mit dem Wohlfahrtsstaat, Frankfurt/M. 1983.

WALTER Robert / MAYER Heinz, Grundriß des Besonderen Verwaltungsrechts, Wien 1981.

WALTER Robert / MAYER Heinz, Grundriß des österreichischen Verwaltungsverfahrensrechts, 3. A., Wien 1984.

WALTER Robert / MAYER Heinz, Grundriß des österreichischen Bundesverfassungsrechts, 5. A., Wien 1985.

WEIDENFELD Werner (Hg.), Die Identität der Deutschen, Bonn 1983.

WEINBERGER Marie-Luise, Aufbruch zu neuen Ufern? Grün-Alternative zwischen Anspruch und Wirklichkeit, Bonn 1984.

WENKE Karl Ernst / ZILLESSEN Horst (Hgg.), Neuer Lebensstil — verzichten oder verändern? Auf der Suche nach Alternativen für eine menschlichere Gesellschaft, Opladen 1978.

WERDER Hans, Die Bedeutung der Volksinitiative in der Nachkriegszeit, Bern 1978.

WICKE Lutz, Umweltökonomie, München 1982.

WINZELER Christoph, Die politischen Rechte des Aktivbürgers nach schweizerischem Bundesrecht, Basel 1983.

WÜRTENBERGER Thomas, Die Legitimität staatlicher Herrschaft, Berlin 1973.

ZAPF Wolfgang (Hg.), Theorien des sozialen Wandels, 3. A., Köln-Berlin 1971.

ZWAHLEN Rolf, Opposition in der direkten Demokratie (Jur. Diss.), Zürich 1979.

ZWICKY Heinrich, Politische Aktivität, Illegitimität und Stabilisierung, Diessenhofen 1982.

Abkürzungsverzeichnis

A.	—	Auflage
A. A.	—	anderer Ansicht
ABGB	—	Allgemeines Bürgerliches Gesetzbuch (Österreich)
Abk.	—	Abkürzung
ABl	—	Amtsblatt der Europäischen Gemeinschaften
Abs	—	Absatz
AdG	—	Archiv der Gegenwart
AGO	—	Allgemeine Gemeindeordnung (Kärnten)
AJIL	—	American Journal of International Law
AKP	—	Staaten Afrikas, der Karibik und des Pazifiks (Lomè-Abkommen)
ALÖ	—	Alternative Liste Österreich
AMFG	—	Arbeitsmarktförderungsgesetz (Österreich)
Anm.	—	Anmerkung
ANSchG	—	Arbeitnehmerschutzgesetz (Österreich)
AnwBl	—	Österreichisches Anwaltsblatt
AO	—	Abgabenordnung (BRD)
AöR	—	Archiv des öffentlichen Rechts
APS	—	Allgemeines Präferenzsystem (der EG)
APSR	—	American Political Science Review
ArbVG	—	Arbeitsverfassungsgesetz (Österreich)
ARSP	—	Archiv für Rechts- und Sozialphilosophie
Art	—	Artikel
AS	—	Amtliche Sammlung der eidgenössischen Gesetze
ASEAN	—	Association of South-East Asian Nations
AtomG	—	Atom-Gesetz (BRD)
AVG	—	Allgemeines Verwaltungsverfahrensgesetz (Österreich)
Ba-Wü	—	Baden-Württemberg
Bay	—	Bayern
BBauG	—	Bundesbaugesetz (BRD)
BBl	—	Bundesblatt (Schweiz)
Bd.	—	Band
Beschl.	—	Beschluß
BezVwG	—	Bezirksverwaltungsgesetz (Berlin)
BGB	—	Bürgerliches Gesetzbuch (BRD)
BGBl	—	Bundesgesetzblatt
BGE	—	Entscheidungen des Schweizerischen Bundesgerichts
BGH	—	Bundesgerichtshof (BRD)
BGHZE	—	Entscheidungen des Bundesgerichtshofs in Zivilsachen
Bgld	—	Burgenland
BImSchG	—	Bundesimmissionsschutzgesetz (BRD)
BImSchV	—	Bundesimmissionsschutzverordnung
BJFG	—	Bundesministerium für Jugend, Familie und Gesundheit (BRD)
BKA	—	Bundeskanzleramt (Österreich)
Blg	—	Beilagen

BMBT	—	Bundesministerium für Bauten und Technik (Österreich)
BMGU	—	Bundesministerium für Gesundheit und Umweltschutz (Österreich)
BMHGI	—	Bundesministerium für Handel, Gewerbe und Industrie (Österreich)
BMI	—	Bundesministerium für Inneres (Österreich)
BMI	—	Bundesministerium des Innern (BRD)
BR	—	Bundesrat (Österreich)
Bre	—	Bremen
BROG	—	Bundesraumordnungsgesetz
BV	—	Bundesverfassung (Schweiz)
BVerfG(E)	—	Bundesverfassungsgericht (BRD) (Entscheidungen des)
BVerwG(E)	—	Bundesverwaltungsgericht (BRD) (Entscheidungen des)
B-VG	—	Bundes-Verfassungsgesetz (Österreich)
bzw.	—	beziehungsweise
CAEU	—	Council of Arab Economic Unity
CDU/CSU	—	Christlich-Demokratische Union/Christlich-Soziale Union
CMLRev	—	Common Market Law Review
ders.	—	derselbe
d. h.	—	das heißt
d. i.	—	das ist
dgl.	—	dergleichen
DISP	—	Dokumente und Informationen zur Schweizer Orts-, Regional- und Landesplanung
Diss.	—	Dissertation
DKEG	—	Dampfkesselemissionsgesetz (Österreich)
DÖV	—	Die Öffentliche Verwaltung
DRdA	—	Das Recht der Arbeit
DV	—	Durchführungsverordnung
DVBl	—	Deutsches Verwaltungsblatt
EA	—	Europa-Archiv
EAGV	—	Vertrag zur Gründung der Europäischen Atomgemeinschaft
ebda.	—	ebenda
ECU	—	European Currency Unit
ed.	—	editor
EEF	—	Europäischer Entwicklungsfonds
EFTA	—	European Free Trade Association
EG	—	Europäische Gemeinschaften
EGKSV	—	Vertrag zur Gründung der Europäischen Gemeinschaft für Kohle und Stahl
EIB	—	Europäische Investitionsbank
EPZ	—	Europäische Politische Zusammenarbeit
Erk.	—	Erkenntnis
Erl.	—	Erläuterungen
EStG	—	Einkommensteuergesetz (BRD)
EuGH	—	Europäischer Gerichtshof
EuGHE	—	Amtliche Sammlungen der Entscheidungen des Europäischen Gerichtshofs
EuR	—	Europarecht
EWGV	—	Vertrag zur Gründung der Europäischen Wirtschaftsgemeinschaft
f	—	folgende
FAO	—	Food and Agriculture Organization der Vereinten Nationen
FAZ	—	Frankfurter Allgemeine Zeitung
FDP	—	Freie Demokratische Partei
Fn	—	Fußnote
FPÖ	—	Freiheitliche Partei Österreichs
FS	—	Festschrift

G	—	Gesetz
GA	—	Gutachten
GATT	—	General Agreement on Tariffs and Trade
Gds	—	Gedenkschrift
gem.	—	gemäß
GewO	—	Gewerbeordnung (Österreich)
GG	—	Grundgesetz (BRD)
GO	—	Gemeindeordnung
GP	—	Gesetzgebungsperiode
GRUR Int	—	Gewerblicher Rechtsschutz und Urheberrecht, Internationale Abteilung
GV	—	Generalversammlung der Vereinten Nationen
GVBl	—	Gesetz- und Verordnungsblatt
GVG	—	Geschäftsverkehrsgesetz (Schweiz)
GYIL	—	German Yearbook of International Law
GZ	—	Geschäftszahl
GZT	—	Gemeinsamer Zolltarif der EG
He	—	Hessen
Hg.	—	Herausgeber
hL	—	herrschende Lehre
HZ	—	Historische Zeitschrift
IA	—	Initiativantrag
idF	—	in der Fassung
i. e.	—	id est
IGH	—	Internationaler Gerichtshof
ILA	—	International Law Association
ILM	—	International Legal Materials
insb.	—	insbesondere
IPG	—	Investitionsprämiengesetz (Österreich)
IPR	—	Internationales Privatrecht
i. S.	—	im Sinne
iSv	—	im Sinne von
iVm	—	in Verbindung mit
IWF (IMF).	—	Internationaler Währungsfonds
i. w. S.	—	im weiteren Sinne
JA	—	Juristische Arbeitsblätter
JB	—	Jahrbuch
JBl	—	Juristische Blätter
JEI/RIE	—	Journal of European Integration/Revue d'Integration Européenne
jew.	—	jeweils
jur.	—	juristisch
JURA	—	Juristische Ausbildung
JuS	—	Juristische Schulung
JZ	—	Juristenzeitung
Kap	—	Kapitel
KJ	—	Kritische Justiz
KKW	—	Kernkraftwerk
Komm	—	Kommentar
Krtn	—	Kärnten
KStG	—	Körperschaftssteuergesetz (BRD)
KV(E)	—	Kantonsverfassung (Entwurf)
KZSS	—	Kölner Zeitschrift für Soziologie und Sozialpsychologie
leg cit	—	legis citatae
LEPrc NW	—	Landesentwicklungsprogramm Nordrhein-Westfalen
LEPSH	—	Landesentwicklungsprogramm Schleswig-Holstein
LGBl	—	Landesgesetzblatt
Lit.	—	Literatur

LKO	— Landkreisordnung
LPlG	— Landesplanungsgesetz (BRD)
LRH-VG	— Landesrechnungshof-Verfassungsgesetz (Steiermark)
LT	— Landtag
LV	— Landesverfassung
L-VG	— Landes-Verfassungsgesetz
m. a. W.	— mit anderen Worten
m. E.	— meines Erachtens
MW	— Megawatt
mwN	— mit weiteren Nachweisen
n.	— nach
NdS	— Niedersachsen
NF	— Neue Folge
NIWO	— Neue Internationale Wirtschaftsordnung
NJW	— Neue Juristische Wochenschrift
NN	— nomen nescio
NÖ	— Niederösterreich
Nov	— Novelle
NR	— Nationalrat
N-W	— Nordrhein-Westfalen
OECD	— Organisation of Economic Cooperation and Development
o. J.	— ohne Jahr
o. O.	— ohne Ort
OÖ	— Oberösterreich
OPEC	— Organisation of Petrol Exporting Countries
OVG	— Oberverwaltungsgericht (BRD)
ÖGZ	— Österreichische Gemeinde-Zeitung
ÖJP	— Österreichisches Jahrbuch für Politik
ÖJZ	— Österreichische Juristen-Zeitung
ÖVA	— Österreichisches Verwaltungsarchiv
ÖVP	— Österreichische Volkspartei
öZöR	— Österreichische Zeitschrift für öffentliches Recht und Völker-recht
ÖZP	— Österreichische Zeitschrift für Politikwissenschaft
ÖZW	— Österreichische Zeitschrift für Wirtschaftsrecht
phil.	— philosophisch
PRG	— Bundesgesetz über die politischen Rechte (Schweiz)
PVS	— Politische Vierteljahresschrift
PVÜ	— Pariser Verbandsübereinkunft
RBÜ	— Revidierte Berner Übereinkunft
RdC	— Recueil de Cours
RdNr	— Randnummer
RdW	— Recht der Wirtschaft
Rh-Pf	— Rheinland-Pfalz
RMC	— Revue du Marché Commune
ROG	— Raumordnungsgesetz
RV	— Regierungsvorlage
Rz.	— Randzahl

S	— Seite
s.	— siehe
Saarl.	— Saarland
Sbg	— Salzburg
sc.	— scilicet
Schl-H	— Schleswig-Holstein
SJZ	— Schweizerische Juristenzeitung

sog.	—	sogenannt
Sp	—	Spalte
SPD	—	Sozialdemokratische Partei Deutschlands
SPÖ	—	Sozialistische Partei Österreichs
SR	—	Systematische Sammlung des Bundesrechts (Schweiz)
SSVO	—	Strahlenschutzverordnung (BRD)
St	—	Statut
Stb	—	Der Staatsbürger
StenProt	—	Stenographische Protokolle
Stmk	—	Steiermark
StR	—	Stadtrecht
StrWG	—	Straßen- und Wegegesetz (BRD)
StV	—	Stadtverfassung (Wien)
Stw.	—	Stichwort
SWA	—	Sozialwissenschaftliche Arbeitsgemeinschaft
SWS	—	Sozialwissenschaftliche Studiengesellschaft
Tir	—	Tirol
u.	—	und
u. ä.	—	und ähnliches
u. E.	—	unseres Erachtens
UFG	—	Umweltfondsgesetz (Österreich)
UN	—	Vereinte Nationen
UNCTAD	—	United Nations Conference on Trade and Development
UNEP	—	United Nations Environmental Programme
UNIDO	—	United Nations Industrial Development Organisation
u. U.	—	unter Umständen
u. v. m.	—	und vieles mehr
UVP	—	Umweltverträglichkeitsprüfung
V	—	Verordnung
v. a.	—	vor allem
VBl	—	Verwaltungsblätter
VerfGH(E)	—	Verfassungsgerichtshof (Entscheidungen) (Bayern)
VerwArch	—	Verwaltungsarchiv
VfGH	—	Verfassungsgerichtshof (Österreich)
VfSlg	—	Sammlung der Erkenntnisse und Beschlüsse des Verfassungsgerichtshofs
VG	—	Verwaltungsgericht (BRD)
VGemO	—	Verwaltungsgemeinschaftsordnung (Bayern)
vgl.	—	vergleiche
VGÖ	—	Vereinte Grüne Österreichs
Vlbg	—	Vorarlberg
Vol.	—	Volume
Vorb.	—	Vorbemerkungen
VRÜ	—	Verfassung und Recht in Übersee
vs.	—	vevsus
VVDStRL	—	Veröffentlichungen der Vereinigung der Deutschen Staatsrechtslehrer
VWD	—	Vereinigte Wirtschaftsdienste
VwGH	—	Verwaltungsgerichtshof
VwSlg	—	Sammlung der Erkenntnisse und Beschlüsse des Verwaltungsgerichtshofs
VwVfG	—	Verwaltungsverfahrensgesetz (BRD)
WA	—	Weimarer Ausgabe
WBFG	—	Wasserbautenförderungsgesetz (Österreich)
WG	—	Wassergesetz (Bayern)
WHG	—	Gesetz zur Ordnung des Wasserhaushalts (BRD)
wib.	—	woche im bundestag
WiPolBl	—	Wirtschaftspolitische Blätter

WM	—	Wertpapier-Mitteilungen
Wr	—	Wiener
WRG	—	Wasserrechtsgesetz (Österreich)
ZaöRV	—	Zeitschrift für ausländisches öffentliches Recht und Völkerrecht
ZAS	—	Zeitschrift für Arbeits- und Sozialrecht
z. B.	—	zum Beispiel
ZBl	—	Schweizerisches Zentralblatt für die Staats- und Gemeindeverwaltung
ZBR	—	Zeitschrift für Beamtenrecht
ZfP	—	Zeitschrift für Politik
ZfV	—	Zeitschrift für Verwaltung
ZHR	—	Zeitschrift für Handelsrecht
Ziff.	—	Ziffer
zit. n.	—	zitiert nach
ZParl	—	Zeitschrift für Parlamentsfragen
ZRP	—	Zeitschrift für Rechtspolitik
ZSR	—	Zeitschrift für Schweizerisches Recht
z. T.	—	zum Teil
z. Z.	—	zur Zeit

Autorenverzeichnis

BENEDIKTER Rudolf

Geb. 1953 in Trient, nach Matura in Bozen Studium der Rechtswissenschaften in Salzburg, Innsbruck und Wien. 1976 Promotion Dr. jur. 1978/79 Assistent am Institut für Handelsrecht, 1980 bis 1984 am Institut für Verfassungs- und Verwaltungsrecht an der Universität Wien. 1982/83 Forschungsmitarbeit am österreichischen Institut für Berufsbildungsforschung (ÖIBF) Wien. Seit 1985 Rechtsanwaltsanwärter, seit 1986 Verwaltungsrat der Stadtgemeinde Bozen.

Hauptpublikationen: Zwischenbilanz der Volksanwaltschaft, in: ÖJZ 1980, 67-72. — Apartheid in Mitteleuropa? — Sprachen und Sprachenpolitik in Südtirol, Wien 1982 (als Mitautor und Hg.) — Zwei Jahre Friedensbewegung in Italien: Gegen NATO und Mafia, in: ÖZP 1983, 231-240. — Der österreichische Behindertenarbeitsmarkt (zusammen mit Lisa MARTINETZ), ÖIBF Forschungsprojekt, Wien 1983. — Il modello neocorporativo austriaco nella ripresa capitalistica, in: Quaderni di rassegna sindacale 107/1984.

DREIER Horst

Geb. 1954. Studium der Rechts- und Sozialwissenschaften in Hannover. Promotion zum Dr. jur. 1985. Akad. Rat am Lehrstuhl für Rechtsphilosophie, Staats- und Verwaltungsrecht der Universität Würzburg.

Hauptpublikationen: Rechtslehre, Staatssoziologie und Demokratietheorie bei Hans Kelsen, Baden-Baden 1986. — Aufsätze zur Rechtsphilosophie sowie zum Staats- und Verwaltungsrecht.

EISELSTEIN Klaus

Geb. 1955. 1974-1980 Studium der Rechtswissenschaften und der Volkswirtschaft in Mannheim, Tübingen und London. 1980 Master of Laws London. 1980-1985 Wissenschaftlicher Mitarbeiter am Lehrstuhl Prof. Oppermann/Tübingen. 1986 Dr. jur. Seit 1. 1. 1986 Wissenschaftsministerium Stuttgart.

Hauptpublikationen: Staatliches Bildungsmonopol und Europäische Menschenrechtskonvention, in: FS-OPPERMANN, Stuttgart 1981, 178 ff. — Grundfälle im Staatsorganisationsrecht, Tübingen 1984 (zusammen mit Michael KILIAN). — Die Bundesrepublik Deutschland vor der Frage der Unterzeichnung der UN-Seerechtskonvention, in: EA 1984, 559 ff (zusammen mit Thomas OPPERMANN). — Das „forum externum" der Gewissensfreiheit — ein Weg in die Sackgasse, in: DÖV 1984, 794 ff. — Vision oder Illusion — der Vertragsentwurf des Europäischen Parlaments zur Gründung einer „Europäischen Union", in: Politicum IV/1985, 13 ff.

GREIFELD Andreas

Geb. 1951 in Stuttgart. Studium der Rechtswissenschaften in München und Genf. Master of Comparative Law der Columbia University New York 1977. 1980 Dr. jur. Assistent am Lehrstuhl Prof. LERCHE, München.

Hauptpublikationen: Der Rechnungshof als Wirtschaftlichkeitsprüfer, München 1981. — Volksentscheid durch Parlamente, Berlin 1983. — Das Wahlrecht des Bürgers vor der Unabhängigkeit des Abgeordneten, in: Der Staat 1984, 501 ff.

HAMMER Stefan

Geb. 1957 in Linz. Studium der Rechtswissenschaften und Arabistik an der Universität Wien. Dr. jur. 1981. Seit 1980 Assistent am Institut für Staats- und Verwaltungsrecht der Universität Wien. Seit 1986 dienstzugeteilt beim Völkerrechtsbüro des BM f. Auswärtige Angelegenheiten.

Hauptpublikationen: Geltung und diskursive Legitimität, in: ARSP Beiheft 27. — La participation directe du citoyen a la vie politique en Autriche, in: Administration publique 2/1986.

HOFMANN Jochen

Geb. 1953. Seit 1972 Studium der Rechtswissenschaften, Geschichte, Philosophie und Politischen Wissenschaften. Diverse Forschungsstipendien. 1977 erstes juristisches Staatsexamen. Seit 1981 Akademischer Rat am Institut für Rechtsphilosophie, Staats- und Verwaltungsrecht der Universität Würzburg.

Hauptpublikationen: Die Entwicklung der Gleichberechtigung von Mann und Frau in der Bundesrepublik Deutschland und in der DDR, in: FRAUENDORF, Lutz (Hg.), Die Stellung der Frau im sozialen Rechtsstaat, Referate der 22. Tagung der wissenschaftlichen Mitarbeiter der Fachrichtung öffentliches Recht, Tübingen 1982, 1-45. — Asylrecht kommunale Selbstverwaltung, in: ZAR 1983, 138-144. — Die verfassungs- und kommunalrechtliche Zulässigkeit von Gemeinderatsbeschlüssen zu verteidigungspolitischen Fragen, in: DVBl 1984, 116-128. — Mitarbeit an: KNEMEYER, Franz-Ludwig, Polizei- und Ordnungsrecht, 2. A., München 1985. — Anmerkungen zur begriffsgeschichtlichen Entwicklung des Gewaltbegriffs, in: SCHÖPF, Alfred (Hg.), Aggression und Gewalt, Würzburg 1985, 259-272. — Zur Geschichte des Beamtenrechts in neueren Darstellungen, in: ZNR 1985, 208-230. — Rechtsschutz für den Wald. Ökologische Orientierung des Rechts als Notwendigkeit der Überlebenssicherung, in: ZRP 1985, 164-170. — Das Gleichberechtigungsgebot der Art 3 Abs 2 GG in Rechtsprechung und Lehre, Berlin 1986.

LÖTSCHER Bruno

Geb. 1954. Schulen in Basel, Matur 1973. Anschließend Tätigkeit als Lehrer. Von 1977 bis 1982 Studium der Rechtswissenschaften an der Universität Basel. Nach einem Anwaltspraktikum seit 1983 Assistent für Staats- und Verwaltungsrecht bei Prof. Dr. René A. RHINOW an der Universität Basel.

MARKO Joseph

Geb. 1955. Ab 1973 Studium der Rechtswissenschaften sowie Englisch am Institut für Dolmetscher- und Übersetzerausbildung in Graz. 1977 Prom. Dr. jur. sowie akad. gepr. Übersetzer. 1978/79 Stipendiat der Konrad-Adenauer Stiftung, Studium der Politologie und Soziologie in München. Seit 1979 Assistent am Institut für Öffentliches Recht, Politikwissenschaft und Verwaltungslehre in Graz.

Hauptpublikationen: Stw. Opposition, Rassismus, Titoismus sowie Weltwirtschaft(sordnung), in: KLOSE Alfred/MANTL Wolfgang/ZSIFKOVITS Valentin (Hgg.), Katholisches Soziallexikon, 2. A., Graz-Wien-Köln 1980, Sp. 1986-2004, 2320-2331, 3036-3049 und 3320-3330. — Kommunale Reformpolitik in Graz — Entstehungsbedingungen alternativer Gruppen, in: ÖJP '83, 277-293. — Bedingungen eines konstruktiven Friedensbegriffs, Graz 1983 (Hg. zusammen mit Kurt SALAMUN). — Ernst Karl Winters Kritik an Ignaz Seipel. Ein kritischer Beitrag zum Staats- und Demokratieverständnis der Ersten Republik, in: Geschichte und Gegenwart 1983, 128-149 und 207-225. — Umweltschutz als Staatsziel, in: ÖJZ 1986, 289-296.

SCHWARZER Stephan

Geb. 1956 in Wien. Dr. jur. 1979. Mag. rer. soc. oec. 1980. Seit 1980 Assistent und Lehrbeauftragter am Institut für Verfassungs- und Verwaltungsrecht an der Wirtschaftsuniversität Wien, eineinhalb Jahre Tätigkeit als wissenschaftlicher Mitarbeiter im Verfassungsgerichtshof. Seit 1986 Umweltrechtsreferent in der Wirtschaftspolitischen Abteilung der Bundeswirtschaftskammer. Veröffentlichungen zum Gemeinde-, Finanzausgleichs-, Vergabe- und Umweltrecht.

SOMM Karin

Geb. 1958. Matur in Basel 1978. 1978-1983 Studium der Rechtswissenschaften an der Universität Basel nach einem Praktikum in der Industrie. Seit 1984 Assistentin für Öffentliches Recht bei Prof. Dr. Kurt EICHENBERGER.

STOLZ Armin

Geb. 1957. Studium der Rechtswissenschaften sowie der Sozial- und Wirtschaftswissenschaften in Graz. Dr. jur. 1980. 1980/81 Gerichtspraxis, seit 1981 Assistent am Institut für Öffentliches Recht, Politikwissenschaft und Verwaltungslehre an der Universität Graz.

Hauptpublikationen: Die Gerichtspraxis — ein rechtsstaatlich und sozialpolitisch defizitäres Rechtsverhältnis, in: ZAS 1983, 7-17. — Grundrechtsaspekte künstlicher Befruchtungsmethoden, in: BERNAT. Erwin (Hg.), Lebensbeginn durch Menschenhand, Graz 1985, 109-124. — MRG und studentisches Wohnen, in: KORINEK, Karl/KREJCI, Heinz (Hgg.), Handbuch zum Mietrechtsgesetz, Wien 1985, 151-170. — Die Mitbestimmungsmöglichkeiten von Assistenten nach dem UOG, in: FRAYDENEGG-MONZELLO, Otto (Hg.), Handbuch für Assistenten an der Karl-Franzens-Universität, Graz 1985, 24-41.

UEBERWASSER Heinrich

Geb. 1957. Matur 1976, danach bis 1982 Studium der Rechtswissenschaften in Basel. Seit 1984 Advokat in Basel, seit 1985 Assistent für Öffentliches Recht für Prof. Dr. Kurt EICHENBERGER.

Stichwortverzeichnis

___ VERLAG BÖHLAU ⟨BV⟩ WIEN · KÖLN · GRAZ ___

Studien zu Politik und Verwaltung

Herausgegeben von
Christian Brünner · Wolfgang Mantl · Manfried Welan

1 **Korruption und Kontrolle.** Herausgegeben von Christian Brünner. 1981. 726 Seiten mit 8 Tabellen. Brosch. ISBN 3-205-08457-8.

2 **Unbehagen im Parteienstaat.** Jugend und Politik in Österreich. Von Fritz Plasser und Peter A. Ulram. 1982. 208 Seiten, zahlr. Graphiken und Tabellen im Text, Tabellenanhang. Brosch. ISBN 3-205-08458-6.

3 **Landesverfassungsreform.** Herausgegeben von Reinhard Rack. 1982. 255 Seiten. Brosch. ISBN 3-205-08459-4.

4 **Nation Österreich.** Sozialhistorische Aspekte ihrer Entwicklung. Von Ernst Bruckmüller. 1984. 271 Seiten. Brosch. ISBN 3-205-08460-8.

5 **Krise des Fortschritts.** Herausgegeben von Grete Klingenstein. 1984. 172 Seiten, Graphiken im Text. Brosch. ISBN 3-205-08461-6.

6 **Parteiengesellschaft im Umbruch.** Partizipationsprobleme von Großparteien. Von Anton Kofler. 1985. 132 Seiten, 58 Tabellen im Text. Brosch. ISBN 3-205-08463-2.

7 **Grundrechtsreform.** Herausgegeben von Reinhard Rack. 1985. 302 Seiten. Brosch. ISBN 3-205-08462-4.

8 **Aufgabenplanung.** Ansätze für rationelle Verwaltungsreform. Von Helmuth Schattovits. 1987. Ca. 200 Seiten. Brosch. ISBN 3-205-08467-0.

___ A-1014 Wien, Dr. Karl Lueger-Ring 12, Tel. (0222) 63 87 35-0* ___

VERLAG BÖHLAU ⟨VB⟩ WIEN · KÖLN · GRAZ

Studien zu Politik und Verwaltung

Herausgegeben von
Christian Brünner · Wolfgang Mantl · Manfried Welan

9 **Demokratierituale.** Zur politischen Kultur der Informations-
gesellschaft. Herausgegeben von Fritz Plasser, Peter A. Ulram und Manfried Welan. 1985. 291 Seiten, 91 Tabellen im
Text. Brosch. ISBN 3-205-08467-5.

10 **Politik in Österreich.** Politische Ideen und Faktoren der II.
Republik. Herausgegeben von Wolfgang Mantl. 1987. Ca.
500 Seiten. Brosch.
ISBN 3-205-08466-7. (In Vorbereitung)

11 **Flexible Arbeitszeiten.** Eine fixe Idee. Von Rudolf Bretschneider, Rupert Dollinger, Joachim Lamel und Peter A. Ulram.
1985. 133 Seiten, 33 Tabellen im Text. Brosch. ISBN 3-205-
08469-1.

12 **Verfassungspolitik.** Dokumentation Steiermark. Von Christian Brünner, Wolfgang Mantl, Dietmar Pauger und Reinhard Rack. 1985. 294 Seiten. Brosch.
ISBN 3-205-08465-9.

13 **Krisen.** Eine soziologische Untersuchung. Von Manfred Prisching. 1986. 730 Seiten, zahlr. Tabellen und Graphiken im
Text. Brosch. ISBN 3-205-08468-3.

14 **Schweiz – Österreich.** Ähnlichkeiten und Kontraste. Herausgegeben von Friedrich Koja und Gerald Stourzh. 1986. 279
Seiten. Brosch. ISBN 3-205-08902-2.

15 **Regierungserklärungen.** Bedeutungswandel der öffentlichen
Sprache. Von Maximilian Gottschlich und Oswald Panagl.
1987. Ca. 240 Seiten. Brosch.
ISBN 3-205-08900-6. (Im Druck)

A-1014 Wien, Dr. Karl Lueger-Ring 12, Tel. (0222) 63 87 35-0*

VERLAG BÖHLAU ⒷⓋ WIEN · KÖLN · GRAZ

Studien zu Politik und Verwaltung

Herausgegeben von
Christian Brünner · Wolfgang Mantl · Manfried Welan

A-1014 Wien, Dr. Karl Lueger-Ring 12, Tel. (0222) 63 87 35-0*